光启
———
新史学
———
译丛

主编

陈 恒 陈 新

编辑委员会

光 启
新史学
译 丛

A GLOBAL
HISTORY
of HISTORY

全球史学史

Daniel Woolf

[加] 丹尼尔·沃尔夫　著

陈恒　李月　屈伯文　译

[上]

上海三联书店

"光启新史学译丛"弁言

　　20世纪展开的宏伟历史画卷让史学发展深受其惠。在过去半个世纪里，历史研究领域延伸出许多令人瞩目的分支学科，诸如性别史、情感史、种族史、移民史、环境史、城市史、医疗社会史等，这些分支学科依然聚焦于人，但又深化了对人的理解。举凡人类活动的核心领域如经济关系、权力运作、宗教传播、思想嬗变、社会流动、人口迁徙、医疗进步等等都曾在史学的视野之内，而当代史家对这些领域的研究已大大突破了传统史学的范畴，并与普通人的日常生活息息相关。如今，一位普通读者也能够从自身生存状态出发，找到与历史作品的连接点，通过阅读历史，体悟人类过往智慧的种种精妙，进而在一定程度上主动去塑造自己的生活理念。通过阅读历史来定位我们的现在，通过历史研究为当下的种种决策提供依据，这已经是我们的现实中基于历史学的一种文化现象。不论是对物质生活或情感世界中细节的把握，还是期望对整个世界获得深邃的领会，当代历史学都提供了无尽的参照与启迪。这是一个史学的时代，也是一个人人都需要学习、参悟历史的时代。千百种貌似碎片化的历史专题研究、综合性的学术史研究、宏观化的全球史研究，都浸润着新时代的历史思维，为亿万读者提供了内涵丰富、层次多样、个性鲜明的历史读本。

　　微观史学或新文化史可视为一种新社会史学的重要方向，对此国内有不少译介，读者也较为熟悉。但新社会史学的研究远不止这两个方向，它在各方面的成就与进展，当然是我们这套译丛不会忽视的。除此之外，我们尤为关注代表着综合性史学思维的全球史，它是当代西方史学的重要分支，是新的世界史编纂方法和研究视角。

全球史的出现是一个非常重要的"历史性时刻"，它不仅是"从下往上看历史"新视角下所包括的普通民众，而且这标志着全球史已深入到前殖民，囊括第三世界的方方面面。为纠正传统西方中心论和以民族国家为叙事单位所带来的弊端，全球史自20世纪60年代诞生以来，越来越受到史学界的重视。全球史关注不同民族、地区、文化、国家之间的交往与互动，强调传播与接受，重视文化多元与平等，摈弃特定地区的历史经验，犹如斯塔夫里阿诺斯所说，要站在月球上观察地球，"因而与居住在伦敦或巴黎、北京和新德里的观察者的观点迥然不同。"

当代史学的创造力所在，可从全球史研究的丰富内涵中窥见一斑。全球史研究奠基在一种历史写作的全球语境之中，诉诸全球视野，构建起全球化叙事，突出历史上民族、国家、文化之间的交流、碰撞与互动。在当代史家笔下存在以下几种全球互动模式：一是阐述世界历史上存在的互动体系或网络，如伊曼纽尔·沃勒斯坦的《现代世界体系》（1974—1989年）、德烈·冈德·弗兰克的《白银资本》（1998年）、彭慕兰《大分流》（2000年）；二是关注生态与环境、物种交流及其影响的，如艾尔弗雷德·罗斯比的《哥伦布大交换》（1972年）、约翰·麦克尼尔《太阳底下的新鲜事：20世纪人与环境的全球互动》（2001年）；三是研究世界贸易、文化交流的，如卜正民的《维梅尔的帽子》（2008年）、罗伯特·芬雷《青花瓷的故事：中国瓷的时代》（2010年）、贝克特的《棉花帝国》（2014年）；四是以全球眼光进行比较研究的，这包括劳工史、移民史等，如菲力普·方纳的《美国工人运动史》（1947—1994年）、孔飞力的《他者中的华人：中国近现代移民史》（2009年）；五是审视区域史、国别史之世界意义的，如迪佩什·查卡拉巴提的《地方化欧洲》（2000年）、大卫·阿米蒂奇的《独立宣言：一种全球史》（2007年）、妮娜·布雷的《海市蜃楼：拿破仑的科学家与埃及面纱的揭开》（2007年）

等；以致出现了所谓的跨国史研究。"跨国史"（transnational history）这一术语自 20 世纪 90 年代以来一直和美国历史研究的那些著作相关联。这一新的研究方法关注的是跨越边疆的人群、观念、技术和机构的变动。它和"全球史"（global history）相关，但又并不是一回事。"跨文化史"（transcultural history）或"不同文化关系"（intercultural relation）是与"跨国史"相匹配的术语，但研究者认为在阐明那些跨国联系时，这两个术语过于模糊。"跨国"这个标签能够使学者认识到国家的重要性，同时又具体化其发展过程。该方法的倡导者通常把这一研究方法区别于比较史学（comparative history）。尽管如此，他们认为比较方法和跨国方法彼此是互为补充的。（A. Iriye and P. Saunier，ed.，*The Palgrave Dictionary of Transnational History*，Macmillan，2009，p. 943）

全球史研究不断尝试以全球交互视角来融合新社会史学的微小题材，总体看来，这些新趋势和新热点在一定程度上纠正了全球史对整体性和一致性的偏好，为在全球视野中理解地方性知识乃至个体性经验做出了示范，同时凸显了人类历史中无处不在、无时不在的多样性与差异性。

本译丛是以当代历史学的新发展为重点，同时兼及以历史学为基础的跨学科研究成果，着眼于最新的变化和前沿问题的探讨。编者既期望及时了解国外史学的最新发展，特别是理论与方法上的新尝试和新变化，又要选择那些在研究主题上有新思路、新突破的作品，因而名之为"新史学译丛"。

近现代史学自 18 世纪职业化以来发展到今天，已经走完了一轮循环。时至今日，史学研究不再仅限对某一具体学科领域作历史的探讨，而是涉及哲学、文学、艺术、科学、宗教、人类学等多个领域，需要各个领域的专家协手共进。在一定意义上，史学是对人类文化的综合研究。这是一种现实，但更是一种理想，因为这意味着当代新史学正在努力把传统史学很难达到的最高要求当作了入门的最低标准。

历史演进总是在波澜不惊的日常生活里缓慢地进行着，无数个微小的变化汇聚累积，悄悄地改变着人类社会生活的整体面貌，因此，历史发展的进程，以长时段的目光，从社会根基处考察，是连续累进的。知识的创造同样如此，正如我们今天的全球史观，也是得益于人类漫长智识创造留给我们的智慧。历史研究虽然履行智识传播的使命，未来会结出什么样的智慧之果，我们很难知晓，也不敢预言，但愿它是未来某棵参天大树曾经吸纳过的一滴水，曾经进入过那伟大的脉络。无论如何，我们确信的是，通过阅读历史，研究历史，人们体验到的不仅仅是分析的妙处与思维的拓展，而且是在潜移默化中悄悄促进包容性社会的发展。

"光启新史学译丛"编委会

2017 年 9 月 1 日于光启编译馆

目　录

建造巴别通天塔的伟业/张广智

一、巴别通天塔

暮秋，难得的阳光，洒在复旦园，只见梧桐树叶撒落一地，行人走在上面，发出沙沙的响声。学生们在上课，校园静悄悄。我进得校门，下意识地往左拐，穿过一排参天的桦树林，眼前即呈现一片园圃，秋雨滋润，依然是绿草萋萋。沿一条小路，我径直向耸立在园中的老校长陈望道先生的半身坐像走去，已是数不清地伫立，留下多少回的凝望，重读基座下方的一行文字：

> 陈望道（1891—1977），浙江义乌人，我国早期传播马克思主义思想的先驱，著名的爱国人士，杰出的教育家和语言学家。他翻译了《共产党宣言》第一部中文全译本，参与了中国共产党的创立……

望道的足印，从风雨如晦的旧世界中走来，正因为他的这个"第一"，为黑暗的九州传播真理，带来了光明，功绩昭昭。记得先贤梁启超在 20 世纪初曾言："今日中国欲为自强，第一策，当以译书为第一义。"[①] 以老校长译书之功业，然也。

由此，我浮想联翩，此刻我想得最多的是翻译之于人类文明的贡献。倘缺少翻译，世界也许永远会在黑暗中徘徊，遑论走向"大同"。这自然会让我联想起，一个为大家所熟知的英文词 Babel，译成中文

---

① 梁启超：《读四本书目志书后》，《饮冰室文集之二》，中华书局，1988 年，第 52 页。

为"巴别通天塔",出典于《圣经·创世记》(11:4),说的是:人类的先民们最初和谐相处,没有语言障碍,他们同声说:"我们要造一座通天塔,塔顶通天,以扬名天下。"此举触怒了上帝,上帝为惩罚人类,便变乱他们的口音,使彼此言语不畅,离散四方……

然而,故事并未结束。人类不甘于此,他们创造了一项伟业——翻译,藉此打破了被上帝变乱的语言桎梏,各民族之间、各地区之间,交流融通,相得益彰。于是,那些翻译家就成了"巴别通天塔"崇高事业的建造者。

这自然是一个比喻,然任何再贴切的比喻都是可以找茬的。不过在我看来,用"巴别通天塔"来形容翻译的神圣使命,或直言之,于当代中国实践梁启超上述之"惊世之言",生动形象,庶几可矣。

笔者之所以要花些笔墨,从望道之译书说到"巴别通天塔",把翻译比喻为"巴别通天塔"的建造者,旨在:请记住建造巴别通天塔的人们(众多的翻译家)的业绩;也请记住那些求索历史的历史并进而助世人解开迷思的引路者(史学史家)的成就。从某种意义上说,后者(史学史家)同样在建造"巴别通天塔",去通往奥林帕斯山上的克丽奥的神殿,其业亦崇高,一点也不亚于前者(翻译家)。由此,陈恒教授领衔主译的丹尼尔·沃尔夫《全球史学史》,兼容两者,都是为人类文明进步作出了建造巴别通天塔的贡献,聚沙成塔,积之恒久,便可通"天"了。

二、博大精深　独具匠心

还是言归正传吧。丹尼尔·沃尔夫的 *A Global History of History*,直译中文为《全球历史的历史》,陈译本为《全球史学史》,可也。不过,这里还得说一下"History of History"("历史的历史"),直译的好处就是直截了当点明了本书不是研究"历史"(历史 I)的,而是研究"历史的历史"(历史 II),即我们行内经常说的,其研究对象是历史学科发生与发展的历史,这也就是史学史的宗旨。

道明这个近乎常识的一点，实在很重要，于读者而言，阅读本书，需要有足够的思想准备，这是一部博大精深的书，当然对于那些已知一些西方史学史知识的人来说，本书也并不难读；于作者而言，这是一部难写的书，它必须独具匠心，方能"笑傲江湖"，名震史林。读罢全书，我以为用"博大精深，独具匠心"这八个字来评价本书，应当说是恰如其分的。

沃氏的《全球史学史》是西方史学史之史的新作，它继承传统，又超越传统，为史学史写作开了新途。历来的史学史著作，正如英国史学史家巴特菲尔德所言："如果人们把史学史归结为一种纯粹的提纲，如同另一种的'书目答问'，或把它编纂成一种松散的编年形式的历史学家的列传，那么它将是一门很有限的学科了。"① 此类史学史著作，本国的如金毓黻的《中国史学史》，域外的如美国巴恩斯的《历史编纂史》等。晚近以来，这种史学史的书写模式多有突破，中西皆然。中国史学史佳作纷出，在此不容赘说。西方学界的史学史新著也不少，近来流行于中国学界的，比如唐纳德·凯利的《多面的历史：从希罗多德到赫尔德的历史探询》、② 恩斯特·布雷萨赫的《古代、中世纪和近代的历史编纂》③ 等等。与上述大多问世于 20 世纪末的史学史著作相比，沃氏之作不是"书目答问"，更不是"史家列传"，而是别具匠心，成为一部"关乎历史写作、历史思想以及自古至今历史学科演进的"长篇宏著，读者细览，从中不难看出端倪。

我们之所以说沃尔夫的《全球史学史》"博大精深，独具匠心"，最主要的在于他治史的全球眼光，这与前些时候出版的伊格尔斯等在他们的《全球史学史》④ 前言中声言的"全球的视野"是相契合的。且看：全书九章，时间从遥远的公元前四千多年前说起，直至 20 世

① ［英］巴特菲尔德：《史学史的课题及其范围》，张广智译，《国外社会科学文摘》，1985（9）。
② 陈恒、宋立宏译，生活·读书·新知三联书店，2003 年。
③ E. Breisach, *Historiography*：*Ancient*，*Medieval and Modern*，University of Chicago，1983.
④ 详见下文。

纪的后现代化主义；空间为西方与东方（或非西方），这里指地域上的；内容宏富，全景式地展现了不同社会与文化传统背景下对历史的认知及相互交流；令人看重的是，沃氏身为西方人，却对目前貌似处于优势地位的西方史学及它的影响作出了新的考量；写作上，不是单向的平行叙述，而是如电影中"蒙太奇"的手法，把分切的镜头组接起来，此种"史法"，全书俯拾皆是，这无疑增加了吸引力和可读性。由此，全书犹如万花筒一样，呈现在读者面前的是一种色彩绚丽斑斓的史学景观，一部从全球性视野考察的全新的史学史，称之为《全球史学史》，乃实至名归也。

说到这里，笔者特别要指出的是沃尔夫在《全球史学史》中对中国史学的评价。在书中，他以不无赞扬的口气说道："世界上没有一种文明能像中国一样始终如一、连续不断地优先将记录、理解历史置于很高的地位。"这与他之前的西方学者说中国是一个"没有历史的国家"（如黑格尔），说中国古代史学"缺乏近代西方科学中的理论思维"（如巴特菲尔德）截然不同，这些皮相之见都源于对中国文化和中国史学的不了解或一知半解。沃尔夫就不同了，从书中所示，他对中国史学有相当的自己的主见和了解，这些认知是建立在熟知中国历史文献的基础上的，比如他在写到司马迁时，竟屡屡运用"蒙太奇"手法叙史，说司马迁和古希腊史家修昔底德一样，都有一种垂训后世的观念；又说司马迁的《史记》与古罗马史家塔西佗的《日耳曼尼亚志》一样，都包含有人种志的成分，这不仅让笔者感到惊奇，而且也显示了他对司马迁的了解并不肤浅，我们能从中看出他对中国史学史是花过精力而不是凭空臆想的。这对一位西方史学史家而言，有这种眼光和认识，我们能不为他点赞吗？

毋庸讳言，不管是伊格尔斯们的"全球视野"，或是沃尔夫的"全球眼光"，都是继承西方史学史家先贤的结果。早在20世纪五六十年代，英国历史学家杰弗里·巴勒克拉夫就放言治史要"放眼世界，展示全球"，并以其史学实践为他倡导的"全球的历史观"作证，这大大影响了斯塔夫理阿诺斯和麦克尼尔等人的世界史体系的革新。进言之，难道其论对西方的史学史家就不发生一点影响吗？世上哪有无源之水、无本之木啊！倘再检点西方史学史之史，更是说明：全球史学史既是当今世界全球化时代的产物，也是西方史学自身嬗变与革新的结果。

我国当代比较史学名家杜维运先生曾说："互相比较，能发现史学的真理，能丰富史学的内容。"[①] 这于史学史著作的比较研究，其理亦然。据此，以下笔者想以近五年国内翻译出版的三部中文译本，即：格奥尔格·伊格尔斯、王晴佳和穆赫吉的《全球史学史：从18世纪至当代》[②]（下简称"伊氏书"）、约翰·布罗的《历史的历史：从远古到20世纪的历史书写》[③]（下简称"布氏书"）、丹尼尔·沃尔夫的《全球史学史》[④]（下简称"沃氏书"）。笔者意在通过比较，更能显示出沃氏书的"博大精深，独具匠心"。这里限于篇幅，笔者只能画龙点睛，点到为止。

先就伊氏书与沃氏书作一点比较。前书出版后，沃尔夫惺惺相惜，便对伊氏书作出了这样的评价："人们往往将历史编纂的历史观视为西方独有的创造，但这样的说法已经不合时宜了。这本新书是个重大的贡献，有助于我们从全球的角度理解近现代历史写作的发展。"细细品读，似能感知其赞词背后的文章：沃氏先"扬"，称伊氏书"重大的贡献""全球的角度"，但落实的结语却是"近现代历史写作的发展"。换言之，伊氏的《全球史学史》，是"近现代以来"，显然与沃氏书的"自古迄今"，难以相提并论，尽管该书作者在首章就其为何从18世纪开始，道明了自己的理由。于此可见，其容量远不及沃氏书。至于其他，读者自会察知，不需我在这里饶舌了。

说到布氏书，说实话我是很喜欢的，其因就在于作者所说的：

① 杜维运，《变动世界中的史学》，北京大学出版社，2006年，第51页。
② 杨豫译，北京大学出版社，2011年。
③ 黄煜文译，广西师范大学出版社，2012年。
④ 陈恒等译，上海三联书店，2022年。

"我们的首要任务是试着将阅读这些历史的经验与趣味传达给读者。我试图恰如其分地在本书表现出一种五花八门、多层次与多调性的浓厚历史叙事的可能面貌。"该书作者执意要书写的不是"关于一种历史的历史"（The History of History），而是"一部关于各种历史的历史"（A History of Histories），在书中呈现出的历史多样性的描述，远胜于单一的历史叙事。因而，该书不只是史家成就与优缺点的记录，也不是史家所属学派与传统的记载。此外，作者的思想家底色，自然下笔较职业的史学史家出彩，他动用饶富趣味的文学笔调，于读者颇有吸引力。不过，令我这个中国的西方史学史从业者注意到的一点是，布氏也认为史学史是西方文化整体的一部分，甚至是文化的核心，这与笔者在 20 世纪 80 年代末早就揭示的"史学，文化中的文化"这一浅见倒是相吻合的，或者自夸地说，布氏也算是笔者的一个"异域知音"了。

不过，就布氏之书与上述其他二书相比，他的史学史之作只能算作西方史学史，但却是一部从希罗多德讲至布罗代尔的较为系统与完整的西方史学史，然终究称不上是"全球史学史"。

布罗在他的书结尾，声称"本书没有结论"，这是学者之语；又云他对书中所出现的作品评价，或"略失公允"，或"未给公允"，这是智者之言。我在这里也不妨借用"布氏之术"，上述的比较乃至对丹尼尔·沃尔夫《全球史学史》一书的点评，没有结论，所作论语都会有失公允，于此我感到歉疚。

三、望道路上

从望道像穿越而过，沿小径北行没多远，就是横贯东西的望道路了。下课了，学子们或三五成群，谈笑风生，或踽踽独行，思绪入神……

我望着这些"天之骄子"，不知他们在说些什么，在思考什么，而我此刻却遐想不已：

　　望道路，从译业出发，从"发凡"成家，从主政泽被，无一不让世人感到：望道路上，求真有望，学问有道，无疑这是一条通往"巴别通天塔"的大道。

　　言归本书之"巴别通天塔"的建造者，其领衔主译陈恒教授，也曾是复旦学子，走过望道路。作为他的老师，我目睹这位昔日的"复旦学子"在翻译、学术等方面的非凡成就，这分明是在接续先贤之足印，行走在望道路上，其中最具影响的也是他的"巴别通天塔"的建造者的业绩：他主编"上海三联人文经典书库""大象学术译丛""二十世纪人文译丛""城市史译丛""历史学研究入门"等，其主编的《新史学》《都市文化研究》《世界历史评论》已出一百余辑，凡此种种，均惠及史林，在学界无不产生了深远的影响。

　　言归丹尼尔·沃尔夫《全球史学史》之中译，我不仅要向沃尔夫这位"巴别通天塔"的建造者、更要向陈恒教授主译的"巴别通天塔"的建造者们致敬！

插图目录

第四章

第六章

内的文人精英名人录：中间位置只露出侧脸的是威廉·希克林·普莱斯考特（William Hickling Prescott），乔治·班克罗夫特（George Bancroft）位于最右边。欧文在正中间，普莱斯考特的右侧，正对观赏者。历史小说家詹姆斯·费尼莫·库柏（James Fenimore Cooper）坐在班克罗夫特的左边。National Portrait Gallery，Smithsonian Institution，Washington，DC. Photo credit：National Portrait Gallery，Smithsonian Institution/Art Resource，NY。/ 440

48　教学。位于索邦大学的一幅19世纪壁画，画中勾画了一些法国伟大的历史学家，包括勒南（Renan）、奎内特（Quinet）、基佐（Guizot）。米什莱（Michelet）站立着，手里拿着纸张。Sorbonne，Paris，France. Photo credit：Snark/Art Resource，NY。/ 443

49　1000年前丹麦人是如何通过海峡的，1925年。从频繁重印的20世纪早期的历史大道系列历史教科书中选取的一幅插图。该图选自第二本，见 Stories from British History，London，Edinburgh，New York：Thomas Nelson and Sons，1925。The Print Collector，Great Britain. Photo credit：HIP/Art Resource，NY。/ 443

50　柏林的学者们。黑格尔（Georg Wilhelm Friedrich Hegel，位于绘画的最中间）与一些19世纪早期的柏林知识界的明星，包括威廉（Wihhelm）、亚历山大·冯·洪堡（Alexander von Humboldt）。平版印刷，由尤利乌斯·索普（Julius Schoppe）绘于约1810年。Kupferstichkabinett，Staatliche Museen，Berlin. Photo：Joerg P. Anders。Photo credit：Bildarchiv Preussischer Kulturbesitz/Art Resource，NY。/ 465

51　德罗伊森（Johann Gustav Droysen）。无名的照片，拍于大约1870年。兰克主导的柏林大学的产物。德罗伊森在历史和历史哲学方面都著有著作，包括影响很大的《史学概论》（Outline of

文献摘录

主题框目录

前言和凡例

简单说，本书的目的是为那些本科生、那些寻找此类主题相对简明导论的教师和那些对这类主题感兴趣的普通读者提供的史学史。教授历史编纂学这门课程已经许多年了，在该课程中为学生指定了不同的教材，这些教材使用了很长时间，这使我确信需要更为深入浅出的作品，但是许多年来我被大部分作品对"历史编纂学"（historiography，该术语将在以下所见的引言中被探讨）相对匮乏的研究深深震惊，这些作品涵盖了人们努力还原、理解和再现过往的各个方面的内容，其时间涵盖已知的最早时期一直到当下，在地理上也包罗万象。有些著作涵盖了很长的时间跨度，我所关注的书本中有一两本涉及全球领域，但它们都不是用英文写作的。我坚信学生们应当研究其他诸文明的"各种历史文化"而不是仅仅熟悉经过我选择后的主题；有一种讲述历史思想发展、历史书写发展和现代历史学科发展的强烈感受，这些发展直接与世界历史的某些重要运动相关（特别是几千年来不同民族和文化的融合），而且能提供"情节"，据说有关历史编纂的著作具有"情节"。

这些年来教授该主题的不同内容使我坚信学生，特别是那些将历史编纂学作为必修课程的学生，他们不喜欢大部分教材的原因是这些教材由伟大历史学家名单构成，其中大部分名字是学生从未听说过的，学生可能也从未阅读过这些人的著作，除非他们在该领域继续深入研究。因此我试图避免创建这样的名单，尽管包容的必要性和篇幅的需要意味着我不可能总是获得成功。我发现学生并非一定害怕历史编纂的"困难"或"乏味"（尽管这两个单词并不总能清晰表述其意义）。从我作为本科生第一次听到"历史编纂"这一术语并开始撰写不同种类关于历史编纂主题的论文（最后是博士论文）以来，我深深痴迷于其作为一种门类，是如何与过往进行"对话"的。我发现伟大的历史著作与伟大的文学作品一样在智力上令人激动和着迷，尽管实际上现在很少有历史学家撰写拥有广大读者群的作品。过去许多其他历史作品尽管很少具有文学价值，但仍然为我们提供开启它们时代历史文化观念的窗口，以及开启现已消失的关于学术和真理概念的线索。过去15年间我们眼界的放宽并未改变我们对"经典"历史的态度，但视野的拓宽使我通向了许多非西方的历史作品，引导采用不同的视角观察从修昔底德到当代伟大历史学家们为人熟知的"经典"。令人高兴的是，许多非西方作品逐渐被翻译成英语和其他欧洲语言，从而使之变得很容易获取。

xx

　　此书的章节是独立式的，能够被独立编排，如果读者能按序阅读，他或她能从中获得更多信息：再次重申，虽然是一个个独立的争论与故事，但这些章节之间存在主题的延续性。

　　为使该书更易于理解，使之服务于多元目标，我引入了一些通常在教材中并不能找到的关于历史编纂的文本。这些文本与主体叙述相关，但又保持一定的独立性。本书有四个特点需要特别加以解释。

　　首先，本书有一系列"主题框"。这些"主题框"对史学史中的特殊情节或重要观点，有时是历史学家个人，方法或"学派"提供了额外细节。为了强调它们和不分散章节中的描述，它们能独立阅读和从主要叙述中分离出来。

　　其次，除了在主要文本中出现的引用外，本书有一系列相应的"摘要"补充。这些被设计出来，用以提供解释性的例子，这些例子主要是关于那些我们了解并不多的历史著作或历史学家的，通常是非欧洲的历史作品（或者表示历史意识的作品，即便它们并不符合正常期待中的历史所应呈现的样态）。文中的引用通常恰如其分地阐述了本书展现的观点；摘要补充，当整体阐述时，能被独立地分离和分析。当然，教师发现这些过于简洁，希望从其他作品中获取独立的、更长的摘要，以至由特定的历史学家，希罗多德或伏尔泰所撰写的完整文本。以我的经验，学生在 12 周以至 24 周的课时中阅读大量完整的作品时间相对过于短暂，尽管我们肯定希望一部分人对他们自己所探求的主题或进行深入学习的课程主题感到激动。

再次，本书每章都有一份带有解释的"进一步阅读书目"（不是单一的混合参考书目）附于书末。有时，通常有两个或更多部分分享着几个标题，其进一步阅读的内容被组合起来；在第八章，它提供了额外的参考书目，按照国家或地区来安排，这反映了该章一个重要的主题（历史和现代民族主义之间的联系）。在该书有多种版本的情况下，我列出了我所参照的版本，有时清楚注释了该作品出版的最初时间。特别重要的是人们很容易获得一些次要的著作的现代平装版本，但事实上它们在许多年前甚或几十年前就已编辑出版了，因此它们可能被随后的学术所取代或至少修正了。

最后，本书的一个特色是包含了许多图片。除了个别情况外，会尽量避免使用著名历史学家的"肖像画廊"（与"文献摘录"保持一致）。很少情况下会选历史学家个人肖像，通常是为了展示关于他们同时代人（或以后）对这些历史学家的某些看法。在一些情形下，图片试图有助于阐释特殊观点或使读者对提及的真实展现的对象有更为清晰的概念，特别是涉及历史的实物表现形式而非书籍表现形式时更是如此（例如，印加的结绳文字和中美洲的图画史）。

变音和音译

在诸如本书所出现的众多语言和手稿中，需要我们在忠实于原文和让非专家感到具有可读性之间达成某种平衡。因此在某些情况下我采用了"最小变音"的方法。

我在其他作品中所遵循的阿拉伯语完整标准体系在试图为相对初

学者准备的一类书中（比如本书）并不详尽。我遵循了罗宾逊（C. F. Robinson）在《伊斯兰史学史》（*Islamic Historiography*, Cambridge, 2003）一书中的用法和拼写，包括字母上方和下方的圆点以及上面的横杠，但省略了重读字母。常见的专属或家族的姓名，它们通常使用英语（诸如"阿拔斯"Abbasid，"马穆鲁克"Mamluk或"默罕默德"Muhammad），变音被省却了。

在阿拉伯语中，标点符号"'"指代字母（'ayn），时常用来拼写另一字母体系，用面对里面的单引号表示；标点符号"'"则表示完全不同的特征，代表着闭锁音的符号（Hamzas）。Hamzas 和 'ayns 通常被保留下来，使用这种音译形式。

印度的姓名和文字也发重音，早期时代更是如此，但这些标志通常在现代印度和现代印度历史学家那里被摈弃了，我们遵从印度次大陆的现代学术实践。

书籍中的罗马字母标题不做调整，只是作为通常的参考书目记录而出现。

中国的姓名和文字按照拼音系统转化，其作为音译的标准方法取代了古老的威妥玛拼音（Wade-Giles）体系：这样的话，毛泽东就拼写为 Mao Zedong，而不是 Mao Tse-tung 了。将确定的西方姓名用于历史学家时这一规则有特定的例外，诸如 Confucius，其中国姓名是 Kong Qiu（孔丘）和 Kong Zi（孔子）。用西方语言拼写的中国历史学家名字，先前用西方语言出版的那些著作的名称，则遵循作者或标题真实的拼写，采用威妥玛拼音或采用拼音方法。 xxii

朝鲜文字和姓名的问题则更多，因为没有任何方法获得过支配地位，包括长期存在的马科恩-赖肖尔表记法（McCune-Reischauer system）以及各种不同的罗马化实践。因此我经常提供文字或姓名的替代拼写。

中国、朝鲜和日本的姓名首先是姓，之后紧跟着没有逗号的名。对于中国和朝鲜而言这是众所皆知和普遍的实践，但对日本而言，西方的期刊实践似乎按照北美的用法逆转了姓名的顺序，我们没有遵循这一实践，因此提到的家永三郎（Ienaga Saburō）标志着这个历史学家的姓是家永。偶尔有例外，大部分历史学家的姓名在他们的英文出版物上以西方方式呈现，标示着逗号以避免混淆；一些日本历史学家（例如本居宣长和林罗山［Hayashi Razan］）出于习惯称呼他们的名，例如宣长。与阿拉伯语一样，文字在英语用法中处于什么位置是老生常谈（例如"将军"［shogun］），变音被省略了。

形容词和名词根据外来术语建构起来，通常出于聚集一类人或文本的目的，它摒弃了变音。因此我们书写印度的史诗（Purāṇa）（名词），它实质上是关于往事书的文本。

引文或摘要文本中的音译体系不同于我们自己的用法（至于中国的例子，当我使用现代标准拼音体系时，那里大部分的翻译直到最近还遵循着威妥玛拼音方法），我维持了摘要文献或引文中的拼写形式，当然，对现代书籍、文章的标题，我也是这样处理的。因此我所指的历史学家如"Sima Qian"（司马迁）与早期提及的作者如"Ssu-ma ch'ien"是同一个人，这在威妥玛音译中是相同的姓名；Ban Gu（班固）是 Pan Gu；等等。Qing Dynasty（清朝）同样地就是 Ch'ing；Mao Zedong（毛泽东）就是 Mao Tse-tung。偶尔在我感到需要详尽叙述的地方树立标志以证明我在空白括号内插入拼音拼写的有效性。

引用和引文

为努力实现最大程度的可读性，注释保持着最低程度的使用，通常用于有着特殊观点和引文的文献，或者偶尔为主体叙述添加令人感兴趣而非必要的细节。在其他许多书本中不具争论性的、众人皆知的或包含着事实或观点的地方不提供注释。为主要引文和长篇摘要提供参考的参考书目与正文一起被完整地呈现。并非每一个在注释中引用的条目都包含在"进一步阅读书目"的内容中。

在正文中引用的史学作品的标题通常以其最初语言（如果是非罗

马字体则音译）的英译呈现，该题目在括号内遵循着引文标志；这些翻译的标题通常并不用斜体字排字，除了随后在正文中使用，或者，自然地，如果作品的特殊版本在注释和参考书目中被使用。这种略显笨拙的实践目的是为讲英语的读者提供便于理解的翻译（典型的是在我所依赖的次要著作中使用），同时也使那些乐于和能够阅读它的人易于参考回归到最初语言的作品。那里标题的意义似乎相当明显，或者完全被注释引用，没有括号内的翻译被提供，在某些情况下，为了简洁，我简单地以人们最熟悉的英文书名来提及一部作品。杂志和期刊的外国名称并不总被翻译，例如，*Historische Zeitschrift*。

日期

在过去 5000 年间，不同的民族使用着不同的历法。本书完全遵循非欧洲中心论原则，这意味着日期作为作者所描述的纪录被记录下来，例如使用穆斯林历法的回历（Hijri）。然而，这不但起不到任何帮助作用反而使我们更为困惑。当折中使用公元（CE）/公元前（BCE）的日期形式时，我选择更熟悉和简单的，使用更传统的"BC"和"AD"。

在正文中提供了历史学家（许多人并非历史学家但在叙述中是重要人物）的重要日期（在哪里获知）。日期特定的缩写被使用：

- b. ＝ 出生于，直到 21 世纪初期，历史学家依然健在的情况下使用。
- *c.* ＝ 大约，近似的年份，它并不是已知的或达成统一意见的确切年份。
- comp. ＝ 创作于……之间或由……完成。
- d. ＝ 去世于。在已知确切死亡年份的情况下（或近似于，在注释为"d. *c.*"［大约去世于］的情况下）使用。
- est. ＝ 成立，例如，杂志或历史协会。
- *fl.* ＝"鼎盛于"，换句话说是"活跃期"：通常被用于那些出

生和死亡日期完全没人知道或高度模糊不清的作者；标志活

跃期。

- r. ＝"在位期"。当记录君主时，他或她的执政年份，并不是出生和死亡的年份，被注释在括号内。同样适用于非君主但重要的官员，例如教皇。

在一些情况下，日期有多种选择，这是因为学术界对某些日期难达共识，缺乏统一认识，或者在某些情况下由于日期本身与特殊的年表牵涉在一起，而这些年表本身也是含糊不清的。

致 谢

在接下来几百页中提及的许多历史学家通常会感谢他们的赞助人、雇主、君主，以及那些为他们提供信息或有校正之功的人。对我而言，在本书中这么做也是恰当的和令人愉悦的事。

我不同的本科教师（在女王大学，最近我回到了那里）和牛津的研究生导师鼓励我对历史编纂学产生了早期的兴趣。他们人数众多以致难以一一提及，同样情形还包括几十位与我一道从事早期现代英国/欧洲历史研究以及近来研究更宽泛历史编纂史的同事，我几十年前就已经认识他们并从他们那获益颇多。在其他几个我曾经工作过的研究机构中的同事慷慨地为我提供参考和建议。相似地我从许多帮助过《全球历史著作百科全书》（*Global Encyclopedia of Historical Writing*）一书的人那里学到了许多，该书编辑于 20 世纪 90 年代，其最新的延续产品《牛津历史著作史》（*Oxford History of Historical Writing*）仍然在出版过程中。然而，我将感谢这些名字（尽管其中一些人在特定观点以至方法上并不赞同我），迈克尔·昂-丁（Michael Aung-Thwin）、迈克尔·本特利（Michael Bentley）、斯提芬·伯格（Stefan Berger）、彼得·伯克（Peter Burke）、威廉·康奈尔（William Connell）、安腾·德·贝茨（Antoon De Baets）、艾娃·多曼斯卡（Ewa Domańska）、格奥尔格·伊格尔斯（Georg Iggers）、唐纳德·凯利（Donald R. Kelley）、安·库玛（Ann Kumar）、约瑟夫·莱文（Joseph Levine，已故）、弗里茨·莱维（Fritz Levy）、克里斯·洛仑兹（Chris Lorenz）、胡安·梅夸西卡（Juan Maiguashca）、阿伦·梅吉尔（Allan Megill）、波考克（J. G. A. Pocock）、阿提拉·博克（Attila Pók）、乔斯·拉巴萨（José Rabasa）、于恩·吕森（Jörn Rüsen）、多米尼克·萨赫森迈尔（Dominic Sachsenmaier）、佐藤正行（Masayuki Sato）、阿克塞尔·施耐德（Axel Schneider）、罗密拉·塔帕尔（Romila Thapar）、爱德华·托托拉（Edoardo Tortarolo）、马库斯·维科勒（Markus Völkel）、王晴佳（Q. Edward Wang）和海登·怀特（Hayden White）。几个研究机构在过去几年中邀请我做关于历史编纂学的演讲，在那些场合中，我从提问和批评中获益匪浅；特别是 2010 年 4 月维也纳大学举办的关于全球历史编纂学的研讨会，该会议由德波拉·克林伯格-塞尔特（Deborah Klimburg-Salter）组织，允许我宣读该书的引言。我必须感谢两位年长我一代的史学史专家（我一直与他们保持通讯，但很遗憾从未亲自与他们相见）：恩斯特·布雷萨赫和已故的约翰·布罗（John Burrow），他们俩都是全面审视西方历史编纂学的专家。如果我的书本在很大程度上与他们的书有区别，特别是在地理范围上，这将驱使我更为仔细地思考这种差异的基础。

　　《新观念史辞典》（*New Dictionary of the History of Ideas*）主编玛丽娅娜·克琳·霍洛威兹（Maryanne Cline Horowitz）在 2002 年邀请我为该书撰写一篇关于历史编纂学的文章。此书是该文的扩展，我感谢剑桥出版社的迈克尔·沃特森（Michael Watson）鼓励我撰写此书，以及在许多次修订中保持的耐心。我感谢出版社的罗斯纳·迪·马佐（Rosina di Marzo）全程负责此书的出版，感谢罗斯·贝尔（Rose Bell）提供的可供效仿的复印件。我特别感谢我之前的研究机构阿尔伯塔大学（University of Alberta）的理事会，因为在有其他事务处理的情况下，他们允许我在撰写此书的初稿期间（更长时间）有一年的时间心无旁骛，并在资金允许的情况下让我前往担任阿尔伯塔大学的教务长（分管研究）以及副校长（分管学术），这使我获得许多插图，也得到助研研究生的帮助。我在阿尔伯塔大学和（2009 年之后）女王大学的研究生的学习中，主要研究早期现代英国这个领域，他们宽容我转向研究全球历史编纂学，并经常提供敏锐的反馈，我感谢马修·诺伊费尔德（Matthew Neufeld）、萨拉·沃伦辰（Sarah Waurechen）和崔扬珍黄（Jane Wong Yeang-Chui。音译）。其他研究生用其他方式帮助我（包括为我归纳以我未曾见过的语言撰写的书本），特别是塔尼娅·亨德森（Tanya Henderson）、托尼·曼（Tony Maan）和妮娜·保罗维沃瓦（Nina Paulovicova）。在女王（Queen）、主教（Bishop）、达尔豪斯（Dalhousie）、麦克马斯特（McMaster）和阿尔伯塔大学（Albert）教授许多不同层次学生历史编纂学的经历（在我早期，博士后职业阶段期间），增加了许多我对其他教材中喜欢和不喜欢的内容的感受，这当然并不总是与学生所喜欢的保持一致。

我在女王大学的研究助理伊恩·赫斯基思（Ian Hesketh），他从其他工作中抽出时间对我第一版的手稿提出了冷峻而尖锐的批评和缜密的修订，对该书最初不易处理的篇幅进行了压缩。他在保持单词清晰含义的情况下将五个单词转变成两个的能力是令人羡慕的。要不是他的帮助，此书将出现得更晚，而且篇幅将更长。他也在最后阶段为编辑每章中的重要文本和大事年表提供了无法衡量的帮助。

几位历史学家（包括一些上面早已提及的）以参考书目、特殊观点的说明和部分或全部手稿供我参阅的形式提供了额外的帮助。除了剑桥大学出版社三位匿名审阅人外，我感谢对此书重要部分进行阅读的唐纳德·巴克（Donald Baker）、约翰·本特利（John Bentley）、亚当·巴德（Adam Budd，他对最后四章的体裁提出了实在的评论）、费尔南多·塞万提斯（Fernando Cervantes）、塔里夫·哈利迪（Tarif Khalidi）和巴基·特兹坎（Baki Tezcan）；也要再次感谢王晴佳、乔斯·拉巴萨、胡安·梅夸西卡、罗密拉·塔帕尔、多米尼克·萨赫森迈尔和克尔·昂-丁。格奥尔格·伊格尔斯，他在我确信历史编纂学需要被全球化的过程中与我合作了将近 20 年，并仔细审阅了全部手稿。伊格尔斯激励我后来对 20 世纪的趋势进行研究，也激励我对该学科的当前状态进行评估，这一切研究成果与先前的打算有很大出入。

作为惯例，最后我表示最诚意的感谢。我的三个孩子，萨拉（Sarah）、塞缪尔（Samuel）和大卫（David），他们从儿童时代到成人时代给了我巨大的欢乐和自豪；他们在学龄前阶段就能发"历史编纂"的音。我的父母一直到80多岁才确信我的兴趣转移至此，并明白我一生所做的事情。最重要的是，我的妻子朱莉·安妮·戈登-沃尔夫（Julie Anne Gordon-Woolf），她照顾着我的健康，她是兼职的专业竖琴师，最近成为了大学副校长的妻子，她在地理和知识游历上陪伴着我，她是我的动力之源，在整个出版过程中她都极具耐心和理性——她是用任何钱财都不能取代的礼物。我将此书献给她。

当然，作为惯例，以上我所感谢的诸位对本书中可能存在的错误事实和判断不承担任何责任。

丹尼尔·沃尔夫

2010 年 4 月于安大略，金斯顿

导　论

动物的生活不具有历史性……另一方面人类做好准
备抗衡历史所带来的越来越大的压力：它迫使人类
接受某种观点或向一方屈服，它如同黑暗，不可见
的重负阻碍着人类的脚步，尽管它否认这一点，同
样也刺激着人类的妒忌心。①

　　"历史"存在于今天是因为人类拥有生物学的和神经学的能力去
记忆事件和围绕着那些被记忆的事件构建起因果或象征本质的关系。
它的存在也因为我们是社会的产物，我们的存活或多或少依赖于我们
与其他成员间的关系。我们从不知道谁是第一人——对他或她的过去
感兴趣，决定探寻他或她的部落、村庄或家族起源，或者是什么驱使
着这个人去这样做。这并非特别要紧的事。人类发掘过去知识的倾向
与其说是后天获取（尽管还没有勘探过"历史基因"），不如说是天
性。一位现代学者曾表示"历史是人类所普遍具有的。各个种族根据
自身的不同文化和社会制度去呈现过去的知识。历史是意识的一般形
式，这种自我或他人的过去经验意识的一般形式可以存在于外部环境
中，能转变成可以交换的符号"。②

---

① Friedrich Nietzsche，"On the Uses and Disadvantages of History for Life"，*Untimely Meditations*，trans. R. J. Hollingdale（Cambridge，1983），61.
② Greg Dening，"A Poetic for Histories"，in his *Performances*（Chicago，1996），36.

　　然而，记忆能力本身并不足以为制造历史创造条件。人类只是一种既能够构成长期记忆（超越回忆如何履行任务或如何寻找到特别熟悉的地方这样简单的记忆）又能进行交流的物种。后者的功能允许将那些记忆、其他的知识传送到其他种族成员那里。书面交流成为了增强信息远距离或长时间保存、交流的重要技术，相对来说这是最近的发展趋势，时间可回溯到大约 5000 年前美索不达米亚最早的楔形文字表、埃及的象形文字，以及中国的甲骨文。在这之前，人类依赖于口语进行交流，我们知道古代诸种文化最终学会用语言，特别是用诗歌和歌曲的形式来纪念他们古代神灵和英雄的业绩。这就是长期以来被认可的我们现在称之为历史思想和历史知识的口述起源。在本书中我将重申书写本身并不像过去所认为的那样，对历史思想和历史知识的发展至关重要，即便是在现代也是如此。

从"历史"中识别历史

　　我们现在用英语称呼的"history"单在欧洲语言中就有许多不同的称谓：法语是 *histoire*，德语是 *Geschichte*，意大利语是 *storia*，波兰语是 *dzieje*，俄罗斯语是 *история*。想到经常出现的这么多种表达方式，我们现在认为这是非常奇怪的，甚至是"非历史的"。由于本书是用英文写作的，因此我愿经常使用诸如"历史"（history）、"历史思想"（historical thought）和"历史知识"（historical knowledge）这些术语。

　　我所选词语的用法需要更为详细的阐述。为阐述清楚，我采用了以下实践。单词"历史"（history），当它在英语中使用，但并未解释或阐述清楚时，应当作为以下意义来使用，其依赖于讨论的上下文背景：

　　（1）是在被复原、思考、言说和记录过去中的不同形式（并非全

部被书写），但它们并不是由历史学家、演说家或思想家在
建构文本、演说、故事、绘画或纪念碑过程中使用的来自于
过去的证据；

(2) 作为不同于年鉴或编年史的特殊历史写作类型，用连续的散
文创作，安排在大量不连续的年表中（尽管我们认为这种区
别并不总是有帮助的，特别是在前现代时期，或者在诸如中
国这样的非欧洲背景中）；

(3) 历史"学科"在刚刚过去的两个世纪的发展。

　　所有这些多多少少都指的是对过去的陈述或者是这些陈述的制
作，而非过去本身。但是，在过去的 250 年中，"历史"获得了第四
种而且是非常不同的一种意思，它指的是"过往累积的事件"
(accumulated events of the past)，或者，甚至于当它被赋予了人格、
意图、动力和道德偏好等特质时，它就意味着"过往累积事件的明确
的方向"。当此词被从 19 世纪初期的黑格尔到 20 世纪末期的福山
(Francis Fukuyama) 的某些历史哲学家和世界历史学家使用时，它就
是这个意思；而在那些深信"历史"站在他们一边的政客、将军和形
形色色倾向的蛊惑家使用此词时，就造成了更加巨大的祸害——它就
成了压顶而来的无情的海啸，毁灭了一切挡道者，而他们自身则是置
身其中的弄潮儿。这种意义也是现代的，可以追溯到 18 世纪晚期，
尽管肯定会有历史学家或历史思想家——一些人在本书中会被探
讨——早于黑格尔将过去视为集体的、可解读的，而且是值得探究的
过去。由于我们的主题有时指这种意义的"历史"，因此当讨论作品
时我们有时必须要这么做。为清楚表示我指的是哪种用法（卡尔
［E. H. Carr］拒绝天意、世界精神和天定命运论）①，而不是我以上
列出的（1）（2）（3）中的任何一个，当历史被这么使用时我通常用

① E. H. Carr, *What is History?* (New York, 1961), 60.

大写字母写单词"History"。那么小写字母的"history",标志着一系列涵盖着关于过去之观念和陈述的不同文学(和非文学)形式,它将过去视为发生在当时和当代的一系列事件的模式,它是职业化的"学科"。

然而,这些小写历史的意义也并不全部相同,在所有文化中它们也不是以同样的方式彼此关联的:从文献宝库中提炼出内容、历史思想是可能的,反之,在单一的体裁或不同的体裁中找到不同的思想模式、历史模式、诗歌模式和神话模式亦是可能的,所有这一切就时间、和空间而言都是特定的。"大写的历史和小写的历史([H]istory)能够用并且确实是用许多体裁撰写的",这是新近撰写的一本关于南亚历史思想一书三位作者的评论。"这种选择属于历史学家,他们面对特定的读者,遵从特定时刻的偏好和苛求。单一的故事能够从一种体裁转到另一种体裁,正如其从一种社会环境来到另一种社会环境……",我们将牢记以下说法:历史是作者/演说者和读者/听众间的一种交流行为(现在通常通过言语和图解来进行,但正如我们看到的,有时也借助其他方法);关于过去的任何声明,其真实价值不仅由文本或吟诵中所包含的内容决定,而且是由历史学家认为读者将对之做出何种反应以及实际上读者是怎样确实做到所决定的。南亚的听众对此了如指掌,这是因为他们的"结构"感,当一部作品真实再现或不知不觉间变为虚构时,没有必要非得作者指导不可。① 这与保罗·韦纳(Paul Veyne)归因于古希腊,② 或者那些在 16 和 17 世纪英格兰重述关于过去流行传说的人中所使用的那种双重信仰并没有很大区别。"真实的"(truthful)和"事实的"(factual)并不等同,它们之间是可以相互转化的术语,从亚里士多德到西德尼这段时期那些论述诗学的一些作家,即便创作时没有现代的"事实"的观念,但他

① Velcheru Narayana Rao, David Shulman and Sanjay Subrahmanyam, *Textures of Time*: *Writing History in South India 1600 - 1800* (New York, 2003), 129.
② Paul Veyne, *Did the Greeks Believe in their Myths? An Essay on the Constitutive Imagination*, trans. P. Wissing (Chicago, 1988).

们都认识到要坚持诗歌的真实价值。

什么是历史编纂学？

　　另一个经常出现的单词是"历史编纂学"（historiography）。尽管该词描述着不同时代的历史写作，在本书中它指的是"历史写作"（history-writing，它的字面意义），其次是我们称为历史思想的"元"层次（'metal' level），也就是说，研究几千年多元文化中的历史本身是如何被书写、言说或思考的。像"历史"一样，"历史编纂学"也需一些定义，因为它如"历史"一样充斥着不同的意义。然而它（不同于"history/History"）显然从未意味着过去，严格意义上它被定义为过去的书面记录（音节"图解"［graph］指的是书写符号），大学课程中的"历史编纂学"课程在使用该词时不会指的是同一事物。在一些现代历史系中这是可能的，例如，学生上许多被称为"历史编纂学"的不同课程，涉及以下几点：

（1）历史方法的研究——本质上是"怎样研究历史"的课程；这一意义上的变体是历史研究的错误和谬误，或者不该怎样研究历史；

（2）回顾和研究民族地区、分支学科或历史事件中的知识状态和重要争论，例如"中日历史编纂学最近的趋势"或者（更加清晰的）"俄国革命的历史编纂学"，在这里历史编纂学指的是关于俄国革命过去和现在的知识，而非1917年前后波科夫斯基（Pokrovskii）、潘克拉托娃（Pankratova）和其他活跃的历史学家的作品；

（3）历史作品的历史，正如"从16世纪到19世纪的日本历史编纂学"，特别是评论伟大的历史学家和他们的文本，但有时向外扩大到思考非经典的作品，甚至于创作这些作品的更为宽广的社会和文化背景。

其中"历史编纂学"一词的三种用法我们不会频繁使用（1），除非必要，即便我们有机会探讨历史方法的历史，以及有时被称为历史的"辅助学科"，诸如题铭研究（研究铭文）和古文书学（palaeography，古老或陌生书法的译解）的历史；一些著名的历史错误和过失也被顺便提及，特别是许多臭名昭著的"伪造"。（2）的用法也不会经常出现。该词使用的地方通常由以上（3）所定义。在这个意义上，本书自始至终是历史编纂学的再次操练，这是由于它更具全球范畴，较从希罗多德开始经过 19 世纪的德国人利奥波德·冯·兰克一直到今天的传统研究而言，因为它们始终排除欧洲或北美边界之外的任何地方。但在这里必须增加两个更深层次的条件。首先，在过去一些文化中"历史编纂学"一词逐渐获得了第四种可能的意义（4），它在西方用语中现在已不通用了，正如其与"历史"（history）非常相近或同义，也就是说，对过去的描述。例如，当文艺复兴时期和 17 世纪的作者希望提及历史作品的作者（通常包括他们自己），他们通常无差别地将两者混合起来。因此 16 世纪早期，或许被同时代的评论家描绘成"历史学家"的佛罗伦萨作家弗朗西斯科·圭恰尔迪尼，被其他人描绘成了"历史编纂学家"。后来到 18 世纪中期，伏尔泰使用了这两个术语，尽管他以自己为例归纳了历史编纂学家（*historiographe*）和历史学家（*historien*）之间的重要区别（参阅以下第六章），历史编纂学家是官方资助的编辑者，而历史学家是有着出众体裁能力的独立作者，他只是向他的良心和公众做出了回答。当涉及那些不但书写过去而且书写关于过去的作品的杰出群体时，这两个术语混合在一起使事情变得更加复杂。这个数字并不大，但它跨越世界，并且可以回溯好几百年前直到古代，包括从 8 世纪的中国评论家刘知几到 16 世纪晚期的法国学者让·博丹（Jean Bodin）和亨利·德·波普利尼埃尔（Henri de la Popelinière），再到现今的作者诸如已

故的古典学家阿尔纳多·莫米利亚诺（Arnaldo Momigliano）等著名
人士。这些个体中的大多数人撰写历史和历史编纂学，后者被认为是
"史学史"或"对历史学家过去和现在之实践和信念的思考"。

　　这产生了第二个条件。本书是特殊类型的历史编纂学操练，即是
一种历史思想史和历史著作史。其主题是研究直至20世纪为止的大
部分人但并非全部，这些人既是出于个人的兴趣又是心目中有更广泛
的社会或政治目的从而复原和/或再现了过去。书本本身也是历史，
因为它以叙述的形式讲述了一个一段时间以来关于特定主题的故事，
该主题是该书作为范本的体裁或实践。狭隘地讲，该书并不是（3）
或（4）的意义上的历史编纂学的历史，不管是欧洲的还是更为全球
性的，如果我们局限于所有的历史是被书写或印刷的，它呈现于纸张
或一些相似的材料之上的现代观念的话。当然，这也是重要的主题。
然而，我深思熟虑地称本书为《全球史学史》（*A Global History of* 　　6
History），不是《全球历史编纂史》（*A Global History of Historiography*），
或《全球历史著作史》（*A Global History of Historical Writing*），因为我希
望在其范围内有其他一些通向过去的路径，这完全不同于历史书写。
提供两个例子，这些包括从远古时代开始的口述传统或目睹的直接证
据，除了不可抗拒地倾向于书面语外，历史学家和其他人定期将其作
为获得过去事件的可选择的方法来使用。它们也包括用以呈现过去的
非抄写形式，其中一些只是简单地写在纸张或羊皮纸之外不同的媒介
上（例如古代美索不达米亚的石头编年史，或者中国商代的甲骨文），
但其他则是严格的听觉或视觉材料而非图表。后者很好的例子是哥伦
布发现美洲大陆以前秘鲁安第斯民族使用的结绳记事，这结合着口述
表演记录他们的过去，他们没有书面语。

　　已经说了这些，但本书还没有关注于所有时间和世界上每一个地方
呈现过去的所有形式；本书的目的并不是试图将包罗万象的历史编纂活
动和实践者详细记录下来。换句话说，这是世界性的和全球性的史学
史，但并不是全部的世界史学史。一些国家经常需要详细记述，其他国

家则不时一笔带过，还有许多国家则压根没有提及过，采用沉默并非断然地暗示这些国家没有历史编纂学，或者借用埃里克·沃尔夫（Eric R. Wolf）的名言，"没有历史的人"（people without history）。① 此书并不是历史学家和历史编纂学的词典或百科全书（尽管现在有基本类似的百科全书），好求知的读者不要为了寻求对立陶宛或斯里兰卡的历史著作，或者更重要的英国、美国或中国历史著作的简要描述而依赖此书，更不用说将其作为所有国家"伟大"历史学家传记细节的参考来源了。② 就历史呈现的类型而言，几种类型业已被排除在外，包括历史小说和历史戏剧以及最近的历史电影和流行节日。在叙述中保留了它们的附带位置，至少这并不是因为众多过往时代并未对戏剧或诗歌和散文间的"历史"做出明确区别，甚至也未在诸如伊丽莎白时代的英国人拉斐尔·霍林斯赫德（Raphael Holinshed）出版的散文编年史和莎士比亚利用包含在该种编年史中的材料创作的历史戏剧之间做出明确区别。我们不能彻底排除如莎士比亚这样的作者，更重要的是我们在考虑古希腊人如何思考过去的过程中也不能忽略荷马，因为字面真实和想象性修辞的边界通常是含糊不清的（在长达一个世纪乃至于更长的时间里，人们以历史为"有关过去的真实故事"，这样的提示在此之后出现或许是符合事物发展的顺序的，尽管如此，我们不需要许多 20 世纪晚期的理论书籍来告诉我们这些）。除了在本书最后一章一笔带过外，我们不会强调历史的公共表现，诸如纪念碑——皮埃尔·诺拉（Pierre Nora）和其他人在最近几年引起我们注意的记忆之场（*lieux de mémoire*）——或者公共庆典（例如 1989 年法国大革命的两百周年纪念），或者学校教材中历史课程的沿革。所有这些都是有价值的、重要的主题，但其他人比我更有资格书写它们，在本书中全部囊括它们将导致书本变得不易处理的冗长和无可救药的离题，这样它也就无法很好地为读者服务了。

---

① Eric R. Wolf, *Europe and the People without History* (Berkeley, CA, 1982).
② 关于这一问题，参阅下面的"进一步阅读书目"。

不同的全球史视域

　　让我们再一次研究我们已经熟悉的"历史"这一术语的不同名称。翻译并非总是正确,知道这点是非常重要的,许多文化并没有与我们"历史"相一致的词汇,因为它们并没有使用相同的方法构建历史知识,或者根据相同的范畴将文字表达进行分类。例如中国汉字"史",音译为"shi",经常表达为历史或历史学家的意义,但它最初意义为"书吏"或"抄写者"(与西方相比,汉语中"史"并不存在等同于"过去"这一用法)。史的意义在 16 和 17 世纪发生了改变,从此它开始真正表示历史而非抄写者。诸如"国史"和"通史"这种不同称呼最终出现了。[①] 前哥伦布时代的美洲民族有保存和回忆过去的方法,在某些情况下并不包括书写——例如前面提及的结绳记事和中美洲绘画历史。直至最近,许多非洲民族依赖于口述传统,尽管在某些地方书写产自于本土(如在埃塞俄比亚)或者通过与基督教特别是伊斯兰教的接触而产生。

　　最后这点对当下著述的概念非常重要。因为历史以不同的形式和样态出现,我们不能用内容混淆载体——即便载体本身清晰地塑造着内容,因为传播和交流的有效形式以及它如何选择保存形式决定了我们所能知道的内容。居住在这个星球上的诸多不同文明用不同方式构建着过去,阐述着其与当下关系的不同观念,涉及用不同的术语表述其表现。这些必须采用自己的价值观,通过自己的标准,而非现代职业历史学家狭隘的标准来判断。另一方面,它们不应被完全孤立地研

8

---

① 这些名词本身是作为连续统治王朝皇帝言行的记录这一历史概念后来的衍生说法,而非"中央国家"所有民族累积的记录。"国史"真正出现在汉代(参阅第一章),但该术语最初开始与历史的书面描述相关是在唐朝(参阅第二章),当时出现了几部标题为"史"的作品,它们表示一个或诸多王朝的书面记述。"通史"则来得更晚一些,其指的是综合历史的书写,其范围超越了单一王朝的历史,尽管"通"字是在唐朝使用的。在现代汉语中代表"历史"的这一组合词最早出现在明朝。我非常感谢王晴佳所提供的关于汉字"历史"一词用法的帮助。

究，正如世界史是不同民族间遭遇和冲突的故事，因此史学史本身阐述着已知过去的不同模式，它们彼此经常联系并显然相互影响。借助后见之明的优势，似乎现在世界上所有不同潮流的历史思想都汇入了专业历史的洪流之中，它建立在欧洲特别是 19 世纪德国学术实践的基础之上。但这一结果并非是不可避免的，也并非一定是类似的征服，因为在许多情况下西方实践被其他国家中的社会改革家采用，甚至于热衷追求，这些人寻求在经久不衰的本土实践，以及对他们而言受到限制的本土实践中做出选择。或许更为重要的是，影响并不总是单向的。当西方历史逐渐成为主导模式时，它也被相遇的其他历史知识形式深刻影响，即便通过与异域但次要的"他者"的比较也更加明晰了应该是什么和不应该是什么的历史定义。16 世纪的西班牙历史作品肯定对新近发现的美洲历史的书写产生了巨大影响，但现代早期撰写历史的传教士必须使他们的作品适合当地的材料——适合那些本土口述材料和象形文字实践材料。我进一步思考这些接触，不断发展了对史实性模式（modes of historicity）的可替代选择的意识，这些接触迫使欧洲人对他们曾认为的真实历史的"内在范畴"做出某些决定，从而也为 17 和 18 世纪欧洲态度的强硬做了准备。这也为 19 世纪西方对历史的霸权成就获得设置了时间表——我在一章中称之为"克丽奥帝国"（Clio's Empire）。我曾使用克丽奥的肖像，她是希腊缪斯，被认为是宙斯和摩涅莫辛涅（Mnemosyne，记忆）的女儿，在本书中经常作为西方历史文化，最后是地球历史文化的符号和图像。本书的封面以克丽奥惹人注目的肖像表现突出了历史和帝国间的联系。该画是 19 世纪早期艺术家的作品，画家希望引发对拿破仑"历史"成就的注意，这通过抓住缪斯的经典的着衣肖像实现了，帝王罗马风格的半身像在其右边（观看者的左边），罗列着（用法文）拿破仑成就的石板向许多代表着世界人民的人像展示。半身像本身借助桂冠和铭文"Veni, Vidi, Vici"——短语"我来，我见，我征服"——由普鲁塔克和苏维托尼乌斯（Suetonius）为尤利乌斯·恺撒（Julius

Caesar）所题，一目了然地将拿破仑与古罗马联系了起来。克丽奥的姿势朝向左边的半身像，右手则持着石板（在绘画的中心是现代语——法语，而不是拉丁语），几位克丽奥召集的观众举起右手承认，显然默许法国的霸权。当时一些人舒适地站在前排，其他人挤在后面，还有一些站在最后的人则努力挤进规模适中的古典神庙，包括一部分来自拿破仑军队从未行军到的地区的人。在实际尺寸的画中，在右边可以看到蒙古或中国的东方人像，可以观察到当他们斜着倾听时他们的左肩倚靠着石柱以保持平衡，这一暗示表明即使是未被征服的地区也希望融入世界新秩序。在视线边缘之外，有一位戴假发的人像，可能是英国人，其在胸前划着十字，也表示顺从。但在视线中，在东方观察者的下面，我们可以看到其他不明确的少数民族人像，当他们抬眼望着天堂时紧握着双手——感谢的祈祷吗？或者，人们惊讶，他是一位静静祈祷解救的人吗？

　　艺术家亚历山大·韦隆-贝勒古（Alexandre Veron-Bellecourt）并未对研究和书写过去的活动做出任何形式的阐述，这是关于拿破仑在辉煌时期在不同方面获得成功的绘画的一部分。用我们的语言来说，韦隆-贝勒古关注的是大写的历史（History），不是小写的历史（history）。这些绘画未有意预言之后两个世纪的发展，这一进程处于克丽奥帝国，而非拿破仑帝国之中，它终将繁荣起来。在渴望涵盖全球的一本书中，人们问我们为何允许较次要的古典神灵代表全世界的历史编纂学？这是否并未给特殊种类的历史以特权，一种观察过去的特殊方式？确实如此，但这并不是因为我希望以西方代表全球的隐喻。我的观点正好相反：在西方世界，我们传统上追溯到古典时代的历史结构和实践在过去几个世纪的进程中变得全球化了，并产生了形形色色的后果。本书试图解释这是如何和为何发生的，也展示了欧洲人研究过去的方法，它在 19 世纪晚期和 20 世纪早期形成了学科，更好地适应或改变以迎合完全不同的文化。

　　这提出了一个更深层次的问题。随着"世界历史"和近来"全球"史在过去几十年中逐渐在学术和课程上获得认可,包含一切内容的高贵计划显然栽倒在欧洲中心主义这一沙洲上。另一方面,假如我们简单地"增加亚洲(或者非洲,或者拉丁美洲,或者波利尼西亚[Polynesia]便以为万事大吉了",那么我们获得的是以一个单独的世界历史编纂学同质化的堆积景象,在巨大的现代历史之湖上神奇地覆盖着世界历史编纂学之水,仅仅从西方的角度才能观察这种史学。所有关于过去传统的历史写作、思想、歌唱、绘画和铭刻都能够成功地升华为取得成功的欧洲事业,这看上去像《星际迷航》(*Star Trek*)

10 传说中的博格人(Borg),或者,更不幸的是,成为17世纪哲学家莱布尼茨的一个单子(monads),它以很小的部分反映着整体。正如有名的爱德华·萨义德(Edward Said)所观察到的,不同学科领域所谓的普遍性,其中包括历史编纂学,是"极端的欧洲中心主义,似乎其他文学和社会不是拥有较差的机制,就是拥有优越的价值",这是萨义德追溯到启蒙运动思想时所发出的独创观点。①

关于此种包罗万象的历史编纂学有很多方式,它们借用了被归结于兰克学派和19世纪的历史主义(在第七章将详细讨论该术语的定义)的一个原则——将每一个历史文化都视为独一无二的和有着独特价值的。但是另一方面,如果我们简单地叙述许多平行的史学史——不管是西方还是东方——我们将冒着失去观察力的危险;我们不仅会错过"大场面"——尽管这可能仅仅是点彩风格(pointillist)的"大场面"——也会错过不同历史类型之相对规模、重要性和大小的感受。自始至终,不管采取哪种变通的办法,我们可能冒的风险是:有意义归纳的任何愿望、发现能够到达真理边界的任何愿望。在这里,简明的比较能够起到帮助作用,通过比较就可以注意到,历史文化之间相互意识到彼此的存在比历史文化之间的相互作用要久远得多。就像其他一直活跃的欧洲中心主义的历史编纂学家一样,柯林武德

---

① Edward Said, *Orientalism* (London, 1978), 44.

(R. G. Collingwood) 不喜欢比较，他认为这无助于我们对特殊事件的理解。[1] 他的错误在于将所有的比较工作与得出一般法则混为一谈了，没有一位现代比较主义者希望这么做。但柯林武德并不是作为外部观察者而是作为内部观察者的立场来进行撰写的，这种内在观察者居于占主导地位的"历史观"（Régimes d'historicité）的核心（由法国古典学家弗朗索瓦·哈托格［François Hartog］创造的有用短语）。[2] 这是从 19 世纪以来在对过去的研究中占据统治地位的"观念"，它只是在最近受到了后现代和后殖民主义的批评而产生了动摇。

假定西方模式占据主导地位，那么宣称"史实性（historicity）的所有形式都是平等的，并且能和谐地生活在一起"，这将是非常愚蠢的，因为显然不会发生这种情况。麦考尔·西格尔（Micol Siegel）表示在任何世界历史的叙述中潜在的冲突是叙述自身的展现，或者是"历史思想无法逃脱的面相"，正如具有影响力的后现代历史编纂学家和文学评论家海登·怀特曾在其最重要的一篇文章中所指出的，它将虚幻的现实赐予了过去。[3] 我们可以进一步延伸到一个元问题（meta-problem）上：怎样叙述历史编纂的历史。因此本书的挑战是要讲述一个连续的世界范围的史学史故事，这部史学史既没有涵盖一切的瞬间万变的历史——虽然它美丽而令人炫目，但最终是短暂、瞬息和无意义的，或者相反，也没有进行一场漫长的、必胜主义者的叙述，这不可避免地导致现代学术的产生。所有历史都不是等同的，也不能用同样的方法去研究。我们并未对吠陀时代的《往事书》（*purāṇas*）或米斯特克人的绘画史（Mixtec painted histories）进行这样的研究——宣称它们是处于萌芽之中的西方历史，或者乐观地断言，它们

---

① R. G. Collingwood，*The Idea of History*（1946；Oxford，1961），223.

② François Hartog，*Régimes d'historicité：présentisme et expériences du temps*（Paris，2003）. 哈托格使用该短语主要是描述对过去、现在和将来之间关系的态度的改变，而不是追寻过去知识的学术框架，但这两者并非毫无联系。

③ Micol Siegel，"World History's Narrative Problem"，*Hispanic American Historical Review* 84（2004）：431–446，at 434；and Hayden White，"The Value of Narrativity in the Representation of Reality"，in *The Content of the Form：Narrative Discourse and Historical Representation*（Baltimore 1987），1–25.

真实的价值实实在在地是它们作为欧洲同时代的"对应物";假如真是这样评价的话,其创造者一定惊讶于我们对其如此阐述。相似地,我们并不真正知道史学史的叙述将如何结束,犹如我们不知道是谁开创了它一样。当最后一个男人或女人书写或说出关于历史的最后一句话时,才能这么做,直到此时,任何结论都是暂时的(我们希望此人有时间获得答案,彼时的人都在倾听这个答案,不过这似乎不大可能)。12 和 13 世纪的中世纪编年史家无法想象 15 和 16 世纪的人文主义历史作品,更不用说想象上一个世纪的学术机构,或年鉴学派了。过去半个世纪以来学科的渐进式分裂,混合着后现代主义、女权主义和后殖民主义所带来的挑战,我们将在第九章讨论这些问题,这一切在悲观主义者看来都是历史所要遭受的迫在眉睫的危机;这座历史大厦历经许多代人得以建起,我们在这里相当舒服地待了一个多世纪(尽管经常对其重新装饰和修缮),现在正处于这样一种境界:许多知识分子从不同方向关闭这座大厦,企图加以摧毁。或者,大厦可能进入一个新的全球黄金时代:过去 10 年大型数据库、互联网和在线研究的革命,采用许多不同于我们过去所使用的方法进行研究成为可能,无疑这将开启探寻的新途径。就历史而言,我们并不知道当下发展趋势会把我们的继承者带到何处。借用黑格尔那著名的肖像——密涅瓦的猫头鹰(the owl of Minerva)现在继续安静地栖息在枝条上。

历史学科的"兴起"——一个胜利宣告的传说?

那些有时称为现代"学科"的东西——这是一个被教授和学生喜爱而不是为公众所喜爱的学术术语——历史"学科"拥有一系列清晰的专业准则和实践将近 150 年,通常被大部分人所理解,尽管历史学家的适当主题是什么最近受到了挑战——来自可替换实践和真正不同历史感的挑战。依附于这个学科的"专业"在某些方面是巨大的、不

同性质的国际技艺行会，如同医学院或法学会一样竞争激烈；它基本
上管辖和执行自己的准则和规则。诸如粗心引用材料的不当行为导致
了书评者的尖锐批评；剽窃这样的死罪或正相反，捏造文献（在早
期，这并非罕见的实践）被触犯者的同事极其严厉地对待，导致嘲
笑、谴责、专业耻辱，甚至于下岗这些不当行为。有一些事情总处于
各种严重行为之间，从低劣假研究、不能正确判断材料，到不加查证
轻易接受事实等。现代历史学家所走之路是危险之路，每一个路口都
充斥着危险，激进、激烈的评论家通常隐蔽在暗处，他们高高在上地
观察，准备在第一时间进行出击。已故的休格·特吕弗－罗贝尔
（Hugh Trevor-Roper, Lord Dacre，1914－2003）是一位伟大的散文作
家，他精彩地评论了他人撰写的质量欠佳的作品。在 20 世纪 50 年代
的"上等阶级争论"（Gentry Controversy，一场有关英国都铎王朝期
间向上层社会流动的争论，有证据支持他），特吕弗－罗贝尔完美地攻
击了英国伟大的社会历史学家托尼（R. H. Tawney，1880－1962）和
特吕弗－罗贝尔的同时代人、年轻的劳伦斯·斯通（Lawrence Stone，
1919－1999）的一些研究方法。但是 30 年后猎人反而被猎了。现在
被授予爵位的达克雷勋爵，在其整个生涯中一直"为红方打赌"（bet
on red）①——也就是说，选择怀疑主义的缺位——突然和不幸地将
所有累积获得的好名声置于黑色之上。他过早地讲述了一系列伪造
的日记——由聪明的德国骗子捏造，好像出自阿道夫·希特勒本人
之手。这种职业晚期判断的失效严重玷污但并未（也没有）完全破
坏他的声誉。"discipline"（学科/规训）对于鲁莽的判断似乎是个文
雅词语。

　　以"书写过去"为面目出现的历史编纂学（historiography）是怎
样最终在现代时刻出现的，这一问题已经再三说过，其开始于（至少
就最近时期而言）爱德华·傅特（Eduard Fueter）经典的《新史学

―――――――――
① 这一措辞的转向我归功于彼得·伯克（Peter Burke）在 2007 年 11 月 27 日与作者的
　交谈。

史》（*Geschichte der Neueren Historiographie*，1911），该书比此书的出版恰好早了一个世纪。尽管傅特的书只以早期文艺复兴为开端，但已经证实该书是自那个世纪以来诸多"史学史"中的典范。就英语世界而言，一系列重要的历史学家纷纷呈现出他们对学科的过去的叙述。[①] 1921 年，意大利哲学家贝奈戴托·克罗齐（Benedetto Croce）将史学史观察与一些观念的解释联系在一起，来考察史学史是如何运作的，其中一些内容他的英国同仁柯林武德在 20 年后也进行了说明。乔治·皮博迪·古奇（George Peabody Gooch，1873–1968），他是一位新闻记者，受挫的政治家和非学术性的多产历史学家，对 19 世纪进行了系统的叙述——这是一个相对比较短的时期，学科在这个时期内变得专业化并进入到学术监督体系的时期。古奇早年与剑桥大学历史学家约翰·阿克顿（John Acton）的接触，促使古奇撰写了真正意

13　义上他所描述的史学史体系的产品；其长寿使之在两次世界大战后有机会进行第二版的系统修订。最近，唐纳德·凯利对西方历史思想的研究提供了智慧和具有洞察力的三卷本作品，已故的约翰·布罗撰写了词藻优美的《史学史》（*History of Histories*），该书为了追求所选重要作品分析的深度故意避开了广泛性。所有这些作品中的故事在案例的强调和选择上都有所差异，但总的说来它们都是惊人地相似——同一剧本的不同表演。剧本本身——尤其是那些撰写于 1990 年之前的概述——以一种不太严肃的口吻铸就，并通常以欢乐的情调结束于现代世界的历史编纂学之职业化、学术化。这些剧本特写了一串熟悉的人物，几乎全部"千篇一律"——它们所列举的是通常史学史所进行的研究：从修昔底德到汤因比，从希罗多德到赫克斯特（Hexter），从古代编年史到现代年鉴学派。

　　因而对此一点都不用感到惊讶。在我们已经专业化了的学科内部，我们将通往当下历史编纂学的旅程描述成 18 世纪的道德传说，

[①] 参阅下述"进一步阅读书目"，这里列举了过去一个世纪英语世界有关这一问题研究的主要著作。

其中处女克丽奥为了维护其荣誉经历了不同的挑战，几乎犯下一些错误的转向，逃避贪婪的意识形态和放荡文学的诱惑，逐渐成长为今天杰出的成熟女性。西方的"谱系"（它们与历史相关），希腊人借此成为罗马人，罗马人借此成为基督徒等等，和《旧约》这样品质的谱系相比（这包括不断延续的摩西立法者，逃离埃及的奴役，避免知识的荒芜等），还不够完善。希罗多德（或者修昔底德或者波里比阿）之后产生了李维和塔西陀，李维和塔西陀之后产生了优西比乌（Eusebius）和奥古斯丁，优西比乌和奥古斯丁之后产生了一千年来的编年史家，编年史家产生了莱昂纳多·布鲁尼（Leonardo Bruni）、瓦拉（Lorenzo Valla）和博丹，布鲁尼、瓦拉和博丹之后又产生了维科、休谟、沃尔夫（F. A. Wolf）和吉本，维科、休谟、沃尔夫和吉本之后又产生了兰克、蒙森和罗宾逊（James Harvey Robinson），在他们之后则又产生了 20 世纪的史学家。到目前为止这只是欧美中心主义的历史编纂学的故事，这并非完全不准确，但这并不能当作史学史。作为谱系，它剔除了旁系和次系一脉，更不用说那些混杂谱系了——有缺陷的后裔一直以来就没有被承认过。

　　这种知识史有诸多问题。最显著的是目的论倾向，其纯粹的"辉格派特征"（whiggishness），赫伯特·巴特菲尔德爵士（Sir Herbert Butterfield，1900 - 1979）在 20 世纪 30 年代第一次使用该术语并使之闻名于世。事实上，可能没有任何历史像史学史本身那样辉格化了。现在的研究强调关注历史编纂学的各个特殊阶段，并拒绝将它们置于伟大故事（Great Story）之中；他们也试图将历史作品置于社会和文化背景之中，或者他们从史学史的发展与成长的愉快叙述转向更深入地质问伟大历史文本的文学特征和修辞特征。然而，在某种程度上，叙述不能避免，需要讲述一个历史是如何从彼时到现在发展的故事。由于最近的研究，我们能够讲述一个版本更为复杂的故事，和以前相比，这个故事包括失败的开端和较之前更少的英雄崇拜。借用汉斯·凯尔纳（Hans Kellner）的话，我们处于这样一种位置：使史学史更

14

少线性发展，更加"曲折"①地发展。

　　第二个问题在上面早已指出：简单地说就是假设只有西方创造了"合理的"历史编纂学，而其他大部分文化都没有。②或者，正如普卢姆（J. H. Plumb）指出的，当面对令人印象深刻的中国成就时，只有获得对材料的批判态度以及与过去的距离感才能产生"我们意义上的历史"。③根据这一思考路径，其他文明（中国、伊斯兰）是失败者，至多进行了美好的尝试和努力而已。最糟糕的情况（古印度、东南亚），它们用掩藏在其中的偶然发生的真实有用信息创造了神话。或者，它们完全缺乏历史写作（前殖民时代的非洲、美洲土著人），甚至历史意识——通常认为没有写作这是不可能产生的——一直延续到现代西方史实性到来后的迟到启蒙。普卢姆认为古代中国的史实性并不等同于西方的史实性（或者，正如我们所看到的，即便是现代中国）的观点肯定是正确的，正如他正确指出了道德说教和学究说教之间的区别，后者驱使着从古代到1800年间的诸多西方历史编纂学，之后西方承继的是在道德说教方面更加不明晰的学术历史。但这是否意味着只有现代或者只有西方创造了"真实"的历史？这是本书探究的问题之一。

东西方历史编纂学

　　当然即便在使用诸如东方和西方这些术语中也存在着基本问题：

---

① Hans Kellner, *Language and Historical Representation*：*Getting the Story Crooked* (Madison, WI, 1989).

② 该短语使已得到其他一些比较有趣的研究在很多情况下变得没有说服力，见 Donald E. Brown, *Hierarchy*, *History and Human Nature*：*The Social Origins of Historical Consciousness* (Tucson, CO, 1988).

③ J. H. Plumb, *The Death of the Past*, rev. edn (1969; Houndmills, Basingstoke, 2004), 13, 20 - 21, 该版本新的引言由尼尔·福格森（Niall Ferguson）所作, 第 xxxiff 页。普卢姆彻底地将中国不能发展出历史（原文如此）归咎于缺乏任何重大的历史问题, 统一的过去没有任何重大断裂, 以及缺乏冲突的过去（诸如欧洲与犹太教和伊斯兰教的对抗）, 其实还不如假设中国是孤立的（正如他知道的, 这是神话而非现实）：同上, 第 111—112 页。

它们暗示在欧洲有核心参照点。在方位术语中，从一位 18 世纪日本观察者的角度看，"西方"包括中国，"东方"则包括辽阔的太平洋。更严重的是，这两个术语都是抽象的词汇，词汇的便捷性在相对应的二元分类下，将许多完全不同的、没有关联的文化聚集在一起。称呼世界其他地方为"非西方"强调了这一问题——通过二元对立的和非此即彼的二级分化而必然产生的问题。[①] 毋庸置疑，该书的一部分故事肯定是通过西欧史实性来反映全球霸权的成就（从悲观角度而非乐观角度来看，这一成就或许只是暂时的）。换句话说，该书九章内容的叙述遵循着以下进程：在过去几个世纪中，探寻往昔的可能路径在逐渐减少；占主导地位的一系列广泛的规则和惯例的建立，排斥了其他不同的历史实践、可供选择的态度，以及相互抗衡的信念——它们在昔日世界各地起着探寻往日的作用；它们中许多都被抹杀了，这不仅来自于现代历史事业的抹杀，也来自于我们对这种史学事业存在之深刻理解的抹杀。考虑到这点，我（有些不情愿，完全注意到它们的相关性和局限性）采用了诸如"西方"和"西方的"这种公有化术语，和过于简单的地理术语如"东亚"甚或"欧洲"，作为方便的集合名词或变体名词——这些名词依附于思考过去、表现过去的制度——体系事实上是非常易变的、内在竞争的、暂时的。简而言之，诸如此类的这些术语在整本书中都能读到，不过似乎要标上固定的引用标志。

15

　　在后面的章节中我们将偶尔回到欧洲中心主义的问题，但是大部分史学史（比如说，不像"世界历史"）的弱点在本质上与其说是欧洲中心主义，不如说是有些人所称的唯欧洲主义（Eurosolipsism）。处于地图中心的事物或叙述中心的事物，至少可以确认存在着外围部分，即便人们可以争论什么是中心，什么是外围。但对大部分西方历

---

① 当单词"West"和"Western"在本书大写时，表明不是地理方位或地区（例如西欧），而是来源自西半球有影响力的知识、文化和权威，包括其衍生国（例如美国、澳大利亚），它们与亚洲或美洲土著文化形成鲜明对比。某些地理区域如东南亚、东亚和近东为了遵照惯例也被大写了。

史编纂学而言，正如在一个世纪的研究中所呈现的，并未如创作整个故事一样将理解过去放置在中心位置。外围的、排除的、边缘的、次要的、他者的——不管你喜欢什么术语——并不只是可还原的补充办法。也许这些根本就不存在。在这方面，一些现代早期和启蒙时代的前辈，包括给后殖民主义目标带来恩惠的人物，如18世纪的文献学家威廉·琼斯（William Jones）和19世纪的功利主义者詹姆斯·米尔（James Mill）——这些人比我们做得好——经常转向其他方法，对之并不总是怀有敌意。他们至少承认在欧洲之外存在着通向过去的可以选择的道路，即便他们也相信这些道路将引导到没有意义的地方。这是关键点，正如以上所表示的，本书的争论之一是：西方历史编纂学不断重复和略显保护地塑造着自我，掩饰内部的危险和知识焦虑，作为对在战争、贸易过程中以及其他接触形式中遭遇的其他历史类型的回应。巨大的讽刺是知识的这种西方形式——将其构建成不同于与之相应的东方和"非历史的"的某种东西——到19世纪得到彻底的升华，对其方法感到自信，目标觉得清晰（它们与西方的成功相联系），它可以相当轻松地行进——有时通过邀请——到世界上那些先前容纳16　不同历史观念的地方，如何和为何会这样那样记载过去的地方。第二个讽刺是：即便拥有当地心甘情愿的赞赏者，欧洲历史实践并不能大规模移植到外国社会（今天只有美国民主制被输入到没有民主经验的国家）。在许多情况下，为了获得更广泛的接受，它们需要进行一些修正。正如20世纪所书写的历史故事，大致的适应和妥协在历史故事中已经被省略了，伴之以补充大部分的当地历史实践。

　　这种省略发生在20世纪一类用同情装点门面的杰出历史编纂学家如赫伯特·巴特菲尔德（巴特菲尔德尊重中国历史编纂学的某些方面以及奇特的穆斯林人物如伊本·赫勒敦［Ibn Khaldūn]）身上；在其他人那里则强化了这种观念：在与西方接触之前任何时代都不能书写历史。在休格·特吕弗-罗贝尔职业早期讲述得不太引人注目的话语中，他驳斥了欧洲人到来之前在非穆斯林的非洲没有任何历史的存在：

大学生通常被期刊变化的风向所引诱，要求教授黑非洲的历史。或许，在将来，有一些非洲历史需要教授。但现在则没有，或非常少：只有欧洲人在非洲的历史。其余大部分是黑暗，就像前欧洲时代、前哥伦布时代的美洲历史。黑暗并不是历史的主题。①

并不是在前文字社会中就没有历史可以研究，这么做的强烈企图应当是社会学家、考古学家和人类学家所追求的。对历史学家而言，这样的历史研究就是偏离了重要事件，历史之"有目的的运动"（这里用大写字母 H 的意思）。18 世纪的哲学家很容易用那样的话语进行书写，特吕弗-罗贝尔补充警告：反对此类离题，借助于"我们可能忽略自己的历史，以绘声绘色、不计报酬、来来回回地描绘野蛮部落为乐，而且这些部落又是全球各地互不关联的：在我看来，历史之中的部落，其主要功能是要为当下呈现出过去的形象，这种形象通过历史已经消失了"。②

这些话语经常被重复引用，它们为挑衅的、令人震惊的不当概括树立起典型榜样，这样的概括通常为自身的矛盾提供了证据：就是这种错误成为四十年来非洲民族主义者追寻价值的战斗口号，成为其他人处理非欧洲世界其他地方的战斗口号，这些地方包括美洲土著文化（顺便提一句，这彻底打垮了对特吕弗-罗贝尔言论的粗暴批评）。但是特吕弗-罗贝尔在清楚表达他那个时代以及之前几百年间究竟什么实际上广泛占据统治地位时受到了不公正的指责。我们可以看到于 17
16 世纪出现在新世界的欧洲遭遇者的早期例子，它们一直延续到近代。20 世纪早期的英国右倾主义者张伯伦（Houston Stewart Chamberlain）对中国和非基督教社会较尼采有着更为可笑的见解，

---

① H. R. Trevor-Roper, *The Rise of Christian Europe* (London, 1965), 9. 引言里是诸如此类的骇人听闻的评论，它最初出现在 1963 年投放的一系列电视演讲中，该书试图严肃地将欧洲置于世界背景之中去研究，但通常被忽视了。
② 同上，第 9 页。

一再认为它们没有历史，"没有"不但意味着"没拥有"（这肯定是错误的），而且意味着"外在的"，黑格尔在 19 世纪也有着同样的立场。当杰出的美国历史学家丹尼尔·布尔斯廷（Daniel J. Boorstin, 1914 - 2004）在 1955 年拜访波多黎各后返回，他在《耶鲁评论》（*Yale Review*）中连篇累牍地进行奇异的评论（这种情况至少持续了半个世纪之久），即该岛没有值得讲述的历史，这种情况至少一直持续到 1898 年它成为美国保护国为止；尽管这种观念遭到了波多黎各历史学家强烈的反对，但它在另一个使布尔斯廷论证失效的美国人出现前几乎存在了四分之一个世纪。[①]

在世界其他一些地方，则存在与这种否定历史的观点不同的看法，那里的历史意识是这样一种与之截然不同的信念：历史是统一的、连续的和文化的普遍现象。1987 年，一位美国历史学家作品的视"统一的主题一直赋予历史的连续性"为不言自明的存在，她将其与人类被定义为"理性的、政治的动物"[②] 这样的概念联系起来。其他人则调整了这一说法，认为历史思想事实上是人类共同的特征，只不过它发展的路径不一样，这取决于各个具体的文化。"人类是历史的动物"——20 世纪 80 年代早期两位杰出的非洲民族主义者评论道——通过观察历史意识也"反映了它所属的社会"，[③] 从而迅速验证了这一陈述。人类本性有一个天然属性：那就是有人害怕对历史思想进行概括，甚至不愿意知道历史。要承认这种情况：不知道历史的人，其生活事实上是非常愉快的，别来打扰我。例如人类学家马歇尔·萨林斯（Marshall Sahlins）提出夏威夷文化是"无历史"（historylessness），这种"无历史"就是由土地的连续再分配，防止门阀势力的形成以及超越个人生活经验的谱系记忆所诱发的。有人认为

---

① Allen Woll, *Puerto Rican Historiography* (New York, 1978), 1 - 2.

② Gertrude Himmelfarb, *The New History and the Old* (Cambridge, MA, 1987), 25. 人们怀疑作者在她的分析中涵盖了非西方和前近代的历史观念。

③ B. Hama and J. Ki-Zerbo, "The Place of History in African Society", in Ki-Zerbo (ed.), *General History of Africa*, vol. 1: *Methodology and African Prehistory* (Paris and London, 1981), 43.

新西兰毛利人生活在一种"永恒轮回"中，他们远祖的行为与当代人非常相近。① 我们都不应寻求将"历史"作为荣誉的一种徽章施加到每一种文化身上的那些方法，更不要试图将那些可替代的记忆模式或历史模式非得与西方历史范畴搅和在一起不可。研究美国土著人的历史学家加尔文·马丁（Calvin Martin）进行了相似的观察。"我们历史学家……在我们设想的印第安人场景中处心积虑地放置了闹钟——同样为他们提供了错误的时间。也就是说，我们让他们成为了'历史的人'：将我们时空中的术语和生活观念施加在他们身上，将我们的过去时代积累的变化中的事实、不断变化中的人性施加在他们身上。"② 人们认为曾经没有历史的文化不一定始终都没有历史，正如人种史学最近一直争论的格陵兰岛的因纽特人和加拿大的因纽特人之间的关系。③ 已故人类学家克劳德·列维-施特劳斯（Claude Lévi-Strauss，1908－2009 年）很早以前提出了"热"社会和"冷"社会的概念，作为"没有历史的人民"的最佳选择，指出任何文化对过去都有一种态度，这种态度一方面在努力使它们的制度永恒和持久的情况下摈弃对当下的影响，另一方面这种态度或者"促使历史进程国际化和使之成为历史发展的推动力"。④ 我们应当意识到欧洲各种文化在不同时代所表现出来的对变化所带来的同样的矛盾心理，甚至当这些文化进行通常意义上的书写历史实践时亦是如此。

透视现代史

后殖民主义评论家迪佩什·查卡拉巴提（Dipesh Chakrabarty）用著名的短语欢呼"欧洲的地方化"（provincializing of Europe），指出欧

---

① Marshall Sahlins, *Islands of History* (Chicago, 1985), 51, 59.
② Calvin Martin (ed.), *The American Indian and the Problem of History* (New York, 1987), 16.
③ Yvon Csonka, "Changing Inuit Historicities in West Greenland and Nunavut", *History and Anthropology* 6 (2005): 321－334.
④ Claude Lévi-Strauss, *The Savage Mind* (Chicago, 1966), 233－234.

洲传统上提供的用以衡量世界其他地方的标尺是值得商榷的。① 也就是说，让欧洲历史编纂学仅仅成为几个方法中的一个是困难的。正如大多数后殖民主义学者所承认的，正如在本书后面一些章节中所坚持的，欧洲派生的西方历史编纂学形式——完成于学术制度和专业机构——获得了对书写或思考过去之其他形式的全胜。即便在西方历史方法被传播所在地拿来并作为针对其政治或社会结构的武器时，这也是一种似是而非的真实（参阅第八章）。更加令人感兴趣的问题，首先是这种形式的历史如何变得这么有影响力，其次，假如没有"征服者"，这种情况会发生吗？"征服者"与"被征服者"（或在某些情况下是"消失者"）接触时，"征服者"在某些方面也受到影响。正如多米尼克·萨赫森迈尔（Dominic Sachsenmaier）敏锐地关注到的：

> 假如只是简单地将从西方到其他地方的这种传播视为这种世界性现象的历史编纂学兴起之背后唯一的力量，那将是错误的。不如说，各种理性文化，现代学术制度和以大学为基础的历史编纂学的全球传播都是以跨地区和当地背景的复杂"多层面手法"（jeu d'échelles）发生的，发生于殖民势力的形成、解放运动、跨国的知识网络和其他因素中。无论如何，学术意义上的历史编纂学之许多特征——诸如强大的欧洲中心主义世界观的出现——并不只是被视为所宣称的原始欧洲传统的输出品，它也是大陆扩张的结果，许多复杂的社会政治转型缘起于此。当欧洲学术开始深刻影响其他地方的历史研究时，西方历史编纂学转型了。②

19

---

① Dipesh Chakrabarty, *Provincializing Europe: Postcolonial Thought and Historical Difference* (Princeton, NJ, 2000). See also Vinay Lal, *The History of History: Politics and Scholarship in Modern India* (Oxford and New Delhi, 2003), on "the history of ahistoricity".

② Dominic Sachsenmaier, "Global History, Pluralism, and the Question of Traditions", *New Global Studies* 3: 3 (2009): article 3, at 3 - 4. See also Roxann Prazniak, "Is World History Possible? An Inquiry", in Arif Dirlik, Vinay Bahl and Peter Gran (eds.), *History after the Three Worlds: Post-Eurocentric Historiographies* (Oxford, 2000), 221 - 239; Pamela Kyle Crossley, *What is Global History?* (Cambridge, 2008).

在本书中我的计划是采用相似的角度，至少在叙述史学史的不同观点上部分符合迪佩什·查卡拉巴提的说法，而不是传统的说法。因此，这些叙述手段呈现出许多不同的历史编纂学传统，就大多数时间而言是许多平行发展的，但也相互杂交和交叉的。这些传统体现在不同的体裁中，这些体裁由各种可供选择的纪念活动和交流形式（口头的、图像的、字母的）表达出来，产生于有着巨大差异的社会和政治环境中。当叙述有时必须以非线性的方式进行时，从全球的一个地方迅速转变到另一个地方，我希望使读者确信更加多元地、复杂地了解史学史是可能和必需的——证明探索过去有许多途径，关于过去究竟为什么这样重要是有不同理念的。

大事年表

公元前 24 世纪	《魏德内尔编年史》
约公元前 22 世纪	苏美尔王表
公元前 10 世纪-约公元前 7 世纪晚期	《塔纳赫》（《希伯来圣经》）
公元前 8 世纪	《同步史》
公元前 704—前 681 年	《同名编年史》
公元前 7—前 6 世纪	新巴比伦编年史系列
约公元前 480 年	《春秋》（"春秋编年史"）
约公元前 420 年	希罗多德《历史》
约公元前 400 年	《左传》（"左氏编年史"）；修昔底德《伯罗奔尼撒战争史》
公元前 2 世纪中叶	波里比阿《通史》
约公元前 90 年	司马迁《史记》（"太史公书"）
约 90 年	约瑟夫斯《犹太古史》《犹太战记》《驳阿庇安》
约 105—117 年	塔西陀《编年史》《罗马史》
约 111 年	班固《汉书》（"前汉或西汉的历史"）
约 361 年	《岛史》（"岛屿编年史"）
约 391 年	阿米阿努斯·马赛里努斯（Ammianus Marcellinus）《史记三十一书》（"叙述史事的三十一书"）
约 5 世纪	《毗湿奴往事书》

第一章 根基[①]

23

引　言　我们的故事要从遥远的四千多年前开始讲起，我们的起点是古近东已知最早的历史记录形式。本章在全书中覆盖的时间跨度最长，达成百上千年之久，我们的开端是美索不达米亚、埃及和以色列人。之后，我们将转向希腊人，他们不仅促成了缪斯女神克丽奥（参见图1）的人格化，亦创制了"历史"一词。而后，我们将转向希腊人的古代继承者——罗马人。由于我们把史学史视为全球现象而非简单的欧洲现象，我们也追寻着与之相平行的（在这一点上，就我们所知，非交叉性的）源于东方最古老的中华文明的历史文化。在这些为时久远的若干个千年之中，在美洲、非洲，甚至于澳大拉西亚（Australasia），或许存在着历史思考、纪念之事，但我们将把这些地方放到后面的章节、时代——等到有更坚实的史学实践的证据出现——来考虑。最后，我们在这里之所以讨论与众不同的南亚历史文化（从时间上说，此种文化远远超出了欧洲古代的界限），是因为它能为任何诸如此类的观点——今人唯一可用来看待古人的视角是西方史学的若干种类型——提供清醒的解酒剂。

---

① 本章大部分日期，除非特别标注，都是公元前。

24

图 1　克丽奥，主司历史的缪斯女神。罗马大理石像，约公元 130—140 年，在这里，缪斯女神被呈现为一位罗马女性。残缺的左手或许持着卷轴。Museum, Cyrene, Libya. Copyright Gilles Mermet/Art Resource, NY.

古代近东

　　近东是一个复杂的多语言地区，它从埃及、后来的以色列人之地出发，经黎凡特，将美索不达米亚本土、赫人之地（在安纳托利亚、叙利亚北部）包括在内。这里是许多悠久文明的栖息地，它们并未用相同的方式或相同的书写形式追忆、保存历史。留给我们的证据并不完整，因为它们来自石碑、石板或岩石上的铭文，以及纸草上的文献。这些东西大部分没能完好地保存下来。追寻"历史"概念是惘然的，更遑论讨论"历史"的著作了。在该地区的任何语言中都没有与"历史"或者"历史编纂"相匹配的词汇，尽管希伯来词语 *tôledôt*

（谱系）、*divrê hāyyāmîm*（往事录）可被认为是它们的近义词。[①] 术语非常重要，特别是在对古人的思想进行归类时。如此，范畴类的术语也是非常重要的了——希腊人对历史的总体分类非常认真，正如两千年后的文艺复兴人文学者一样。不过，如果以语言上的术语或文学类型的匮乏，从而得出"其时无历史"的结论，那将是极不明智的。

图2　帕勒莫石碑，著名的古王国王室编年史的五片残片之一，其他（残片藏于）开罗、伦敦。所有残片都是长方形的黑色闪石石碑的一部分，碑上刻着历代前王朝统治者的名字、尼罗河洪水的泛滥程度和王家调查报告。刻于公元前 25 世纪。Museo Archeologico，Palermo. Photo credit：Erich Lessing/Art Resource，NY.

25

---

① Piotr Michalowski，"Commemoration，Writing，and Genre in Ancient Mesopotamia"，in Christina Shuttleworth Kraus（ed.），*The Limits of Historiography：Genre and Narrative in Ancient Historical Texts*（Leiden，1999），69 – 90，at 70.

有关古埃及的历史意识，特别是人们对前后相继的历代王朝——古王国、中王国和新王国——的追怀行动，定然有许多看法产生。由第一批法老所记录的"编年史"很少有留存至今的，早期的一个样本是残缺不全的"帕勒莫石碑"（Palermo stone，公元前25世纪，其得名源自西西里帕勒莫的石碑残片）（参见插图2），上面铭刻着从前王朝时期到公元前3千纪中叶第五王朝的王表。许久以后，希腊化时代的埃及人马涅托（Manetho）很可能在其《埃及史》（Aegyptiaca）中使用了这些材料，其中流传下来的寥寥无几。我们知道的是，记载图特摩斯三世（Thutmose III，约公元前1479—前1425年在位）战史的编年录，由一个文士以摘选形式拓写在一座神庙的墙上，因而保留了下来。在古近东其他地方，还可见到由赫人、叙利亚人、腓尼基人创作的不同历史铭文、文献。"勇迹录"（Tablet of Manly Deeds）创作于公元前7世纪古赫梯王哈图西里一世（Hattusili I）统治期间，按年记录史事的王室编年史延续了数百年时间。赫人似乎是最早关注历史之教化功能（特别是政治功能）的人，他们也通过求助于过去来解释特殊的情况或者通过使用轶事来提出建议、告诫。然而在美索不达米亚本土，人们第一次发现了人类有意记述过去的确凿证据，特别是在巴比伦人、亚述人中间。而前后交替、居住在两河（底格里斯河、幼发拉底河）之间土地上的不同人群，发展出了以泥版为载体的原始字母书写，他们也创造了呈现历史的初级形式，比如王表、年鉴、编年录，他们还创造了保存自身历史记录的容器，还有图书馆、档案馆。

许多最终被书写下来的故事，其出现早于书写的发展，它们以前通过口耳相传留存下来。"史诗"体裁与英雄、国王的勇迹、冒险相关，它常与诸神联系在一起，是最古老的历史叙述形式。许多史诗叙述的轶事是传说，里面的英雄要么有所夸张，要么纯属子虚乌有，虽则如此，这却不能作为历史或历史思考缺乏的证据：这些故事的吟诵者和倾听者几乎肯定在一定程度上相信其文学真实性或者至少相信其所体现的道德原则。尽管叙述的大部分是传奇性的轶事，现存最古老的史诗《吉尔伽美什史诗》，以同名英雄乌鲁克（Uruk）王的名字来命名，因而与历史有一定的联系，正如后来公元前一二千纪的巴比伦史诗一样。进一步讲，伟大的希腊史诗《伊利亚特》和《奥德赛》，由游吟诗人荷马创作，描绘了公元前 8—前 5 世纪的希腊人所认为的本族古代史的内容。史诗与证据确凿的"真实"人物的名录（在我们看来，它更像历史），两者之间的界线通常是模糊不清的。作为《吉尔伽美什史诗》开篇的一个突出特征，同样的一个巴比伦词语"tablet-box"，亦指谓貌似历史的纪念性铭文，它也就是前 3 千纪晚期著名的"古什传奇"（Cuthean Legend），人们猜测它出自阿卡德王纳拉姆辛（Naram-Sin）之手。

与被认可的历史文献关系密切的是另一种文本，在广泛意义上人们可称之为"编年类的"文献，它们按照一定顺序，特定事件配上特定日期，下属的次级文类有"王表""年鉴""编年录"（参见主题框1）。其中最早的是苏美尔王表，它或许产生于公元前 22 世纪，存在于几本相当晚后的校订本中。它上溯至神话时代，但在后期却超越了单纯的名表，其意图在于以究根问底的态度，指出某些统治者的历史真实性是不确定的，这体现在"谁是国王，谁不是国王？"的话语中。除此之外，苏美尔王表还是用特定眼光记录史事的用心之作，作者所处时代的状况令此成为必要。其他既存的苏美尔—巴比伦历史记录形式包括建筑铭文、石碑和其他耐用的媒介。至于编年录，则用第三人称创作，早期所谓的《王国编年史》（*Chronicle of the Single Monarchy*）文献是其开端，该文献或许源自阿卡德时期（公元前24—前 22 世纪）。其他文类，比如天文志，在建立精确的编年史网格、用以作为撰史背景上发挥了作用。无论是公元前 2 千纪的巴比伦人还是其在前 1 千纪的后继者新巴比伦人或迦勒底人，他们都是心思敏捷的天文学家、热心的名表制作者。

27　主题框 1　王表、年鉴和编年录

这些不同类别的"编年类"历史文献之间有所区别，但常被混为一谈。"王表"正如该术语所表明的，大部分是前后相继、未加修饰的列王名录（尽管它们通过回溯历史的方式被建构起来，从而可能带有了历史性，苏美尔王表的情况看似就是这样的）。年鉴、编年录更加复杂，它们的区别带有些许人为的痕迹，事实上，它们有着多样的联系。简单说来，一部"年鉴"是年度史事的简单罗列，不掺入大量的附加信息或评论。相比之下，"编年录"则按年编排，夹叙夹议，尽管它们在年度范围内构成自足的整体（常以轶事或题外话的面目出现）。但是，包含相对细致的叙述的编年录，可分解为不同的年度板块，这些板块亦名"年鉴"，这就让事情变得更让人疑惑了。简而言之，年鉴可以作为长篇作品的组成单位。此类长篇作品或可是名为"年鉴"的文学形式，或可是所谓的"编年录"，还可是在编年基础上写成的连续性历史著作。

与巴比伦人相邻的亚述人与自己的巴比伦对手分享着共同的苏美尔文化，讲着阿卡德语的方言。他们也创作了历史文献。亚述王表肇始于一连"17 位住在帐篷里的国王"，并一直延续到前 8 世纪晚期，其涵盖范围和结构表明：它是从我们需进行基础性"研究"的其他文献那里编撰出来的。亚述王家铭文包含许多年鉴，它们从前 13 世纪早期开始写起，用第一人称创作。它们描述了某些战争的过程，这是巴比伦、苏美尔文献所没有的。亚述人也创作了用第三人称写成的编年录，如《同名编年史》（*Eponymous Chronicle*），它接连叙述了列王（直至辛那赫里布 ［Sennacherib，约公元前 704—前 681 年在位］）历年的军事征伐。最后，亚述人创作了许多据称对未来之事进行预测的"预言书"。

亚述人、巴比伦人对待过去的态度，其间的细微差别已经有人指出。亚述王家年鉴大部分采纳第一人称，取夸张的散文形式，用国王自己的口吻进行创作。亚述人的《同步史》（*Synchronistic History*）是公元前8世纪的文本，其不同寻常之处在于拥有引言、结论，它在描述自公元前15世纪到前8世纪早期的边境纷争时，毫无例外地指责巴比伦人，而从不记载亚述人的挫败（参见文献摘录1）。《提革拉-毗列色编年史》（*Chronicle of Tiglath-Pileser*）记在石板上，它描述了公元前12—前11世纪亚述—巴比伦的关系。至于来自前7世纪早期亚述统治期间的《以撒哈顿编年史》（*Esarhaddon Chronicle*），同样倾向于从亲亚述的视角看问题。相比之下，那些巴比伦人自己的描述通常更加客观，既提及他们的胜利也谈到了自己的失败。

亚述人的历史宣传：《同步史》

28

- 卡尔杜尼亚什（Karduniash）王卡拉因达什（Karaindash）和亚述王亚述尼拉里（Ashur-bel-nisheshu）签约就边界之事共同立誓："亚述王普祖尔-阿苏尔三世（Puzur-Ashur III）与卡尔杜尼亚什王布尔那布瑞亚什一世（Burnaburiash I）立誓稳固边界线。"

- 在亚述王亚述-乌巴利特一世（Ashur-uballit I）时，喀西特（Kassite）军队反叛亚述王之女穆巴利泰特-舍鲁阿（Muballitat-Sherua）的儿子卡尔杜尼亚什王卡拉哈达什（Karahardash），并杀了他。他们选任无名氏之子喀西特人纳西布伽什（Nasibugash）为王。

- 亚述王进军卡尔杜尼亚什为自己的外孙卡伽因达什（Karjaindash）报仇。他杀掉卡尔杜尼亚什王纳西布伽什。他任命布尔那布瑞亚什二世之子小库瑞噶尔祖二世（Kurigalzu II）为王，让其登上父亲的王位。

- 在亚述王恩里尔-那拉里（Enlil-narari）统治时期，小库瑞噶尔祖二世作卡尔杜尼亚什的王。

节选自 A. K. Grayson，ed.，*Assyrian and Babylonian Chronicles*（Locust Valley，NY：J. J. Augustin，1975），158–159。本书编者在这里补充的话没有使用括号，而换行符在格瑞森（Grayson）的文本中有所保留。

29

图 3　镌刻《巴比伦编年史》(公元前 605—前 594 年) 部分内容的楔形文字泥板, 文字见于泥板正面。新巴比伦王朝, 约公元前 550—前 400 年。British Museum, London. Copyright British Museum/Art Resource, NY.

公元前六七世纪产生了更多新巴比伦编年史系列之类的作品 (参见图 3), 时间跨度从公元前 747 年一直到前 539 年波斯占领巴比伦。晚期巴比伦编年史系列接续这一历史时期, 直至公元前 3 世纪, 到那时, 与希腊人的联系开阔了作者们的视野。早期文献的不同衍化形式也出现了, 比如"王朝编年史"(Dynastic Chronicle), 它实际上是王表, 是古老得多的苏美尔王表的晚期版本。最新的巴比伦著作出自贝洛苏斯 (Berossus) 之手, 他与公元前 3 世纪的埃及人马涅托同时。贝洛苏斯的原创著作 (用希腊语而非阿卡德语写成) 无一幸存, 尽管这些作品在希腊化、罗马时代享有大名, 尽管在那个时候, 它已毫无疑问经过了人们的修改、编辑。虽然如此, 由于后世作者引用它的关系, 它成为我们拥有间接或部分认知的诸多古代文献之一。

作为公元前 6 世纪巴比伦人权力的继承者, 波斯人将以更加审慎的态度接续这种撰史活动。就阿契美尼德王朝 (Achaemenid) 两位君主居鲁士大帝 (约公元前 6 世纪) 及其子冈比西斯统治时期而言, 人

30　们未曾发现什么撰史证据。大英博物馆有所谓"居鲁士圆柱"(Cyrus

cylinder）的泥版（参见插图 4），上面用巴比伦楔形文字镌刻了居鲁士对巴比伦的征服，它看似源于美索不达米亚而非波斯。不过，大流士一世（约公元前 521—前 486 年在位）凭借多语并列的贝希斯顿铭文，成为第一位撰史的波斯王。该铭文的段落通常以"大流士王说"作为开始，它也是出自波斯君主之手的最长文本，通常而言，它还是被人们认为具有史实性的唯一文献（在它回顾了大流士统治初年史事的意义上）。

柯林武德（1889—1943 年）是一位受人尊敬的考古学家，后来成为了重要的历史哲学家，他很不愿将任何近东或《圣经》文本视为具有真正史实性的文献。与柯林武德许多值得引用的话、整体表述一

图 4　居鲁士圆柱，公元前 530 年。上面记载了波斯居鲁士对巴比伦的征服以及巴比伦末代君主拿波尼度（Nabonidus）被捕。British Museum, London. Photo credit: Erich Lessing/Art Resource, NY.

样，此论看似失之苛刻了。[1] 有证据表明，不同于直来直去的王表或简单记录渐次发生之事的编年史，某些撰史者尝试以历史作为自己的创作对象。由于难见连续性地撰史或编年史写作的传统（如有这样的传统，作家只需对发端于前辈的著作进行增益便可），故此，许多著作定然是我们如今所谓"研究"——对早先的诸多材料进行检验、选择和校对——的成果了。许多作品超越了单纯将史事联系起来的层次，渴望发挥建言、咨询或警示的功能，这是全球史学史大部分时间里反复呈现的一个主题。史学的训诫目的兴起于美索不达米亚早期最负盛名的某部史书，即古巴比伦的《魏德内尔编年史》（*Weidner Chronicle*），这部宣传性的作品可追溯到公元前 3 千纪早期，虽然如此，它在很大程度上是为公元前 24—前 23 世纪的阿卡德萨尔贡王朝说话的。该书只存留在相当晚后的复本上，它可谓最早有重现、保存史事以资当下、后世垂鉴之清晰意图的历史作品之一，就该书的情况而言，它意图推进的是马杜克（Marduk）神崇拜的传播。《魏德内尔编年史》有关阿卡德萨尔贡及其孙纳拉姆辛的叙述以神灵对话的框架出现，它比较了前者对神的虔诚和后者对神的不敬，最终的结果是野蛮的古提人（Gutian）倾覆了阿卡德。神的眷顾、惩罚，如一条长河，流动不息，这种经久不衰的解释是成百上千年里一个反复出现的主题，并由此而构成了史学的早期开端。当人们将后来亚述人击败巴比伦人归于马杜克对晚后列王的不满时，这种解释在公元前 7 世纪早期再一次浮出水面，并且，在《希伯来圣经》所记的以色列子民一再受难于外邦东道主的内容中，人们还能反复看到它的身影。

犹太历史思想的兴起

事实证明，没有其他的西方文明如以色列人（或后世由其发展而

---

[1] R. G. Collingwood, *The Idea of History* (1946；Oxford，1961).

来的犹太人）那样在史学上难加解释。和大部分近东文化一样，以色
列人（或犹太人）既无指称"历史"又无指称"神话"的词语，他们
似乎对这两者间的区别并无任何强大的信念。有关《塔纳赫》（《希伯
来圣经》）中历史意识的独特性，有人提出了在一定程度上有所夸大
的说法，他们甚至达到这样的程度，将希伯来人而非希腊人，看作历
史（至少是史学）的创造者——在大量史事累积、朝向神所指定的终
点的意义上。现代对《塔纳赫》不同板块的序列、年代情形有着精巧
得多的理解，这就让上述结论更趋复杂。现在，人们知道，《塔纳赫》
出自众人之手，其创作年代从大卫王时期（公元前 10 世纪）直至巴
比伦之囚时期（公元前 6 世纪）。

　　现代神学家、基督教宗教史家所偏爱的另一种理论是这样看的：
希伯来人的一神教以及他们对与单一神立约的信仰让其有了一种无与
伦比的对过去、现在、未来的独特意识，以及一种线性的时间意识 　32
（迥异于世界其他地方［包括各古典文明］的循环时间观）。在希腊、
罗马作家的著作中，有人的确既发现了线性的时间意识，又发现了循
环的时间意识。与此不同，有关希伯来人时间意识的上述观点由于这
样一个确凿无疑的证据——希伯来人写到的大量历史循环——而变得
不可信。其中最明显的一个历史循环是神对选民不断变换的喜怒态
度，这导致选民在尘世上反复经历着奴役、解放，被囚、释放。的
确，作为犹太经典的一个重要组成部分，象征、预示的使用是难以在
严格的线性、末世论时间观的基础上加以想象的，尽管以前之事由后
来之事加以完成，蕴含着进步而非单纯的重复之意。从背景上看，我
们同样难以将以色列/犹太的历史意识完全看作其地理背景的产物，
或是认为前者与后者完全无关，因为以色列人与该地区的其他民族很
早就有了联系。

　　撇开这些不论，在更不完整的来自美索不达米亚的证据中，我们
很难寻见存在于《塔纳赫》中的某些东西。20 世纪的《圣经》学者
面对着这样一个事实，也就是，如果按字意去读《圣经》，他们会发

现难以为继；他们所持的是那时广为人所接受的一种态度——完全以资料的可信性作为评判史书价值的尺度。他们有时区分了非历史的口头传说（或曰 *Sagen*）与更可靠的书面文献（*Geschichete*）（这些术语之所以是德语，是因为近代学术研究很多是用这种语言展开的）。《塔纳赫》中最无可争辩的"历史"部分，在其描述了确实存在于历史上的时代、人物、事件——我们因相关的外部文献证据而对此表示理性的相信——的意义上，可以认为是出自某一作家之手，他也就是所谓的"申命派史家"（Deuteronomistic Historian）。这部分内容起自《申命记》（《摩西五经》或《托拉》［Torah］的最后一本经书），直至《列王纪下》。不过，即便是这个部分，其可靠性亦受到挑战。最近的学术研究由此而质疑《塔纳赫》的史实性（即其事实性的根据），不过，这不必然否定这样一个观念——人们能在该书中找到撰史活动（有意识地呈现过去的努力）的痕迹，尽管是从不意在呈现平凡（与信仰相对）真理的撰史活动。在《创世记》的早期谱系以及《撒母耳记》《列王纪》《历代志》更带编年史色彩的记述中，人们既能发现追念历史、将其如实记录的努力，又能发现有关以色列人作为选民的浓厚天命意识。此种天命呈现为一个线性的发展过程，一个反复出现的得胜—挫败循环正是通过它运作起来：最初，神将自己的子民从埃及人的奴役下拯救出来；而后，神因为悖逆、罪或偶像崇拜的缘故不断惩罚犯了错的以色列人；再后，将他们从前后相继的压迫者手中解救出来。这个成就是令人震惊的，如果人们将它与 1500 年的大流散时期——弗拉维乌斯·约瑟夫斯（Flavius Josephus，约 37—100 年）与 16 世纪之间——犹太俗史作品的匮乏相对照，情况尤其如此。16 世纪也就是犹太人仍散布在欧亚大陆并开始重新发现正规历史研究的时期。

在所有犹太人中，生活在古代行将结束之际并将最切近古典意义的史学的东西带给我们的是约瑟夫斯。约瑟夫斯的创作时间晚于《塔纳赫》作者数百年，他在犹太、罗马—希腊化世界都留下了足迹。这使其成为我们将不断看到的某个现象的早期典范，这个现象也就是历史学家出身于某种文化，而在另一种文化氛围中、以另一种文化的风格进行创作。约瑟夫斯成为罗马公民，并采用了其庇护人韦巴芗（Vespasion）、提图斯（Titus）皇帝的家族姓氏，即"弗拉维乌斯"（Flavius）。所有这些，加上在加利利反抗罗马期间未能与其同伴共同赴死，导致两千年来人们对其品质的诬蔑。但其历史作品（幸存下来的版本用希腊语写成）的价值看似无可置疑：事实证明，他的《犹太古史》是有关犹太社会、法律和宗教风俗的珍贵文献；他的《犹太战记》是有关犹太人及其敌人之间的冲突（从塞琉古王朝于公元前164年攻占耶路撒冷到约瑟夫斯时代圣城遭劫、圣殿被毁）的有用之作。这些著作既叙述了犹太古史，又证明了犹太人在罗马治下平静生活的能力，在他眼里，叛乱不过是一代又一代偏执狂的"杰作"。在更进一步的作品《驳阿庇安》中，约瑟夫斯通过力辩犹太传统更悠久的历史，对自己的某些希腊前辈作了批评，这就显明了后世一再凸显出来的一个特色，也就是人们就制度、民族、宗教以至家庭的相对年龄（relative age）进行争论。

希腊史学

约瑟夫斯的创作时间在希腊史学500年发展历程的末端。希腊人有充分理由在史学史上占有突出地位，即便人们为此常常忽视了更古老、更东边地区所取得的成就。为什么要突出希腊人呢？首先，"历史"一词本身源于希腊，最早在哈利卡纳苏斯的希罗多德（Herodotus of Halicarnassus）手里与对过去的研究联系起来（参见下文）。其次，正是借助希腊人，欧洲开始习惯性地将史书与其作者联系起来。虽然有某些匿名的希腊著作，我们在很大程度上却知晓绝大多数现存著作（即便许多是残缺不全的著作）的作者的名字，至少，人们可对此加以推测。的确，在某些情况下，我们手上所掌握的不过是作者的名字，不过是知道此人在某时写了本史书，此书曾为当时或后世的作家所熟悉，但已不传于今。再次，由于希腊人，我们丢弃了（尽管只是暂时的）相当狭窄的年鉴、编年录形式，虽然编年史的写作并未遭此命运。

34　　　　希腊历史思想的源头存在于史诗中，特别是荷马的《伊利亚特》、《奥德赛》。这两本书描绘了亚该亚人（Achaeans）在特洛伊战争中及其后的英雄事迹（其时属于青铜时代）。它们将许多人类行为交替性地归因于人类情感或神灵意志。借助最早的希腊散文史家的帮助，就接下来数百年的情况而言，我们更加全面地深入到了人类活动的领域，尽管神灵的介入特别是某种无法形容、预测之力量的影响会对人类活动造成干扰。这股力量被后世称为"命运"，但希腊人称之为"提喀"（Tyche，希腊语是 Τύχη）。希腊人与腓尼基人有联系（后者转而与美索不达米亚、埃及打过交道），这种联系或许使得希腊人掌握了字母文字，先前通过口头传播的荷马史诗则在其最初为人吟唱的数百年后最终形成书面文献。资格最老的散文史家以笼统的"logographers"（希腊文 λογογράφος，严格地来说是指散文作家）之名著称，他们大多来自爱奥尼亚（Ionia），一个位于希腊"已知世界"（oecumene）最东端的地方。他们的作品通常是我们现在所区分的神话、历史的组合物，其材料来源兼有史诗和作为写作对象的那些城市的年鉴。

在相对短暂的两三百年时间里，希腊人通过不同写作体裁对过去作了探索。按照如今所认为的发生顺序，它们依次包括：谱系或神谱；人种志（对某些异地及其人民风俗的研究）；当代史／"正"史／借助因果关系对系列事件的连续描述；时历（计时系统，主要依据官员的任职年份）；城市志（某些城市的编年史）。不过，正是在公元前 5 世纪的雅典，人们才第一次看到了"历史"一词，遭遇了两位不仅其作品几乎完整地保存下来且其大名亦为我们所知的史家。

　　他们中间排头的是希罗多德（约公元前 484—约前 420 年），当然，在探寻过去上，他肯定也有自己的前辈。除了荷马，这些前辈还包括神谱作者赫西俄德（鼎盛年约为公元前 700 年），其《工作与时日》引入了相继衰落的不同时代的概念（黄金时代、白银时代、青铜时代、英雄时代和黑铁时代）；莱斯沃斯岛的赫拉尼库斯（Hellanicus of Lesbos，约公元前 490—前 405 年）是希腊时历写作的开创者，他对不同编年史调和问题的关注让其得享大名。爱奥尼亚作家米利都的赫卡泰乌斯（Hecateus of Miletus，鼎盛年约为公元前 500 年，有时人们将他归为散文史家）非常重要，这首先是因为在自己的《寰宇记》（Periodos Ges）中，他建立了以亲身旅游、目击报告为基础的人种志写作体裁，次则是因为在自己的《谱系》（Genealogiae）中，他通过严格区分虚构、事实为后世作家提供了样板。

　　希罗多德从母邦哈利卡纳苏斯被逐出来，浪迹天涯。诚然，将他视为历史的"发明"者是错误的，不过，他是第一个使用与过去相关联的词语——ίσιορια——的人，虽然并非有意为之。翻译成 historein 的这个希腊动词，其实际含义为"探索"，希罗多德使用相关的名词 ίσιορια（historia，或者，用爱奥尼亚语来表达：historiê）来指称"探索"（可能还有"发现"）之类的东西，他对于时间的晚近并未加以特殊考虑。不管怎么说，希罗多德对时间、空间是同样感兴趣的，他对这个世界的好奇心在很大程度上应归功于希腊地理学家和公元前 6 世纪的一种文学体裁——地理志（Periegesis）。或许我们还可以说，希罗多德创造了具有独特人格的史家形象，这是我们能从他自己的文字中读出来的。他的希腊前辈尽管并非无名之辈，但仍然形象模糊。不过，正是由于希罗多德，我们看到了一类史家的第一个真正实例：他们有着自我认同，有时还透漏出个人信息，在其他时候还对某些史事施加自己的想法或判断。修昔底德和以后的希腊史家延续了这种趋势，一直到公元前 1 世纪晚期哈利卡纳苏斯的狄奥尼修斯（Dionysius）为止，史家事实上有责任明白无误地坦白自己的偏好、

35

方法和偏见，乃至在谈到以前的史家时自己的态度。

图5 希腊史家希罗多德、修昔底德的双头方碑，来自法尔内塞藏库（Farnese Collection）。希腊化时期的雕塑。Museo Archeologico Nazionale, Naples, Italy. Photo credit：Alinari/Art Resource, NY.

几个世纪以来，希罗多德的地位历经多次兴衰，但现在普遍认为他和修昔底德堪称一时瑜亮，他们是两种完全不同的治史路径的开创者。早在希腊化时期，他们两个便在一尊双头塑像中被捆绑在一起进行塑造（参见图5）。这绝不是无意义的分别，我们不应忘记，此种区分完全是见于西方传统中的现象，并非放之四海而皆准。借用赫卡泰乌斯的话，希罗多德并未将视野局限在事件本身上面，尽管它们在36   他本人的著作中仍享有中心地位。他对人种志的问题给予关注，并记录了波斯人、其他非希腊人群的风俗、传统。如果说他是历史之"父"，那么，这是在最广泛意义上的"历史"而言的。在我们的时代，此种历史历经周折，伴随着人们对社会、文化史兴趣的产生而蔚成潮流。

希罗多德《历史》的开篇或许以最简洁、天真而无华的语言陈述

了他对史学之目标的设想：①

> 在这里发表出来的，乃是哈里卡尔纳索斯②人希罗多德的研究成果，他之所以要把这些成果发表出来，是为了保存人类的功业，使之不至于由于年深日久而被人们遗忘。为了使希腊人和异邦人的那些值得赞叹的丰功伟绩不致失去他们的光彩，特别是为了把他们发生纷争的原因给记载下来。③

　　他希望探寻在他诞生前的数十年里，为何希腊人和 βάρβαρος（"蛮族"，该词起初用来指不说希腊语的人，在希罗多德的时代，它才刚开始获得种种不好的意蕴）会互相争战。以自己从中获得灵感的史诗为榜样，他意图称颂他们的功业。书中所讨论的蛮族是大流士一世及其后其子薛西斯治下的波斯人，事实上，正是由于希罗多德的叙述，我们才有了对如下史事的大量认知：阿契美尼德王朝的兴起；公元前5世纪波斯入侵希腊失败；波斯人在著名的马拉松战役（公元前490年）和随后的温泉关战役、普拉提亚（Plataea）战役、十年后的萨拉米（Salamis）海战中的失败。希罗多德时代的希腊由雅典控制，后者日益受困于自身的帝国，并引起了竞争对手斯巴达的恐惧。这时的希腊是在波斯战争结局的基础上建立起来的。虽然如此，为了解释公元前5世纪早期的战争，希罗多德意识到必须回溯至更久远的时代。在对传说、史诗轶事进行几乎例行公事式的总结后，他以吕底亚（Lydia）的富裕君主克罗伊索斯（Croesus）为波斯居鲁士大帝所征服，以及后者将废黜自己的外祖父——极为恶毒的米底（Medean）王阿斯提阿格斯（Astyages）——作为开端，讲述自己引人入胜的

---

① 下页接排的中译文参照［古希腊］希罗多德：《历史》，王以铸译，商务印书馆，2005年，第1页。——译者注
② 本书的译法是哈利卡纳苏斯。——译者注
③ 选自希罗多德《历史》一书的开头部分，*Histories*, Book I, trans. G. Rawlinson (London, 1930)。

故事。

　　由于太过年轻，希罗多德不可能成为这些公元前 6 世纪的史事、以至他所在世纪早期的波斯—希腊冲突的见证者。即便如此，希罗多德的足迹遍布天下，他与许多历史见证者或那些从他们那里获得信息的人交谈过，并将自己所相信的事实记录下来。不过，尽管希罗多德得到了后期作家的辩护，他在随后数百年里的声誉却不佳，因为人们责怪他的轻信，甚至指他为一派胡言。"史学之父"常被称为"谎言之父"，他所创作的历史处于事实与虚构的模糊边界上，其主张因此而不被信赖。这种污蔑几乎是伴随着特西亚斯（Ctesias）的攻击而来的，他是一个亲波斯者（Persophile），并能看到阿契美尼德王朝的史料。他对自己前辈的攻击失之过度而招致了自我毁灭的结果。总体上讲，希腊人不喜欢将历史创作理论化，不过，1 世纪的传记作家普鲁塔克将在《论希罗多德的罪恶》（On the Malice of Herodotus）这一著作中，继续处理将希罗多德所谓的罪状分门别类的问题。伟大的意大利史学史家莫米利亚诺（1908—1987 年）曾指出，希罗多德的评论者要么言之凿凿地指其抄袭前辈，要么将其扶上高位，确认其创造之功，他们使希罗多德身陷两端之间。事实是，他既非窃贼，亦非骗子。①

修昔底德论治史方法

● 在这部历史著作中，我援引了一些演说词，有些是在战争开始之前发表的，有些是在战争期间发表的。有些演说词是我亲耳听到的，有些是通过各种渠道得到的。无论如何，单凭一个人的记忆是很难逐字逐句记载下来的。我的习惯是这样的：一方面使演说者说出我认为各种场合所要求说的话，另一方面当然要尽可能保持实际所讲的话的大意。在叙事方面，我绝不是一拿到什么材料就写下来，我甚至不敢相信自己的观察就一定可靠。

---

① Arnaldo Momigliano，*Studies in Historiography*（New York and Evanston，IL，1966）.

我所记载的，一部分是根据我亲身的经历，一部分是根据其他目击其事的人向我提供的材料。这些材料的确凿性，我总是尽可能用最严格、最仔细的方法检验过的。然而，即使费尽了心力，真实情况也还是不容易获得的：不同的目击者，对于同一个事件会有许多不同的说法，因为他们或者偏袒这一边，或者偏袒那一边，而记忆也不一定完全可靠。我这部没有奇闻逸事的史著，读起来恐难引人入胜。但是，如果研究者想得到关于过去的正确知识，借以预见未来（因为在人类历史的进程中，未来虽然不一定是过去的重演，但同过去总是很相似的），从而认为我的著作是有用的，那么，我就心满意足了。我所撰写的著作不是为了迎合人们一时的兴趣，而是要作为千秋万世的瑰宝。

节选自 Thucydides，*The Peloponnesian War*，1. 1. 22 - 23，trans. R. Crawley（1910；New York：Modern Library，1951）。①

文献摘录2

　　作为希罗多德的直接继承者，修昔底德并未指名道姓地攻击希罗多德，虽则如此，他几乎必然地怀有将希罗多德看作"以牺牲真相为代价的趣味"历史之兜售者的想法（《伯罗奔尼撒战争史》，1. 1. 21）。修昔底德（约卒于公元前 401 年）或许是整个欧洲传统中受到最广泛尊崇的史家，虽然即便在古代亦不乏他的批评者。18 世纪，当修昔底德的声望达到顶峰时，哲学家、史家休谟宣称《伯罗奔尼撒战争史》的开端即"真正的"历史的起点。不管是否经过证明，确凿无疑的是，是修昔底德而非其前辈成为一派新史之父。很有可能，他在公元前 5 世纪 20 年代听到过人们在公共场合口诵希罗多德的作品，后者的著作最初是在那时出现在雅典的（这或许成了喜剧家阿里斯托芬的戏剧《亚该亚人》中进行调侃的题材［公元前 425 年］）。此事或许对修昔底德本人以后的努力起到了激励作用，尽管修、希两人在方法上存在差异（参见文献摘录 2）。希罗多德一直以来都是个旅行家，修昔底德则彻头彻尾是个雅典人，他是一名政治家

38

---

① 中译文参照［古希腊］修昔底德：《伯罗奔尼撒战争史》，徐松岩译，广西师范大学出版社，2004 年，第 14 页。——译者注

和一位不成功的将军，他发现自己在伯罗奔尼撒战争的关键时刻得不到支持。雅典、斯巴达（以及各自的殖民地和同盟）之间的冲突持续了 30 年，冲突的结果是：雅典遭受毁灭性打击，相当短暂的斯巴达统治时期开始了。修昔底德可能并未活着看到这个过程的最终结果，他很可能在战争结束后没几年便去世了，而且他的史书在公元前 411 年战争未结束前便中断了。尽管如此，他的史书对一度强大的雅典城邦遭受突然和预料不及的失败作了出色的描述，而这个城邦仅在数十年前，曾使薛西斯蒙羞。

和希罗多德一样，修昔底德更多依赖口述材料而非书面文献，尽管是用完全不同的方法。希罗多德《历史》大部分是建立在口述传统而非书面权威的基础之上。与此相似，修昔底德并不经常实践所有现代史家最基本的研究形式——研究那些古文献、文献评论和比较。有些人意欲尊修昔底德为富有远见的现代研究方法之祖，以上事实却常常为他们所忘记。实际上，修昔底德只在那些他无法找到在世见证者的地方才依赖书面材料，比如他对西西里早期历史的描述就是如此。不过，走到这里，修昔底德与希罗多德的相似点就没有了，我们注意到，对于构成希罗多德之特色的几种做法，修昔底德是完全回避的。首先，修昔底德并不乐于久远地回溯事件的起因。另外，他暗示只有那些事件的"内部人士"比如他自己，才能真实地详述事件：史家如不必是将军或政治家，则应该是"当事人"，这种信仰基本上是与其作品共生的。特殊的知识因此代替了等而下之的传闻：尽管修昔底德很少提及其精确的方法、材料，不难想见的是，他不会四处游走对可能的事件见证人进行访谈，对于超出当代界限的口头材料，他殊少依赖。

修昔底德的著作中很少出现神迹异事，而这是让希罗多德著作鲜活生动的一个特征。此特征长久以来都是以人种状况为关注焦点的史书——它们牵涉到一个文化对其他文化的发现——的共同点。希罗多德继承了前辈对谱系学的部分兴趣，数以千计有名字的个体写入了他的历史，至于修昔底德所搭建的舞台，能在上面扮演角色的则寥寥无几。希罗多德不遗余力地介入自己的叙述，确保读者能理解互相矛盾的各种说法和不完整的材料；相比之下，修昔底德往往将天衣无缝的图景呈现在人们面前，求证的复杂性拜倒在了高超的叙事艺术面前。在自己的论断中，修昔底德自信满满地认为：伯罗奔尼撒战争的起因并不在于公共理由（有关雅典、斯巴达殖民地的纷争），而在于一个更大范围的现象，即雅典的势力上升、斯巴达对此日益感到恐惧。最后，修昔底德或许也是西方第一个明确指明其目标读者的史家。如果说希罗多德用心于向同时代的人解释几十年前的事，那么修昔底德则公开承认他著书并不是为了"迎合人们一时的兴趣，而是要作为千秋万世的瑰宝"（《伯罗奔尼撒战争史》，1.1.23）。他还断言，人类的境况唯能如此，才能迎来一个像当时那样的美好未来，这样，他的史书便能恩泽后世，而不仅仅是给后世提供消遣了。

　　修昔底德秉公直书的名声代代相沿，未见异议。古典学家康福德（F. M. Cornford，1874－1943）认为修昔底德歪曲材料以迎合戏剧上的悲剧传统，并且他完全没注意到战争的商业动机。比康福德年轻的同时代人柯林武德深深地质疑修昔底德的诚实，乃至修氏所追求的史家名号。[①] 读者并不总是喜爱这位雅典人简朴的事实性叙述，胜过更让人感到亲切、由希罗多德所织就的更多姿多彩的画面。早在公元前1世纪，罗马的希腊史家哈利卡纳苏斯人狄奥尼修斯便坚持通常的观点，认为修昔底德"对事实最为谨慎，我们期望历史所扮演的便是真理[②]之高级女祭司的角色"。[③] 虽然如此，他还是批评这位雅典人，盛赞希罗多德。因为希罗多德的波斯战争主题看似更雍容一些，比修昔底德所讲述的灾难、愚蠢的故事更讨人喜欢。而在修昔底德史书的众多特征中，给其辩护者带来最大麻烦的是其书中的这样一种做法：在

---

① F. M. Cornford, *Thucydides Mythistoricus* (London，1907)；and Collingwood, *The Idea of History*，30.
② 英文 truth 兼有事实与真理之意。——译者注
③ Dionysius of Halicarnassus, *On Thucydides*，trans. W. Kendrick Pritchett (Berkeley, CA，1975)，chapter 8，5.

关键时刻将据称可靠的演说收录进来。学者们的此项关注源于经久不衰的对"材料分析"（*Quellenkritik*，我们最好使用这个德国术语）问题的执着。所谓"材料分析"，也就是将细小、可辨认的真麦子从虚假、不实乃至欺骗的干草堆中拣出来。

　　近来的学术研究变得更加宽容。我们知道并且修昔底德公开承认的是：他并未亲耳听到所有他所叙述的演说，他对确实听到的那些演说的记忆是有缺憾的——他没有逐字记录它们。另一方面，最近一位学者断言，在修氏著作中，没有一篇演说可以说是不按修氏所说的那种风格、形式呈现出来的。① 将这类演说收录进来的做法或许受到了希腊悲剧的影响，其生命力并不弱小，它实际在史书中扮演了重要角色，因为人们认为言语如行动一样具有重要性、影响力。在某种意义上，言有名且有力，便是行动。演说也在不同事件之间扮演着重要的沟通角色，有天赋的史家可以此为手段，丰富自己的描述并超越历法纪年的限制。"可以说，演说起着总结史事、拢聚历史的作用"，波里比阿在公元前 2 世纪如是评论。② 最后，我们所知道的完全回避演说的唯一一位古代史家是庞培·特罗古斯（Pompeius Trogus，约鼎盛于公元前 1 世纪），虽然如此，在文艺复兴时代追求古典的人文主义史家那里，利用演说的做法将得到复兴。

40　主题框 2　色诺芬

　　作为修昔底德（享有"战士/政治家史家"之名号）的早期继承人，色诺芬约生于伯罗奔尼撒战争开始之际（约公元前 431 年）。他撰写了《远征记》（*Anabasis*，意为"向内陆行军"），描写了他

---

① Donald Kagan，"The Speeches in Thucydides and the Mytilene Debate"，in Kagan（ed.），*Studies in the Greek Historians in Memory of Adam Parry*（Cambridge，1975），71 - 94，at 77.

② Polybius，*Histories*，12. 25a3.

自己在希腊雇佣军首领、波斯的小居鲁士失败后，率领这支部队的经历，其时，小居鲁士对自己的兄长波斯王阿尔塔薛西斯二世（Artaxerxes II）的权威进行了挑战。除该书外，《居鲁士的教育》（Cyropaedia）讲述了公元前6世纪同名波斯王的成长经历，此书有大量学习希腊语的人阅读。色诺芬的主要史学成就体现为他的《希腊史》（Hellenica），该书所述时段起自公元前411年（修昔底德搁笔之处），延至公元前362年。该书在某些方面堪称后世所谓"我的生平与时代"这种文学体裁的最早范例。这部作品遗漏了许多重要事实，但它很好（虽非完美）地证明了如下铁律：史家行走在两条线之间，一则要将真相原原本本、不加修饰地述出，二则要服务于更高的目的，也就是予人教益。这在有的时候会要求人们有意识地扭曲或夸张史事。

随着独立希腊城邦权威、势力的衰弱，雅典民主制的失败，公元前4、前3世纪出现了人数日益增多、声名赫赫且多姿多彩的僭主、雇佣军、军阀和君主。其顶峰便是亚历山大大帝。史书重新关注个体及其成就，并对其人物性格进行更为直接、权威的评论并不令人感到惊讶。埃福罗斯（Ephorus），特别是泰奥彭波斯（Theopompus）是历史人物的严厉评判者。在他们具有浓厚口语色彩的残篇著作中，人们能发现另一种历史悠久之传统的萌芽，并看到史家所扮演的兼述者与"判官"（鞭挞过去的罪恶事迹）于一身的角色。就保留下来的文献而言，公元前4世纪的第三位重要史家颇让我们欣喜，他也就是享有广泛赞誉的色诺芬（约公元前431—前352年，参见主题框2）。

修昔底德之后的希腊史家，或许没有一位能赢得像波里比阿（约公元前200—前118年）那样的高度赞扬，尽管这种承认来得相当迟缓且直到文艺复兴时才真正达到巅峰——那时的人钦佩其冷静的笔调，确认事件起因的敏锐目光以及对历史之实际教训的强调。波里比阿影响了罗马史家李维，对其而言波里比阿是主要的材料来源，但波氏的声望在古代晚期却下降了，接着其许多作品实际上消失了千年之久。其声望从未建立在作品文字之优胜上，相比公元前 5 世纪那些前辈的作品，他的文字可谓极为无趣。话虽如此，对于风格的重要性，他不可能是迟钝木讷的，因为他清楚地知道史家所具的劝世、言教的功能。他写的是（按他自己的话说）"实用历史"——这个由他创制的词语为后人所借用。正是他最早构建了这样一个传统：理想的史家需饱历世事——这是一个从他那时开始直至 19 世纪周期性地反复出现的历史主题。与任何其他我们所知的希腊史家不同，波里比阿还不时中断叙述，为读者提供详尽的方法论解释，讨论史家衡量不同说法的必要性，指名道姓地批评前辈。相比修昔底德，他对我们如今所谓的"原始"材料给予了更多关注，特别是档案和铭文。

波里比阿初为俘虏，后成为罗马人——波氏曾为之效劳的亚该亚同盟败在了罗马人手上——的座上客。和以后的犹太人约瑟夫斯一样，他满腔热情地让自己适应罗马世界。天赐的良机使其能与埃米利阿努斯家族（Aemilii）接触，这个家族也就是罗马战胜迦太基的策划者。波里比阿对自己的见闻感到钦佩，这使其更细致地思考世界权力的兴衰。在《通史》第六卷中，他阐述了有预测力的宪制循环理论（它们常以 *anakuklosis politeion* 的形式出现），也就是以前由亚里士多德所勾勒的三种纯粹的以及与之相对应的三种堕落的统治形式的循环。波氏的设想是，包含三种纯粹统治形式的"混合"政体具有稳定性。事实证明，这在以后数百年里是一个强大的历史分析工具：据波氏所记，罗马将其伟大归功于君主制、贵族制、民主制成分的平衡，尽管连他本人都怀疑这种平衡能否持久，并对强大外敌迦太基最终毁灭后（公元前 146 年）的民主改革感到担忧。除了两个世纪后的塔西陀外，很难想象古代史家对以后的政治思想产生了如此深远的影响——波氏的观点被 16 世纪的马基雅维利、17 世纪的英国共和党人、孟德斯鸠，以及 18 世纪美国宪法的规划者所接受。

　　和修昔底德一样，波里比阿相信对事件亲历者进行的一手问询。不同于修昔底德（更像希罗多德）的是，他宣称这类材料大部分应由广泛游历而来。此事有其必要性，因为波氏所求的是写一部视野迥异于《伯罗奔尼撒战争史》的史书，一部"通"史（也就是有关已知世界的史书），一如埃福罗斯在公元前 4 世纪所作的尝试。在埃福罗斯那里，列国各地的历史并肩而行、互不关联，与此不同，波里比阿力图使自己书中的不同板块组成一个更大的整体。他的《通史》描绘了已知世界渐进发展的过程，其终点是迎来那个特别的命运——罗马共和国的霸权。他的描述夹杂着对照和相互联系（这是具有关键意义的）。他用 *συμπλοκή*（*symploke*）一词来指称列国之间的联系。借助这个术语，他能够串起不同历史的不同线索，在公元前 217 年瑙巴克塔斯（Naupactus）会议这一重要的历史时刻之后，这些"历史"日益走向融合。此事殊不容易，因为希腊史家有使用城市官员任职年份进行记事的传统，普罗大众对关注精确纪年的问题殊少兴趣，即便是修昔底德，他常常乐意作的是记录某事发生于某季节。从那时以至今日，多种历法、纪年方法并行一直是国际史家需在动笔写作前加以分门别类的问题。波氏借鉴埃福罗斯以奥林匹亚周期（一系列相隔四年举行奥运会的周期，始于公元前 776 年）为中心组织材料的做法，在每本书中以意大利为始，而后扩及其他地区（比如西西里、希腊、非洲以至亚洲、埃及）。

　　《通史》内部的相互联系并非我们重视波氏的纯粹因由，他对历史朝向单一目标（或达致罗马霸权这个结果）的强调为晚得多的罗马史学树立了样板。此处的单一目标系由提喀所推动，她扮演的角色与其说是散漫的命运女神，倒不如说是有意志的命运女神。最后，《通史》的特色突出表现在其对希腊、罗马、犹太历史观的融合上，此种融合是两千年基督教史学的特征，也是基督教史学更世俗化的变种——现代史学中的自由进步派（有时被称为"辉格派的历史解释"[①]）——

[①] "辉格派的历史解释"（'The Whig interpretation of history'），剑桥大学史家赫伯特·巴特菲尔德所著同名作品中出名的短语，该书第一版出版于 1931 年。

的特征。对一个相对力孤、且大部分时光在流亡中度过的希腊政治人物①来说，这一系列的影响可谓大得吓人。

到公元 2 世纪为止的罗马史家

到波里比阿时代，环地中海地区的权力中心已向西转至罗马，到公元前 2 世纪中叶，罗马人已彻底击败所遇到的每一个敌人，并迅速扩张至欧洲各地、近东。到公元前 1 世纪早期，预测所有这一切的发展态势并朝着同样的方向编织历史并非难事，波里比阿做的就是这类事情。因此希腊斯多噶派哲学家、阿帕梅的波塞冬尼乌斯（Poseidonius of Apameia）将罗马视作本学派价值的体现者，并着手撰写另一部如波里比阿著作那样的通史，以期也能对后世罗马史家产生影响。波塞冬尼乌斯的作品几乎不存于今，正如我们所看到的许多希腊史家的情况。罗马史家已知文本保存率的情况就更恶劣了。维吉尔之友盖尤斯·阿西尼乌斯·波利奥（Gaius Asinius Pollio，约卒于 4 年）的作品无声无息地消失了。奥卢斯·克雷姆提乌斯·科都斯（Aulus Cremutius Cordus）只留下很少的著作残篇，他以在提比略皇帝治下的公元 25 年被迫自杀而出名，其因由或许是他在尤利乌斯·恺撒遇刺的问题上秉持了太过公正的立场。至于其他人，比如撒路斯特（Sallust），今存于世的是他们相对不怎么重要的作品而非其主要著作。至于李维、塔西陀，他们有大量著作传世，其主干完好，而若干肢体残缺。至于希腊人，他们无疑是声名与作品俱殁的一群人。

史学在罗马缓缓兴起。与希腊史学追随史诗之后不同，最伟大的拉丁史诗《埃涅阿斯纪》（Aeneid）是个迟来者，它由维吉尔创作于公元前 1 世纪。并且，事实上与此同时，伟大的共和国史家李维，其时正在创作自己的散文体史书。早期的人们还创作诗篇，叙述罗马城

---

① 指波里比阿。——译者注

的早期史，尤其是奈乌斯·奈维乌斯（Gnaeus Naevius，公元前270—前201年）关于第一次布匿战争的诗歌，以及昆图斯·恩纽斯（Quintus Ennius，公元前239—前169年）的《编年史》（叙述起自埃涅阿斯以至公元前2世纪早期的历史）。今日留存于世的仅有奈维乌斯的诗60行，恩纽斯的史诗600行。除了这些人，还有从早期罗马流传下来的两个重要的著史群体或团体，它们都受到了希腊的影响。第一个群体或团体或许靠希腊计时学（horography）起家，他们的历史记录由主管市政、宗教事务的官员——大祭司（*pontifex maximi*）——保存，每年转录成城市广场上的青铜铭文。这些《大祭司大事记》（*Annales maximi*）无非是有关每年当选的一系列重要官员（执政官、法务官等）的记录。编年史路径的繁琐受到叙事史家一次又一次的抱怨（这是文艺复兴时期的一个普遍现象），加图（Cato）的话或许为此现象开了一个早期的先河。他说，此种文体不值得模仿，因其常常纠缠于"谷物腾贵的频率，黑暗之类的事物遮挡日月光芒的频率"。[1] 除了大祭司大事记，葬礼演说、公共铭文、家史和其他行政官员有关其任职时期的著述（*commentarii*）亦为史家提供了材料。另一个重要的群体或团体包括可能创作了连续性散文作品的罗马作家，无论如何，他们最早是用希腊语进行创作的。其中有昆图斯·费边·皮克托尔（Quintus Fabius Pictor，鼎盛年约为公元前225年），其史书几乎不存于今，不过，话说回来，他由于后世的作家（他是波里比阿的一个行文对象）而得享大名。人们相信费边利用了许多材料来源，它们从早期希腊作家到大祭司大事记、口头传说、行政官表、本家族或其他家族所保存的编年史，不一而足。其作品确立了罗马早期史学的形貌，修订、补足的工作则由后世史家完成。

　　我们所知最早的散文体史书是用拉丁语创作的，它并未保存下来，其名为《创始记》（*Origines*），作者是极端仇外的政治家、罗马

---

[1] Charles W. Fornara, *The Nature of History in Ancient Greece and Rome* (Berkeley, CA, 1983), 24.

道德的捍卫者、检察官加图（公元前 234—前 149 年），他选择使用
拉丁语是对在其看来有着危险堕落性的希腊影响的反抗。不过，哪怕
是他，也遵循了希腊连续性散文作品的模式，除此之外，希腊史学的
其他方面亦在其借鉴之列，比如将或许可以"显著事实"称呼的那些
材料纳入书中。[1] 后世编年史家比如马塞（C. Licinus Macer）扩展了
前辈书中略显粗略的有关早期罗马史的叙述。有趣的是，他们在后世
常由于以下原因而遭冷遇：出身卑微，持拥护罗马的狭隘观点，想象
丰富，一手资料匮乏，酷似加图。高贵出身被视为史学才能的必要条
件，这不会是最后一次。

　　在一段时间里，非编年体史书大部分仍出自希腊人之手。相比绝
大多数人，公元前 1 世纪西西里的狄奥多罗斯（Diodorus Siculus，约
公元前 90—前 30 年）、哈利卡纳苏斯的狄奥尼修斯（约前 60 年到前
7 年之后）的作品可谓保存得很完整了。狄氏是西西里岛的希腊人，
就像早四个世纪的希罗多德一样，他在撰写其《历史丛书》
（Bibliotheca historica）前先广泛游历。作为仿照波里比阿风格的另一
部通史，此书最初包含 40 卷，其中三分之一的内容是完整无缺的。
"历史丛书"的书名显明了狄氏所参考的更早的材料数量众多，这也
是人们通常忽略他、将他看作因袭前人者的一个原因，尽管他自己反
其道而行之，认为自己达到了集众前辈之大成的顶峰。史学事业的一
个重要方面——"传统"——赋予史家对题材的选择、对材料的编排
以更重要的分量。狄氏在开始叙述自特洛伊战争到约公元前 60 年之
间的史事前，先从几部关于地理、人种学的书籍开始。由于书尾已
失，我们无从得知他讲到了哪里。《历史丛书》尤其因为下述内容而
得享大名：为了将神话历史化，书中对著名的神灵、半神灵角色作了
理性化处理，将之化成人类的英雄、始祖。

　　哈利卡纳苏斯的狄奥尼修斯更多专注于罗马，其《罗马古史》

----

[1] Ronald Mellor, *The Roman Historians* (London, 1999), 19.

（*Roman Antiquities*）的主要观点是为罗马对希腊世界的影响作辩护。我们从中看到，最早出现于埃福罗斯、泰奥彭波斯时代的美辞、励世史学取得了胜利。正是狄奥尼修斯创制了一再为人所重复的"史学"定义："提供教益的哲学"。他还延续了径直陈述自己的方法、偏好的传统。正因为此，狄氏才会以如下评论作为《罗马古史》的开端：

> 在史书前言中通常有解释性的话语，乐此不疲实在极大地违背了我的本意。虽然如此，我仍不得不在本书前面的部分加入有关本人的某些内容。我这样做既非有意往自己脸上贴金（我知道这是读者所厌恶的），亦非有非难其他史家的企图，就像阿那克西美尼（Anaximenes）、泰奥彭波斯在其史书前言部分所做的那样。我要说明的不过是诱使我写作本书的那些原因，并对我的材料来源——就我的叙述对象而言，我从它们那里获得了信息——进行描述。[①]

显然，到目前为止，拉丁或希腊—拉丁式的"历史"与希罗多德或修昔底德式的"历史"已相去甚远。希罗多德试图赋予该词"探索"之意，他并未特别将其与过去联系在一起。相比之下，修昔底德对"历史"的定义更为狭隘，即对近期或当代所发生史事的陈述。到狄奥多罗斯、狄奥尼修斯的时代，"历史"与"对过去（或远或近的过去）的描述"紧密联系起来，且其关注的重点在于政治、军事，尽管某些作家喜欢以地理板块作为自己作品的开篇。同样，历史到这时非常明确地成为文学特别是修辞学的分支。文采盖过了研究，至少它占据了主导地位，德行、功业受到赞美，腐化、邪恶或力弱受到谴责，这是推动史家创作的一个关键动力。如果说"求名"是希腊史书、史诗的特征，那么，拉丁语中与其对应的 *fama* 此时可谓与历史

---

① *Roman Antiquities*，1.1，trans. E. Cary，7 vols.（Cambridge，MA，1937 - 1950），vol. I，3.

纠缠得难解难分了，这不仅是因为史家视奖善罚恶为自己的职责，且由于事实上他们这样作为历史行为主体从善提供了吸引力。

罗马人并非基于历史知识自身的原因而对其深感兴趣，由于我们可称以"古物学"的那种学识难以产生励世之用，故此，罗马人甚少掌握这种东西。除了奥卢斯·格利乌斯（Aulus Gellius，125－180）的《阿提卡之夜》（*Noctes Atticae*）有这方面的内容外，另外的唯一特例便属多产作家特伦提乌斯·瓦罗（M. Terentius Varro）《古迹》（*Antiquitates*）一书的残篇了。相比希腊人，罗马作家还很少花时间思考怎样写史、使用何种具体文类的问题。因此，无论如何绝非偶然的是，第一部出自罗马人并真正清楚地对历史作了理论说明的著作出自一个声名赫赫的演说家之手，他也就是马库斯·图利乌斯·西塞罗（Marcus Tullius Cicero，公元前106—前43年），他的史学言论主要见于名为《论演说家》（*De Oratore*）的对话录中。对西塞罗而言（*De Oratore*. 2.36），历史是时代之见证（*testis temporum*），真理之光（*lux veritatis*），通报古代音讯之信使（*nuncia vetustatis*）。他阐述了某种在后世成为圭臬的原则，诸如史家有责任不带任何偏见地讲述真相（*De Orat*. 2.62），他促进文体之华美以强调史学与修辞的联系。西塞罗的史学定义难称深奥，但得简洁之美，其声誉响彻寰宇，特别是在其身后1500年的欧洲文艺复兴时期，达至如日中天之势。在两个世纪后，出现了第一本完全讨论撰史问题本身的著作，即萨摩撒塔的琉善（Lucian of Samosata，约129—180年之后）的《论撰史》（*How to Write History*）。此书将对修辞学的重视保持下来。

46　主题框3　尤利乌斯·恺撒

如果李维体现的是专业文人的史家形象，那么，盖乌斯·尤利乌斯·恺撒则恰与之相反，他体现的是如下观念：将帅是自身的最

佳史家。中世纪的一两位西班牙国王以及 16 世纪的莫卧儿皇帝巴
布尔可谓其同道。他们跻身于少数给自己撰史的统治者之列。恺撒
的两本《战记》（*Commentaries*，恺撒如是命名其书）各自叙述了他
的高卢战事、不列颠远征，以及其后他与以前的同伴、伟大的庞
培之间的内战。尽管有着不令人感到惊奇的自吹自擂（虽然是以
第三人称创作），恺撒并未对其对手不公，考虑到两部《战记》看
问题的视角，它们是有关共和国末期的有用史料。尽管让数百年
里的学童深有不满，事实最终证明，《战记》作为拉丁文教本仍广
受欢迎。

罗马人在史学上的重要创新是将历史塑造成累积而成的世界大事
史。当然，严格意义上这并非他们的发明：因为在让罗马史奔向某个
目标的问题上，波里比阿享有大部分功劳（或是应承担大部分骂名）。
但罗马人对自己的城市及其不断扩张的帝国有着浓厚的天命意识。曾
几何时，希腊人曾受到对作为一个整体的已知世界的好奇心的影响，
而通过同样的方式，将视野、机遇带给了罗马人的历史写作。虽然如
此，罗马人也引入了波里比阿之前的希腊史家所缺的目的论、进步观
元素。在许多希腊史家那里，我们能看到盛衰循环、随心所欲的提喀
（命运女神）之手的踪影，相比之下，对罗马史家来说，历史变得更
具目的性，几乎带有天命色彩。当最终与犹太思想中的末世论元素联
系起来时（约瑟夫斯为这两个世界提供了重要的桥梁），这就为基督
教史学提供了坚实的基础。

公元前 1 世纪产生了两位伟大的拉丁史家（如果包括尤利乌
斯·恺撒的话［参见主题框 3］，则是三位），他们创作了完全不同的
作品。显然，最具影响力的是提图斯·李维乌斯（Titus Livius）或曰
李维（公元前 59—公元 17 年），他站在以皮克托尔为始的一连串共

和国编年史家的末端。李维雄心勃勃的长篇作品，其绝大部分内容今已散佚，不过我们有足够材料知晓其形貌、所涉范围（该书凡 142 卷，其中 35 卷留存至今，那些遗失的卷绝大多数有梗概传世）。该书编成一系列的"10 卷组"或"5 卷组"（以 10 或 5 卷为单位），"组"内则按年度进行叙事。李维此书的第一卷以自成一体的身份出版，其用意是试探市场对这样一本史书——出自无重要官衔或军衔的一介布衣之手——的反应。这第一卷在谈到罗穆卢斯（Romulus）建罗马城（传统上认为是在公元前 753 年）、七王时代之前，首先述及特洛伊人抵达意大利。李维的史书名为《建城以来史》（*Ab Urbe Condita*，"建城以来的历史"），就其所涵盖的时段而言，该书对罗马共和国作了确切描述（他是以来自帕多瓦［Padua］的边远小民的身份进行观察的），他亲历了半个世纪内战之后的崩溃，这场内战终于屋大维或曰奥古斯都·恺撒的元首统治。该书用拉丁语创作，后世要么认为其纯洁无瑕，要么视其为光华灿烂之作，它将编年史的路子、历年官员的实录、连续性的散文叙述结合了起来。几乎偶然的是，它通过某种方式，将地方史的体裁变成了通史的一个变种，因为罗马在国际影响力达到顶峰并成为具有统治力、影响力的帝国时，控制了地中海世界绝大部分地区。

另一位公元前 1 世纪的重要史家或许更让人感兴趣，他是政治家兼战士，即我们所知的撒路斯特（盖乌斯·撒路斯提乌斯·克里斯普斯［Gaius Sallustius Crispus］，公元前 86—前 34 年）。他出身平民，起初与尤利乌斯·恺撒的"人民"党有联系，他的公职生涯在其担任新阿非利加（Africa Nova）行省长官这段不为人知的时期达至顶峰。在返回罗马后，撒路斯特转向历史创作，所记史事先是公元前 63 年贵族喀提林（Catiline）臭名昭著的阴谋，后是公元前 2 世纪后期对非洲国王朱古达（Jugurtha）的战争。撒路斯特在随后的数百年里广受尊崇，其作品为喀提林阴谋之类特殊事件的撰史工作提供了范式。不同于其他罗马史家，撒路斯特是（且自称是）修昔底德的弟子，尽管相比这位雅典人，撒路斯特的语气所带的评断色彩要强得多。撒路斯特创造了经久不衰的主题，即罗马的衰落可直接追溯到迦太基毁灭。由于迦太基的毁灭，罗马人成为世界的主人，但成了贪婪、野心这对堕落的双胞胎兄弟的俘虏，不断扩展的帝国成了内讧争斗的舞台。这个主题可谓从撒氏的时代开始、经奥古斯丁直至现代史家的一个最爱。撒路斯特还接受了波里比阿笔下半理性的提喀，并将其转变为女性、反复无常的 *Fortuna*（福耳图那），由此而将这种万能的解释机制传至古代晚期以至后世。

帝制罗马始于前 31 年阿克兴（Actium）战役之后奥古斯都·恺撒的统治，它也拥有自己的史家和遗产，其中最受尊重的是普布里乌斯（或盖乌斯）·科尼利厄斯·塔西陀（Publius Cornelius Tacitus，约 56—约 117 年）。李维用流畅的修辞风格创作，与此相比，塔西陀似乎更接近于撒路斯特（塔西陀赞赏的对象）或更早的波里比阿。李氏作品的创作以口头吟诵为念，相比之下，塔西陀直面个体读者。在塔西陀的作品中，冗长的华丽词藻被简洁、警句式的叙述所取代，后世读者会发现，他往里面插入的政治格言是无法抗拒的。"塔西陀"之名意为"沉默"，但他终其一生都是位娴熟的演说家，是修辞学家昆体良（Quintilian）的弟子，最后，他本人还是某部修辞著作的作者。尽管如此，其声誉是以其对以下两者的融合为基础的：其一，很显然富有眼光的对人物性格的判断；其二，言简意赅的能力（"塔西陀式"甚至成了描述作品的整个风格的形容词）。

塔西陀取得如此成功的原因是什么？部分而言，是命运垂青于他的作品，令其《编年史》《罗马史》（每部都是孤本手稿）的绝大部分内容得以历经中世纪（在这段时间里，它们实际上处于被弃置不用的状态）流传下来。基督徒对被视为既是异教徒又是敌人的作家是饱含厌恶的。和撒路斯特、色诺芬和修昔底德一样，塔西陀有着政治、军事方面的经历，作为一名元老，他通过标准的罗马晋职体系（*cursus honorum*）达致执政官的终点站，于 97 年获任此职，担当亚细亚行省的总督（112/113 年）。与许多更为突出的政治家史家如恺撒相比，塔西陀能够营造出一种严守中立的气氛，他的名言是：不以愤（或者，用我们今天的话说，是别有用心）书（*sine ira et studio*）。塔西陀的政治观点是毋庸置疑的。例如，作为最具影响力的古代文献之一，塔西陀的《日尔曼尼亚志》赞扬粗鲁、未开化但没有变质的日耳曼部落精神，它后来成了德意志新教徒反抗罗马天主教（16 世纪）、德国民族主义（19、20 世纪）所使用的文献材料、辩护工具。

塔西陀的两部主要作品均创作于其暮年之时，《罗马史》描述了起自尼禄垮台直至"五帝之年"（68—69 年）的动乱，以及弗拉维家族（Flavian）一系的上台，一直说到该系带来灾难性后果的最后一位代理人——图密善。塔西陀厌恶图密善是很显而易见的，尽管他承认自己的升迁在部分程度上当归功于后者。《阿古利可拉传》（*Agricola*）的结尾极不友好地将这位皇帝与尼禄这样臭名昭著的暴君作比，理由是图密善以目睹由他下令实施的暴行为乐（*Agricola*, cap. 45）。在随后的大作中，塔西陀对早期帝王的处理显示出了在一定程度上更为温和的态度，其《编年史》（*ab excessu Divi Augusti*）叙述了从奥古斯都逝世直至克劳狄（Claudius）的帝国史，它或许是古典古代对公私史料、早期史家进行了透彻研究的最引人注目的著作。该书中间部分论及疯帝卡里古拉（Caligula）以及著名老实人克劳狄的大部分内容已流失，但塔西陀描写提比略、尼禄的绝大部分内容保存了下来。提、尼二帝在后世的恶名当归因于塔西陀相对低调但却具致命效果的描述，后者写到了尼禄的轻信、淫乱的恶习和无端的猜忌，还提及提比略的过度多疑。史家富含政治智慧（或者，用后世的话说——审慎）的话语有时并不是直接插进来的，它们由书中人物表达出来甚或是他们心中无声的思想，常常带有讽刺意味。塔西陀习惯性的轻描淡写使得文艺复兴时期（此时，人们怀着满腔热情，对其进行重新挖掘）的读者很难论断他到底是暴政的反对者，就如何在暴政的淫威下自保长久提供建议；还是真正马基雅维利式的、强力统治的拥护者，现代的专制者当关注其格言警句。

古代晚期的异教史家

18 世纪法国哲学家孟德斯鸠据说曾作过如下评论："无精彩历史的民族是幸福的。"此语可谓观察到了这样一个事实：历史按其本质往往记录令人不悦的事情，如危机、战争、反叛和暴力。人们有时确实能得出这样的印象，伟大的史书主要作于政治危机之时或其后，而非承平日久的时期。简单地说，当事情变坏时，或者庆祝取得对不幸之事的胜利时，人们更有兴趣进行创作。塔西陀死后，西罗马帝国在"野蛮与宗教"（这是另一位 18 世纪的人物、研究罗马衰落的英国史家爱德华·吉本的话）相融合令其陷入沉沦之境以前，度过了整整三百年时间。说起西方历史写作的演化，古代晚期最重要的成就当数基督教的兴起，从 4 世纪早期君士坦丁统治时开始，该教便成了帝国的国教。一如塔西陀所观察到的，帝国的不稳定性日益增长，统治者只有得到军队的支持方能进行统治。日益庞大的帝国在 3 世纪晚期分裂成了西罗马（以罗马为基础）和东罗马（建立在拜占庭，后来此城又被命名为"君士坦丁堡"），由此而诞生了讲希腊语的拜占庭帝国。然而与这些内部态势的发展一样重要的是外来的威胁：许多蛮族不断在东西方涌现。塔西陀时代住在丛林里的日耳曼人或自公元前 2 世纪晚期就对罗马构成威胁的帕提亚人之类的传统敌人不再存在，而在接下来的几百年里，凯尔特人、哥特人和匈奴人将包围并渗入帝国。这些人在欧洲、中亚全境的游动即是著名的民族大迁徙（*Völkerwanderung*）。其中一个部族西哥特人在 410 年洗劫了罗马（准确地说，此时距离该城最近一次被高卢人洗劫有 800 年时间），西罗马帝国末帝在 476 年被另一位哥特将领罢黜。最终，在欧洲所遗留的罗马领地上，西哥特、东哥特和法兰克人、萨克逊人、朱特人（Jutes）、伦巴第人（Lombards）之类的其他民族建立了一系列的独立王国。

这些内外现象显然并不是不相关的，不过对于其史学后果，我们应依次进行处理。有关古代晚期的基督教史家，我们将放到下一章再谈，本节将讨论罗马最后的异教史家,他们是各色各样的人:希腊人,罗马人或庞大帝国境内的其他居民。其中大部分史家并未获得李维、塔西陀之类人物那样的关注,这种疏忽并不总是公平的。例如卡西乌斯·狄奥(Cassius Dio,约155—229年之后)创作了令人起敬的罗马史书,从埃涅阿斯讲到229年,跨时近千年。弗罗鲁斯(Lucius Florus,鼎盛期约为2世纪早期),他在17世纪曾短暂地受到欢迎,平常而言,人们只是将他当作李维平淡且缺乏想象力的概述者,不予重视,但正是通过他的作品,我们对李维业已遗失的作品有了一些了解。此外,根据人类的成长历程,这个"概述者"还提出了颇显智慧的七阶段——从生到老到死——隐喻来说明罗马的衰落。还有一部更具争议性的作品,其真实性仍是人们争论的一个话题,它便是自文艺复兴以来著名的传记集《罗马皇帝传》(*Historia Augusta*)。该书据说出自六个不同的作者(*scriptores*)之手,他们的名字是埃利乌斯·斯巴提安努斯(Aelius Spartianus)、尤利乌斯·卡皮托利努斯(Julius Capitolinus)、埃利乌斯·兰普里狄乌斯(Aelius Lampridius)、特雷贝利乌斯·波利奥(Trebellius Pollio)和弗拉维乌斯·沃庇斯库斯(Flavius Vopiscus),写作时间是3世纪末、4世纪初。其创作意图是描述从2世纪早期哈德良(Hadrian)到3世纪晚期纽莫里安(Numerian)诸正帝、伪帝的荒淫事件。

根据《罗马皇帝传》之类的作品,人们很难对以下观点进行反驳:相较威名赫赫的前辈们,绝大部分古代晚期的史家既少趣味,又乏创新。由此,绝大多数人便能以如是方式被搁在一边。不过,我们同样应该看到这样一个事实:数百年里的史家将古代晚期的异教史家看作在汹涌的基督教大潮中挣扎的小鱼。在许多情况下,我们对这些作家知之甚少,且只能获得其原著的一鳞片爪。由是,激烈反对基督教的萨迪斯的欧那皮乌斯(Eunapius of Sardis)便风光不起来,尽管根据所有文献可知他是一位博学之人,是系列《哲人传》(*Lives of Sophists*)和一部《通史》(*Universal History*)的作者。此人承受了作品散佚、站错宗教阵营的双重不幸。在该时期的外端，有一位 5 世纪晚期的作家佐西默斯（Zosimus），他是个下级官员，创作了《罗马新史》（*Historia Nova*）。该书以波斯、马其顿等早期帝国为背景，描述罗马之衰落。从某些方面来说，他的史书是"下"坡，其用意是完成曾由波里比阿所讲述的"上"坡故事，波里比阿是佐西默斯在本人著作一开头便提到的人物。①

在这些遭人冷遇的史书中，最著名的一个例外是《史记三十一书》（*Res Gestae Libri XXXI*，"叙述史事的三十一书"），其作者是来自安条克的战士，名字叫作"阿米阿努斯·马赛里努斯"（约 325—391 年之后）。阿氏此书的前 13 书已失，不过，从他本人口中，我们得知，他是从塔西陀《罗马史》搁笔之处（即涅尔瓦皇帝［Nerva，约 96—98 年在位］时期）开始写起的。阿米阿努斯几乎是众所公认的罗马最后一位伟大史家，是数百年里，用宏大修辞风格、大量演说、少量日期（除了那些由其编年史框架所指明的日期外）撰史的最后几位欧洲史家之一。阿米阿努斯对异教罗马的光辉时代有着随从己意的深切缅怀，对曾短暂恢复旧神地位（在君士坦丁将基督教提升为受帝国优待之宗教以后）的"叛教者"朱利安（Julian）皇帝亦有热烈感情。虽然如此，其声誉并未受到特别的污损。尽管是希腊人，阿米阿努斯却用拉丁语写作，在波里比阿、约瑟夫斯之类热爱罗马的一系列帝国公民中，他可谓殿军。与他们不同的是，统治者②的话语也是阿米阿努斯的材料来源，他轮流征引了奥维德、卢坎（Lucan）、奥卢斯·格利乌斯（Aulus Gellius），特别是西塞罗之类人物的话。阿米阿努斯视自己与朱利安皇帝之关联，正如波里比阿与西庇阿·埃米利阿努斯（Scipio Aemilianus）之间的关系，他用类似于神、带有复仇性质的"公正"概念替换了波里比阿的提喀。罗马本城之所以享有令人熟悉的"永恒之城"（*urbs aeterna*）之名，阿米阿努斯正是其始作俑者，至少是使其广为人知者。阿氏对昔日强权罗马之

①　Zosimus，*New History*，1.1，trans. R. T. Ridley（Sydney，1982），没有标页码。
②　从下文可知，这里的统治者指的是正宗的罗马人，他们与波里比阿、约瑟夫斯这样因被俘而成为罗马公民的人是不同的。——译者注

衰落的亲身描绘，以及对这个旷日持久的痛苦过程之政治、经济、文化原因的关注，都在后世史家那里得到了高度评价。阿米阿努斯的史书充满了有关帝国各地及其人民的有趣信息，他对其中绝大部分人持更为同情的态度（比如，相比塔西陀对犹太人的态度而言），甚至地震、天蚀之类的科学问题亦是其著作的组成部分。阿氏对这类问题的关注是非常引人注目，甚至可能是无意为之的，因为他本人宣称，历史应聚焦于重大、突出的事件，忽略小事、常事（Ammianus 26. 1. 1 - 2）。这可以给我们带来如下警示：历史学家宣之于口的意图，以及他们口头上支持的理论、协议，往往在实践中遭到违背。

从远古到汉代的中国史学

罗马的征服将他们带到了近东、叙利亚和埃及，但并没有带到更远的地方。1000 年后的意大利人方才造访中国，一个规模不亚于罗马而历史之悠久过之的帝国。世界上没有一种文明能像中国一样始终如一、连续不断地优先将记录、理解历史置于很高的地位。就习俗以及希腊人发明"历史"一词之功而言，我们在当前的叙述中已将其放在了首要地位上，不过以遥远得多的东方作为我们的起点要容易得多。拿美索不达米亚来说，后来的历史创作的最初形式以历史记录的形式出现，但它与过去的联系是非常清晰的。所谓"甲骨"是指人们在 19 世纪晚期首次发现的，刻有文字的骨、壳残片。它们是现存最早的、与首个可确定真实性的朝代——商代（约公元前 1600—约前 1046 年）——有关的材料。人们制作它们看似是直接因应王家的祖先崇拜，其内容包括直接请愿或与先人交流（参见插图 6）。与其最接近的相似之物或许是同时代亚述人的预言文献。

图 6　中国的甲骨文。商代（公元前 1650—前 1066 年）。Musée des Arts Asiatiqu-Guimet, Paris. Photo, Thierry Ollivier. Photo credit: Réunion des Musées Nationaux/Art Resource.

　　在中国史学与欧洲古典史学之间作精确的类比时，我们需意识到两者的基本差异。首先，不同书写模式（字母文字、语素文字）之间的差异非常显著。前面已经指出，在希罗多德最先使用希腊词 ἱστορία 之后，其含义已有所变化，虽则如此，字义含糊的程度并不高。作为一种无变化的声调语言，汉语里面的每个字代表了不同的单音节（其中的象形文字是很少的），不同汉字的组合代表了不同的多音节词，故此，在这种语言里，同样的词语依据背景的不同可以指谓迥然相异的事物。用来定义历史或史家的"史"字并非意义明确的词。除此之外，人们还不应低估汉语这类语素文字中由于"书写"的复杂性而产生的大量字义分歧。除开对传统的深切尊重，学者们之所以从很早的阶段开始便不懈地关注文献鉴别（他们常常还有意剔除劣质的版本）问题，一个原因便是誊抄文献的人能钻空子产生这样的误解：在某些语素文字意义含糊的背景下，他们所复制的文献是最伟大的。为了复制原稿，著名的中国"雕版印刷"最先在 10 世纪派上用场，早于活字印刷出现在欧洲甚久。这并不必然降低出现错讹的风险，因为毁坏的雕版可能产生扭曲的文字、怪诞的字义。

另外，两种史学在心理层面的某些基本设想是大相径庭的。直到相对晚近的时代，绝大多数欧洲人的思想都是如是认为的：时间具有腐蚀性，变化是不可避免且威力巨大的坏东西。最早的中国哲学家则强烈地尊崇传统，基于此，他们眼中的时间颇类于波里比阿的提喀，是变化之助推器而非承载器。除此之外，在他们的评价中，变化带有进步、走向成熟而非混乱、退化的性质。推进改朝换代地动乱与其说是失败的标志，不如说它反映了统治权的主要合法性——"天命"——的缺失。相比希腊人、巴比伦人那里的神灵（尽管不是犹太—基督教里面公义且绝对的神）震怒，上述中国人的观念颇显深思熟虑，更少任意妄为的色彩。太史令司马迁（参见下文）将指出，杰出的善人、哲士饱受生活困顿、悲惨死亡之苦，坏人却尽享荣华并寿终正寝。至于中国史家给予悉心关注的编年史，它在前者眼中亦是非常独特的。此种编年史以经常变换的帝王年号为基础（此种做法被应用于许多亚洲国家，直至 20 世纪），它不是单一的始于创世的编年史（*Ab orbe condita*）、建城以来的编年史（*Ab urbe condita*）乃至使用公元纪年的编年史（特别是自 17 世纪以来）。这解释了相比欧洲而言，为何同步的编年史表在中国的发展要早得多。中国人还以我们会感到惊讶的方式看待不同的撰史体裁：在欧洲传统中，"编年史"常被认为是历史记录最初级的形式，相比之下，传统中国史家视之为最高形式，是从其他材料中提炼出来的知识精华。葛朗特·哈代（Grant Hardy）认为，自文艺复兴以来，现代人偏好的是只发出一种声音的全知型史家，是内部圆融的故事，古代最伟大的中国史家司马迁在自己的《史记》中会就一件史事给出多人的看法，且叙述常自相矛盾，这与现代人的偏好是水火不容的。①

西方史学高度重视史家相对于外部干扰的独立性，尽管在大多数 54
情形下，独立的姿态是一个理想而非事实。按照当代欧美史家的看
法，传统上认为正史、宫廷史以及它们的其他变种的表现并不出色，
对这些人来说，免受外在影响的独立、自由是极可宝贵的。在中国，
历史几乎从一开始就与政治有所牵连，并最终与当时的统治王朝纠缠
在一起。不过，中国史家并不认为这与其秉公执笔（这通常有着极大
的风险）的职责有根本冲突。的确，有人曾提出如下看似有理的观
点：由于缺乏与基督教欧洲启示宗教中的绝对真理相对应的事物，中
国人因此能将同等的确定性赋予历史。最后，中华帝国的史家将撰史
视为历史文献的汇编过程，原封不动地收入另一史家之作品亦包含在
此过程中。这对西方人而言是相对陌生的，事实上，西方人自希罗多
德以来就非常激烈地反对剽窃，他们常常努力表白自身相对以前的作
家的独立性。孔子宣称自己并非知识的生产者而是传播者，与此相
似，最早的中国史家认为自己的作品主要是传承历史知识的工具。就
实际而言，他们并未止步于此，一个并非少见的现象是：他们抬升道
德判断的价值，从而突出历史的正面内容，以及它对天地大道的揭
示。对中国古代史家而言，真理并非意味着历史对真正的事实的服
从，而是其对材料的忠诚："信"字并非意味着现代意义上的真理，
而是与"可信"或可靠更相类的某种东西。由此产生的结果是，与古
典史家仅有残章断片流传至今相比，历史同样悠久的许多中国文献事
实上是完整无缺地传到我们手中，尽管现代学者对如下观念有着合理
的质疑：中国史家并未往继承下来的材料中添加任何东西。

杰弗里·劳埃德（Geoffrey Lloyd）爵士是为数不多对古典古代、
早期中国有精深研究的现代学者之一，他撰写了大量比较这两种文化
的作品。劳埃德重新讲述了一个著名的故事，它来自广为人知的叙事

---

① Grant Hardy, *Worlds of Bronze and Bamboo：Sima Qian's Conquest of History*（New York，1999）.

性著作《左传》，讲的是齐庄公被自己的大臣崔杼谋杀。[①] 这个故事在司马迁那里也重新讲过，之后一再地被重复。这个故事之所以有名主要是因为它是中国史家自我形象——他们将自己看作真理、美德的无私捍卫者——的缩影。前赴后继的三兄弟均以史家（"大史"）身份被崔杼处死，因为他们记载了崔氏的逆行。先前，相关历史记录每次都被涂抹掉，只是到它最终获准存留下来之时，那第四个兄弟才满意，而且，即便到那时，还有一个来自南方的史官准备接替此人的位置。此事对史家记录史实甚至不惜为此杀身成仁的责任作了有力的证明，虽则如此，它由于以下事实而大打折扣：在其他情况下，我们知道文献经过了修改乃至篡改，与此同时，由于带有明显而强烈的粉饰色彩（这是《左传》作者为了说明自己的观点而采取如是做法），史官三兄弟对如实直录精神的顽强坚持显得不真实。很难想象在希腊或罗马的历史写作中（哪怕是修昔底德或塔西陀的著作中）会有如此轶事。

相比欧洲同行，为了复原、呈现过去，中国史家更早的多地巩固了一系列清晰、连贯的规则、做法。他们也为史家争取到了日渐官方化的地位，在希腊以至罗马没有与此相应的现象。"史"字最初与巫师对宇宙奥秘的占卜有关，其最初的含义似乎是指礼仪官员。随后，它渐指君主的秘书或负责书记之事的官员。相关的一种传统，即君主左右总是随侍两位秘书官各自记录帝王言行，很早便建立起来。在那时或自那时起，中国人实际上从未使用"史"字作为"历史"（亦即真实发生的史事）的同义词，毋宁说它是历史记录的累积、排列（即很晚以后人们所指的"史学"）。照此说来，早在公元前 4 世纪时，它便是一个重要的知识类别了（与哲学、文学和"经学"并列）。而它在欧洲古代从未获得此种地位，在 17 世纪晚期之前的西方也未获

[①] G. E. R. Lloyd, *The Ambitions of Curiosity*: *Understanding the World in Ancient Greece and China* (Cambridge，2002)，1 - 20.

得。同样令希腊望尘莫及的是，史学在中国是帝国主义化或"霸权式"的习惯的一个杰出范例，其影响力远超出其名义上所属的政治领域，最终，它还主宰了蒙古、日本、朝鲜以及许多东南亚地区的史学发展。

中国人关于历史的重要思想可追溯到《易经》（"有关变易的经书"，此书在公元前2千纪末正式成形）之类的古代经典。"历史"是有关过去的权威解释，与哲学、诗歌有着同等地位。它在最初的"六经"（到3世纪晚期，只有合称《五经》的五本经书传世）中的两部经典中得到体现，它们是《书经》（最早的官方文献集之一，另有'Classic of History'［"史经"］、'Classic of Documents'［"文献经典"］的英译法），以及曾被认为出自孔子之手（参见下文）的《春秋》（"春秋编年史"）。《书经》中大部分篇章的创作时间可能都比希罗多德史书早几十年，该书是政令、告示、公文和其他文献的结集，其作者是商代，特别是周代的列王。有意识的历史写作是稍晚时期的产物，汉代之前，除了孔子这样的伟大圣人，很难确定有什么中国史家，作者个性、身份之确立无论对作家抑或早期读者而言都非紧要之事。在某些情况下，与某部中文文献联系在一起的所谓"作者"其实是承担编纂之责的政治家或朝臣。例如，先秦时代的政治家吕不韦便是这样弄出来一部鸿篇巨著《吕氏春秋》（"吕氏的春秋编年史"）的，该书编纂于公元前240年，其作者或许有数百人。

考虑到所有这些习惯、背景上的差异，中国之历史研究的起因与促使古欧洲展开同类事业的那些动因并无显著区别，特别是在乱世求和平、处事之道的愿望。最早的中国思想清楚地传达了这样一个观念：纷纭人事，其实有道，人们从中可学习修身、在无常世界中游刃有余。这告诉我们，中国人对过去的认识很快便与哲学、对"道"（"道路"或道德秩序）的追寻联系在一起。作为中国第一部引人注目的独立史书，《春秋》（或曰"春秋编年史"）主要是有关鲁国的编年史书（不可与以后的《吕氏春秋》相混），它描述了公元前722年到约前 480 年的史事。此书通常与具有重要影响的哲学家孔子（或曰孔圣人，公元前 551—前 479 年）扯在一起，尽管流传至今的很可能是孔子对某部已失传的更早作品的评论或修订。除此之外，孔子的《论语》就"史"的正当作用有某些最早的陈述。"子曰：述而不作，信而好古。"① 孔子也拒绝记录怪力乱神，由此，"史"的巫术起源便被他斥为与占卜相类，在这里，这位史家将自身的理性力量作用于历史，用以揭露世界的运作原理。

《春秋》本身文字不多，所列史事仅述其大义，我们对其含义的理解有赖于对更早的作品进行注解的中国传统。其中几部注解性的作品出现在随后的数百年里，比如上面提到的《左传》还有近乎与之同时的《国语》。这些作品最早的读者，比如战国时期的思想家墨子，往往在《春秋》的总名目下将注解与原编年史合在一起。这些注解性作品难以进行精确定期，有的时候，人们将《左传》《国语》都归为与孔子同时的某个神秘人士——左丘明——的作品，不过亦有人将其成书的时间大大推后，因为两书中的某些内容无疑出自后世学者（直至汉代早期）的增补。两部作品在内容上的准确性——如实记录史事的程度——仍是个引起争论的问题。

《左传》（"左氏的述论"）有时亦名"左氏编年史"，因其与《春秋》的各个部分有年序上的联系。该书内容涉及有关权力继承或者叛乱的政治斗争。以下来自《隐公四年》（公元前 719 年）的引文让我们一瞥该书的风采，包括直接引语的使用、文末的道德训诫：

> 四年春，卫州吁弑桓公而立。
>
> 公与宋公为会，将寻宿之盟。未及期，卫人来告乱……（作者接下来描写州吁作为统治者的自身弱点及其实践"令德"的失败）

---

① Analects 7.1，引自 Masayuki Sato，"The Archetype of History in the Confucian Ecumene"，History and Theory 46（2007）：218‑232，at 218。

厚从州吁如陈。石碏使告于陈曰："卫国褊小，老夫耄矣，无能为也。此二人者，实弒寡君，敢即图之。"陈人执之而请莅于卫。九月，卫人使右宰丑莅杀州吁于濮，石碏使其宰乳羊肩莅杀石厚于陈。

君子曰："石碏，纯臣也，恶州吁而厚与焉。'大义灭亲'，其是之谓乎！"[1]

表面看来，此处引文在结构、风格上似乎与我们可在希罗多德或塔西陀著作中所体会的东西迥然相异，实则它们之间有许多共通的要素。报仇、野心之类的主题，王室仆从之类忠心耿耿的人物角色，它们是我们可在同时代希腊作品中轻易寻见的，至于石碏极其无情的大义灭子之举，则让某些读者想起李维史书中的一个著名事件，即有名的暴君罢黜者卢修斯·朱尼厄斯·布鲁图斯（Lucius Junius Brutus）因自己儿子的背叛行为而处死他们。至于"君子"（作者本人）针对史事的点睛之笔，则与塔西陀书中的精彩论断形成对应，只不过前者稍显突兀、略少含蓄而已（尽管此种"突兀"本身具有明显的暗示意义）。与塔氏著作一样，书中的智言慧语常出自叙事主干部分中的主人公之口，其风格同样的紧凑、简练。

那些注解家利用《春秋》和其他早期编年史书，叙述历史上的轶事、言谈，从而为儒家的观点提供支持。和佛教一样，这些观点有着循环时间观的倾向，此种时间观主宰着中国的历史思想，直至 19 世纪。某位学者认为，《左传》（参见文献摘录 3）是第一本将中国人先前存在的两种不同关怀汇聚在同一本书中的中国史书，它们一是追求不朽的传统关怀，二是在史事中寻求意义的愿望。作者们严格遵循年序，以至于读者不得不翻来翻去，以求知晓事件的结果，这让人们产生"这样一种感觉：纷繁复杂的事件既无头，又无尾，万事万物相互

---

[1] 引自 *The Tso Chuan*［*Zuozhuan*］：*Selections from China's Oldest Narrative History*，trans. Burton Watson（New York，1989），7-8。此处保留了威妥玛拼音。

58　勾连".① 这里提出的循环观念发展到了超出波里比阿之类希腊人所能想象的地步:不仅仅是道,连特殊事件亦可能反复发生,如此,用心准备的读者便能通过完备的知识、用心礼仪之事,在前事中卜知后事的预兆。

中国早期的历史写作:《左传》

- 乙丑,赵穿攻灵公于桃园。
- 宣子未出山(位于边界)而复。
- 大史(即董狐)书曰:"赵盾弑其君。"以示于朝。
- 宣子曰:"不然。"
- 对曰:"子为正卿,亡不越竟,反不讨贼,非子而谁?"
- 宣子曰:"乌呼!《诗》曰:'我之怀矣,自诒伊戚。'其我之谓矣!"
- 孔子曰:"董狐,古之良史也,书法不隐。赵宣子,古之良大夫也,为法受恶。惜也,越竟乃免。"

节选自 The Tso Chuan: Selections from China's Oldest Narrative History, trans. Burton Watson (New York: Columbia University Press, 1989)。承出版商许可复印。华生 (Watson) 的注释被省略了,但括号内的添补内容保留了下来。威妥玛拼音在此得到留存。这节《左传》选文描述了公元前607年以来的众多史事,它证明了史家在中国很早便享有重要地位,且与统治者关系密切。选文引用了孔子对早期史家董狐的评价。

文献摘录3

鉴于事件是有序运动的这种观念,中国史家很早便产生了如下见解:历史可为道德,特别是政治生活提供大量借鉴。司马迁探讨了孔子应为《春秋》之编纂者的问题,根据他的说法,伟大的圣人相信自己的声誉应以撰史生涯之成功为基础。司马迁还引用了同时代的董仲舒的观点,大意是孔子"是非二百四十二年之中,以为天下仪59　表".② 据传闻,孔子曾言"实事"的案例比"理论话语"更好地证

---

① Wai-yee Li, "Knowledge and Scepticism in Ancient Chinese Historiography", in Kraus (ed.), The Limits of Historiography, 27 - 54, at 27, 30.

② Steven W. Durrant, The Cloudy Mirror: Tension and Conflict in the Writings of Sima Qian (Albany, NY, 1995), 62 - 63.

明了自己的政治信条，这或许第一次表达了史学的优先功能——提供借鉴。这是为历代欧洲史家（起自哈利卡纳苏斯人狄奥尼修斯、下至18世纪的博林布鲁克子爵）所推崇，而又有众多哲人、诗人（自亚里士多德以降）加以争辩的史学功能。

中国人将离题的故事插入自己的叙述中，如果不合年序的故事可用来传示道德训诫，他们经常会使用插叙的文学手法。他们也将演讲乃至谈话融入自己的史书中，一如同时代希腊作家们的行止。他们有时亦出于审美、修辞的缘由而不按常理叙事。《左传》的注解家讲述了某位灵王的故事，①此人由于愚蠢的奢华无度、缺乏对传统的尊重而招致灭亡。公元前529年，灵王最终被其弟废黜并被迫自杀身亡，不过在史家笔下，故事的高潮发生在一年前。这位统治者在自己的某个冬巡期间由于意识到自己的愚蠢而伤心不已，这时，史家对灵王败亡的描述及人们能从中吸取的教训便应时出场了。史家所点明的教训之深刻，是塔西陀之前的任何一位欧洲史家都不能比的：

> 仲尼曰：古也有志，克己复礼，仁也。信善哉，楚灵王若能如是，岂其辱于乾溪。②

其他哲学流派与占据主导地位的儒家各持己见，有关历史变迁的过程，出现了百家争鸣的局面，在古代抑或中世纪的西方，莫有堪与之相提并论者。道家追求与自然和谐相处，并从不断变化——循环但不可预测的变化——的世界中隐去，它并不认为历史有可辨识的道或予人以教益的价值。邹衍（公元前305—前249年）是传说中"阴阳五行"学派的创建者，他提出了一套全面的历史变迁理论，依此，五

---

① 指楚灵王。——译者注
② 引自 David Schaberg, "Social Pleasures in Early Chinese Historiography and Philosophy", in Kraus（ed.）, *The Limits of Historiography*, 1-26, at 12-14。

代中的每一代都以某种元素为特征，比如，传说中的皇帝以土为特征，继起的夏朝以木为特征。此五行由邹氏借自《尚书》，它类于赫西俄德所提出的起自黄金时代以至黑铁时代的五代说，其所涉问题却远过于后者。对赫西俄德而言，五代的术语主要是对一种不断衰落的存在与幸福状态的描述。而在邹衍手中，随着元素的自然更替，每一时代的德相继登场，长江后浪反过来又推前浪，从而推动了一系列的时代变革。墨家（墨子的追随者）和法家也看到了可辨识的历史进步之道，尽管后者作为极权主义哲学——暴秦（公元前221—前206年）

60

图 7　秦始皇统治时期的焚书之举，公元前 3 世纪后期。这是 17 世纪一部中国历代帝王传中的插图。Bibliothèque Nationale, Paris. Photo credit：Snark/Art Resource, NY.

所采用的学说——的信奉者，声称这类进步由国家对天然邪恶个体的管控加以推进，它们让历史在很大程度上变成无关紧要之物。在秦吞并众"战国"建立统一的帝国后，始皇帝下令实施臭名昭著的焚书坑儒（参见图7），这在事实上销毁了被征服各国的历史记录。法家的历史观（还有在秦朝眼中同样有吸引力的邹衍历史观）和晚得多的源于 20 世纪极权主义的各种历史观之间有着令人烦心的相似性。

61

继起的汉朝在接下来四百年的绝大部分时间里掌握了权力，在这期间，儒家成为官学。中国历史思想、创作中最重要的一个早期人物在这个统一的中国（字面意思是"中央之国"，中国人指谓本国的地名）诞生了。司马迁（公元前 145—前 86 年）是首个我们有大量认知的中国史家，这既因为他未隐姓埋名且将内容详细、上溯至传说时代的本家族谱纳入自己的书中，又因为 1 世纪的史家班固为自己的这个著名前辈作了传。司马迁起初并未打算研究学问，不过他感到有责任续写已由其父司马谈所起笔的一部作品，司马谈本人担任着显系世袭的太史（它有"grand astrologer""grand scribe"以至"grand historian"等各种英译法）之职，这是自周代以来世代由司马家担任的一个职位。年轻的司马迁对此使命极为看重，以至于当他由于为一位战败的将军辩护而失宠于皇帝时，他选择了受羞辱之宫刑而非自杀保全自身的荣誉（如果这样做，父亲的工作是不能完成了）。大约到公元前 90 年，他完成了《史记》（"太史公书"）① 的创作。

《史记》的结构分五部分，事实证明，每个部分对未来中国历史写作都有奠基性的模范作用。第一部分凡 12 卷，名为"本纪"，对一连串重要朝代的兴衰进行记述；第二部分凡 10 卷，为年表（"表"）；第三部分凡 8 卷，名为"书"，论及各个知识门类，从天文、历法以

---

① 目前最易获得的英译本仍是 Burton Waston, *Records of the Grand Historian*, rev. edn, 2 vols.（New York, 1993）。现代由小倪豪士（W. H. Nienhauser）等编纂的一个多卷英译本正在翻译中（Bloomington, IN, 1994），其书名是 *The Grand Scribe's Records*。

至农业、文学和音乐，不一而足；第四部分凡 30 卷，述及伟大的"世家"，并包含有名的圣人比如孔子的传记；最后是第五部分，包含70 篇人物"列传"，写作对象是政治家、学者和其他类型的人物，他们常配对出现（正如希腊传记家普鲁塔克后来的做法），用以展现某种人物类型。与《左传》作者极为相似的是，在自己书中绝大多数章节的末尾，司马迁都会对适才叙述的史事给出道德上的训诫或加以评论。同样，此举与古典时代的欧洲习惯相类，区别仅在于中国人很清楚地彰显了作者对文本的介入。司马迁书中以"太史公曰"起头的附记虽为数不多，不过，与绝大多数中国史家、希腊史家一样，他毫无阻碍地运用编造出来的人物言论，人们公认其中某些言论是从更早时的作品那里抄录过来的。年表包含了司马迁最具原创性的某些创作，它是一项杰出的创举，以网格的形式、借助同步定期法（考虑到更早时秦朝毁灭了敌国的编年史，此事实属不易），它将许多截然不同的材料呈现出来，它还将这样一种意识标明出来：事实上，不同领域之间可共享一个普世的日期体系，而罔顾不同朝代的界限。

此种不同寻常而具原创性的编排有利有弊。一方面，司马迁不必在某个章节中为了解释某个特殊人物而打断事件的描述，因为他们可能在其他的某个主要章节中被谈论到，故此，希罗多德书中为提供必要背景或解释某事之长期重要性而出现的离题内容便不见踪迹了。在有关人物传记的第五个部分，他还得以避免严格的编年史体例，这让其能优先考虑人物类型、人物模式，而这些是他相信能通过不同时代的个人生活体现出来的。另一方面，由于没有索引，读者将面临要在几个不同地方找寻有关某个主题的材料的问题。在某些地方，书中的内容还可能互相扯皮，尽管有人已经提出，这或许是司马迁有意提出多元解释，或许是司马迁和希罗多德一样，有原原本本抄录竟至于自相矛盾的不同材料的压力。《史记》并非意在传递不可挑战或确定无疑的历史叙述，修昔底德式的"一锤定音"是没有的，它的目标是促进有理解力的读者拥有做出良好判断的智慧。现代学者会告诉学生他对他们所讲述的最终事实的集合并不感兴趣，他关注的是他们批判性思维技巧的发展。司马迁与这些学者是极其相似的。这并不意味着他认为任何故事都可作为既成事实加以接受：在"列传"部分的开篇，他归纳了自己查验史实（包括经典著作）的方法。此种方法包括了希罗多德式的游历、求教长者，但总的来说，相比口头传统的奇思妙想，它更偏爱先秦或"古籍"在文献上有着相对确定的权威性，至少在古史方面是这样的。

《史记》之篇幅四倍于修昔底德的《伯罗奔尼撒战争史》。在这样一部著作中，司马迁想做的远非写一部中国通史那样简单：他要写的是一部与中国人的已知世界有关的史书。《史记》还是一部文献集成，是一部编年与传记的百科全书，里面充满了可资当时与后世君主所用的精粹智慧。根据收录在后世史书中的一封信件，司马迁和修昔底德一样怀有一种清晰的观念，即希望后世人能从自己的作品中获得教益。他告诉友人任安，说他有意将作品收藏在档案馆里，以"俟后世圣人君子"。《史记》也包含了人种志的成分，他对中国的敌人匈奴蛮族（一个或许演化成后世匈牙利人的突厥民族）的描述，让我们看到了令人惊叹的对该民族简单统治形式的思索，这使人联想到晚得多的塔西陀著作——《日尔曼尼亚志》。①

尽管《史记》不仅仅是一部史书，司马迁还是在《史记》中清楚地表明了史家的使命意识：如实记录大小史事，以裨当世，并奖善罚恶。《春秋》中某些可疑的内容在司马迁那里受到忽视，用孔子的话说，如此作为令司马迁兼"作"与"述"于一身。他还将对变化的认同融入到一个政治循环的体系中，这在一定程度上可与两代人之前的波里比阿相比。司马迁不认同道教所提出的在神话中的远古存在黄金时代而它为文明所摧毁的观点。按照他对历代历史的叙述，伟大或智慧的开国帝王承天命创建新朝，邪恶或腐化之君则毁灭之。虽然如

63

---

① *Shiji*, trans. Watson，vol. I, xiii.

此，有趣的是，司马迁并非认为败亡不可避免，因为君主的智慧统治能够战胜任何宿命——这与每个皇朝认为自己是承天命接替旧朝的观点是背道而驰的。不过，变迁自身以及衰退是自然界、人类世界中不可避免的现象。每一个朝代都有自身的主德，比如夏有信，商有诚，周有礼，正是这些美德向自己的对立面的退化（信义转为粗野，诚实转为诡诈，礼仪转为虚荣）导致了不可避免的天命转移。和波里比阿笔下所述的邪恶政体在轮回（anakuklosis）中由下一个"善的"政体加以更替一样，令一个王朝沉沦的失误需由轮回中的下一个"德"加以修正，是故，在（晚周的"虚华表演"之后）需向信义回归之时，秦朝因制定严苛的法律而自取灭亡。[①]

　　司马迁用很明显经过精心设计的格式编排史实，他将编年体与人物传记融合了起来。此种模式主导了以后两千年的中国历史写作，尽管这不是一种十分精确的模式。司马迁的影响力是无论如何夸张都不为过的，在历史写作的圈子里，他甚至逐渐盖过了孔子以及孔子之后诸多大家的影响。没有一个欧洲史家，包括波里比阿、塔西陀，以至希罗多德、修昔底德，可以享有这样的影响力，除此之外，欧洲的历史写作也未体现出这样一种历史研究——以中国为代表的系统性、最终体制化（发生在唐代统治时期）的历史研究——的连续性。司马迁自始至终都采用大量的材料，他将各种观点呈现出来，并常常让读者知晓其为何以某种特殊的方式写某事、某人。因此，《史记》还成了第一部提出以下问题的中国史书：怎样认识过去？这是从古代以至现今的大学生研讨班都深感困惑的问题。与希腊人的对比又一次让我们获益匪浅：司马迁以传说中的、在王朝统治开始之前的五帝开篇，他绝没有以赫卡泰乌斯的方式干净利落地拒绝神话，以至坚定地将之从历史中分离出来。事实上，他手上完全缺乏与意为"虚构"的希腊语 muthos 对应的汉语，因为这样的词语在汉语中并不存在。

64

---

① Burton Watson, *Ssu-ma Ch'ien: Grand Historian of China* (New York, 1958), 6, 142.

司马迁书中常提及历史能够提供的教训，那些出言说话的人常求助历史，为君主建言。司马氏用一个常见的譬喻——我们时不时地可在全球范围内看到它的身影——来说明历史，它也就是以史为镜的譬喻，在这面镜子中，我们能看见自己的映像。

> 居今之世，志古之道，所以自镜也，未必尽同。帝王者各殊礼而异务，要以成功为统纪，岂可绲乎？观所以得尊宠及所以废辱，亦当世得失之林也，何必旧闻？[①]

这段评论最引人注目的并非是古今相似这样的陈词滥调——不是说古今那样的相似，以至于人们可轻易地效法过去，预测未来。司马迁的镜子不是死的，而是活的：近距离看见的东西并不精准地等同于镜子前面的实物。统治者不加调整地运用过去的成功做法、智慧于当下是不智之举。此种看法认为过去虽与当下有许多相似之处，但也有许多我们应该抓住的重要差异，我们将会看到此种认知会不时地重新出现，比如文艺复兴时期的佛罗伦萨史家弗朗西斯科·圭恰尔迪尼即有如此看法。更进一步地认识——作为历史教训的源泉，最近的历史并不必然逊于古代史——同样将在后世作者的身上体现出来。

在以后的成百上千年里，当人们往上回溯时，《史记》将被视为一长串的二十四"正史"中的开山始祖。所谓"正史"，也就是后继王朝给前朝写的官史。不过，实事求是地说，在长达千年的时间里，并无《史记》之后的著作以该书的视野为榜样，直到宋朝为止。绝大部分著作并未全部使用司马迁的五板块，尽管它们无一例外地至少将本纪、列传板块纳入书中。与涵盖汉代和之前各朝代的《史记》不同，随后的正史著作一般以一朝的历史为范围，且其成书在该朝代灭亡之后，其结论为新朝承继旧朝提供了论证。最早以司马迁为榜样的

---

① 引自 Hardy，*World of Bronze and Bamboo*，203。

是前汉或曰西汉王朝（结束于公元 9 年）的史家班固（约活跃于公元 32—92 年），在此人下监并去世之后，则是其妹班昭。正如司马迁追随父亲的脚踪，班氏兄妹同样是实施其父续写《史记》的计划，而对于《史记》，班氏兄妹均作了严肃的批判，包括司马迁摘录、理解经典的方式，这位前辈似有其事的对道家（它在这时遭遇了已成正统的儒家的反对）的忠诚。班固的《汉书》（"前汉或曰西汉的历史"）非由有组织的帝国机构编撰而成，而出自私家之手。虽然如此，班固无疑是在皇帝的命令下进行创作的。相比自己的前辈，该书的写作格调带有更明显的道德色彩，比如它谴责汉朝光复之前的王莽篡政（公元 9—23 年）。该书甚至包含了囊括从古代到汉代的两千个人物的宏大年表，他们被编入"圣""愚"之类的范畴中。相比《史记》，《汉书》无论在风格还是视野上，都为后世的断代史书树立了样板。当我们在下一章里讲述中国史学的故事时，我们也将看到，随着后世帝王决定将历史写作制度化，从孔子开始的史家与统治者的关系变得亲密多了。

从古代到 1 千纪中叶的南亚

中国史学的价值观、风格与欧洲史学不同，虽然如此，前者产出的成果仍是清晰可辨的历史著作。另外，两者对下述类别的问题有着共同的关注：编年史，史学的教化功能，矢志呈现"真相"的姿态，纪念某些历史事件的责任。基于这个原因，虽然绝大部分西方的史学史著作对中国史学传统给予了尊重（如果提到了的话），看似与中国史学传统相距甚远的其他理解过去的模式却常与此种尊重完全地失之交臂，在此之列的便有早期的印度历史写作。印度产生历史思想、写作的能力常常受到人们的怀疑，早在 11 世纪 20 年代，穆斯林比鲁尼（al-Bīrūnī）便评价印度对"万事万物的历史秩序"缺乏兴趣；18 世纪，爱德华·吉本评价"亚洲人"普遍缺乏历史；19 世纪，詹姆斯·穆勒和黑格尔重复了这种论调。英国官员、出身拉其普特（Rajput）的热心人士詹姆斯·托德（James Tod）爵士有类似的哀叹：古印度文献或许有"极富价值的历史信息"，但很难将其筛选出来。"许久以来，平凡的历史真理都未让这个人工喂养的民族感兴趣。"①

这是研究前殖民时期之印度的现代学者努力摒弃的观点，尽管他们是从两个完全不同的方向出发的。一部分人认为，早期印度文献存在着历史性或至少有历史意识，即便它们并不等同于现代的史实、实在性概念。更晚近的时候，后殖民时期的学者们以另一种方式，对印度、欧洲史学引人不快的比较情形作了探讨。他们认为，19 世纪留下来的科学、实证、编年体形式的历史与其说是一个有人穿戴、有人排斥的花环，还不如说是西方强加给被征服者南亚的启蒙真理观，它是占据优势的某种历史认知路径，该领域里的种种规条不应当应用于印度之类的异文化（人们也不应认为它们是此类文化所缺乏的），事实上，它们还是瓦解更具正统性、真正带有印度气派的历史意识的元凶。拉依特·古哈（Ranajit Guha）的"属下"（Subaltern）学派表达了以更温和的形式出现的此种观点，不过，哪怕是古哈，他都接受了自己要加以争辩的黑格尔式的观念，因为他认为直到 19 世纪早期，由印度人创作、可以合情合理称为"史书"的著作才出现。②

当然，种族群体、语言的多样性，宗教内外状况的复杂性，使得西方史学之类的事物并无发展的可能（无论是否应该发展起来），如果我们所谓的"西方史学"是修昔底德式的正宗史学的话。不唯如此，在印度，推动并能迅速令中国历史写作官方化的那种中央政府机构亦是付诸阙如的。印度哲学可能并未对历史投入特别的关注，因为

66

---

① James Tod，*Annals and Antiquities of Rajas' than*，2vols.（London，1829 – 1832），vol. I, 22.

② Ranajit Guha，*An Indian Historiography of India*：*A Nineteenth-Century Agenda and Its Implications*（Calcutta and New Delhi，1988）.

印度人的思想否认短期事件的重要性，而喜爱长得多的时间单位。在印度，时间概念与以众多大型时长单位设想现实的世界观是联系在一起的，这在事实上构成了基督教观念的对立面，后者是直至19世纪一直占据统治地位的一种时间观，在它那里，创世不过是数千年前发生的事情。我们早先在某些西方历史思想形式中提及的"循环"是印度"时代/劫波"（yuga/kalpa）体系的一个关键特征。这是有关多个宇宙世（world ages）的理论，它与人们对不同时代的天文计算有关。在这样的"时代"里，一个千年（human years，或神日［divine days］）循环在更大的一个循环里发生，后者复又在另一个循环中发生，由此产生的时间跨度远远超出了现代地质思想中亿万年的时间概念。根据这种时间框架，四个宇宙世会连续更替，万事万物在这样的循环中走向衰退。但这些螺旋式的时间旋流，其本身在数学上呈衰减态势：按照4：3：2：1的比率，每个宇宙世在时长上小于前一个宇宙世。四个宇宙世的总时长达4,320,000人年（*caturyuga* 或 *mahāyuga*），最后一个宇宙世是卡里世（*Kali*，人类历史在此"世"中展开），人们认为它开始的时间相当于公元前3102年。循环会自我重复，继则被毁灭期打断，1000个四宇宙世组成一个劫波或曰"梵天日"（day of Brahma），劫波反过来则构成梵天百年寿期的组成部分。寿期之长难以想象，何况还有潜在的无限轮回（以及相同的事件以及相同的人物反复重现）的概念，无怪乎不论是印度教还是佛教都没有"征服"时间的观念。上述类别的大型时间单位中的数字，其所产生的效应毋宁是令人生出一种距离感。①

67　　　以上所述的诚然是一种非常独特的时间观，不过就此事实本身而言，它并不必然导致如下事物的缺乏：有关过去的思想，或者与历史进程、历史之本质有关的口头、书面交流，以至对史事之意义的推测。某些种类的史学形式确实存在于古印度，它表现出完全不同于西

---

① 我感谢罗米拉·塔帕尔（Romila Thapar）教授的这一建议。

方的一种历史感，不过这种历史感很少是穆勒在其名作、极富影响力的《英属印度史》（*History of British India*，1817）中所指出的那种快乐的无知状态。最广为人知的一种史学传统起源于吠陀时期，即名为"*Itihāsa-purāṇa*"（传奇-故事）的融合型传统，到 1 千纪中叶，它成为被占据统治地位的婆罗门种姓所用的权威文献。*Itihāsa* 被译成"即是如此"，到更晚近的时候意为"历史"，不过在古代，它并无如此意味。*Purāṇa*（梵文作［注意，此处的梵语无法通过电脑输入，需借助原书复录进去]）指的是"与古代有关的事"或"古老的故事"。与许多最早形式的历史思想一样，*Itihāsa-purāṇa* 最初通过口语来传递，自 19 世纪以来，在印度教内部区分两类知识成为一种普遍的做法。其中等级更高的知识是 Ś*ruti*（"听闻之事"），它由吠陀经（Vedas）所展示的传统组成；等级更低的是 *Smṛti*（"铭记之事"），包括人类创造的文献。*Itihāsa-purāṇa* 尽管有时被认为是"第五吠陀"，它却与伟大的梵文史诗《罗摩衍那》《摩诃婆罗多》同属 *smṛti*，这些史诗的编纂者谈到过 *Purāṇas*（往世书）。每部往世书都是献给某位印度教神灵并与某个教派有关的，里面的章节常包括来自更早时代的谱系，还有朝代表（它是用将来时态写成的）。它们在历世历代得到复制，直至现代（参见图 8、9）。在后世，统治者为支持自己的权威、地位，会让自己与那些帝王世系对接。

在某种程度上，随着婆罗门教权威的树立，印度历史文学呈分化发展的态势。与此平行的与吟唱者、诗人有关的著述传统继续独立地发展，直至今日，它们保存了部族首领、贵族的谱系材料。《毗湿奴往事书》是源于 1 千纪中叶的著作，其中有一章名为"更替"，对该书的大概内容以及历史从神话中兴起作了说明。该书从遥远、神话的古代开始讲起，经大洪水、标志着英雄时代终结的一次大战，一代代地陈述下去。尾随其后的则是向将来时叙述的转变，已发生的事件以预言的形式表达出来；经过世世代代的更替之后，历史进入了包含真实朝代（人们认为，有关这些朝代的编年史比谱系叙述中的内容更加准

图 8　拉其普特学派（16—19 世纪）。猴王罕努曼前往锡兰。这是 17 世纪马尔瓦（Malwa）宫廷微型画的一个场景，故事取自《薄伽梵往世书》（*Bhāgavata Purāna*）。National Museum, New Delhi. Photo credit：Borromeo/Art Resource, NY.

确）、历代君主（我们从其他材料中知道了他们，其统治时间在公元前4 世纪—公元 4 世纪）的帝王时代。这些文献主题离散，内容呈并列之势（paratactic，这个词的字面意思是"并肩而立"，意思是句子与句子之间没有接合或联系），时态不时发生转变。时态的转变进一步指明

68　了作者对过去与未来（作品的创作即是在未来）之间的联系有着独具特色的看法。如此，我们便看到某往世书前面的一个章节如是写道：

激昂（Abhimanyu）从毗罗吒（Virāta）之女至上公主（Uttarā）生子，即环住王（Parikṣit）。环住王之子镇群王（Janamejaya）非常公义。镇群王生勇敢的萨塔尼卡（Śatānika）。萨塔尼卡之子是勇敢的阿斯瓦麦哈达塔（Aśvamedhadatta）。

阿斯瓦麦哈达塔有一个得胜之子，即公义的阿迪斯马克尔斯那（Adhisīmakṛṣṇaa），此人在现下的统治极受赞誉。

　　阿迪斯马克尔斯那之子是尼遮沙王（Nicakṣu）。当象城（Hastināpura）被恒河夷为平地时，尼遮沙王弃之并迁都憍赏弥（Kauśāmbi）。他将有八个有势有勇的儿子。①

　　早期印度史学传统包括创始神话、有关各大家族传承的大量谱系材料，通常而言，人物的安排不遵照年代顺序。ākhyānas 是古代英雄传，常在宗教仪式的背景下吟诵。Gāthās 一词字面意思是"歌曲"，

图9　《薄伽瓦谭》（Sri Bhāgavata Purāṇa）中的某个章节（约1880—1900年）。该梵文卷轴用天城（Devanagari）文写成，内附讲解印度教故事的插图。卷轴边沿为花边图案，背景为金色。British Library, London. Photo credit：HIP/Art Resource, NY.

① 引自 F. E. Pargiter，*The Purāna Text of the Kali Age*（London，1913），65 - 66。

69   到后来特指称颂君王、圣贤英雄事迹的古印度歌谣。*Narāśaṃsī* 是这类歌谣的一个下属类别，由勇士、君王的颂歌组成。*Charitas*（传记，特别是帝王传）在后世跻身印度文学之林，肇其端者很可能是 7 世纪由波那跋吒（Bāṇabhaṭṭa）创作的《戒日王传》（*Harshacharita*）。除此之外，还有关于某些帝王的传记，它们源起于公元 7 世纪，在公元 10—13 世纪达至极盛，与其一道的还有王家编年史（*vaṃśāvalis*，字面意思是"更替之路"），它们通常是宫廷诗人或吟唱者的作品。另一类文学作品是史事集（*Prabandha*），它们也有人物传记方面的取向。这些自成一系的材料连同考古、铭文证据有助于我们确认见于往

70   世书的历史叙述是正确的。比如，往世书记载了信奉佛教的孔雀王朝末帝巨车王（Bṛadratha）于公元前 185 年死去，这在《戒日王传》中得到了确证。

伊斯兰教到来之前的印度还发展出了其他不同于传奇-故事的历史写作传统，它们以僧侣机构为关注焦点。耆那教徒是非常古老而非属吠陀宗教的某种信仰的践行者，他们发展出包括列王编年史（*Rājāvalīs*）的独立史学传统。耆那教的许多史学作品创作于公元 900 年之后，尽管某些早期的示范文本可追溯到公元前 4 世纪。耆那教的朝代表（*Paṭṭāvalīs*，或曰兴亡表）约起源于公元 500—900 年之间，但绝大多数这类作品产生于晚得多的时期（公元 1500—1700 年）。作为该地区另一重要的宗教，佛教同样很早便致力于成文史书、编年史的写作。除了语言上的多样性（巴利文、藏文以及梵文），南亚佛教的历史写作至少在一个重要方面与婆罗门教有所分歧：佛教史书对史事日期的确定习惯上以某个时间点即佛陀逝世之日（约公元前 483 年）为起点。这个有所争议的日期同样为某些（虽非全部）受佛教影响的国家所用。拿斯里兰卡的巴利文编年史来说，它们除了以某些特殊的佛教僧团或寺院为关注焦点，还阑入俗史、远古史的地界。斯里兰卡佛教的史学作品在起自公元 4 世纪、迟至 19 世纪的时段里不断涌现，它主要用南亚佛教某些教派的习用语——巴利文——写

成。其中最重要的是 *vaṃsas*，其示范性作品有《岛史》（"岛屿编年史"），该书约撰写于摩诃斯那王（King Mahāsena，约公元 334—361 年在位）统治时期之后，它是现存最古老的 *vaṃsa*。 《大史》（*Mahāvaṃsa*）（"有关僧伽罗［Sinhalese］王的伟大历史"）涵盖了公元前 6 世纪—公元 4 世纪的史事，它于 5 世纪编纂成书。《大史注》（*Vaṃsatthappakāsinī*）（"对历史之目的的阐述"）是对《大史》的评注，创作于 10 世纪。这一传统在延续数百年后，发展为《小史》（*Cūḷavaṃsa*，"小编年史"），该书由三部分组成，其编纂始于 12 世纪，在后来的七百年里，不时有人接续这项工作（参见文献摘录 4）。这些文献合起来看似将不断发展的近两千年历史保存了下来，19、20 世纪像乔治·特纳（George Turnour，扎根锡兰的公务员）、威廉·盖格（Wilhelm Geiger，德国语言学家）这样的欧洲东方学家以日益增强的热情鼓吹它们的可靠性，经常将它们当作与当时主流观点——婆罗门"史学"一无是处——不合的例外情况。当然，这种乐观的观点在近些年遭到了挑战。尽管如此，无论这些文献的史实性如何，它们的延续性却是引人注目的，能与之相提并论的只有中国的官方史书。想想看，如果创作于欧洲中世纪的种种编年史直到拿破仑时代仍是历史写作领域的主流，欧洲史学会是什么模样？

71

年鉴创作中的编年史写作：毗舍耶婆诃一世统治时期

- 借助大洋附近的屏障楞伽（Lanka）的保护，王依照惯常的次序，给勇武的属下分配任务，并犒赏三军。为了举行国王加冕仪式，殿楼（pasada）、其他许多事物必须准备妥当，他（同样）命某个属下负责其事。他在那里敬拜过应享尊荣的几个地方后，便回到了波罗那卢伐（Polonnaruva），此时，他已在外逗留了三个月。

- 某个名叫"阿迪马拉亚"（Adimalaya）的将军公开竖起反旗，杀奔过来。这个蛊惑人心之人在那里率自己的军队作战，兵锋所及，城市附近的安都（Andu）村都成了战场。楞伽王行军至此，消灭了那个胆大妄为的家伙，在

文献摘录 4

将叛军收回自己麾下统领后，他回到波罗那卢伐。从作王储（也就是太子）时开始，身为人中之龙的聪慧王子便将 17 年史事按年载入史册。他让自己到阿努拉德普勒（Anuradhapura）落脚，勤习礼仪，并按传统举行了高贵的加冕礼；他严格律己不作恶事，虔心敬神。诸事完了，他安然无恙地（满有帝王威严）将第 18 年的史事载入史册。

引自 W. Geiger 德译，C. M. Rickmers 英译，*Cūḷavaṃsa*，*being the more Recent Part of the Mahāvaṃsa*，2 卷本（1929；New Delhi and Chennai，Asian Educational Services，2003），209—210。承巴利文献协会（Pali Text Society）授权抄录此段文字。该选文中的注释已被删除，变音符亦被省略。如译者所论，该选文具有重要意义，因其表明宫廷保持着编纂编年史的习惯。

结　论

以上，我们对史学在 3000 年里的若干根基作了简略考察。从这里头，许多主题涌现出来，我们在本书绝大多数章节会反复看到它们的身影，包括：史学与历史中的真实事件的联系（或联系的缺乏）；史家忠于事实的责任（尽管事实本身是一个不可靠的目标）；史家所扮演的教化角色；相信历史多少是今日之鉴的信念；书面材料相比口头信息的相对价值；逐渐产生的新关系——对历史写作的控制与政治权力。还当注意的一点是，就人们对历史写作的认识而言，与"他者"、外族的交往会对其产生怎样的效果——无论这种交往是通过哪种形式（是提供先前被视为特殊或独一无二的看待过去的视角，抑或径直采纳强权方的历史写作形式为其霸权背书）发挥作用的。值得注意的是，无论是在古欧洲抑或帝国时代之前、早期帝国时代的中国，人们都能发现绝大多数这类主题的身影。在接下来的数百年里，许多这样的主题会进一步发展、提炼，并向外部世界扩张。

72

大事年表

约 160—约 240 年	阿非利加努斯《编年史》
325 年之后	优西比乌《编年史》成书
约 330 年	优西比乌《教会史》
约 417 年	奥罗修斯《反异教史七卷》
约 445 年	范晔《后汉书》（"后汉或东汉的历史"）
约 551 年	普罗科匹厄斯《秘史》
6 世纪早期	吉尔达斯《不列颠的毁灭》（"有关不列颠的毁灭"）
约 619 年	塞维利亚的伊西多尔《哥特史》
629 年	以著史为职责的新机构在中国成立
708—721 年	刘知几《史通》（"史学通论"）
712 年	《古事记》（"古事的记录"）
720 年	《日本书纪》（"日本编年史"）
约 731 年	比德的《英吉利教会史》（"英国人民的教会史"）
9 世纪到约 1154 年	《盎格鲁-萨克逊编年史》
约 839—923 年	塔巴里《先知、列王传》（"先知、国王的历史"）
840 年?	《法兰克王国编年史》（"法兰克的皇家编年史"）
约 872—950 年	法拉比《字母之书》（"有关字母的书"）
10 世纪	马苏迪《黄金草原和珠玑宝藏》（"充满黄金的草原与充满珠玑的宝藏"）

第二章 | 一千纪期间的史学

引　言 到5世纪晚期，探寻历史的事业在古典世界确立自身的地位已达近千年之久（在中国更是长久）。本章将考察希腊-罗马史学历经古代晚期、中世纪早期有了哪些进一步的进展，一个新的重要元素——基督教——将被引入到多有混合、重叠的古代撰史传统中，至于犹太教，则为这些传统贡献了态度、信念。教会史学的发展遵循着不同于古典史学的模式，这标志了一个引人注目的差异。与此同时，数个遍布欧洲各地的"蛮族"王国的出现打断了西欧历史的延续性，并迫使史家、君主都去重新构思自身与罗马史的联系。在东南欧，拜占庭皇帝及其御用史家在将大部分希腊遗产留存下来之时，亦坚称自身是过去罗马帝国的继承者。而后，我们还要引入最后一个重要的世界史学传统——伊斯兰史学传统，它在7世纪早期以飞快的速度出现在世界舞台上。最后，在欧亚大陆的另一端，我们将考察唐朝治下中国历史写作的"官僚化"以及中国历史写作的一个东亚分支在近邻日本的兴起。

基督教与蛮族时代的欧洲历史书写

新兴的宗教和新兴的国家一样，通过对过去的控制来巩固自己对

旧势力的胜利，它将历史写入全新的"宏大叙事"（master-narrative）
中，其自身则被写成是历史之必然而符合逻辑的产物。到了阿米阿努
斯·马赛里努斯的时代，基督教已是拥有三百年历史的实际存在且其
作为帝国的国教已达数十年之久。基督教对自身地位的确立，部分是
通过撰写自身的历史，部分是通过重塑已知世界的历史、使其以如此
面貌——古代史是基督导成肉身、降世为人、死后复活的序曲之出现
来实现的。在此后的历史中，基督教看到的是：最新的宇宙进程将由
于基督的回归而终结于人类的时代。基督教历史思想的根源就如该宗
教本身一样，扎根于犹太教、希腊—罗马文化，像约瑟夫斯、亚历山
大人斐洛（Philo of Alexandria，约前 20—公元 50 年）这样的希腊化
犹太人通过对犹太古史的描述架起了两者之间的桥梁。基督教驳斥了
犹太教的律法框架，但将许多其他东西保存下来，包括以神的直接、
经常性干预为标志的历史观，恶人受罚、义人在地上得胜，以及一种
弥赛亚信仰（某些作家更为强调这一点），这种信仰认为世界在某一
时间被造，最终将会毁灭。事实证明，对基督教历史思想的发展而
言，最终以《旧约》为名的那些文献在两个方面起到了不可或缺的作
用：其一，通过直线式的叙述，该书将起自创世的一部完备历史呈现
在人们面前，包括对大卫系列王的详尽描述，根据传说，耶稣即出身
这个世系；其二，通过类比的手法，从形形色色的始祖、列王、先知
中，产生出敬虔的典范，还有基督及其门徒，更重要的是基督教君主
式的"种种人物类型"（也就是说，这些人物类型是这几种人的早期
预表）。在这里指出思考过去的两种迥然不同的方式是非常有价值
的：其一，认为过去是当下的直接导源、线性"起因"，所谓"历史"
便是由前后相继的史事汇成的一条川流不息的河流；其二，认为过去
更像湖泊之类的事物，它是一个独特的时间领域，在后来生发的事物
与它仅有晦暗不明的关系，虽则如此，它却将来自不同时期的案例、
类型、模式融于一身。这两种思考方式之间的紧张关系一直贯穿在直
至 19 世纪的西方史学中。

说到希腊、罗马史学的影响，它虽不那么明显，其重要性却不遑多让。就基督教对有益于人的过去的探寻而言，由希腊人发展出来的计时法在其中可算得是一个重要因素。其中有一种计时法有着禧年论或末世论方面的目的，因其对时间的计算不仅回溯到创世之时，且以末世为导向，它从异教徒作家那里借用日期、从《圣经》那里借用预言。尽管历史写作中的末世派支流非常重要，且经久不衰长达数百年，但它既非计时法背后的推动因素，亦非计时法中的主导线索。罗马历史写作在另外的方面证明了自己的价值：一旦帝国本身皈依基督教，它就成了上帝意志的世俗之手，是基督教在欧洲范围内传播的重要推力。罗马史，连同所有古老得多的伟大帝国之历史的集合（从巴比伦人一直到波斯人、马其顿人），构成了另一条与犹太史平行、由大量兴衰与史事组成的河流，它最终的流向是一个基督教化的世界——它在那时包含了欧洲、近东和北非。

在基督教编年史方面，人们所作的最早的一次重要尝试发生在 3 世纪早期。塞克斯图斯·尤利乌斯·阿非利加努斯（Sextus Julius Africanus，约 160—240 年）是出生于利比亚的基督徒，以前当过兵，在他的《编年史》中，他写作了始于创世、直至 221 年的世界历史。尽管该书本身没有保留下来，优西比乌这类身处教父时代的编年史家、拜占庭僧侣乔治·辛斯勒（George Syncellus，卒于 810 年之后）之类的后世作家却曾大规模地使用、征引过它。在阿非利加努斯的作品中，后来 1700 年基督教编年史家作品中所共见的所有要素都能找到：将万国万民的全部人类历史纳入一本世界史、编年史书中（而不管为达此目的需要对时间问题作怎样的处理）的愿望；对世界末日的时间进行思考，还有就是历代史家、数学家（直至 17 世纪）都有的一个嗜好，即探索精确的创世日期，阿非利加努斯所确定的日期是公元前 5500 年。阿氏作品虽用拉丁文写成，吊诡的是，它却在东部讲希腊语的地方拥有更大影响。虽则如此，到目前为止，早期基督教编年史学最具影响力的作品是由讲希腊语的该撒利亚人优西比乌（约

260 或 275—约 339 年）创作的，他生活在一个时代（一系列敌基督教的皇帝展开迫害）向另一时代（君士坦丁［优西比乌将为他作传］治下的宗教宽容以及最重要的基督教教义大会之一于 325 年在尼西亚召开）的转折期间。优西比乌最早的作品是一部世界编年史书，它按国别进行编排，是优氏在年轻时创作的。该书希腊文原作的大部分内容已经遗失，但该文献通过以后的作家以其他语文的形式存留了下来。《编年史》中有一个部分由《编年史表》（*Chronological Canons*）或曰年表组成，它始于亚伯拉罕诞生，按照优氏的安排，此事发生的年份对应于公元前 2016 年。典型的编年条目会罗列几个相对应的日期，它还常将人物或事件信息包含进来，示例如下：

奥林匹克周期	波斯王	马其顿王
第七十八周期，第四年	薛西斯，第十七年	亚历山大，第三十五年

索福克勒斯、欧里庇得斯成名；苏格拉底出生。[1]

优西比乌《编年史》被半个世纪后的圣杰罗姆（St. Jerome）译成拉丁文并续写下去，自此为西方基督教世界所熟知。随后治编年史、教会史的作家，比如英国的尊者比德（Venerable Bede，参见下文），便依赖于优西比乌的作品，甚至在他们提出改进意见的地方亦是如此。但他的影响远远超出了编年史的领域，作为一种文体，它很容易受到由人们的兴趣丧失——这是一个漫长的过程——而来的周期性剧烈活动的影响。优西比乌的编年史条目广泛取用了罗马城市史的内容，并经常涵盖趣事（比如彗星或天蚀）记录。尽管在数百年里未曾发生过这样的事，在中世纪晚期，将编年史当作撰史最捷路径而对之竭诚效忠的行为确确实实成了西方历史写作的一个标志。除人物传记、圣徒传记，古典风格的连续性著述成为稀有之事。

优西比乌不仅实现了阿非利加努斯对一本世界编年史的渴望，他

---

[1] 此例取自 Warren Treadgold, *The Early Byzantine Historians*（Basingstoke, 2007），28。

也解决了对四福音书矛盾之处加以调和之类的其他问题。通过后来的作品《教会史》（*Church History*，优西比乌写作该书不久，便发生了戴克里先303—313年的大迫害），他给后人留下了欧洲文学的一个大类——教会史——的遗产。教会史从俗史中分化出来虽仅具相对意义，事实证明，它对中世纪、近代早期的历史写作，以及后来文艺复兴时期的史学文类区分具有重要作用。该作品另有兴味的一点在于，它将人物传记融入到带有普遍性的编年叙述中，而这些叙述依循的是优西比乌在先前的作品——《编年史》——中所制定的框架。

　　早期基督教史家取用了他们在希腊、罗马计时法中的大量发现，包括将第一届奥运会、亚述王尼努斯（Ninus）在位之时确立为固定的起算日期，尽管他们不愿完全奉希腊人为师，将上述起算日期前的所有事件当作神话加以排除。除了这样一个事实——他们希望将独立于希腊人并优先于他们的前在性赋予基督教，他们还未放弃早前将大部犹太史（包括创世、大洪水、出埃及、大卫王国）包含在内的那个千年时期。而在更早的时候，约瑟夫斯对所有希腊材料采取的做法是一棍子打死：希腊人质疑远古的事实讽刺性地转化成使其不被人们置信的理由，因为希腊人显然不太关心那样遥远的时代；希腊人甚至并未指出犹太人的存在一事更将其"粗心大意"显露出来，尽管按照设想，他们应该像基督教那样，认识到那些近东民族的存在。

　　在4世纪，随着东罗马帝国在君士坦丁堡（前为拜占庭）的建立、基督教获得帝国国教的地位，东、西欧历史写作朝着完全不同的方向演化下去。拜占庭帝国又延续了一千年，这推动古典史学的写作达到了很高的精确水准，这些作品主要由约翰·马拉拉斯（John Malalas，约491—578年）之类的史家以希腊文写成。我们应当记住，在一段时间里，有着不同宗教喜好的史家的撰史工作有着密不可分的关系，就某些情况（比如普利斯库斯［Priscus，活跃于5世纪晚期］）而言，人们甚至不能从其文本中确定他们到底是基督徒还是异教徒。绝大多数罗马、希腊化时期的史家主要书写当代以前的历史，　79

与他们不同，上述"有着不同宗教喜好的史家"绝大部分选择修昔底德的路径，以当代或非常接近当下的过去为书写对象，尽管其笔下的人物通常只是无名小卒——这是与后世许多拜占庭史家不同的地方。

作为这一时期最著名的世俗史家，该撒利亚的普罗科匹厄斯（Procopius of Caesarea，约 500—554 年）是最明显的效法修昔底德专注军事者。此人博学多能，难以归类。其宗教观长期以来饱受争议，相关人士似乎是要将其与许多基督教异端乃至犹太教联系起来。对于在自己之前有着数千年历史的希腊史学、哲学来说，普罗科匹厄斯是一个心思灵敏的读者，他将查士丁尼皇帝（Justinian，约 527—565 年在位）的战史载入编年史中，有关这位皇帝的统治，普氏《战史》（*Wars*）是主要的材料来源。该书以修昔底德的风格写成，并获得普遍的赞誉。或许不幸的是，让普氏更享大名的却是其较次要的作品，它在文艺复兴时期被人们发现。这部作品最初被称为 *Anekdota*（字面意思是"未出版的作品"），其《秘史》（*Secret History*）之名更为人知。在该书中，作者尝试以苏埃托尼乌斯（Suetonius）的《罗马十二帝王传》（*Lives of the Caesars*）为榜样。《秘史》约完成于 551 年，它虽借用古老的希罗多德叙事手法（即讲述虽有启示作用但却难以验证的故事、轶事），希氏谨慎论断、以己体人的精神却不见于该书。与之前的《战史》相比，它对"披着人皮的恶魔"查士丁尼怀有无情的敌意，除此之外，它还包含有关宫廷、皇帝与其荒淫无道的皇后西奥多拉（Theodora）私生活的香艳内容。他在不知不觉间创造出一种新的文体，此种文体发展到最后，将许多十七八世纪有关王公显贵的大量色情文学，以及它们在现代新闻领域的继承者——"全揭秘式"回忆录、名人小报，都包含进来。

普罗科匹厄斯很明显力避涉及教会事务，尽管在《秘史》中他表明了要写一部教会史的意愿（显然未如愿）。我们从中可得出两点认识：其一，这提醒我们，教会史这样的大文类的划分具有重要意义（特别是教史、俗史之分，以后数百年里的史家都坚持这一划分）；其二，虽然有这样的划分，同一位史家却完全有能力改变身份，用不止一种文体进行写作。如果说普氏未能创作自己的教会史，其原因或许是到那时为止，步优西比乌后尘的这类著作并不鲜见。绝大部分早期的拜占庭史书以世俗事务为讨论对象——几乎所有的史家，无论他们是异教徒还是基督徒，都谈到了这样那样的蛮族威胁，5世纪中期以后，人们对教会史的兴趣本身看似沉寂了一段时间。拜占庭教会史家有君士坦丁堡人苏格拉底、苏索门（Sozomen）、鲁菲纳斯（Rufinus，优西比乌著作的译者兼续写者）、狄奥多勒（Theodoret）和稍晚时期的"法学家"埃瓦格里乌斯（Evagrius Scholasticus）等。在有宗教任务需完成的情况下，可以想见，这些人都会是相当具有争议性的人物。虽然如此，由于教会史瞄准了创始、复活、基督教内的教义分类以及此后此种宗教所获得的胜利等问题（与此相伴的是对基督最后回归、历史终极目的的专注），它对编年史所产生的影响是积极的，因为教会史作家通常保持着对精确定期、分期问题——这是优西比乌的特征——的关注。

80

　　我们还可注意到更进一步的风格问题，这个问题本身是大部分教会史作品显而易见的特点——喜好争论、促人信教——的直接结果。与俗史及其所仰赖的整个古典传统相比，教会史作家尽管经常求助于口述材料、对人物对话加以征引，对于虚构大量言论的习惯，他们却普遍持反对态度。优西比乌似乎在一开始便认为：文献比华丽的辞藻能更好地为其目的服务。其追随者全盘接受了这一点，他们选择以一种独特的方式支持自己的论点：将原始材料、信件插入到文献中去，无论是原封不动地照搬还是概要性地总结。这并不是绝大多数古典史书的特征，之所以如此，部分原因是此种做法让阅读变得枯燥乏味，且妨碍了文本内容的流畅性。苏格拉底事实上使简明风格、引用文献成为一种美德，按照他的设想，他对真理的兴趣要明显胜过古人只以展现文学才能为意。苏索门（约400—约450年）以其对目击证词的细心关注为骄傲，这点是希腊史家教会他的，虽然如此，广泛游历，像捡柴火一样收集大量文献（"某些材料保存至今，藏于宫廷、教会的档案馆中，其他材料则散存于博学人士之手"[1]）亦令其感到自豪。材料在他手上，有归纳，有优西比乌式的原封不动的引用。此种对待文献的做法连同虚构言论（这是古典史书的一个关键要素）的缺位将是延续至近代早期的一个现象。在一千年后宗教改革时期的史家身上，我们清楚地看到由古代晚期、拜占庭先驱确立的对待口头、书面文献的惯例传承下来。

东部希腊世界、西部拉丁世界之间的鸿沟在接下来的数百年里会变得更宽广，正如东正教、天主教之间的分化。拜占庭史学的演化同样会迥异于拉丁世界的史学，不过，除了许多编年史家，拜占庭史学的高峰期将从 11 世纪开始，这就超出了本章的叙述范围了。另外，我们还应记住，6—10 世纪的拜占庭帝国既未经历西罗马那样的动乱，也未受西罗马古典遗产损失这样程度的痛苦。诚然，拜占庭在内部、外部都有自己的敌人，不过，从君士坦丁堡而非罗马（更不必说巴黎了）的角度更易于看到政治的延续性。此种延续性在文化问题上仍然成立：我们现在之所以知道许多古希腊史家的名字及其著作残篇，主要基于拜占庭学者的功劳，1400 年之后，正是拜占庭、阿拉伯人学识的结合将许多"遗失"的希腊著作传播到欧洲其他地方。

在拉丁基督教世界，就历史写作共用的语汇以及一系列标准主题的发展而言，宗教几乎可说是一种发挥统一作用的力量。优西比乌的作品被译成拉丁文，而且，从希波（Hippo）的圣奥古斯丁开始，基督教主流思想持新柏拉图主义将两"城"并列的观点，它们一个是天城、一个是俗城，据此，那些在人类、自然界中展开的事件其实是圣域更高实在的低级影像或反映。这些领域紧扣在一起而非互不关联，以"天命"为名目的神意是罗马沦陷之类的重大灾难的背后导因，它

---

[1] Jill Harries, "Sozomen and Eusebius: The Lawyer as Church Historian in the Fifth Century", in Christopher Holdsworth and T. P. Wiseman (eds.), *The Inheritance of Historiography 350 - 900* (Exeter, 1986), 46 - 52, at 46.

不可思议地将对恶事之惩罚细控（micromanage）到个人的层级，尽管奥古斯丁很明显力避对任何涵盖广泛的模式进行划分，用以包容汪洋大海般的无尽史事。"总体上讲，恶有恶报，善有善终"，奥古斯丁评论道，尽管他必须承认有时坏事亦发生在好人身上，这正如五个世纪之前，司马迁在分析善人、恶人表面上不公的命运时曾经指出的。自李维作品的概述者弗罗鲁斯在罗马与人类的生命历程之间作类比以来，奥古斯丁还以《创世记》、福音书为鉴，提出了第一套完整的历史分期方案。在他看来，历史就像一个"大的星期"，它与创世六日相对应。有人在某些原因的影响下，将这套方案与吠陀教的"梵天日"作比，不过，奥古斯丁的方案既无巨大的数字又缺乏印度教里那近于无尽的时间，奥氏方案中的进步是精神的改进而非衰退，因为他自身所属的时代，即第六日，也是基督的时代。

　　奥氏的弟子奥罗修斯（Orosius，鼎盛于 414—418 年）著有一部作品，后世的历史作家会发现它比奥氏的《上帝之城》更加有用。在该书中，奥罗修斯对恩师的观点作了更具体的说明。这部作品算不得大作，它在中世纪广受欢迎的幻影在 15 世纪由一大批文艺复兴人文主义者击破，因为他们发现该作品无论是风格还是内容都乏善可陈。奥罗修斯自己给这部著作起名《反异教史七卷》（*Seven Books of History against the Pagans*），其用意是通过列举史事（与不幸、灾难有关的历史案例），陈述拉丁圣师奥古斯丁的辩护（驳斥基督教该对罗马帝国衰落负责的言论）的形式，为奥古斯丁的大纲填充血肉。但是奥罗修斯违背了自己的意愿：奥古斯丁希望说明的不过是苦难，是人类境况长期存在的一个组成部分，而奥罗修斯却攻击了异教文化，特别是共和时代的罗马，意图证明哪怕在此世，基督教统治下的人类都有着相当乐观的前景。《反异教史七卷》一直写到 417 年，它是第一部叙述神意在各个有记载的时代之展开的通史著作。事实证明，它在基督教世界以外的地方也非常具有影响力：它在 10 世纪被译成阿拉伯语，并最终成了基督教历史思想转入伊斯兰史家（比如伊本·赫勒敦［Ibn Khaldūn］）著作中的重要渠道。

奥罗修斯用《圣经》中"四大君主国"（或世界帝国）的概念取代了奥古斯丁的"六个时代"，他以此深化了通史中的末世论色彩。"四大君主国"的概念取自《但以理书》，由此，相比奥古斯丁的所思所想，它将更为深层的意义赋予了人类的时间。"双城"主题本身将多次得到重塑、回顾，这在 12 世纪最明显地体现在持拥护帝国立场的弗赖辛（Freising）主教奥托（约 1111—1158 年）身上。奥托以"双城"作为其主要历史作品的标题。该书名为《双城史》（*The Chronicle of the Two Cities*），上帝之城在它那里扩展到将帝国本身涵盖在内，对于令人沮丧、绕圈圈式的地上之事以及圣史中走向救赎终点的 *progressus*（近似于现代的"进步"），它也作了区分。再者，在帝国转化（*translatio imperii*）的概念中，又是奥托对一种历史连续性的论点作了经典阐述。这个论点认为，作为基督教的世俗之手，罗马帝国事实上并未沦亡，它仅仅是从罗马人手上"转化到"法兰克人、最后是法兰克人的皇帝查理曼手上，在古代各世界帝国前后相继的过程中，这是最后一个步骤。照这样看，加洛林王朝并非一个新帝国，而毋宁是罗马帝国的延续。这一过程最终的接棒者是德国霍亨斯陶芬王朝的皇帝，比如奥托的亲外甥弗雷德里克一世（Frederick I），也就是所谓的"红胡子"（Barbarossa，约 1156—1190 年在位）。转化是一个经久不衰、弹性极强的解释，以至于人们可对其一用再用，并修正与前存、后继的帝国有关的编年史，以及这些帝国的身份信息，以求适应作家当时的状况。由此，毫不令人感到奇怪的是，在中世纪，查理曼的首都亚琛和其他一些欧洲城市被编年史家描述为"第二罗马"，米兰人甚至将这个虚名带入了 18 世纪早期。这种妄想甚至不必然属于基督教的专利，君士坦丁堡的穆斯林征服者奥斯曼人在 15 世纪也使用了"转化"之法，用以为自身所打的罗马继承者的旗号提供论证。相同的手法，科尔蒂斯（Cortés）在 16 世纪也采用过，用以为权力从阿兹特克统治者转到查理五世皇帝手中作论证。

相比东方希腊世界，5—9 世纪所谓"黑暗时代"的历史写作其实是一个非常复杂的问题。西罗马帝国走向灭亡并被不同的蛮族国家取代，这一事实并未完全打断而只是掩藏了古代模式的连续性：以作家、古不列颠人吉尔达斯（Briton Gildas，活跃于 6 世纪早期）为例，其《不列颠的毁灭》（*De Excidio Britannniae*，"有关不列颠的毁灭"）描述了萨克逊人入侵前不列颠最后的景象，感觉下来，他就像《旧约》里的先知或后世对不列颠人及其君王作道德评论的塔西陀。事实上，这个时期虽然黯淡，却非黑暗，因为史家就不同的日耳曼部族留下了引人注目的著述。它们在视野、内容上均独具特色，且都超出了编年史的限制，其材料来源各异，有征引优西比乌的，有征引某些罗马史家、拜占庭史家的。这些作者所面临的挑战是将起源不明的众民族——它们直到很晚的时候仍被排斥在"普世"帝国之外——融入新兴的基督教大叙事中。从整个世界来看，与异族社会的接触将在以后数百年里成为史家所面临的问题，亦将为史学变革提供关键的动力。针对匈人、哥特人出现在历史舞台上，奥古斯丁的解释是：他们注定通过与基督教罗马帝国的接触进入基督教会。此种说法在往后一千多年里会一再重现，出现于在美洲、远东进行传教的多明我（Dominican）、方济各（Franciscan）、耶稣会会士的史书中（参见本书第五章）。

到 500 年，西哥特人在西班牙，东哥特人在意大利、位于今法国和德国北部的法兰克，建立了独立的君主国。下一个世纪，我们看到盎格鲁-萨克逊人同样在英国南部站住了脚跟。这些民族归向基督教的过程一直缓慢地进行着，直至 7 世纪。早期史家（比如西哥特人比卡莱尔的约翰［John of Biclar，约 540—621 年之后］）作出勇敢的尝试，将本国描绘成新拜占庭或新罗马，将基督徒国王克洛维们（Clovises）、雷卡雷德们（Recareds）描绘成当代的君士坦丁。但这么作的话，史家必须解决几个无法回避的问题。这些日耳曼部族，连同其武士的价值观、口头文化以及（最初的）异教信仰从何而来？它们

83

怎样融入走向合流的罗马、犹太—基督教的"背景故事"？或许更为紧迫的是，蛮族国王如何能够成为西罗马帝王的继承者，并通过合适的方式将自己写入那段历史，使自己获得合法帝王的形式、为自己的统治权作论证？

就在这时，史家后来的一项中心活动、强势赞助者们的一个主要关注点便诞生了——它们一直延续到19世纪的民族主义时代，这便是：追溯种族、语言甚至家族历史的起源。若从事这项活动，拥有帮手是非常有益的，由是，君主可向教士们求助，因为后者新近赢得的信众如果在政治上保持稳定，他们便是既得利益者。认祖归宗的游戏要用上某些规则：在先的胜过在后的；未被征服的在总体上胜过屈膝投降的；灾难性的、转换路径的剧变应予以压制，或以为时短暂之弯路的名目加以塞责，从而为连续性让出地盘。几乎所有类型的证据都不逾规矩，任它是巧妙的语源学思考，对经典和其他材料的寓意式解读，径直编造出来、起自某个传说中的始祖（或某个重构的人物）的完整王表，以致对某些"权威作家"——其可信性单纯基于他们是公正、诚实、享有盛誉的材料提供者的理由——的征引。所有这些听起来似乎是对中世纪、早期现代史学方法的猛烈抨击，但实情并非如此。这些治史策略能够产生出来，当拜各种各样的语言学、考古学研究所赐，而这些研究的源头正是人们对于这样一些问题——6至10世纪的史家及其中世纪晚期的继承者们同样关注的问题——的关注。

中世纪早期对古代高贵祖先的追寻，最重要且从长远来看产生了最严重思想灾难的一个变种，即是拉丁语所说的 *origo gentis*（复数为 *origines gentium*，字面意义是"万民之起源"）。它在民族大迁徙（Vökerwanderung）期间及其后不久的一段时间里甚有威势，而后经过中世纪，再经过文艺复兴、宗教改革时期，渐趋沉寂，最后，在19世纪早期重获生机（然而，到那时，人们的注意力发生了变化，从远祖转移到民族性、文化延续以及"种族"特征上）。追寻显赫先祖的史家、其他作家无需费力便可得偿所愿，上好的人选随处可见，对象不同的优秀候选人近在咫尺，他们从古希腊或埃及人到著名的神秘民族——"斯基太人"（'Scythians'），不一而足。斯基太人以希罗多德笔下的真实中亚部族为依据，不过，它最后变成一个毫无用处的民族大杂烩。举例来说，比德便将不列颠北部的皮克特人（Picts）的祖先归为斯基太人。也有一些人，他们坚持《圣经》中所载的世系，将所有人——基督徒、异教徒——追溯到挪亚（Noah）三子当中的某一个那里。据约瑟夫斯所说，通过72部族，人重新遍满全地，直到语言在示拿（Shinar）走向多元化之时，他们所有人都讲着希伯来语。根据这一世系，欧洲人出自雅弗（Japheth）一脉，犹太、阿拉伯人出自闪（Shem，"闪米特人"［Semitic］即源于此）这一脉，非洲黑人出自含（Ham）这一脉。从挪亚这一树干的众分支中，演化出了众民族，例如哥特人源自玛各（Magog）、不列颠人源自歌蔑（Gomer），玛各、歌蔑都是雅弗之子。有些更具创造力的想法常试图将不同的世系融合起来，或对《圣经》人物、古典时代的人物（或历史人物，甚至是神灵［这是遵循古典时代"神话即历史论"的做法］）进行交叉性的识别。由此，确定无疑的是，由于不同层次的古代被牵扯进来，各种各样的"家系"（《圣经》中的、古典时代的、地理学上的、挪亚系的）得以与日耳曼人、特洛伊人融合起来。

到目前为止，特洛伊人是最受欢迎、伸缩性最强的先民，早在维吉尔的《埃涅阿斯纪》中，它便被用来解释罗马文明在意大利的悠久起源。最早将他们搬上罗马帝国之后的欧洲舞台的，则是7世纪一本编年史书的作者（这部著作被认为出自某个叫"弗莱德加"［Fredegar］者之手），此人让特洛伊、希腊人成为挪亚后裔，以此而将异教徒、基督徒的编年史统一起来。特洛伊人表现得如此完美，以至于史家、其他人寻访显赫的先祖时常以他们作为呼唤的对象（王公贵族尤其对此做法感到着迷）。到中世纪末期，作为一个对神话的制造并不陌生的人，修道院长约翰尼斯·特里特米乌斯（Abbott Johannes Trithemius, 1462-1516）对特洛伊人普遍被当作祖先的现

85

象感到困惑，"好像特洛伊覆灭之前欧洲没有其他民族，特洛伊人全是好人似的"。[①] 适用法兰克人的原理亦可适用于其他人，由此，在10 世纪时，基于柯维的威都钦（Widukind of Corvey，925—973 年之后）、圣昆廷的杜铎（Dudo of St Quentin，约 986—1043 年）的偏好，诺曼人、萨克逊人也获得了一个特洛伊的起源。根据推测，埃涅阿斯领导下的特洛伊人早在罗马建城前便来到了意大利。这些避难者的后裔还移居到了世界上的其他地方，对那些挑战罗马的世俗权威的人来说，特洛伊因此而成了一个非常有用的工具，因为他们可由此而宣称自己的独立在时间上要比罗马早数百年。偶然有明哲之士观察到：事实上，特洛伊人是史诗般的历史进程中一群伟大的失败者。虽然如此，他们作为万能先祖所拥有的声望完好无缺地保留到了 16 世纪。

不过，辨明民族的起源还不够。有许多严肃的次级问题需要研究，比如以下两个方面的问题：其一，蛮族国王与罗马帝国遗产的关系；其二，他们与据称拥有普世性的基督教会的关系。前一个问题比后一个容易，因为许多历史思想家简单地给西方的罗马帝国画上了句号："罗马"此时不仅意味着一座中部意大利的衰败之城，它还是教皇的所在地、东方拜占庭帝国（其权威并未得到西方诸部族的承认）的首都。[②] 再者，进行这样的虚构——西罗马帝国本身并未终结于 5 世纪，而只是传承到了其他民族及其君王的手上（这便是上文提到的"帝国转化"概念），人们还能发现某些好处。正因如此，在 800 年的圣诞日，当法兰克王查理曼加冕为罗马皇帝时，帝国"转化"到了法兰克人手上。不同世系得帝国、失帝国，这些变化就天命方面而言，虽有细节、作用范围上的大差异，不过在观念上，它与周期性收、放的中国"天命"并无分别。至于新起的君王（他们在将自己视为古罗马继承人的同时，同样将自己视为古以色列的传人）与基督教会的关

[①] Anthony Grafton, *Forger and Critics: Creativity and Duplicity in Western Scholarship* (London，1990)，23.
[②] 拜占庭帝国的首都君士坦丁堡又名"新罗马"。——译者注

系，到目前为止，这已被证明是一个更为棘手的问题。基于此，在中世纪的编年史中，充斥着君王、教士（最终是皇帝、教皇）之间有名的冲突故事。

在"蛮族"史家创作的引人注目的作品中，最重要的有以下四部著作。它们用其时仍为西欧通用语的拉丁文写成，包括讲哥特人的一部史书（乔丹尼斯［Jordanes，约卒于 554 年］的《哥特史》［*Getica*］，其部分内容对 6 世纪一个名为"加西道拉斯"［Cassiodorus］者所著的一部失传史书作了总结性介绍），讲法兰克人的一部史书（图尔的格里高利［Gregory of Tours］，538—593/594年，人们或许可以更精确地将其作品叫作他那个时代的当代史，尽管它采用了优西比乌式的通史框架），讲伦巴第人的一部史书（作执事的保罗［约卒于 799 年?]），以及讲盎格鲁-萨克逊人的一部史书（出自

图 10　比德《英吉利教会史》某个 9 世纪抄本第 1 卷的开首页。British Library, London, shelfmark Cotton Tib. C II, fo. 5v. Photo credit：HIP/Art Resource, NY.

86   比德［卒于 753 年］之手）。在当前的背景下，我们必须将目光限定
在最近提及的那位本笃会僧侣身上，此人或许是 1 千纪期间最伟大的
基督教史家。他毫无疑问跻身于最具想象力、学识渊博者之列。作为
若干史学、人物传记著作的作者，比德被认为是最先将基督教历
（*computus*）引入历史写作中的人，借此，史事便依照主历（*anno
domini*）确定日期，从耶稣基督的诞辰日开始算起。这一计时系统早
先由 6 世纪的僧侣狄奥尼修斯·伊希格斯（Dionysius Exiguus）之类
的学者以"复活节表"（Easter Tables）的形式发展起来，并或多或少
被加洛林时代的人广泛使用。比德涉及时间问题的长篇作品包括一部
"世界编年史"，大体而言，它遵循的是奥古斯丁"六时代"的框
架。① 虽然如此，比德最伟大的成就毫无疑问是《英吉利教会史》
（*Historia ecclesiastical gentis Anglorum*，"英国人民的教会史"）。"教
会史"的书名是神圣与世俗的奇特融合，而它讲述的却是起自前罗马
时代以至 731 年不列颠的历史（参见图 10）。在介绍完不列颠的地
理、人种状况及其构成人群，并用数章篇幅对罗马-不列颠时代进行
叙述后，比德前进到该书的主体部分，包括盎格鲁-萨克逊人的移居，
他们对不列颠土著的征服，在坎特伯雷的奥古斯丁（"大"格里高利

87   的使者）引导下的皈依。该书述及若干个不同的不列颠王国，它们在
很大程度上仍处于形成的过程中，并未统一，而基督教会为它们提供
了共有的精神中心，并为该岛屿作为整体与更大的基督教世界联系起
来搭建了桥梁。

与同时代任何其他的史家相比，比德并不算一个更为平心静气和
中立的评论者：他的基督教信仰是热忱、清晰的，比如他对不列颠人
所看中的罗马宗教礼仪的热诚拥护。比德记述了在带有神话色彩的国
王卢修斯（Lucius）、只有粗阔形象的教皇爱德雷（Eleutherius）的统
领下，不列颠人首次皈依了基督教。这一幕历史幻景广泛流行开来，

---

① Bede，*The Reckoning of Time*，trans. Faith Wallis（Livepool，1998），Book V，ch. 66，
157 -237.

直到 19 世纪，它才被逐出史学领域。针对新近皈依的萨克逊人的称谓，比德相当专断地偏好"英吉利"（*Angli*，此处征引的是教皇大格里高利就一对音似词 Angles［盎格鲁人］、Angels［天使］所发表的著名言论）一词，这确保了南部不列颠的整个氏族及其语言会得名"English"。《英吉利教会史》也充斥着神奇事件、圣徒传记，正是它们，使得整个中世纪的修道院史学收获了勃勃生机。在比德的作品中，要想发现一个原现代（proto-modern）、风格犀利的文献学者而忽略了作品在文学、修辞方面的内容，这将严重地误导我们。事实上，比德的史书对材料进行了鉴别，在口头传说、书面文献之间作了明智的平衡，不同地方有关某些人物的轶事（凡人的、圣徒的）的安插亦颇为精当。整体来看，该书给人以深思熟虑、主题明确的印象，它是一部富有创造性、批判性的著作，而非单纯的传统传承者。

比德将其《英吉利教会史》献给了切奥尔乌尔夫（Ceolwulf，约729—737 年在位），后者是诺森伯里亚（Northumbria）北部盎格鲁-萨克逊王国的国王，比德的修道院就在该国境内。比德的前言（参见下页文献摘录 5）阐明了他的动机和方法，他的方法有赖于书面证据、自身学识以及口头证据的结合。从中，我们看到了中世纪历史写作的诸多要素，其中一些要素与我们在古代或世界其他地方所看到的并无显著不同，包括：对历史"褒贬"功能的坚定信仰；历史所扮演的强者之教员的角色；对口头、书面材料的依赖，对差别所持的中立态度（更有意义的区分是对材料的可信、不可信进行鉴别，无论它们是口头材料还是书面材料）；写作意图不仅在于让著作能被人阅读，且让其能在只有少数人有读写能力的社会中，通过口头吟诵呈现在大众面前——这与一个世纪前塞维利亚的伊西多尔（Isidore of Seville，约 560—636 年）对历史进行文法概念化的处理形成了鲜明对比（参见主题框 4、文献摘录 6）。除了这些，比德还勤勉地告诉读者他从何处、何人那里获得信息，不仅如此，他常常还向读者交代其信息来源这一方是如何获得信息的，由此，接近史实的一条信息链得以建立起来。就最后一个方面而言，他与新近在中东兴起的新宗教——伊斯兰教——所催生的史家有些相似。

比德的《英吉利教会史》

- 上一次我曾欣喜地遵照陛下的意愿，把我新近写出的那本有关英吉利教会历史的书呈奉给陛下过目审阅；现在我再度把它呈交陛下，以便您能够制作一份副本，供工余时更加仔细地披览。您不仅热衷于聆听《圣经》的训导，而且还十分关注您以往时代的，特别是我们国家的那些高尚人物所做的事情。对您这种真诚的热情，我只能表示高度钦仰。因为，不管怎样，如果一部历史著作记载了善人善行，那么细心的人听到这些故事后就会深受感动而去仿效他们；如果一部历史著作记载了恶人恶行，那么它同样可以使忠诚善良的读者或听众避免那些对灵魂有害的东西而更加自觉地追求他知道是合天主意的善事。您出于对公众利益的尊重，仔细考虑了这一事实，为了教诲您自己也为了教诲那些天主授权您管理的其他人，意欲更大量地发行上述历史著作。为了使您和那些目览或耳闻这部历史著作的人对我所记载的史事的真实性不表示怀疑，我将细心简要地告诉您我在写作时引为主要依据的一些作者。

- 我编写这本小书的最主要鼓动者和帮助者是最可敬的修道院院长阿尔宾纳斯（Albinus）。他是一个接受了各方面教育的人，从小在坎特伯雷教会里在令人敬慕、学识渊博的已故大主教西奥多和修道院院长哈德良的门下熏陶成长。他曾不断设法为我搜集并寄来神圣的教皇格里高利的门徒在坎特伯雷或邻近交界处的事迹资料。这位院长是部分从其他人的著作，部分从长辈传说那里获得这些资料的。这些看来值得记载的资料，是由伦敦教会的一位虔诚的神父诺塞尔姆（Nothelm）通过口述或笔录转达给我的。就是这位诺塞尔姆后来到了罗马，得到格里高利主教——他现在是格里高利教皇所管辖的教会的首脑——的允许查寻了神圣罗马教会的档案库，除了发现其他主教的书信外，还发现了神圣的格里高利教皇的书信。他回国时，便根据上述最可敬的教父阿尔宾纳斯的建议，把这些书信材料寄给我们让我们写进这部历史。因此，这本书中要发表的从开头到英吉利接受基督教这段历史的材料是从各处，主要是从前人的各种著作中搜集来的。至于从英吉利接受基督教至今，神圣的教皇格里高利的门徒及其继承人在坎特伯雷教会做了哪些事，这些事是在哪一位国王在位时做的，我们是通过上述阿尔宾纳斯院长的努力并经诺塞尔姆之手获得的（比德列举了有关若干个其他的不列颠王国他的信息来源）……有关诺森伯里亚地区（Northumbrians）各地从接受基督教起一直到目前为止的教会史，除了由于我自身经历所能了解到的以外，我不是仅仅从一个作者而是从许多可能了解情况并能回忆起来的可靠人士的叙述中了解到的。

选自作者为 *The Venerable Bede*，*The Ecclesiastical History of the English Nation* (London：J. M. Dent, 1910, 1-3) 一书所写的前言。括号里的话由引者所加，译者的注释已省略。[①]

文献摘录 5

主题框 4　塞维利亚的伊西多尔　　89

　　西班牙主教伊西多尔是最后几位伟大的基督教父之一，且在中世纪无疑是拥有最广泛读者的作家之一。除此之外，他就其本身而言还是一位史家。他是一部通史（它首先采用了奥古斯丁的"六时代"框架）、一部篇幅更短的《哥特史》（附有汪达尔人、斯威人[Suevi]的历史）的作者。他认为，哥特人是神选来完成将基督教带进伊比利亚之使命（这个使命与来自各个地方——从衰败的帝国中心以至东部地区——的外部干涉无关）的民族。事实证明，该论点对未来西班牙史学的走向产生了巨大影响。虽然如此，使伊西多尔最负盛名的还是他作为目光敏锐的语源学家、百科全书编纂者的身份，他将古典时代与基督教的学问融会贯通，奉献给黑暗时代的读者。他对历史的评论提供了在整个中世纪被人广泛阅读的一条定义，它尤其导源于伊西多尔所怀的一个坚定信念：历史属于书写领域而非口语世界（相比西塞罗）。伊西多尔确信：历史属于语法（中

[①] 以上中译文参照[英]比德：《英吉利教会史》，陈维振、周清民译，商务印书馆，1991 年，第 41—43 页。有改动。——译者注

世纪的图书馆可依此而对历史进行分类），而非修辞；是用来读、写而非用于言说的文献；是有关实事的记录而非虚构的故事。作为中项的则是"应有之事"，即处在以上两者之间、应发生而未发生之事。

伊斯兰史学的兴起

如果说东亚历史写作不同于西方历史写作，而古印度历史写作几乎以自成一家的形象出现，那么，伊斯兰历史写作在整体上给人的陌生感可能要少得多，其作者"与我们相似"的程度要大得多。在伟大的世界史学传统中，伊斯兰史学传统最可谓青春年少，在我们展开叙述之前，有三点需我们清楚地加以理解。第一点，与中国或印度传统不同（它们与西方的接触相对较少，此种情况直到很晚的时候方才改变），伊斯兰史学传统有条件在相对较早的时候便接触到古典时代、犹太教—基督教的著作，这正如伊斯兰教本身被认为是广义上的亚伯拉罕系宗教的成员一样。因此，相较中国或印度传统，伊斯兰史学传统相对于古典时代/犹太教—基督教史学的"独立性"要更低一些，这毫无疑问有助于我们解释它们之间的相似性。第二点，人们发展出伊斯兰史学是为某种宗教提供明确的支持，和此种宗教一样，伊斯兰史学可谓其兴也勃焉，在度过短短二三百年的成形期后，它演变成一种清晰的史学模式，隶于其下的有各式各样的文体、实践规则。第三点也是最重要的一点，伊斯兰史学与"阿拉伯"或"阿拉伯的"史学并不同义。在整个伊斯兰教的历史上，该教圣典《古兰经》所使用的语言是阿拉伯语，虽然如此，该教形成了信士的群体（umma），逊尼派、什叶派之类的重要教派均在其中，它超越了种族、国别的界限。

塞维利亚的伊西多尔论历史

- (41）历史（De historia）。第一，历史（*historia*）是对完成之事的叙述，通过它，过往之事得到整理。"历史"之得名源自希腊术语í　p（"探寻""观察"），也就是说，源自"所见"或"所知"。事实上，在古人中，唯亲历史事并阅览成文文献者方可著史，因眼见胜过耳闻；第二，凡眼见之事当如实陈述。基于此，该原则必然与语法挂上钩，因为唯有值得记忆之事方可付诸笔端。由于这个原因，历史得享"纪念碑"（*monumentum*）之大名，因其呈现在人们眼前的是对史事的回忆（*memoria*）。"系列"（*series*）之得名源自它与一朵朵花连接而成的花环（*serta*）的相似。

- (42）最早的撰史者（De primis auctoribus historiarum）。第一，在我们中间，基督徒摩西可谓第一位撰史者，他写了有关创世的事情。而在异教徒中，佛里几亚人达勒斯（Dares the Phrygian）开发表历史著作之先河，其谈论的对象是希腊人、特洛伊的历史，按照人们的说法，此人的史书以棕榈叶为载体。第二，在达勒斯之后，希罗多德被认为是第一个用希腊语著史的人。在他之后，费雷西底（Pherecydes）得享大名，其时正值以斯拉撰写律法。

- (43）历史的功用（De utilitate historiae）。世上万民的历史对那些希图读到有益著作的人来说并非障碍，因为许多智者将史书中所记载的人类往事传至后世，警诫当下。透过历史，穿越千百年的时空，许多事件得到最后的清算；通过历代王公贵族的兴衰，许多意味深长的故事得以探明。

- (44）历史的种类（De generibus historiae）。第一，历史有三——每日所发生的事名曰 *ephemeris*，我们称之为"日事"（*diarium*），罗马人所谓的 *diurnus* 即是希腊人所谓的 *ephemeris*。第二，分入每月之史事名曰"月事"（*kalendarium*）。第三，将每年（*annus*）所发生的事记载下来的是年鉴（*annals*），无论是内政、军事、海事、陆事，只要有纪念意义，便可按年记录下来，它们因其年度性（*anniversarius*）而得名"年鉴"。第四，至于历史（*historia*）本身，诸多不同的年份或时代均可成为其关注点，借助史学之力，每年所发生的事被载入史册。历史、年鉴之间的区别即在于此，换句话说，历史关涉到我们已有所见的那些时代，而年鉴则关涉到当世未有所知的那些年份。① 由此，撒路斯特著作的成分是历史，李维、优西比乌和杰罗姆著作的成分是年鉴、历史。第五，历史、"应有之事"（*argumentum*）、神话相互之间有所分别。历史是已发生的实事，应有之事是即便未发生却有发生之可能的事，至于神话，则指既未发生、又无发生之可能的事，因其与自然相悖。

选自 *The Etymologies of Isidore of Seville*，I. xli-xliv. 5，ed. Stephen A. Barney et al. (Cambridge University Press，2006)，67。此处引文对标点符号作了微小的改动，编者加入的拉丁文则完整保留下来。

文
献
摘
录
6

91　　在伊斯兰教的历史上，从很早的时候开始，种族意义上的阿拉伯人所组成的不过是世界穆斯林当中的一个小群体。伊斯兰教迅速扩张，很快便超越了最初的阿拉伯大本营的地界，此举为伊斯兰史学最终为波斯人、埃及人、土耳其人和其他人的实践提供了保证。这些人经常使用其他语言而非阿拉伯语言写作（尽管直至 19 世纪，阿拉伯语仍是渴求获得伊斯兰世界广大读者的作家所偏爱的语言）。理解阿拉伯、伊斯兰之间的这种分别特别重要，因为以宗教为基础的历史写作在以后的时代将与种族、民族感情产生冲突。

从创世经历代先知（终结于默罕默德），最终走向世界末日，伊斯兰史学所表达的是一种时间上的进步意识。默罕默德、随后的穆斯林史家将犹太教—基督教《圣经》中的历史当作出发点、背景故事，而非不予置信的其他选项。对伊斯兰教而言，世界事实上是有限的，它是在一个特定的点上被创造出来的；亚当、夏娃是最早的人类（尽管他们讲的是阿拉伯语，而非希伯来语或亚兰语，另外，根据一些传说，他们在南亚度过了从伊甸园被放逐出来的日子）；默罕默德在历史上并不只是先知，而是回溯到亚伯拉罕（有时是亚当）的一系列先知中最后和最伟大的一位。

穆斯林学者决意通过建立起回溯到先知那里的权威之链，为其叙

————————

① 作者的意思似乎是："历史"所关涉的时代，我们已经有自己的认识；"年鉴"所关涉的年份，我们只知道发生了哪些事，但尚未达到认识的层次。——译者注

述提供合法性，此举在某些方面让他们获得了"非常现代"的外表。我们不应屈膝于诱惑之下，做出如下假设：由于伊斯兰教为确立史实、保存传统而发展出学术规范，故此，其真实性应毫无疑问地受到褒奖。对于穆斯林史书在史实上的精确性，现代的学术批评同样非常有力地提出了怀疑，一如犹太或拉丁著作的遭遇。此外，尽管历史是一种极其常见的文学体裁，尽管从中世纪的伊斯兰教开始便有大量史书问世，相比世界其他地方的状况而言，在穆斯林的史学实践者中间，历史却并不再是一个全职性的行当，实事求是地说，对比同时代的中国人，此种情况更形突出（参见下文）。事实上，每一位撰史或作传的穆斯林都是将其当作副业来弄的，法官、政府官员尤其对历史研究感兴趣。尽管历史处于二流职业的地位，照最近某位学者的评论来看，它仍然成功地吸引了大量的一流智者从事于此。[1]

尽管伊斯兰史学是全新的，它却是在对历史早有兴趣的一个地区兴盛起来的。无论在阿拉伯人还是波斯人中间，我们都能看到有关史学、谱系、带有传说色彩的故事、口头传统的本土案例，比如有关战争（*Ayyām*）的流行故事，或某些地区（比如也门）的历史。可以肯定的是，前伊斯兰时代的阿拉伯人肯定不是对历史持超然态度，和早期希腊人的情况一样，诗歌或歌曲为我们对此问题进行考察提供了条件。除了历史，这些阿拉伯人还对部落世系、诗歌编集和传承的制度怀有浓厚兴趣，对诗歌的可信性负责的是 *rawiya*。口头传统在伊斯兰教产生后仍存续着，说书人（*quṣṣāṣ*）讲述着有关先知生平的故事，由此形成的传说到后来不可避免地与研究穆圣平生的学术传统、《古兰经》中对史前史的描述——在穆圣之前有一系列的先驱者——混杂起来。该地区还存在着基督教、古典史学，它们以古代晚期的叙利亚语作为书写语言，这是教父时代广泛运用于中东的一种亚兰方言。

---

[1] Chase F. Robinson，*Islamic Historiography*（Cambridge，2003），188.

　　承继这些先驱，伊斯兰史学自身在 7 世纪中期兴起，它最初的主题是穆圣本人的生平、功业（或征服，*maghāzī*），穆圣在 622 年逃亡至麦地那为伊斯兰编年史提供了一个可资为据的确切日期。在穆圣死后约一代人的时间里，对日期确定、著史问题的关注双双发展起来。哈里发作为统治者兼先知直接继承人的地位几乎很快就确定下来，深怀历史忧思的阿拔斯王系到 750 年已掌握大权，成为赞助人，所有这些，确保了不同类型的历史写作有了合适的发展环境。文献之富达到了令人瞠目结舌的地步：仅 9 世纪的巴格达史家，其"一周的著史规模便超过同时期法国或德国一年内能达到的产量"。[①] 某些历史写作可能带有官方性质，这是在这些历史写作得到哈里发或其他贵人直接赞助的意义上说的，不过并非所有历史写作都属于这种状况。最初三百年的许多伟大文献出自独立学者之手，他们通常是法学家。有时，这些人所撰写的编年史让人们看到了有关战争、政治危机的阴暗记录，它们因此达到了对穆圣以来的哈里发统治进行委婉批评的目的。

　　事实上，从一开始，人们只记载有关穆圣或出自其本人的真实话语，这一狂热举动最终有赖于目击者的证词（他们本人对证词有无价值、是否可信进行判断），它使得人们对信息的传承链条（*isnād*）加以悉心关注，继起的权威正是借助该链条，将信息传承给下一个权威（通常是通过口头方式）。穆罕默德言行录（*ḥadīth*）通常由口头传说以及尾随其后的书面文献（*matn*）构成。到 9 世纪，真正的"传统之学"经演化而成，它拥有对某些文献、证据进行评价的规则，还有对讹误的穆圣言行录进行勘误的能力。文学的创造力并未受到这一点的阻碍：穆斯林作家与其拜占庭、中国和古典时代的同行同有一个爱好，也就是使用虚构的言谈传达信息或教训，他们还喜欢将各种各样的表格纳入自己的著作中。而这里所显明的与其说是一种独特的倾

93

————————
① Chase F. Robinson，*Islamic Historiography*（Cambridge，2003），39.

向，还不如说是适用于欧亚大陆其他地方的一种标准。在多大程度上，穆圣言行录所树立的标准成功地输出到作为一个整体的历史写作领域（不管在代代相沿的作家们对资料进行增补删削的情况下，史家对他那个时代史事的记述会否在事实上受到扭曲），这是专家们所争论的一个问题。

就我们要完成的任务而言，最可注意的一点是：对于到目前为止的绝大多数史家，我们仍要推测其著述的依据（除非他们慷慨地陈明自己的材料来源），或者，我们需要通过复杂的原始资料研究（*Quellenforschung*）过程将它们弄清楚，这样，作者征引了哪些权威人物才会一目了然。对于我们今日所谓的言行（它们直可上溯至穆圣本人的时代）"出处"，研究穆圣言行录的学者在将相关信息告知读者、听众时是持谨慎态度的。穆圣言行录与口传/耳听相关的性质是值得注意的。许多早期学者对书写持有怀疑，因为它会产生扭曲《古兰经》、"言行录"之纯正传统（或默罕默德之"正道"）的危险。在很长一段时间里，伊斯兰学者沿着大师学者的脚踪继续进行研究，后者的作品最初常常由他们的助手以讲稿的形式记下，而后返给宣讲者读出来。最后，人们还注意到：就不删除棘手或相互矛盾的材料而言，中世纪的伊斯兰史家可称善者。照伯纳德·刘易斯（Bernard Lewis）的话说，他们"据实说话"，遇到不能做到这一点的特殊时刻则坦诚以对，9、10世纪的一位重要史家塔巴里（Al-Ṭabarī）就是这样作的，他压制了与公共利益相悖的信息。[1]

以信息传承链条为基础的史学，其主要缺陷是留给非信徒证词的空间很小。与基督徒或犹太人所提供的证据有关的信息该如何处理？反之，如果是在无相应信息传承链条的外邦之地，与其相关的证据的真实性如何判断？早期的作家比如伊本·伊斯哈格（Ibn Isḥāq）活跃在系统性的规则真正尘埃落定之前，他们向非穆斯林或前伊斯兰时代

---

[1] Bernard Lewis, *From Babel to Dragomans：Interpreting the Middle East*（Oxford, 2004），412.

的历史取经并不是件难事。这个问题对后世史家而言变得更加严重：塔巴里在自己论史涉及到晚近的时代时，常常不得不求助于"我听说"或"据说"之类的模糊话语，像比鲁尼（al-Bīrūnī）这样游历远方者尤其受到了影响。不过，史家意欲与"言行录"学者所践行的更严格遵守信息传承链条的做法拉开距离，此一愿望最终却在历史、"言行录"之间造成了间隔，史家日益谙熟于 adab（也就是我们所谓的"文学"）的做法。事实证明，在此种情况允许人们与信息传承链条的狭窄渠道拉开距离的意义上，它确实具有解放意义。而在 adab 影响下写就的史书则提供了更多有关作者创作意图的信息。由 hikmah（判断或智慧）、bahth（研究或探寻）的概念衍生的哲学关怀亦对历史思想产生了影响。作为 10 世纪的一部优秀作品，《黄金草原和珠玑宝藏》（Murūj adh-dhahab wa ma'adin al-jawhar，"充满黄金的草原与充满珠玑的宝藏"）便体现了这种视野上的拓展：它在地理、时间上均涉猎广泛，其始发点是自亚当开始的人类传承史，举凡万国（包括古、今）对艺术、科学的贡献，莫不在讨论之列。该书作者是伊拉克史家阿布勒·哈桑·奥-马苏迪（Abu'l Hasan al-Masūdī），他反映了上面提到的那些人文主义倾向，其作品的批判锋芒（他是极少数从整体上不信任信息传承链条、传统的穆斯林史家之一）、他本人的大胆信念（"任何既存的科学均需从历史寻找根源……历史对所有其他科学的优越地位是显而易见的"）均是该书得享大名的因由。对马苏迪而言，历史既是娱乐又是科学，学士、庸人皆可近之，其实践不是阿拉伯人、非阿拉伯人之间的差异所能限制的。① 这里显然与历史上的希腊人搭上了隐暗的联系。就历史是所有经验的源泉——既是自然知识又是历史认识的来源——的观念而言，马苏迪、其他阿拉伯作家对希腊人是知之甚熟的（顺便提一句，希腊人的知识得以保存下来，他们厥功至伟）。

① Tarif Khalidi, *Arab Historical Thought in the Classical Period*（Cambridge，1994），133.

和其他史学一样，对伊斯兰历史著作进行文体分类是深有裨益的。蔡斯·鲁宾逊（Chase F. Robinson）提出了三种文体，它们大约在 9 世纪的头几十年便成形了（到此时，早期非编年史体裁、带有英雄色彩的"征服故事"在很大程度上已被抛弃），如下：

（1）按时间顺序描述过去的编年史作品。再往下可细分为以年度为框架的编年史（它们有时还包含月份或其他次级时段的框架），以哈里发在位时期为框架的编年史。这些编年史或许源于穆斯林与拜占庭、叙利亚不同史学体裁的早期接触。

（2）与人物生平有关的传记作品。它们常被人叫作"正行录"（sīra，"行为方式"），因为它们导人为正。当时的人将它（特别是其下属的描写穆圣生平的文学类别）当作历史写作的最高形式。

（3）与特殊社会群体有关的群传作品（Prosopographic works）。它们通常由名为"tarjama"、谈论某些人物之生平的不同条目组成，就此而言，此种文类与人物传记本身有重合之处。此种群传发展起来比其他文类要稍晚一些，它的名字是 ṭabaqa（复数是 ṭabaqāṭ），它在很大程度上是写给学士看的。据人们所知，这类作品很早便传输出去，比如说传到犹太人那里。

这是非常宽泛的分类，从中，我们可以找到许多次级分类，其中的某些史学类型与历史悠久的欧洲乃至中国史学的史学类型有着对应关系，比如全球史以至地方史（特别是以某个城市为关注焦点的地方史）。[1]

就最早的穆斯林史家（他们身处常被叫作"成形"期的那个时代，大致止于 10 世纪中叶）而言，他们的许多作品我们或是仅知其残篇，或是只得系列作品中的一部分。这些史家包括乌尔瓦·伊本·奥-祖拜尔（'Urwa ibn al-Zubayr，卒于 712 年）及其继承者奥-祖赫里（al-Zuhrī，卒于 742 年）。祖赫里可能是第一位协调有关穆圣的书面、口头传统之冲突的人，也是第一位将不同材料整合进一篇连续的

95

---

[1] Robinson，*Islamic Historiography*，xxiv，24，139.

书写文献中的人。尾随他们之后,伊本·伊斯哈格(约 704—767 年)很快创作了有关穆圣的第一部完整齐全的伟大传记(*sīra*),通过伊斯哈格在后世的编辑者伊本·希夏姆(Ibn Hishām),我们知道了这部著作。再然后,奥-瓦吉迪(al-Wāqidī)对这本书从编年史方面作了更具批判性的审慎处理,他本人也撰写了几部更进一步的有关伊斯兰史的作品。伊斯哈格所作的传记尤其成了后世所有穆圣传的范本。

事实证明,伊斯兰教、哈里发的权威在伊拉克以及其后向更广袤的近东、中东地区的扩张是非常迅速的。穆斯林对非穆斯林的统治本身便是许多有关征服战争(*futūh*)的历史作品问世的契机。伴随着这种扩张,读写文化传播开来,图书馆出现了,可以松散地称为史学"学派"、以麦地那和巴格达之类的城市为基地的某些团体也发展起来。如果说史学在"言行录"的层面上并不完全是门科学,那么它很快就变成了正规学问(‘*ilm*)的一个次级分支。[①] 然而史学的实际影响完全超出了学者的圈子。君王、官员早就意识到历史是绝妙的实践智慧之源,这类提倡史学的资治著作作为近代早期欧洲的一个特色,其实到 10 世纪时便已在伊斯兰世界闻名遐迩了。马苏迪评论道,倭马亚王朝(Umayyad)哈里发穆阿威叶(Mu‘awiya)每晚花费前面三分之一的时间学习"历史和阿拉伯人的战争",最后三分之一时间让仆人大声朗读或根据记忆背诵"历史故事、各类政治箴言",它们取自"记载列王生平、史事及其征战、谋略的大量著作"。[②] 那些撰写历史的人通常来自社会精英阶层,他们常常将自身叙述的关注点集中在同类阶层的人物身上。这些史家当中的许多人或是专业的法学家,或是(人数日渐增多的)官僚、某种类型的官员。以 9 世纪史家奥-拜拉杜里(al-Balādhurī,约卒于 892 年)为例,他在人生的大部分时间里充任阿拔斯王朝的中层官员。

[①] 经常表示特定的宗教知识;衍生词"ulema"(另一词"ulama")指的是有学问的宗教精英,如那些获得宗教知识的穆斯林。

[②] Khalidi, *Arab Historical Thought*, 84.

主题框 5 《先知、列王传》 96

　　塔巴里的《先知、列王传》是篇幅长达 8,000 页的巨著,它所涵盖的时间段从创世开始算起。该书在 10 世纪中叶被译成波斯文(这是到那时为止许多地方所使用的通用语[lingua franca]),它是该阶段有着厚重神学内容、鲜明目的论色彩(据此,所有事件被认为以穆圣以及其后的阿拔斯王朝的统治为终点,或充当了后者的先兆)的伊斯兰史学的代表。该书所秉持的各大君主国(从古至今)线性更替的观念与欧洲史家笔下的一个主题——帝国转化——有着引人注目的相似之处。

　　伊斯兰史学的不同地理亚分支到 9 世纪末时已然涌现出来,它们所对应的地区分别是西阿拉伯、叙利亚和伊拉克。这一阶段的杰出作品包括拜拉杜里的宗族史著作、奥-雅库比(al-Ya'qubī,约卒于 897 年)的历史地理学或世界史著作,特别是塔巴里(约 839—923 年)的世界编年史著作《先知、列王传》("先知、列王的历史",参见主题框 5、文献摘录 7)。其中一部分作品视野广阔,涉及到了西方的基督教历史和东方的中国。它们的作者思索着许多不同的问题。在法拉比(Abū Nasr Muhammad ibn al-Farakh al-Fārābi,又称"奥-法拉比乌斯"[Alpharabius],约 872—950 年)的作品中,我们发现了对文明起源、语言之作用的思考,这在 900 年后的意大利那不勒斯史家兼哲学家维柯(Giambattista Vico)身上得到了回应。在自己的《字母之书》("有关字母的书")中,法拉比写道:

　　　　显然,平民和大众先于精英……(在时间上),再者,大量的平常知识……也就是构成所有公共舆论之基石的那些知识,也在时间上先于实用技艺……以及适用于各门技艺的不同种类的知识。就总体而言，这些构成全部平常知识者是人类最先生产出来并保存起来的……这时，也就是人们的心灵准备就绪，并在有限意义上以某些类型的知识、观点、看法为目标的时候……然后，词语获得了稳定的意义……明喻、隐喻出现了……再然后，最先涌现出来的总会是修辞技法……它是同类技法中最先产生出来的……在此时，该民族的语言相比从前更为优美，其话语、言辞趋向精巧……而后，书写艺术衍生出来……以此，人们将难用记忆保存之事载入书籍……如此，五种技艺赫然显现出来：修辞技艺，诗歌技艺，保存历史的能力……语言科学的技艺，书写的技艺。①

97 10 世纪伊斯兰教的历史写作：塔巴里

第七年的史事（628 年 5 月 11 日—629 年 3 月 3 日）

远征喀巴尔（*Khaybar*）

- 这样，第七年开始了。安拉的使者在回历正月（al-Muḥarram）剩下的日子里往喀巴尔进发，留基法里（Sibā ' b. ' Urfuṭah al-Ghifārī）照管麦地那。他踏上征程，与手下军队暂停在名叫"奥拉吉"（al-Rajī）的山谷，在喀巴尔人和喀塔凡（Ghaṭafān）［部族］（据伊斯哈格的记述）之间扎营，以防止后者援助前者，因为喀塔凡部族准备援助喀巴尔人，对抗安拉的使者。

- 据我所知，当喀塔凡部族获悉安拉的使者在喀巴尔附近扎营时，他们因为他的缘故聚集起来，并赶去帮助犹太人对抗他。行军一日，他们听到身后有声音响起，就在他们所带的物什还有男女老少中间发出。想到敌人已从背后赶来，他们转身回到男女老少、众物什身边，去往喀巴尔的道路因此而向安拉的使者敞开。安拉的使者开始一点一点地夺获牧群、财物，并一个据点一个据点地攻克喀巴尔。最先被征服的据点是那伊姆（Nā'im）。此处便是穆斯拉玛（Maḥmūd b. Maslamah）的葬身之地，人们在这里往他身上扔了一块磨石，从而杀死了他。而后被攻下的据点是奥卡穆斯（al-Qamūs），

---

① 出处同上（第 167—168 页）。

也就是伊本·阿比·奥-胡凯克（Ibn Abī al-Ḥuqayq）所据守的堡垒。安拉的使者俘虏了其中一些人，包括阿克塔布（Ṣafiyyah bt. Huyayy b. Akhṭab，即基拿拿·奥-拉比·阿比·奥-胡凯克［Kinānah b. al-Rabi' b. Abi al-Ḥuqayq］之妻），还有其父之兄弟的两个女儿。安拉的使者将萨菲亚（Ṣafiyyah）留给了自己。卡尔比（Diḥyah al-Kalbī）向安拉的使者索要过萨菲亚，在安拉的使者选择萨菲亚之后，卡尔比受赐了此女的两位表姐妹。喀巴尔被俘者分给了众穆斯林。而后，安拉的使者开始占领、夺获距其最近的那些堡垒、财产。

- 据阿斯拉姆（Aslam）① 的一个成员巴克尔（Ibn Ḥumayd-Salamah-Muḥammad b. Isḥāq-'Abdallāh b. Abī Bakr）所说，身为阿斯拉姆一份子的萨姆（Banū Sahm）到安拉的使者面前说："神的使者，有神作证，我们遭到了干旱的袭击，因此而一无所有。"但他们发现安拉的使者没有什么可给他们的。因此这位先知说道："哦，真主，你知道他们的情况，他们无力，我无可赠。将喀巴尔最大、粮食、肥肉最多的堡垒留给他们［去征服］吧。"第二天早上，神向他们开放了穆阿达（al-Ṣa'b b. Mu'ādh）所据守的堡垒［供其征服］。喀巴尔其他任何一个堡垒所拥有的食物、肥肉都没有它多。

- 在安拉的使者征服某些堡垒、夺得某些财产后，军队行至瓦蒂（al-Waṭīḥ）、苏拉里姆（al-Sulālim）所据守的堡垒，这是喀巴尔最后一座有待征服的堡垒。安拉的使者用了 13 到 19 天的时间，对此地的居民进行了围攻。

选自 The History of al-Ṭabarī（Ta'rīkh al-rusul wa'l-mulūk），vol. VIII, The Victory of Islam，由迈克尔·菲什宾（Michael Fishbein）翻译、注解（Albany, NY: SUNY Press, 1997)，第 116—117 页。编者注被省去了。"安拉的使者"即是先知，也就是穆罕默德。

文献摘录 7

　　8 世纪中叶，以巴格达为基地的阿拔斯王朝的统治兴起，到这时，表达历史叙述这个观念的术语也得到了发展。指谓历史的现代阿拉伯术语是 ta'rīkh（或 tārīkh），其各种变体在绝大多数穆斯林国家中使用着，该词最早出现是在约 644 年。另外一个词语 khabar 指称对过去的报道（有时不过是一段文字），其创作因由与其说是基于史

98

---

① 这里的"阿斯拉姆"不清楚是一个组织还是一个家族、部族。——译者注

学上的兴趣还不如说是为了阐明伊斯兰律法，它通常致力于对单一事件的描述。进入另一个百年，到900年，我们在其他地方看到的另一现象也在伊斯兰写作领域发生了，也就是史家将自己定位成有创造力的作者，而不只是早期材料的沉默"传播者"或汇编者。然而，不同于自修昔底德以来的西方史家，有一点同样很清楚：很多伊斯兰史家并不认为在材料分歧之处对历史给出明确的判断是一种责任，相反，他们提供不同的叙述，让读者去选择（这是对汉代中国司马迁治史方法的有趣复制[如果说是偶然的话]）。不同的写作体裁对作者有不同的要求，哪怕是同一位作者，他在实践不同的写作体裁时亦是如此。由此，作为法学家的塔巴里在对《古兰经》某段经文或某个法律点的准确含义发表见解时，他是精确的，而在著史、表述"一个接一个的不同意见"时，他采取的却会是完全不同的方法。在呈现相互矛盾、可能有误的不同说法时，他在《先知、列王传》中所求助的是这样一个观点：他只是过往各家说法的转述者，而所有历史知识所依赖的并非理性或推理，而是传承。

审查本书者当明白，有关我在这里定义要讲述的一切事情，我所依赖的仅仅是通过各种报道（我在本书中引用了它们）、各种传说（我指出了它们的述说者）传承到我手中的材料……这是因为，就有关古人的报道、当代有关今人的消息而言，唯有通过报道的内容、转述者的传承、相关的知识才能到达并未亲历其事或生活在那些时代的我们手上，这个过程是排斥理性演绎、思想推论的。因此，如果我在该书中提到了有关过去某些人的报道，而读者发现它们是不可接受或值得审查的（其理由是，他在那里没有发现真相的一面或任何符合事实的内容），那么，他当明白，这不应该归咎于我们，而应诿过于将这些报道传承到我们手上的转述者，我们所扮演的不过是传承者的角色，就好比别人将它们传承给我们一样。①

　　早期伊斯兰史学的特点在于它指向遥远的过去而非更为晚近的时　　99
代。曾有一个希罗多德，问询约在他之前一代人的事情，至于修昔底
德，他事实上对任何非属当世的历史持否定态度。相比之下，最初几
代穆斯林史家似乎对当代或晚近的历史心存厌恶，尽管此种厌恶并未
延续下去。换句话说：如果说早期希腊史家在自己的叙述中赋予"现
代"以优先地位，那么，伊斯兰史家由于身处总体，不看重历史而只
重视对伊斯兰教具有奠基作用的某个历史片段的学术传统中，故此，
他们予以优先考虑的便是穆圣的时代、而后是内战时代，至于当世，
得到的关注反而微不足道。在这方面，伊斯兰史家还与当时的中国史
家形成对比，对后者来说，过往的历史（无论古、今）皆为富有价值
的研究对象，对其进行保存、加以正确理解是政府之事。

史学的官方化：迄至唐末的中国史学

　　西罗马帝国崩溃前后的数百年里，天下大乱，中国的情况与此极
为相似，在东汉于 220 年灭亡后，中国陷入了分裂状态。罗马这个概
念和幽灵在整个中世纪期间萦绕在人们的心头，与此相同，对强汉之
光辉岁月的记忆亦超出了这个朝代的界限。除此之外，和诺斯替教
（Gnosticism）、基督教、新柏拉图主义一并兴盛于古代晚期相仿，在
数个短命有时还相互竞争的王朝——它们争夺对整个帝国的统治
权——统治下的中国，佛教和复兴的道教也获得了稳固的地位。到 5
世纪早期，一个名叫"何承天"（370—447 年）的佛教徒甚至在宋文
帝那里获得了官方史家的地位。通过将目光重新投向儒家传统，中国
知识分子日渐在历史中寻得慰藉。当时的许多帝王鼓励历史写作，北

① 引自卡里迪（Khalidi）的译文，参见 *Arab Historical Thought*，74。

魏孝文帝甚至认为史家有大用，因为如果他们不记录恶行，恶君还有何畏惧？相当数量的史书由帝国南、北两大部分的民间学者撰写，包括许多有关 3 世纪中叶"三国"——魏、蜀、吴——的当代史著作。历史写作的传播盛况如斯，以至到该时期之末，"史"字（直至那时它仍意为史书的作者）开始日益被用来指代文献作品本身。在传记作家心中，史到此时亦已成为一个独特的门类，在四大门类中，仅次于五部遗存的经典（《五经》），另外两大门类是子、集。大约从 3 世纪以来，人们便对文献作这样的分类。成文史书在形式上被划入 13 个不同的小类，历史学问或曰"史学"成为被认可的知识门类，为此提供助力的是汉代及其后的三部伟大史书——《史记》《汉书》及其承继者《后汉书》——成为未来官员教育当中的重要教材。到 822 年，对三部史书进行常规检视的措施建立起来。

100

时逢乱世而出现这样的状况并不让人感到奇怪。政治稳定（或社会有序）与历史写作之间并无必然关联，事实上在"令人感兴趣的"一些时代，人们常常生发出对过去进行把握的更大冲动。继汉帝国之后的数个国家在之后的四百年间各自产生出大量的史书。由于各朝代以令人沮丧的频繁速度进行更迭，朝代史兴盛起来，直到短命的隋王朝（581—618 年）重新一统天下。最先承继班固《汉书》的是陈寿（233—297 年）的《三国志》（"有关三个王国的记录"），最后是范晔的《后汉书》（"后汉或东汉的历史"），范氏因 445 年的政治密谋而被杀头时该书仍未完成。按总数计算，在汉末、唐兴之际，有多达 140 部的朝代史著作出现。1 世纪时，班固所能列举的史书只有 12 部，相比之下，到 656 年，《隋书》（有关隋朝的朝代史著作）作者所列举的史书接近 900 部。除了传统的丝、竹媒介外，学者也开始日益频繁地使用纸张。在这期间后汉记录"起居注"（有关"行动、休息"的宫廷日记）的创新成为标准性的做法，为后世史家提供了材料。某些"起居注"由女性笔录者保存，它们的作者本身是有关君王政策、礼仪的积极建言者，而非沉默的速记员角色。宋文帝（约 424—453

年在位）是第一位命手下官员编写前朝历史的人，到 6 世纪中叶，为了剔除那些不具权威性的史书，梁元帝（约 552—555 年在位）宣布某些史书是正史（"权威史书"），由此而产生了"正史"一语。

文类也在演变，一些史家选择纪传体，其他人选择将纪、志融合起来，渐渐地，前者吞没了后者。儒家思想的暂时式微与新道家对自我的关注结合起来，刺激了朝代史框架之外的人物传记写作。这类作品通常关注个体或先前不在该文类"视野之类"的那些人物类型，包括妇女和佛教僧侣。最后，大量风格各异的文类也出现了，包括区域史、地方志，比如常璩（约 291—361 年）的《华阳国志》（"华阳之地的历史"，参见主题框 6）。

在对朝鲜展开灾难性的进攻后，隋朝突然崩溃，最终唐朝诞生。基于此，历史学无论在地位还是实践上都发生了重大变化。唐看待自 101

主题框 6　《华阳国志》

汉末，中国历史写作领域出现了将文类混合，使之模糊化的现象，常璩的《华阳国志》或许可作为这方面的事例。该书将从古代到当时有关中国西南部分、西部的地理志、农业志、运输志、史志、与典型的人物传记（它延续了汉代史家的道德教训）结合起来。该书在文类上的创造性以及融合不同体例、宗旨的能力是值得铭记的，相较而言，对西方史家来说，事实最终证明，坚持文类之分使潜在的主题相互之间有了分明的界限，创新受到了阻碍。

己相对于隋的地位就如同很久之前的汉看待自己相对于秦的地位一样，它们都是一个仁慈、智慧的王朝取代了一统天下，但是残暴，从而只具有过渡性的前辈王朝。说到学术研究和史学，唐人对自身形象的积极定位是我们颇难提出异议的，除了创造出将延续成百上千年之久的科举考试系统（622 年），唐朝还将历史写作纳入政府的操控之下。唐代第二位帝王太宗（约 626—649 年在位）是个相当残酷的人，他迫使其父早早退位，开启了系统性的史学"官方化进程"——以历届前朝对著史工作提供的支持为基础。历史上有一段时候曾存在过文学馆，隶属于皇家图书馆，范晔之类的史家正是从这里头出来的。629 年，新的修史机构创建（史馆），初由宰相管辖，过了一百年多一点，移入秘书机构；该馆在东都洛阳设有分处。史馆的使命简单明了，即便事实证明其执行非常的复杂：

> 史官掌修国史，不虚美，不隐恶，直书其事。凡天地日月之禅，山川封域之分，昭穆继代之序，礼乐师旅之事，诛赏废兴之政，皆本于起居注、时政记，以为实录，然后立编年之体，为褒贬焉。既终藏之于府。①

102　　　人们对史馆职责的设想并不仅仅是从狭隘的朝代视角出发的（尽管唐人将文学创新视为自身遗产的一个关键部分），他们还有着打造一整套可靠历史记录（或晚近时代的国史）的意图，这些材料最终会被后人所用，用来构建某个朝代的历史。除以上外，史馆还编写了汉以后数个王朝的新史，其引为范本的是正统儒家班固所写的《汉书》，而非更显松散的《史记》。由于在史馆中经受了制度化的处理，修史过程由此对以下两者进行了清晰区分：其一，真实发生的史事的记录；其二，后世以叙述形式对此进行纪念的著史工作。此时，我们在世界上的其他地方并未发现诸如此类对这种"区分"所作的概念化处理，或与此种装配线式的修史方法有丝毫相似者。这种修史方法表现为逐步上升的不同创作阶段，它起自日常史事的记录，终于朝代历史的总结。此过程的开端是对在位帝王统治时期宫廷每日发生的事情进

---

① 出自 Denis Crisitchett, *The Writing of Official History under the T'ang* (Cambridge, 1993)，14‑15（汉语拼音在此省略掉了）。

行记录，它是帝王言行的实录，从理论上说，帝王本人是不可接触它的。历史上曾有过一桩有名的事件，唐太宗本人想看史官记录的当朝起居注而遭拒绝。起居注连同更为松散拼凑在一起的时政记（无实例可见于今），从 9 世纪早期开始融入每年的"日历"中。在历代帝王统治之末，从这些材料（在"日历"诞生前，是直接从起居注、时政记出发）、其他的外部材料（包括私家撰写的传记、史书）中，生出一整套的"实录"，有时还有该帝王统治时期的"国史"，它常以正史的纪传体为榜样。这类著作只有一种留存到了唐亡以后。

　　"实录"是唐代的一个史无前例的创新，[①]它成了以后所有王朝官方修史工作的一个基本组成部分。作为修史工作的第一阶段，"实录"尤其享有重要地位，在该阶段，单纯的记录便构成了实实在在的创作、理解，无论如何，它们在最开始的时候似乎就以宫廷为中心传播开来，其中部分作品甚至传到了海外（日本即是一个显著的例子）。反过来，"实录"本身在某个王朝最终覆灭而其后继者兴起时，为人们提供了前朝正史的创作基础。所谓正史，也就是无一例外包括两大基本要素——本纪、有关名人（有时还有外国人）的传记——的那些著作，它们可能包括也可能不包括司马迁《史记》中其他的某些要素，比如志、年表。成书于 636 年的五部史书只包括纪、传，而志的部分是在后来加上去的。至少在理论上，正史试图确立官方版本的无可置疑的真相，它不会屈从于与其相竞争的说法或解释。它应当成为整个国家的朝代史，而不仅仅是帝王、宫廷的朝代史。在唐朝治下，七部新的正史被创作出来，它们是有关历届前朝的七部正史，其中一部分出自私修，其他的则出自团队之力。

　　人们所著的历史并非都是朝代史，同样，史馆亦未将它们一网打尽。除却朝代史，我们还能看到一些次级的历史门类，包括制度史、历史百科全书（参见主题框 7）、私修历史，其中某些作品是史馆成

103

[①] 此处有误。实录起于萧梁而盛于唐。——译者注

主题框 7 | 历史百科全书

中国历史百科全书的发明通常归功于杜佑（735—812 年），一名深受佛教影响的学者，其《通典》（"综合纲要"或"综合典制"）的编写时间超过了 30 年，其时，唐正好因为一场大叛乱（755—763 年）而深受困扰。该书的著述目的是将有关过去的知识化为促进现时统治的工具。该书意识到中国从蛮荒状态发展为复杂的官僚国家是历史的进步，它以此而享有盛名。

员按照自己的意愿撰写出来的。许多私修作者避开了复杂的纪传体，转采直截了当的编年体。到唐末，由于史馆丧失了一些控制力，私修史书在数量上开始激增。由于一些学者试图重写或精简常常呈鸿篇巨制之象的朝代史，一些用编年体写成的非官方史书涌现出来。虽然如此，到 10 世纪唐亡时，史学的总体趋势是我们不可加以错解的。昔日与政府有着松散盟友关系的史学此时在事实上与后者变得密不可分。毫无例外，这样的亲盟关系推出了附带而来的风险——著作受到审查、思想自由受限，不过，相比之下，此种关系还会带来好处——可观的财政、制度支持。另外，看似少有疑问的是：和任何机构一样，史馆在结构上倾向于阻碍更进一步地创新、保存既有的习惯。

不过，唐朝的史学成就终究是粲然可观的，因为尽管有史馆掌权、发挥影响，这个朝代却是确确实实产生了自己的评论家的，其中包括大量对不同帝王统治时期的《实录》的完整性存疑的学者，特别是通过刘知几的《史通》（"史学通论"），唐朝产生了对历史写作具有特别洞察力的评论。刘氏（661—721 年）从早年起便有史学上的受教经历。他听其父解《春秋》《左传》，他发现掌握它们要比掌握《书经》（或《尚书》）容易。然而事实证明，其作为官方史家的经历是短暂的。他对史馆深怀一种理想幻灭的感觉，并从这"闲人的庇护所""蹉跎岁月者的巢穴"退了出去。他鄙视史馆成员（"戴着帽子的猿猴"）舒适而易于腐化的生活方式，史书编撰过程易受政治的干预亦为其所深恶痛绝，无论这种干预的来源是帝王还是管控过度的宰辅。[1] 刘氏也对集体编修的史书的文学价值表示怀疑：厨子太多，烧出的汤就索然无味、难以下咽了。他对唐代以前出现伟大独著作品的时代作了缅怀：

> 夫国史之美者，以叙事为工；而叙事之工者，以简要为主。简之时义大矣哉！历观自古，作者权舆，《尚书》发踪，所载务于寡事；《春秋》变体，其言贵于省文。斯盖浇淳殊致，前后异迹。然则文约而事丰，此述作之尤美者也。
>
> 始自两汉，迄乎三国，国史之父，日伤烦富。逮晋已降，流宕逾远。必寻其冗句，摘其烦词，一行之间，必谬增数字；尺纸之内，恒虚费数行。夫聚蚊成雷，群轻折轴，况于章句不节，言词莫限，载之兼两，曷足道哉？[2]

刘氏认为，才、学、识是优秀史家所具有的基本技能，史家在写作中应以真相、事实为最高追求。他还对史学作品的文类作了更为规范的区分，并根据六"家"对以前的所有史书作了编排。刘氏对即便是最受尊崇的古文献亦表示了公开怀疑，他提出了未来史家可加以改良的多个方面（另外，他的几个儿子成了民间史家）。在后来的 8 世纪，用编年体创作的非官方史书在数量上有所增长，尽管少有范本留存至今。迄至唐亡，这个朝代遗留后世的不仅是一个服务于修史的国家机器，除此之外，还有大量诞生于帝国境内、境外的作品，以及一种对

---

[1] 出自 David McMullen，*State and Scholars in T'ang China*（Cambridge，1988），178。

[2] Liu Zhiji［Liu Chih-chi］，"Understanding History：The Narration of Events"，trans. Stuart H. Sargent，in *Renditions* 15（1981）：27 – 35，quotation at 20 – 21。该材料得列于此当归功于拉夫特（Zeb Raft）博士。

成果进行评估、在理论上提出改良意见的批判工具。所有这些很好地预
示了史学在以后——在唐代最终的继承者宋代治下——所取得的进展。

10 世纪末的早期日本史学

105   日本（直到 5 世纪，它才成为一个获得认可的国家）史学的发展
远远晚于中国。而后，尽管采用了中国的文字，其文字的形式却并不
同于中国。它大规模地输入中国的学问，儒家而后是佛教相继对其产
生影响，另外，汉语还被频繁地用作该国的写作文字。虽然如此，两
国之间的差别并非是无关紧要的。有时，人们观察到，虽然儒家原
则、中国史学范式被日本引入，对材料、未经证实之传说的批判态度
却没有伴随该"引入"过程传进来，与此相反，日本史家真实上将接
受古代传说视为一种职责：18 世纪的史家、民族主义者本居宣长对
中国施加于本国的影响深感厌恶，并明确地拒绝儒家对材料进行批判
的学问，他建议自己的读者不要用怀疑主义的"中国心"叩问古
籍。[1] 此外，在中国，官史经过一段时间发生了演变，相比之下，日
本人在一开始便将历史写作与皇室连接在一起，作为巩固相对年轻的
邪马台王朝的手段。在中国，私家著史与官史并行不悖，与此不同，
日本私家著史出现得非常晚，也就是直到官史传统在 10 世纪早期突
然陷入停滞状态之时。

        早在司马迁之时，中国历史文献便提及日本列岛，我们还知道从 3
世纪开始便有某些中国史籍在日本流传。相对低级的文化在很长一段时
间里限制了历史写作。据认为，日本人在采用中国文字时将口述传说记
录下来，我们知道，日本群岛本土历史写作是从 7 世纪早期开始的。由
于书面文学缺乏历史悠久的传统，日本早期的帝王及其家族所面临的恰

---

[1] Peter Nosco, *Remembering Paradise*: *Nativism and Nostalgia in Eighteenth-Century Japan* (Cambridge, MA, 1990), 174 - 175;也可参见 John Harrison (ed, and trans.), *New Lights on Early Medieval Japanese Historiography*: *Two Translations and an Introduction* (Gainesville, FL, 1959), 7 n. 2。

恰是相反的问题，而非像近一千年前的秦朝皇帝那样要发动焚书。他们的当务之急并不是毁灭历史知识，而是速速地创造知识。帝国圣德太子据称至少命人撰写了三部作品，今均已失，它们各自的名字是：《天皇记》（"帝王记"）、《本记》（"基本记录"）、《国记》（"国家的记录"）。根据传说，天武天皇（英译名又作"Temmu"，672—686 年在位）是日本的第四十位天皇，为了校订皇室家谱、不同大家族传统的起源故事中的错误，调整两者之间的冲突，该天皇在 681 年下令脩撰"历代志以及古事录"。尽管此时日本和欧洲之间没有联系，但值得注意的是双方对谱系碰巧有着共同的兴趣，正如另一个现象——为了新生的帝国政权，日本人决意在遥远的过去建立一个支点——同样值得人们关注一样。日本与欧洲主要的不同在于它明显缺乏特洛伊人之类的外来移民，中古时代的日本史家很不愿认可 Go Taihaku（等同于司马迁所提及的一位中国诸侯吴太伯）是天皇世系开创者的故事。

现存最早的历史文献出自奈良时代（710—794 年）之初，《古事记》（"古事的记录"，完成于 712 年）、《日本书纪》（"日本编年史"，另以《日本纪》之名为人所知，完成于 720 年）。《古事记》看似是在 711 年①由元明天皇下令撰写的，而《日本书纪》或许是元明的公公天武天皇下令展开的那项工作的成果，或是该成果在后来的一个版本。两书都叙述了强有力的创世以及其后第一位凡人帝王神武（太阳女神的直系后裔）开创帝国的神话。作为日本人历史观中多少有些一贯性的一个主题，对天皇（或帝王）神圣先祖的信念直到 20 世纪仍是日本学校的授课内容。两书都从创世开始讲起，除了据称具有真确性的早期文献，它们还利用了传奇故事、神话和口述传说。《古事记》没有清晰的编年顺序，其叙事大约终于 628 年，《日本书纪》的截止点则是 697 年。② 两书之间有重要差别。《古事记》记颂日本的起源、

106

---

① 不要与创作于几百年后的《旧事纪》相混淆。
② 两书都可找到英译本。*Kojiki*，trans. Donnald L. Philippi（Tokyo，1968）；*Nihongi*：*Chronicles of Japan from the Earliest Times to A. D. 697*，trans. W. G. Aston（Rutland，VT and Tokyo，1972）。

天皇的神圣血统，它以常用的汉和混杂文字（后世数百年里的读者渐渐对此种文字感到陌生）写成。这使得该书被人们忽略，直至1700年，尽管它的叙述多少是循年代顺序而行，且行文的格调比较统一。至于《日本书纪》，其意图在于确立日本在世界舞台（至少是地区舞台）上的地位，借助于此，对中国的主宰力量实行追赶。该书用中文创作，试图更加明确地仿效中国史学，包括我们在前面指出的、表现在司马迁身上的一种倾向，即就一事给出多论，这些论点是通过"另一部作品说"或"另一处说"之类的话引出来的。该书的作者们很明显将《汉书》《后汉书》之类的中国史书引为范本、材料：它借用了中国著作中的许多片段，将之化为日本统治者的话语。最后，《古事记》几乎未给出什么日期，相比之下，《日本书纪》几乎坚决地将编年原则贯彻到具体的日子身上（参见文献摘录8）。

到901年，《日本书纪》的内容由于其他五本用中文创作的作品而得到扩充，这些作品仍以国史、正史为榜样，由此产生了六国史（参见主题框8）。和自己的前辈著作一样，后五部史书按编年原则进行编排（尽管与《日本书纪》不同，它们没有落下任何一个年份）；它们主要的关注点是宫廷、天皇和贵族；在地理上，它们对日本中部表现出了偏爱之情。它们排除了《日本书纪》对神话般的古代的描述，但政府政令、职务任命方面的报告却原封不动地存留下来，有时，它们忽略了该国其他地方的事务，而对我们来说，这些事务或许具有更重要的地位。

107　早期日本史学：《日本书纪》论天武天皇

文献摘录8

- 戊子，天皇往于和蹔，检校军事而还。
- 己丑，天皇往和蹔，命高市皇子号令军众，天皇亦还于野上而居之。
- 是日，大伴连吹负密与留守司阪上直熊毛［在天皇不在时负责宫廷事务的官员］议之，谓一二汉直等曰："我诈称高市皇子，率数十骑，自飞鸟寺北路出之临营，乃汝内应之！"既而缮兵于百济家，自南门出之。先秦造熊令犊鼻，而乘马驰之，俾谓于寺西营中曰："高市皇子自不破至！军众多从！"

- 爱留守司（在天皇不在时）高阪王及兴兵使者穗积臣百足等据飞鸟寺西槻下为营，唯百足居小垦田兵库，运兵于近江……

选自 *Nihongi* XXVIII. 12，in *Nihongi：Chronicles of Japan from the Earliest Times to A. D. 697*，trans. W. G. Aston，2 vols，in 1（Rutland，VT and Tokyo：Charles E. Tuttle Co.，1972），vol. ii，310。插进去的说明性文字是译者的，括弧里的文字是我加的，它源于译者不见于此处的注释。这些选文描述了672年（天武天皇统治早期）发生的众多史事。

713年，政府还下令编撰不同地区的地方史（风土记），其中之一是《出云风土记》（完成于733年），它原封不动地存留下来，至于其他作品，则有残篇或片段遗世。其他一些作品则脱离了儒学的主流，比如斋部广成的《古语拾遗》（"日本古事选"，完成于807年）、9世纪早期的家谱著作《新撰姓氏录》（"对世代传承的名号、姓氏进行新的选录"）。斋部的作品就中国对日本文化的影响表达了怨恨之情，该书重建日本远古史及其与口述传说之联系的那段文字非常有趣：

> ……我曾听说在古代日本没有书写文字之时，人不分老幼贵贱，都靠口头交流来作事，凡事都不会遗忘。自从将书写引进日本后，人们不再喜欢谈论遥远的过去。因此，人们研究无味的中国之学，嘲笑自己的古代传统。他们改变古老的行事方式，忽视历史在不同方面的内容。当人们探寻过去的风俗时，他们无法找到相关的真相。①

108

---

① 英译文见 John R. Bentley，*Historiographical Trends in Early Japan*（Lewiston，NY，2002），67。另一英译本见 *The Kogoshui or Gleanings from Ancient Stories*，tran. and ed. Genchi Kato and Hikoshiro Hoshino（Sanseido，1924），15‑16。

主题框 8 "六国史"

"六国史"按照完成的时间，依次为：《续日本纪》（"续日本编年史"，完成于 797 年），它是奈良时代对《日本书纪》的续写，涵盖的时间段为 697—791 年；《日本后纪》（"后出的日本编年史"，完成于 840 年，涵盖的时间段为 792—832 年）；《续日本后纪》（"《日本后纪》的延续"，完成于 869 年，涵盖的时间段为 832—850 年）；《日本文德天皇实录》（"有关日本文德天皇的真实记录"，完成于 879 年，涵盖的时间段为 850—858 年）；《日本三代实录》（"日本三位天皇统治时期的实录"，完成于 901 年，涵盖的时间段为 858—887 年）。它们有时在整体上以令人产生混淆的"五国史"（也就是将"六国史"减去《日本书纪》）之名为人所知。其中的每一部作品均以主编为负责人，主编无一例外地出身居于统治地位的平安朝藤原家族（从 858 年开始，他们即作天皇的摄政），他控制着一支创作队伍。曾有人提醒道，集体撰作的历史并不总是给人以顺畅的感觉。藤原时平（871—909 年）作为最后一部国史的主编，被迫与他人共担主编之责，但他很快将对手流放！

上文表达了对写作以及它施之于记忆、传统的腐蚀性影响的质疑（这在以前的柏拉图对话《斐德罗篇》[Phaedrus]中有所阐释），并更进一步将写作与文化帝国主义联系起来。在近代早期的欧洲扩张时代，我们将再次遭遇这个主题。

我们看到，在古欧洲，散文史学以诗歌、史诗为基础，在不同的地方兴起，其早期的娱乐、纪念功能经过缓慢的发展，才担负起更为严肃的道德、说教之责。在日本，史学的发展趋势事实上是相反的。日本史学在早期服膺于以史为鉴（无论是道德的还是实践的教训）的观念，只是在后来的阶段（平安、镰仓时期），史学更带娱乐性、更多诗歌色彩的用途才发展出来（参见下文第三章）。日本与欧洲之间的这种差异或许源于前者的史学在很早时便与皇权、中国模式的影响联系了起来。早期日本史家褒奖明君，挞伐武烈天皇（约 498—506 年在位）之类的昏君，关于武烈天皇，《日本书纪》记载"他多行不义，从未行善"。和塔西陀笔下的图密善皇帝一样，武烈天皇"从未放过亲身目睹各种酷刑的机会，举国民众莫不对其感到畏惧"。[①]"镜鉴"之喻（The metaphor of the 'mirror'）再次出现，在国史《续日本后纪》的作者致天皇的献辞中，我们便能发现其身影：

> 我希望佳美之事广为人知，明智之行为人所习，以便后世可以从中吸取教训。通过扬善拒恶，我们可以用伟大的善人为后世打造一面镜子。[②]

在下一章，我们将发现镜鉴之喻是一再出现在欧亚大陆许多地方的一个现象。一位现代学者认为，中古时代的绝大多数史家远不认为"真实的"过去与虚幻之事无从分别，自己的工作与信守真理原则的职责毫无瓜葛，他们将自己的历史视为一种镜鉴，透过它，过去能够以朴实无华的面貌呈现在读者面前，其中隐含着那未经开掘的宝藏。[③]正是这一点将我们带回到拉丁欧洲。

9、10 世纪拉丁西方的史学

8、9 世纪期间，西欧众王国纷纷成形，这或多或少给大迁徙时代画上了句号；不同地区或国家之间的界限如果说尚未确定，毕竟是

---

① 出自 John S. Brownlee（ed.），*History in the Service of the Japanese Nation*（Toronto，1983），44 - 45。

② 出自 Kawasaki Yasuyuki，"The Records and Mirrors"，in Harrison（ed. and trans.），*New Lights on Early Medieval Japanese Historiography*，13 - 18，at 14。

③ Gabrielle Spiegel，*The Past as Text：The Theory and Practice of Medieval Historiography*（Baltimore，1997），101.

有了雏形；各地的王公、显贵家族也形成了。到 1000 年，人们可以谈论叫作"英格兰""苏格兰"和"法兰西"的国家了，它们都有自己的王，即便世袭继承并未完全根除更为古老的日耳曼习俗——选举君主。其他地理区域在往后数百年里依然保持着分裂状态。查理曼法兰克帝国的继承人们自相攻伐，一如旧时亚历山大诸继承人之间的战争。到 10 世纪早期，拉丁欧洲的帝国权力被认为掌握在属于日耳曼萨克逊系的奥托家族（Ottonians）手里，而法国人（这是西北法兰克人在此时的称呼）由卡佩王朝（Capetian）统治。威塞克斯（Wessex）王统一英格兰，它花了两个世纪的时间保卫自己免受斯堪的纳维亚人、丹麦人的入侵。伊比利亚半岛先前在西哥特人的托莱多（Toledo）君主国治下统一在一起，从它里面却同时分出几个相互竞争的王国，包括此时在安达卢西亚（Andalusia）地区出现的强大的穆斯林势力。

古代遗产经过教父时代、中世纪早期学术研究的流转，大量文献已散佚，在 9 世纪的加洛林文艺复兴期间，一如人们对古典修辞学产生兴趣，古代遗产也恢复了活力。修道院史学直接从这种复兴中受110 益。与此同时，有关古典古代的知识仍有点像焦点没对准的照片：总体框架一目了然，而轮廓、细节模糊。由于没有明显的外部证据证明世界在社会、其他方面与古代极不相同，故此，尤利乌斯·恺撒或亚历山大之类的伟大历史人物很轻易地就被引入古代爱情故事（*romans d'antiquité*）一类的文学体裁中了。他们在那里以中古时代骑士英雄的形象出现，人们很难将其与查理曼或两个世纪后西班牙的埃尔熙德（El Cid）之类的基督教人物区别开来。反过来说，这两类角色在以军事为导向的史诗作品（比如 11—12 世纪的法国《武功歌》[*chansons de geste*]、卡斯蒂利亚[Castilian]的《熙德之歌》[*El cantar de mio Cid*]）中都成为骑士的象征，这些作品对基督教—伊斯兰教漫长而艰难的关系史中某些最古老的事件作了描述。

史学发展到此时，某些重要的进展已能凸显出来。第一点也是最重要的一点，即是文类的多样化，它打破了通史、教会史之间原有的界限，而无任何与古典希腊人或中国人对文类之严格关注相似的地方。从圣史中产生的一个分支是圣人传（通常以"圣徒传"［hagiography］之名为人所知，不过该术语不能尽显"圣人传"之意），它追念虔行、善事，包括基督教殉道者、僧侣、隐士所行的奇迹。很快，学者、世俗教士（比如神父）亦成为圣人传的叙述对象。比德在其《英吉利教会史》中即容纳了这类人物的传记，在其《圣库斯伯特生平》（*Life of St Cuthbert*）中，他还写了一个独特的范例性人物。阿尔昆（Alcuin）则创作了威利布罗德（Willibrord）传。11 世纪的圣人、哲学家圣安瑟伦（St Anselm）则在埃德梅尔（Eadmer）所写的一部传记中亮了相。这些作品或许对圣人作了描述，但它们远不只是圣徒传那么简单，因为它们对其所述对象的文学成就，通常还有政治成就大唱赞歌，其中的某些人是强大的教士。查理曼、英格兰阿尔弗雷德大帝（Alfred the Great）之类君主的成功催生了许多帝王传，比如爱因哈德（Einhard）、诺特克·巴布鲁斯（Notker Balbulus）所撰写的法兰克皇帝传（后者所作的人物传任意粉饰事实，由此而推动了查理曼从历史人物转变为传说中的骑士英雄），还有皇帝的继承者虔诚者路易的两部传记。凡人的生平亦受到纪念，比如勃艮第人魏玻（Wipo of Burgundy，鼎盛期在 11 世纪早期）为康拉德二世（Conrad II）皇帝立下的功绩就受到颂扬。这些传记与更常见的编年体之间的关系是复杂多变的。爱因哈德（约 770—840 年）似乎有意避免用编年史方法写他的查理曼传，他选择以苏埃托尼乌斯的传记为效仿对象；三代人之后，爱氏的英国读者阿塞尔（Asser，约卒于 908/909 年）在自己的《阿尔弗雷德传》（*Life of Alfred*）中，将取自某部名为《盎格鲁-萨克逊编年史》的著作的大量段落以及常见的公元日期收入。

　　《盎格鲁-萨克逊编年史》是基督教世界两大组成部分——拉丁部分、希腊部分——在史学上取得进一步发展的体现。换句话说，这是用方言写成的史学作品的首次出现。其中的某些作品属于新创，另

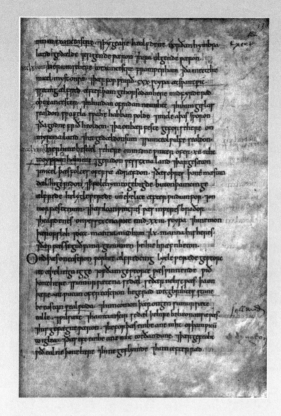

图 11　《盎格鲁-萨克逊编年史》文本节选。该手稿很可能是在约 1046 年抄录于阿宾顿修道院（Abingdon Abbey）；最后一段文字记述了阿尔弗雷德大帝 878 年在艾丁顿（Edington）击败丹麦人。British Library, London, shelfmark Cotton Tib. B I, fo. 132. Photo credit: HIP/Art Resource, NY.

111　一些则译自拉丁、希腊文献。许多东欧地区，包括将来的波希米亚、保加利亚，最后还有俄罗斯，将使用我们所知的古教会斯拉夫语（Old Church Slavonic，它是现代几种斯拉夫语的先祖），创作历史作品或半历史/半传奇的作品，比如圣西里尔（Cyril）与圣美多迪乌斯（Methodius）的传奇故事。但总的说来，在一段时间里，方言作品一直处于稀缺状态：所谓的《盎格鲁-萨克逊编年史》（*Anglo-Saxon Chronicle*，参见图 11），其实是一系列手稿的统称，其叙述的起点是阿尔弗雷德大帝统治末期，前后相继的匿名编年史家则将故事接续到 12 世纪中期。在西方的这个历史节点上，此现象实际上是颇不寻常的，因为一部不断处在编写过程中的国史使用方言进行创作。至于拉丁语，它仍是学术讨论所使用的语言；再者，文学团体、神职人员继续使用此种语言著史，这反映了更大范围的拉丁基督教世界既是他们的活动背景，又是其广大读者的来源。虽然如此，拉丁语、日耳曼语还创造出古英语、古法语、西班牙语、意大利语之类充满活力的新语言，它们将在适当的时候找到自己进入史学领域的道路并最终被看作本国民族性的基本载体。

112

在历史写作史上，没有一个时期如中世纪一般显示出人们的判断失误，即便是那些承认比德之类的优秀才俊者亦不能幸免。这部分是因为我们在将近五百年的时间里，习惯于认为中世纪几乎在所有领域都构成了对欧洲历史主流的背离（19 世纪浪漫主义者对中世纪的欣赏除外），此种印象通行于世，以至于积非成是，难以排拒。它绝不仅仅是一个流行看法那么简单：就史学而言，现代人往往从整体上吸收了文艺复兴时期人文主义史家的轻贬之论，这些人对中世纪前辈怀有根深蒂固的批驳兴趣；与此同时，他们又奋力以那些重新发现的古人作为自己的样板。从 15 世纪到 18 世纪晚期，这种对中世纪历史写作的轻视如果说不是普见于全欧的现象，至少也是很普遍的，与此相伴，修道院编年史（迷信的修士！）、城市编年史（琐碎的细节！）、民族史（虚构的英雄！）则构成了并不神圣的、由史学领域的罪人组成的三位一体。

这种自以为是的言论就其本身而言是可笑的，因为它依循着一种问题多多并严重误导人的倾向，也就是用现代标准来衡量所有历史写作。然而人们不能对这些夹杂情绪的言论一概置之不理，即便是在拒绝那些负载价值观的结论的时候。尽管人们可以发现它的吸引力，中世纪史学仍是奇特的。实际上，在欧洲史学之林中，一端包括修昔底德、塔西陀，另一端包括利奥波德·冯·兰克（Leopold von Ranke）、卡尔·马克思，整个 5—15 世纪进行的历史写作看起来都是独特的。这部分是因为中世纪史学几乎总是被人们放在只包括西方传统的参照群组中加以考虑，尽管与中国或伊斯兰史学作跨文化的比较可改善这种印象，但却无法消除它。人们推出不同的解释来说明中世纪史学的奇特性，包括布兰特（William F. Brandt）的看法。他认为，文献反映的只是其作者相当独特（与我们相比）的感知世界及其运作原理（因果关系、伦理道德方面）的模式。帕特纳（Nancy F. Partner）以源于伟大的文学评论家埃里希·奥尔巴赫（Erich Auerbach）的一种观点为基础，强调了不同文学建构之间的差异而非其共性：

> ……中世纪历史叙述总是呈现出齐头并进的格局，这是我们最感困惑、最终还最难理解的问题。与充当典范的古代历史叙述相比，中世纪的历史叙述似乎极其松散，不合于任何美学或思想标准。①

113　　就史学中的许多领域（特别是中世纪史学的研究）而言，20 世纪所取得的最有益的成就之一便是从旧到新的转变：以前，19 世纪伟大的材料编辑者对过去史家的准确性（这是材料分析的一个分支）、其信息的可靠性或者探寻其材料来源（*Quellenforschun*）的问题深感兴趣；现在，人们对具体历史文献的概貌、易引起争论的结构与风格倾注了多得多的关注，对其作者宣称的创作意图给予了密切的注意。这一方法转过来让中世纪史家与其古代前辈之间的复杂关系变得更为清晰。中世纪可以利用残缺不全、支离破碎的古典遗产（特别是在拉丁欧洲）。一方面，他们通过昆体良之类的作家了解并实践着古典修辞学的教诲，并感知到文类上的差别，正如在上文中我们在伊西多尔身上所指出的。后世史家、盎格鲁-诺曼人奥代里克·维塔利斯（Orderic Vitalis）认为自己的史书既非虚构的悲剧，亦非"啰嗦的喜剧"，它不过是为有心的读者所写的有关不同类型事件的记

---

① William J. Brandt, *The Shape of Medieval History: Studies in Modes of Perception* (New Haven, CT, 1966); and Nancy F. Partner, "The New Cornificius: Medieval History and the Artifice of Word", in Ernst Breisach (ed.), *Class Rhetoric and Medieval Historiography* (Kalamazoo, MI, 1985), 16 - 17.

录。① 另一方面，诸如此类的意识看似鲜有转化为史学实践的。此时，*historia* 一词无差别地用来指谓俗史、教史和《圣经》中的历史书。很快，爱情故事、其他虚构作品亦将进入该词的指代范围内，中世纪的读者是对这两者作了区分，抑或他们受困于这两者的重合，这就是个很难作出清楚回答的问题了。

著史者发现，自己距离古代越远，他们将有关新兴君主国的叙述装入古典模式的主题框中的难度便越大。一个问题在于这类模式的供应并不充足。如果我们认为中世纪史家忽略了古代史学的做法、价值，或者认为古典作品一律"消失"，直至文艺复兴时期才重见天日，那肯定不是事实。与此相反，我们看到了一条显明的线路——尽管并不平坦，它起自古人，迄于人文主义者，中经"古典化的"古代晚期史家，再往下穿越大半个中世纪（该时期的成就有 12 世纪的古代爱情故事，13 世纪卢坎、撒路斯特、苏埃托尼乌斯、恺撒著作的改写本、译本）。古典修辞学及其工具（包括虚构言论这一有着悠久历史的工具）常常被人们强行派上用场，绝大多数编年史家很可能相信自己的作品具有道德或说教的价值，能启发读者的思想。9 世纪早期的宫廷史家尼塔尔（Nithard，卒于 844 年）在加洛林王朝末期写作了一部史事录，所载史事是他亲身参与的。这是对古代史书的效仿（尼塔尔特别阅读了撒路斯特的作品），和许多古代史书一样，该书的目的是保存最近发生的事件，以裨当世读者（作者的劝说对象）、后世之人。黎希尔（Richer，鼎盛于 10 世纪晚期）是圣雷米吉乌斯（Saint Remigius）的僧侣，他结合口述信息、对早期作品的研究，建构了 10 世纪法兰西的本国史，他认为自己是以罗马作家（包括尤利乌斯·恺撒、西塞罗和撒路斯特，还有奥罗修斯之类的古代晚期史家）的传统作为行事指南的。

不过，这些古典时代的工具很少以完整的形态发挥作用。除了撒

114

---

① Partner，"The New Cornificius"，15.

路斯特，我们鲜有其他古代史家的完整信息，他们的著作残篇或相关释义存于中世纪早期的后辈作家（比如比德或图尔的格里高利）的著作中，或是为拜占庭学者所征引。这些东西在提供史实的层面可谓意蕴丰厚，不过对写作却无甚帮助。亚里士多德对历史、悲剧的区分是广为人知的，不过无论是亚氏的材料来源抑或亚氏的全本著作，都未提及他对史学实际功用的怀疑。如上所述，如若古代本身仍像模糊的照片一般，那么，中世纪作家与传到他们手中的古典材料之间的关系可用现代性的另一特征来作相似的比喻——毁坏的电话：在与古代的对话中，我们的编年史家处在听电话的一端，而话说到中间一次又一次地停掉，或者，在此过程中，时不时地有杂音闯入进来。

中世纪史家与残缺不全的古代遗产之间的关系是个棘手的问题，对此，最便易的解决方法是避免对文类进行归总的问题，另外，要以不同方式对它们的主题进行划分。某些归在一起的材料根据宽泛的年序划分成册（*libri*），再细分成更简短的篇（*capituli*，英文"chapters"［章］即由此而来），优西比乌、比德、弗莱辛人奥托的著作即是如此。还有一种愈益常见的情况，也就是作者可以求助于可靠、信实的历史编排体例——年鉴。正如我们早已指出的，年鉴并非缺乏想象力的僧侣（他们无法用古典风格撰写连续历史，借助文艺复兴时期重见天日的古典拉丁文典范，人们必须要从他们那里将史学解救出来）的发明。相反，正如我们已看到的，年鉴本身就是一种古代的史学形式：我们在汉代中国——一个年鉴对其他史学类别起主导作用的地方，曾记录过此种史学形式。由于中世纪欧洲编年史家在此时并不了解中国史学，与中世纪史家有着更直接关系的是罗马市民年鉴，其在古代晚期的后继形式以及复活节表（我们在前面提到过它与比德的联系）。年鉴及其扩展形式——编年史——立马解决了各式各样的问题。编年史平铺直叙，从优西比乌到比德，一长串的编年史家已确立了许多重要日期、提出了许多历法问题。不管编年史家是记录当代史事还是将早先的材料编入有关过去的编年史中，人们所要做的一切便是建立年表，而后往里填入发生在各个年份、隶属其下的史事。黎希尔的一个材料来源弗洛多德（Flodoard，894—966 年，兰斯［Rheims］修道院档案保管员）便是用这种方式，耐心地逐年记录了919—966 年所发生的史事。

或许在我们看来，史家有许多重要的事情要做，比如区分要事、无关紧要之事，或者，按照绝大多数人所做的那样，不受年度单位的约束，讲述某事（或持续发生的一连串事件）的经过。年鉴的运用，则令作者摆脱此种境况。我们已然见过并将再次看到中国人用不同的方式解决这一问题。至于中世纪的欧洲作家，他们在很大程度上甚至没有意识到问题的存在，对此，有人提出了貌似合理的解释——此种情况绝非事出无因：中世纪编年史家相信年度本身即是"真正"的事件，它是神意的数字象征，通过年序体现出来，发生在该年度内的不同俗事则算不得"事件"。①

年鉴往往内容相似，无非是从有关征兆、彗星或严重暴风雨的报道，到对帝王行迹、战事（以及他们在何处度过每一年的特殊时日，比如圣诞节）的记录。其他事情，包括对从某事所吸取的教训的评论，或跨时代的比较，则在很大程度上有赖于史家的技艺、创造力及其跨出这个颇显死板的"主题框"的能力。《法兰克王国编年史》（"法兰克的皇家编年史"）出自加洛林宫廷，是出现在9、10世纪的几套编年史著作之一，其所涵盖的时间段是790—829 年。就查理曼及其宫廷广为人知的对史学的兴趣而言，该书的"官"史身份是我们无法确定的；在该书作者（或作者们）这一方面，我们或可断言其拥有特殊渠道接触与军事行动有关的信息。选取公元纪年803 年来考察这部编年史，我们会发现该年份颇具典型性，因为它几乎是在歌颂圣诞节作为不同年份之转折点的功能：

115

---

① Hayden White, *The Content of the Form：Narrative Discourse and Historical Representation* (Baltimore, 1987), 14 – 15.

803 年

是年冬，宫殿周边及邻近地区发生了一次地震，结果造成多人死亡。

维尼吉斯（Winigis）摆脱格林莫尔德（Grimoald）的囚笼，皇帝的特使从君士坦丁堡返回。（拜占庭）皇帝尼斯福鲁斯（Nicephorus）的使节与他们一道归来，其时这位皇帝将整个天下纳入自己的治下，因为他们在法兰克特使来到后废黜了［皇后］伊琳娜（Irene）。拜占庭使节分别是主教迈克尔、修道院院长彼得，还有候选使节加利斯图斯（Calistus）。他们在萨勒河（River Saale）边的萨尔茨（Salz）与皇帝会面，并收下书面和议书。收到皇帝的信件后，他们便启程，取道罗马返回君士坦丁堡。

而皇帝（查理曼）行军至巴伐利亚，处理完帕诺尼亚（Pannonia）事务后，在 12 月回到亚琛（Aachen），并在那里庆祝圣诞节。时间转为

804 年①

编年史的这种灵活性令人难以抗拒。尽管其他历史写作形式（包括人物传记）仍存在于世，编年史却迅即成为记录当前事件、编排过去史事的主流模式。

结　论

116　　10 世纪末，编年史（或表现为最初级的年表，记录历年行政官在任时所发生的事；或表现为更宽泛的编年录）成为用所有语言进行书写的欧洲史学的主导形式。在以后数百年里，我们可以看到这种情形仍在继续，不过，人们同样可以见到历史写作发生了显著的扩张，

---

① *Royal Frankish Annals and Nithard's Histories*, trans. B. W. Scholz with B. Rogers (Ann Arbor, MI, 1970), 83.

超出了神职人员的圈子（在军事贵族，最后，在正处于兴起过程中的城市商业精英这一方面，他们对史学的热情日益增长）。与此同时，借助更为规范的组织手段（法庭、王室金库以及一种奇特的新型教育机构——大学），口头、书面材料之间的平衡（此种态势亦见于伊斯兰教、东亚）开始发生转变，天平开始向书面记录一方倾斜，尽管直到数百年后，人们才开始对口头材料的权威性说不。

这是不同文明内部以及它们之间发生连续不断且常常血腥暴力的冲突的 500 年，在这期间，在世界的其他地方，人们对身兼教育、娱乐功能的历史的兴趣亦日益高涨。

大事年表

约 940—1030 年	伊本·米斯凯韦的《民族经验与事业继承》出版
约 1000 年	紫式部《源式物语》出版
1060 年	《新唐书》出版
约 1084 年	司马光的《资治通鉴》完成
约 1120—约 1143 年	马姆斯伯里的威廉《英国国王的事迹》
约 1148—1149 年	卡尔哈纳的《国王之河》出版
约 1136 年	蒙茅斯的杰弗里《不列颠国王史》出版
约 1220 年	慈円《愚管抄》
约 1281 年	一然《三国遗事》出版
1274—1461 年	《法兰西大编年史》出版
约 1300 年	拉希德·奥丁《编年史纲要》出版
约 1305—约 1309 年	儒安维尔《圣路易斯十字军东征编年史》
1307 年	马端临《文献通史》
约 1369—约 1400 年	傅华萨《英法及其邻国的编年史》分阶段完成
1339 年	北畠亲房《神皇正统记》
1375—1378 年	伊本·赫勒敦《历史绪论》
1498 年	菲利普·德·科明尼斯完成了他的《回忆录》

第三章 | 全球暴乱的时代，约 1000— 约 1450 年

引 言　在上一章，我们追踪了三个不同的历史文化的发展：中世纪早期信奉基督教的欧洲（拉丁和希腊地区）、早期的伊斯兰教，以及同时期的东亚。我们也突出了历史思想和写作的某些主题，包括确立"有用的历史"——在古代西方不太重要的特征，而是像波里比阿（Polybius）那样的偶然特征。本章深入探讨了这一主题，同时也开启了另一个主题——日益增加的不同文化间的交流。因此本章的标题强调的是"全球"，而不是"暴乱"。第二个千年的前半期确实是一个暴乱时期，其对抗列表包括十字军和大量反异教人士间的战争、蒙古人在东方的征服、奥斯曼土耳其人以损耗拜占庭帝国及其在 1453 年的灭亡为代价的发展。几乎每个国家或地区都面临着为扩张领土而发起的战争或朝代更替，例如英国的"玫瑰战争"。位于远东的中国和日本经受着同样的骚乱：中国目睹了朝代的更替和被迫接受蒙古统治达一个世纪之久；日本一方面出现了旧贵族和国王关系日渐紧张的局面，另一方面出现了武士阶级。伊斯兰教不得不在西班牙和圣地与好斗的基督教反击者对抗，它在东部则被蒙古人击败，并随着阿巴斯王朝（Abbasid caliphate）的巨变而瓦解。

　　所有这些都说明该时期与前面的六个世纪一样血腥，通过战争失去的生命确实和 20 世纪的大屠杀差不多，甚至

120　和 14 世纪中期由黑死病造成的毁灭性的人口减少差不多。不同的是世界上不同的地区比之前有更多的交流，不仅表现在欧洲内部的传统文明和野蛮部落之间有着长久的联系，而且表现在欧洲与世界其他地区也有交流。在本时期末，美洲的两个全新的大陆也被囊括进来。自 17 世纪以来，欧洲人与伊斯兰教断断续续的冲突与十字军相比达到了新的高度，其对东方财富的追求则向外扩展到中国、波斯和印度文明。伊斯兰教则传播到印度甚至非洲。宗教转变的过程在文化交流方面发挥的作用虽小，却非常重要，有时会影响历史观点。因而 12 世纪的一位从犹太教转向皈依伊斯兰教的人萨玛瓦尔·奥马戈尔希比（Samaw'al al-Magrhibī）寻求将历史写作作为批判犹太教徒的手段；他因此也放弃了之前对待历史的拉比犹太主义的主要态度，而持这种态度的与他同时代的摩西·迈蒙尼德（Moses Maimonides）曾宣称："要想在阿拉伯人中找到描述历史事件的书籍（是）……浪费时间"。①

尽管有这些例子，但这些交流对历史写作的影响到目前为止十分有限：意大利商人没有带回中国的历史著作；在 15 世纪早期到东南亚、印度和波斯湾探险的中国穆斯林马欢（约卒于 1451 年）也没有将那里的历史著作和经典、传奇带回来；尽管伊斯兰教史学为基督教世界所知，例如在摩尔人的格拉纳达编年史（chronicles of Moorish Granada）中所体现的，但它没有被欧洲人接纳。而在这四个半世纪里，存在于世界一个地方或另一个地方的持续的战争状态引发了大量的历史创作，包括欧亚部分地区以前不曾有过

① Adnan Husain, 'Conversion to History: Negating Exile and Messianism in al-Samaw'al al Mgghribi's Polemic against Judaism', *Medieval Encounters* 8: 1（2002）: 3 - 34, at 3 - 4.

的"原始民族主义"的历史记叙。如果说 19 世纪是欧洲伟大的史学民族主义和对中世纪的浪漫颂扬时期，那么这主要归功于中世纪和《达里米诺瓦历史记录》（*Kronika Dalimilova*，完成于 1308—1314 年）这类晦涩书籍中的原始的甚至无意识的爱国主义。像德国的乔治·海因里希·佩茨（Georg Heinrich Pertz）、英国的威廉·斯塔布斯（William Stubbs）那样的 19 世纪学者一样进行拉丁文或方言版本的欧洲编年史的再发现、编辑与出版是现代学者的工作。对他们来说，中世纪的遗产构成了他们自身民族认同感的基石。最后，进一步的发展是当前零星的史学家开始写其他地区的文化史和民族史，其中最显著的是穆斯林学者开始关注印度和蒙古的历史。"普世史"还不是多元文化的，但要想在不涉及其邻国的历史的情况下讲述一个民族的故事变得越来越困难。

15 世纪的传统伊斯兰史学 121

到公元 9 世纪，尽管伊斯兰教的历史仍然主要采用该宗教的学术语言阿拉伯语进行写作，但伊斯兰教早就不再主要只是阿拉伯人的宗教了。在之后的 300 年里，波斯语能够作为书面语言（尽管不是神学语言或科学语言）在欧亚大陆中部对阿拉伯语构成挑战。伊斯兰史学的"传统"时期出产了大量波斯人写的著作，尤其是在 11 和 12 世纪的伽色尼王朝（Ghaznavid）时期。这些著作继承了前伊斯兰时期的波斯史诗传统，该史诗传统在菲尔多西（Firdawsi）写于后征服时代的《列王纪》（*Shahnama*，完成于公元 1010 年）中达到高潮。作为一部追溯与琐罗亚斯德教有关的伊朗从建立到阿拉伯征服时期的非常受欢迎的著作，菲尔多西的诗歌是在已经存在的沙纳汗（Shanahan）

散文流派的基础上创作出来的，它不仅影响了后来的历史，也影响了波斯语自身的发展。波斯的穆斯林史学也将不再继续死死盯住穆罕默德言行录，而是转而接纳一个更世俗的以阿达卜（*adab*）为特征的被众多史学家们认可的观点；和阿拉伯的对应物相比，它倾向于看轻传记。波斯人的方法被多产的科学家、地理学家、在印度待了大半生的博学之士阿布尔·依娜·穆罕默德·伊本·阿哈迈德·奥比鲁尼（Abu'i Rayḥān Muḥammad ibn Aḥmad al-Bīrūnī，973-1048 年）具体化。比鲁尼用阿拉伯语和波斯语写作，他利用数学和哲学知识来解决两个民族间的历法和年代学的争端；他也在尊重久远而传奇的历史，尤其尊重社会动乱时期兴起的虚假的系谱分类（这一时期的家族和朝代变换需要或发明或创造一种荣耀的历史）的问题上表现出一种令人疑惑的思想转变。他满怀讽刺地批评了那些创造赞美故事……伪造能追溯光荣祖先的系谱的人，这得到了米利都的赫卡泰乌斯（Hecataeus of Miletus）的回应，也预示着欧洲从 12 世纪到 19 世纪对这一创造的批评。[①]

菲尔多西在记叙连续的波斯政权或 *dawlas*（字面意思是"革命"或"变更"，深层次意思是"王朝"或"国家"）时抓住了政治史的循环路线。历史循环论迄今为止还不是伊斯兰教的特征，但在一个线性历史中展开的有限世界的宗教意识现在与显著的政治变化事实撞到了一起，并随着曾经的强国向内乱和主权丧失屈服而得以传播。波斯的历史学家在一个阿巴斯王朝的影响力已经消散，而真正的权力被大量地方或区域的王朝控制的世界里写作，与此同时，共同的伊斯兰教特征通过神学院（首次在 10 世纪出现的伊斯兰教学校）等其他方式被保留了下来。也是从这一时期开始，萨曼王朝（Samanid Dynasty，819—999 年）在波斯发扬了伊斯兰教，同时促进了 9 世纪的加洛林帝国的文艺复兴。这种文艺复兴在土耳其人的伽色尼王朝

122

---

① Julie Scott Meisami, *Persian Historiography to the End of the Twelfth Century* (Edinburgh, 1999), 21.

（Ghaznavids）统治下得以持续，只是在注意力脱离伊朗遗产方面有些
转变，并伴随着菲尔多西（Firdawsi）的文学主导地位的明显衰退
（即便只是暂时的）。伊斯兰世界统治力量多样化的副产品之一是历
史写作方面的世俗化和种类多样化——从牧师和律师写的基于宗教的
历史著述转向写自档案馆、根据朝代进行编写、多出现在王朝衰落时
的历史著述，就像伽色尼王朝及其后继的塞尔柱突厥人（Saljuq）的
王朝统治下的情况一样。

　　随着像阿布德·奥海·加尔迪齐（Abd al-Hay Gardizi，鼎盛于 11
世纪早期）这样的史学家写关于波斯的历史，而不是更广阔的伊斯兰
教的历史，种族利益切断了宗教联系的纽带。大部分史学家的政治利
益和他们强调的波里比阿式的"实用主义"历史被 11 世纪早期多产
的史学家伊本·米斯凯韦（Ibn Miskawayh，卒于 1030 年，一度为
官，通过将上帝排除在人类事件之外而偏离了主流）阐明。他的《民
族经验与事业继承》（*Tajārib al-Umam*）是一部讲述穆斯林政权的普
世史，它用我们似曾相识的语言强调了历史的实用性。"看完民族的
历史和国王的生活后……我发现事件中包含有用的经验，这些事件仍
然需要再现和被期待以同样的方式再现，例如国家和王国的起源，后
来混乱的开始，重新调整事态采取的措施……或忽略……导致衰落或
毁灭。"① 阿布尔·法兹勒·白哈齐（Abu'l Fazl Bayhaqī，995－1077
年，一个档案馆的官员，米斯凯韦的崇拜者）等其他人则退出公众生
活，转而去写历史。作为篇幅更长的未能全本保留的著作的一部分，
白哈齐写了一部伽色尼王朝的国王马苏德一世（Mas'ūd I，1031－
1041 年在位）统治时期的历史；他的著作详细阐述了档案馆的管理
程序，这放缓了叙事（有人认为长久阅读这本书的读者会抱怨捕鲸生
活的记叙打断了赫尔曼·麦尔维尔［Herman Melville］《白鲸记》
［Moby Dick］的情节）。然而，他能够敏锐判断历史的创作和可能的

---

① 引自 Tarif Khalidi, *Arab Historical Thought in the Classical Period*（Cambridge，
1994），173。

资源。白哈齐干脆地宣称"历史分为两类，没有第三类：或听于他人，或读于书中。"①

　　王朝和宗教（或以穆罕默德言行录为基础的）史学之间的差别并不拘泥于形式，并且不应该被夸大：像主要专注于使伽色尼王朝的统治者及其继承者合法化的阿布·奥侯赛因·阿特比（Abu al-Husayn 'Utbi，961－1036 或 1040 年）这样的宫廷史学家及宣传者重申了以前的宣言——"宗教和王权是一对孪生兄弟"。② 但王朝史学没有在波斯人中无限期地传承下去。它在不怎么倾向文学的塞尔柱突厥人的 123 王朝开始衰退，该王朝的统治管理者主要为其他管理者，而不是统治者自身写历史，从而产生了一个被欧洲人称作"国君的镜子"的流派样本——经常收集奇闻逸事和容易吸收并掌握的事例。但一般性观点认为，广大伊斯兰教世界的历史不再仅仅只有伊斯兰教了，也不再总是将目光集中在预言阶段。由于受内部纠纷和与基督教的矛盾的刺激，史学家们开始关心时事，具有最早的穆斯林历史写作的特色。

　　正如所发生的那样，中世纪后期最典型的冲突不是伊斯兰教与欧洲基督之间的冲突，而是伊斯兰教与东边的蒙古的冲突。蒙古族的分支金帐汗国（Golden Horde）在 13 世纪 40 年代时已经和俄国多次交战。另一分支于 1258 年洗劫了巴格达，处死了最后一位阿巴斯统治者及其家人，毁灭了普世的穆斯林王权的理想。在 13 世纪，好战的非穆斯林民族开始和西边的波斯和东边的中国展开交流，蒙古人有他们自己的普世主义；成吉思汗被赋予了统治世界的崇高权利，而他的子孙们为他们早期的历史创作提供了大量素材（见主题框 9 和文献摘录 9）。

---

① Meisami, *Persian Historiography*, 80.
② Meisami, *Persian Historiography*, 55.

主题框 9　蒙古编年史

　　游牧民族蒙古发展了他们自己的历史创作，早期的作品有 13 世纪的《蒙古秘史》（*Mongyol-un niyuca tobciyan*）。这起始于勇士铁木真（后来的成吉思汗）的虚假血统。13 世纪末至 14 世纪初，他们伟大的成吉思汗在此期间创立了元朝，在这一立足于中国的蒙古血脉中，进一步历史创作的迹象很少。然而，历史写作在 16 世纪末和 17 世纪初复兴，并出产了几部类似于《秘史》的编年史书，其中包括 1655 年完成的《黄金史纲》（*Altan Tobci*，该书从成吉思汗逝世前的事迹开始讲述，接着贯穿整个元朝，直到蒙古势力衰退，最后结束于 17 世纪初）和写于 1662 年的编年史《宝贵的总结》（*Erdeni-yin Tobči*，一部利用了蒙古、中国史料的著作）。

蒙古的历史作品：《黄金史纲》

124

- 以下是有名望的五位彻辰汗王（Cakravarti Kings，蒙语，意为聪明睿智的汗王）。汗王"完美杰出者"的儿子是汗王"拯救者"。子继父位传承顺序依次是汗王"拯救者和保护者"、汗王赛库尼（Seküni）、汗王库什（Küsi）、汗王"伟大的"库什、汗王"善观察者"。以下是汗王玛哈·萨巴迪（Maha Samadi）延续下来的黄金血脉。其子是汗王"优生者"。此脉最后一位汗王是汗王"狮爪"。其子是纯净食物之王、白色食物之王、令人愉悦的食物之王、拉萨亚那（Rasâyana）食物之王……

- 据说，由于拉呼里（Rahuli）当了和尚，纯洁食物之王血脉断了，但许多编年史都说它没有断。在佛祖涅槃超过 1000 年之后，汗王玛哈·萨巴迪（Maha Samadi）黄金一脉在积雪的东坡兴盛起来的宗系如下：印度与摩竭陀（Magada）的汗王库萨拉（Kusala）之子萨巴（Sarba）生有五子。最小的儿子出生时有着绿蓝色的头发；他的手和脚是扁平的；他的眼睛从下向上闭合着。他们交头接耳道："他不像是有前世化身的人"。他们把他放入一个铜箱中扔进了恒河。在尼泊尔与西藏交界，一位西藏老者在河边拾起了这个箱子，并打开了它⋯⋯

节选自 *The Mongol Chronicle Altan Tobči*, ed. and trans. C. R. Bawden (Wiesbaden: Otto Harrassowitz, 1955)，111 - 112。评论性注释被省略了。选段选自编年史的开头部分，这一部分从作为可汗们的血统根源的古印度国王们开始记叙。

　　除了统治中国的元朝，在成吉思汗子孙们的领导下，蒙古的扩张还在波斯和中亚建立了很多附属汗国，其史学风格偏向伊斯兰教，而非中国。13 世纪至 14 世纪初控制伊朗大片领土的伊尔克汗（Ilkhans）在波斯创下了强大的叙事史传统。帖木儿（Timurid）王朝由 14 世纪末察合台（Chaghatayid）的军阀帖木儿·巴拉斯（Timūr Bārlās，卒于 1405 年）创立，他在 15 世纪时统治了大片领土，并且对历史非常感兴趣。文盲帖木儿（我们通过一部满怀敌意的传记得知）"刻苦地倾听别人阅读编年史、寓言故事⋯⋯国王的事迹和人们对历史的记叙"。[1] 他在旅行时总是让秘书同行，记录他所说的话，在被用土耳其语或波斯语写成历史之前先复述读给他听，而遗憾的

125　是，只有很少一部分被保留了下来。帖木儿统治时期出现了很多史学家，他的生平事迹被写成不同版本。在这些人中，帖木儿任命被俘获的史学家尼扎姆·奥丁·阿里·沙弥（Nizam al-Din'Ali Shami，卒于 1409 年以前）写一部关于帖木儿势力兴起的历史。这部《征服者的名字》（*zafar-name*）基于书面和口述材料，而随着之后作家们的延续，该著作成为征服者传记传统的核心，这位征服者也成为帖木儿时期数代史学家们关注的焦点，在此期间，他们的著作也日渐偏向伊斯兰教风格。

　　在整个中世纪，伊斯兰教的影响持续传播到其他地区，包括西欧的西班牙海岸、埃及和撒哈拉以南非洲的部分地区。穆斯林所写关于那些地区及特定地区（如叙利亚的阿勒波和大马士革）的历史出现在

[1] John E. Woods, 'The Rise of Tīmūrid Historiography', *Journal of Near Eastern Studies* 46: 2 (1987): 81 - 108, at 82; E. A. Polyakova, 'Timur as Described by the 15th Century Court Historiographers', *Iranian Studies* 21 (1988): 31 - 44.

中世纪后期；正如在波斯一样，官员最可能倾向于成为历史学家，他们能够接触到信息。在以阿拉伯语著史的马穆鲁克王朝（Mamluk sultanate），拜巴尔·奥-曼苏里（Baibars al-Manṣūrī，卒于 1324 或 1325 年）就曾是军人和官员。① 伊斯兰教世界的政治生活和基督教世界的一样难以预测，失败权贵或官员在历史中自我开脱的旧式修昔底德模式在他身上得到重演。奥-曼苏里的人生很混乱，他随着苏丹更替反复拥有、失去、再拥有影响力。从他的情况来看，积极入仕和参加军事战役的时期以及被迫引退的时期都有创作；他写了一部截至 1323 年的《伊斯兰教通史》（the *Zubdat al-fikra fi ta'rīkn al-hijra*），以及一系列来自于它的摘录，这些摘录后来被组织编入了第一个马穆鲁克政权——巴赫里（Bahri）王朝——的历史中。一个半世纪后，阿布·伊马哈森·伊本·塔利·巴迪（Abū I-Maḥāsin ibn Taġhrī Birdī，卒于 1469 或 1470 年）通过将他家族联系转变成类似于宫廷史学家的官职来延续这一趋势。

作为真实历史事件的记录，穆斯林这些世纪的历史写作比得上基督教世界最好的编年史，并且在细节和真实性方面更胜一筹，例如出生于库尔德的伊本·赫里克（Ibn Khallikan，1211-1282 年）写的一部伟大的传记辞典《杰出人物的讣告》（*Obituaries of Eminent Men*）；逍遥学派伊本·巴图塔（Ibn Bàttûta，1304-1368、1369 或 1377 年）的游记（穆斯林社会史的主要文献）——巴图塔来自现在的摩洛哥所在地，是一位用阿拉伯语写作的柏柏尔人（Berber），他的游记现在仍是现代世界史的基础文献。② 同来自欧洲的入侵者一样，阿拉伯人也写十字军的历史，如大马士革的市长伊本·盖莱尼西（Ibn al-Qalānisī，约 1073—1160 年，见文献摘录 10）和萨拉丁（Saladin）的部长伊马德·奥丁（Imad al-Din，1125-1201 年），他们只把这些战争

---

① 马穆鲁克（Mamluks，用来形容以前是奴隶的士兵阶层）阿巴斯血脉最后的残余；马穆鲁克王朝从 13 世纪中期到 16 世纪中期统治着埃及。

② Pamela Kyle Crossley, *What is Global History?* (Cambridge，2008)，23-24.

126 穆斯林视角下的十字军东征：伊本·盖莱尼西的编年史

伊斯兰历 501 年

(1107 年 8 月 22 日至 1108 年 8 月 10 日)

- 这一年，法兰克国王鲍德温（Baldwin）带着他受损的集团和神佑的军队向推罗港口进军。他正对着这座城池扎营，并在其市郊的塔勒·奥玛·舒恰（Tell al-Ma'shūqa）建造了一座城堡。他停留了一个月，之后此城的统治者许以 7000 第纳尔（dinars）换取他的撤退，他收下了这笔钱后撤退了。

- 这一年，苏丹吉亚斯·奥顿尼亚·瓦勒丁·穆罕默德（Ghiyāth al-Dunyā wal-Dīn Muhammad）击败并杀死了萨达卡·伊本·马兹亚德（Sadaqa Ibn Mazyad），处置了奥希拉（al-Hillah）事件，之后开始在闪瓦鲁月（Shawwāl，十月）月初返回伊斯法罕（Isfahān）。在出发之前，他交给埃米尔·马乌杜德（amīr Mawdūd）和阿斯卡尔（'askar）一项任务，让他们围攻摩苏尔（Mosul），并占领它。马乌杜德和军队随后开拔，在摩苏尔城外扎营。该城的领主贾瓦尼（Jāwalī）驱逐出了城中大部分民众，而他的军队在此过程中行为不端，无恶不作。所以他逃往奥拉巴（al-Rahba），委任一位他信任的官员留守防御。苏丹的阿斯卡尔在城外停留了一段时间，城中有七个居民决心献城，他们打开了该城的一个城门，把这座城献给了马乌杜德。马乌杜德一进城就对贾瓦尼的军队进行了大屠杀，但宽大处理了城堡的守卫，并派遣他们及其随属去觐见苏丹。

节选自 *The Damascus Chronicle of the Crusades Extracted and Translated from the Chronicle of Ibn al-Qalānisī*，extracted and translated by H. A. R. Gibb（London：Luzon，1932），82–83。省略了吉布（Gibb）的注释。

看成与异教徒的冲突。另一个十字军编年史家伊本·奥阿特尔（Ibn al-Athir，1160–1233 年）是宗教学者和传记辞典的作者，同时也是预言家，他写了一部关于赞吉（Zangid，塞尔柱突厥人的分支）王朝的专著；他最具雄心的作品是一部普世史，其内容涵盖了自创立始，历经波斯帝国、罗马帝国，一直到穆罕默德先知的伊斯兰世界的历史，再按年代继续记述到 1223 年。其最后的章节反映出伊斯兰教在 13 世纪 20 年代初蒙古入侵伊斯兰教世界之后就已经步履维艰了。在接下来的一个世纪，很多穆斯林史学家将蒙古的兴起载入编年史中。波斯的阿拉奥丁·阿塔马里克·志费尼（'Ala-ad-Din 'Ata-Malik Juvaini, 1226－1283 年）在作为总督返回巴格达之前一直任职于成吉思汗的首都，他写了一部关于成吉思汗的《世界征服者的历史》（*Ta'rīkh-I jahān-gushā*）。① 拉希德·奥丁（Rashid al-din, 1247－1318 年）是一个从犹太教转向伊斯兰教的波斯人，他也在波斯的蒙古统治者那里任职，直到政治阴谋致使他被判死刑；他的《编年史纲要》（*Jāmi 'al-tawārīkh*）是一部宏大的普世史（见图 12 和 13），它非常详细地描述了蒙古政权，表现出了对世界多元文化的高度认识。

127

图 12 在可汗的宫殿。跨页微型图（左半部分）。来自拉希德·奥丁（Rashīd al-Dīn）的普世史《编年史纲要》（*Jāmi 'al-Tawārīkh*）的阐明手稿页，手稿可追溯到约公元 1330 年。Staatliche Museen zu Berlin, Germany. Photo credit: Bildarchiv Preussischer Kulturbesitz.

---

① 'Ata-Malik Juvaini, *The History of the World-Conqueror*, trans. J. A. Boyle, rev. edn（1958；Manchester, 1997）.

蒙古军阀帖木尔有一次被一个突尼斯的穆斯林拜访，这位穆斯林是史学思想史上最著名的人物之一。伊本·赫勒敦（1332－1406 年）值得这样被称赞，即便他不过是一位西方的崇拜者，且对之前七个世纪的伊斯兰史学不熟悉，果真如此。把他看成哲学趋势的高潮会比之前在奥-马苏迪（al-Masūdī）身上看到的更正确。更注重著史的实用和方法论的方面并不是伊本·赫勒敦所强调的，而是在同一时期更直接地由与他同时代的波斯人沙姆斯·奥伊吉（Shams al-Ijī，鼎盛于 14 世纪 80 年代）提出。作为一部长篇历史的作者，伊本·赫勒敦并非不熟悉方法论的问题，这些方法论在地理的扩展已远至北欧。他的名声传统上并不依靠历史本身，而是依靠它的《历史绪论》

128　（Muqaddimah），① 它试图分析出潜藏于风俗习惯、风土人情和经济

图 13　成吉思汗将他的帝国分给了他的儿子们的一幅蒙古时期的手稿。源自拉希德·奥丁（Rashīd al-Dīn）的《编年史纲要》（Jāmiʻ al-Tawārīkh），约 1596 年。Metropolitan Museum of Art, New York. Image copyright：The Metropolitan Museum of Art/Art Resource, NY.

---

① 赫立迪（Khalidi）认为，与传统不同，这部历史与其说是一部著作，倒不如说是它的绪论，它实际上是《历史绪论》概括总结出来的观念的良好建构，见 Khalidi, *Arabic Historical Thought*，222－223。

的历史变化之下的许多因素。伊本·赫勒敦在《历史绪论》的开头这样写道，"我们应当知道，历史实际上就是关于人类社会组织的知识，而人类社会组织等同于世界文明。历史处理的是影响文明本质的情况，如野蛮与社会性、群体感受，以及一个人类群体成功凌驾于另一人类群体的不同方式。"①

伊本·赫勒敦认为当权的个人和群体因为一种群体精神或'asabiyya〔它通常通过破坏的权力的稳定起作用，且必须被抑制〕而变得有生气，这与后来的欧洲作家们交相呼应，例如赫尔德（Herder）就相信，一个一旦稳固下来的政权就不可避免地会分裂或堕落，这又与古希腊波里比阿的政治循环论交相呼应。大部分的历史绪论喜欢调查并分析不同种类的政府和社会管理，包括各种各样的排名和哈里发行政部门的官员，并伴随着某些"法律"种类的结合，或者人们在其泛化的基础上做出的合理预测，因为这是人类的本性：想要知道涉及我们自身的事情的结果。"尤其对于那些重大事件，例如一个人想要知道世界或某些王朝能持续多久"。而不幸的是，很多用于预测这类事件的方法或不可靠，或被证明是错的，例如传统主义者认为世界在伊斯兰教创立之后只能持续五个世纪。基于观察人类行为的泛化是较为安全的赌注，实例的研究说明了某些政权规律，比如王朝有其自然寿命，就像人一样；一旦掌权，该王朝就能摆脱"团体感"；王朝衰老时首先可以预见到的结果就是分裂；新王朝的兴起通常是在前朝衰退时坚持不懈的结果，而不是偶然的行动。②

伊本·赫勒敦对历史（有时被称为社会学）的广泛接触使他与维科和孟德斯鸠（见下文第六章）等后期的欧洲人打成了一片。他对政权的分析也早于16世纪的一位历史通才——佛罗伦萨的马基雅维利（Niccolo Machiavelli）。但《历史绪论》不仅仅是关于历史进程和作用

129

---

① Ibn Khaldūn, *The Muqaddimah : An Introduction to History*, trans. F. Rosenthal and abridged N. J. Dawood (Princeton, NJ, 1967), 35.

② Ibn Khaldūn, *The Muqaddimah : An Introduction to History*, trans. F. Rosenthal and abridged N. J. Dawood (Princeton, NJ, 1967), 98 - 99, 259 - 261, 244, 252 - 253.

的宏观问题。自9、10世纪以来，当神学家挑战历史的实用性和可靠性时，其实践者就开始反击了，他们在前言中清晰地说明了他们的方法和假设依据。尽管伊本·赫勒敦的评论更广泛，但他更适合从前的传统——思考历史作为学问的一个分支应该涉及哪些内容，以及它的缺陷所在。伊本·赫勒敦在书的开头就考虑到了历史真实性或非真实性的局限性。历史知识受多种谬误的困扰，其中首先要提的是"偏见和党派性"，基于此，他真的打算不假思索地拥护某个特定的教派或伊斯兰教的观点。更进一步的谬误是人性弱点造成的——在没有适当审查传播者的情况下就相信传播者的证词、忽略事件的目的、毫无根据地相信事件的真实性、史学家修饰记叙事件以奉承当权者的偏向性，总而言之，"忽视了文明兴起时的不同情况"。[①] 这些都是欧洲人后来在理论和哲学水平上探讨的主题，而不是他们之前的中世纪编年史的主要内容。

从十字军东征到早期文艺复兴的欧洲

130   在相隔1000年的时间里，欧洲的中世纪"鼎盛"时期（10—13世纪）出现了史上最重要的文化交流（位于沟通阶段），特别是从早期占主导地位的口述文化向文本及文献占更大比重的转变，在此期间文本及文献的保存、转变甚至伪造变得十分必要。这一转变对史学影响深远。最明显的是，读写能力渐渐扩展到上等神职人员和僧侣之外。正如幸存下来的文献数量所展现的，系统的记录一直在增加：例行的或个人的合同做出的承诺和保证现在也被保存在了纸张或羊皮纸上。[②] 这为后来的史学家提供了大量材料（即便不能被当作完整的）：

---

① Ibn Khaldūn, *The Muqaddimah*：*An Introduction to History*, trans. F. Rosenthal and abridged N. J. Dawood (Princeton, NJ, 1967), 36 - 37, 98 - 99.

② P. J. Geary, *Phantoms of Remembrance*：*Memory and Oblivion at the End of the First Millennium* (Princeton, NJ, 1994); M. T. Clanchy, *From Memory to Written Record*：*England 1066 - 1307*, 2nd edn (Cambridge, MA, 1993), and B. Stock, *The Implication of Literacy* (Princeton, NJ, 1983).

就像现在的档案管理员必须在他们保留的档案中有所选择一样，早在2000 年前，祖先们就经常放弃一些无关的材料，以便将它们从记忆中永远根除。此外，口头的交流方式在历史叙述的转变中依然没有完全衰竭，尤其是在歌曲和诗歌方面，在接下来的几个世纪里，历史将在口述形式的转变和认知以及书面形式之间浮动，随着两个方向之间的转换，书面历史被转变成口述历史，之后又变回书面历史。欧洲人退化的口述倾向的简单表现形式是：对于那些听到的，而不是看到的事物，很多史学家喜欢斟酌他们的用词。一部记述法兰克人失去的荣耀的 14 世纪编年史开头部分这样写道："我将告诉你一个精彩的故事，如果你愿意听我讲故事，我希望这个故事能使你感到高兴"。[①] 口述和书面之间的较量将逐渐影响欧洲人的新世界史（见下文第五章）。

　　这种复杂的交流情况以及写作地位的提升进一步导致了更大范围的搜寻可用历史。某些群体希望将历史文本用作草稿，从中保存、寻找甚至创造，以支持关于他们地位及其遥远甚至无法追忆的古代根源的特定论断或主张，但他们越来越感到这样做的压力——一些文献就其本身而言的确不能作为基础，而应作为后来关于一些未确定的更早时期的传统汇编。当然，该文件的变化对新型历史写作有利，但也有不利的副作用，因为出现了文本伪造的学术产业——一种在古代就有的做法，但现在活跃得像不受抑制似的。如果一个支撑性的文献不是出于礼节需要而在这个新的文本文化中有用的话，那么它通常需要被创造出来，以备检验。一些文献无法被发现或根本不存在，但"应该是有的"，一些文献含义不够清楚，有天赋的书法家和学者愿意创造这样一个不曾有过的文档，或创造性地对其进行修订，不论是档案保管处是否有修道院的土地交易、贵族家庭的血统（一直延续到中世纪之后），还是最著名的"君士坦丁的赠礼"。

131

---

① *Crusaders as Conquerors*：*The Chronicle of Morea*，trans，Harold E. Lurier（New York，1964），67.

在拉丁基督教世界的世俗和宗教权力之间产生长期冲突时，"君士坦丁的赠礼"被广泛引用，以支持教皇的世俗权力，该文献很可能于 8 世纪末或 9 世纪初完成，作为君士坦丁大帝于 4 世纪将拉丁欧洲送给教皇西尔维斯特一世（Sylvester I）的权威凭证。在早期的文艺复兴时期，真实性的破坏是一个漫长的过程，但现在读者需记住两个关键点：第一、大部分的伪造可能不是蓄意的创造，或故意的欺骗，而是为了支持某些要求提供文件材料才坚持认为是正确的；第二、对中世纪欧洲而言，没有评定谬误和真理的测验平台，无论它是否是书面文字里的、图片上的或亲眼看到的。这种情况的副作用是那些讲历史和听历史的人将注意力放在了事件的特殊性上，即便他们常常担心所讲事情的真实性。他们主要通过道德名望和社会地位来判断这个或那个记述事件（包括令人惊叹的事件）的真实性，以及个人向历史学家讲述的历史学家未亲眼看到的事件的可靠性。很少有历史学家和读者停下来去考虑整个写作流派的准确性或真实性，更没有人探究认识论上的问题，例如过去的正确知识可能会在以后的世纪中出现。

这在一定程度上有助于解释中世纪欧洲几乎完全缺失而我们现在所谓的历史理论或历史哲学，甚至可以系统地说明中世纪欧洲的历史流派。这里有一些关于历史功用的评价：12 世纪的历史哲学家、政治哲学家索尔兹伯里的约翰（John of Salisbury，约 1120 - 1180 年）通过他的《论政府原理》（*Policraticus*）颂扬书面记录和铭文的纪念价值：如果没有这些，过去就会被遗忘；[①] 各种各样的编年史有力地证明了他们写作实践的价值。但中世纪后期的基督教世界没有出现一位具有深刻独创性的历史思想家，也没有任何扩展的历史反思。除了预言家菲奥里的约阿希姆（Joachim of Fiore，约 1135 - 1202 年）和经院哲学家圣维克托的雨果（Hugh of St Victor，卒于 1141 年，见主题

---

① John of Salisbury, *Policraticus*, ed. and trans. Cary J. Nederman (Cambridge, 1990), prologue, 3.

框10）等一些显要人物以外，从反映过去积累意义的广泛的哲学思
维角度看，欧洲人没有创造什么"历史思维"，这一点是引人注目的，
因为他们总是反对用适当方法记述。拉丁世界没有与伊本·赫勒敦相
对应的人物。

132

主题框10　中世纪西方的历史思维

当一个真正原始且广泛的历史哲学在中世纪欧洲大量流失时，
有两个显要人物例外。菲奥里的约阿希姆（Joachim of Fiore，约
1135-1202年）——一位卡拉布里亚的修道士，他在圣父、圣子、
圣灵的基础上发展了三个连续时代的千年历史理论：圣父时期（从
造物主到救世主），圣子时期（他预测会在1260年结束）和圣灵时
期。圣维克托的雨果（Hugh of St Victor，1096-1141年）——一位
经院哲学集成大家，他写了一部世界史《历史三要素：人物、地
点、时间》（*Liber de tribus maximinis circumstances of History*，*id est
persons*，*locis*，*temporibus*），他没有按年代顺序整理，而是不同寻
常地按主题进行了整理。但他的出名是因为在另一部著作中的假
设——人类历史的三个阶段性计划，在该假设下，人类确实在精神
上和与上帝的关系上得到了发展。

虽然存在这种理论上的缺乏，中世纪的男人（偶尔还有女人）创
作了大量高质量的历史。到13世纪，当多明尼加共和国的修道士博
维的文森特（Vincent of Beauvais，约1190-1264年）尝试了一次知
识百科调查，他的镜鉴（*specula*）系列被命名为《史鉴》（*Speculum
Historiale*），它本身就是一部作为镜鉴的世界史。文森特的镜鉴系列
被完全用来扮演塞维利亚的伊西多尔的《词源》（*Etymologies*）在
600年前扮演过的角色。但文森特和伊西多尔生活在不同的世界。

1000 年前，野蛮人的移民高潮早已结束，而明显例外的是斯堪的纳维亚人攻击法国北部和整个英格兰；在文森特之前，维京人和诺曼人在两个世纪之后也从舞台上消失了，被他们所在的国家同化了，即便《丰功伟绩》（gesta）和其他历史著作打算纪念他们的伟大事迹。1095 至 1291 年间，军事活动的和历史写作的中心将向东转移，其主导的引擎是与穆斯林世界新一轮的碰撞。

133　　早些时候，伊斯兰教与基督教欧洲达成了共识，它的武装力量一度进入法国。虽然这毫无疑问促进了双方的文化交流，但也在两个扩张主义宗教间引发了战争，不过很多战争不是出于精神动力，而是出于勉强披着神圣外衣的领土野心和贵族的尚武冲动。战争的爆发点是某些热点地区，例如伊比利亚半岛（北非的穆斯林或"摩尔人"在 8 世纪前扩张到这里）和拜占庭帝国（最终于 1453 年被 15 至 19 世纪占统治地位的伊斯兰教势力奥斯曼土耳其打败）。但没有哪个地方比从 11 世纪末到 13 世纪末的"十字军东征"期间在圣地这个周而复始的战场所创作的历史著作更多。

　　在现代人看来，这是基督教与伊斯兰教早期关系史的并不愉快的篇章（不可挽回地破坏了希腊东部和拉丁西部的关系），但是十字军为战争双方创造了历史写作的大量财富。不那么出名的修道士罗伯特（Robert）奠定了基调，他写了一部第一次十字军东征的历史，并逐字引用了教皇乌尔班二世（Urban II）在克莱蒙特宗教会议（Council of Clermont）为召集武装而发表的演说。另一位早期作家推罗的威廉（William of Tyre，约 1130 - 1190 年）也值得我们关注，他为后来的十字军编年史家设定了更高的门槛。威廉是耶路撒冷人，也是一位大主教和经验丰富的作家，他生前写了几部历史著作，但现在大部分已经遗失了。他的《海外发生的历史事件》（Historia rerum in partibus transmarinis gestarum）为他赢得了名誉。该书是在耶路撒冷国王阿莫里一世（Amaury I，1163 - 1174 年在位）的要求下完成的，它涵盖了从 1094 年第一次十字军东征的传教布道到 1184 年共 90 年的事

件。威廉的目的是既称颂前两次十字军东征的胜利，也鼓励当时的
读者重新投入到该事件中。这是一部长篇著作，充满了栩栩如生的
地理描述和大量出自古典作者和基督教作者的典故和引文。这些参
考资料被大肆修饰过了——正如威廉所承认的那样，他涉及的是未
知领域，"没有用希腊语或阿拉伯语写的书面材料"，因此只能依靠
一些传统信息。①该著作影响了后续很多关于十字军东征的记述，
它们将威廉对第一次十字军东征的描述变为自己的。我们能够在他
对出生在撒拉森的（Saracen）拜占庭帝国王室成员泰提修斯
（Taticius）的评论中看到史学家对为恶者直白的评价和他对拜占庭
武装力量、希腊文及其国王的极度厌恶之情，其标题是"泰提修
斯——国王的仆人，一个非常狡猾的臭名昭著的人，和我们的领导
人关系密切"。

整个中世纪后期，国内外的战争最有力地刺激了历史创作，尤其 　134
是贵族的编年史（"贵族"指的是读者和主题，而不是作者），这些著
作越来越多地用本国语言呈现出来。例如英国北部的于 1355 年被苏
格兰人俘获的骑士托马斯·格雷爵士（Sir Thomas Gray，卒于 1369
年?）将在爱丁堡度过他的囚犯生活，在那里，有一个非常好的图书
馆供他创作《历史的阶梯》（*Scalacronica*）。《历史的阶梯》是用盎格
鲁-诺曼系的法语写的，它追溯了英国从建立到格雷所在时代的历史，
为此他可以凭个人记忆和父亲提供的信息来补充书面材料。格雷以第
三人称自述，并对我们讲述他在书中的历史觉悟和烦恼：

　　　　他熟读编年史著作，有诗歌和散文版本的，有拉丁语、法语
　　和英语版本的。他关注祖先们的事迹，并为他们感到吃惊。这对
　　他可能太难了，因为他对之前世纪里的续发事件并没有太多认
　　识。所以，当他在当时没有什么作为的时候，他的好奇心变得很

---

① William of Tyre, *A History of Deeds Done Beyond the Sea*, ed. and trans. Emily
　　A. Babcock and A. C. Krey, 2 vols. (New York, 1943), 56.

重，常常思考如何去处理英国的编年史和英国人的言行，并将其变得简单。①

其他不像格雷那样对历史有浓厚兴趣的人将注意力集中在与他们最接近的军事经验上：加泰罗尼亚的雷蒙·蒙特内尔（the Catalan Ramón Muntaner，约 1270－1336 年）详细记述了他作为士兵的一生。卡斯提尔（Castilian）贵族佩德罗·洛佩斯·阿亚拉（Pedro Lopez de Ayala，1332－1407 年）像格雷一样在其早期生涯被长期监禁（被葡萄牙人监禁），回到故土之后担任了宰相；他后来退休开始转向历史，翻译李维的部分作品，创建家谱，收集编年史，并因为《卡斯提尔的国王史》（*History of the Kings of Castile*）而闻名。皮卡德骑士罗伯特·德·克拉里（the Picard Robert de Clari）顺着社会的阶梯更进一步，他创作了第四次十字军东征的历史，以十字军战士和他们时不时的拜占庭同盟国之间的关系达到新的低谷——洗劫君士坦丁堡（1204 年）——告终。②克拉里的著作部分是当代的记述，部分是历史，以他自己参加十字军的经历和他在旅行中听到的故事为依据。但他知道他充当的是史学家的角色，即穷尽所能记述真实历史的叙事者。

　　十字军东征时期有两部最著名的历史著作都出自比克拉里的出生更尊贵的人之手。第一位是杰弗里·德·微勒哈度因（Geoffroy de Villehardouin，约 1150—约 1213），他于 1207 年记录了目击者口述的三年前君士坦丁堡陷落的情景。这是现存的最老的一部用古法语写的文本，其风格源自早期年代史时期的《武功歌》（*chansons de geste*）。第二位是半个世纪后的让·德·儒安维尔（Jean de Joinville，1224－

---

① Antonia Gransden，*Historical Writing in England*，2 vols. （Ithaca，NY，1974－1982），vol. II，93；*Sir Thomas Gray：Scalacronica*，trans. and ed. A. King（London，2007），2.

② Robert de Clari，*The Conquest of Constantinople*，trans. E. H. McNeal（1936；New York，2005）.

1317 年），他写了一篇主要记述国王路易九世（King Louis IX，1150 - 1213 年在位）的颂词，在第七次十字军东征时期，让·德·儒安维尔是路易九世的亲密伙伴；而在 1270 年的另一次十字军东征时期，即该王国毁灭的时期，路易九世不止一次地不明智地忽视了他这位朋友的建议。

这种关键的历史写作吸引了统治者和他们好斗的贵族——类似于一个社会"阶层"或"身份"的成员；它歌颂财富、战利品和杀戮，批评不带任何感情的军事胜利，没有更多地考虑人类的损失，失去了胜利者或受害者的道德感。但与此同时，它认识到人类的行为有着广泛的意义。路易九世是英雄主义和尚武勇士的典范，但他和其他像他这样的人一样，也都是基督教和与伊斯兰教之间极大斗争的化身，以及光明与黑暗之间更大、更激烈斗争的化身。儒安维尔从路易九世的品德和孝顺开始记述，列举了他的忠诚而不是他的勇气。尽管这从某种程度上看是公式化的，但它暗示了儒安维尔将路易九世设想成一位强大的君王和勇士。儒安维尔按照救世主自己的方式将国王看成虔诚、神圣并且勇敢的士兵：

> 以全能的上帝（God Almighty）之名，我，约翰（John），作为儒安维尔的领主和尚帕涅（Champagne）的管家口述了我们神圣的路易国王的一生；这些都是六年前我陪他去海外朝圣以及返回时的所见所闻。在我告诉你他的伟大事迹和英勇行为之前，我会先告诉你我看到和听到的他的良好教义和神圣言辞，以便能够找到它们，熏陶那些有幸能听到的人。

> 这位神圣的国王全心全意地敬爱上帝，并且表现在他的行为中；出现过这样的事，当上帝逝世时，由于对他的爱，路易会厌烦百姓，因此他将自己置于危险中，并且有几次他被百姓们所厌

恶；这些危险他本可以很好地避开，正如你在后面听到的那样。①

无论是否与十字军东征或基督教徒们的斗争有关，贵族的历史战争记述显示了一种与拉丁的牧师编年史截然不同的精神状态。或许自那时起，被最广泛阅读的贵族著作是让·傅华萨（Jean Froissart，生于1337?，卒于1405年以后）记述的英法百年战争的第一阶段和各式各样用苏格兰方言在诗歌和散文中记述的苏格兰从英国独立的战争。傅华萨的《英法及其邻国的编年史》（*Chronicles of France，England and Nearby Countries*）是欧洲史学的经典，非常易读且非常有趣。傅华萨自己是个教士，他将大部分的时间花在了皇室和贵族的家庭中，并且理解了他们的价值观。因此毫无疑问，他的《编年史》在主题和语言上比拉丁的贵族编年史更接近微勒哈度因和13世纪的冒险故事。

虽然傅华萨用方言写作，并且与十字军东征时期的作家一样有着同样的尚武精神和令人尊敬的民族精神，但他的作品和儒安维尔的有着很大的不同，他的著作暗示了在历史感知方面的变化，反映了中世纪后期历史创作视野的转变。出于对傅华萨的尊重，有人建议中世纪后期的史学家（宗教的和世俗的）抛弃过去人们的隐喻看法，如事情的发生总是与"永恒的历史"有着"垂直的"关系，寓言的层次和符号的意义可以像一系列音弦那样被提出。奇迹和征兆在两者之间建立了特殊的连接点，正如索尔兹伯里的约翰在他的《教皇史》（*Historia pontificalis*）中所陈述的那样——"上帝的无形之势可以被已经完成的事情清楚地看到"。在这里，历史的"平行"概念作为一系列连续放置的高度可视化的图像占据了它的位置，强调栩栩如生的

136

① *Joinville's Chronicle of the Crusade of St. Lewis*，Book I，in Villehardouin and Joinville，*Memoirs of the Crusades*，trans，F. Marzials（London，1908），139.

描述和报道，而不是探索事情的隐情以求取更大的意义。[①] 另一种后奥古斯丁（post-Augustinian）传统的早期"写实主义"的陈述方式由于与上帝之城和人类之城有着密切的关系被奥卡姆的（Ockhamist）名义主义代替，名义主义中只有个人，历史是大量离散的没有任何特殊模式的偶然事件。南希·帕特纳（Nancy Partner）的结论是：在 20 世纪的某一时刻，从尤西比乌斯（Eusebius）和教父构想"基督教"历史的意义上看，写"基督教"的历史变得更加困难。[②]

这些显著的差异可能被夸大了，然而史学家视线的放低毋庸置疑。随着十字军东征的结束，以及他们的历史学家本能地将战争视为地方版本的神圣冲突，很多历史创作的焦点变得更加狭窄。"基督教世界"被个别王国或公国取代，像圣路易斯（St Louis）这样的骑士英雄或查理曼变得不像教堂的士兵而像人们的领导者。如果在现代、后 19 世纪的词意中没有"民族"的概念，那么至少有民族或爱国情感。最晚从 12 世纪中期开始，历史有倾向于研究特定王国的过去和基督教内部斗争的明显趋势。普世史在 12 世纪达到巅峰后并没有消失。它在中世纪的朝廷里被阅读，并提供了明显的渠道，牧师作者可以通过该渠道为世俗的王公提建议；新的典范也正是出现在这一时期。但是作者们将他们的焦点限制在王国或民族史上，正如他们的叙述靠近他们自己的时代：他们的普世主义只是暂时的、理论的，而非立体的。相反，世俗的传教士萨克索·格拉玛提库斯（Saxo Grammaticus）等 12 到 14 世纪的编年史家中不是所有人都因世袭的权力（以牺牲教堂和封建贵族的利益为代价）而感到安慰，他们继续按照优西比乌（Eusebian）的《历史世界》（*historia mundi*）的框架记述。

[①] Paul Archambault，*Seven French Chroniclers：Witnesses to History*（Syracuse，NY，1974），78–79.

[②] Nancy Partner，*Serious Entertainments：The Writing of History in Twelfth-Century England*（Chicago，1977），229；Salisbury quote on 212.

137　　　　有一些类似于教会史的经典例子，例如诺曼系英国本笃会的修道士维塔利斯（1075－1142年）的巨作《教会史》（*Historia ecclesiastica*），它涉及的范围广泛，一直利用教堂作为多元政治王国之间的共同联系，将展望世俗事件作为沿着末世学的道路的指示牌，但是以优西比乌为模型的普世史在减少。14世纪中期以前，英国修道士拉努夫·希格登（Ranulf Higden，约1280－1364年）写的《世界编年史》（*Policronicon*，与中世纪后期的历史"畅销书"最接近）只是增加了世界史的数量，但没有为它做出新的贡献。大量这样的著作很快被翻译成英文，展示了一个为世界故事"快速求和"而不是流派的持续活力做好准备的市场。读者群体向外行的扩张开始反馈到历史写作中，而读者的兴趣也开始影响著作对主题的选择，这一趋势将因印刷术的到来而被大大地推动。

　　历史文学的多样化开始激增。甚至那些牧师作者也在他们和尤西比乌斯世界史的母港之间倒入了一些水。在其他地方没有明显与之对应的区域变化中，12到14世纪期间的23个挪威冒险故事（开始是口传，约1150年之后开始书面记录）显示出一个非常有趣的现象——偏离了散文式的编年史，构建了编年史作者世界和吟游诗人世界之间的联系；它们是现存挪威中世纪历史的主要材料，不过必须允许它们发挥宣传作用，这是它们在一开始就必须做到的。通过斯诺里·斯图鲁逊（Snorri Sturluson，1179－1241年）的《挪威列王传》（*Heimskringla*，见文献摘录11）的积累，它在多个世纪之后成为挪威人民族意识的参考，这些冒险故事存在于拉丁人的散文著作和方言编年史中，例如萨克索·格拉玛提库斯（约生于1150，卒于1216年以后）的《丹麦人的事迹》（*Gesta Danorum*，一部利用了雕刻在岩石上的旧的丹麦诗歌的著作），艾尔诺斯（Aelnoth）的《编年史》（*Kronike*，约1120年）和瑞典的一系列押韵的皇室编年史。最后，散文记录和编年史以及偶尔的诗歌编年史将是中世纪大部分时期历史创作最普遍的形式，而按年记述（没有伴随中国的传记习俗）限制了历史被看成一系列的连续事件。

挪威人的历史著作：斯诺里·斯图鲁逊的《挪威王列传》 138

- 在这本书中，我写下了一些古老的故事，正如我从智者那里听到的那样，这些故事涉及控制北部国家主权的讲丹麦语的首领，也涉及一些据我所知的他们家族的分支。其中有些是在古代家庭登记册中发现的，该册子中包含国王和其他高贵人物的家谱，有部分是写在供我们的祖先用来取乐的老歌和民歌中的。现在，虽然我们无法说出其中哪些是真的，但我们可以确定的是老人和智者会坚持它们的真实性……（下面描述一下早期的一些材料）

- 冰岛在哈拉尔德·法拉哈尔（Harald Fairhair）任挪威国王的时候稳定下来。哈拉尔德的朝廷中有些文人，他们的诗歌连同关于自那时起统治挪威的国王们的歌曲甚至至今仍被人牢记于心；我们将我们的故事融入到歌曲中，被现在的首领或他们的子孙吟唱，在这些诗歌中发现的有关他们的壮举和斗争都是真实的；尽管表扬那些当前突出的人物很流行，但没有一个人敢将他知道的伪造和想象的东西与听说过它们的首领联系起来；因为那将会被嘲笑，而不是受到表扬。

- 牧师阿雷·辛·弗罗德（Are hinn Frode，智者，1067－1148 年）是斯堪的那维亚人吉里亚（Gellir）的儿子，他是国内第一位用挪威语写下新旧事件的人。在他写的著作的开头，他主要记载了冰岛上的第一个居民区、法律和政府、宣传法律的人（最高的市政官，每年背诵三分之一的三年期的法律），以及执行法律需要多久；他首先估算了年代，直到基督教纪年被引入冰岛，随后他估算了从那时起到他所处时代的年代。为此他添加了一些其他主题，如挪威、丹麦和英格兰国王的生活和时代；除此之外，他还记述了发生在本国的重大事件。很多有知识的人认为他的叙事是最突出的；因为他是一个理解能力非常强的人，并且他很年长，出生在哈拉尔·西于尔兹松（Harald Sigurdson）衰败的时候（1066 年）。正如他自己所说，他依据霍尔·西达（Hall of Sida）的孙子奥德·克罗森（Odd Kolsson）的报告写了挪威国王的生活和时代。奥德又是从索吉尔·阿弗拉德斯科（Thorgeir Afradskoll）那里获取信息，索吉尔·阿弗拉德斯科（Thorgeir Afradskoll）是

文献摘录 11

一个聪明人，他也很年长，在厄尔·哈康大帝（Earl Hakon the Great）被杀害时（995 年），他就居住在尼达罗斯（Nidaros）——国王奥拉夫·特里戈文森（Olaf Trygvesson）后来在那里建立了商业城镇特隆赫姆（Drontheim），这个城镇现在仍在那里。

- 阿雷牧师 7 岁时来到赫克卡达尔（Haukadal）投靠哈尔·索拉瑞森（Hall Thorarinson），在那里呆了 14 年。霍尔是个知识渊博的人，且记忆力非常好；他甚至能记住 3 岁时被洗礼的事，通过牧师桑布兰德（Thangbrand）可知，那恰好是基督教在冰岛受法律保护之前。当主教伊斯利夫（Isleiv）逝世时（1080 年），阿雷 12 岁，那时离奥拉夫·特里戈文森（Olaf Trygvesson）死亡已过去了 80 年。哈尔比伊斯利夫晚死 9 年，大约享年 94 岁。哈尔在两个国家之间做生意，并且成为神圣的奥夫拉国王（King Olaf the Saint）的伙伴，由此他的环境得到极大改善，并且对挪威王国非常熟悉。他 30 岁时在赫克卡达尔定居下来，并在那里居住了将近 64 年，正如阿雷告诉我们的那样。泰特（Teit）是主教伊斯利夫的儿子，他一开始被哈尔收养，居住在哈尔的房子里，后来自己在那里定居。他教育了阿雷牧师，并给了他很多事件的信息，这些后来都被阿雷写下来了。阿雷也从戈德·斯诺里（gode Snorri）的女儿杜里德（Thurid）那里获取了一些信息。杜里德很聪明，她记得父亲斯诺里在 35 岁的时候，基督教被引入冰岛，在神圣的奥夫拉国王退位（约 1030 年）后一年，她父亲就逝世了。所以毫无疑问，阿雷牧师有很多关于冰岛及其外部的古老事件的信息，他是一个喜欢收集信息的聪明人，记忆力好，并且从老智者那里学到了很多东西。

文献摘录11

139

节选自作者的前言，见 Snorri Sturlusion, *Heimskringla：Sagas of the Norse Kings*, trans. S. Laing, revised by P. Foote.（London：L. M. Dent, 1961），3 - 6。中括号的内容是我加上去的，源自富特加的注释，这里被省略了。

除了十字军东征文学，多数 12、13 世纪和 14 世纪初的历史写作几乎不约而同地集中到某个特定的民族或地方，无论是 *gesta*［一种关注典型生命和特殊事迹的故事］、编年史，还是非编年史类的历史。

英格兰史家或许是其中一个例子。马姆斯伯里的威廉（William of Malmesbury，约 1095 -约 1143 年）被广泛认为是一位更有洞察力、更重要的中世纪修道院的编年史家，他一生中的大部分时间都在担任图书馆管理员，写了很多历史著作，其中包括《圣邓斯坦的一生》（*A Life of St Dunstan*）和两部重要的作品——《英国国王的功绩》（*Gesta regum anglorum*）和《英国主教的功绩》（*Gesta pontificum anglorum*）。威廉晚年在他《新历史》（*Historia novella*）中加进了 1125 至 1142 年间的历史。所有这些作品为英格兰的历史做出了贡献，英格兰的历史很自然会涉及教会和世俗事件。从 12 世纪中期亨廷顿的亨利（Henry of Huntingdon，约 1080 -约 1155 年）和圣奥尔本王国修道院（St Alban's Abbey）里的一大批修道士到 13 世纪温德沃尔的罗杰（Roger of Wendover，卒于 1236 年）和马修·帕里斯（Matthew Paris，约 1200 - 1259 年），再到 15 世纪初的托马斯·沃尔辛厄姆（Thomas Walsingham，约卒于 1422 年）也都是如此：他们都以英格兰为中心，但他们评价的质量和使用的材料（或者写作的来源）不同。

史学家可能会追随民族自豪感和皇家野心，很多历史著作直接支持或至少默默鼓励君主。尽管众所周知后来的英法统治者对历史感兴趣，但除拜占庭之外，很少有欧洲君主能比得上从西哥特到 16 世纪的哈布斯堡时期的亲自参与史学运动的西班牙国王。当卡斯提尔的费尔南多三世（Fernando III of Castile，1217 - 1252 年在位）想了解西班牙历史时，他转向了一位重要的高级教士、托莱多（Toledo）的大教主罗德里格·西梅内斯·德·拉达（Rodrigo Ximenez de Rada），在一些下属的协助下，罗德里格完成了《西斯班尼亚之谜》（*De rebus Hispanie*）。在整个中世纪后期，不同的西班牙君主制国家（卡斯提尔-莱昂［Castile-Leon］、阿拉贡［Aragon］、加泰罗尼亚［Catalonia］和纳瓦拉［Navarre］）产生了大量作品，有一些是君主自己写的，更多的是由君主发起的，还有另外一些可能利用了官方著作的独立文

本。那些最著名的著作是在卡斯提尔-莱昂的博学者阿方索十世
（Alfonso X，1252—1284 年在位）的指导下编制的，包括六卷本的鸿
篇巨著普世史《西班牙通史》（*General Estoria and the Estoria de
Espana*）。阿方索的"历史工作室"——多种竞争和辩论思想的舞台，
而不是简单地拼凑成章的装备平台——在接下来的几十年里出产了许
多其他的著作，这些著作构成了著名的阿方索式编年史（Alphonsine
Chronicles）。阿拉贡和加泰罗尼亚的国王也这样活跃。阿拉贡很注重
仪式的佩德罗四世（Pedro IV，1336 - 1387 年在位）和加泰罗尼亚的
佩雷三世一样一生都是历史"爱好者"，他不停地阅读历史书籍，并
且承认历史是"他人生的主要兴趣"。除了他祖先杰米一世（Jaime I，
1213 - 1276 年在位）的自传，佩德罗还认真阅读了一系列法国国王
的编年史。他的广泛阅读包括奥罗修斯（Orosius）、塞维利亚的伊西
多尔和北部国家的历史，即便他对经典著作的作者没有太大兴趣。佩
德罗不仅喜欢阅读，他还汇编了两部著作（或许他自己还写了一部
分），一部是关于阿拉贡国王的编年史，一部是关于他自己统治时期
的编年史。后者现在被认为是加泰罗尼亚文学的经典，它是国王和官
员伯纳特·戴斯科尔（Bernat Descoll，卒于 1391 年）连续、密切合
作的产物。

　　在法国，勉强能与圣奥尔本的编年史系列或各种西班牙的皇室历
史相提并论的是在圣丹尼修道院里产出的有很大差异的作品。圣奥尔
本的编年史家与英国宫廷长久地断开了，圣丹尼的编年史家在法国君
主的鼓励下写了一部真正设计好的上溯特洛伊、下溯中央集权的法国
出现的历史。修道院是这项工程的最佳孵化器。自墨洛温王朝以来，
靠近巴黎的地方长期存在着受人喜爱的历代皇室的宫殿，里面已经拥
有了杰出的史学记录和保皇主义倾向。圣丹尼 12 世纪早期的修道院
院长苏格（Suger，约 1081 - 1151 年）是位杰出的史学家，是强大的
"胖子"路易六世（Louis VI "the Fat"，1081 - 1137 年在位）的亲密
顾问，也是路易六世及其儿子的传记作者。在他任修道院院长期间

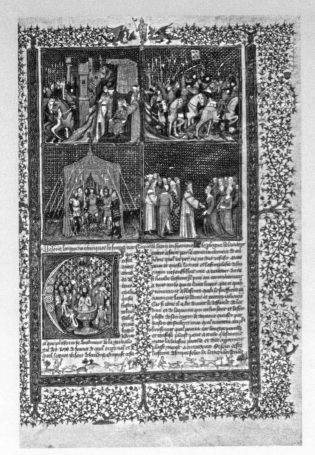

图 14　14 世纪的《法兰西大编年史》手稿描绘的法国史中的各种情节。场景包括法拉蒙德（Pharamond）加冕礼、法兰克人与罗马人的战役、克洛维的主教。Musée condé, Chantilly, France. Photo credit: Bridgeman-Giraudon/Art Resource, NY.

141

（1122—1151 年），修道士们通过早期的资料汇编了一部完整的法国史《法国人的事迹》（*Gesta gentis Francorum*）。到 12 世纪末，另一位修道士将一系列历史注释整合到一起，描绘了新历史的轮廓；这体现在了后来一系列的著作中，如《新法兰克人史》（*Nova gesta Francorum*）。从此一种致力于卡佩王朝（Capetian）国王的几乎从未间断的传统慢慢地转变成了"官方史"，迄今为止在除西班牙以外的欧洲成为稀世珍品。在圣丹尼创作的拉丁经典系列于 13 世纪末被一位名为普里马（Primat）的修道士重新整理并翻译成奢华耀眼的本地

142

图 15　库特赖之战（Battle of Courtrai），弗兰德斯（Flanders），1302 年，源自 14 世纪晚期的《圣丹尼斯编年史》（*Chroniques de Saint-Denis*）的手稿。British Library, London, shelfmark Royal 20 C VII, fo. 34. Photo credit：HIP/Art Resource, NY.

语丛书，名为《法兰西大编年史》（*Grandes Chroniques de France*），该书添加了一些其他方言版本历史中的材料（见图 14 和图 15）。

　　在这些《大编年史》和它们的拉丁文原稿中，我们发现了与中国的正史或日本早期的《六国史》（*Rikkokushi*）类似的东西：谨慎编纂；内部相关的民族历史观被一系列自神秘的法拉蒙德国王（Pharamond，负责贵族或更大的区域）继任以来的连续的统治者框定；其边界、种族和语言自第一个特洛伊的后代到来后就不再有什么大的变化。《大编年史》在 1274 年至 1461 年间出现。君主限制了它的传播，所谓的译本也只是考虑了拉丁未受训练的臣子的利益，而不是广大读者的利益，1477 年，《大编年史》第一次在巴黎印刷后结束了这个传统，而此时历史写作新的人文主义形式开始在法国出现。

　　这种史学民族主义的结果或者原因是用拉丁语写成、详述了王国创建乃至种族后裔的一些早期理论的半小说式历史的重现。这方面最臭名昭著的著作是完成于英法竞争日益激烈时期的《不列颠国王史》（*Historia regum Britanniae*）。该书是蒙茅斯的杰弗里（Geoffrey of

Monmouth，约 1100－1154 年）在 1136 年完成的，它是很多历史和
文学支流的源头，包括整个中世纪后期亚瑟王的传奇和对大不列颠君
主的一系列虚构，这需要几个世纪的质疑和学问才能废除关于他们君
主的这些想象。从吉尔达斯（Gildas）——一位 9 世纪像内尼厄斯
（Nennius）一样著名的威尔士人（Welshman）——和他的后继者开
始，杰弗里讲述了关于大不列颠起源的传说，他坚决摒弃了内尼厄斯
恪守的方式，以支持特洛伊的祖先，并且篡改了他的材料。杰弗里作
为主要权威著作引用的是"某一非常久远的用不列颠地区语言（例如
威尔士语）写成的著作"，而该著作已无法追溯，他在年代范围之间
填充了大部分日期，但很少是真实的。不过，他可能效仿比德对英国
和其他地区发生的事进行时间上的同步叙述，所有这些都使得这一学
问变得更加令人印象深刻。因而，依据"那时国王戴维（David）统
治着朱迪亚（Judea），而西尔维厄斯·拉丁努斯（Silvius Latinus）在
意大利称王。在以色列，迦得（Gad）、南森（Nathan）、亚萨
（Asaph）还是先知"的描述，"很高，而且相当强壮的"埃布劳库斯
（Ebraucus）的统治及其建立约克城的情况就可想而知。[①] 杰弗里还添
加了大量更多的细节，并对他所继承的信息润色，在新的方向上使用
一些旧的故事，或多或少地将吉尔达斯模糊的黑暗时代的战士亚瑟王
重塑成骑士般的英雄，这也是后来克雷蒂安·德·特鲁瓦（Chrétien
de Troyes）、托马斯·马洛礼（Thomas Malory）爵士等中世纪晚期的
浪漫主义者所熟悉的。

　　杰弗里的著作既不自成一派，也不被同时代的人全盘接受，即便
很受欢迎。与他同时代、比他年轻的纽堡的威廉（William of
Newburgh）在《英国大事记》（*Historia rerum Anglicarum*）的序言
中攻击他捏造历史，这在很大程度上是因为他写的历史背离了比德
（Bede）那些受人尊崇的记述。地志学家威尔士的杰拉德（Gerald of

143

[①] *The History of the Kings of Great Britain*，trans. L. Thorpe（Harmondsworth，1966），79.

Wales，约 1146 - 约 1223 年）也这么认为，不过他还是在适当的时候将杰弗里的著作用作史料。杰弗里的著作延续着历史写作长期存在的传统，其主要目标就是呈现某个王国或民族荣耀的过去。他的拉丁散文式的历史很快就有了相应的法语诗篇，一位叫韦斯（Wace）的诺曼诗人在他写的《原始的浪漫》（*Roman de Brut*）中基于杰弗里的叙述颂扬了英国国王亨利二世（Henry II，1154 - 1189 年在位）的祖先；一位叫莱亚门（Layamon）的牧师又将法语本转译成了中世纪英语。杰弗里的故事的多种版本在接下来的三个世纪里产生了一整套"原始"诗和手稿。杰弗里的著作真实性受到了质疑，他因而感到被迫将他的叙述与理论上的古代著作联系起来，以之作为证据十分必要，因为中世纪的头脑能够将虚构地从历史中分辨出来；在接下来的一个世纪里，地方编年史家断言他们的著作是可信的，因为与诗人不同，他们的散文不会重复谎言，是另一回事。

然而，这里的关键词是"可信"。编年史的读者和法国香颂（*chansons*）的听者可能能够认识到历史著作的不同本质，同样的一本著作可能包括真相、假相，有时亦真亦假。在任何事件中，他们能够很容易、很快地区别虚构与"真相"，该词有许多个世纪在任何事件上都未能获得其现代意义上"真实的事件"的含义。历史不是在书面上真实地记述真正的历史中发生的一般事件，而是"人们愿意相信的事件"。① 塞尔维亚的伊西多尔某种在真实与神话之间妥协的旧观念——可能在书面上没有表现出来的 *argumentum* ［议论］——在这样的著作中得到了实践。它允许建立一个包容相信与不信的区域，搁置怀疑，这比现在已被接受的现代性更为宽泛。

爱国主义意识和在最黑暗和最深不可测的历史海洋里搜寻证据以支持爱国主义的愿望能够在中世纪晚期直到后来的文艺复兴时期的更

---

① Suzanne Fleischman, 'On the Representation of History and Fiction in the Middle Ages', *History and Theory* 22（1983）：278 - 310，at 305；and Maurice Keen, 'Chivalry, Heralds, and History', in R. H. C. Davis and J. H. M. Wallace-Hadrill（eds.），*The Writing of History in the Middle Ages*（Oxford，1981），394 - 395.

广泛区域中被找到。许多例子都来自中东欧，那一区域在第一个千年里独立于罗马或君士坦丁堡的史学活动十分匮乏。波希米亚牧师布拉格的科斯马斯（Cosmas of Prague，1056–1125年）写的《波希米亚编年史》（*Chronica Bohemorum*）将他所属民族的起源追溯到一个叫"博赫穆斯"（Bohemus）的人，并概括许多个世纪的传说和圣人故事，此书为后辈的捷克国家主义奠定了基础。许多用拉丁语和波兰语写成的波兰著作在12世纪到15世纪开始出现，例如12世纪的《一个被称为加卢斯的无名氏的编年史》（*Kronika Anonima zwanego Gallem*，创作于1113–1117年），此书是融合了口述传统和更早期著作的典型之作。这些著作在扬·德鲁考兹（Jan Dlugosz，1415–1480年）写的《波兰光辉历程编年史》（*Annales seu Cronicae incliti Regni Poloniae*）中达到高潮，该书1455年出版，共十卷，覆盖了波兰从传奇时代到作者死时的整个历史。在阿帕德王朝（Arpád-dynasty）统治下的匈牙利，宫廷牧师克扎的西蒙（Simon of Kéza）在13世纪80年代为他的国王"库曼人"拉斯洛四世（Ladislas IV 'the Cuman'，1272–1290年在位）编纂了一部《匈牙利人的行为》（*Gesta Hungarorum*）。他的这一著作并未将匈牙利人的遥远起源追溯到特洛伊人，而是追溯到"斯基太（Scythia）的匈奴人"。和蒙茅斯的杰弗里（Geoffrey of Monmouth）一样，西蒙插入杜撰的日期和情节，以避免不恰当的缺口，或联结证据不足之处；他甚至颇有创意地将传统上被基督教历史视为亚述人似的"上帝之靴"的匈奴王转变成罗马教皇的盟友。

在东南边，令人钦佩的早期拜占庭政治史家和编年史家在7世纪暂时消失了。这种状态在东罗马帝国从9世纪到11世纪最为扩张的时期仍在持续，当时穆斯林最初的推进被阻止，还在奥斯曼土耳其人14、15世纪进行猛攻之前，也正值东罗马帝国广泛内战的时候。类似于波斯王朝时期的历史写作模式明显复兴，正如君士坦丁堡的政治和军事命运在11世纪开始长期的衰落一样。曾经担任过宫廷官员的修道士迈克尔·君士坦丁·普塞洛斯（Michael Constantine Psellus，1018‐约1078年）写的宫廷生活回忆录开辟了拜占庭历史写作的新

145 阶段，这一阶段在下一个250年科穆宁王朝（Comnenian Dynasty）和巴列奥略王朝（Palaiologan Dynasty）统治时期达到了顶峰。与普罗科匹厄斯（Procopius）时代的历史学家们不同，新的历史学家有相当数量来自高级阶层乃至皇室。

皇帝约翰六世坎塔库泽努斯（John VI Cantacuzenus，1347‐1354年在位）是迄今我们所知唯一一位写有自传的拜占庭皇帝，但他既不是第一位也不是最杰出的一位转向历史的皇室成员。在这些皇室成员中，公主安娜·科穆宁娜（Anna Comnena，1083‐1153年）值得特别关注，她是一位18世纪之前欧洲非常少有的公开用自己的名字写有长篇历史的女性。帝国——安娜笔下仍然将之称为"罗马"——在她的父亲阿历克塞一世科穆尼乌斯（Alexius I Comnenus，1081‐1118年在位，十字军东征编年史家推罗的威廉［William of Tyre］非常厌恶的统治者）统治下进入了新的扩张和复兴的阶段。毫无疑问，他的女儿写的著作对阿历克塞的所作所为满怀钦佩和敬意，也没有对他的继任者——她的哥哥约翰二世科穆尼乌斯（John II Comnenus）——表现出强烈的不喜欢。安娜·科穆宁娜有意识地模仿荷马将她的著作命名为《阿列克修传》（*Alexius*），并在前言中承认她的目的是确保这些成就不会被遗忘。除了其他的特征以外，她的著作不仅显示出对军事战役细节特别的关注，而且对战争科技也特别关注。

拜占庭帝国和东正教的影响扩展到了地中海和巴尔干半岛的边界之外，直到欧洲更北边的地区，那一地区的俄国的历史著作在13世纪之前相当匮乏。到15世纪早期，当俄国开始稳定下来，一种更有力的传统出现了，不过覆盖整个俄国的综合编年史到15世纪80年代末才出现。在此之前，有许多地方都写有编年史，正如从基辅辐散出去的混杂的小公国所做的那样，其中最著名的是俄国北部诺夫哥罗德

（Novgorod）共和国编纂的一系列编年史（文献摘录12）。① 所有中世纪俄国的历史当中最重要的要数《俄国原初编年史》（*Russian Primary Chronicle*，也因其开篇的句子被称为"往年纪事"），此书开始被认为由一个叫内斯特（Nestor）的修道士所写，现在被相信由许多作家合力写成。《俄国原初编年史》编于12世纪早期的基辅，幸存下来的是分别在14世纪和15世纪编辑的两版修订本，该书对后来的俄国史学产生了只有很少的西欧编年史才敢在其领域中宣称的影响，这仅仅是因为该书在一个狭小的领域里的突出地位。在后来的岁月里，复制《俄国原初编年史》作为任何新历史著作的第一部分几乎成为了一种实践标准。②

中世纪俄国史：诺夫哥罗德编年史

146

- 公元1355年。俄历6863年（创世纪历，以5508年为元年）。大主教亚历克西（Alexi）到达俄国，在沙皇格勒（Tsargrad）得到任命。
- 公元1356年。俄历6864年。一座献给领报圣母的石制教堂在普利街建立。
- 公元1355年。俄历6863年。大主教［Vladyka，相当于Archbishop］在斯科夫罗德卡［Skovorodka，诺夫哥罗德的一条大街］建立了一座献给圣米哈伊尔（St. Mikhail）的石制教堂。
- 公元1356年。俄历6864年。他们在卢比亚尼斯塔（Lubyanitsa，街）原来一座木制教堂原址上建立了一座献给圣格奥尔基（St. Georgi）的石制教堂。同年，他们又建立了献给四十圣人的石制教堂。之前的教堂也是石制的，但因年久失修和大火被毁了。……
- 公元1376年。俄历6884年。沃尔霍夫河（Volkhov）三年内第二次向后流动，持续了七天。同一年春天，来自圣母教堂和西奈山（Mount Sinai）教堂的大主教到达诺夫哥罗德寻求慈善募捐。……

文献摘录 12

---

① *The Chronicle of Novgorod 1016－1471*, trans. R. Michell and N. Forbes（London，1914）.
② *The Russian Primary Chronicle*：*Laurentian Text*, trans. S. H. Cross and O. P. Sherbowitz-Wetzor（Cambridge，MA，［1953］）.

- 公元 1379 年。俄历 6887 年。诺夫哥罗德有八条街被烧毁。火突发于卢金街（Lukin Street），12 座教堂被烧，火势还延伸到了丘季利特街（Chudinets Street）。

- 同年，鞑靼人踏足俄国人的领地，与王子［Veliki Knyaz，相当于 Prince］德米特里（Dmitri）对抗。王子出征迎战，两军在沃扎河（Ovozha river）交战，上帝帮助了君主，鞑靼人逃跑。

- 同年，他们建立了两座石制教堂：一座位于米哈伊斯塔街（Mikhalista Street），献给圣母，一座位于卢多戈夏（Lyudogoshca，街），献给圣弗罗拉（Holy Frola）。他们还在这条街上建了一座大修道院。

节选自 *The Chronicle of Novgorod 1016 – 1471*，trans. R. Michell and N. Forbes, Camden Society third series 25 (London：Camden Society, 1914)，156 – 158。中括号中的"街"是英译者加上去的；其他的中括号属于编者按，可以省略。摘录同时用了公元历和创世纪历，表现出了许多与中世纪历史著作相同的特征。注意编年叙述的简洁；对教堂建造的浓厚兴趣（教堂建造是牧师的工作）；尤其是并列的结构，一个事件嫁接在之前的事件上，但两者没有必要的联系，也没有明显的优先的或按意义大小的排序。鞑靼人 1379 年的入侵因而夹在两个地方事件——一场大火和两座新教堂的建立——之中记述。同样要注意的是文本从 1356 年回溯到 1355 年，之后又跳到 1356 年。

　　这也是始于微勒哈度因（Villehardouin），继之以傅华萨（Froissart）的时期，在这一时期，西欧地区的历史著作的出现频度大大快于之前的六个世纪。我们在之前的章节已经提到，以非经典的语言写成的历史著作在欧洲第一个千年里十分少有。到 15 世纪，更大的非拉丁语历史著作文集出现了，现列举如下：斯堪的那维亚萨迦（Sagas，尤指古代挪威或冰岛讲述冒险经历和英雄业绩的长篇故事）；宏伟的立陶宛公国（Grand Duchy of Lithuania，中世纪晚期很大的一个公国，领土包括现今立陶宛、白俄罗斯、乌克兰、波兰、俄罗斯的部分地区）和中东欧其他地区的古老教会的斯拉夫编年史；古代法国的行为香颂（chansons de geste）和韵文历史；13 世纪的贵族的散文编年史（如《法国编年史》［*Choniques des rois de France*］、《诺曼底及英国史》［*History des ducs de Normandie et des rois d'Angleterre*］以及后来的著作）；14、15 世纪的军事史；意大利北部、日耳曼人的土地和英国新出现城镇的城市编年史。拉丁文仍然是牧师撰史的优先

147

图 16　西格德（Sigurd）杀掉了雷金（Regin），详见西格德·法尼斯班萨迦（Saga of Sigurd Favnesbane），12 世纪。挪威舍特戴尔（Setesdal），希里斯塔德（Hylestad）的木结构教堂里的木刻。Universitetets Oldsaksamling, Oslo, Norway. Photo credit: Werner Forman/Art Resource, NY.

选择，但即便在牧师中，本地语言有时也被使用，例如 13 世纪晚期和 14 世纪的大量盎格鲁-诺曼语和中世纪英语版本的编年史。在一些角落地区（尤其是伊比利亚半岛），拉丁语作为"有学识"的语言甚至不再处于首要地位，许多牧师都无法阅读它。单个编年史的"国际间"传阅也不再依靠拉丁语，一个很好的例子是 14 世纪的著作《摩里亚半岛编年史》（Chronicle of Morea），讲述的是法兰克人在亚加亚（Achaea）为主的希腊地区的成就，该书拥有希腊语、阿拉贡语（Aragonese）、意大利语和法语版本。拉丁语在西欧史学近乎独霸的日子结束了，不过它仍然作为国际学术交流的语言持续了许多个世纪。

148

图 17　冰岛萨迦集成《弗拉特伊迦博克》（Flateyjarbók）中的插图，源于奥拉夫·崔格瓦森（Olaf Tryggvason）萨迦，这里描述的是刺死一只野猪和一只海妖的场景。14 世纪晚期的手稿。由冰岛雷克雅未克（Reykjavik）的岛民斯多芬·阿纳·马格努索娜（Stofhun Arna Magnussonar）所绘。Stofhun Arna Magnussonar a Islandi, Reykjavik, Iceland. Photo credit：Werner Forman/Art Resource, NY.

　　历史著作的写作与阅读适当地在全欧洲扩张，这也促进了本土语言历史著作的写作。城市读者对他们的社区历史感兴趣，这类历史始于官员的记录，经过 14、15 世纪的演变发展为城市编年史，其中大部分都是用除拉丁语以外的其他语言写成的（见主题框 11）。另一部分外行——伟大的封建王国的贵族们——继续对历史和维持两到三个世纪的系谱感兴趣（阶级地位和财富上新崛起的家族对系谱尤为关

主题框 11 城市编年史

城市或城镇编年史的出现在很大程度上与牧师或贵族的历史写作都没有联系，它之所以有此称谓是因为其作者生活于城市之中，记述的是商业和公民政治的世界。城市编年史首先在 11、12 世纪的意大利兴起，兴盛于 13、14 世纪，到 15 世纪和 16 世纪早期在欧洲其他地区充分发展。这些编年史通常从市政官员的单据和简单的年报发展而来，作者主要是外行，记录的是地方事务，详细程度各异，它作为在商人和市民中出现的编年史和修道士和世俗牧师或贵族写得更有学识的编年史相对应。尤需一提的是曾经当过兵的佛罗伦萨商人乔瓦尼·维拉尼（Giovanni Villani，约 1275–1348 年），他打算写一部与之前的佛罗伦萨编年史不同的编年史，其内容要包容万象，记录佛罗伦萨的伟大，并将其作为现已衰落的罗马的荣耀继承者。他写的《历史》（*Istoria*）旨在确定人类行为的原因和动机，而不是仅仅呈现历史，该书还反思人与国家命运兴衰的意义，这使我们与人文主义史学更进一步。没有哪个地区的城市编年史比德语区更加多产，其出版卷本规模是如此之大，以至于 19 世纪中期的项目都未能全部出版。许多作者都不是他们所记述地区的当地人，他们的职业也多种多样。许多城镇甚至有官方编年史，并传承多代：全部由牧师组成的吕贝克（Lübeck）委员会的编年史就是在之前存在的一本由法兰西人写的著作的基础上创作而成。与更早期的例子不同，15 世纪的城市编年史主要是在一个城镇里创作或出版的著作，而不是关于特定城镇的某种历史。制图师哈特曼·舍德尔（Hartmann Schedel）的《纽伦堡编年史》（*Nuremberg Chronicle*，1493 年出版）之所以这么命名，不是因为它是关于纽伦堡的历史（它实际上是一本用拉丁语写成的普世史），而是因为它在纽伦堡出版。城市编年史很少告诉我们城市本身的历史，更多的是为了唤醒公众对历史的兴趣，这种兴趣的传播现已明显超越了王室、贵族和修道士等传统受众之外。

150

图 18　撒克逊人的帝王系谱表（顶端一排是撒克逊人布朗［Brun］、卢道夫［Ludolf］、奥托［Otto］三位公爵），引自 Ekkehard von Aura, *Chronicon Universale*。微型羊皮纸，约 1100—1150 年，由德国人科维（Corvey）所画。Staatsbibliothek zu Berlin, Germany. Photo credit：Bildarchiv Preussischer Kulturbesitz/Art Resource, NY.

注，图 18、19）。与布鲁特斯（Brutus）和弗朗西翁（Francion）的故事和十字军东征编年史同等水平的创造性为贵族提供了系谱，有时还提供了回溯到诺亚或亚当，亦或者是布鲁特斯，并因而回溯到特洛伊人的整个历史。在西欧出现的"民族国家"，像《布鲁特》（*Brut*）那样的爱国主义历史在 14、15 世纪成倍增加。在 1338 年完成了《英国编年史》（*Chronicle of England*）的英格兰人布鲁恩的罗伯特·曼宁（Robert Mannyng of Brunne）在他的系谱叙述中将英国的起源追溯到了布鲁特斯。贵族的图书馆收集编年史复本，其中一些对这些编年史的内容有着持久的兴趣。统治着法国北部大部分地区和低地国家的勃艮第公爵们在历史史料收集方面取得了显著成就，其中法国史被置于首位。"善行者"菲利普公爵（Philip the Good，1419－1467 年在位）的宫廷定期接待向他呈献历史著作的历史学家，菲利普也资助了一批历史学家。他们工作的酬劳通常不是特别优厚：盎格朗·德·蒙斯特里特（Enguerrand de Monstrelet，约 1400－1453 年）因其延续傅华萨的著作而写的长篇著作只获得了适量的酬金。

图 19　西比亚（Sebia）奈马尼亚王朝（Nemanjic Dynasty）王室家谱。拜占庭壁画，绘于 1346—1350 年。科索沃（Kosovo）迪卡尼（Decani）的迪卡尼修道院。Decani Monastery, Decani, Kosovo. Photo credit: Erich Lessing/Art Resource, NY.

151

傅华萨在 14 世纪精通的那种军事编年史在 15 世纪得到了蒙斯特里特、乔治·德·夏特兰（Georges de Chastellain，1405？－1475 年）等人的模仿。作为"善行者"菲利普的一位门客，夏特兰属于中世纪

152

图20　恺撒（Caesar）登陆英国。源自佛兰德人的手稿中的插图，见 Jean Mansel, *La fleur des histoires*，约1454—1460 年。Bibliothèque de l'Arsenal, Paris, MS 5088, fo. 112. Photo credit：Erich Lessing/Art Resource, NY.

晚期受资助的"官方史学家"——从一定程度上说是属于被任命的官员，因为他获得公爵给的报酬。君主或独立的城邦对官方史学家职位的保留是意大利文艺复兴时期宫廷中广受欢迎的新趋势（见下文第四章）。宫廷编年史家的作用是多重的：纪念历史上的英雄事件；编年记述他们那个时代的宫廷生活和宫廷的壮丽；以史为鉴，使贵族读者能够自我反思，并追求自己在未来得以不朽。这些著作既用于私人阅读，也可用于公众诵读，其对语言和修辞的呈现给予了相当大的关注。像夏特兰和保罗·阿尔尚博（Paul Archambault）有过适当评价的奥利维尔·德·拉·马奇（Olivier de la Marche，1425－1502 年）

这样的历史学家既能使他们的公爵沉浸在"催眠式的自恋"中，同时又能提醒他们为旧约中的君王、自恺撒以来的罗马皇帝（图 20）以及从克洛维到查理曼大帝，再到他们自己的勃艮第先辈们所拥有的荣誉而战。①

　　但宫廷历史著作不全是关于奉承和展示。到 15 世纪中期，在法国国王与英国力量和勃艮第独立力量争斗的背景下，人们开始从托马斯·巴赞（Thomas Basin，1412－1491 年）、在许多方面都运用了文艺复兴人文主义史学的菲利普·德·科明尼斯（Philippe de Commynes，1447－1511 年）等一些历史学家那儿领悟到一种更尖锐的政治分析。巴赞是一位牧师，并最终当上了主教。他曾在巴黎大学学习，又在罗马待了一段时间，并在那里的佛罗伦萨执政官波焦·布拉乔利尼（Poggio Bracciolini）的交际圈中认识了人文主义者。这使他脱离了作为贵族宫廷特征的本土语言写作，但他对回归到更古老的拉丁文编年史传统也不太满意。巴赞最终用拉丁文完成《查理七世与路易十一世史》（*History of Charles VII and Louis XI*），并不是以过去几个世纪里的编年史家为典范，而是以李维或萨鲁斯特等更遥远的古典作家为典范。在该书中，作者频频引用塞内卡和西塞罗，将近期的事件与古代的事件进行比较，并从中吸取政治和军事教训。该书并没有奉承权力当局，而是表达了对路易十一（Louis XI，1461－1483 年在位）的尖锐批判，考虑到巴赞与"蜘蛛王"（路易十一）的矛盾，且在他生命最后三分之一的岁月里或被冷落，或被流放，这种批判并不令人惊奇。这种"政治"分析的显著特征包括：更加关注战事和宫廷阴谋事件背后的具体原因；更加无情地从中选择；避免扩展描述场景展示的段落；重新将任意变化明显地归于"命运"；开始对主要人物，尤其是统治者进行心理分析。

　　同样是这些人物，科明尼斯可能给出了最好的描述，并回到了之

153

---

① Archambault，*Seven French Chroniclers*，78－79.

前岁月的更大的国际背景之中。与下个世纪里大多数有学问的意大利历史学家、弗朗西斯科·圭恰尔迪尼（Francesco Guicciardini）、波里比阿式的历史学家一样，科明尼斯将个别国家间的相互作用视为欧洲这个更大的整体的一部分，不过他这样做是从对路易十一及其继任者查理八世（Charles VIII，1483－1498 年在位）有利的观点出发的。科明尼斯在路易死后的某一时期开始著书，并经常将他自己作为人物角色插入叙述之中，他在毫不掩饰地任意描绘他的这位以前的主人。他提醒此书的资助者——维埃纳（Vienne）大主教安吉洛·卡托（Angelo Cato），他喜欢去发现"一点也不涉及路易的声望"的情节。[①] 他的描绘均衡了优点与缺点，路易则看起来精明、审慎，而不仅仅是狡诈、虚伪。如果我们将这种描绘与之前岁月里的编年史家（这让我们想起了推罗的威廉）表里不一的否定评价相比，我们会发现我们不再处于一个虔诚和侠义的世界，而已经到了马基雅维利的世界。

从宋到元的中国史学

正如汉末的分裂一样，中国随 907 年唐朝灭亡之后而来的是更短的政局不稳（"五代十国"），在此期间的史学活动获得了更加不稳定的官方资助：早期版本的唐朝正史直到 945 年才完成。政局到 960 年宋朝建立后稳定了下来，这一朝代在应对北方蛮族入侵的过程中人口急剧增长，科技也取得了巨大成就。

如果唐朝建立了著史的官方部门，宋朝的史学贡献在某种程度上更大。宋朝历史学家因为运用了"现代"史学思想著史而受到盛赞。我们并不想陷入通过 19 世纪德国的标准来评价历史的陷阱，年代错误和证据使用这些已深入现代历史学家人心的概念在这一时期

---

① Philippe de Commynes，*Memoirs：The Reign of Louis XI 1461－1483*，trans. Michael Jones（Harmondsworth，1972），57－58.

引起了巨大的反响。宋朝历史学家受命编纂了各朝各代许多记录，他们还发展了一种专门写特定地区的方志，其内容包括书目、地理、系谱、传记、历史与社会的信息。他们还写了不少于六部的国史（有限意义上的国家的历史，即统治政权及其领地的历史），其形式有编年史、专论和传记。年谱作为独立的或集成的编年传记第一次在宋朝出现，与此同时，更古老的佛教传统的传记仍在发展，包括赞宁（约生于 919 年，卒于 988 年以后）在皇帝的要求下于 988 年写的"高僧传"。从南亚引入的佛教总体上与中国宗教（尤其是道教）和儒家社会兼容并存；佛教史学也能适应中国主流历史写作，与之没有太明显的差别，并试图借鉴其方法和史料。同样在这一时期，汉唐时期零星发展的历史绘画（在文艺复兴前的欧洲也很少见）开始复兴。①

　　许多宋朝历史学家所做的是延续前驱们所铺就的道路，欧阳修（1007—1072 年）等知识分子发展了一种独特的"宋学"，其对文学风格和行文问题更为关注。欧阳修是官方修史机构成员，因而参与了《新唐书》的编纂工作（相比《旧唐书》在质量和史料基础上都有显著进步），他还独立著史，如他独立完成的《五代史记》，此书在他死后的 1077 年才出版。而且，欧阳修帮助编撰了帝国图书馆的注释目录，他的著作延续了自孔子以来长期存在的传统，即对于历史人物以或褒或贬的评价。他力劝他的学生们抛弃传统和得不到充分验证的文本章节，因而比通常归于意大利文艺复兴的文献学研究早了四个世纪。最后，欧阳修引入铭文和考古证据用以验证文本历史的真实性，这种做法也比欧洲早了四个世纪。

　　司马光（1019—1086 年）是可与欧阳修相提并论的改革家和思想家，他作为文体学家和作家十分出众，并且可能是自司马迁以来最伟大的历史学家。他不仅是一位政治家和身居高位直到退休的人，还

155

① 信息来源于我以前的大学同事——阿尔伯塔大学（University of Alberta）的沃尔特·戴维斯（Walter Davies）教授。

是一位词典编纂者。作为一位历史学家，他写有关于各种主题的著作，但他的主要遗产是耗时 20 年完成的《资治通鉴》。[①] 此书书名由司马光所钦佩的同时也是此书资助者的皇帝在历史学家于朝堂之上诵读了此书一些开头部分后钦点的，通常被译为"对政府有益的镜鉴"，皇帝本人也用著名的"殷鉴不远，在夏后之世"来介绍司马光的历史，以表达一种非常古老的儒学意识——以史为鉴。[②]

司马光延续了唐朝刘知几的一些对正史的局限和质量的不满，其中包括对正史不能超越单一王朝而记述更宽泛的历史的不满（这一问题继续困扰着 19 世纪的中国学者，不过他们完全在国外寻求解决办法）；他力求写一部回溯到战国时代的中国通史，当此书完成时，其时间范围从公元前 403 年一直记述到公元 959 年。司马迁将史料分成编年、年表、传记之类，从而解决了史料组织问题，而司马光则选择了一种更简单的思路，即通过消除冗余部分来突出历史教训，他沿着《左传》的模式进行了直截了当的年代学记述。他强调了检验原始证据（而不是二手著作）的必要性——早期的一手资料与二手资料的区别；他还同欧阳修一样严重怀疑将超自然力作为事件原因。

《资治通鉴》的成功激励了模仿者和后继者，例如写有比司马光《资治通鉴》更具教谕性的著作的朱熹（1130—1200 年），又如袁枢（1131—1205 年）。朱熹是一位不循传统、爱打破旧习、高度哲学化的作家（对后世更具限制性影响的新儒学的创立者），他反思了经典与历史的关系，指出了前者的优先性。一个人应先精通经典与教156 训，而后才能转向后孔子时代的历史，这不是一个独立的领域，而是展现各处收集而来的道德准则的竞技舞台。朱熹评论古今的历史学家，包括司马迁，他感受到了对遥远历史的怀旧之情，并对当时的居

① 《资治通鉴》(Zizhi Tongjian)的第 69—78 章已被译成英文，见 The Chronicle of Three Kingdoms（220 - 265），trans. Achilles Fang and Glen W. Baxter，2 vols.（Cambridge，MA，1952）。

② 引自 Conrad Schirokauer，'Chu Hsi's Sense of History'，in Robert P. Hymes and Conrad Schirokauer（eds.），Ordering the World：Approaches to State and Society in Sung Dynasty China（Berkeley，CA，1993），205。

民感同身受，这非常类似于两个世纪以前意大利人文主义者的怀古之情：

> 我晚生了 1000 年！
> 我最好的朋友生活在 1000 年以前。[1]

袁枢比朱熹小一岁，可能有着更为正统的思想，但他为历史知识组织形式的重大改革贡献了力量。袁枢是南宋时期的一位历史学家，他寻求改进司马光的不间断的年代学，因为这种编年史很难将特定历史事件从编年叙述中分离出来。他的《通鉴纪事本末》被认为重新组织了司马光的史书中最重要的一些历史事件和情节（起义、王朝更替等等)'，对其进行独立的不连续的叙述。这就开辟了另一个历史流派——记事本末（叙述事件本末）。与此同时，打破王朝史的司马光式的通史风格在郑樵（1104—1162 年）的《通志》中得到延续，这是一本自古至唐的中国通史，以编年-纪传体写成，但以摘要替代了司马光的专论；它的前言包括了自《史通》时代以来第一次史学理论的扩展。自《春秋》以来作为儒家史学核心特征的褒贬的道义经济仍然存在，不过绝对的重点已从个人的道德行为转向制度和政治安排在决定历史进程中的作用；以往统治的重大失败也受到关注，这一主题一度被认为不值得评论，现在成为历史学家们研究的合理对象。

　　将历史重组成包括主题在内的不同形式使趋势进一步朝向"将历史作为社会、经济政策（而不仅仅只是个人智慧）的工具"的方向发展：这是一种在中国被称为"历史类比法"的高水平标志，其中上千年的历史经验可供政客和帝国官员在历史中寻求当前问题的解决办法。宋朝的这一文学遗产专注于历史的实用教训，以及将博学转换成

---

[1] Ibid. ，202.

157

图 21 宋朝的科举考试。源自 17 世纪一部记录帝王生活的历史的手稿。
Bibliothèque Nationale, Paris. Photo credit：Snark/Art Resource, NY.

可用历史，它是百科全书这种按主题编排的历史和"帝国政治编年史"（imperial policy chronicle）这样的变革性流派（司马光的《资治通鉴》与杜佑写于 8 世纪晚期的《通典》的交叉混合）的成果。历史知识成为中国教育体系乃至宫廷的关键组成部分。当我们在后面一章谈到英国维多利亚女王时代对未来的政治家和殖民部成员进行的文雅的历史教育，并谈到德国人给予职业历史学家公务员地位时，我们应该想到中国在近 1000 年前就做到了这一点（图 21）。11 世纪 80 年代县级教育系统中的学生会被要求测验，问题涉及《春秋》、《史记》，两部《汉书》和许多后来的历史著作与历史评论。这正如一位学者所说的，是"相当于要求你评价希罗多德、修昔底德、李维、塔西陀、吉本、比德、伯里、克罗齐和黑格尔"。① 中华帝国教授和探讨历史教训以及经常诵读司马光和其他人的著作的体系一直持续到 1911 年帝国的终结。与此同时，历史更多地被完全嵌入到科举考试考生的应试准备之中。

　　12 世纪早期在各层次教育中以损害历史为代价重新关注经典（这一定位被后来的朱熹接受）的运动使司马光和其他历史学家的著作在 1105 年公开被禁，但事件的不利转向最终颠覆了这些。帝国北边的半壁江山大部分地区在 12 世纪被建立了金朝的女真族占据；他们后来又在 13 世纪早期被蒙古族取代，这个游牧民族在接下来的几十年里鼎定江南，建立了元朝（1260—1368 年）。南宋王朝一直持续到 1279 年，其新的皇帝几乎立即恢复了旧的研讨和诵读司马光著作的历史课程——汉民族近期的失败正好摆在那些试图将历史从教育中根除的崇尚经典的改革家们面前。

　　金、元两个相继的朝代由异族统治。这些王朝面临着经历这种变化都会遇到的合法性问题，这种问题现在又因为他们的异族语言和文化而变得更加复杂。如何确立合用的、能提供支持的历史？答案总体来说是整体适用被征服者的语言与史学组织体系，并投入运行——从某种意义上说是挪用汉人的做法，且在此过程中不失他们自己的身份。因而特别喜爱司马光的著作的金世宗（1161—1189 年在位）决定将历史（而不是儒家经典）作为更明晰的教育形式。金政权在1128 年授命写一部女真族的历史，并模仿南宋设立保存记录和编纂

158

---

① Robert M. Hartwell, 'History Analogism, Public Policy and Social Science in Eleventh and Twelfth Century China', *American Historical Review* 76 (1971): 696–697, 701, 710.

历史的部门——再次将记录与著史分离开了。和任何新王朝一样，他
们资助编纂前朝——北方较小的王朝辽朝——的正史。元朝与金朝不
同，它在 1279 年控制了整个中国，它也接纳了他们所发现的史学传
统，而不是他们自己的编年传统（见上文和主题框 9）。为了这一目
的，他们强迫金、宋等前朝的文人为他们服务。元朝第一位皇帝忽必
烈可汗（1260—1294 年在位）命令将各地的地方志融合成一部单一
的、统一的、由国家管理的纲要，他也承担了编纂金、辽、南宋等前
朝正史的义务。由于围绕这些朝代合法性的争论，它们的历史直到
14 世纪中期才编纂完成，那时的元朝已处于灭亡的边缘。

159   官修架构以外的历史形式在元朝兴盛起来，其中包括以一种更娱
乐的方式讲述正史事件的浪漫或历史小说。罗贯中的小说《三国演
义》完成于元末明初。该书是中国四大名著之一，也是清朝建立者努
尔哈赤特别喜爱的一本书。此书回溯到更早期的一段动乱时期，即汉
朝衰落的 3 世纪早期。当时来自那一时期的口头传说仍然存在，但罗
贯中同样也参考了陈寿在 3 世纪写的人物刻画鲜活的《三国志》这样
的历史著作。关于此书，系谱可以很容易地通过人物的语言识别，战
役则被描述得十分详细、真实。

野史在宋朝得到了很好的确立，并得到延续，因为不是所有前朝
官员都愿意接受委命，而新统治者对缅怀宋朝的著作也持宽容之心。
例如，忠于金朝的元好问隐退之后寄情诗辞，并收录涉及金朝的口述
证据，集于《归潜志》。[①] 马端临（1254—1324 或 1325 年）也拒绝在
元朝任职，转而将精力集中于写一部综合的中国典制史，以强调从能
够历经王朝兴衰的当时制度中发现的，但很少通过有意义的模式表现
出来的延续性。马端临的《文献通考》以其注意社会经济变化，以及
对长期发展和像秦朝灭亡那样的主要延续断裂的敏感而闻名。像伊
本·赫勒敦一样，马端临值得与 18 世纪苏格兰启蒙运动时的"阶段

---

① 《归潜志》并非元好问所写，实则由金末刘祁所撰。——译者注

论"历史学家等后来的历史思想家相提并论。

从10到15世纪的日本与朝鲜

到10世纪晚期，呆板地复制中国王朝史的现象开始逐渐消失。负责编纂计划中的《六国史》（*Rikkokushi*）后续著作的部门在969年被撤销了。其中有许多原因，但最重要的原因是中国历史写作体系的基础方式（尤其是将王朝作为正史的基础单元的做法）不适用于日本。在日本人看来，所有天皇都属于一个王朝，都是神武天皇的直系后裔：《古事记》（*Kojiki*）收录的传说和更具编年体例的《日本书纪》（*Nihon Shoki*）都假设天皇血脉是延续性的，而不是作为中国正史特征的王朝兴衰循环。尽管存在一些小的叛乱，但日本在12世纪以前很少出现动乱的局面。王朝内的血统变化得到了适当的关注，甚至"好的开国之君/坏的末代皇帝"的循环也从中国传到了日本，但这些变化对作家们来说并不构成"天命"的主要转变。日本虽受儒家思想影响，但对中国文化的主导地位有一定程度的抵制，加之这种血统观确保了中国的历史写作大厦没有完全被照搬到日本，即便日本写作的语言最初借鉴自中国。事实证明，这么做是有用的，当权力在12世纪转向封建武士阶层，君权神授的错觉受到挑战，武士阶层发现历史也可以为他们所用。《东鉴》（*Azuma kagami*）就是一个例子。它叙述的是最低限度的编年记事，从一个幕府将军（而不是天皇）的观点出发加以叙述，由镰仓幕府于13世纪晚期完成，该幕府还产出了大量著作，以证明其统治合法性，这在某种意义上接管了曾为皇室所有的"官方"历史。

但这种官方授意的著作不再独立存在。从11世纪开始，约在平安时代（Heian Period，794-1185年）中期，一种用日语写作的历史开始以散文或韵文物语的形式出现，其中一些更接近小说，而不是历史，这是抵制许多早期历史文化在两者之间强加严格边界的又一个例

160

子。此类著作最著名的要数紫式部（Murasaki Shikibu，约 973 - 1014 或 1025 年）记述一个虚构的王子的《源氏物语》（*Genji Monogatari*）。她指出，故事是记述自神的时代以来所有发生的事件，而民族史只记述"事件的一个方面"，并以此作为她的著作区别于民族史的一个特征。她的著作为她赢得了"日本编年夫人"（Nihongi no Mitsubone）的尊称，这可能是因为她的小说展现的是宫廷生活。① 其他物语尽管作为历史小说进行了虚构，但就其记述的至少是真实事件而言更接近历史：例如《平家物语》（*Heike Monogatari*）讲述的就是两个敌对家族在 12 世纪晚期的内战。《平家物语》由六本著作构成，每本由不同的学者或朝臣独立完成，他们通常都受佛教影响，有时沿用编年体例，但在范围和语调上与民族史有很大不同，有时还用第一人称。第一本著作名为《荣花物语》（*Eiga Monogatari*），编年记述了一位贵族领袖生活中的事件，作者如《源氏物语》一样是一位女性，或是由许多女性从约 1028 年开始的一段时期间相继完成。许多

161　其他物语按传记或主题编排。像叙述暴力冲突的《军记物语》（*Gunki Monogatari*）这样的物语有许多是以散文或更经常以绘画形式被记录下来，之前都是口头传诵的（类似于荷马史诗或法国香颂，都突出英雄价值观）。这类著作现存的有五本，主要来自 12 世纪。《太平记》（*Taiheiki*）是此类著作最后的一本，也是最长的一本，写于 14 世纪中期。所有这些著作都由无名氏独著或合写，作者主要是僧侣；同荷马史诗一样，它们经由口口相传，在确定最终形式之前历经多次修改与补充。这些著作的作者显然熟悉中国历史，并将其中的情节与日本的人和事进行比较。正如早先的《六国史》一样，19 世纪之前的日本读者倾向于将《军记物语》和《历史物语》（*Rekishi Monogatari*）看成文字的编年史。19 世纪晚期在全球创造了大量鉴伪者和修正主义

---

① 引自一本译著的译者前言，见 *A Tale of Flowering Fortunes*：*Annals of Japanese Aristocratic Life in the Heian Period*，trans. W. H. and H. C. McCullough（Stanford，1980），7。

14 世纪的日本史诗：《太平记》

- 早晨的太阳即将升起，也没有恶魔试图掠夺缓缓消失的星辰的光辉。尽管没有缺乏理智的军队对宫廷不敬，但在这片土地上，管家越来越强大，领主越来越衰弱。同样的，在地方，保护者受到尊重，但管理者被束之高阁。宫室年复一年地衰落，军队日复一日地兴起。

- 世代天皇所想一直是"东边的野蛮人需要被击败！"因为他们在心里安慰帝国流放的昌休的灵魂；同样的，他们悲伤地思量宫廷的权力，想它如何被浪费和一无是处。不过他们保持沉默，因为这种构思在他们的能力之外，或者说时机尚不成熟。但之后到了相模（Sagami）之前的统治者、时政家族（Tokimasa）的第九代后裔、僧侣北条高时（Taira no Takatoki Sōkan）的时代。天地授意的巨变正在临近。高时所作所为极其基础，他面对其他人的嘲讽也不感羞愧。正义不在他这一边，他也不必留心人民的绝望。他日日夜夜做着令他九泉之下的祖先蒙羞的放肆行为；早早晚晚都享受着虚度人生的空虚欢笑。欢乐是短暂的，正如拿着鹤的魏侯；手边是他的懊悔，正如牵着狗的李思训（Li Ssu of Ch'in）！看见的人会皱起眉头，听见的人会加以谴责。

- 那时的天皇是后醍醐天皇（GoDaigo），由藤原忠子（Dattemmon'in）所生，后宇多天皇的次子，31 岁时由相模统治者辅佐登基。他在位统治期间循周侯意愿，行儒家之道，遵三纲五常；他也没有忽略五花八门的事务和政府上百的部门，而是重要延仪（Engi）和天历（Tenryaku）。他希望四海归心，万民来朝。他复兴被遗忘的事情，奖励所有善行，庙宇、圣殿因而兴盛，[佛教] 的禅宗和律宗兴起，教授佛教显现的或隐秘的方式和儒学真义的导师也得到庇佑。没有人不赞扬他的美德，并在他的善行中欢欣鼓舞，人们说他是"天命授意的天皇，世上最高的统治者"。

节选自 The Taiheiki: *A Chronicle of Medieval Japan*, trans. and ed. Helen Craig McCullough（1959；Rutland，VT and Tokyo：Charles E. Tuttle Co.，1981），5-6，在得到哥伦比亚大学的授权后重印；中括号内容属于编者注释，可以省略。所选部分临近著作开头。需注意，作者熟知中国历史，并加以类比；还需注意，镰仓的北条家族首领北条高时与作为虔诚的佛教徒和儒学的追随者，并忠于职守的天皇之间尖锐地对比。这位天皇 1331 年被废，1333 年重新从镰仓幕府那里夺回权力，直到 1336 年；他卒于 1339 年。可将这一记述与《增镜》（*Masukagami*）结尾对镰仓幕府的终结更加柔和的记述进行比较，见 *The Clear Mirror: A Chronicle of the Japanese Court during the Kamakura Period*（1185-1333），trans. and ed. George W. Perkins（Stanford University Press，CA，1998），183-220。

文献摘录 13

者的高度实证主义学术就不这么看：爱打破旧习的历史学家久米邦武
（Kume Kunitake，关于他因为帝国审查而遭到的不幸，我们在本书中
会进一步提到）认为《太平记》就历史而言毫无价值，不过更近期的
学术界更宽容一些。然而，我们可以将它视为了解日本与西方持续交
流之前一个世纪多一点时间里的历史思想的窗户（文献摘录 13）。

除了《荣花物语》以外，中世纪日本最被广泛传阅的著作是佛教
僧人慈円（Jien，1155－1225 年）写的《愚管抄》（Gukanshō，约
1220 年出版）和《历史物语》系列中的《大镜》（Ōkagami），此书
写于 12 世纪，其作者深受《荣花物语》的影响。慈円是佛教天台宗
的一位领袖，他在大动乱时期写作，这驱使他在历史中寻找潜在的模
式。公众对 1156 年保元之乱（Hogen rebellion）的原因和影响的漠不
关心促使慈円在另一场这样的冲突——昌休之战（Shōkyū war，1219－
1222 年）——前夕从历史中寻求一些预示，或至少从战争的反思中
学到教训。慈円的视野广阔，时间范围从神武天皇一直记述到 1219
年，但他最吸引人的地方在于从日本历史事件中反思潜在的原因。他
用日语写作，而不是中文。当他很少看到理解性的或真实的学术，并
意识到不久的将来"充满难以言表的危机"时，他坦承"要使读者能
够理解世界的变化"。慈円见识了武士阶层的逐渐掌权，意识到佛教
婆罗门衍生的一种宇内包罗万象的长期衰落，并伴随着自"所有都属
万幸"的 10 世纪的"合法时代"以来人类事务的衰落，不过他也注
意到了偶尔的进步时期。正如佛典进行其第三和最后的阶段，日本也
由古代、中世纪进入"最后的时代"。[①] 遥远过去的像一系列的宫廷
暗杀那样的大动乱在慈円看来是末日临近的标志。

慈円认为，保元之乱使日本进入了价值观与野心与奉行佛教原则
的天皇及其代理人不同的将军们的时代。慈円时代的进步在于将军们

---

① Delmer M. Brown and Ichirō Ishida（trans. and eds.），*The Future and the Past: A Translation and Study of the Gukanshō, an Interpretative History of Japan Written in 1219*（Berkeley, CA and Los Angeles, 1979），23，198－199.

与通过贵族进行统治的天皇之间的某种过渡方式——他写作的目的在于指出神注定了他们家族里的一个叫藤原赖经（Kujō Yoritsune）的小孩同时作为摄政王和幕府将军代表天皇进行统治，以平衡两边利益。罗马晚期和后来的史学中很难看到此类事情，即如何协调理论上天赋的帝国权力与对帝国统治有直接影响的现实军事权力。历史进程向前推进并非偶然，其后必有"原因"。需要被强调的是，这不是18世纪启蒙运动哲学中的"原因"，或19世纪早期的黑格尔所想的"原因"，而是万物（包括国家）在长期衰落过程中循环兴衰的法则。"原因"既包括神的因素，也包括人的因素，而人无法理解神的原因本身就是对世间万物堕落的解释。

以两位老者对话形式编写的《大镜》是另一本受佛教影响的著作；它同持慈圆的衰落论，并相信世界会迎来末法时代（mappō），即佛教三大时代的最后一个时代，一个一万年的衰落期。[1] 虽然《大镜》是第一次模仿中国正史编年-传记体例的日语历史著作（没有司马迁的完整年表、世袭家族和专论），但它是一部私人写的著作，不像《六国史》那样是官修正史。同样与民族史（和慈圆的《愚管抄》）不同，《大镜》及其后来的著作都用日语写成，作者是私人，而不是委员会。《大镜》一书由11世纪的一位无名氏作家所写，它也是一本专门采用反思历史价值观念的书。直接继承中国儒家史学的镜的形象在后来的《镜鉴》（Rekishi，kagami-mono）、《当代之镜》（Imakagami，约1170年出版）、《水镜》（Mizukagami，创作于约1185—1198年）以及14世纪无名氏写的《明镜》（Masukagami）等著作上重现。这类著作有一些娱乐性的一面，有许多过于政治化，并带有宣传语调，这也无可厚非。

然而，在《神皇正统记》（Jinnō Shōtōki）一书中，我们几乎完全回溯到了日本8世纪时期用历史使王权合法化的原始用途上，而这一

164

---

[1] 之前两个时代是正法、像法，各1000年。

著作在接下来的几个世纪里被频频引用，以作为对天皇忠诚的呼应。一个不同之处在于此书的作者北畠亲房（Kitabatake Chikafusa，1293－1354 年）是除慈圆以外少有的几个中世纪日本历史学家，而对于他，我们除了他的名字外还知道很多。北畠亲房也是一个使争辩更为激烈的人。他以前是天皇顾问、战士和贵族，在家乡被围攻之时以著书为己任，他只有权使用一本著作，即"有删减的天皇系谱"，不过他在一些年后能对其进行修订。《神皇正统记》是对天皇血脉的历史回顾，结束于此书创作的那一年死去的后醍醐天皇（1318－1339 年）。北畠亲房写的历史厚颜无耻地支持天皇，因为建武新政（Kemmu Restoration）失败以后皇室已经分裂。他是北朝足利尊氏（Ashikaga Takauji，"没有优点或美德的窃贼"）和武士阶层的死敌，[1] 不过他能够接受天皇不端和羸弱的现实。北畠亲房著书正值将日本视为"神国"（Shinkoku）的神道教复兴之时，他熟悉在《愚管抄》那样的著作中发现的佛教变迁观念，但对于这一观念持排斥态度，并且回避了慈圆所说"日本只有短暂的有限的未来"这一观念。他回溯遥远的过去不是为了预言未来，而是为了指引当下。

《神皇正统记》始于其作者自信地宣称"伟大的日本是神的土地"。在天上的祖先建立了它，而太阳女神将它授予她的后裔们永久统治。这只有在我们的国家里才是真的；其他国家没有类似的例子。这也是我们的国家被称为神的土地的原因。这种作为神喜爱的人民的地位对北畠亲房来说与在神佑之下的天皇统治准则是不可分割的。北畠亲房从《史记》《汉书》等著作中了解到了中国历史，他将中国经历的王朝变迁及其无法形容的动乱后果与日本天皇血脉的稳定性做了比较。日本总是能回归到同一个统治家族——即便分散成独立的血脉也是附属的小溪，最终会回归主流。皇室传承只有在我们国家是自开天辟地以来到当下时代完全连续的。尽管有时会出现并行继承，这在

165

---

[1] *A Chronicle of Gods and Sovereigns*, trans. H. Paul Varley（New York，1980），269.

一个家族中是不可避免的，但流行的准则是它总是能够回归主要血统上去。① 日本特殊地位的观念在这里值得被强调，原因有二：第一，我们将在后来的日本历史思想中再次看到这一论题；第二，它类似于世界其他地区在不同时期提出的"例外论"（exceptionalism）——从以色列人的契约或"当选的"选民观念到法国君主认为他们是近代的旧约君主和比德认为盎格鲁-萨克逊人是上帝的选民，再到早期现代的新教徒的宿命论，一直到德国民族主义及其特殊道路（Sonderweg）和美国的天定命运论。

朝鲜夹在中国大陆和日本群岛之间，在过去的60年里被分成了南北两部分。这种现代的分裂是史无前例的。尽管根据传说，第一个古朝鲜王国可追溯到公元前2333年的檀君王俭（Tan'gun Wanggŏm，Dangum Wanggeom），但和日本一样，历史中的朝鲜是更近代的事情。朝鲜人民像中国汉朝之前和之后的中国人，他们之前有一个分裂的国家，直到唐朝属国新罗王朝（Silla Dynasty）在7世纪中期击败敌手，控制了这个国家大部分地区。其后继的高丽王朝（Koryŏ Kingdom，Goryeo Kingdom，935 - 1392年）第四代统治者第一次自称皇帝，当时与其毗邻的是中国宋朝和元朝。高丽王朝将它的控制范围扩展到了北部地区，尔后被李氏王朝（Li Dynasty，1392 - 1910年）取而代之。

作为第三个发展历史写作的东亚国家，朝鲜在历史上断断续续地受到中国、日本，最后是西方的侵扰。朝鲜古代及其历史的独立性至今对历史学家、考古学家和政治家来说仍是棘手的问题。和日本一样，朝鲜在现代之前的许多时期都受到中国史学的强大影响，并模仿了中国的许多做法，包括宫廷书吏制度，这些书吏使用画笔和铜片追随他们的皇帝左右，记录皇帝的言行。历史学家事事陪伴皇帝的顽固决心经常受到像李氏王朝第三代皇帝太宗李芳远（T'aejong，1400 -

166

---

① *A Chronicle of Gods and Sovereigns*，trans. H. Paul Varley（New York，1980），16，49，60.

1418 年在位）那样的皇帝的抵制，他尝试将他们驱逐出宫廷，但并未成功。1498 年燕山君李隆（Yǒnsan-gun，1494－1505 年在位）统治期间出现了一次短暂的"历史清理"，但历史学家们在 1505 年皇帝被废时笑到了最后。

朝鲜有着不同血统的王朝，这与中国相同，与日本不同，其历朝历代的记录与中国的实录相对应。朝鲜早期的王朝史类似于中国的正史，而这些正史是朝鲜史最早期的史料来源。现存的历史记录始于公元 4 世纪：例如，新罗王朝保存的被称为《新罗科吉》（Silla Kogi）的记录，又如李敏金于 600 年写的一部高句丽王朝的历史；朝鲜的著作甚至对日本 8 世纪的《日本书纪》有过影响。实际上，前 1000 年的材料都没有幸存下来。现存最早的朝鲜历史著作是金富轼（Kim Pu-sik）创作于高丽时期的《三国史》（1145 年出版）；该书使用了现已遗失的朝鲜史料和中国史料（包括《后汉书》），并明显模仿中国的正史。高丽王朝模仿中国唐朝早期的做法在 10 世纪建立了史馆。这一机构在整个朝鲜王朝中得到了极大扩展，到 15 世纪，郑麟趾（1418—1450 年）领导一群学者完成了《高丽王朝史》（Koryǒsa）。

高丽历史学家最终完成了覆盖到 1863 年的近 500 年的一整套历史实录。正如中国的实录一样，朝鲜的实录受到细小保护，以至于甚至在位的皇帝都被拒绝接近，以免受到干涉；作为实录基础的日志也被隐藏在一位历史学家的私人居所，这一做法在高丽王朝早期仍在持续。资助历史学家、信奉儒学的皇帝世宗李裪（Sejong，1419－1450年在位）在想看已编纂的他的前任李芳远的实录时遭到了他的大臣们的劝阻，因为这样的举动会鼓励未来的皇帝修改他们的历史学家的著作，而历史学家们也会避免如实直书。朝鲜皇帝不能像中国皇帝那样任命历史学家，他们只能接受提名。历史学家从两班（yangban）① 中

---

① 古代朝鲜的贵族阶级。"两班"一词的来源有两种说法，一种说法称高丽时期住在京城东边和西边的贵族的官员。另一种说法指上朝时，君王坐北向南，以君王为中心，文官排列在东边，武官排列在西边，即"文武两班"。之后，两班专指上朝会的官员，并延伸到两班官员的家族及家门。——译者注

选取，他们是一群信奉儒学的知识分子群体，管理朝鲜一直到 20 世纪，其利益经常与皇帝有分歧。

同中国一样，官方机构的出现和历史一旦完成就将原始史料销毁的做法不能阻止对历史的替代性或私人的解释。更加关注朝鲜的历史写作传统出现在 13 世纪的僧人一然（Ilyǒn，或 Iryǒn，Ilyeon，1206 - 1289 年）写的《三国遗事》（*Samguk Yusa*）中。该书于朝鲜在中国元朝统治之下用中文写成，尽管如此，它颂扬了朝鲜的民族性。作为一位可和日本的慈圆相提并论的人，一然认同在几乎所有受中国影响的史学中儒学的主导地位，但由于他不是官员，著史完全属于消遣娱乐，他不必遵循中国史学模式。一然深受朝鲜早期历史吸引，尤其对新罗、百济、高句丽的三国历史感兴趣，他将这些国家的建立时间追溯到中国的汉朝时期，认为它们都存在了许多个世纪。[①] 他记述了檀君的传说，认为她是一位由熊转变而来的女性，是所有朝鲜人的祖先。他写的书混杂了历史、民间传说、习俗、佚事、建国传奇，所引材料很多都是没有名字的"古书"，无法追溯，这与蒙茅斯的杰弗里的《不列颠国王史》不无相同。在整个世界，接下来的两个世纪会挑战此类故事的真实性，并对事实与小说进行更严格的区分（文献摘录 14）。

13 世纪朝鲜的历史作品：一然的《三国遗事》

- 金法敏（Pŏpmin，文武王，新罗第 30 位君主，661—681 年）在统治时期颁布法令："当驾洛国（Karak-kuk）建立者的第九代国王仇衡王（Kuhyŏng）向新罗投降时，他将他的王子世宗（Sejong）带到了庆州。世宗是金所玄（Solukong）之父，金所玄是金舒玄（Sǒun-Chapkan）之父，金舒玄是文明王后金文姬之父，文明王后又生下了我。[②] 驾洛国的建立者因此是我 15 代

① 这比现代朝鲜历史学家们推测的时候要早几个世纪。——译者注
② 据《三国史》记载，金庾信的妹妹是武烈王金春秋（Muryŏl）的王后，文武王金法敏（Munmu）的母亲。据说金庾信的父亲是金所玄（Sǒyǒn，Sǒun，"Sǒun"可能是"Sǒhyǒn"的简化体）。

前的祖先。虽然驾洛在很久以前被灭亡了，但它的圣祠仍然存在。是的，我们臣民们必须将他们的牌位和我的王室先辈一起被供奉在国家的圣殿之上，并向他们高贵的灵魂献祭"。

- 国王派遣一位信使到驾洛遗址拨付 30 犁沟（furrows?）的沃土，以供养陵墓看守者，应付典礼开支。驾洛太祖首露王（King Suro）的第 17 代后裔金舍光（Kaeng-se Kŭpkan）被命为看守者，负责在居登王（King Kŏdŭng）确定的五个纪念日里向王室的灵魂供奉酒、米糕、茶和糖。

- 从居登王第一次在他的宫殿里确立王室灵魂安息的地方到仇衡王向首露王的陵墓献祭已持续 330 年，之后这类供奉活动时不时地暂定，直到新罗的文武王颁令恢复。

- 在新罗王朝快灭亡的日子，一位叫金昌吉（Ch'ungji-Chapkan）的地方官员控制了江原（Kŭmgwan）要塞，自封城市领主。他的一个叫干永奎（Yŏngkyu-Agan）的属下有在首露王的圣殿向可憎的偶像献祭的习惯，他希望这些神有一天能保佑他的家族，但一条很重的横梁从顶上掉下来将他压死了。

- 领主吓得要死。他将一幅三英尺长、绘有首露王，并刺有扭动的龙的丝绸画悬于墙上，画前置有燃着的油灯，日夜敬拜。三日之后，画中首露王双眼流出血泪，如雨般滴到地上，形成一个深池。他之后带着这幅丝绸画到首露王的圣殿，在那里将之烧掉，并随后召集一个叫金宇里（Kyurim）的首露王后裔说："我的家族连遭不幸。国王的灵魂已迁怒于我，因为我对他的肖像的不敬。我害怕见它，所以将它烧毁。或许现在他的灵魂想置我于死地。我希望你恢复之前的献祭仪式。"

- 金宇里同意了，之后定期举行仪式，直到他以 88 岁高龄去世。但当他的儿子金安京（Kanwon-kyŏng）在五月的一天里进行敬拜的时候，永奎的儿子长朴（Chunp'il）发疯了。他跳入圣殿，将供奉的食物踢翻，另置一张桌子呈上自己的供奉。在他向他那些可憎的偶像供奉第三杯酒的时候，他病了，在回去的路上卒于精神错乱。

- 有老话是这么说的，"可憎的偶像向献祭者降下灾难，而不是祝福"。这说的是干永奎和干长朴这对不敬的父子。

文献摘录 14

节选自 Ilyŏn（lryŏn），*Samguk Yusa*：*Legends and History of the Three Kingdoms of Ancient Korea*，trans. Ha Tae-Hung and Grafton K. Mintz（Seoul：Yonsei University Press，1972），section 58，164 - 165。注意基督教传统中"亵渎或为恶终遭恶果"的相同主题。

印　度

佛教成功传入中国，并与儒家思想并存，且传入日本，与神道教并存，但它在南亚本土却处于衰落之中，它和其他本土信仰在印度的"中世纪早期"（8—10 世纪）遭到了外来信仰伊斯兰教的挑战。实际上，穆罕默德时代的伊斯兰教已触及印度，这包括奥比鲁尼（al-Birūnī）等人的到访和土耳其人与阿拉伯人在 10 世纪到 12 世纪的入侵，但伊斯兰印度真正源于从德里苏丹国（Delhi Sultanate，1206 - 1526 年）开始的一些穆斯林政权的建立。德里苏丹国以德里为中心统治印度北部地区达 300 年之久，其间历经一系列王朝，且是众多地区性伊斯兰政权中唯一一个于 13 世纪到 14 世纪在印度崛起的国家，其次是印度中南部的德干苏丹国（Deccan sultanates，1490 - 1596 年）。这些国家的宫廷历史学家引入了一种完全不同的历史思想和一种已存在好几百年的伊斯兰历史写作传统。在接下来的两个世纪里，许多历史学者都在写关于印度的历史，包括多产的埃米尔·库萨罗·迪哈拉维（Amīr Khusrau Dihlawi，1253 - 1325 年），以及 14 世纪早期的一位贵族宫廷历史学家伊萨米（Isami），是他通过对先辈苏丹一代一代的颂扬来评价穆罕默德·图格鲁克（Muhammad Tughlaq，1325 - 1351 年在位）的堕落，并提起贵族们的兴趣。

在所有这些印度的穆斯林中，没有哪个历史学家获得了兹加·奥丁·巴拉尼（Ziyā al-Dīn Baranī，鼎盛期为 1284 年至 1357 年以后）那么高的殊荣，这既是因为他记录的当代信息可做史料之用，又是因

169

为他的哲学视野，一位现代学者就赞他"远非纯粹的编年史家可比"。[1] 作为德里统治精英的一分子，他在1357年完成了《国王菲鲁兹的历史》（*Ta'rīkh-ī Fīrūz Shāhī*），这年他正值70，处于被迫引退期间，当时的苦怨之情溢于书中。但巴拉尼认真地反思了历史的目的、"科学的女王"，以及最高形式的学问，而不是处理那些可兰经和法典。他概括了研究历史的许多不同原因：熟悉圣典和一堆例子；它是《穆罕默德言行录》（*ḥadīth*）的孪生兄弟，可作为它的证词；它通过使我们了解他人的经验来强化原因意识和判断力；它能使人在压力之下得到慰藉，因为它显示出许多问题可尝试的解决方法；它的知识能引导一位好的穆斯林忍耐和顺从；它明确描绘出善良、虔诚与邪恶之间的特征对比，展现善行与恶行的后果，因而引导统治者行事；最后，作为事实的基础，它呈现给普通读者有价值的例子，并激励他们走正确的道路。历史学家的责任本身就是一个道德问题，它在于教授历史教训。巴拉尼承诺他的书有多种目的，不仅是关于国王们的记录，还是一部法典、戒律之书、统治者的参考之书和精确版本的历史。在他的推论"历史是只要历史学家是值得信任的人就不需要证据的科学"之中，"值得信任"实际上指的是"有着值得尊敬的出身"：直到很久以后，欧洲对科学和历史真实的态度才是认识论上的权威取决于说话者的社会地位。[2]

170　　　　在苏丹国之外，印度教和佛教模式的史实性仍处于主导地位。我们在第一章已经看到，古印度的历史思想与从奥比鲁尼到詹姆斯·穆勒（James Mill）的外来者的普遍信仰和宣传不同，它实际上产出了一类历史著作，不过并不太为人熟知。这类著作最被频频引用的是在卡尔哈纳（Kalhaṇa，12世纪中期在世）在12世纪写的一本类似于编

---

[1] Peter Hardy, *Historians of Medieval India*: *Studies in Indo-Muslim Historical Writing*, 2nd edn (New Delhi, 1997), 20.

[2] 引自Harbans Mukhia, *Historians and Historiography during the Reign of Akbar* (New Delhi, 1976), 16。

年史的梵文文本《国王之河》（*Rājataraṅgiṇī*，创作于 1148—1149
年）。① 这一韵文作品是祖谱（vaṃśāvalis）更宽泛流派的一个例子，
它涵盖了克什米尔地区从遥远的古代到作者有生之年的历史，史料取
自传说、口述传统、文字记录和铭文，它还参考了其他历史著作，这
显示出它在它那个年代并非独树一格。卡尔哈纳盛赞了诗歌的作用，
认为它"能在一个人的眼前勾勒出遥远年代的生动画面"，但他最初
也描述他的方法论和史学观点：

> 尽管由于对叙述篇幅长度的苛求，许多事件未能被详尽记
> 述，但诗歌中仍有足够的材料值得公正地对待。
>
> 在记述历史事件时像法官一样抛弃偏见的人值得赞扬……
>
> 当依自己所见拼凑了国王们的历史的人（记述这一历史的先
> 辈们）百年之后，后来人应具备什么技能去补充叙述？我在叙述
> 历史事件中尽力做到的是用尽一切手段更正之前叙述存在的
> 错误。
>
> 大量包括国王们的早期历史卡尔哈纳的残篇著作在苏拉塔
> （Suvrata）的作品中都有概括，以至于这些历史可以被记起。
>
> 苏拉塔的风格令人厌倦，这是迂腐之过，他的著作虽然名声
> 在外，但缺乏呈现主题的艺术。
>
> 克什曼德拉（Ksemendra，11 世纪的一位作家）的《国王名
> 录》（*List of the Kings*）不可思议地缺乏谨慎，甚至部分都存在
> 错误，即便这是一位诗人的著作。
>
> 而且，之前作家的 11 本包含王室年表的著作都被我和圣人
> 尼拉（Nila）详细审阅过了。
>
> 通过审查之前国王们关于宗教基础和授予的法令、赞颂铭文

---

① 此书由四位梵文历史学家续写，直到 17 世纪早期，这四位历史学家是约那纳迦
（Jonaraja，15 世纪早期）、希里瓦娜（Srivara，15 世纪晚期）、普拉雅比哈塔
（Prajyabhatta，16 世纪早期）、苏卡（Suka，17 世纪早期）。

和文字记录，所有令人厌倦的错误都被处理得让人安心了。①

这段话让我们想到许多熟悉的领域：杰出先辈的错误；查阅各种史料的必要；风格的重要性；历史学家的教育作用。更敏锐的感觉是一个人在卡尔哈纳的著作中所发现的可归于佛教的影响，不过类似于基督教历和伊斯兰历的佛教历法从来都没有在南亚或东亚的史料中得到普遍应用。然而，我们应该小心这样的假设，即这种长期性必定没有受到印度的影响，以及在历史与神话或诗歌势不两立的史学框架下授予自诩诗人的卡尔哈纳"真实"历史学家的头衔。历史与神话或诗歌的对立是西方的产物，并不适用于已在吠陀（Vedic）传统中将真实与神话自由混杂的南亚。

在印度的北边，位于印度、尼泊尔、中国之间的群山环绕的中亚王国西藏从 7 世纪开始作为一个地区性力量出来，在此期间，佛教在那里确立的地位比其他地区更稳固。佛教学者们（用藏文和梵文）创作了大量历史著作，在其中许多著作中，西藏本土民族史被宗教史覆盖，其方法类似于孔雀王朝的阿育王（Asóka）在 2 世纪的一个传说中被塑成一个佛教英雄，或引用一种更远领域的比较，类似于皇帝君士坦丁与基督教的联系最终盖过了他在中世纪欧洲取得的世俗成就。因而与佛教没什么联系的国王们在萨迦派的索南·坚赞（Sonam Gyaltsen，1312 -1375 年）于 14 世纪写的《达摩史明鉴》（*Gyalrab Salwa'I Melong*）一书中被提升为主要的宗教人物。被称为《蓝色编年史》（*Deb-ther snion-po*）的长篇历史由一位高龄的编译人高斯·洛塔巴·祖鲁德帕（'Gos lo-tsa-ba gzhon-nu-dpal，1392 – 1481 年）所写，他使用并频繁复制了像宗教老师写的《生活》（*rnam-thar*）这种更早期的著作，这类著作有许多现在已经遗失了。然而，他的确对早

---

① Kalhaṇa, *Rājatarangiṇī*: *The Saga of the Kings of Kasmīr*, trans. R. S. Pandit (1935; New Delhi, 1968), 4 – 5 (first Taranga or section, verses 3 – 15).

期佛教老师的世系和年代给予了特别的关注，当他从事写作时，他对时间的计算是从命名的那一年（1476 年）往后或往前推算。他对命名的人物所提供的人生范围包括生卒年代。

　　巴斯那·巴陈（dPyan-sna dPal-chen）的三个儿子：第一个叫巴斯那·昆巴甲（sPyan-sna Kun-rgyal），他活了 35 岁，生于土-蛇年（1269 年），卒于水-兔年（1303 年）。第二个叫雍塔·巴甲坚赞（Yontan rgyal-mtshan），他活了 54 岁，生于金-马年（1270 年），卒于水-狗年（1323 年）。最年轻的一位叫德林康巴（Drin-can-pa），他活了 63 岁，生于水-鸡年（1273 年），卒于木-猪年（1335 年）。[1]

上百的段落加上行为评论和名人言论等信息使这部著作难以精通，但作者保存了信息，而不是自娱自乐。尽管如此，《蓝色编年史》中的时间和西藏统治者的名字可以通过其他的西藏编年史和中国史涉藏事务的记述得到验证。它和更早期的由布斯通（Bu-Ston）写的《佛教史》（*History of Buddhism*）成为了解西藏后来历史的主要史料来源。

172

结　论

　　本章和前一章覆盖了欧亚和北非超过 1000 年的历史写作。其中一些关键主题在我们转向早期现代和地理大发现之前值得再次强调。第一、从古代晚期到第二个千年中期的历史写作兴起于政治、社会或动荡不堪或井然有序的背景之下；第二、宗教与世俗利益存在交叉，而不是各行其道，大部分地区的史学都证明了这种相互影响；第三、

---

[1] *The Blue Annals*，ed. G. Roerich（Calcutta，1964 - 1965）.

与中国和伊斯兰世界相对立的累积发展至今的西方历史写作在审视它们自己的历史时并不像它们所显示的那样令人印象深刻。世俗和宗教中有能力的编年史家不在少数，史学仍局限在有限数量的形式之中。相比之下，特别是中国人发展的各种流派（包括百科全书、传记、历史小说），尤其是宋朝发展的历史与哲学的复杂联系值得我们尊敬。基督教世界也没有什么可与伊斯兰世界伊本·赫勒敦所创造的知识范围、洞察力、概括能力相提并论。

这样的比较让我们想到了第四点，也是最重要的一点：许多历史学家已经了解其他文化，一些人后来又受其他文化的影响，无论是基督徒与穆斯林的联系，还是穆斯林与蒙古人、中国人与蒙古人、印度人与穆斯林的联系，这种联系的程度在接下来的三个世纪里得到极大加强。在下一个时期，美洲两大未被探索的大陆加上更加持久的远东冒险迫使欧洲人重新思考世界史的图景。它同样使他们认识到他们自己本身经历了漫长迅速改变和空前扩张的史学模式既不是独一无二的，也不是被广泛认同的。

大事年表

1439 年	布鲁尼《佛罗伦萨人民史》（12 卷本）完成
1440 年	瓦拉证明"君士坦丁的赠礼"系伪作
大约 1513 年	马基雅维利《君主论》完成
1532 年	保罗·乔维奥《土耳其事务评论》问世
1559—1574 年	伊瑞库斯《教会史》（亦名《马格德堡时代》）出版
1566 年	让·博丹《方法论》问世
1586 年	门多萨《伟大而强盛的中国王朝史》出版
1588 年	红衣主教切萨雷·巴罗尼奥《教会年鉴》出版
1598 年	阿布·法兹尔·阿拉米《阿克巴传》完成
1619 年	保罗·萨比用笔名在伦敦出版了《特伦托会议的历史》
1629 年	伊斯坎德尔·贝格《阿巴斯点缀世界的历史》完成
17 世纪 70 年代	黄宗羲《明儒学案》完成
1678 年	理查德·西蒙《旧约批评史》问世
1681 年	博叙埃《论普世史》；马比荣《古文书学六书》
1697 年	皮埃尔·贝尔《历史批判辞典》出版
1698—1699 年	穆斯塔法·纳依玛授命撰写《纳依玛历史》

第四章 早期现代^①帝国的历史：
欧洲、中国、伊斯兰

引　言　"历史"可在各种形态、语言、交流模式中发生，这是本书
的一个主题。实际上，所有注意到这一点的历史文化都假定
书写与过去的再现之间存在一种紧密联系，即便我们也已看
到从希腊神话到北欧传说的大量历史都是通过口述的。西方
史学史毫无疑问也接受了"书写是历史的先决条件"——
pas d'écrire, rien d'histoire（没有书写，没有历史）——的
假设及其衍生的"没有书写体系的民族不可能有'真正的历
史'"的结论。但经过研究口述传统的非洲学家和研究历史
再现的本土形式的拉丁美洲学家两代人的努力，这种观点无
疑也不再持续。诚然，主要通过图片或符号记忆和传达的历
史与文本包含的历史不同，它有着不同种类的局限和可能
性。但我们不能再严肃地认为欧亚文明之外的前现代世界由
"没有历史的民族"构成，至多声称书籍和纸张（相对于石
头、木材、羊皮纸或就此而言的软盘）是构建过去必不可缺
的载体。简言之，正如近期一位评论家所说，将社会（或文

---

① 关于"early modern"的译法，也有学者将之译为"近代早期"，这是基于中国学界对历史
的分期的译法，但西方学界对历史的分期只有古代、中世纪、现代之分，并没有近代的
概念，如果从西方人的思维、西方学界的语境中去体会该词，将之译为"现代早期"似
乎更为恰当。关于该词的译法，刘文明教授还有另一番见解，他认为"modern"一词不
仅表达的是一种时间概念，还表达了一种社会特性，强调这一时期具有的现代性，因
而将"early modern"译为"早期现代"为宜（见柯娇燕：《什么是全球史？》，刘文明译，北
京大学出版社 2009 年版，译后记），笔者对此十分认同，这里也直接借用了"早期现
代"的译法。——译者注

化）分成有历史的和无历史的是极度简单化和根本性的错误。①

我们在将中世纪抛诸脑后，并经历了始于文艺复兴、继之以宗教改革、终于 17 世纪思想动乱的深度震颤之后有必要明确这一点。文艺复兴时期人文主义者及其后继者的成就在史学史中被赋予了特殊地位，这种地位可能仅次于 19 世纪历史"黄金时期"的伟大学科创立者。鉴于此，大约 1450 年到 1700 年的早期现代被看成只可由人文主义的胜利、语言学、对过去的距离感、古典叙述模式的部分回归等界定，而抵制这种看法会特别困难。这些进展非常重要，也赫赫有名，但如果我们扩展视野去囊括同样复杂的东方历史文化，它们就会失去一些所谓的独特性。

本书的第二个主题是不相干的和没有联系的历史文化逐渐意识到彼此，并断断续续地相互影响。到 16 世纪，跨区域经济和文化的交叉影响已在世界所有可居住的大陆上持续了数千年。宗教皈依（自愿或非自愿）和贸易沿着丝绸之路这样的古老路径通过城市和港口使一个文明能在远离故土的地方仍有反响，佛教、基督教、伊斯兰教的传播就是主要的例证。战争也是如此，而且几乎每次征服都有抵制或纯粹地对外整合价值观的例子。古代中期和晚期的波斯帝国、罗马帝国、中国的汉帝国、印度的孔雀帝国都是多民族和复杂的国家，其后继的拜占庭帝国、蒙古帝国、阿拉伯帝国也是一样。到 16 世纪末，已知的世界会更大一些，但支配它的仍会是跨国国家（transnational states），既有字面意义上的帝国（正式意义上的"由一位帝王统治"），也有怀着"帝国"野心的共和制或君主制政权。一些帝国是新建立起来的，如

---

① Sanjay Subrahmanyam, 'On World Historians in the Sixteenth Century', *Representations* 91 (2005): 26 - 57, at 27.

莫卧尔帝国、奥斯曼土耳其帝国和西班牙的哈布斯堡帝国；其他的诸如德国人统治的神圣罗马帝国则是旧有的。一些国家（西班牙、葡萄牙、法国）通过海外扩张继续着欧洲人的征服，另一些国家（英国、荷兰共和国）的视线也逐渐离开欧洲大陆，聚焦于美洲或亚洲。这些国家大都语言多样、宗教多元、种族混杂，接触和交流因而发生在这些国家的边界之内、这些国家之间。此外，它们与外界超出它们生活常规的国家也有接触和交流，尤其是在太平洋和大西洋之间的大陆（这些大陆阻隔了欧洲人梦寐以求的西方通往东方的海路）上的国家。

早期现代相比中世纪晚期更是在相当大的程度上揭示了一个文明到另一个文明的历史及其保存这些历史的方式。这样产生的后果是不均衡。欧洲的历史学家像欧洲传教士（经常是同一个人）那样在当时继续尽力对亚洲保持着细微影响。而在遥远的大西洋、美洲和撒哈拉以南的非洲，情况就不一样了。那里的接触过程联结的不仅是商业，还有征服和宗教皈依（有时是侵略性地破坏，但也有创造），事实证明这更有效力。类似的，莫卧尔帝国成功实现了印度的伊斯兰化，它虽然远不及美洲征服者的基督教化，但对南亚的历史书写产生了持久的影响。在下一章，我们会探访欧洲在 15 至 17 世纪扩张过的地方，尤其是美洲这个欧洲人发现了历史记忆和历史呈现的不同形式的地方。而本章涉及的是欧洲以及伊斯兰和亚洲世界的伟大帝国的发展史。

179

文艺复兴和 17 世纪的欧洲

1487 年（这一年令人记忆犹新的事件是哥伦布的第一次航行以

及摩尔人被逐出他们最后的位于格拉纳达的基地），一位叫迪亚戈·罗德里格斯·德·阿尔米拉（Diego Rodríguez de Almela，1426－1492年，也就是说阿尔米拉在五年后逝世）的卡斯提尔人（Castilian）在他的家乡穆尔西亚（Murcia）出版了自己写的一本名为《瓦勒留编纂的宗教史和西班牙的历史》（*Valerio de las estorias escolásticas e de España*，以下简称《瓦勒留》*Valerio*）的小书。该书以公元 1 世纪罗马道德家兼雄辩家瓦勒留·马克西姆斯（Valerius Maximus）的风格阐释道德观点，并以千古以来许多西班牙历史名人的英雄事迹，辅之以圣经人物作为例证。阿尔米拉自己在史学史中只能算次要的脚注。他是一位中层牧师，由一位强大的主教委任。他一度作为专职教士为卡斯提尔的伊莎贝拉（Isabella of Castile）服务，也曾作为王后及其丈夫阿拉贡的斐迪南（Ferdinand of Aragon）的布道者，尽管他们的人才资源中有更著名的作家可用。[①] 在阿尔米拉过去的其他时间里，他收集史料、删减历史，并逐渐显示出对年代学的熟视无睹，其根据早期王室编年史所著的《历史概要》（*Compendio Historial*）被无可非议地忽略了。但凭借在更早些年间所著的《瓦勒留》（*Valerio*），阿尔米拉在 15 世纪晚期成为了一名谦逊的畅销书作家，他的著作在 1600年以前被再版了 16 次（之后便不再那么流行了），在西班牙和新世界都有广泛的读者。在众多文艺复兴时期的文本中，阿尔米拉的《瓦勒留》是唯一一本通过过去以及近期或久远的名人的生活来阐释道德原则的书。三十多年之后，马基雅维利（Niccolò Machiavelli，1469－1527 年）著的《君主论》尽管集中讨论的是政治现实而不是抽象的道德，但在方法上与《瓦勒留》没有显著差别，也是从训诫开始，之后在过去的事件中寻找实际范例。

因此，尽管阿尔米拉还远算不上那个时代最优秀的历史学家，但

---

① Brian Tate, 'The Rewriting of the Historical Past: Hispania et Europa', in Alan Deyermond (ed.), *Historical Literature in Medieval Iberia* (London, 1996), 85－103.

他却是持"历史是例证的宝库"这一文艺复兴观点的典范。15世纪到17世纪的历史学家们都绝对相信历史主要是用来说教的。而中世纪的作家认为历史有教育的作用，并认为其在后天习得的文化中的地位充其量只算中等。文艺复兴使历史在知识的阶梯中向上提升了几级，并使其既是现状的坚定执行者，同时又是挥舞在追求激进而且常常是暴力的变革中的强大武器。正如一位学者所写的那样，"历史使人类管理他们自己的事务，并允许他们有所差异……那时，历史就是变革的力量。"① 过去的知识本身也在推动着变化。然而，它就像国王与大臣的关系，而且，早先中世纪的"王子的镜子"式的文学在整个欧洲再次焕发了活力。在这方面，欧洲并非独一无二：东方的奥斯曼土耳其、萨法维、莫卧尔这三大伊斯兰帝国（见下文）都有相当于历史上被称为"说教文学"的东西。②

文艺复兴时期的人文主义者热衷于将古希腊罗马作家（尤其是罗马作家）作为他们风格、流派、适宜内容的典范。这是自14世纪中期以来在知识界许多领域里不争的事实，而对古典文本和体系的再探索会对史学思想和历史书写产生广泛的影响，这绝不仅仅是因为15世纪中期以来印刷术的改进使文本更大规模地复制变得更容易。这在文艺复兴的两个世纪里也产生了一些新事物：公众对历史的兴趣超过了王公贵胄。然而，历史仍然绝对仅是一种性别的财产。而且，历史的不平衡还在继续加深，这源于性别观念的出现，还由于人文主义者的著作的强化，这些著作机械地复述着这样的古老观念：历史学家必须是涉身政治、战争、商业等公共事业的人，而不是涉足孩子、宗教祈祷、家庭生活等私人领域的人（见主题框12）。

思想史家和文化史家一直以来都认为文艺复兴标志着在"过去与现在的联系"这一问题上的思想转变。那么标志是什么呢？第一，越

---

① Constantin Fasolt, *The Limits of History* (Chicago, 2004), xiv.
② Douglas A. Howard, 'Genre and Myth in the Ottoman Advice for Kings Literature', in V. H. Aksan and D. Goffman (eds.), *The Early Modern Ottomans: Remapping the Empire* (Cambridge, 2007), 137-166.

来越远离古典时期的距离感以及伴随的再联系过去的渴望使许多中世纪著作缺乏现世的视角。它的完善所花的时间比我们通常所知道的更长，但到 17 世纪早期，"时代错误感"通常设想艺术和戏剧等各种媒介的明显不一致：扮演尤利乌斯·恺撒（Julius Caesar）和亚历山大大帝会变得越来越困难，因为中世纪的十字军或文艺复兴时期的雇佣兵没有意识到这只是一种奇思妙想。这种新的敏感在传播至整个欧洲时并非同样迅速：对变化、过去与现在决裂的敏锐意识（这种意识在 16 世纪佛罗伦萨的历史学家身上没有他们在威尼斯的同行身上那么明显）集中于他们的贵族共和体制所设想的稳定性中；但这种意识在同时期的西班牙却几乎不存在，那里的一位叫佩德罗·梅西亚（Pedro

---

181　**主题框 12　文艺复兴时期欧洲的妇女和历史**

从 15 世纪早期的学者克莉丝汀·德·比赞（Christine de Pizan）开始到整个 17 世纪，有众多迹象表明女性对过去很感兴趣。这一时期的女性对阅读历史非常积极。莱昂纳多·布鲁尼（Leonardo Bruni）等研究教育的人文主义作家有时会选择性地推荐历史作为给女性以启迪的合适主题。女性也开始慢慢地书写历史。这些著作有许多都是用更旧的形式写的，如编年史，或通过对语言和古文物的研究了解过去，而且它们通常避开了男性史家所关注的政治和军事史。例如，中世纪晚期和宗教改革运动时期的北欧女性被视为年代编录者和回忆录作者，她们中尤需注意的是身处天主教众多宗教秩序中的修女们，她们所写的内容综合了圣徒传记、家庭生活、纪念性的和制度上的主题。到 17 世纪晚期，女性甚至开始谨慎地书写成熟的叙事史，只是这些著作通常掩饰在"传记"等其他名头之下。英国清教徒露西·哈钦森（Lucy Hutchinson）就写了一本这样的著作，内容是她的丈夫——一位在英国内战期间任职的官员——的传记。女性也经常是男性作家的口述资料来源：有混血血统的印加历史学家加尔西拉索·德·拉·维加（Garcilaso de la Vega，见第五章）就特别提到他所获得的关于早期印加人的信息来自他的母亲和一些朋友，17 世纪和 18 世纪早期英国的地方史家也是这么做的。到 18 世纪，妇女早期涉足家庭史的倾向以及她们对在档案堆里工作的日趋适应会静静地兴盛，融入到对过去的更广阔的兴趣之中。

Mexía）的历史学家出版了一本关于罗马帝王的畅销书，年代从奥古斯都一直到查尔斯五世（Charles V），似乎这些人都处于同一时间线，就像日本那样是单一的王朝，连较小的统治变动都没发生过。

　　另一个特定时期关于过去的视觉感受是更慢地发展，而考古发现（尤其是对罗马废墟和遍布整个欧洲的罗马人宿营地旧址的发掘）也促进了这一点。当时的艺术表现出对这一新视角的矛盾心理，它既对古代怀有敬意，同时又意识到距离感，并有意忽略古代，巴伐利亚的公爵威廉四世（William IV）在 1528 年所绘的《亚历山大战役》（*Alexanderschlacht*，图 22）就是这样。艺术家阿尔布雷希特·阿尔特多费尔（Albrecht Altdorfer，曾担任宫廷史家的顾问，后来又考察过公元 1 世纪的传记作家昆图斯·库尔提乌斯·鲁夫斯［Quintus Curtius Rufus］）也基于这一心理描绘了一幅时间模糊、无史可考的古代战争画面，而它呈现给观众时更让人想起诸如 1525 年的帕维亚战役（Battle of Pavia）这种更近期的事件。世俗和圣经题材的有偿肖像画是另一个例子，肖像有时被画成身着与时代相符的服饰，有时则不是，这就好像产生了遥远的距离，而艺术家正是通过同时呈现不同时间维度来寻求一个"虫洞"的同等视觉效果。

182

图22　《亚历山大战役》，
公元前 333 年，阿尔布雷
希 特 · 阿 尔 特 多 费 尔
（Albrecht Altdorfer）绘于
1529 年。Alte Pinakothek,
Munich. Photo credit：
Erich Lessing/Art Resource,
NY.

　　语言变迁感更快地发展而来。15 世纪的人文主义者追随了 14 世
纪的诗人彼特拉克（Petrarch）的观点，承认他们正处在中世纪的沙
漠之中，而古代的尽头在他们所关注的过去（西方正是源于这一认识
才将时间三分为古代、中世纪和现代）。主题框 13 他们首度致力于恢
复拉丁语的古典纯洁性，不过"一种语言可以以一种古老和固定的形
式进行迁移"的概念实际上否定了 1500 年间的语言渐变，并引入了
另一种时代错误。这项对语言的新研究产生的早期后果之一是使人们
意识到先前 12 个乃至更长的世纪里的文献遗产都不是很好。可能这
当中最臭名昭著的要数"君士坦丁的赠礼"（the Donation of
Constantine），15 世纪中期最伟大的语言学家洛伦佐·瓦拉（Lorenzo

主题框 13　君士坦丁的赠礼

　　没有比臭名昭著的《君士坦丁的赠礼》这样的伪作更令世人震惊的了。它的出处存疑已不是什么新闻，这是贯穿整个中世纪晚期的疑虑。之前只有地方性的俱乐部才研习的语言学成为了它的对手，犹如一把锋利、崭新、轻巧、细长的剑被洛伦佐·瓦拉挥舞得淋漓尽致。这位语言学家在他的时代或其他任何时代都算得上伟大的文本研究学者之一，他在语言学上的成就远不仅限于成功甄别《君士坦丁的赠礼》或一两份其他伪作。在 15 世纪 30、40 年代，瓦拉受雇于有"宽厚者"（the Magnanimous）之称的那不勒斯国王阿方索（Alfonso），为其记述阿拉贡人（Aragonese）征服那不勒斯的历史，同时他也运用所掌握的语言学技能精确而可靠地证明了一个事实：《君士坦丁的赠礼》使用了与该文献所产生时代完全不符的语言。瓦拉的证伪工作是可靠的，而其后三百年间会有更多古代或中世纪遗留下来的文本被进行语言学上的探究或其真实产生年代的澄清。

Valla，大约 1407－1457 年）使这一文献遭到质疑（见主题框 13）。中世纪其他伪造的文献不久也半途而废，其中包括一个名叫乔瓦尼·纳尼（Giovanni Nanni，约 1432－1502 年）的人的历史，他更为人所知的名字是"维特尔波的安尼乌斯"（Annius of Viterbo），因在文献中搬弄是非而声名狼藉。好几个语言学家将安尼乌斯视为蔑视的目标，并试图系统地证明他的《古代史》（*Antiquities*，其他暂且不论，该书宣称收录了马涅托［Manetho］和贝洛苏斯的遗失的文本）不足取信（见第一章）。原籍法国、流亡英国的新教徒伊萨克·卡素邦（Issac Casaubon，1559－1614 年）是一位文本编辑，他对另一幅伪作《秘义集成》（*Corpus Hermeticum*，新近发现的文集，被认为由一位与摩西同时代的虚构的埃及人所作）进行了瓦拉式的分析，将其产生年代重新确定在了古代晚期。但治愈疾病并不总是比患病更好，在对伪作的抨击中有大量的疯狂行为：约翰内斯·格罗佩斯·贝卡努斯（Johannes Goropius Becanus，1519－1572年）想要驳倒安尼乌斯，而这仅是为了给他的"荷兰人曾定居伊甸园"这一幼稚理论扫清道路。许多令人质疑或产生日期错乱的文献存在于信史舞台的时间很长，而这不仅是因为伪造者自身通常是具有天分和知识的人。这里存在一个更深层次的问题：如果一份史料完全不可信，那么什么来取代它的位置呢？相比中世纪，早期现代的观念对在记录中留下缺漏更感到不适。对古代某些历史学家们的再发掘以及他们受欢迎程度的起起落落恢复了用新古典主义的拉丁语和方言进行连续叙述的传记和历史写作，以替代支配了过去数个世纪的编年史。有兴趣促进著史方式上的优越性的人文主义者（通常对学识较浅的编年史同行有些看不起）对他们的前任恶意中伤，这使现代性在审视过去时经历了一段艰难时期。德国人文主义学者约翰内斯·阿芬提努斯（Johannes Aventinus，1477－1534年）将编年史家称为"麻木、缺乏经验、愚蠢的三流文人"。[①] 几十年后，一个英国人在对李维著作复本的注释中批判"许多胆敢编纂历史、编年史、年鉴、历史评论的蠢驴"。[②] 编年史并没有消失，但整个欧洲的公众很快失去了对它的兴趣——西班牙的人文主义者表面上采用古典模式，但最初所受的影响更多来自发生在意大利以外神圣罗马帝国其他地方的北方文艺复兴，而不是意大利，因而摒弃编年史传统的现象要少一些。在英格兰，史学意大利化的早期尝试并未流行起来，古典模式的历史写作直到16世纪末才完全确立下来。

　　这不仅仅是新潮流传播至偏远角落和发展停滞地区相对缓慢的问

---

① Gerald Strauss, *Historian in an Age of Crisis*：*The Life and Work of Johannes Aventinus 1477－1534* (Cambridge, 1963), 80.

② Virginia F. Stern, *Gabriel Harvey*：*His Life*，*Marginalia and Library* (Oxford, 1979), 152.

题：旧式的编年史仍在运转有其合理的原因，尤其是当人文主义历史写作日益具有选择性、聚焦于杰出人物、与执政君主或野心勃勃的贵族的政治声誉绑在一起的时候。编年史的包容性以及从重新引入的古典诗学的专制中获得的自由使它成为适合某些人选择的类型，例如拉斐尔·霍林斯赫德（Raphael Holinshed）的《编年史》（Chronicles，1577，1587）[①] 这部英国历史合集的合著者，他们希望囊括广泛的材料，尤其是关于人文主义历史叙述并不关注的中层阶级的故事。正如编年史家们两个多世纪以来在意大利和德国所做的那样，编年史也为发展中的北欧城市的市民意识提供了极佳的出路，而在欧洲大陆更偏远的地方，编年史保持支配地位的时间更长。例如，俄国就在很大程度上错过了文艺复兴以及附带一起发生的印刷革命，不过古典和西欧历史学家的著作在俄国也被阅读——尤里·克里兹哈尼奇（Juraj Križanić，Yuriy Krizhanich，约 1618－1683 年）既是受过耶稣会教育的克罗地亚学者，又是泛斯拉夫主义的推动者，他在 17 世纪 60 年代被流放西伯利亚时就随身携带着李维、普鲁塔克、波里比阿的著作。然而，始于《原初编年史》（Primary Chronicle）的这种史学传统在很大程度上到完成于"恐怖大帝"伊万四世（Ivan IV，the Terrible，1547－1584 年在位）的宫廷巨著《尼康尼恩的编年史》（Nikonian Chronicle）就结束了。[②] 城市编年史在莱茵河畔的法兰克福等许多城市仍在维持，并持续到了 18 世纪。但这些幸存下来的编年史不能掩盖关键的一点，即在欧洲大部分地区，编年史首次丢失了它已享有了数个世纪的优越地位，并很快变成迟缓、笨拙、粗劣的骗子，而更多历史叙述的文学形式开始受教育精英和他们最有权力的读者的欢迎。

　　这一新历史运用的模式发现于古代。古典遗产的再发掘实质上意

185

---

① 即《英格兰、苏格兰和爱尔兰编年史》（Chronicles of England，Scotland and Ireland）。——译者注

② The Nikonian Chronicle，ed. Serge A. Zenkovsky，trans. S. A. and B. J. Zenkovsky，5 vols.（Princeton，NJ，1948－1949）.

味着将发现的旧有文本校勘为最准确地解读可能的作者原意的现代书
稿。这一抢救工作很少打算去发掘完全不为人所知的古代作家，但它
频繁地从新著作和长期保存于某个修道院的某份书稿中找寻已知著作
的额外部分以及像李维那样的作家所著著作的更老版本。相应的，改
良的罗马历史学家的拉丁语著作一本接一本地出现了。希腊语著作也
未落后多少，这得益于流亡的拜占庭学者对专心的意大利学生的训
练，因而波焦·布拉乔利尼除了创作拉丁语版本的《佛罗伦萨史》
（*History of Florence*）外还翻译了色诺芬的著作以及西西里的狄奥多
罗斯的《历史丛书》（*Historical Library*）的部分内容。到 1700 年，
已出版的涉及 20 位古希腊罗马作家所著著作的版本已有 2355
种，[1] 其中古罗马作家所著著作的出版要比古希腊作家所著著作的出
版频繁得多。尽管早在 1500 年就有一些人文主义者气冲冲地警告不
要成为西塞罗的奴隶，但古人的幽灵潜伏在他们在早期现代的继承者
的身边，像是要斥责他们的努力成果一样。古典著作的数量和质量使
文艺复兴时期的作家们勉强重塑了史学的古代车轮，但相隔那么多个
世纪，什么样的无用且愚蠢的想法可以对塔西陀和李维有所促进呢？
所以他们转而叙述后古典时期的历史，并转到非叙述性、古文物研究
类型、能够很快上手的学术上去。

学界一致认为采用拉丁语和古人模式写作的人文主义历史叙述产
生于 15 世纪早期。阿雷佐的莱昂纳多·布鲁尼（Leonardo Bruni of
Arezzo，约 1369－1444 年）因其著作的质量及其形式的原创性而被
挑选出来成为恰当的例子。他从 1427 年开始担任佛罗伦萨共和国执
政官职务，直至去世，而他开始历史写作比这还要早近 20 年，可能
是受 1400 年左右佛罗伦萨以弱胜强战胜了邻邦米兰的启发，想要把
这一重大时刻记录下来。1439 年，12 卷本的《佛罗伦萨人的历史》
（*Historiae Florentini populi libri xii*）被呈交给佛罗伦萨执政委员会，

① P. Burke, 'A Survey of the Popularity of Ancient Historians, 1450－1700', *History and Theory* 4 (1966): 135－152, at 136.

186

图 23 撒 路 斯 特（Sallust），壁画，由卢卡·西格莱里（Luca Signorelli, 1441－1523年）在 大 约 1500—1503 年创作于意大利奥维多（Orvieto）的大教堂。Duomo, Orvieto, Italy. Photo credit：Scala/Art Resource, NY.

该书的作者布鲁尼自觉地意识到他所做的与之前几个世纪的编年史家所做的有根本性不同，并夸张地将更早期的著作降至仅是历史汇编的地位，声称他的笔触会转向真实的历史，这一切都标志着有意识地与中世纪编年史决裂。在该书的前言中，布鲁尼这样写道："历史迫切需要长时段的连贯叙述、对每个特殊事件的因果解释以及某人对每件事的评价的公众表达。"[1]

布鲁尼已将波里比阿、修昔底德和撒路斯特（图 23）等一些希腊历史学家的著作译成拉丁文，他们都对布鲁尼产生了很大的影响。他自己写的《历史》（*History*）因其拉丁风格和一丝不苟而闻名。该

---

[1] Leonardo Bruni，*History of the Florentine People*，vol. I，Books I－IV，ed. and trans. J. Hankins（Cambridge，MA，2001），5.

书以早先的编年史为基础，并通过对档案的直接研究得到了补充完善。他对史料进行批判吸收，并对矛盾和冲突的故事心知肚明。该书187的结构也具有创新性。尽管布鲁尼是按年代逐年叙述，但他的这种叙事方式由古罗马人（包括李维）的编年史形式改变而来，并不是乔瓦尼·维拉尼（Giovanni Villani）等中世纪晚期佛罗伦萨编年史家们叙事方式的延续。他还突出了古典历史学家的典型特征，即最后被另一位人文主义者乔瓦尼·普塔诺（Giovanni Pontano）称为"历史的灵魂"的演说辞。这本《历史》在那时被认为是杰作，该书在其他城市的推崇者乐观地宣称它预示着新李维时代的到来。而在当地，该书的反响也很热烈，以至于布鲁尼可能是自古代以来因为史学成就而被公众纪念的第一人：佛罗伦萨市民在圣十字教堂为他竖立了一座大理石纪念碑，纪念碑上布鲁尼作斜倚状，并将他的《历史》握在胸前。

布鲁尼并不是简单地模仿古典史学；他生活在另一个时代，其历史观的形成不仅来自他的阅读，还源于他的个人经历。相反，我们不禁认为布鲁尼在方法论上是原始现代主义者，是从修昔底德到19世纪重要学者的一系列伟人中的一员，这又在另一个方向走得太远。由于他对过去的全部兴趣和推翻传说的意愿，这位佛罗伦萨执政官就历史而言并不是位平心静气的历史从业者：无论在历史领域，还是在其他方面，他都断言历史学家的首要职责是为现代的问题提供指导。中世纪的"有用的过去"仍然扮演着重要角色，现在又运用到了公共服务之中。

威尼斯、米兰、菲拉拉、曼图亚、罗马以及其他城市从15世纪中期到16世纪晚期的故事是一样的。这一时期的大部分历史学家现在都已被遗忘，但也有一些杰出、涉猎广泛的学者为世人所知，例如伟大的文本编辑（同时也是一位佛罗伦萨执政官）波焦·布拉乔利尼（1380－1459年），又如一个世纪以后的保罗·乔维奥（Paolo Giovio，1483－1552年），其他暂且不论，他因为确立了"一个人所处时代的历史"这一古典模式的分支流派而闻名。到 15 世纪末，许多人文主义者为篇幅长一些的著作写读者投书栏或作序，概述历史的价值，新的学术研究甚至开始对历史的恰当风格和内容以及历史真实的本质进行了第一次理论尝试，这种尝试包含在那不勒斯人乔瓦尼·普塔诺（Giovanni Pontano，1426－1503 年）的对话录《阿克提乌斯》（*Actius*，1499）和彭波尼·勒托（Pomponio Leto，1425－1498 年）写的一本简明扼要的《历史教科书》（*Praelectiones de historia*，1471）中（勒托以前是瓦拉的一位有些偏执的学生，而瓦拉凭借对古代的热爱建立了自己的学派，这一学派的成员聚在勒托的罗马式的房子里，并用古典的名字彼此称呼）。

　　折磨欧洲近三个世纪的政治危机和宗教战争大体上对历史书写造成了很大的刺激，特别是促使人们去思考过去与现在的病因关系或线性关系，即思考带领我们从那时走到现在的道路。用我们早先所用的一种隐喻的说法说，它将过去从湖中引到了河里，而这种修正在 18 世纪得到了巩固。当早期现代的欧洲面临剧烈的政治或社会变革，传统的以史为鉴为解释当代人所生存的世界的起源提供了出路。在 16 世纪早期的意大利，在李维之后值得称道的能影响数十年的人文主义叙述已经产生；当法国人和西班牙人的入侵迫使历史学家们重新关注近期发生的事情时，他们几乎没什么可写的。另一个意大利人恩里科·卡特里奥·达维拉（Enrico Caterino Davila，1576－1631 年）似是而非地记录了他参加过的发生在 16 世纪晚期的法国宗教战争。与此同时，温和派政治家雅克-奥古斯特·德·杜（Jacques-Auguste de Thou，1553－1617 年）采用保罗·乔维奥"一个人所处时代的历史"这一文体形态记述了法国近期的历史。17 世纪中期英国的历史学家放弃了伊丽莎白女王一世时代和詹姆士一世时期的英国文人记述中世纪国王"生活和统治"的行为，并创作出了一大批斯图亚特王朝早期的历史以及正困扰着他们的内战的历史。当克拉伦登伯爵爱德华·海德（Edward Hyde，1609－1674 年，国王查理一世〔Clarles I，1625－

188

1649 年在位〕的顾问，后来又担任查理二世的大法官，已被处决）开始着手记述他两次流亡期间的那些战争时，他放弃进一步回溯原因，而是探讨这位被杀害国王统治初期的历史。克拉伦登伯爵的《英国内战和叛乱史》（*History of the Civil Wars and Rebellion*）直到 18 世纪初①才出版，该书被许多读者视为英语世界里在叙述方面最具修昔底德遗风的著作。

如果要比较编年史和人文主义历史叙述这两种审视过去的方式，没有比拿弗朗西斯科·圭恰尔迪尼（1483－1540 年）和更臭名昭著的尼科洛·马基雅维利（1469—1527 年）这两位几乎同时代的佛罗伦萨历史学家进行比较更能说明问题的了，他们都困于共和制向君主制过渡以及侵略和战争的混乱时期，也都著有佛罗伦萨的历史，只是圭恰尔迪尼的是更加冗长的意大利史。两个人都写有关于政治智慧的著作，值得一提的是，马基雅维利的《君主论》（*The Prince and Discourses*）将过去和近期的例子强行结合在了一起。很少有哪段文字可以阐明文艺复兴对古代的挚爱，这种感觉引导了与古代作家的对话，就像马基雅维利在政治失意期间所记述的那个安宁的夜晚那样：

> 黄昏时分，我就回家，回到我的书房。在房门口，我脱下沾满尘土的工作服，换上宫廷礼服，整我仪态，进入古人的庄严殿堂。在那里，我受到了热情的款待，享用着专门为我提供的食物——这可是我生来就要做的事。在那里，我并不羞于与他们交谈，并询问他们每次行动的动机，他们则和善地回答我。②

---

① 1702—1704 年出版。——译者注
② Machiavelli to Francesco Vettori 10 December 1513, in *Machiavelli and his Friends： Their Personal Correspondence*, ed. and trans. James B. Atkinson and David Sices (De Kalb, IL, 1996), 264.

图 24　佛罗伦萨历史学家弗朗西斯科·圭恰尔迪尼的雕像，由路易·卡特（Luigi Cartei）于19世纪雕刻，现藏于佛罗伦萨乌菲齐美术馆。Uffizi, Florence, Italy. Photo credit：Vanni/Art Resource, NY.

189

　　圭恰尔迪尼（见图 24 和摘录 15）是比马基雅维利更为悲观的晚辈，他在年轻的时候写了一本佛罗伦萨史，但相比马基雅维利，他并不太热衷于回溯这个城市的历史一直到蛮荒时代，更乐于叙述这个城市乃至整个意大利当前面临的问题（法国和西班牙军队的入侵以及共和国独立性的丧失）的演变史。他非常在意详述他所处时代的历史，这或许是修昔底德"专注不久前发生的历史"这一思想的引申。他对以史为鉴的效果持怀疑态度，依据是表面上相似历史条件之下的情况差异。他曾在他的一本辑有格言和想法的《记录》（*Ricordi*）中这样评论说："事事都拿罗马人来比是多少错误啊，那需要我们有个像他们那样的城市，并像他们那样去管理它。拿具有不同特质的两个城市进行比较就像期望一个人像马一样奔跑那么荒谬。"这是一种先见之明，直到很久以后，历史主义才考虑到不连续历史事件的独特性以及不同历史时期无从比较的问题。[①] 圭恰尔迪尼并不像他的前辈们那样依靠更早期的编年史，而是热衷于佛罗伦萨档案中的史料，最终 19 世纪伟大的德国历史学家利奥波德·冯·兰克（Leopold von Ranke，颇受批判的人物）也承其衣钵，而这并非偶然。

190　人文主义历史在北欧的传播：芬顿对圭恰尔迪尼著作的译介

文献摘录15

- 由于正在写关于意大利事务和命运的历史，我也很容易去谈论与我们的时代和记忆最为相似的特质，这甚至在叙述这个国家自私的君主引入法国军队并开始第一次伟大变革时就开始了。一个事件因其多样性、伟大以及诸如此类的本质而值得注意，并值得记忆，如可憎的、血腥的、可怕的重大事故，又如意大利多年来遭受的各种灾难与不幸——公国、国家乃至世人都已习惯于遭受正义之怒和上帝之手的折磨，仿佛亵渎神明的邪恶的其他国家所经历的那样。这些丰富多彩的信息或许可以给予所有人或某个人许多有益的指导。通过众多实例的实验、认同和证明，所有的君主、民众、教会或许（就像不同的风驱使着一片海洋那样）会看到无常的世事如何有规可循以及君主们欠考虑的决策是多么有害——有许多次会对他们自己不利，但每次都会伤及他们的人民和臣属，尤其是当他们因为奇怪的错误或个人的贪婪而丧失理智，对命运的常规变化没有任何印象或记忆，并凭借政治赋予的保护所有人安全的权力损害他人，令他们不满时，他们或出于对自由裁定权的需求，或出于过大的野心把他们自己变成了革新和新麻烦的执笔人。

节选自弗朗西斯科·圭恰尔迪尼的《意大利史》（*Historia d'Italia*）1579 年英译本《圭恰尔迪尼的历史：意大利及其他地区的战争》（*The Historie of Guicciardin：Conteining the Warres of Italie and Other Partes*，Trans by Fenton，London：T. Vautroullier，1579）的开篇。伊丽莎白一世时代的英语拼写已被校为现代式。印刷术使这本历史的可用性比中世纪的著作更强，一个典型的版本到 1600 年已印有 1000 至 1200 本。这样的译本确保读者在不能阅读历史学家所用语言的情况下仍能读到其他国家（尤其是法国或就此而言的意大利）的大量历史。

---

① F. Guicciardini，*Maxims and Reflections of a Renaissance Statesman（Ricordi）*，trans. M. Domandi（Gloucester，MA，1970），69.

　　已发现的非档案——但历史性并不逊色——的史料包括位于意大利以及其他地方的废墟、雕像、货币和建筑，对这类史料的研究衍生出了一个历史研究的辅助分支，即我们通常所说的"古物研究"（antiquarianism）。它发源于语文学，但对失落的遗迹（既包括语言学上的，又包括有形的）和与过去（尤其是他们最初所指明的古典的过去）的断层也十分敏感。古物研究在不同国家的形式各异，但始于布隆德·弗拉维奥（Biondo Flavio，1392－1463 年）对罗马时代意大利地形和古物的绘制，其成果被他称为《意大利图志》（*Italia Illustrata*）。[①] 古物研究从业者主要致力于探寻没有被记述的过去，独具特色的是，他们探寻货币等非传统证据，而不是更早期的编年史，甚至连文献都不涉及。法国人吉拉姆·布德（Guillaume Budé，1467－1540 年）在他的《残片集》（*De asse et partibus eius*，1514）中已经考察过古代硬币和度量单位。其他的诸如梵蒂冈教廷奥古斯丁隐修会的学者奥洛弗里奥·潘维里奥（Onofrio Panvinio，1530－1568 年）和卡斯提尔御用历史学家安布罗西奥·德·莫拉雷斯（Ambrosio de Morales，1513－1591 年）也跟着收集硬币、墓冢、残片、石碑的拓片，并对罗马领地或国家内的古物进行编目。而像罗马年表（发掘于 16 世纪 40 年代记录地方官员和凯旋者的名单）这样的主要发现似乎提供了一个替代选择——更少地依赖古代的历史学家，更直接地获取关于遥远过去的信息。

　　到 17 世纪末，从对古代纪念碑和史前巨石的考古研究到对墓碑、硬币、奖章的解读，再到对包括化石在内的自然珍品的编目，古物研究像它发展更加蓬勃的姐妹——历史——一样变成涵盖内容丰富多样的概念。英国和其他地区的地方历史学家致力于对个别城镇或地区及

191

[①] *Biondo Flavio's Italia Illustrata*, ed. and trans. Catherine J. Castner, vol. I: *Northern Italy*（Binghamton, NY, 2005）; Nicoletta Pellegrino, 'From the Roman Empire to Christian Imperialism: The Work of Flavio Biondo', in S. Dale, A. W. Lewin and D. J. Osheim（eds.）, *Chronicling History: Chroniclers and Historians in Medieval and Renaissance Italy*（University Park, PA, 2007）, 273－298.

其遗迹进行研究，这就是我们通常所说的"地方志"。文艺复兴晚期
的一些人起初由于好奇而收藏人造的和自然的古代珍稀物品，出现了
像法国人尼古拉斯·法夫里·德·皮尔斯（Nicolas Fabri de Peiresc，
1580－1637 年）或都灵的卡西亚诺·达尔·波佐（Cassiano dal
Pozzo，1588－1657 年）这样的古物收藏家，这种个人收藏始于 17 世
纪晚期欧洲学者们对古物的科学研究相互融合。到这个世纪末，伊奇
基尔·斯班海姆（Ezechiel Spanheim，1629－1710 年）这样的钱币学
家将硬币和奖章从叙史时单一用作装饰性插图转变为真正的数据史料
来源。类似的，早期关于纹章学和系谱学古物的定型研究到 1700 年
也转变为更像现代考古学的活动。运用系统方式研究人造物品的很好
的例子是伯纳德·德·蒙福孔（Bernard de Montfaucon）在 1719 至
1724 年间出版的《古代遗物说明》（L'Antiquité expliquée et représetée
en figures）。古物研究同时也在向另一个方向演进，因而紧贴另一大
发现——"自然史"，并经常与之重叠，到 18 世纪早期，古物研究有
了能让我们联想到林奈（Linnaeus）这样的同时代科学家的分类和实
证倾向。

　　不是所有博学者都四海为家，或注重人工制品胜过书籍或文稿。
他们中有许多人用瓦拉或卡索邦（Casaubon）的方式专注于去伪存
真。在某种情况下，绝对的常识反而会引起怀疑。甚至像威尼斯人马
可·安东尼奥·萨博尼柯（Marco Antonio Sabellico，1436－1506 年）
这种利维安时期的劫掠者也会发现很难完全相信罗穆卢斯
（Romulus）和雷穆斯（Remus）幼年在狼和牧者之间的冒险。一个世
纪以后，旅历颇多的德国地理学家菲利普·克鲁维乌斯（Philip
Cluverius，1580－1622 年）甚至怀疑整个罗马君主制时期的存在，因
为李维及其前辈们所用的史料已在公元前 390 年高卢人攻陷罗马城后
荡然无存。[①] 在其他例子中，语言学武器被运用得更加淋漓尽致，而

192

---

① H. J. Erasmus, *The Origins of Rome in Historiography from Petrarch to Perizonius*
（Assen，1962）.

在这场净化之战的牺牲品中值得注意的是特洛伊船，它毫无损伤地驶过中世纪，并快乐地航行，至少驶到 16 世纪中期，船上载有法兰西翁（Francion）、布鲁图斯（Brutus）及其朋友的多国船员。它在那时受到众多人文主义质疑者狼群式的围攻，包括德国人毕图斯·雷纳努斯（Beatus Rhenanaus，1485 - 1547 年）、意大利人波利多尔·维吉尔（Polydore Vergil，大约 1470 - 1555 年）以及法国的一些博学者。但支持者也有辩驳之词，甚至在现在，人文主义者在这一点上的看法也远未统一，而且不总是能够提供准确的替代选择。其他暂且不论，15世纪中期历史学家皮科洛米尼（Enea Silvio Piccolomini，1405 - 1464年，自 1458 年起担任教皇比约二世［Pius II]）就排斥一种挥之不去的中世纪观念，即认为奥斯曼土耳其人的祖先是特洛伊人（寻求报复希腊人的后裔拜占庭人），以取代更适合的野蛮的斯基太人（Scythian）。[1] 早期的一位法国人文主义历史学家罗伯特·加吉恩（Robert Gaguin，1433 - 1501 年）质疑源于特洛伊的法兰克人与那位奠基的国王法兰西翁或法兰库斯（Francus）不是一个概念。波利多尔·维吉尔驳斥特洛伊人仅是基于古典史料没有记载而进行的判断，他受到了英国民族主义者和威尔士批评者的嘲笑，这些批评者中有许多凭他们自己的能力都能胜任语言学家的工作，他们勉强舍弃布鲁图斯或后来更有些说服力的英雄亚瑟王，并颇为讽刺地使用好的（即便是错的）语言学论据来支持这种谱系。所以特洛伊船仍需些时日才会沉没，而当民族主义情感需要它的支持时（最明显的是在法国），它甚至可能在 17 世纪为自己正名。但趋势是明显的，奠基的国王、大洪水后的巨人、流浪的古代王子等传承而来的信念的影响在学术精英中已经减弱了。

　　流行文化是另一回事，流通于整个欧洲的各诗集、民谣以及大幅

---

[1] 见 Margaret Meserve，*Empires of Islam in Renaissance Historical Thought*（Cambridge，MA，2008），22ff.，梅瑟（Meserve）指出，相比人们普遍相信的观点，这种观点作为对土耳其人的一种解释在人文历史学家中并不突出。

报纸都传到了 18 世纪，其中就包括法语廉价印刷品《蓝色文库》
（*Bibliothèque bleue*），该书主要兜售一些迎合、回归口传文化，并融
合了浪漫文学、传奇和历史的故事。这并不是说当时的欧洲人意识不
到差别，相反，瓦拉和布鲁尼的后继者像任何 19 世纪晚期兰克学派
学者那样坚定不移地认为小说是一回事，历史真实又是另一回事。问
题是小说的作者趋向于将他们自己刻画成真正的历史学家，这在一个
文学水平低下、历史教育水平有限的时期是一个抢占先机的有效策
略。文艺复兴时期复述高卢的阿玛迪斯（Amadis of Gaul）、沃里克的
盖伊（Guy of Warwick）等传奇故事的人，以及后来在 17 世纪晚期法
国的传奇小说作家（还有 18 世纪英国的小说家）都通过将他们的著
作冠名为"历史"来使这些具有讽刺意味的形态正规化。

193

　　另一个问题在于确立历史（尤其是古代历史）事件的准确时间
线，并调和或"同步对照"世界不同地区发生的事件及其历法。如果
语文学是一门困难但受人尊敬的学问，是那个时代的物理学，那么历
史年代学就是它的弦理论，属于学术前沿。早期现代关于亚述王朝王
表、罗马执政官年表和希腊执政官年表的论文现在看来深奥难懂，有
些年代学者（包括千禧年论者在内）用奇异的和不受支持的理论来解
释历法上的问题，其他人古怪地试图确定上帝创世的第一天的确切时
间——可能最著名的时间是爱尔兰大主教詹姆斯·厄谢尔（（James
Ussher, 1581－1656 年）确定的公元前 4004 年 10 月 23 日黄昏。但
年代学确也吸引了不少真才实学之辈，他们在语言、历史甚至天文学
上都有较高造诣，如那个时代最伟大的语言学家约瑟夫·贾斯特斯·
斯卡利杰（Joseph Justus Scaliger, 1540－1609 年），又如偶然发明对
数来辅助其年代学计算的苏格兰千禧年论者约翰·纳皮尔（John
Napier, 1550－1617 年），乃至后来的艾萨克·牛顿（Isaac Newton,
1643－1727 年）爵士。①

---

① Frank E. Manuel, *Isaac Newton*, *Historian* (Cambridge, MA, 1963).

最为精致的年代学著作很少能融入最普遍的历史之中，而像约翰·谢里丹（Johann Sleidan，1506－1556 年）的《论四大帝国》（*De quatuor summis imperiis*）或沃尔特·拉雷（Walter Ralegh，1552－1618 年）爵士的《世界史》（*History of the World*）则完全是根据四大帝国进行了更简单的历史时期划分。这种旧形式的普世史——尽管不是完全意义上的全球史——通过雅克-贝尼格勒·博叙埃（Jacques-Bénigne Bossuet）的一本外行的转型之作《论普世史》（*Discourse on Universal History*）经历了最后一次辉煌。这本书名义上为法国皇太子而写，而博叙埃担任他的导师已有多年。博叙埃在 1681 年被任命为主教，他还常年是备受争议的人，他的《变化的历史》（*Histoire des variation*，1688）一书就是 17 世纪晚期法国天主教历史学家和新教历史学家争论的热点。面对 17 世纪晚期的严谨学术和自然神论的初步显现，博叙埃借写《论普世史》之机重申了圣经所述历史的可靠性，同时抨击更传统的敌人，如犹太人、古代晚期的异教徒以及（更微妙的）新教徒。博叙埃将整个世界的年代学、神圣历史、世俗政治史都融合到通俗易懂的一卷书中，仅给了读者足够的知识去了解天意如何在历史中发挥作用，其论调武断，但又让人信服。博叙埃当然知 194 道 17 世纪年代学家的主要著作；他在呈现历史事件时尽力用单一、普通的时间尺度，在耶稣诞生之前既用公元前，又用创世纪元，耶稣诞生之后用公元（见摘录 16）。所有这一切的基础便是历史的全球视野（尽管以法国为中心），它为启蒙运动时期完全不同的普世史提供了一个出发点。

博叙埃论普世史的使用

- 历史即便对他人毫无用处，但君王应该阅读，因为没有什么能更好地向他们展示激情、兴趣、时间、环境、好的和坏的建议能带来什么。历史只论述涉及君王的行为，其所有的一切似乎都为供他们使用。如果他们需要经验去获得一位明君的谨慎，没有比将过去的实例与他们的日常的经历相结合更有用的指导了。一般而言，他们学会评估他们所面临的危险需要以他们的国民和荣耀为代价，而历史会用过去发生的事件帮助他们形成判断，并不冒任何风险……

● 一个人如果没有从历史中学会区分不同时代，那么他置身于自然法则或成文法规之下就如同置身于福音教义之下一样。他会像谈论居鲁士时期胜利的波斯人那样谈论亚历山大时期被击败的波斯人，还会认为腓力（Philip）时代的希腊人会像地米斯托克利（Themistocles）时代或米太亚德（Miltiades）时代的希腊人一样自由；戴克里先时代的罗马民众会像君士坦丁时代的罗马民众一样自豪；查理九世（Charles IX）和亨利三世（Henry III）治下内战动荡时期的法国与路易十四（Louis XIV）治下可独自征服全欧洲的法国一样强大……

● 这种普世史之于每个国家和每个人的历史就像世界地图之于专门地图。在一张专门地图上，你可以看到就其本身而言的一个国家或一个省，但一张通用地图教你将世界的这些部分置于他们所处的环境之中，你会看到王国中的巴黎或巴黎近郊是什么样子，欧洲中的这个王国是什么样，世界中的欧洲是什么样子。

● 同样的，专门史展示的是发生在一个国家的一系列事件及其详情，但为了理解所有事情，我们必须知道那段历史与其他历史可能存在的联系，但浓缩可以解决这一问题，这样我们扫一眼就可以察觉那时发生的所有事件。

节选自 'The General Plan of this Work', in Jacques-Bénigne Bossuet, *Discourse on Universal History*（1681），trans. E. Forster, ed. O. Ranum（Chicago and London：University of Chicago Press, 1976），2 - 4。

195　　　如果置于法国学术严谨的两个世纪的环境中看，博叙埃《论普世史》的古怪更加明显。语言学家和古物研究者从 16 世纪早期的布德到半个世纪以后的雅克·居雅斯（Jacques Cujas, 1522 - 1590 年）和弗朗索瓦·霍特曼（François Hotman, 1524 - 1590 年）都研究语言和法律（尤其是罗马法）。他们中许多人都采用"高卢式"（或者说"法式"）人文主义方式研究法律语言，这和之前中世纪晚期对抽象和不合时宜的罗马法律文献进行评论或注释的"意大利式"方法相对。居雅斯、霍特曼、弗朗索瓦·道尔伦（François le Douaren）以及其他一些人还联合组成了一个"历史研究的法国学派"。尽管这一学派的许多追随者都在布日尔大学（University of Bourges）工作，但它不是一个文本研究学派，而是用一种独特的方式深入史料：最初强调文本编辑，确定字句、文献的历史含义，并将法律理解为特定时期一定时限的产物；最后将范围扩展至不同法律体系的比较，例如罗马公民法与地方习惯法的比较。到 16 世纪晚期，相关的关于罗马奥义的独立研究随着法国宗教战争的爆发而在现实世界中变得更为紧迫，那里以及其他地方的语言学都被用作某种合法要求的历史基础，甚至被用来构建例证以推翻暴君或（天主教徒眼中的）异教徒君主。霍特曼在《法国人》（*Francogallia*）中就是为胡格诺派这样做的；作为苏格兰重要的语言学家同时也是诗人的乔治·布坎南（George Buchanan，1506－1582 年）在他伟大的《苏格兰史》（*History of Scotland*）和名为《论苏格兰人中的王法》（*De iure regni apud Scotos*）的小册子中也是这样做的。17 世纪英国许多法学家和小册子作家都在讨论 1066 年诺曼征服是否是"真正的"征服、像国会这样的机构是否之前就有、土地的普通法是否源于很久以前不可追溯的时代等问题，所有这些问题都与当时的政治争论有实际的关联。甚至新贵荷兰共和国也在构建它自己的"巴达维亚神话"——因受西班牙的腓力二世（Philip II）侵犯而奋起捍卫的法律和自由，或者如作为国际法权威有时也是历史学家的雨果·格劳秀斯（Hugo Grotius，1583－1645 年）在他的《论古代的巴达维亚共和国》（*De antiquitate reipublicae Batavicae*，1610）中所说的那样。在欧洲的启蒙运动时期，随着法学家一个接一个地将法律体系相对的知识转为关于人的地位提升的更宽泛的一般法则，没有哪个学科像法律那样更与历史思维相关。格劳秀斯、约翰·塞尔登（John Selden）以及萨克逊学者萨缪尔·普芬多夫（Samuel Pufendorf,

196 1632 - 1694 年，主要在瑞典王宫担任御用史学家）等 17 世纪的法律作家确定了文艺复兴的法律人文主义和 18 世纪苏格兰、法国和德国的历史哲学的理论成果之间的重要联系。普芬多夫既是一位叙事史家，也是一位法理学家，他在用笔名出版的《当前的德国》（*The Present State of Germany*，1677）一书中表达了对"帝国迁移论"（*translatio imperii*）① 可能最为彻底地排斥：

> 就所有已有的言论来看，我们会发现那些认为德意志帝国继承和延续了古罗马帝国的人所犯的错误是多么幼稚；事实上，那个立足于罗马的帝国在德国成为一个帝国的许多个世纪以前就已被毁灭了……但罗马帝国和德意志帝国的加冕礼（和就职典礼）的区别是显而易见的，两个帝国之间存在真正的差别。②

一些积极乐观的历史学家对所有这一切有更深层次的认识，即认为过去的确可以被精确还原和再现。他们中的亨利·德·拉·波普利尼埃尔（1541 - 1608 年）甚至完成了一本《史学史以及完美历史的观念》（*History of Histories，With the Idea of Perfect History*）的书，该书一度被（错误地）认为是第一本关于历史著作史的小册子。另一位历史学家让·博丹（1530 - 1596 年）写了一本被广泛阅读的著作——用于阅读和理解历史的《方法论》（*Methodus*）。作者本打算引导读者了解过去的历史学家们令人痛苦的困惑，甚至提供按年代排序的历史书目，但《方法论》远远超过了这些。博丹被认为是在确定历史"正确演进"的规则以及（像波里比阿那样确定）政府类型。因为

---

① 拉丁语"*translatio imperii*"英译为"transfer of rule"，源于中世纪的概念，意指两个君主专制的帝国之间存在线性的继承关系。——译者注
② Samuel Pufendorf, *The Present State of Germany*, trans, Edmund Bohun (1696), ed. M. J. Seidler (Indianapolis, 2007), 46, 我已将摘录中的斜体字用罗马字母表示。

历史大部分涉及的是国家以及在国家内发生的变化。[①] 他也希望消除一些陈旧规划，例如从中世纪继承而来，现又被启示文学作家和新教布道者借用的"四君主"理念。但博丹合并了一些帝国，又忽略了其他一些帝国，这是他的观点的致命缺陷。例如，他没有提到迫使几乎整个非洲和亚洲大部分地区适应阿拉伯语言和宗教的阿拉伯君主，也没有提到塔塔尔人（Tartars，即蒙古人）的君主。因此一个欧洲人会在他所处的时代认识到历史的欧洲中心论（见主题框 14）。

随着君权强化、大国吞并小国，历史学家与权力当局的关系在 16 世纪早期开始发生变化。除了威尼斯这个明显的例外，作为人文主义史学之乡的意大利大部分地区到 1520 年都落入了哈布斯堡家族之手，之前的共和国现在变成了君王、公爵、大公以及其他权贵的臣属，而这些人则将世代相承的规则强加给了之前独立的城邦；主要由那不勒斯王国组成的意大利南部地区沦为西班牙帝国一部分的时间更

主题框 14　历史的艺术　　197

作为一本阅读历史指南，让·博丹的《方法论》给予了大量指导。他是决定对历史写作激增的种类施加规则、威胁要逃离古典牢笼、为感到困惑的读者提供引导的众多作家中最具政治敏锐度和哲理性的人。16 世纪晚期的撰写《历史艺术》（*artes historicae*）的作家根据确定好的类目描述历史的流派与形式，他们经过像普塔诺（Pontano）的《阿克提乌斯》（*Actius*）那样文艺复兴初期的沉思回归到公元 2 世纪琉善（Lucian）的《论撰史》（*How to Write History*）。因此在 16 世纪，欧洲人在很大程度上克服了之前的不情愿去构建

[①] Jean Bodin, *Method for the Easy Comprehension of History*, trans, B. Reynolds (New York，1945)，153.

历史写作的理论。在圣坛祭拜古人驱使他们既关注风格，也关注流派，到这个世纪中叶，随着印刷业极大增加了历史文献的数量，爱好转变成了需要。诸如维特尔波的安尼乌斯（Annius of Viterbo）等骗子及其伪作的经久不衰使历史文献成为了危险的森林，而大量源于历史观念的小书则宣称提供了穿越林木的指引。荷兰新教徒吉哈德·沃西乌斯（Gerhard Vossius, 1577－1649 年）在 17 世纪 50 年代将流派转变成两大卷的个人书目，即《论希腊史学》（De Historicis graecis）和《论拉丁史学》（De historicis Latinis, 1651），后来的作家开始致力于写更专门呈现钱币学和古文书学等辅助学科的手册，留下了更多博丹及其同时代的一些人所做的哲学反思。

长。尽管这些专制君主都是历史的热心支持者（见图 25），但文艺复兴时期的史学有时被认为在专制王权与日俱增的时代失去了一些公众能量。当然，全欧洲的历史学家都敏感于一些他们不能或不应该越过的界限，但布鲁尼从他写的历史中谨慎地去除了一些可能令强大的美第奇家族难堪的事件，而这根本不算什么新鲜事。历史学家科都斯因为赞扬刺杀尤利乌斯·恺撒的刺客而被皇帝提比略（Tiberius，公元 14—37 年在位）处死的故事被反复讲述，这或许已使许多人手中的羽毛笔颤抖。在 1677 年被任命为御用史家的法国伟大的诗人让·拉辛（Jean Racine, 1639－1699 年）就曾简洁明快地评论说"恐惧和仇恨是历史的瘟疫"。[1]

---

[1] Orest Ranum, *Artisans of Glory: Writers and Historical Thought in Seventeenth-Century France* (Chapel Hill, NC, 1980), 286.

图 25 人文主义者安东尼·麦考特（Antoine Macault）在法兰西国王弗朗西斯一世（Francis I）面前阅读经他翻译的西西里的狄奥多罗斯（Diodorus of Siculus）的作品。资料来源：羊皮纸文稿 *Les trios premieres livres de Diodore de Sicile*, trans. A. Macault. Musée Condé, Chantilly, France. Photo credit：Réunion des Musées Nationaux/Art Resource，NY。

198

　　在之后的恺撒甚至科明尼斯（Commynes）时代，出版回忆录或评论是尤为危险的，欧洲各地写近期或当代史的作家不得不小心谨慎，除非他们像捷克历史学家威廉伯爵斯拉维塔（William Count Slavata，1572－1652 年）那样享有王室特殊资助。即便有这样的保护，谨慎也是必要的。温文尔雅的教导先驱威廉·卡姆登（William Camden，1551－1623 年）受国王詹姆士一世（James I）的政府之命用拉丁语撰写关于詹姆士的前任伊丽莎白女王的半官方性质的生活传记，他在诸如处死新国王的母亲苏格兰女王玛丽等某些事情上也不得不微妙处理。法国记者雅克-奥古斯特·德·杜的情况与卡姆登类似，他不得不经受来自王室和在他的文章中出现并活在当世者的反责。但审查和担忧的程度不宜被过分夸大，也有一批摆脱了君主政权监视的历史学家直接谈论他们的想法，甚至为了中伤一个统治者而走向另一个极端。已被放逐的"恐怖大帝"伊万的旧友兼顾问安德烈·米哈诺维奇·库伯斯基（Andreii Mikhailovich Kurbskii，1528－1583 年）就写了抨击这位沙皇的历史著作，堪比普罗科匹厄斯（Procopius）。[1] 被贬的英国廷臣安东尼·韦尔登（Anthony Weldon）也恰在詹姆士一世的继任者查理一世被弑后不久就用一个苏维托尼乌斯的肖像嘲笑詹姆士一世。[2]

当然，这并不是说历史观点有完全的自由乃至历史学家应该总是拥有这种自由。摩德纳出生的罗马古物专家卡罗·西古尼乌斯（Carlo Sigonio，1524－1584 年）发现他编辑的李维的著作和《罗马执政官年表》（*Fasti Consulares*）没有危害，但当他通过 1571 年出版的《波洛尼亚历史》（*Historiae Bononiensis libri VI*，六卷本）继续探究古代晚期和中世纪意大利人和教会史时就与天主教教会发生了冲撞，最终该书被教皇比约五世（Pius V）禁止出版。英国律师兼古物研究者约翰·塞尔登（John Selden，1584－1654 年）引人注目的综合了古物研究者博学和叙事能力的力作《什一税的历史》（*The History of Tithes*，1618）就因它对牧师财产的敌视而受到抨击。威尼斯牧师保罗·萨比（Paolo Sarpi）也因他批判性的《特伦托会议的历史》（*History of the Council of Trent*）冲撞了罗马，该书被译成英文，并以笔名形式发表，它会是 17 世纪最令人钦佩的历史著作之一，也会是超然物外、公正叙述的典范。从政治反叛转入史学的弗朗索瓦·尤德斯·德·麦泽莱（François Eudes de Mézerai，1610－1683 年）在那

---

[1] Prince A. M. Kurbsky's *History of Ivan IV*, ed. and trans. J. L. I. Fennell（Cambridge，1965）.

[2] Anthony Weldon, *The Court and Character of King James*（London，1650）.

些维护合适的法国风格，并认为他的散文对法国学界没有价值的人眼中已是批判的对象，而随着他出版了三卷本的《法国史编年概要或摘录》(*L'Abrégé chronologique，ou extrait de l'histoire de France*，1667 - 1668)，并在其中包含了关于与王室政策不符的某些税收的由来的论述，他又冲撞了路易十四的大臣科博特 (Colbert)。在辩论一个民族或其后裔的起源时站错队就会像诽谤现任君主那样产生严重的后果。在刚从丹麦独立出来的瑞典，国王古斯塔夫一世瓦萨 (Gustav I Vasa) 就因路德教徒历史学家奥劳斯·彼得里 (Olaus Petrei，奥罗夫·彼得森 [Olof Petersson]，1493 - 1552 年) 所著《瑞典编年史》(*En Svensk Crönika*) 具有明显的批判性而判他有罪。而宣称法兰克人源于德国人而非特洛伊人则使尼古拉斯·弗莱雷 (Nicolas Fréret，1688 - 1749 年) 承受牢狱之灾直至 1714 年，即便学术文化已忽视特洛伊、法兰西翁 (Francion)、布鲁图斯 (Brutus) 及其朋友已超过一个世纪。

与历史审查相反的是明确地著史用以赞颂和宣传，文艺复兴从之前的时代继承了这种行为，并通过印刷术的协助在很大程度上将之发扬光大。许多中世纪的历史著作都被用于宣传，以支持诸如长期存在的教皇与帝国之争或盖格鲁与法国之争等争论中的一方或另一方。许多文艺复兴时期和 17 世纪意大利宫廷都雇佣人文主义者撰写对他们统治有利的高雅的拉丁历史，并试图确保他们的成就的积极一面可以流传为后代的名望。无论好坏，历史是名望最好的载体，这在 17 世纪的法国更是这样。作为对中世纪晚期重大事件编年史传统的延续，法国人自己就写了大量这样的著作，其作者或是御用史家，或是渴望成为御用史家的人，这些官方或半官方的作家涉及 15 世纪末罗伯特·高圭 (Robert Gaguin)、保罗·艾米莉 (Paulo Emili) 到麦泽莱、保罗·派里森-房坦尼 (Paul Pellison-Fontanier) 的一大批人。在整个 17 世纪，御用史家们的历史剧、诗歌、场景表演、散文等使法国波旁王朝增色不少，并在音乐剧《大阳王》(*le roi soleil*，路易十四

200

[louis XIV，1643－1715 年在位]）中达到顶峰。

具有宣传潜力的著作（无论是用拉丁语写成，还是用本国语言写成）甚至在一个文学水平有限的时代也数量巨大，其用途广泛，涉及从领土扩张到不稳政权的合法化。英国的亨利七世（Henry VII，1485－1509 年在位）就用历史有效抹黑了人们对他取而代之的约克王朝国王理查德三世（Richard III）的记忆。在 16 世纪新兴的俄国，编年史前追随一些中世纪的前辈把莫斯科看成新以色列，（之后在比预期较少的程度上）甚至将之看成第三个罗马。对乌克兰的专注产生了伊诺肯提·吉泽尔（Innokentii Gizel，卒于 1683 年）的著作《概要》（*Synopsis*），该书强调的是两国之间牢固的历史联系。到 17 世纪中叶，这种受雇著史的事情便不值一提了。雇佣文人和辩论家在国王、城市、大臣、机构中有很大的市场，而他们总是为出价最高者服务。相反，他们的敌意也被消除，以防已出版历史著作的不利言论蔓延至四面八方的风险。多产的米兰作家格雷戈里奥·莱蒂（Gregorio Leti，1630－1701 年）写的许多书都被罗马列为禁书，他的一些潜在的写作对象对他十分惧怕，以至于向他支付钱财，只为不让他去写他们的历史。秘鲁出生的卢卡·阿萨里诺（Luca Assarino，1602－1672年）是巴伐利亚帕拉丁领地的官方历史学家，他利用职权将他的著作寄给热那亚和威尼斯当局，允诺以一定的价钱换取著作的秘不发表，并暗示如得不到合理的回报就公之于众——威尼斯人得到的警告是批判他们在近期战争中的行为的未发表手稿。

随着欧洲的新教改革以及之后不久长达一个世纪的宗教战争的爆发，历史写作固有的争辩能力达到了新的水平。它不再只用于推进围绕某些事情的冲突观点或学术分歧（尽管是恶意的），也推进一些有质的区别的东西。公开展示相反的理念（我们现在称为意识形态）第一次将历史写作分裂成可识别的敌对阵营，而现在还能通过出版物这一引导大众的强大新武器进行对抗。需要质疑教皇和中世纪教会通常由使徒时代的纯洁长期退化而来的早期新教改革者们创作了像多卷本的《教会史》（*Ecclesiastica Historia*）这样的作品，该著作更为人熟知的名字是《马格德堡时代》（*Magdeburg Centuries*，1559-1574），名称取自它出版的城市及其进入的百年时期的组织。《马格德堡时代》由克罗地亚改革者马蒂甲·瓦尔西克（Matija Vlačic）和马提亚·佛拉修斯·伊瑞库斯（Matthias Flacius Illyricus，1520-1575 年）协作完成，详述了在教皇专政的数个世纪里幸存下来的真正教会。该书很快就有了模仿者，例如英国新教徒约翰·福克斯（John Foxe）《纪念与丰碑》（*Acts and Monuments*，1563）就综合了教会史和后来的殉教史，该书被一版再版，强烈控诉了天主教的迫害和教皇专政，其对反天主教情绪的影响持续了数代。

欧洲天主教也在以同样的方式回应，例如红衣主教切萨雷·巴罗尼奥（Cesare Baronio）的《教会年鉴》（*Annales Ecclesiastici*，1588-1607）。该书既被后来的优西比乌斯（Eusebius）所用（优西比乌斯的编年史和文本都突显了《教会年鉴》的特征），又作为《马格德堡时代》新教版历史的解毒剂，而天主教的治疗在很大范围里都胜过了新教的疾病。《马格德堡时代》只被再版了两三次，而巴罗尼奥的回击被证明成了畅销书，不仅被再版、节选，还出了几十个版本，一直持续到 19 世纪。在 16 世纪晚期和 17 世纪宗教战争波及欧洲和英国期间，派别之见实质上在历史写作中成为了一种常态，不过个别作家又自相矛盾地继续强调他们的公正性以及对手的偏见和错误：从 15 世纪到 18 世纪，历史学家老是在他们的冲突成为惯例，并通过出版在公共领域上演的非常时期宣称一个历史学家需要超越派别之见，不带情绪地书写历史。其他被总结出来的教会史和历史争议的显著特征是他们在很大程度上忽略了完全由人文主义者创造出来用于呈现证据的叙述和风格范式，古代晚期的教会史就是这样。因此大量专涉宗教的历史发现通过引文、信件、文献、小册子逐字再现。他们的作者想要在争论中取胜，而最好的办法使对手沉溺于过去的证据之中。

我们能很容易回顾这些材料的大部分，并认识到其中明显的偏见，但考虑到它所告诉我们的关于当代人如何利用历史的问题，忽略它会是一个严重的错误。尽管公开敌对替代性的观点，并天真地认为一个正确的或完美的历史版本是可以达成的，但它们使人信服的力量使这些作家中的许多人都去从事细致地研究，以支持他们的立场。为信仰服务的教会学识继续推动着 16 世纪晚期和 17 世纪一些最好的学术发展，它不仅被用来防卫替代性宗教信仰，还被用来对抗日益增长并具有颠覆性倾向的"怀疑主义"（pyrrhonism）——本质上对再现历史的可能性持极度怀疑的态度。根源于古代作家塞克斯图斯·恩皮瑞库斯（Sextus Empirucus，鼎盛于公元 2 世纪晚期或 3 世纪早期），第一次由德国人文主义者亨利·科尼利厄斯·阿古利巴（Henry Cornelius Agrippa，1486－1535 年）明确传达的观念是"史学家内部的确存在许多分歧，就某一事件的论述易变多样，但事实不可能是这样，他们中有许多人应该在说谎。"① 这不是对历史的完全抛弃——阿古利巴只是认为有些历史学家是说谎者，但这种观念一度被少数人接受。影响更为深远的怀疑主义的兴起强化了对一些作品的关注，如弗朗西斯科·帕特里西（Francesco Patrizzi，1529－1597 年）在 1560 年出版的《关于历史的十场对话》（*Della historia diece dialoghi*），该书似乎得出的结论是历史总体而言是可信的，但同时也有从不可信的史料到故意篡改等各种陷阱；尤为值得一提的还有弗朗索瓦·德·拉·莫斯·勒·耶尔（François de la Mothe le Vayer，1588－1672 年）的论文《论历史的不确定性》（*Du peu de certitude qu'il y a dans l'histoire*），它思考的是诸如恺撒记述的高卢战争如何会像是高卢人讲的一样等古典文献片段的问题。伊丽莎白女王一世时代的朝臣菲利普·西德尼（Philip Sidney）基于亚里士多德偏爱诗歌胜过历史的古代思维，坚称诗人"可能是什么"的世界比历史学家有限的不值得相信的"是什么"或"实际上只能是什么"更优越。

---

① Henry Cornelius Agrippa, *Of the Vanitie and Uncertaintie of Artes and Sciences*, trans. C. Dunn（Northridge，CA，1974），35（拼写已由现代的作者转成现代文字）。

基于以上所述的编年史著作以及两个世纪的语言学技巧，莫尔会修士、法国圣日耳曼德普瑞教堂（Saint-Germain-des-Prés）的本笃会修士通过严谨的学问不遗余力地出来捍卫历史（尤其是教会史）的可靠性。他们基于原始文献编辑出版了教父史，但他们主要的贡献在于形成了实践与新兴辅助学科相联系的方法，这是处理古代晚期和中世纪文献时需要的技能，尤其是系统的古文字学（解读历史手稿）和古文书学（关于文献结构、布局、传统规则方面的知识）。博兰德会成员（比利时的耶稣会信徒）着手写了《圣徒的行为》（Acta Sanctorum），该书根据宗教节历按月编排，力图使历史上的圣徒的生活和行为有稳固的学术根基。他们的工作至今仍在继续，并且在史料方面相比那时有明显的进步。

这些 17 世纪晚期的博学者中最著名的人要数本笃会修士让·马比荣（Jean Mabillon），他主要的方法论著作是为了捍卫某些真实性遭到另一位学者博兰德会成员丹尼尔·冯·帕本布洛克（Daniel von Papenbroek，或帕本布洛赫［Papebroch］，1628－1714 年）挑战的文献。而这意外地变成对精确历史可能性的大规模防卫。马比荣的《古文书学六书》（De re diplomatica libri VI）专注于中世纪文本的真实性，阐明了历史艺术（ars historica，见主题框 14）的焦点从思考历史及其文学价值到探究史料这一具体细节的转变，不过历史叙事的主流仍然在很大程度上对这些进步无动于衷。

尽管 17 世纪和 18 世纪早期的历史学家抵触买卖文献的古董商人的评论严厉苛责，但所有这些学识都是有哲理的，就像在博丹时代一样。例如马比荣在《论修行中的研究》（Treatise on Monastic Studies，1691）中的一篇论文《论宗教和世俗的历史》（On studying sacred and profane history）就效仿了更早期的 trattatisti ［该词有时适用于写历史的艺术的作家］，而《论修行中的研究》旨在维护为宗教进行历史研究的功用、为修道士在有限的时间里概括出最有用的历史，并警告诸如马涅托（原文如此）、贝洛苏斯的历史以及维特尔波的安尼乌斯

203

或类似骗子的伪作等错误历史布设的陷阱。① 但证据批判中的这种趋势会无意识地形成培育不信任感的后果。针对历史的怀疑主义和限制或包含历史的各种尝试共存于没有赢家、只有观点与敌对观点的复杂争论中。知识的洪流想要清洗错误的污秽之所只会引起更深的疑虑：信奉耶稣的钱币学家让·阿杜恩（Jean Hardouin，1649－1729 年）从他对古典文献和古代货币的研究中得出结论称，大部分古代艺术和信件遗产乃至一些教会文献都是中世纪修道士创造出来的小说。同样的怀疑主义也出现在更早期的古物研究者对特洛伊传说的担心中，出现在博丹对旧有的"四君主"时期的抛弃中，出现在诸如"帝国迁移论"（*translatio imperii*）等解释性框架的失控，最终对先前确信不疑的事件产生的怀疑中。尤其是《旧约》的字面真理能否作为史料开始成为问题，同时伴随着对教条的攻击，例如德国最虔诚和神秘的戈特弗里德·阿诺德（Gottfried Arnold，1666－1714 年）的《一部教会和异教的公正历史，1699－1700 年》（*Unparteyische Kirchen-und Ketzer-Historie*），还伴随着最终愿意将《旧约》简单地看成另一个世界性神话的载体的自然神论。

16 世纪晚期的怀疑主义趋势在 17 世纪即导致了对通常被承认的传统的肯定，也促进了对现在更紧迫的问题——特定传统乃至任何历史知识的可靠性——更深思熟虑的尝试。其中一些努力对世俗有更多的关注。弗朗西斯·培根（Francis Bacon，1561－1626 年）试图从分别得到证实的事实中构建真相。在他看来，过去和自然这两个领域都能通过历史得到最好的描绘——在历史中，我们可以聆听到古老的希罗多德式的发现或发明的回响。意大利哲学家托马索·康帕内拉（Tommaso Campanella，1568－1639 年）将历史看成既包括自然又包括人类的经验的地图，甚至将它置于逻辑和语法之上。法国哲学家勒内·笛卡尔（René Descartes，1596－1650 年）则完全从相反的视角

---

① Jean Mabillon, *Treatise on Monastic Studies*, trans. J. P. McDonald（Lanham, MD, 2004），153.

看待这一问题。他通过演绎法解决了将固有知识从人的大脑移向外部世界的问题。但他在解决诸如数学、宗教等领域的绝对怀疑主义时对过去的知识也同样可以被证实的说法没有多少信心。笛卡尔兴致盎然地挑战任何未被赋予正式涵义的陈述的确定性，这使刚攀登上艺术阶梯的历史有被撞落的危险。

这些世纪里存在一个反复的争论，即所谓的古人与现代人之间的争论。它始于 16 世纪对早期人文主义者完全照搬古典的反感，继而发展到一些作家对社会经济明显变化的无情否定。它的核心是关于现代作家与他们的古代先人的优缺点的持续争论，到 17 世纪末，这一争论扩展至关于人类学识进程的争论。不久，它又涉及到了自然科学，在这一领域，技术能发明工具（最常被引用的例子是指南针、火药、印刷术等），而这是古代所缺乏的。怀疑主义向着理论知识方向发展、对原因和经验应优先进行阐明或至少被引证的信念、手稿中显示的真理都与这一争论有关，即便无须选择立场。就历史而言，17 世纪晚期最著名的怀疑主义腔调莫过于皮埃尔·贝尔（Pierre Bayle，1647－1706 年）的《历史批判辞典》（*Dictionnaire historique et critique*），这在疯狂猜测和怀疑知识的狂热时期是一本名著。贝尔是众多因宗教原因被驱逐出国的法国好争论的历史学家之一。他的《辞典》自 1697 年问世以来出现了许多版本，极大地影响了后来的几代人，不过他探求历史事实的方法，即一系列不断的破坏行为和关于众多话题和人物的有争议的论述最终都被否决了，因为它无力在它所挑战的真理面前立足。然而贝尔在他的怀疑中并不孤独，尤其是考虑到手稿作为历史史料的地位。另一位法国人艾萨克·德·拉·帕雷尔（Isaac de la Peyrère，1596－1676 年）在 1655 年就预料到了这一地位，他得出结论称旧约年表与非圣经人物的存在不相协调，他甚至还假设在亚当之前就已存在人类。犹太裔荷兰哲学家巴鲁赫（Baruch，本尼迪克特·斯宾诺沙 Benedict Spinoza，1633－1677 年）提出摩西五经的作者并非摩西，而是后来一位被放逐的人，他也因此在宗教问题上得

205

罪了他的父母。教会人士在这种双边的争论中尤其活跃。法国牧师理查德·西蒙（Richard Simon，1638－1712 年）在他的《旧约批判史》（*Histoire critique du Vieux Testament*，1678）中就斯宾诺沙所质疑的摩西五经作者的问题更进了一步。出生于瑞士的牧师兼教会史家让·勒·克洛克（Jean Le Clerc，1657－1736 年）在阿姆斯特丹写了许多著作，他对手稿直接由神授意而作的说法提出了质疑。作为粗制滥造的职业历史学家格雷格里奥·莱蒂（Gregorio Leti）的女婿，勒·克洛克视更正历史错误为己任。英国牧师托马斯·伯内特（Thomas Burnet，约 1635－1715 年）在将诺亚方舟经历的洪水视为历史事件时试图融合当时的地质学和神学，而这一持续了两个世纪的文献学界定现在有了化石、岩石和其他人工制品等证据的支持。

气压、速率等广博的知识频频出现在学者间的信件中、当时建立起来的欧洲院校和协会的内部交流中，以及早期刊印出版的学术性期刊中。史料出版和批评界也有剧烈的活动。其中既包括古代史料，也包括中世纪留存下来的史料（人们对这部分史料的兴趣之前未表现出来），例如莫尔会修士编纂的法国史史料集，又如詹森教派学者路易斯·塞巴斯蒂安·勒·奈恩·德·提勒蒙特（Louis-Sébastien Le Nain de Tillemont，1637－1698 年）编纂的圣徒言行录中的学问和罗马帝国史，他的著作在接下来的一个世纪中成为爱德华·吉本（Edward Gibbon）的著作不可或缺的史料来源。同时兼为档案管理员、图书管理员、牧师、多产作家的意大利人洛多维科·安东尼奥·穆拉托里（Lodovico Antonio Muratori，1672－1750 年）编辑出版了一些中世纪留存下来的史料集，这是 19 世纪出版此类著作的最先尝试。

随着 18 世纪的到来，欧洲史学研究地图在其出现不到 300 年的时间里彻底发生了转变。至于转变的原因，我们在此可以做个总结：世世代代的文献学家、古文物博学家的出现、强烈的时代差异感、意识观念和宗教交替的激励和限制影响、严肃看待历史知识基础的意愿等所有这一切经过印刷术的机械神话的放大；历史作为可销售的商业类型的出现；编年史作为可行的文学形式的实质消失；欧洲许多地区相当高的识字率。但世界版图也进行了重构，欧洲向东西两个方向的扩张会对历史思想和写作产生更深远的潜在影响。

206

中国明朝的历史书写

1580 年，一位奥古斯丁修会的修士胡安·冈萨雷斯·德·门多萨（Juan González de Mendoza）奉西班牙国王菲利普二世（Philip II）之命到达明朝时期的中国，他在那里停留了三年后才辗转墨西哥最终回到西班牙。他曾是一名军人，也是众多旅居中国的天主教传教士之一，而到了 1586 年，他成为了第一个出版西方数世纪以来称为"Cathey"[①] 的区域史著作的欧洲人。同年，该书被译成意大利语，不久后又被译成英语，名为《伟大而强盛的中国王朝史》（*The History of the Great and Mighty Kingdom of China*），该书成为使读者了解中国这个远东巨人的主要介绍性读物。[②] 当门多萨到达明朝的中国时，中国明朝已历经两百多年，正迅速衰落，其在历史舞台的最后场景被后来的一位欧洲传教士耶稣会会士伯纳德·德·帕拉福克斯·门多萨（Bernard de Palafox y Mendoza，1600－1659 年）生动地记录了下来。明朝在 1644 年的灭亡终结了汉族的王朝统治，中国随后进入了最后一个封建王朝——女真族（1636 年后称为满族）的清朝——的统治时期。当蒙古族的元朝在 1368 年放弃了中国，明朝从外族手中光复了中华大地。恢复本土统治之后的明朝虽然也有大规模的军事和海外扩张，但事实证明它脆弱不堪，摇摇欲坠，它在近 300 年的统治期间常困扰于内讧、党争，以及北方塞外蒙古族和南亚国家泰国和越南等外来的袭扰。

[①] 西方人对古代中国的一种叫法，由蒙古语"Khitan"（契丹）一词演变而来，通常也表述成"Cathy"。——译者注

[②] Juan González de Mendoza, *The History of the Great and Mighty Kingdom of China and the Situation Thereof*, trans. Robert Parke (1588; London, 1853).

这一时期也是与欧洲已有零星接触的中国开始与欧洲文化有更激烈碰撞的时期，尤其是通过与门多萨、精明的耶稣会修士利玛窦（Matteo Ricci，1552－1610 年）、艾儒略（Giulio Aleni）等传教士的接触。利玛窦长期旅居中国，这使他最终被写入了明朝正史，他因其缩小了中欧之间的文化差异以及在其死后出版的传教之旅而为人纪念。并将传统儒教解释为注入了圣子耶稣概念的一神论伦理体系（这对将传统儒教介绍到西方起到了一定作用），同时忽略了佛教、新儒教等与之抗衡的力量。这种改编同样也适用于历史，并可以产生一种双重

207　联系：使中国的文本记载既与《圣经》相协调，又与斯卡里杰（Scaliger，见上文）等文献学家发展的新古代王朝编年史相一致。另一位耶稣会传教士兼制图师马提诺·马提尼（Martino Martini，1614－1661 年）在其 1658 年所写的一本古代中国史中将伏羲纳入欧洲年表，时间在公元前 3000 年早期；其他帝王被认定为亚当、诺亚，或其他洪荒之前的人物，而发生在公元前 2400 多年尧统治时期的大洪水被认定为诺亚所经历的洪水。到 17 世纪末，西方对中国的认识有了相当大的提高，并扩展到了它的历史写作。欧洲最杰出的博学者之一莱布尼茨（Gottfried Wilhelm Leibniz，1646－1716 年）将两个世纪关于中国的信息塑造成一种成熟的亲华哲学。他不懂中文，却能精确而感同身受地理解中国思想，这很令人惊讶，此外，他还号召中欧之间更广泛的交流，这是商业的曙光。

在莱布尼茨的时代，明朝起起伏伏，他们精美的瓷器是这个王朝颇具讽刺意味的幸存物，也暗示着这个王朝的脆弱。哲学流行了起来，并伴有大量不同学派的发展，这些最早记录于明末清初黄宗羲完成于 17 世纪 70 年代、综合反映那个时代思想史的《明儒学案》。虽然黄宗羲轻视明朝学问的其他分支，[1] 但人们的读写能力在明朝急剧提升，就像早期现代欧洲的情况那样。书籍更容易获取，这导致了私

---

① Huang zongxi（Tsung-hsi），*The Records of Ming Scholars*，trans. Julia Ching with Chaoying Fang（Honolulu，1987），45－46.

人图书馆藏书的增加，以及历史著作（包括一些正史）在宫廷文人圈子之外以前被限制的区域流通。与之前历史研究聚焦于前朝不同，明朝历史学家对刚刚发生的过去有着很大的兴趣。同欧洲一样，明朝的史学流派也在激增，当明朝国史最终写成，其著作书目列出了历史著作的十种不同类型，整理出了约 1378 个类目，总计近 2.8 万册。16 世纪参加科举考试的学生会被要求思考编年史书与诸如司马光的《资治通鉴》这样按主题编排的著作相比有什么优缺点，这让人回想起差不多同一时期西方博学研究与叙事之间的紧张氛围。

　　尽管明朝史学著作数量巨大，但它与唐宋时期的成就相比是一个混合体。一方面，相比以前，更多当代或近乎当代的史学著作评论被保留了下来，其中许多被我们视为"第一手史料"，尤其是关于某个人统治时期的各种记录。而且，到 16 世纪，文本批判开始出现在诸如王世贞（1526—1590 年，详见下文）这样的非传统思维学者的著作中。另一方面，官方史学没什么进一步变革的迹象，尤其是王朝统治的第一个世纪里，朱熹在 12 世纪提出的特别传统的新儒学再次统治了思想界。即便在之前王朝确定的标准下，正史写作通常也被认为是次等的，明朝学者编写的《元史》就是一大败笔。这或许是因为元朝的外族本质，且缺乏理解蒙古语史料的能力，但也可能是因为编纂者过于匆忙地仅用近一年时间（1369—1370 年）内，便将该书 212 卷编纂完成，而这又是因为太祖洪武皇帝（1368—1398 年在位）以严厉和残酷地惩罚令他失望的官员著称，编纂者心有畏惧。《元史》被广泛认为是最差的正史之一，它的缺陷过于刺眼，以至于在 20 世纪被重写。

　　学术机构也发生了变化，之前独立的修史机构也并入了翰林院——一个自唐朝建立起来的有着比著史更广的管理范围的机构。明朝通过精心复制使各代皇帝统治时期的真实纪录留存下来，并在 1403 年确定了在仪式上将精品摹本呈现给皇帝的规定，而且对这些摹本的保存也更加用心。日志体制最初是授权命令式的，而明朝放弃

208

了自周朝延续下来的在"休息和活动日志"中记录宫廷日常事务的行为。当这些在 14 世纪 90 年代消失以后（在明朝晚期的 16 世纪 90 年代又部分恢复了），他们保存了《日历》，而这也是后来的历史学家可以精确地写出《明史》的基本史料依据。这就迫使想要真实记录这近一百年明朝历史的作者依靠诸如法令、纪念碑文等其他形式的文献。官方正史的弱化并没有使王世贞那样的人迷失，他认为"官方史学不履行它的使命的情况从未像我们所处的这个朝代这样严重过。"而反对这一切就需要考虑历史兴趣更广泛地传播和鼓励大量像 1.2 万册的《永乐大典》那样的大型百科全书的编纂出版。

明朝国史最受批判的是它屈于政治干预，使本应真实记录的前朝历史变得不真实。前朝已被封存的纪录被重新打开和重写，就像王朝建立者洪武皇帝的真实纪录那样。当洪武皇帝的继承者建文帝在四年之后就被他的叔叔永乐皇帝（1402—1424 年在位）废黜并神秘失踪后，永乐皇帝决定改写历史，烧毁一切证明前任合法性的记录，编写新的历史，后又担心新的记录史实不清，又对其进行了修订。然而，某个帝王对史实的蓄意篡改并不是明朝国史的唯一瑕疵。其他的瑕疵还有成王败寇的旧有倾向，尤其是对开国皇帝的歌功颂德，以及轻视篡位者和独裁者的道德缺陷；从一个卑微的和尚成长为恢复华夏本土统治的统治者的明太祖被塑造成圣人、半神，并通过幻象或直接的揭示赋予他君权神授的光环。

自相矛盾的是，明朝国史的缺陷激发了其他学术领域的创造性。最引人注目的是只占中国史书很小一部分的私家史学在明朝有了实质性的增长，有时候私家史书的作者也参与了官方正史的撰写。宋濂（1310—1381 年）是一位博学之士，他是带有诸多诋毁之词的《元史》的编纂者之一，而一旦摆脱了帝王的监视，他就能写出浅浅地被谄媚掩盖却带有批判的优秀史著。他在《洪武正韵》中将明太祖与汉高祖相提并论，但指责他过于严酷。另一位官员丘浚（1421—1495 年）参与了多部国史的编纂工作，包括两朝实录，但他也能写出更原创和更具洞察力的著作，其著作《世史正纲》反映了他对中国自秦以来历史进程的哲学反思。

　　私家史书的数量在明朝后半期有显著增长。当时有太多的佚名史书和家史著作问世，以至于一位评论家用汗牛充栋来形容。私家著史与官方修史的界限并不明确，因为像宋濂这样的作者既参与官方修史，也自己纂写史书。然而，对《实录》的持续复印和《实录》保密性的放松使私人史家能够接触到大部分王朝国史。尽量能够获取之前受限的史料，但许多私人史家充其量以个人视角看待过去，他们获取的信息并不完全，自由创作而没有学术同行的修正，用我们的话说，私家史学就像未经审校的出版物，很少受到信任。16 世纪批判正史的学者王世贞看到了私家史学的长处和缺陷，他这样说道：

> 官方史家肆意且娴熟地掩盖真相；但他们记录的碑文和法令，以及复制的文献不能被丢弃。非官方史家表达他们的观点，并易于遗漏真相，但他们对是非的查证和撇开禁忌记录的人和事不能被丢弃。家族史家善于谄媚和夸大事实，但他们对先人优点的颂扬，以及标榜先人为官时的功绩不能被丢弃。①

　　比私家历史写作的扩展更重要的是总体上对历史写作的批判态度的传播，不论它来自翰林院还是迎合读者的私人作者。这不是没有先例。一千年前有刘知几对唐朝修史机构极其讽刺的批判，一千年后有明朝晚期历史学家谈迁（1594—1658 年）对之前所著明史的抨击。谈迁遍历中国，收集可信史料，在明朝灭亡之前完成史书撰写。唐朝与明朝的史学批判在规模上有所不同。刘知几集中于批判修史机构的弊病，明朝的史学批判抨击的是整个修史体系，以及像王世贞《史乘考误》这样的著作。且随着史著读者群的扩展和可用史料的增多，这一时期

210

---

① On-cho Ng and Q. Edward Wang, *Mirroring the Past：The Writing and Use of History in Imperial China*（Honolulu, 2005），214.

也见证了公众围绕过去进行类似我们在当代欧洲所见过的那种争论。

　　类似于法国历史怀疑主义和相对主义的东西也出现在这一时期的中国。张萱（鼎盛于 1582 年）哭诉"著信史太难！"就是 16 世纪晚期欧洲怀疑主义中的绝对怀疑主义的映照。[①] 拉·波普利尼埃尔（La Popelinière）、博丹、贝尔在明朝都有对应的人，不过中国作者虽与西方有所接触，但不太可能知道法国对应的人物，反之亦然。拉·波普利尼埃尔的著作《历史著作史》（*L'histoire des Histoires*）对应了同时期的明朝学者卜大有（1512—约 1620 年）《史学要义》，该书阐述了官方修史的体制及其规则，之后对从司马迁到司马光的伟大历史学家进行了批判。如果卜大有是中国的拉·波普利尼埃尔，那么瞿景淳（1507—1569 年）就是博丹，因为他在其著作《古今史学得失论》中系统而尖锐地批判正史和像朱熹《通鉴纲目》那样的注解性著作。瞿景淳列出了一个历史学家应具备的四种素质，听起来像是现代职业守则，即专注、耐心且深思熟虑、敬业奉献、史料务求详尽。

　　即便是好斗的在前启蒙运动时代戳破历史神话的皮埃尔·贝尔也能在明朝找到两个与他对应的人，他们活跃于历史舞台的时间比他早近两个世纪。祝允明（1461—1527 年）的《新闻记》完成于 1522 年，该书对史学正统进行了赤裸的攻击，并贬斥了许多伟人，例如，该书指出夏、商两朝的建立者并不是无私的暴政推翻者和传统意义上的君权神授代理人，而更像是残酷的投机者和暴徒。祝允明的一个后继者李贽（1527—1602 年）沿着这种质疑路线走得更远，以至于因为"胆敢制造混乱、欺骗世界和误导大众"而锒铛入狱，并在狱中自杀身亡。他的具有公开挑衅意味的命名恰当的《藏书》[②] 像正史那样编纂，包括年鉴和 800 篇小传，撇开他对个人的经常与公认观点相悖的评价及其动机不说，李贽提出了一些类似于文艺复兴时期法国的

211

---

① On-cho Ng and Q. Edward Wang, *Mirroring the Past：The Writing and Use of History in Imperial China*（Honolulu，2005），217.

② On-cho Ng and Q. Edward Wang, *Mirroring the Past：The Writing and Use of History in Imperial China*（Honolulu，2005），219.

"相对主义"的观点，即不强调共性；我们现在所说的"本质主义"
（这些在当时有价值，但对后世可能就毫无价值）；拒绝基于永恒价值
观将美德赋予过去的人物。李贽超出常人的思维使他比持相反观点的
贝尔更加出色，也使他可以与博丹、伊本·赫勒敦这些在后世的我们
看来对过去的思维更加广阔和系统的人相提并论。

萨法维王朝、莫卧儿王朝和奥斯曼帝国的伊斯兰史学

蒙古过山车似的胜利和崩溃除了对中国有影响外，还使以前的阿
巴斯哈里发帝国在政治上被一些后继的小国分裂。1501 年，统治现
今伊朗的伊斯玛伊（Isma'il，1501—1524 年在位）自立为王，创立
了萨法维王朝（1501—1736 年）。这是自公元 7 世纪以来第一个统治
波斯领土的本土王朝（不过它近几个世纪的精力都放在现今库尔德斯
坦和阿塞拜疆地区）。其他暂且不论，起源于伊斯兰苏非派的萨法维
王朝将之前的逊尼派民众转成了构成现今伊朗特色的什叶派，并将原
波斯领地保持在奥斯坦帝国的势力范围之外。像其他新建立的王朝一
样，国王热衷于促进有利于他们起源的记录撰写，他们继承了伊斯兰
世界惯用谱系作为权威的做法，而这也是欧洲贵族和王室的一种
习惯。

虽然他们一般并不被视为波斯文献的倡导支持者，但历史写作在
萨法维王朝统治下兴盛了起来。伊斯玛伊委命两个"写手"分别著
史，这两个人是萨德拉·奥丁·苏丹·易卜拉欣·阿米尼·哈拉维
（Sadr al-Din Sultan Ibrahim Amini Haravi）和吉亚斯·奥丁·科万达米
尔（Ghiyas al-Din Khvāndamīr）。委命写手著史的做法在伊斯玛伊的
继任者塔哈玛什（Tahmāhsb）身上得以持续，并在阿巴斯一世
（Abbās I，1588－1629 年）统治时期达到顶峰。这些著作常被像颇有
影响力的英国人爱德华·格兰维尔·布朗恩（E. G. Browne，1862－
1926 年）那样的东方学学者摒弃为"无趣而费劲的读物"，因为它们 212

图 26　波斯人的国王塔赫玛斯普（Tahmāhsb）接待莫卧儿国王胡马雍（Humayyun）。萨法维时期的壁画，17 世纪中期。齐赫尔·苏图（Chihil Sutun，有 40 根廊柱的展览馆），伊朗，伊斯法罕。(Pavilion of Forty Columns), Isfahan, Iran. Photo credit：SEF/Art Resource, NY。

篇幅冗长且集中于军事事件。萨法维王朝历史学家的声誉只到最近才有所恢复。《阿巴斯点缀世界的历史》（Ta'rīkh-I'Ālam-ārā-yi 'Abbāsī）的作者是档案馆书吏伊斯坎德尔·贝格（Iskandar Beg，约 1560 –1632 年），他像莱昂纳多·布鲁尼（Leonardo Bruni）以及许多其他文艺复兴时期意大利由官员转变过来的历史学家一样很好地运用了公众经历和查阅官方记录的特权。他在 1629 年完成的《历史》（Ta'rīkh）可能是萨法维王朝历史最重要的史料来源，该书从萨法维王朝第五任国王阿巴斯一直追溯到了王朝起源，主要聚焦于国王本身，内容涵盖战争、暴动、宫廷政治，以及一些人物小传。伊斯坎德尔·贝格的著作被视为波斯史学最好的典范，因其文学质量上乘，以及作者像修昔底德那样宣称所记述的事都是亲耳所闻或亲身经历的（文献摘录 17）。

萨法维王朝时期波斯人的历史写作：伊斯坎德尔·贝格·孟希 213

- 家禽之年（the Year of the Fowl，即伊斯兰历 1006 年，公历 1597–1598 年，阿巴斯王统治的第五年）纪事。

- 今年新年是伊斯兰历 1005 年萨班（Sa'bān）月 2 号，星期五，即 1597 年 3 月 21 日。国王在卡兹温（Qazvin）。天气仅这一次与季节不符，阴云密布，雨下个不停。冬天并没有远去，新年庆典因为持续的雨雪不得不推迟数日。当天气最后变好，国王就在宫廷的塞赫·索图（C̆ehel Sotūn）大厅按惯例发表了新年演说。许多地区的君主、王子，以及外国使臣都到场在新年之际表达了他们的祝贺。

- 这一年发生了一件喜事，即国王的儿子苏丹·穆罕默德·米尔扎（Sultan Mohammad Mīrzā）的出生。信使将这一令人高兴的消息传遍了整个帝国。人们无论身份高低、年龄老幼又载歌载舞了好几天，王子的出生给了他们继续狂欢的理由。国王每天都会到马场打打马球，并参加箭术比赛。在假期结束之后，国王又会开始关注国家事务……

- （之后伊斯坎德尔·贝格叙述了这一年后期国王与早有密谋、已公开造反的总督洛雷斯坦 Lorestān 之间的战争。）

- 意识到过去所犯罪行并担心国王讨伐的可汗沙赫沃迪（Shāhverdī）努力避免前往霍拉姆巴德（Korramābād），因为这个地方离布鲁甲德（Borūjerd）和西尔科拉（Sīlākor）太近了。然而就在这一年，由于天气过于炎热，在其高级首领的建议下，他去了霍拉姆巴德。

- 可汗沙赫沃迪晚上从来都不能安然入睡，因为他知道国王征讨他只是时间问题。他派遣过间谍，以便能在国王离开卡兹温时收到消息。为攻其不备，国王只通知了他的家臣，而为了掩盖他的真实意图，他假意通知其他军队朝伊斯法罕（Isfahan）进发。

节选自 Eskandar（Iskandar）Beg Munshī, *History of Shah'Abbas the Great*, trans. Roger M. Savory, 2 vols.（Boulder, CO: Westview Press, 1978），vol. II, 711, 717–718, 有所精简，并省略了萨沃里（Savory）的注释。

如同许多个世纪以前的中国汉朝一样，宫廷占星师在萨法维王朝的史学中扮演着重要角色，他们的影响包括挑选吉日和记录事件。历史学家们都写着像《史学要义》（The Gist of Histories）、《历史的最美之处》（The Most Beautiful of Histories）、《历史精粹》（The Quintessence of Histories）这样的著作，他们构建了他们自己的王朝：卡万达米尔（Khvāndamīr）的儿子和曾孙会写他们自己的著作，就像写有阿巴斯历史的宫廷占星师兼历史学家加纳尔·奥丁·穆纳吉姆·雅兹迪（Jalal al-Din Munajjim Yazdi）的儿子和曾孙一样。阿巴斯统治之前的著作大多数是涵盖内容与西方"普世史"相当的通识读本，这在早期现代波斯是主流流派。与穆斯林和犹太-基督共有文化的长期接触使他们的历史视野优于穆罕默德（描绘了人类诞生、诺亚方舟、大洪水以及其他旧约情节的人）和没有明显差异的欧洲编年史家。基督徒与穆斯林所写的普世史或世界史有相当多的重叠之处，以共有的某些侠义英雄为标志，尤其是亚历山大大帝（阿拉伯语中是伊斯坎德尔）。后来王朝又出现了历史小说和戏剧，都带有同时期欧洲和中国明朝历史文化的特征。

萨法维王朝的作家们像他们的伊斯兰前辈一样特别重视流派。虽然他们当时没有什么可与欧洲历史艺术（ars historica）相媲美，但历史学家们惯于扩展序言内容，以解释写书的意图。在那不勒斯人乔瓦尼·普塔诺（Giovanni Pontano）撰写《阿克提乌斯》（Actius）的同一时期，一位因信奉逊尼派而被萨法维王朝敌视、从波斯逃到乌兹别克斯坦的历史学家法德尔·阿拉·伊本·鲁兹比罕·赫恩吉（Fadl Allah ibn Ruzbihan Khunji，1456－1521 年）将历史学家划分为不少于八类：以亚当为开端撰写史书的历史学家；先知传记的作者；先知传闻辑录者；先知追随者传记的作者；按希吉拉历（Hijra，以麦加迁徙的公元 622 年为元年）逐年记事的编年者；按字母顺序排列的辞典汇编者；篡改法典的历史学家；王朝史的作者。在阿巴斯统治时期，王朝史写作有了一种新的流行模式，通史或普世史成为七大叙述模式中唯一被用于写作的模式。起源于 13 世纪的波斯地方志写作仍在持续，致力于记录城镇、省，或像库尔德人那样的族群的历史。英格兰 17 世纪早期的地方志和明朝明确带有政治色彩的数量激增的方志（*Fangzhi*）都能在波斯地方志中找到对应的作品，如贾法尔·宾·穆罕默德·宾·萨恩·贾法瑞（Ja'far bin Muhammad bin Hsan Ja'farī）的《雅兹德史》（*History of Yazd*，15 世纪早期）和穆罕默德·穆菲德·穆斯塔菲·巴夫奇·雅兹德（Muḥammad Mufid Mustaufi Bāfqī Yazdī）纪录雅兹德城从亚历山大大帝到国王苏莱曼一世（Suleyman I，1666－1694 年在位）的历史并带有地形标注和传记评注的《穆菲德提纲》（*Compendium of Mufīd*）。

到 15 世纪末，穆斯林在印度站稳了脚跟，伊斯兰史学开始在这个次大陆上扩展。16 世纪早期，帖木尔王朝领袖扎哈尔·奥丁·穆罕默德（Zāhir un-Dīn Mohammad，更为人熟知的名字是巴布尔[Babur]）入侵并征服了印度大部分地区，吸收了德里苏丹国（Delhi Sultanate）的残余。宣称同时拥有帖木尔和成吉思汗血统的巴布尔随后建立了莫卧尔王朝（Mughal，一个由"蒙古"[Mongol]演变而来的波斯单词），统治着印度中部和北部大部分地区，直到 18 世纪晚期英国殖民者过来建立了殖民统治。莫卧尔凭此既引入了对帖木尔这个通过开疆拓土成为中亚、南亚数代统治者的榜样的祖先崇拜，又带来了过去的一个世纪里的历史著作遗产。萨法维王朝的许多惯例（包括制式化的前言和历史学家对写作意图的宣告）在莫卧尔王朝得到复制并非偶然，因为他们在文学和管理上都倾向于波斯式的。萨法维王朝和莫卧尔王朝的历史学家都惯于采用同样的模式，最明显的是尼扎姆·奥丁·阿里·萨米尔·扎法尔（Nizām al-Dīn 'Ali Shāmī, the Zafar-name）写的 15 世纪早期的历史。差不多同一时期，印度其他地区的基督徒歪曲南亚本土史料，以获取所需，而像波斯人弗瑞斯塔（Ferishta，出生名称为穆罕默德·卡西姆·印度·沙[Muhammad Qasim Hindu Shah]，约生于 1579 年，卒于 1623 年以后）这样的穆

215

斯林也是如此。弗瑞斯塔居住在毕加普（Bijapur），一直到 1623 年，他在收集史料过程中得到了当地酷爱历史的穆斯林统治者的帮助。他采用了像《摩诃婆罗达》（*Mahābhārata*）这样的印度史料来记述伊斯兰入侵之前和之后的印度，不过他对古代史诗有 13 种不同的创世说法感到恼怒，他认为"它们中没有哪种比另一种更有说服力地让我们去采用"。① 像弗瑞斯塔这样的历史学家在伊斯兰史学的传统流派中在大多数情况下难免要抛弃这些，尤其是涉及对盲目崇拜和简单单纯的印度民众进行圣战的历史。正如一位作家近期所评论的那样，如果我们要寻求早期现代的东方知识，以及外国人在印度创造和减少的东西，那么我们首先要找的不是欧洲人，而是在印度的伊斯兰历史学家。②

事实上，历史已在南亚的"流派生态"中确立了下来，历史意识在莫卧尔王朝统治的边境地区继续发展到 16、17 乃至 18 世纪，并在可写的故事中得到明显增强，如事实存在的明确的名字和对具有连贯性的事件的关注。这些流派非常不固定和无限制，他们可以允许交换和分享特别的故事：就好像在欧洲，同样的传说可融于地方口述传统、本土城市编年史、拉丁人文历史，因而来自某个地区或语言群体的故事情节和人物可以其他的语言和完全不同的形式移植到其他地区。随着识字水平的提高以及信息传播媒质从碑刻到纸张、棕榈叶和其他便携物品的转变，印度南方通晓数种语言的村落文人用马拉地语（Marathi）、泰卢固语（Telugu）、拉贾斯坦语（Rajasthani），以及像波斯语这样的官方语言创造了一种独特的散文史学。在像由拉其普特（Rajput）军人统治但臣服于莫卧尔王朝的马瓦那（Mārvāra，现属于印度西北拉贾斯坦邦［Rājasthān］的一部分）这样的地方，许多不同

216

---

① Muhammad Qasim Ferishta, *History of the Rise of the Mahomedan Power in India till the Year A. D. 1612*, trans. John Briggs, 4 vols. （London, 1829）, vol. I, xlv （author' introduction）.

② Joan-Pau Rubiés, *Travel and Ethnology in the Renaissance: South India through European Eyes, 1250 - 1625* （Cambridge, 2000）, 286.

种类的散文历史从关于特别冲突的口头传说或当地英雄的生活情节中发展而来；这些都被半职业化的吟游诗人或 Cāranas（传播声誉和名望的人）传诵。其中包括两种书写形式的谱系史，即 vaṃśāvalis［祖谱］和 pīdhiāvalī［代系］。被称为柯雅塔（Khyāta）的编年史到 16 世纪晚期才首次出现。由于最早由宫廷口头系谱专家传承并从莫卧尔史学中显示出了一些影响，它们可被视为往世书（purāṇas）和史诗传统的延续；在莫卧尔国王看来，它们可能还被用于晋升地方精英。现存最早的柯雅塔是与家族世代为官、在 17 世纪 50 年代到 60 年代管理焦特布尔（Jodhpur）、之后失宠自杀的官员穆哈塔·纳什·加伊莫洛特·纳什（Mumhata Naiṇsī Jaimaḷoṭ Naiṇsī，1611 - 1670 年）相关的传说和系谱的合集。他主要的史学遗产是《纳什编年史》（Nainsī rī Khyāta），该书始创于 1648 年，是一部记录他们所有宗族及其子孙自成立以来到他首次记载下来的 17 世纪中期的系谱。一个相关的流派是 vigata［已故者谱系］，它有时就是简单的一列名单，但在其他情况下是某个宗族的书面历史。如上所述，加之许多其他从口头向书面过渡的历史著作，没有什么可以被视为"客观历史"的残次形式，因为他们涉及现在研究口头传统的学生所谓的"伸缩"现象，即创造性地扩展或删减故事线，使之符合当前的环境。那些书写并引用这些内容并将视之为保存现有传统的人在我们看来不是"历史学家"。

在印度西部于 17 世纪晚期加冕国王什瓦吉（Shivaji，1680 年）并建立自己帝国的马拉地人中也存在一种独特的历史著作。马拉地文人和显赫的家族都写编年史以维护他们的财产主张，其中包括重要事件的时间和注解。有一种情况是，这些信息之后被用来写 Karina［家族土地获取的历史］——这一过程不太像意大利名流将家产纪录在案，也不像早期现代德国人的家族编年史。另一个马拉地流派 Bakhars［编年史和传记］最早出现于 16 世纪，到 17 世纪末变得更为普遍，并一直持续到英帝国殖民统治时期；现存的 Bakhars［编年史和传记］被认为接近 200 本，其中已经出版的有近 70 本。Bakhars

217

［编年史和传记］源于原告或被告在法庭辩论中的陈辞，后来说马拉地语的当地人在面对日益增强的王室影响意识到需要对当地的过去进行清晰的叙述时，它成为了一种文本记录。例如，一本著名的关于什瓦吉的 *Bakhars*［编年史和传记］就写于 1694 年，当时当地正面临莫卧尔国王奥朗则布（Aurangzeb）的扩张威胁。而在接下来的一个世纪，随着马拉地人在南亚次大陆的影响增强，*Bakhars*［编年史和传记］的作者对区域的关注点也有所扩展，其中一些著作实质上就是在写国家范围的马拉地人历史。这些著作有一部分成为了编年史的史料来源，其可靠性受到现代学者的质疑，但毫无争议的是，他们有意识地尝试去叙述过去的事件。

到 16 世纪晚期，波斯-伊斯兰文化在莫卧尔王朝统治下对史学的影响扩大了。卡尔哈纳（Kalhaṇa）在 13 世纪用梵文写的克什米尔编年史在 16 世纪被译成了波斯文，而像佚名的《中世纪克什米尔编年史》（*Bahāristān-i-Shāhī*，完成于 1614 年）和战士米扎·穆罕默德·艾达尔（Mīrzā Muhammad Haidar，生于 1499、1500 或 1501 年）在 16 世纪写的自传体中亚莫卧尔王朝史《拉希德史》（*Tāˊrīkh-i-Rashīdī*，完成于 1541－1544 年）等用波斯语写成的新著作则使这种影响得到增强。① 与艾达尔有亲戚关系的国王巴布尔也写了关于他统治时期的自传体历史《巴布尔纳玛》（*Baburnama*），他的曾孙，即莫卧尔第四代国王贾汗吉（Jahangir，1605－1627 年在位）对此也进行了效仿。巴布尔之后，一系列纳玛（namas，"纳玛"字面上理解就是"书"的意思，不过也可以理解为"历史"或"编年史"）开始出现。第一本是《胡马雍纳玛》（*Humāyyūn-Nāma*，见文献摘录 18），该书由巴布尔的女儿高尔巴丹（Gulbadan）所作，记录的是她的父亲巴布尔统治的一段时期和她的哥哥，莫卧尔王朝第二任国王胡马雍统

---

① *Bahāristān-i-Shāhī*: *A Chronicle of Mediaeval Kashmir*, trans. K. N. Pandit (Calcutta, 1991); Mīrzā Muhammad Haidar, *A History of the Moghuls of Central Asia*, trans. E. D. Ross and ed. N. Elias, 2 vols. (New Delhi, 1998).

治时期的历史。顺次下来的是《阿克巴纳玛》（Akbarnama，图 27），该书的作者是阿布·法兹勒·阿拉米（Abu'l Fazl 'Allami，1551 – 1602 年），他是一位多姿多彩的人物，因其学识、傲慢自大、对食物惊人的胃口而为人所知。阿布·法兹勒是巴布尔的孙子阿克巴（与他同时在位的波斯国王是阿巴斯）的大臣，并担任国王信任的顾问多年，

一位莫卧儿公主写的历史：高尔巴丹·贝格姆的《胡马雍史》[218]

- 当米扎·卡姆兰（Mīrzā Kāmrān）被亚当·格拉卡（Adam Ghakkar）通过谋略抓住并带回到国王面前的时候，他已经逃到布希拉尔（Bhīra）和库西·阿（Khūsh-āb）那么远了。

- 简而言之，所有可汗与苏丹、处于高位和低位的人、平民和贵族、士兵以及其他所有厌恶米扎·卡姆兰的人异口同声地对他们的国王说："兄弟情谊与统治无关。如果你想像一个兄弟那样行事，那么就放弃王位吧。如果你想成为一个国王，那么请将兄弟情谊放在一边。这位使钦察人（Qibchāq）蒙羞的米扎·卡姆兰使何种创伤降临到您的头上？是他的叛逆、阴谋诡计与阿富汗人一道杀害了米扎·辛达尔（Mīrzā Hindāl）"。许多察合台（Chaghatai）的人因他而死；妇女和儿童被俘，并失去了尊严。未来我们的妻儿不应该受到被俘的奴役和折磨。带着我们眼前对地狱的恐惧，（我们说）我们的生命、财产、妻儿都可以为了您的头上的一根头发而牺牲。这不是兄弟！这是您的敌人。

- 作为结束语，人人都急切地提出："砍下王国破坏者的头"。

- 国王回答说："虽然我的大脑认同你们的话，但我的心则不然"。所有人都哭喊到："我们呈现给您的是明智的选择"。最后国王说道："如果你们都经过商议并同意这样做，给我集体的书面证明"。站在左边和右边的贵族们集中了，他们写下了那句话"砍下王国破坏者的头"。即使国王被迫为之。

- 当国王靠近罗赫塔斯（Rohtās），他对赛义德·穆罕默德（Sayyid Muhammad）下令说："刺瞎米扎·卡姆兰的双眼"。赛义德立即这样做了。

节选自 Gul-Badan Begam，*The History of Humāyūn*（*Humāyūn-Nāma*），trans. Annette S. Beveridge（1902：Delhi：Low Price Publications，1996），200 – 201。该选段来自高尔巴丹手稿的最后一部分，在句中结尾。本选段忽略了贝弗里奇（Beveridge）的注解。变音符被简化了。

文
献
摘
录
18

后来失宠一段时间后被王子（未来的国王）贾汗吉下令刺杀。阿布·法兹勒在《阿克巴纳玛》中使用了各种史料，同样值得注意的是他还在该书中阐述了许多对历史本质有趣的反思。在他看来，历史是哲学的理性的流派，同时也是当前悲伤的人寻求慰藉的资源。他同样可以加入从修昔底德到托马斯·巴宾顿·麦考莱（Thomas Babington Macaulay，1800 - 1859 年）等历史学家的行列，是他们怀着对他们自己的能力的高度自信宣称他们的写作至少部分是为了"给后代留下宝贵的遗产"。①

219　　就在对谱系的偏爱在世界另一端的印度未来殖民者英格兰那里达到近乎荒诞的水平时，阿布·法兹勒忙于将阿克巴的血统经帖木尔追溯到亚当：《阿克巴纳玛》的第 14、15、16 章就包含了 52 位人物详尽的传记，时间跨度始于世界上出现的第一个人，终于被阿布·法兹勒称为文明顶峰的阿克巴在位的 46 年。怀疑论者对于亚当作为"英雄"的整个故事的温和注解响应了世界范围的宗教史与遵循自然之间日益增加的紧张氛围。

　　　　众所周知，（亚当）在大约 7000 年前存于世间是由于上帝之力，而不是父亲的生殖器或母亲的子宫，他由均一的四种元素综合而成……亚当身材高大，皮肤灰白，头发卷曲，容颜俊俏。关220　　于这位人类始祖的形象存在许多不同说法，但大部分都认为他有60 腕尺（cubit）那么高……历史学家讲了许多关于这位英雄的奇闻逸事和惊人之举，而且上帝拥有这样的力量也并非难事，但世上有经验和务实的人在审视自然法则之后在接受这样说法方面就显得很迟疑。②

---

① Sudipta Sen, 'Imperial Orders of the Past: The Semantics of History and Time in the Medieval Indo-Persianate Culture of North India', in Daud Ali (ed.), *Invoking the Past: The Uses of History in South Asia* (New Delhi, 1999), 239.
② *The Akbarnama of Abu' l Fazl*, trans. H. Beveridge, 3 vols. (1907; Calcutta, 2000), vol. I, 155 - 156.

图 27　巴布尔离开喀布尔去攻击吹达哈。来自 17 世纪早期《阿克巴纳玛》（Akbarnama）手稿的微型图。British Library, London. Photo credit：HIP/Art Resource, NY。

　　阿布·法兹勒的著作充溢了对阿克巴的赞颂之词，这位帝王所资助的历史学家在数量上与同时期的任何意大利君主所资助的相当。阿克巴在与贵族和神学家争斗期间明智地雇佣了一批历史学家颂扬强势君主的品德，并彰显他的个人成就。

　　然而，阿克巴对历史的个人兴趣在他最喜爱的孙子，即莫卧尔王朝第五代皇帝沙贾汗（Shah Jahan，1628－1658 年在位，卒于 1666

年）面前就显得逊色了。沙贾汗最为人所知的是他建造了泰姬陵等蔚为壮观但耗费巨大的建筑，这位帝王最终被他的儿子奥朗则布废黜和囚禁。虽然沙贾汗有着屈辱的结局，但他确立了其在历史领域的伟大地位，其功绩不亚于同时代的比他更年轻的万里之外刚开始进行长期、残酷统治的法国路易十四。沙贾汗决定将他的功绩像刻在大理石上一样写在手稿中，因而任命了一批宫廷编年史家。这种任命并不是保持距离的。在一个宫廷金钱资助、贵族智力参与编纂历史的年代，帝王是一位杰出的微观管理者，不可能置身事外。沙贾汗从宫廷精英文人中雇佣和解雇了一个又一个编年史家，直到 1636 年阿米纳·卡兹维尼（Amina Qazwini）被任命，这位编年史家摆脱了前任的命运，并完成了沙贾汗统治的第一个十年的历史写作。沙贾汗对于他的历史构成有清晰的想法：它应该被分成数卷，每一卷记录十年的历史，因为在他看来，"十"这个数字非常吉利——如果从帖木尔开始算起，他算是王朝的第十位统治者。

为帝王工作类似于击打一个移动的目标。在卡兹维尼完成他的十年历史写作任务之前，沙贾汗在历史结构方面改变了主意：从第 11 年开始记述历史，年号按阴历计算，而不是之前的阳历。这可能是由于沙贾汗突然对伊斯兰教的虔诚，而这也导致了他对卡兹维尼关于他早期统治历史的叙述方式的不满。大约在 1638 年，卡兹维尼这个不幸的人也被解雇了，取而代之的是年龄更老些的文学大师阿布德·奥哈米德·拉霍伊（Abd al-Hamid Lahori）族长，他的散文风格与阿布·法兹勒类似。拉霍伊被从他退隐的地方召回，担任宫廷史学家。此后他一直担任此职，直到过老的年龄迫使他停止写作，让贤于他的学生穆罕默德·瓦里斯（Muhammad Waris），就是这个人在 1657 年 3 月于皇家图书馆完成了第三卷和最后一卷的写作任务。与不幸的卡兹维尼不同，拉霍伊获得了大量的赏赐——1647 年的 4000 卢比以及之前每年需要用一头大象驮运的礼物。最终成品被冠名为《世界之王编年史》（Padshah Nama），该书近 3000 页，按年记述，但记述的都是皇帝参与的公共活动和战争、贵族名单、逐字翻译的文献和信件、名人传记。并不令人意外的是，考虑到沙贾汗的自负，作者们禁止了所有战败和挫折的证据，并把皇帝赞颂到了神的地步。《世界之王编年史》是一部谄媚和夸张的著作，即便按照极尽阿谀奉承之事的法国《君王史》（Historiographes du roi）的标准来说也是如此。而且该书因太大而显不得实用。1657 年，一位叫印那雅·可汗（'Inayat Khan）的皇家图书馆主管对其进行了精简，所采用的风格接近于卡兹维尼的原始文本，所以一般的文人都可以阅读。事实证明，Mulakhkhas〔简本〕比原本要好，并有了一个为人熟知的名字《沙贾汗纳玛》（Shah Jahan Nama）——一个与许多其他记录这位帝王统治的历史共享的名字。讽刺的是，这个显示沙贾汗伟大的文字证明结束于他被他那有野心的儿子推翻的时刻。[1]

　　在莫卧尔王朝进入印度的时候，伊斯兰教在奥斯曼土耳其有了新的西方标准的拥护者。曾是蒙古人臣属的土耳其人的崛起于 14 世纪早期的安纳托利亚，在接下来的一个世纪里，他们的领地不断向南欧拓展，在 1453 年围攻并击败拜占庭帝国、占领君士坦丁堡后达到顶峰。他们尽管长期衰弱，但仍让 17 世纪晚期的欧洲人认为是东方可怕的人，从而填补了蒙古人早先在欧亚大陆中部扮演的角色。实际上，之后也没有哪支东方力量受到了欧洲作家这样的关注。始于 15世纪，继之以保罗·乔维奥被广泛传译的《土耳其事务评论》（Comentario de le cose de' Turchii，1532），又通过意大利作家的过滤传播到欧洲其他地区的"土耳其历史"的整个分支和推测性的《土耳其的起源》（de origine Turcorum）后来又得到了英国的一个校长理查德·克诺尔斯（Richard Knolles，卒于 1610 年）、17 世纪的外交官和旅行家保罗·瑞考特（Paul Rycaut，1629‒1700 年）、摩尔达维亚

---

① The Shah Jahan Nama of 'Inayat Khan: An Abridged History of Mughal Emperor Shah Jahan, Compiled by His Royal Librarian, trans. A. R. Fuller, ed. W. E. Begley and Z. A. Desai (Delhi and Oxford, 1990).

（Moldavian）王子狄米特里耶·坎特米尔（Dimitrie Cantemir，1673 - 1723 年）的青睐。[①] 土耳其人对文艺复兴时期的欧洲人明显的威胁是一些人文学者和传道者甚至重写了中世纪伊斯兰教与基督教冲突的历史，使之对中世纪的阿拉伯人或萨拉森人（Saracens）更为有利。[②] 出于"敌人的敌人就是朋友"的原则，他们修订历史，把其他穆斯林（尤其是波斯人）纳入文明的潜在的盟友，与土耳其人一起对抗共同的敌人；有一些人甚至将帖木尔以及后来的萨法维王朝建立者伊斯玛伊等近来亚洲征服者传奇式地描述为亚历山大那样的英雄。[③]

222

虽然土耳其人不像莫卧尔王朝的人那样是帖木尔的直系后裔，但军阀的灵感同样徘徊在他们的文化上空：据说是苏丹巴耶塞特一世（Bayezid I）1402 年败于帖木尔之手以及后来苏丹的儿子们之间的争斗促使之前通过零散的诗歌、传说以及更主要通过口述传统表达的土耳其人的历史意识去寻找一种新的写作形式。差不多在土耳其人从这些危机中恢复过来的时候，明显意义上的历史著作出现在了安那托利亚，并主要集中于记述土耳其人的胜利。苏丹们在 15 世纪早期的追溯性的努力是为了证明他们消灭对手的正义性，阿卜杜·瓦斯里·赛勒比（'Abdu'l-vasi Çelebi，鼎盛于 1414 年）对穆罕默德一世（Mehmed I）登基的记述就是例证，这些记述不亚于稍后写于斯福扎尔统治的米兰和约克王朝乃至后来的都铎王朝统治的英格兰的历史。阿什卡帕萨扎德（Aşikpaşazade，亦称阿什奇［Aşiki］，生于 1400 年，卒于 1484 年以后）和不知名的梅夫拉纳·勒什瑞（Mevlana Neşri，卒于 1520 年）的著作延续了编年史传统，其中梅夫拉纳·勒什瑞综合了截止到他所处时代的许多史料。这些加上其他许多不知道作者的"奥斯曼宫廷编年史"（Chronicles of the House of Osman）通常在之前

---

① *Dimitrie Cantemir*：*Historian of South East European and Oriental Civilizations*，ed. A. Duţu and P. Cernovodeanu（Bucharest，1973），an abridgement of Cantemir's *History of the Ottoman Empire*.

② 这种实践与十字军历史学家特里尔的威廉开始区分穆斯林具有的威胁程度差异的时间一样早，见 Meserve，*Empires of Islam*，161。

③ Meserve，*Empires of Islam*，203 - 237.

源于其他史料的历史基础上加入当代历史事件。其他史料对这些编年史（tarih，复数是 tevârîh）进行了补充，且在某种情况下与这些编年史有所重叠。这些史料包括含有历史列表的皇历（royal calendars，现存最古老的皇历源于 15 世纪早期）、诗歌、可追溯到穆斯林勇士所处英雄时代并提供了传奇、民间传说、野史等背景的口述传统记载。当时这些史料很少展示宫廷所期望的内容；即便是被巴耶塞特二世（Bayezid II，1481－1512 年在位）鼓励记述先皇成就的阿什卡帕萨扎德也没有担任任何官职。土耳其宫廷与土耳其士兵阶层间的紧张局势可通过编年史零散的记述汇总收集。杰马尔·卡发达尔（Cemal Kafadar）曾有一个不同寻常的隐喻，他说应把这些著作看成美化事实的递增性传统，早期的记述可能比后来的记述更可靠，就像把历史编纂看成生长的洋葱，从真实的历史中心向外扩展。① 这可能成为一种误导，因为后来的编年史即便借鉴了之前的著作，但通常表现出不同的观点。因而它们相比洋葱更像是大蒜，一系列相互联系但又能独立地瓣开。考虑到我们所知的当代西欧历史学家同样多变的纲领和观点，这似乎是更有说服力的告诫。

16 世纪的土耳其文人与西方相对应的人文学者不同，他们不认同西方编年史的语言和内容，也反对西方著史的简易风格，他们的编年史满怀着对以前与中央集权统治相对的战乱年代的怀旧之情。当苏丹巴耶塞特二世委任历史学家首先写两部专门记述土耳其人的历史时，他希望在历史风格上有所改变。一位叫伊德里斯·比德利斯（Idrîs-I Bidlîsî，卒于 1520 年）的原库尔德档案馆公务员在逃到萨法维王朝统治下的波斯后用波斯书面语写下了第一本这样的著作，书名是《八重天》（Hasht Bihisht）；学者卡玛尔帕萨扎德（Kamalpaşazade，卒于 1534 年）应苏丹委托用土耳其散文形式写了第二本这样的著作。几十年后，崇高者苏莱曼（Suleyman the

223

---

① Cemal Kafadar, *Between Two Worlds: The Construction of the Ottoman State* (Berkeley, CA, 1995), 99－101.

Magnificent，1520 - 1566 年在位）设立了宫廷作家（şehnāmeci，该名称源于菲尔多西的《列王纪》）一职，继而委命用波斯语写一部新的王朝历史。这次官方历史的早期探索并不太成功：完成的 15 本著作虽然插图优美，但都不过是颂辞用韵文进行的拼合。有五个人相继担任过宫廷作家，前两个人受的是菲尔多西史诗风格的启发；到 16 世纪末，史著编纂的语言变成了土耳其语，之后的宫廷作家都来自于其他职业，尤其是官僚。宫廷作家（职位本身）在苏丹艾哈迈德一世（Ahmed I，1603 - 1617 年在位）统治早期失去了影响力，不过其在 17 世纪上半期也还出过同类型的一些著作。有一两个宫廷作家相当多产且与他们的苏丹交往甚密，如赛义德·卢克曼（Seyyid Lokmān）就很多产且与穆拉德三世（Murad III）交往甚密。但他们的著作很少被其他历史学家接受，并且通常只有不常见的版本，例如，卢克曼的配有精美插图的《历史要义》（*Quintessence of Histories*，图 28）是穆拉德访问达官显贵时赠送的，除此之外并不广泛流通。最终，宫廷作家并没有成功确立帝国认可的史学"霸权"。[①]

直到 17 世纪晚期，土耳其人最终通过更严格意义上的国家史学家（vak'a-nüvis）才确立了"官方"历史；对认知过去的控制到了 18 世纪显得更为成功，这尤其是因为先前对印刷品的严格限制以及官方印刷机构出版的许多官方编年史。到这时，这些历史著作就变成了促进奥斯曼土耳其国家稳定的工具，而不是与当时已失去许多个人权力的苏丹相关联的宫廷作品。17 世纪还有一种倾向，即从探索王朝起源转向覆盖更近期的历史。与此同时，名字在传记辞典占主要地位的旧有掌权精英开始在这些著作中让位于维齐尔（vizier，伊斯兰国家高官）和大臣。因此，正如巴基·泰兹詹（Baki Tezcan）所评论的那样，18 世纪出现的新的土耳其官方历史与国家紧密相连，这与 16 世

---

① 这里非常感谢巴基·泰兹詹(Baki Tezcan)提出的这一观点。

纪君主时期的情况完全不一样。①

图 28　贝尔格莱德投降，1521 年。源于卢克曼（Lokmān）的《胡勒纳玛》（Hunername），关于土耳其王朝崇高者苏莱曼进行了军事战役，1588 年。Topkap Palace, Istanbul。Photo credit: Bridgeman-Giraudon/Art Resource，NY。

　　以韵文和散文形式写的野史在整个时期都有出版，其中以塞利姆　224
二世（Selim II，1566－1574 年在位）和穆拉德三世（Murad III，
1574－1595 年在位）统治时期尤为兴盛。这些著作包括用土耳其语
写成的旧式"奥斯曼土耳其编年史"（如大维齐尔卢特菲·帕夏

---

① Baki Tezcan，'The Politics of Early Modern Ottoman Historiography'，in Aksan and
　Goffman（eds.），*The Early Modern Ottomans*，180－184，196－197.

[Lutfi Paşa] 的著作），也包括对单一事件或某个苏丹统治时期的记述。由于土耳其人日渐意识到自己强大的力量，并常自比罗马和中国，他们后来也开始借用中世纪晚期伊本·阿西尔（Ibn al-Athīr）、志费尼（Juvaini）、拉西德·奥丁（Rashīd al-dīn）等历史学家的模式，表现出了对"普世史"的兴趣。这些通史（主要由波斯语或阿拉伯语写成）在篇幅上既有安那托利亚教师苏库拉赫（Şukrullah）的《光辉历史》（*Bahjat al-tavârikh*）那样的鸿篇巨著，也有苏莱曼的大臣拉马赞扎德·穆罕默德·帕夏（Ramazanzade Mehmet Paşa）在 16 世纪 60 年代用土耳其语写成的世界史纲性质的精简本。

225　　　显然，土耳其史料需要和中国汉语主导的历史写作（其在唐朝时期已由非官方赞助转向明确由政府主导）以及更遥远的许多欧洲国家较少由官方组织的平民和贵族史学进行平行论述。中国人将宫廷日志作为正式记录的史料来源，以此来写宫廷活动的历书或登记造册著成史书。而 15 世纪末、16、17 世纪的土耳其主要史书即便不是官方所写，也通常是大臣或官员完成的。其中包括大臣穆斯塔法·塞勒比·塞拉尔扎德（Mustafa Çelebi Celâlzade，约 1490-1567 年）、目录学家兼地理学家卡提普·塞勒比（Kâtip Çelebi，1609-1657 年）、匈牙利出生的易朴拉欣·普塞维（Ibrahim Peçevi，1574-1650 年）。担任地方官员的普塞维是最早使用欧洲史料的历史学家之一。他与卡提普·塞勒比都有世界性的视野，后者与一位前基督教牧师合作，以此为他的著作收集欧洲信息。卡提普·塞勒比喜欢内容简洁而全面的文风。[①] 如欧洲的修辞与博学之争，土耳其也有类似的争论，而卡提普·塞勒比的《弗兹勒克》（*Fezleke*，他之前用阿拉伯语写了一本历史的土耳其语扩展本）将他划归了学者一边，而不是叙述者。伊斯坦布尔官员穆斯塔法·纳依玛（Mustafa Na'îmâ，1655－1716 年）写了一部重要的

---

① 出生时名为穆斯塔法·宾·阿布杜拉（Mustafa bin Abdullah）；卡提普·塞勒比（Kâtip Çelebi）是一个尊称，其中卡提普（Kâtip）是一种头衔或称呼，是"大臣"的意思，塞勒比（Çelebi）意指一个人很有学问。

17 世纪上半期的帝国历史——《纳依玛历史》（*Tarih-i Na'imâ*）。该书通常被认为是第一本新官方编年史，它现在仍然是关于那段时期历史被引述最多的史料之一；其作者关于著史原因和方法的论述与当时的欧洲历史艺术（*ars historica*）有明显的相似（文献摘录 19）。

　　就像同时代的莫卧尔王朝和萨法维王朝一样，奥斯曼土耳其帝国也是一个多语言、多民族国家。相应的，土耳其史学著作在语言上除使用土耳其语外，还使用库尔德语（如上文所提的伊德里斯·比德利斯）、亚美尼亚语、阿拉伯语，在被征服的拜占庭领土上还有希腊语。西欧历史学家对土耳其事务的兴趣得到土耳其历史学家的回应也不足为奇，他们有时也写关于土耳其帝国以外世界的历史。卡提普·塞勒比经常考察和评论欧洲大陆事务，另一位易卜拉欣·穆赫米（İbrahim Mülhemi）在他的《穆拉德纳玛》（*Murâd-nâme*）一书中专辟了一章论述法国史，不过该章的标题被设计为普世史。1572 年，两位帝国大臣收集大量法文史料编纂了一部《法国国王编年史》（*Pâdishâhân-i Frânçe*），时间上从传奇的法国国王法拉蒙德（Pharamond）统治时期一直记述到他们自己的时代。[①]

穆斯塔法·纳依玛论如何写历史、为什么写历史

● 求知之人内心深处会清楚、明确地意识到历史和传记是指示和知识的精髓、才能与智慧的灵药、研究对象具有普遍参考价值的庄严且伟大的学问，因为它教授的是那些从古至今世间存在的往事和教训，它详尽解释了自亚当之约[②]到当下发生的事，有好有坏。历史是民族和国家共同的食粮、受人尊敬的课题、各类财产中的通货、人类的米委，伟大的苏丹和高贵的统治者认可和追寻它，杰出的名人和著名的智者牵挂和渴望它。

文献摘录 19

---

① *La première histoire de France en turc ottoman*：*Chronique des padichahs de France*，1572，ed. and trans. Jean-Louis Bacqué-Grammont (Paris, 1997). 本段参考了巴基·泰兹詹的著作。

② 见《创世纪》第二章，意即自人类产生以来。——译者注

227

- 这是一门用处多多、益处广泛的科学。它增强了人们对学者才智的兴趣，增加了学者的谋生收入，拓展了智者的关注点和眼光。它将共性置于旧事之中，告诉精英们奥秘，否则这些奥秘便会被尘封……

- 如果一个人不会对关于历史发生了什么的原始传统满意，那么他就不会被诡辩派、无聊的故事和各种传说所骗，反而会基于现有资料推断丢失的东西，也会从现有的东西中追寻到缺失的情形。经历过许多体验和实践，他达到了一定水准，因而能够预见行为结果，了解做这些行为的人，理解伟人的事业，并知道导致这些事件的原因。在他的脑海中，事事已有定论，善恶有别，仿佛是一种直觉……

- 对于那些记录事件的人和著史的学者来说，以下是一些至关重要的准则：

- 第一、他们说的话必须是真实可靠的，不能说愚蠢的话或写虚假的传说。如果他们不知道任何特定问题的真相，那么他们应该去找彻底了解的人，之后才能记下任何他们确定是事实的事。

- 第二、他们应该忽视民众闲聊的令人不安的谣言，并倾向于重视知道如何记录实际发生之事的人的可靠书面记述……有多少学识浅薄之人凭借他们不可靠的想象妄下论断的啊！……

- 第三、无论一位历史学家研究的问题属于人类生活的什么领域，他都不应该简单地论述故事，而是应该在他的论述中直接包含有用的信息。仅仅记述战时和休战期、到达与离开、官员任命与罢免、战争与和平并不会带来极好的结果。历史学家首先应该从那些已掌握关于现有问题的正确信息的人那里获取历史上任何时代的最佳设定条件，而就某个特定时代而言，他们应该知道人类事务如何发展，向什么方向发展，他们还应当知道什么观点和建议在行政管理和财务金融问题中起主导作用——简而言之，历史学家必须在指导战争和与敌人签订条约中探明什么才是他们所认为的正确道路，他们也应知道带来胜利的原因或导致毁灭的缺陷。在一个历史学家探明了所有这些事情以后，他必须基于他认为可靠的信息展示他的发现。当这些都完成以后，后来的读者就能自己发现经验之谈的不同益处……

节选自 Lewis V. Thomans，*A Study of Naima*，ed. N. Itzkowitz（New York University Press，1972），110 - 113。

结　论

其他暂且不论，历史著作、各种流派和分支（将欧洲和亚洲的这些流派归类需要相当大的努力）在 15 世纪中期到 17 世纪晚期这段时期大量增加，世界大部分地区的历史读者在显著增长，同时世界各地（尤其是西方）通过出版社刊印文本的能力也有显著提升。明确将历史作为新政权确立的工具以及君主或宗教权威的支柱在更早的时期就已经显著增多了。在欧洲，历史从二流学问转变为地位稳步上升的书面形式；在中国，它身处高位的时期更长，私人历史写作也有增加。在穆斯林世界，统治印度、波斯、土耳其帝国的家族放弃了早期伊斯兰历史著作的宗教关注点，他们与当时的欧洲君主一样将历史作为维护王权和中央集权的工具。

这里恰当地以另一位土耳其官员转变而来的历史学家来结束本章。穆斯塔法·阿里（Mustarfa Âli，1541 - 1600 年），一位写有许多历史著作的历史学家，他的《历史要义》（*Essence of History*，见主题框 15）试图延续他的导师塞拉尔扎德（Celâlzade）的著作，并对旧有著作有所贡献，这是伊斯兰世界包括拉希德·奥丁之类著作在内的历史的优良传统，并延续到了新到来的土耳其人那里。阿里的人生跌

228

主题框 15　穆斯塔法·阿里的《历史要义》

阿里将历史要义构建在四个支柱之上，即成功处理宇宙观和人的产生、从先知以前到蒙古入侵的伊斯兰历史、蒙古和突厥王朝、土耳其王朝等问题。他在该书的长篇引言中解释了他著此书的目的，也列出了史料来源，说明了他的史学观念。他对直系前辈的评价总体慷慨，但蔑视早期的编年史家，尤其是将塞赫拉米西斯(şehnāmecis)

摒弃为笨拙的抄书人和小说的作者。有感于人生失意和对苏莱曼后继者统治的帝国的不满，阿里于 16 世纪 90 年代在没有官方资助的情况下写了一本通史。这一时期土耳其帝国开始衰落，恰值穆斯林历法中于 1591/2 年迎来千来之禧。阿里对他的著作的结构组织非比寻常，既融合了编年史和专题史，又包括了在整体框架之内的传记，以及按编号记载而不是按年代叙述的事件。

宦起伏，多次丢官，这不得不让人想到这一时期欧洲的一些同样有此遭遇的人，如英国的弗朗西斯·培根（Francis Bacon）、佛罗伦萨的马基雅维利等由官员或大臣转而研究历史的人；他的例子同样让我们想起令人失望的一位穆斯林——德里的巴拉尼（Baranī，见第三章）。像中世纪的许多穆斯林前辈一样，穆斯塔法·阿里也不得不努力应付伊斯兰普世主义和地区或王朝特殊主义之间的冲突：土耳其人同中世纪东西方罗马帝国的君王以及土耳其人的蒙古祖先一样认同世界君主会赋予他们的宗教的一个分支以特权，但不会屈从于他们的神学兴趣。早期现代见证了世界各地神学的分崩离析，而历史学家以"普世"的方式看待过去会越来越勉为其难。不过随着 17 世纪归于平静，可能被称为"普世主义"的东西将以政治问题和历史观点的形式回归。要完全理解它的起源以及我们与文艺复兴联系起来的比较多面的社会文化史，我们必须把目光投向全球我们还没有探访过的地方，并重新思考与他们碰撞的历史。

229

大事年表

1535 年	冈萨罗·费尔南德斯·德·奥维耶多·巴尔德斯《印第安美洲通史》出版
1552 年	巴托洛梅·德·拉斯·卡萨斯《简述印第安美洲的毁灭》出版
1579 年	萨哈冈《新西班牙事务通史》第 12 卷（也是最后一卷）完成
1590 年	荷西·德·阿科斯塔《印第安美洲的自然史和道德史》出版
约 1598 年	费尔南多·阿尔瓦拉多·泰佐佐莫克《墨西哥记事》出版
约 1600—1608 年	阿尔瓦·伊克特利切特尔《新西班牙旧事概论》完成
1609 年	埃尔·印加·加尔西拉索《王室评论》出版
1615 年	胡安·德·多凯马达《印第安美洲君王史》出版；古曼·波玛完成了《第一本新编年史和良好政府》
1617 年	埃尔·印加·加尔西拉索《秘鲁通史》问世
1702 年	科顿·马瑟《新英格兰教会史》出版
1724 年	让·弗朗索瓦·拉菲托《原始美洲人的习俗——与最早期的习俗相比》出版
1764 年	托马斯·哈钦森《马萨诸塞湾殖民史》第一卷出版
约 1791 年	默西·奥蒂斯·沃伦《美国革命的兴起、演进与终结》完成，但直到 1805 年才出版
1817 年	戴维·拉姆塞三卷本《美国史》出版

第五章 | 跨大西洋史：接触、征服与文化交流，1450—1800 年

引　言　约 1580 年，在奥斯曼土耳其帝国的某个地方，与穆斯塔　　
法·阿里同时代的一个人受到了当时印刷术等"新奇"事物
的触动，他决定写一部更加新奇的历史，关于已经向大西洋
彼岸开放的新世界。虽然我们不知道这位敏锐的作家是谁，
但他已经感知到了 16 世纪"新发现"的重大意义，并且有
证据表明他在写这本书时曾和一位讲意大利语的西班牙人合
作过。《西印度史》（*History of the West Indies*）为王室读者
所写，而为一直沉迷于女色又讨人喜欢的藏书家穆拉德三世
（Sultan Murad，1574－1595 年在位）准备的图文并茂的赠阅
本可能已经被诗人埃米尔·穆罕默德·埃斯·苏迪（Emir
Mehmet es-Suudi）润色过了。虽然埃米尔的名字出现在了手
稿里，但他肯定不是作者。[①] 作为史家技艺的一个样本，
《西印度史》并不是非常突出。但它阐明了两点，其一是
欧洲海洋探索的影响只发生在欧洲之外的一个本身没有跨
大西洋计划的土地上；其二是一种文化历史可以被运用到
另一种语言和通用形式中去。我们这位匿名的土耳其历史
家的兴趣本身在广阔的世界里并不令人惊讶。同中世纪时
期一样，穆斯林的作家常常作为东西方联系最频繁的媒

---

① T. D. Goodrich, *The Ottoman Turks and the New World: A Study of Tarih-i Hind-i Garbi and Sixteenth-Century Ottoman Americana* (Wiesbaden, 1990).

介。在比鲁尼（al-Biruni）和伊本·巴图塔（Ibn Battuta）的传统中，有许多人一直在继续广泛游历。可能在 16 世纪的欧洲读者中最流行的关于非洲的著作出自奥哈桑·奥哈山（al-Hasan al-Wazzan，更为人所知的名字是利奥·阿弗里卡纳斯［Leo Africanus］，约 1494－1554 年）之手，此人出生于西班牙的穆斯林家庭，后来成为基督教徒，最终又回归伊斯兰教，他在信奉天主教的罗马和信奉伊斯兰教的北非都待过一段时间。

234　　　在地理学上，位置与空间的探索总离不开对历史（即过去的时代）的研究，这种联系在 1450 年至 1700 年间的影响最大。最终，这种不确定性在两个世纪的跨洋探索中被放大，它影响着欧洲对历史、年代学和历史写作正确形式的思考。然而，在早期的几十年里，这种联系的影响恰恰相反：为支持固有观念提供依据。对其他民族，尤其是原始土著——既包括像巴西的图皮南巴（Tupinamba，信奉加尔文教的探索家让·德·李约［Jean de Lery］认为他们是哈姆［Ham，诺亚的次子］的后代）那样完全野蛮的部落，也包括印加人和阿兹克特人那样更为先进的"野蛮"社会——的发现会使用于历史分期和创作历史的史料继承方案变得更加复杂，而正如拉·佩勒里（La Peyrère）后来所展现的那样，这尤其是因为那些最初写这个"新"世界的人大部分都相当确信它不是"新"世界。哥伦布到死的时候都坚信他发现的是亚洲的一部分。1490 年，一位葡萄牙探险者带着国王给"祭司王约翰"（Prester John，基督教国王，中世纪时期统治非洲的传奇人物）的书信来到埃塞俄比亚（Ethiopia）。一个世纪之后，葡萄牙的耶稣会信徒曼努埃尔·德·阿尔梅达（Manuel de Almeida，1580－1646 年）通过探讨"祭祀王约

翰"的名字开始写埃塞俄比亚的历史。[1] 写有关于新世界编
年史的冈萨洛·费尔南德斯·奥维耶多·巴尔德斯
（Gonzalo Fernandez de Oviedo y Valdes，1478－1557 年），通
常被称作奥维耶多［Oviedo］对他在安的列斯群岛
（Antilles）碰到的土著人持暗淡的看法，他运用古代历史和
亚里士多德的三段论来描述被哥伦布当成野人的泰诺人
（Taino）。因为泰诺人和古色雷斯人都实行一夫多妻制，又
因为尤西比乌（Eusebius）说过色雷斯人也献祭外国人，所
以奥维耶多按逻辑推断：泰诺人肯定也照常会杀害他们的观
光者。

　　表面上的新事物被安插进旧事物的范畴中，并且要置于
具体的博学和流行传统的界线之中。传奇的人物、怪兽、伊
甸园、青春之泉、所罗门王的矿山、野人和亚马逊妇女似乎
都被美洲、非洲和东印度的发现所证实，而一些受到中世纪
后期像维泰尔博的安尼乌斯（Annius of Viterbo）的伪贝罗
苏斯（pseudo-Berossus）这样的欺骗刺激而出现的真正疯狂
的推测会最终将当地居民解释为亚特兰蒂斯（Atlantis）失
去的公民，或被流放的以色列人，或一些诺亚之子的附属部
落。戴维·布雷丁（David Brading）这样写道："似乎古代人
都获得了重生，他们与现代旅行者的遭遇证实了古代诗人和
讽刺作家已经描绘的关于原始人类的图景。"[2] 古代的传说
和稗官野史（及圣典和古典地理学）是依赖"美洲和其他迄
今未知的地方属于旧世界的一部分，被类似于欧洲大陆这样
的权威统治着，被有着共同人类价值观的人占据着，不过他

235

---

① Manuel de Almeida, *The History of High Ethiopia or Abassia*, *in Some Records of Ethiopia*, *1593 –1646*, trans. and ed. C. F. Beckingham and G. W. B. Huntingford（London，1954），3.

② D. A. Brading, *The First America*：*The Spanish Monarchy*, *Creole Patriots*, *and the Liberal State 1492 –1867*（Cambridge，1991），18.

们在行为上更简单"这一假说是海外帝国和教会力量的理论依据。

本章探究两个世纪的新发现的史学影响：包括能够占据最终不易融入传统欧洲范畴的一个世界的新流派的发展和展现历史的不同形式的激烈碰撞对欧洲人和当地人的影响。本章重点讲述三个不同的跨大西洋经历：首先是写美洲史的欧洲（尤其是西班牙）著作；其次是土著和混血儿的历史；最后是从北美历史著作到美国独立战争。这就为美洲在 18 世纪与欧洲的疏远，及其历史意识在大部分时期都经历着社会发展的时代从"野蛮"中觉醒准备了条件。它也成为了我们在下文第八章所述的欧洲史学得到更广泛阅读，并在 19 世纪转换成覆盖整个世界的专业学科的开场白。

关于印度和美洲史的欧洲历史写作

除了中世纪的萨迦（Sagas）描述的早期北欧海盗探险，第一个大西洋世界的系统化探索者是葡萄牙人，与战争相比，他们更喜欢探索商业贸易。在他们的西班牙邻居和受雇佣的意大利水手（如哥伦布）热衷于海岸探索约半个世纪之前，葡萄牙人的船只在 15 世纪后期就已航行到了几内亚沿岸，在 1498 年之前甚至远行至印度。尽管托尔德西里亚斯条约（Treaty of Tordesillas，1494 年）将巴西限定在仲裁界限之内，葡萄牙人的地理定向始终朝向东方的非洲、印度和中国，并攫取了中国的澳门。

与卡斯提尔人（Castilians）、阿拉贡人（Aragonese）和加泰罗尼亚人（Catalans）不同，葡萄牙人在 15 世纪早期之前创作的历史著作很少。这一时期，国王杜阿尔特（Duarte，1433－1438 年在位）委派从前的秘书兼档案保管人费尔诺·洛佩斯（Fernão Lopes，约 1380－

约 1459 年）去他的父王若昂一世（King João I）那里担任领地的主要编年史编者，并责令他将国王以前的故事整理成编年史。[1] 洛佩斯的公证训练为他的作品奠定了一种文献基础，使之能够与许多其他管辖区的宫廷史学有所区别。最早叙述葡萄牙扩张的伊比利亚人（Iberian）戈梅斯·埃亚内斯·德·祖拉拉（Gomes Eanes de Zurara）是洛佩斯的直接继承人，他于 1448 年为非洲西部的几内亚战争创作了编年史。尽管这部编年史没有持续洛佩斯的记述热情（祖拉拉 [Zurara] 在拒绝广泛转录洛佩斯的文体的同时，也赞扬了他），却也为杜阿尔特的弟弟——"航海家"哈里王子（Prince Henry 'the Navigator'，1394 - 1460 年）——提倡的探索积极性保留了稀少而有用的资源。

与西班牙相比，葡萄牙人对印度、亚洲东南部和非洲更有兴趣，并且成为这些地方的主要欧洲力量，直到其被西班牙临时吞并（1580—1640 年），后又被荷兰和英国驱逐。卡斯坦赫达（Fernao Lopes de Castanheda，卒于 1559 年，不要将他和与他同名的 15 世纪的前辈混淆）年轻的时候到访过印度，他花费了所有年少时光致力于学习和阅读古代历史，并被激励着去写在印度发现的历史。[2] 卡斯坦赫达的对手加斯帕·科雷亚（Gaspar Corrêa，约 1495 - 1563 年）曾当过水手，后来成为秘书，他年轻时也到过印度，在那里待了 50 年。他写了一部未完成的历史《印度传奇》（the Lendas da India），[3] 该书通过"杀人犯回到家中不会担心受到任何惩罚"的表述来极力谴责葡属印度政府。[4]

---

[1] 引自 Edgar Prestage, *The Chronicles of Fernão Lopes and Gomes Eannes de Zurara* (Watford, 1928), 6。

[2] Fernão Lopes de Castanheda, *The First Book of the Historie of the Discouerie and Conquest of the East Indias, Enterprised by the Portingales, in Their Daungerous Nauigations, in the Time of King Don Iohn, the Second of That Name*, trans. N. L. (London, 1582), dedication, sig. Aiiiv.

[3] 节选自英文本，见 *The Three Voyages of Vasco da Gama and His Viceroyalty, from the Lendas da India of Gaspar Correa*, trans. H. E. J. Stanley (London, 1869)。

[4] Aubrey F. G. Bell, *Gaspar Corrê* (Oxford, 1924), 23.

　　同西班牙人后来在新西班牙和秘鲁所遇到的情况一样，葡萄牙人也在非洲和印度接触到了其过去的本土知识，这些知识很难和他们基督教的世界史观念或他们强烈的神话和事实界限观相协调，但是他们常常在缺乏替代材料的时候不得不借用这些知识。一位访问过马来群岛的摩鹿加群岛（the Moluccas，现在的马鲁古群岛）的葡萄牙编年史家这样记录当地人的信仰：他们的开国统治者由四枚巨蛇蛋孵化而来，这是该群岛所有国王的源头。只要一个人愿意，他就会相信这一说法，包括巨蛇的故事。而当地人都坚信这是真的，就像对待那些在他们中间非常流行的具有诗意的寓言那样。① 被称为葡萄牙的"李维"的若昂·德·巴罗斯（Joao de Barros，约 1498－1570 年）在其有生之年到过东非和南印度，他有时会用到当地的历史。巴罗斯既是传奇作者，又是历史作家，并且非常了解这两者间的区别。他提出了真理和童话之间的传统差异，以便排除他在马拉巴尔（Malabar）接触到的"像希腊语和拉丁语寓言那样的历史著作"。② 既为史学家，又是精明商人的费尔诺·努内斯（Fernão Nunes）受到南印度毗奢耶那伽罗王朝（Vijayanagara Empire）触动，继而开始著史。由于没有读过梵文和德拉威语（Dravidian），他只能依靠当地读者和口述者从本地编年史中获得信息。③ 受到更多人文主义训练的史学家蒂欧格·都·科托（Diogo do Couto，1542－1616 年）同努内斯一样也利用了印度和斯里兰卡当地的编年史，但与努内斯不同的是，他被迫要使毗奢耶那伽罗人的叙述与欧洲人的叙述一致，因此融合了两个地方的编年史。

237　　在整个 16、17 世纪，法国、英国和荷兰共和国等其他的欧洲势力也开始创作他们自己的航海探索史，例如约翰内斯·德·莱特

---

① *A Treatise on the Moluccas* (c. 1544), ed. and trans. H. T. T. M. Jacobs. S. J. (St Louis, MO, 1971), 83.

② Joan-Pau Rubiés, *Travel and Ethnology in the Renaissance: South India through European Eyes, 1250－1625* (Cambridge, 2000), 264, 278.

③ *Chronicle of Fernão Nuniz*, included in R. Sewell, A Forgotten Empire: Vijayanagar (1900; London, 1962).

（Johannes de Laet，1593 - 1649 年）的《荷兰西印度公司史》
（*History of the Dutch West India Company*，1644 年出版）；法国人查
尔斯·罗斯福尔（Charles Rochefort，约 1605 - 1690 年）创作的《美
国安的列斯群的自然史和道德史》（*Natural and Moral History of the
Antilles Isles in America*'，1658 年出版）；德国人加斯帕（Gaspar
Ens，鼎盛于 1570 - 1612 年）的《西印度史》（*History of the West
Indies*，1612 年出版）。对巴西的图皮人（Tupi）最著名的记述可能
来自德国人汉斯·斯塔登（Hans Staden，约 1525 - 1576 年）。斯塔登
是葡萄牙的雇佣兵，曾被囚禁在图皮数月，他在 1557 年用木刻阐述
的"真实历史"或"旅行记录"因其对自相残杀的骇人描述而变得很
畅销。[1]

　　美洲的历史著作不仅是 16 世纪控制欧洲历史著作的牧师们的工
作，也是一般信徒，尤其是一些写与本土及居民信息相关的摘要和报
告的西班牙行政官和法官的工作。他们中的一些人出身寒微，其中大
部分是在故土不太可能接触越来越作为中层、上层阶级特权的人文主
义史学的殖民士兵。在这群从前大部分是官员的人中，有写弗朗西斯
科·皮萨罗（Francisco Pizarro）探索秘鲁这篇报道（1534 年出版）
的匿名作者，以及更为著名的编史家佩德罗·希耶萨·德·里昂
（Pedro Cieza de Léon，1518 -约 1554 或 1560 年），他曾作为士兵遍游
秘鲁。德·里昂的《秘鲁编年史的第一部分》（*The First Part of the
Chronicle of Peru*）比其书名暗指的范围更广，并且都是安第斯山被
调查者口述的本地文化和历史信息。该书被大量刊印成不同的语言版
本，它比其他任何书籍都致力于培养印加人的思想，就像那些为早在
一个世纪前就被征服了的更原始的民族制定礼仪规范的经验丰富的统

---

[1] *Hans Staden's True History*：*An Account of Cannibal Captivity in Brazil*，ed. and
trans. N. L. Whitehead and M. Harbsmeier（Durham，NC and London，2008）。所有
这些著作都值得现代的关注。然而，限于空间有限，这一部分在区域上只集中于中美
洲和南美洲，并只集中于西班牙的历史学家，而下一部分会处理同一地区当地土著与
混血儿的著作。

治者那样。在墨西哥与德·里昂相对应的人是贝尔纳尔·迪亚斯·德尔·卡斯蒂略（Bernal Diaz del Castillo，1496－1584 年），他不是一位成功的征服者，他在议会的功绩没有他凭记忆写下的《真实的新西班牙战争史》（*Ture History of the Conquest of New Spain*，1632 年出版）显著。他是一位视力模糊、有听力障碍的 84 岁老人，在写简短的前言前，迪亚斯决定先写一段符合人文主义潮流的崇高的序，保证记述的都是自己亲眼所见的事物，并将其遗赠给子孙后代，从而增加了他的人生价值。①

随着探险队的成倍增加，探险者中不可避免地出现了他们自己的史学家。典型的例子包括阿尔瓦尔·努涅斯·卡维萨·德·瓦卡（Alvar Nunez Cabeza de Vaca）所述 1542 年近似灾难的佛罗里达探险和像色诺芬一样向西南长途跋涉到达太平洋沿岸的故事，以及安东尼奥·德·莫尔加（Antonio de Morga，1559－1636 年）的《菲律宾群岛的历史》（*Historia of Philippine Islands*，1609 年出版）。天主教传教士迪亚戈·洛佩斯·德·科戈柳多（Diego Lopez de Cogolludo，约 1612－1665 年）的《尤卡坦州的历史》（*Historia de Yucathan*）融合了政治史，讲述了天主教的传教活动，而最有趣的是，它着眼于玛雅人的文化和习俗。科戈柳多费尽心力在研究玛雅人，他认为玛雅人一定是由古迦太基人进化而来。

恩里克·弗洛雷斯卡诺（Enrique Florescano）曾指出新世界第一代作家的活力、灵活和真诚很快被后来受过传统训练的官方史学家的虚假所取代，他们将回忆过去转变为包括于已建立却很狭隘的文艺复兴流派的"书本经历"。② 如果我们查看后续作家的社会和教育背景，我们就会发现这个说法有部分是真的，但该说法背后的年代学并不能

---

① Bernal Díaz del Castillo, *The Discovery and Conquest of Mexico*, ed. G. Garcia and trans. A. P. Maudslay (New York, 1956), author's preface.

② Enrique Florescano, *Memory*, *Myth and Time in Mexico*: *From the Aztecs to Independence*, trans. Albert G. Bork and Kathryn R. Bork (Austin, TX, 1994), 91ff., 96.

完全说明这一点。关于新世界的学术写作很早就出现了，其在时间上与关于新世界的经验叙述有重叠，代表人物有从未亲眼见过美洲人的彼特·马特·德安吉拉（Peter Martyr d'Anghiera，1457－1526 年），以及大部分成年时光都花在西班牙的一个伦巴第族人（Lombard）。和之前世纪的许多意大利人文主义者一样，曾经是士兵，后来当了牧师的马特获得了顾问的职位（从 1520 年起就处在印第委员会的这一位置上了）。这导致他受国王卡洛斯一世（Carlos I）委命（从 1519 年开始受神圣罗马帝国的查理五世的委命）去写关于新发现的历史。虽然马特的作品涉及到了美洲的地理和自然特征（因此混淆了布里尼[Plinian]的自然史和历史故事的边界），但它在大多数方面都是文艺复兴史学的教材，其展示的利维安（Livian）灵感依靠数十年的积累。

马特的第一本书《新世界的数十年》（De orbe novo）于 1516 年用拉丁语出版，并在后续的版本中进行了扩展。这或许是通过将新世界狂野的过去整合到欧洲历史中来使其驯服的最早尝试。依据圣经中对世界史的阐述，当地人没有被看成十足的外星人，而将他们的文化转变成失去的"黄金岁月"的遗物也很容易。彼特·马特证实了只有初期的几个历史学家愿意在没有亲自探索新世界的情况下写关于新发现的历史，而包括终身都是哈普斯堡王朝官员、写有法国、英格兰和苏格兰历史的多产作家安东尼奥·德·埃雷拉·易·托雷西拉斯（Antonio de Herreray Tordesillas，约 1549－1625 年）在内的其他人则不愿这样做。1586 年，托雷西拉斯被菲利普二世（Philip II）任命为关于印第安人的首席评论员（Cronista Mayor），因而成为延续至 18 世纪的众多这样的官方史学家之一。托雷西拉斯被指控针对外国对西班牙在美洲行为的严厉批判为西班牙辩护。作为评论员，埃雷拉有权阅览国家文献，并将之运用到了他的百科全书式的著作《美洲大陆和岛屿通史》（Historia general de los hechos de los Castellanos en las islas y tierra firme del Mar Oceano，1601－1605 年出版）之中。该书对从哥伦布时期到 16 世纪 50 年代中期的历史进行了编年体叙述，其中既

239

有第一手的文献研究，也有对希耶萨·德·里昂以及其他人的近乎剽窃似的严重借鉴。

当为涵盖欧洲历史而正进行微调的一系列流派被迫服务于完全呈现异域时，且在主要目标通常是实践信息，而不是提供英雄典范或道德模式的地方，埃雷拉仍然在坚持不懈地致力于用严格的编年史规则讲述他的故事。国王、大臣和高阶牧师阅读很多征服史学既不是出于娱乐，也不是为了成模范，而是为了获取实用信息。当伊丽莎白一世（Elizabeth I）时期的国务大臣、反西班牙激进分子弗朗西斯·沃尔辛厄姆（Francis Walsingham）在阅读托马斯·尼科尔斯（Thomas Nicholls）的《西印度征服史》（*The Conquest of the Weast*［原文如此］*India*，1578 年出版，洛佩斯·德·葛梅拉［López de Gómara］著作的翻译版）时，他不可能仅仅是为了消磨时间。早期受人文主义训练的史学家意识到了为新世界提供全面而有教育意义的专著同满足传统流派要求之间的矛盾，特别是还要面对在按年代叙事时要涉及多少地理描述的问题。当 16 世纪晚期的宇宙学家佩德罗·甘博阿·萨米恩托（Pedro Sarmiento de Gamboa，1532？-1608？年）被秘鲁总督派去写各省通史（尤其要突出印加皇室的罪恶）时，他的解决办法就是在正式叙事之前先通过导言来介绍古代和中世纪时期的土地和人口情况：

> 当史学家想要有条不紊地描写世界或世界的某些地方时，他们通常会先描述包含它的土地的情况，之后再描述土地上的人口，以便在历史部分规避土地。如果古老的和著名的著作都是这样，那么新奇的大陆更需要这样……同样的秩序需要被保存。①

而对其他人而言，前言的处理不是很充分，他们的历史将风俗、地

---

① Pedro Sarmiento de Gamboa, *History of the Incas*, trans. C. Markham（1907；Mineola，NY，1999），14.

理、信仰和经济分块，并整合成一本书。将截然不同的地理和历史结合在一起比传统的人文故事更能引领潮流，而一些非常重要的新世界的史学家都不仅仅只是编年史家。新发现除了对人类历史的理解有影响外，它还缓和了在崇尚古典时期对流派界线的划分，使之不再那么刻板。在所有被广泛翻译的 16 世纪的不同风格的著作中，尼古拉斯·蒙纳德斯（Nicolas Monardes，约 1512 - 1588 年）的《医药史》（*Historia Medicinal*）将"自然史"控制在医药研究这一个方向上。 240
蒙纳德斯是塞维利亚（Seville）著名的物理学家，花了很多时间在美洲收集、研究动植物标本。而物理特性、植物、动物与当地人类风俗的结合从此鼓舞了更加开放的非政治、非叙述性的历史写作空间。在某种程度上，它在一个主要侧重于直接源于修昔底德的叙述形式的时代构建了繁荣一时的希罗多德式的历史。

奥维耶多是第一位真正在印第安美洲待过的历史学家（因为美洲人有时也会被欧洲人征召），也是最早用西班牙语著史的人，他决定在自然史的庇护下引进编年史。他在 1512 年来到新世界，之后除回访西班牙外，他一直作为皇室代表留在那里。奥维耶多在他的一次访问中写下的简短摘要被运用到他的《印度的自然史》（*On the Natural History of the Indies*）中，并且被认为是对马特描述的修正。该著作使得奥维耶多于 1532 年被任命为印第安美洲的首席编年史家，让他有机会接触到他没有经历过的事件信息。其结果是他写下了他的代表作《印第安美洲通史》（*General History of the Indies*），该书的前 15 卷于 1535 年在塞维利亚出版，最终扩充到 50 卷。尽管奥维耶多见多识广，但他的历史故事同马特的一样，只强调探索大发现以后的事件，而在接触之前的历史则有待下一代作家的关注。奥维耶多的著作也阐述了半传统、半原始的根源是以新发现的历史描述为基础的，而有人甚至吹嘘他的功绩超过了古人：奥维耶多原先是传奇作家，他认为科尔蒂斯（Cortés）是近代的尤里乌斯·恺撒（Julius Caesar，在他的年代，是侠义的化身），并且在为更早的哥伦布发现美洲大陆前的发生在像伪贝罗苏斯那样不确定的地方的西班牙战争搜寻证据。正如安东尼·帕格顿（Anthony Pagden）记录的那样，①奥维耶多作为小说家的双重身份对他和奇异的海外世界的其他叙述者而言都是潜在的问题。在这个历史和传奇界线不分明的时代，一个畅销的西班牙小说《阿玛迪斯》（*Amadis de Gaula*）的作者将他自己比作李维的时代，一个人如何能消除受过教育的公众的疑虑，使他们相信读到的是真实的文章（*historia verdadera*），而不是中世纪令人难以置信的著名杂家约翰·曼德维尔（John Mandeville）爵士的《游记》（*Travels*）的新版？

集中于事件的编年史写作需要关注点的缩小和一个熟悉的支点的支撑，这个支点由征服者提供，从科尔蒂斯（Cortés）于 1519 年至 1521 年在墨西哥的胜利开始（图 29）。在西班牙人到来之前回首过去

图 29　科尔蒂斯到达墨西哥，绘于墨西哥的手抄本（*Condex Azcatitlan*），59 - 64。Bibliothèque Nationale，Paris. Photo credit：Snark/Art Resource，NY。

---

① Anthony Pagden，*European Encounters with the New World*：*From Renaissance to Romanticism*（New Haven，CT，1993），63.

是很难的，需要理解一些本地语言，尤其是中美洲家喻户晓的主导语言——纳瓦特尔语。虽然人文主义者弗朗西斯科·洛佩斯·马拉（Francisco Lopez de Gomara，1511 - 1564 年）从未去过墨西哥，但他后来担任科尔蒂斯的神职人员，并将其雇主的信息作为《墨西哥征服史》（*Historia de la Conquista de Mexico*，1552 年出版）的主要资料。这部著作很快与他的另一部在同年出版的著作《印第安美洲史》（*Historia general de las Indias*）衔接上了，而现在的《印第安美洲史》还将秘鲁包括在内，但马拉当时掌握的关于它的可靠信息很少。同奥维耶多和马特的历史一样，该书按空间组织内容，包含了自然特征、本土语言和风俗信息，以科尔蒂斯的诞生作为文章的开头，以他的死亡作为结尾。毫无疑问，这是在称赞科尔蒂斯，称赞他是继亚历山大和尤里乌斯·恺撒以来的重要历史人物代表，而战争本身包含了西班牙和教会的历史，因为教会拥有先进的基督教，该宗教已经在野蛮的欧洲传播了 1000 年之久。颂扬以征服作为政治策略的人被证明是错误的，因为科尔蒂斯的家人到现在都不受欢迎，当权者准备撤消马拉的历史著作，哪怕他的作品对读者有着重大影响。

　　弗朗西斯科·塞万提斯·萨拉扎（Francisco Cervantes de Salazar，约 1514 - 1575 年）是一位与马拉非常像的史学家，但不同的是他是第一个在新西班牙居住时写新西班牙历史故事的人。起初，他被国王任命去写编年史，只成功地完成了六本书，并且直到 20 世纪才出版，但他 1560 年出版的《对话录》（*Dialogues*）展现了墨西哥人民的情况。更加关注战争的写作趋势会持续到 16、17 世纪。在此期间产生的著作有安东尼奥·索利斯·瑞巴达勒里亚（Antonio de Solis y Ribadaneyra）的《墨西哥征服史》（*Historia de la Conquista de Mexico*，1684 年出版），这又是一部官方史学家的出版物，而且是唯一一部被广泛阅读的讲述征服的读物，这不仅是因为其作者（早年就成为了戏剧家）在戏剧界的闪耀地位。

　　稍后，秘鲁成为殖民地，且毫无秩序，政府从不曾使新西班牙得到稳定，这儿的征服很快演变成两个敌对征服者之间的内战。他们最初的领导者弗朗西斯科·皮萨罗于 1541 年被反抗者们暗杀，他自己生前是文盲，也没有派人去记录事件，但是有不少人填补了这一空缺，其中包括他的继承人弗朗西斯科·萨雷斯（Francisco de Xerez）书记和佩德罗·桑乔（Pedro Sancho），他们两人写了早期对抗印加人的战争报告。官方或半官方历史出现于中世纪时期，从奥古斯汀·萨拉特（Agustin de Zarate，约 1492－1560 年）的《秘鲁战争和新发现历史》（History of the Discovery and Conquest of Peru）开始。一位在秘鲁待了两年的皇室大臣公正、谨慎地记录了内战，从未读过其手稿的菲利普二世（1556—1598 年在位）于 1555 年允许其出版意义上说它属于官方历史。内战时期的一位士兵迪亚戈·费尔南德斯（Diego Fernandez）待在秘鲁时被印度委员会委派去记述那段岁月，他用西班牙语完成了《秘鲁史》（Historia del Peru）的创作，结果该书被皮萨罗派列为禁书。

　　从一开始，南美洲自认为是史学家的人严重依赖当地信息来写历史，这使他们处于非常尴尬的地位。一方面，他们不得不摒弃安第斯历史的宗教和固有仪式，因为两者的虚假和道德败坏；另一方面，他们不可能丢弃所有的当地信息，因为这是他们唯一的资料。这种窘境被佩德罗·甘博阿·萨尔米恩托阐述得很清楚：

　　　　由于印第安人的这些野蛮国家一直不写信件，因此他们不知道如何保留他们那时的纪念物和纪念碑，他们的前辈也没有办法。当总是评判人类种族的魔王发现这些不幸容易被相信，害怕被服从时，他就引入了很多假象、谎言和欺骗……很偶然地，他们有所觉悟，并月月传承下去，这样就从祖辈那里传到了他们这一代，尊重从前发生的事情的真相。

243

　　在可信度方面，萨尔米恩托认为他听到的很多故事都只是寓言，因为他们都是被当地人所相信的，所以将他们说的而不是他们所思考的记录下来是相当重要的。结果，尽管他有所疑虑，但他直到 20 世纪初才出版的历史现在被看成是安第斯人对过去 16 世纪中期态度的真实记录。[①]

17 世纪会进一步产生关于印加及其衰落和西班牙早期统治的历史。同新西班牙和欧洲一样，史学家们越来越不愿意相信口述史料。贝尔纳贝·科博（Bernabe Cobo，1582 - 1657 年）是在美洲的西班牙待了大半生的耶稣会信徒，他非常怀疑当地人提供和选取的信息。尽管他在新世界住了很长时间，他的《新世界史》（*History of the New World*）主要以早期的写作材料和其他近期历史为基础。他警告人们不要相信无知的"乡村人"，不要期待他们会有关于印加政府的准确信息，并且建议只能相信那些住在印加首都库斯科（Cuzco）的人。另一方面，他对能看到的证据非常感兴趣，例如库斯科城旁边的太阳神庙里的壁画，上面的肖像反映了每个国王的生活和他们攻克的领土，而这关于这些壁画的信息则来源于他以前在挂毯上看见的"历史"。[②]

新世界的史学的丰富提供了另一个插曲，即写任何事或任何地方的专门史或地方志的冲动与有效概括和构建包括所有地区的全面普世史的需求之间古老且周而复始的争斗。古典欧洲与早期中国的皇家史学家们在将野蛮民族整合到他们的历史中时（被看成普世史的核心）面临的同样的问题现在又再次出现，只是在更广阔的跨洋的范围里。推力和拉力促使很多作家尝试将印第安美洲、东方和西方迥然不同的历史综合成一个整体，反过来，它就可以轻易地被更多当地人接受。一个当代作家评论道：他们并不很迫切地想要抹去当地人对历史的记忆，只是想将其转换成欧洲的框架，从而使其涵

① Sarmento de Gamboa，*History of the Incas*，27 - 28.
② Bernabé Cobo，*History of Inca Empire*，trans. Roland Hamiltion（Austin TX，1979），98 - 99.

盖基督教历史。①

拉力很大程度上来自野心家和商业：正如我们在上一章所看到的，识字群体在增长，他们渴望容易获取的信息，对各种历史都很感兴趣，加之印刷术的刺激，概括、综合的著作和关于专门事件和地区的记述都很有市场。而推力则具有更大的力量，主要源于教堂。这使得不信教的当地人对圣经中描述的世界感到很担忧，因为这将基督教信仰带给了他们。就像马拉在 1552 年出版的《印第安美洲通史》（*Historia general de las Indias*）的前言中所说的：新世界的发现是自耶稣诞生以来最重要的事情。最早的传教士史学家安德烈·德·奥尔沃斯（Andres de Olmos，约 1480 - 1570 年）和托里维奥·德·贝尼凡特（Toribio de Benevente，约 1500 - 1569 年，被称为莫托尼利亚 [Motolinía]，在纳瓦特尔语 [Nahuatl] 中是"贫穷"的意思，这是他从邂逅的土著那里知道的）将大发现纳入了更广阔的方济会启示录的叙述之中。据此，印第安美洲的转变是更普遍的改革和大西洋两岸基督教乌托邦取得成就的前奏。

教会的推动力很快引至反宗教改革运动的兴起，因为确保跨过大洋的基督教教义使罗马天主教的历史版本（而不是新教的历史版本）现在变得必要。不同的宗教规则中出现了部分竞争，一种解决方式是写天主教在新世界不同地区发展的历史，这种写作通常从特殊的规则着手。当耶稣会信徒弗朗西斯科·哈尔克（Francisco Jarque）在巴拉圭为天主教耶稣倡导的社会提供相应描述，包括观察当地的宗教实践时，位于多明尼加共和国利马的胡安·梅伦德斯（Juan Melendez，鼎盛于 17 世纪 80 年代）在用三卷本的秘鲁宗教史做到了这点，这是多明尼加共和国人引以为傲的地方。这些貌似真的教堂历史被看成全球史的一部分，就像从前 12 世纪时期的教会史那样。因此，弗朗西斯

① Thomas A. Abercrombie, *Pathways of Memory and Power: Ethnography and History among an Andean People* (Madison, WI, 1998), 188, 260.

科·胡安·德·多凯马达（Francisco Juan de Torquemada，卒于 1664
年）1615 年出版的《印第安美洲的君王》（*The Indian Monarchy*）涵
盖了宗教史和世俗史，他将被征服前的当地土著转变成受困埃及的以
色列人。科尔蒂斯作为上帝任命的拯救者因阿兹特克王国的盲目崇拜
而将其毁灭，由于殖民者的恶习和堕落，弗朗西斯科创立的新伊甸园
被悲哀地变为新巴比伦。

对于写通史的牧师作者，这里需要特别提及三个很有价值的人
物：巴托洛梅·德·拉斯·卡萨斯（Bartolome de Las Casas，1474 -
1566 年）、荷西·德·阿科斯塔（Jose de Acosta，1540 - 1600 年）和
伯纳狄诺·德·萨哈冈（Bernardino de Sahagún，1499? - 1590 年），
他们一个是多明尼加共和国人，一个是耶稣会信徒，一个是方济会修
士。拉斯·卡萨斯对后代人有极大的吸引力，因为他早些时候批判西
班牙人虐待当地人（包括迫使他们成为基督徒），从而使得这位昔日
的冒险家成为修道士，并且为保护他们奉献自己的一生。与此同时，
他的著作也招致了敌意，与像马拉这样的世俗史学家的反印第安人观
点和致力于传道的神职人员背道而驰。现代人学着有所保留地看待他

主题框 16　拉斯·卡萨斯的《印第安美洲通史》　　245

拉斯·卡萨斯未完成的《印第安美洲通史》至少在他死后 40
年才出版，直到 1875 年才被印刷。该书包含的很多观点与他在
《简述印第安美洲的毁灭》（*Brief Relation of the Destruction of the
Indies*）中的相同，并且以同样愤怒的声音被反复吟诵，拉斯·卡
萨斯打算通过它为当地人争取福利。《印第安美洲通史》的创作历
经数十年，叙述时间从哥伦布开始，正文开头的前言（写于 1552
年）中集结了人文史学的所有特征：论述历史的作用；回顾古典时
期的伟大史学家；谈论他的写作动机。拉斯·卡萨斯对奥维耶多《印

第安美洲自然史》(*Natural History of the Indies*，1526 年出版) 的否定态度促使他写下了这部历史。两人是激烈的对立者，奥维耶多对当地人的智慧持否定态度，而拉斯·卡萨斯的态度则相反。拉斯·卡萨斯的辩论策略揭露了人种志在文艺复兴时期的利弊。拉斯·卡萨斯热情地赞扬阿兹特克人的文明是高等的文明，即便仍是野蛮的，当他这么说时，他是在普遍由古典文化界定的范畴中评判的，这种评判总是通过将他们与希腊罗马进行比较。

的观点，即使在与他们背后的动机产生共鸣时也一样。拉斯·卡萨斯写了很多部作品，包括未完成的《印第安美洲通史》(*Historia general de las Indias*，见主题框 16)。然而他的名誉大部分依赖于他的《简述印第安美洲的毁灭》(*Brief Relation of the Destruction of the Indies*，1552 年出版)。该书强烈维护当地人的权益，这无意间起到了加强反天主教宣传的效果。反过来，它提供了西班牙在欧洲和美洲暴行的"黑色传奇"。因此它的语气是责骂的，同样也对强制改变当地人的是非曲直充满怀疑。它因为不真实和反西班牙而受到其他传教史学家的攻击，最突出的是莫托尼利亚，他是最尖酸的反对者，有一次向查理五世 (Charles V) 公开指责拉斯·卡萨斯。

　　荷西·德·阿科斯塔神父比拉斯·卡萨斯晚一代，是耶稣会 (一个反对宗教改革运动的宗教团体，该团体成员还包括在他同时代的比他更年轻的到中国传教的意大利人利玛窦) 信徒。阿科斯塔被广泛传译的《印第安美洲的自然史和道德史》(*Historia natural y moral de las Indias*)[①] 在 1590 年出现了西班牙语版，该书是他的哲学训练以及游历秘鲁和墨西哥的成果。正如书名所显示的那样，该书延续了叙

[①] José de Acosta，*Natural and Moral History of the Indies*，ed. Jane E. Mangan，trans. Frances López-Morillas (Durham，NC and London，2002).

述中融入自然史的传统，它在这方面表现得如此之好，以至于得到了两个世纪后德国伟大的自然学家亚历山大·冯·洪堡（Alexander von Humboldt）的赞扬。其他暂且不谈，阿斯科塔被认为结合了根源于原始土著的亚洲-美洲大陆桥的概念，因而与被普遍接受的现代跨大陆移民观念一致（不过阿斯科塔是从基于圣经和诺亚方舟的完全荒谬的后裔理论中得到这一结论的）。从我们的观点来看，他的书最有趣的特征是对欧洲-美洲接触前美洲当地文明史（尤其是阿兹特克文明和印加文明）的适度奉承，并指出那些文明所呈现的包括人祭在内的残暴在欧洲历史上也出现过（拉斯·卡萨斯也提出过这种观点）。"任何历史，如果它是真实的，并被很好地写下来，那么它将带给读者许多益处"，阿科斯塔这样写道，以强调将理解土著历史作为有效传教的前提的重要性。没有哪个民族是如此野蛮，以至于没有什么东西值得赞扬，也没有哪个民族是如此文明和人性，以至于无需矫正。①

阿科斯塔将"野蛮人"——也就是非基督徒——分成三个不同的群体：拥有法律、政府、著作和历史记录的文明群体（包括中国、日本、印度的某些民族）；拥有政府、宗教、一些非书非手迹的历史回忆的半文明群体（包括阿兹特克文明和印加文明）；没有政府、宗教、法律和著作的完全野蛮的群体。这种划分乃至从一个阶段向另一个阶段的发展的概念并不新鲜，阿科斯塔将亚洲民族包括在内的宽范围比较才吸引人——他所在团体全球传教雄心的结果。同样值得注意的是，阿科斯塔在解释或描述新领地及其人民和自然的历史时坚持观察经验优于传统。尽管阿科斯塔坚持相信教会对于拯救人类的必要性，但他既指出了可回溯到亚里士多德的丰富自然观，又先于 18 世纪的比较文学学者提出风俗史（*histoire des moeurs*），不过这完全是一个充分相信西班牙注定要带着基督教君主政体漂洋过海的幸运儿发现了伏尔泰完全厌恶的价值。

---

① José de Acosta，*Natural and Moral History of the Indies*，ed. Jane E. Mangan，trans. Frances López-Morillas（Durham，NC and London，2002），379.

16 世纪所有写新世界历史的西班牙历史学家中最有趣的要数萨哈冈，其姓氏源于他 1499 年或 1500 年出生的城镇。他于 1529 年来到新西班牙，并将他生命的大部分时间都花在了墨西哥各地。作为一名传教士，萨哈冈持当地人口音，之后又用罗马字母代表纳瓦特尔语（Nahuatl）等之前没有相对应字母的当地语言。萨哈冈和他的同仁——方济会的莫托尼利亚——共同继续着更早期的语言学努力，而方济会教育推动的是拉丁语和纳瓦特尔语，而不是西班牙语。作为一位语言学家和人文主义教师，萨哈冈教育年轻人，然后再让年轻人教导他们的父母，这个土著教育的方式附带迅速培养了有天分的孩子，他们具备拉丁语和纳瓦特尔语的读写能力，能够让基督教文本转译成纳瓦特尔语。

萨哈冈并不是土著宗教和行为的开明支持者：同大多数传教士一样，他真正把它们视为迷信，而现在上帝派了基督教来镇压它们。当他晚年与试图隔绝和毁坏包括人种学论著在内的可疑和异端资料的后特伦托宗教会议发生冲撞时，他的手稿也被没收了，这肯定令人很气愤。幸运的是，与许多其他我们知道名字但在 16 世纪最后 25 年里被遗忘的历史著作不同，萨哈冈的一本代表作历经一系列事件后幸存了下来。在某一时刻，可能是在 16 世纪 30 年代晚期他正在特拉特洛尔科的圣克鲁兹的新科莱西奥（new Colegio de Santa Cruz de Tlatelolco）任教的时候，萨哈冈萌生了写一部新西班牙通史的想法。与许多其他的历史学家不同，他拒绝严格依赖他自己的观察和亲自获取的信息，而是利用他学生中说纳瓦特尔语的当地人，这些人后来成为他的研究助手，甚至合作者。萨哈冈广泛使用了口述信息，而他那些精通双语的年轻人支持者极大地拓展了他的获取范围。他和他的土著助手们从 16 世纪 50 年代开始用纳瓦特尔语写作，到 16 世纪 70 年代又扩展成了西班牙版本，其结果是一本涵盖广泛的宏伟巨著。作为传统上被视为特伦托手迹事件之后唯一幸存下来的手稿，萨哈冈称之为《新西班牙事务通史》（*Historia general de las cosas de Nueva España*）。这本

12 卷的著作覆盖了所有可能的主题（它回溯了文艺复兴时期的人文主义乃至更古老的涵盖广博知识的中世纪传统），但全书关注的焦点是土著文化与历史，而不仅仅是西班牙人在这一地区的经历。有一卷本以阿兹特克的诸神为开头（谨慎地证明其是必要的知识，以便和这样的异教信仰斗争），然后继续论述仪式、关于死后的信仰、占星术、土著的道德哲学、社会组织、风俗和动植物。

第 12 卷（最后一卷）完成于 1579 年，该卷是一部征服墨西哥的简史，正如萨哈冈在一次演说中向读者们所说的那样，它区别于许多其他已经存在的历史，因为"我想用墨西哥人的语言写这部历史，这不是为了从参与征服的纯正印第安人那里获取一些真相，而是为了用这种语言记下战事和土著在战事中使用的武器，以便一个人可以用墨西哥人的语言谈论这一话题时可以使用恰当的词语和表达方式。"① 简而言之，主要目标不是用当地人自己的语言记录历史真实，而是促进欧洲人准确地掌握这门语言。然而，他补充道，"那些知情的被征服者记述发生在战争期间他们中间的事情，以便使不知情的征服者知道"，这不能说是不重要的益处。由于许多他相信"讲了真话的慎重之人"参与作证，这项工作成功完成了。萨哈冈多次称他自己为此书的作者和"编者"，但他显然不是独立完成的。他终其一生收集当地土著中尊者和老者的陈述和证言，继而汇编成他的手稿。他的助手们是将这些陈述和证言转成书面的纳瓦尔特文字，之后再帮他将之构建成史料；整个过程耗费二十多年，西班牙语版本的完成又耗了额外的 12 年。这第 12 卷中详述的历史总体上是从当地人的视角写的。1585 年，他将征服史修订成了一个新的版本，以更多他自己的观点和颂扬西班牙议会为特征；这么做可能是出于政治原因，尤其是他希望为方济会版本的征服史辩护，并维持他所在宗教团体与西班牙议会的关系。让当地土著发声的合作项目因而变质为经过消毒的人文

248

---

① James Lockhart（ed. and trans.）*We People Here：Nahuatl Accounts of the Conquest of Mexico*（Eugene，OR，1993），49.

主义叙述，结束于道出西班牙人观点的修昔底德式的演讲词。到 16
世纪 80 年代，当方济会岌岌可危时，萨哈冈无力再让当地的历史得
到清楚的说明。

美洲土著与混血儿写的历史

　　萨哈冈与土著译者的合作提醒我们征服者分为两派，并引导我们
去询问当地土著如何看待他们自己的历史，这种历史即包括火药、基
督教、旧世界毁灭性的疾病引入之前的历史，也包括之后的历史。西
方史学的引入根除或扭曲了当地土著的历史思想，其表现形式受到了
激烈的竞争。殖民时代之后的学者们批判挪用土著著作、强加文艺复
兴的文学，以及根除口述和绘画等历史呈现形式的做法。因而，恩里
克·弗洛雷斯卡诺断言对中美洲的征服，尤其是字母书写形式的引入
证明了"不仅是征服史被征服者所写，而且被征服者自身的历史传统
249 也第一次被抑制，之后被征服者征服，并被转换成只有胜利者才能完
成的读物"。① 或许是这样，但当地土著能够将他们的历史思想应用
于文学；而且，流传回欧洲的历史并非不受"被征服者"文化的影
响。萨哈冈伟大的计划是显著的例子，但绝不是孤例。

　　被欧洲人殖民的当地土著在信仰上与他们的征服者们不同，他们
有着很好的历史意识，并能有口述和绘图等各种形式去表现它。约从
公元前 500 年开始，玛雅人、米斯特克人（Mixtec）、萨巴特克人
（Zapotec）、阿兹特克人和其他中美洲民族发展了一种用图形、表音
字、表意字、声符组合而成的非字母书写形式，并将之刻在纪念碑上
或写在动物皮、树皮、衣服等各种便携媒介上（图 30、31、32）。考
古学家在中美洲发掘了可追溯到征服前 1,000 年的绘画和石刻遗迹，
其中一些是以土著历法标注的日期。一位学者从绘画证据中得出结论，

---

① Florescano，*Memory，Myth and Time in Mexico*，123.

图 30　月神，玛雅人手稿，12 世纪。来自德累斯顿手抄本，对开第 20 页。Saechsische Landesbibliothek, Dresden, Germany. Photo credit: Art Resource, NY.

250

图 31　木制历法裂痕鼓（阿兹蒂克长数 *teponaztli*），米斯特克，墨西哥。所绘场景为两个城市之间的战争，刻印风格与米斯特克对开本法典所用一致。British Museum, London. Copyright British Museum/Art Resource, NY。

认为中美洲人"明显有一种符号系统，以便记录过去与现在的事实，并展望未来"。[1]至于当地土著使用这一系统到什么程度则是一个大概的判断，但不论他们对历史的兴趣达到何种强度，这些知识无疑都会通过清除旧有仪式、用基督教圣人重新命名城镇、混合当地土著与欧洲人的文化等措施被修改。在被欧洲人入侵之前，中美洲人也发展了依赖日和年的历法。玛雅人的历法除了年复一年的周期循环外，还包括了一种线性计时法或者说是"长计历"，其起始时间相当于公元前 3114 年。这种历法可能起源于数千年前，并在玛雅文明的古典时期（公元 3 - 8 世纪）得到普遍应用，而可以肯定的是，这种历法的存在可以追溯到公元前 1 世纪。玛雅文（包含约 500 个符号的象形文字体系，可追溯到公元 250 年的前古典时期）记录了玛雅文明从公元 250 年至公元 900 年的王朝历史，并记录了自公元 1 世纪早期的日期。

---

[1] Elizabeth Hill Boone, *Stories in Red and Black*：*Pictorial Histories of the Aztecs and Mixtecs*（Austin, TX, 2000），29.

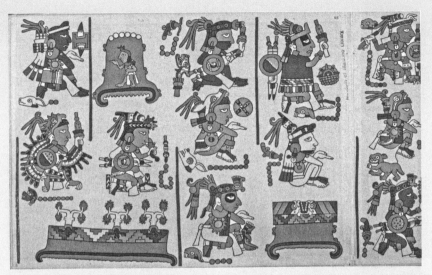

图 32　祖奇-纳托纳手抄本（Codex Zouche-Nuttal），手抄本临摹本，47 对开本手稿，绘于 1320 年以后；米斯特克后古典时代晚期，约 1200－1521 年。一面涉及米斯特在地区重要中心的历史，另一面始于另一端，涉及米斯特克统治者八鹿美洲虎爪（Eight Deer Jaguar-Claw）的宗系、婚姻、政治和军事功绩。British Museum, London. Copyright British Museum/Art Resource, NY。

用树皮造纸可能早在 5 世纪就得到了发展，这使制作"书籍"成为了可能，最具代表性的是插页版书籍，如德累斯顿手抄本——少数保存至今的前征服时代的文献之一。　251

　　阿科斯塔后来在他的《自然史与道德史》（*Natural and Moral History*）[①] 中将欧洲、美洲和亚洲的书写系统进行了比较，但当胡安·德·托瓦尔（Juan de Tovar）在 1586 或 1587 年寄给他一本墨西哥编年史时，他对美洲印第安人的历史感产生了质疑。他问道，"首先，这种叙述或历史进程存在什么确定性或权威性？其次，既然印第安人没有文字记载，他们如何保存如此数量和种类的事件这么长时间？"现存的墨西哥中部的手抄本都显然可追溯到后西班牙时代，包括门多萨手抄本（Codex Mendoza），该手抄本绘于科尔蒂斯到来约 20 年之后，试图作为一份关于阿兹特克统治者和他们的征服者的记录。

---

① Acosta，*Natural and Moral History*，334－335.

图 33 阿兹特克人的大屠杀。微型图，图片来源见 Fray Diego Durán, *History of the Indies of New Spain*, fo 211, 1579. Biblioteca Nacional, Madrid. Photo credit: Bridgeman-Giraudon/Art Resource, NY。

我们不宜像编年史那样去阅读它们，因为它们在真实发生的事件中掺杂了神话和传奇，但回想起来，欧洲人自己也在这一时期为划定历史与小说的边界而争斗不休。大约绘于同一时期的波杜里尼手抄本（Boturini Codex）讲述的是阿兹特克到墨西哥河谷的神秘之旅。奇巴尔波波卡手抄本（Codex Chimalpopoca）包含了两本匿名著作——《瓜乌蒂特兰的编年史》（*the Annals of Cuauhtitlan*，或夸乌蒂特兰［Quanhtitlan］，墨西哥城北边的一个城镇）和《太阳传奇》（*the Legends of the Sun*），这两本书都延伸到了遥远的古代。编年史的作者使用了现已遗失的图片资源和口述资料。传奇的作者是如此明显地依赖图绘的历史，以至于他的现代评论家发现它看上去就像是他站在读者的肩膀上指着这些图画，仿佛这些图画是他画的一样。① 当一位西班牙的律师阿方索·德·索里塔（Alfonso de Zorita）于 16 世纪 50

① John Bierhorst,'Introduction', in *History and Mythology of the Aztecs*：*The Codex Chimalpopoca*, trans. Bierhorst（Tuscon，AZ and London，1992），7.

年代造访危地马拉时，他能够通过图画发现当地土著的古代统治的细节，"这些图画所记录的历史可以回溯到 800 年以前，而非常通古的印第安人可以为我讲解"。萨哈冈提到了"一位老者，他拥有图画和关于古老事情的回忆"，根据这位老者的信息，萨哈冈断言中美洲人并不是当地土著，而是在更早的时期由北方迁徙而来。① 迪亚戈·杜兰（Diego Durán，约 1537－1588 年）是多明尼加共和国写阿兹特克文明（图 33）最早期历史的作家之一，他相信"这些土著属于亚述国王沙尔马尼瑟尔（Shalmaneser）在以色列国王何细亚（Hoshea）时代和耶路撒冷国王埃西家斯（Ezekias）时代抓捕并带到亚述的以色列十部落的一部分"，这一观点传播了特别长的时间。

从杜兰的观点来看，土著人对他们自己的起源的看法"显然是荒诞的"，并且证明了他们对他们自己的起源一无所知。但这种为他们发现圣经起源的决心的另一面使杜兰对近期的土著记述持开放态度。他真诚地决定使用图绘的历史，并与纳瓦特尔人中被调查者交谈，以充实他的记述。为了引用当地土著人的真实历史，他不拒千里，造访一位叫库阿呼科特（Cuauhcoatl）的曾生活于最后一位阿兹特克国王蒙特祖马二世（Moctezuma II）统治时期的人：

> 蒙特祖马（Motecuhzoma，原文如此）……传召王室历史学家——一位叫库阿呼科特（鹰蛇）的老者——并告诉他："先父啊，我希望知道真相，知道藏于你的书中关于我们的祖先、父辈和祖父辈居住的七个洞穴的知识。我还希望知道我们的神——维齐洛波奇特利（Huitzilopochtli）所居住的并在那里引导我们的祖先的地方。"
>
> "我强大的主人啊，"库阿呼科特回答道，"作为您微不足道的仆人，我能告诉你的是我们的祖先居住在一个充满喜悦与欢乐

253

---

① Alfonso de Zorita, *Life and Labor in Ancient Mexico*: *The Brief and Summary Relation of the Lords of New Spain*, trans. Benjamin Keen (New Brunswick, NJ, 1963), 272.

的地方，名叫'阿兹特兰（Aztlan）'，意思是'洁白无瑕'"。

库阿呼科特继续讲述了一个阿兹特克先祖生活的故事，以及他们的旅行、审判、农桑："这是我们的祖先告诉我们的故事，是在我们祖先的书籍中所发现的图绘场景。"①

尽管早期的观察家们很感兴趣，但阿兹特克人的许多图画遗产未得善终，玛雅人的图画遗产后来也是如此。尽管它们比几乎立即被付之一炬的古代宗教书籍存在的时间更长，且在整个 16 世纪有很新的作品问世，但当地土著的图绘历史或被忽视，或被极大地破坏。这种现象并不完全是外来人入侵这些民族所造成的影响；征服者的掠夺既不应该被粉饰，也不应该被低估，不过许多史学的清除与扭曲在西班牙人踏足他们的海岸之前就发生在当地土著之中。例如，约在 1430 年，阿兹特克人的新的称霸城市特诺奇蒂特兰城（Tenochtitlan）的统治者决定烧掉旧的图绘历史，因为它们包含了谎言，且不符合阿兹特克人对历史的想象：

> 他们的历史被保存了，
> 但之后被付之一炬：
> 当伊兹柯阿特尔（Itzcóatl）在墨西哥维持着统治，
> 他做了一个决定。
> 墨西哥人的天神们说，
> 让所有这些人都知道图绘的内容并不明智……
> 因为里面有许多谎言，里面还有许多人物被奉为神明。②

干涉旧有记录的行为也存在，还有直接捏造历史的行为。米斯特克的

---

① Fray Diego Durán, *The History of the Indies of New Spain*, trans. and ed. Doris Heyden (Norman, OK and London, 1994), 4, 213-214.
② Florescano, *Memory*, *Myth and Time in Mexico*, 61-62.

统治者们按事件（而不是按年）组织他们的手抄本，据说他们将一些
图画进行了重绘，以便将他们自己追溯到他们原本所不属于的系谱之
中。至少有一位玛雅领导人声称是一位 800 岁时当权的女人的儿子。
玛雅人和萨巴特克人会损坏或毁灭内容不支持当前政治现实的石碑。
在这方面，中美洲的土著与同时期的欧洲人没什么区别。他们对先祖
和出生状况怀有敬畏之心，许多他们的图绘文献如同欧洲贵族所拥有
的古代手稿一样受到尊敬，因为它们包含了杰出先辈的言辞。17 世
纪早期的阿兹特克血统的历史学家费尔南多/赫尔南多·阿尔瓦拉多·
泰佐佐莫克（Fernando ［Hernando］ Alvarado Tezozómoc）收录于《墨西
哥记事》（*Crónica Mexicayotl*）的一首诗表达了对祖先话语的信任：

> 他们因此这么说，
> 他们因此也这么记述，
> 为了我们，他们将之绘在他们的手抄本上，
> 古代的男人们，古代的女人们，
> 他们是我们的祖父、祖母，
> 我们的曾祖父、曾祖母，
> 我们高曾祖父，我们的祖先……[1]

当地土著人的历史学家像中世纪的编年史家一样表现出了进一步的尊
重，而在这种情况下对受过人文主义训练的欧洲人就有不满。"真相"
与"谎言"并不像是左手"历史"与右手"神话与传奇"那样整齐地排
列在一起的术语。真相在阿兹特克人看来就是适合说话人说的话，而不
论它是否发生。这与早期的欧洲作家所持"真相就是现在看来是真相的
东西"的观点没什么不同（中世纪时期杜撰文献以支持某事的事情确有
发生），不过后来的欧洲人倾向于质疑、批判、从语言学上揭露骗局。

---

[1] 引自 Joyce Marcus, *Mesoamerican Writing Systems*：*Propaganda*，*Myth*，*and History in Four Ancient Civilizations* (Princeton，NJ，1992)，271。

西班牙人怀着各种动机继续着毁灭的步伐。然而，对土著历史记忆的抑制远没有完成，甚至在毁灭活动最猖獗的地方也是如此。前征服时代和后征服时代早期的当地土著历史思想一直幸存到了现代，被前征服时代中美洲人的旁系子孙恢复，这种恢复更多是通过人种史家、考古学家、艺术史家、语言学家，而不是历史学家。人种史家丹尼斯·特德洛克（Dennis Tedlock）是号称玛雅"死亡之书"的《波波尔·乌》（*Popol Vuh*）的译者，他在莫莫斯特南戈（Momostenango，"建筑之前"）等危地马拉村庄进行野外考察，并亲身遇到了对于他的译介项目必不可少的现代"时间与记录保管者"（daykeeper）。人种史家乔安妮·拉帕波特（Joanne Rappaport）也有类似的经历，她通过与现代安第斯山的土著会面研究了几个世纪以前当地土著的记忆。苏珊·尼尔斯（Susan Niles）通过秘鲁幸存下来的建筑和神殿找到了印加叙事史的痕迹。①

征服者未能根除当地土著的历史记忆有许多原因，其中一个原因就是许多传教士采取了与之相悖的方式，他们中许多人很快就意识到，要让当地土著皈依基督教不仅需要理解当地土著的语言，还需要理解他们的历史意识。西班牙偶尔的介入支持了对现存手抄本的研究和对当地土著的采访，例如印第安人委员会 1553 年的一项法令授权了对"有经验的印第安老者"这类应该创作历史图片、列表或其他记录的人的询问。② 与此同时，主教迪亚戈·德·兰达（Diego de Landa，1524 –1579 年）等决心提倡打破旧习的人在 1562 年毁灭了大量玛雅文献，他们那些令人遗憾的传教士同伴也以基督之名致力于清除这些文本。拉斯·卡萨斯和萨哈冈等人为研究新世界各地区土著文化做出了巨大努力，而幸存下来的作品是西班牙人、混血儿和土著作

---

① D. Tedlock, 'Introduction', in *Popol Vuh: The Definitive Edition of the Mayan Book of the Dawn of Life and the Glories of Gods and Kings*, trans. Tedlock (New York, 1985); Joanne Rappaport, *The Politics of Memory: Native Historical Interpretation in the Colombian Andes*, rev. edn (Durham, NC, 1998); and Susan Niles, *The Shape of Inca History: Narrative and Architecture in an Andean Empire* (Iowa City, 1999).

② Georges Baudot, *Utopia and History in Mexico: The First Chroniclers of Mexican Civilization (1520 –1569)*, trans. Bernard R. Ortiz de Montellano and Thelma Ortiz de Montellano (Niwot, CO, 1995), 52.

者在 16、17 世纪写下的大量历史、地理和科学方面的著作。

西班牙人就他们自己而言试图理解他们在土著中发现的口述和书写流派，途径是将他们译介成欧洲与之大致相对应的东西。阿隆索·德·莫利纳（Alonso de Molina，1514－1579 年）爵士是第一本纳瓦特尔语-西班牙语辞典的作者，也与萨哈冈素有往来，他提出了与西班牙的 cronista［记事员］相对应的图绘版本，即 altepetlacuilo［社区图绘者］、xiuhtlacuilo［年代图绘者］、tenemili-zicuiloani［人生图绘者，即传记作者］，而且，他进一步将"历史的记录者"（'contador de historia'）对应为 tenemilizpoa［似乎意指口述传统的记录者］；并将 ystoriador［记事员，在他看来与 cronista 没有区别］对应纳瓦特尔语中的"tlatolicuiloani"或"nemiliztlatolicuiloani"。阿兹特克人的领导人和贵族用语与普通人用语有所区别，他们的口头语（tlatollotl）与书面语（tlacuilolli）也有区别。书被称为 amatl［以树皮为原料的纸张命名］或 amoxtli［黏合在一起的纸张］，阿兹特克传奇提到了书籍在他们的文化中的重要性；他们的法师（tlamatinime）是"书籍的拥有者"。与"历史"最相近的词是"nemilizamatl"，字面意思是"生活之书"。与之相关的词语"nemiliz tlatollotl"被西班牙人译成"口述编年史"或"口述史"，而"Nemiliz tlacuilolli"被译成"书面编年史"或"书面史"。词语 huehuetlatolli［纳瓦特尔语中意指祖先详述古代伟大事迹的言语］被西班牙人译成了"古代史"。像我们在《墨西哥人手抄本》（Codex Mexicanus）中发现的按年记事的方式在阿兹特克人看来是一种叫"年书"（'year book' or 'xiuhamatl'）的独特形式，而系谱信息则包含于第三种书籍形式——tlacamecayoamatl［系谱］。①

---

① Marcus，*Mesoamerican Writing Systems*，52；H. B. Nicholson，'Pre-Hispanic Central Mexican Historiography'，in *Investigaciones contemporaráneas sobre Historia de México*（Mexico City，1971），38－81；Elizabeth Hill Boone，'Aztec Pictorial Histories：Records without Words'，in Elizabeth Hill Boone and Walter D. Mignolo（eds.），*Writing without Words：Alternative Literacies in Mesoamerica and the Andes*（Durham，NC and London，1994），50－76. 关于纳瓦特尔人的图绘历史（涉及前征服近代的事件）见 Dana Leibsohn，'Primers for Memory：Cartographic Histories and Nahua Identity'，in Boone and Mignolo（ed.），*Writing without Words*，161－187。

256　　　不仅是一些传教士的同情的方式帮助当地土著的遗产在面临和中国秦朝焚书相当的毁灭中幸存下来，当地人的适应性也起到了作用。书写为他们向欧洲人展现他们自己的历史提供了媒介，它也为被阿兹特克人镇压的族群在西班牙人的眼中区别自己提供了途径。它还为当地土著作家通过确定与基督教的相似性维护土著的行为方式提供了平台。欧洲作家数世纪以来试图通过欧赫墨罗斯学说（euhemerism，将异教神降格为历史人物）融合历史与神话，中美洲人则完全相反，他们将祖先转变成神，而这方面的记录则成为后代证明此事如何发生的证据。从这一点来看，他们的神与基督教的圣人之间的联系或等同只是一步之遥，而这也是一些西班牙人协作进行的进程。上文所述阿兹特克人的《瓜乌蒂特兰的编年史》（*Annals of Cuauhtitlan*）回溯到了公元 7 世纪早期，它按年记述了前征服时代的历史，同时将某些旧神批判为"恶魔"或巫师。通常基于现已遗失的土著书籍的字母文字文献从后征服时代时保存了下来；这些起初用字母文字写成的文献或源于佚失的象形文字文本，或源于类似文本的口述。被称为《奇拉姆·巴拉姆》（Chilam Balam）的尤卡坦人-玛雅人的文本源于后征服时代早期，不过其最早的手稿只能追溯到稍晚的时期。位于现今危地马拉的夏希族（Xahil）的一个分支卡克奇克尔人有一系列的作家在 16 世纪末受雇记录他们族与包括他们 15 世纪的敌人奎克人（Quiché）在内的外族敌人斗争的历史。许多使用更古老的史料的土著作家都用基督教式的附加品和西班牙的词语来装饰他们的著作，以传播一种比大部分已佚失的原作更灵活的版本。因而费尔南多·阿尔瓦拉多·泰佐佐莫克（Fernando Alvarado Tezozómoc）写于 16 世纪末的《墨西哥记事》（*Crónica Mexicáyotl*）似乎是更早的编年史的誊抄本。

　　　　无论是字母还是欧洲写作流派都被当地的历史学家挪用了，包括编年史。这些由一位曾在法国接受教育的通常被称为奇玛尔帕欣（Chimalpahín，西班牙化的名字是多明戈·德·珊·安东·穆诺·奇玛尔帕欣·夸赫特勒华里辛[Domingo de San Antón Munō Chimalpahín Quauhtlehuanitzin]，1579-1660年）的纳瓦特尔贵族作家创作。他提供的年代在公历的基础上插入了 *xiuhpohualli* [后征服时代的'记年'或周期历]，因而有了"9燧石年，1592年"，之后是"10房年，1593年""11兔年，1594年"，以此类推。

> 8兔年，1578年。这一年正值耶稣的同伴铁阿提纳（Theatines）的教堂存放来自罗马的圣人遗骨；这一行队伍从大教堂出发。
>
> 9芦苇年，1579年。这一年，我们珍爱的教父、法国修士阿隆索·德·莫利纳（Alonso de Molina）离世了；他是我们的牧师。这一年，疾病再次降临，鲜血从我们的鼻中流出。疾病真的发狂了；许多人都死了。这一年，在圣诞节，作为圣诞老人克拉拉（Clara）的孩子们的修女们来到她们现在所在的地方——帕特拉卡伊科（Petlacalco）；他们来自特立尼达拉岛（Trinidad）；她们最初由世俗牧师管理。[①]

257

后征服时代的编年史延续着一种任何读过中世纪编年史的读者都熟悉的一种模式。如上文所引的那样，成年作家记述自己还是孩童时发生的更久远年代的事需要依靠其他人的信息，并随着按年记事（或有时甚至是接天记事）不断扩展。这使后来的读者（不是奇玛尔帕欣）认为它像是日记，而不是历史——因为书中没有涉及作者自己的活动而造成的误导。该书像16世纪欧洲的编年史，不像中世纪插图编年史，也不像前征服时代以及后征服时代早期的图绘历史，它在很大程度上缺乏图片。该书的视野尽管并不独特，却也值得注意，因为

[①] Don Domingo de San Antntón Munō Chimalpahín Quauhtlehuanitzin, *Annals of his Time*, ed. and trans. James Lockhart, Susan Schroeder and Doris Namala (Stanford, 2006), 27.

奇玛尔帕欣的历史视野涵盖了整个世界。他所记录的事件实际上发生在世界的各个角落，甚至包括近期的欧洲悲剧——法国国王亨利四世（Henri IV）1610 年被刺。

这一时期的土著同样用西班牙语写作：奇玛尔帕欣主要用纳瓦特尔语写作，偶尔借用西班牙词汇，与他同时代的完全西班牙化的泰科坎（Texcocan）混血儿费尔南多·德·阿尔瓦·伊克特利切特尔（Fernando de Alva Ixtlilxóchitl，约 1568－1648 或 1650 年，文献摘录 20）则用这两种语言写作。阿尔瓦·伊克特利切特尔有着阿兹特克血统，同时又是联合科尔蒂斯对抗阿兹特克人的泰科坎君主（也叫伊克特利切特尔）的后裔。他在 17 世纪早期管理新西班牙的职业生涯很成功，曾在某时担任泰科科城（Texcoco）的最高长官。由于对他的历史知识印象深刻，总督建议他将它们都写下来，其结果就是涉及民歌辑到奇奇米卡人（Chichimecas）的历史等大量著作。① 和奇玛尔帕欣一样，阿尔瓦·伊克特利切特尔也曾接受过法国人的训练，他在胡安·德·多凯马达的指导下阅读了关于墨西哥早期历史的主要史料《索洛托手抄本》（Codex Xolotl）。他是第三代或第四代美洲人历史学家拥有矛盾心理的代表，那时通婚已经发生了。阿尔瓦·伊克特利切特尔批判西班牙人的残暴行径，同时又赞扬他们引入的基督教。是他给了我们关于被他的同代人视为古代墨西哥人史学兴趣的最清晰叙述之一：

> 他们每个流派都有作家：一些人处理编年史，将每年、每天、每月、每小时发生的事整理归类。其他人负责整理系谱，以

---

① *Historia de la Nacion Chichimeca*, in *Obras historicas*, ed. Alfredo Chavero, 2 vols. (1891－1892；Mexico, 1965)，vol. Ⅱ. 除了《闪族人记事》（*Sumaria Relación*）外，阿尔瓦·伊克特利切特尔（Fernando de Alva Ixtlilxóchitl）的大部分著作都没有被译成英文。*De todas las cosas que hansucedidio en la Nueva Espana*, in *Obras historicas*, vol. Ⅰ, 335－446，他为他的先辈伊克特利切特尔（Ixtlilxóchitl）的辩护被出版为《科尔特斯的盟友》（*Ally of Cortés*），见 *Ally of Cortés*, trans. Douglass K. Ballentine（El Paso, TX, 1969）。

及国王和名人的直系祖先……一些人负责绘制城市、区域、镇、地方的边界范围，以及份地划分和土地分配的界线……①

阿尔瓦·伊克特利切特尔对西班牙人到来的记述

258

● 一些历史学家（尤其是西班牙人历史学家）写道，伊克特利切特尔奉他的兄弟泰科科尔辛（Tecocoltzin）之命率五万人的军队前来。但事实完全相反，根据是阿隆索·阿克亚卡（Alonso Axayaca）先生的叙述、当地人的绘画和记录（尤其是我手头有的用托尔提克人［Toltec］或者说是现在的墨西哥人的语言写成的绘画和记录），以及泰科科城所有以前的首领的示意和该城其他重要老者的确认和肯定。我在我写的历史中遵循这些，因为它们是最真实的，也因为那些写或画这些记录的人都身临其中，而且一些人直接向我口述，叙述事件是如何发生的，这些人有些几年前已经去世，有些等我见到的时候已非常年老。根据这些记录，当时泰科科尔辛已经死了，伊克特利切特尔离开泰科科城之后就与科尔蒂斯和其他人在一起。

节选自 Fernando de Alva Ixtlilxóchitl，*Ally of Cortés：Account 13.* 'Of the Coming of the Spaniards and the Beginning of the Evangelical Law'，trans. Douglass K. Ballentine（El Paso：Texas Western Press，1969），32–33。

由于收集了许多印第安人的手抄本，以及从被采访的老者那里获得的口述传统，阿尔瓦·伊克特利切特尔敢于将他的历史写作回溯到征服时代之前的古代墨西哥历史，相继涉及野蛮的奥梅克政权（Olmecs，被羽蛇神［Quetzalcoatl］文明化，这个版本中是一个有胡须的无名法师，有时被确定为使徒多马［Apostle Thomas］）和更加文明的托尔提克人（Toltecs，亚洲移入的民族，泰科坎人的祖先）。

在南方的安第斯山脉，书写在 1532 年之前并没有引入，印加帝国在西班牙人到来之前没有完整的叙事史，不过更早期的口述史在后来的著作中被发现，而印加帝国皇帝帕查库提（Pachacuti，1438 –

① Florescano，*Memory，Myth and Time in Mexico*，35.

1471 年在位）在欧洲人到来之前授命绘制了一套印加帝王图。即便安第斯人"完全缺乏作为中美洲特征的对关注时光流逝的着迷"，[①] 他们也并不是没有历史的人。印加人对历史有着很浓的兴趣，并发展了一种保存记忆的方式。他们使用奇普（quipu，有色彩的打结的绳子，其含义由其保管者［quipucamayocs, quipu-keepers］保留和解读，图34）记录用于管理目的的数据信息，也将之作为记忆和演示口述传统的线索。这些口述传统通过一种叫坎塔里斯（cantares，西班牙语对印加人的歌曲的表述）的周期性表演保存下来。佩德罗·萨米恩托·德·甘博阿（Pedro Sarmiento de Gamboa）并不是印加统治者的钦佩者，但他相信印加民族是一个有历史思想的民族，而第九代印加皇帝帕查库提印加·尤潘基（Pachacuti Inca Yupanqui）通过召集"下属所有地区的所有资深历史学家"制定了一部编年记录集成。在接下来的一段中，萨米恩托概括了印加人的方法，并为他对印加人的信任辩护：

图 34　印加奇普，有雕刻的木板上一系列打结的细绳。秘鲁或玻利维亚，1400—1532 年。Ethnologisches Museum, Staatliche Museen zu Berlin, Germany. Photo credit：Bildarchiv Preussischer Kulturbesitz/Art Resource，NY。

---

① Brading，*The First America*，140.

　　一些人也许会说，这种野蛮人记述的历史并不真实可信，因为他们没有文字，不可能对遥远的过去记述得如此详细。而答案是，为满足对文字功用的需要，这些野蛮人有了既好又准确的神奇发明。这些历史由一个人传给另一个人，由父辈传给子辈，如此传承下去，将它们的故事不断重复，就像一个教授不断重复讲授课程一样，而听者也不断地叙述这些历史课程，直到它们融入到他们的记忆之中。因而每一位晚辈都会继续谈论编年史，以便保存他们的历史与行为；他们的古代传统；他们的部落、城镇、领域的数量；他们的日、月、年；他们的战争、死亡、毁灭、要塞和"辛奇斯"（Sinchis，地区军阀）。最后，他们用奇普或者说是推理工具或计数工具将最著名的事件记述于他们的数字（或数据）之中……除此之外，这些民族还有世代相传的专门的历史学家。[①]

260

作为对萨米恩托的呼应，拥有秘鲁血统和西班牙血统的混血儿历史学家加尔西拉索·德·拉·维加断言了奇普用于记录典礼、仪式、法律和条规。西班牙人在征服他们几十年后仍然依靠奇普保管者及其证言进行案件审理，不过西班牙人最终在 16 世纪 80 年代后抛弃了他们，因为西班牙人怀疑他们的准确性，以及他们与基督教之前的宗教的可能联系。

　　从西班牙人的观点来看，这些记录保存形式逊于字母文字书写，就像口述传统没有历史可信一样，但西班牙人并未完全解散他们。在下一章中，我们会看到启蒙运动对抗"从非字母文字史料中提取历史的可能性"经历了艰难的道路。正如在中美洲的情况一样，盖丘亚人（Quechua）和艾马拉人（Aymara）的语言在 16 世纪 30 年代被译成拉丁文本。征服者再次使用了侵略者的工具，既保存了历史，又写成

[①] Sarmiento de Gamboa, *History of the Incas*, 41.

了他们自己版本的殖民史，即便他们获得卡斯提尔人（Castilian）的口述史和书面史的过程缓慢。他们回避历史学家的称谓，称土著人的著作是叙事或记录，这在人文流派中属于低层次的文学形式。在当地土著作家中，胡安·德·桑塔·克鲁兹·帕查库提·雅姆奎·萨卡玛胡阿（Juan de Santa Cruz Pachacuti Yamqui Salcamayhua）1613 年出版的《秘鲁王国的古代史》（*Relación de antigüedades deste reyn del Pirú*）试图将当地土著的历史传统与西班牙编年史所呈现的历史版本协调起来。

几十年前，蒂图·库西·尤潘基（Titu Cusi Yupanqui，西班牙名称是选戈·德·卡西托·尤潘基［Diego de Castro Yupangui］，约 1530-1571 年）同样试图在保留印加传统的同时尝试与西班牙传教士相协调的写作方式。印加帝国统治者怀纳·卡帕克（Huayna Capac）的继承人，直到 16 世纪 70 年代都拒绝臣服的新印加帝国首领蒂图·库西皈依了基督教，是他提供了当地土著关于征服的最早记述。蒂图·库西显然选择将这一记述译成西班牙语，但由于知识所限，它将之转成了西班牙的一种叙事形式；这看起来像是进一步屈服的行为——将当地土著的表现形式替代为欧式字母文字，他最近期的学生指出它产生于印加帝国与西班牙人之间微妙的文化政治外交。[①]
蒂图·库西声称他授权完成这一版本是因为人类记忆的脆弱，但既然印加记忆体系之前能够无需文字就能保存历史，那么这可能更像是对欧洲人不能真实保留口述记录的讽刺。编纂工作的复杂性适当地显示出后征服时代早期史学的"混血"本质。其他早期的当地记录也是文化融合的结果：胡安·德·贝唐佐斯（Juan de Betanzos，约 1510-1576 年）的征服史部分基于他的妻子——印加皇帝阿塔瓦尔帕（Atahualpa）的妹妹、印加帝国公主、征服者皮萨罗以前的情人安吉莉娜·尤潘基（Angelina Yupanqui）——的口述。贝唐佐斯似乎没怎

261

---

① Ralph Bauer，'Introduction'，in Titu Cusi, *An Inca Account of the Conquest of Peru*，trans. and ed. Bauer（Boulder, CO, 2005），18.

么受过正规教育，他是最早掌握安第斯的盖丘亚语言的西班牙人之一；他还从口述"人生史"流派中获得了特定历史人物的信息，这种假设得到了他与佩德罗·萨米恩托·德·甘博阿之间相似记述的支持。[①]

　　这些关于当地历史的早期记录的特征是它们频繁地相互矛盾和日期不实，后者部分归因于哥伦布来到之前安第斯人与中美洲人循环的历史观，还因为印加历史不像是记录过去伟大的事件，更像是记录从神秘的创立者曼科·卡帕克（Manco Capac）到新统治者的血统系谱工具。在印加短暂的霸权时期被印加征服的地方民族的系谱通常被挪至印加的历史版本之中。相反地，正如在中美洲一样，更旧和相互矛盾的历史版本一旦不再反映现状就被抛弃了，这是口述文化的特征——某一血统对另一血统的胜利通常不仅意味着失败者被消灭，还意味着他们的系谱历史表演的消失。

　　当地土著历史记录的多元化和缺乏单一的"通史"令越来越适应严格的编年史和修昔底德式的单一、"正确"叙述目标的欧洲人失望。（有人或许会疑惑是什么样的不同于中国司马迁的历史文化创造了美洲的土著记录。）他们到 16 世纪晚期已经边缘化了他们自己的同样能发出"多种声音"（对同样的文本持多种观点）的编年史，以利于人文主义历史。将这些故事作为一种冲突的声音在欧洲人的思想中不是一个吸引人的选项，即便在弗朗索瓦·鲍德温（François Baudouin）那样对土著记忆、图片和口述传述有几分信心或和阿科斯塔一样钦佩土著历法技巧的最早期的人文主义者看来也是如此。[②] 莫托尼利亚认为阿兹特克的 *xiuhtonalamatl*［年代与时间书］所述属实，即便那是"野蛮的，而且未用字母文字写下来"，这实际上就是承认当地土著

262

---

① Juan de Betanzos, *Narrative of the Incas*, trans. Roland Hamilton and Dana Buchanan (Austin, TX, 1996).
② Acosta, *Natural and Moral History*, 331 – 333.

263 一位西班牙传教士论中美洲人的土著历史：莫托尼利亚

- 正如我已说过的，这些当地土著中有五本有着字符和图形的书。第一本讲的是年代和季节；第二本讲的是整年的日期和宗教节日；第三本讲的是他们所相信的梦想、幻象、虚无和预兆；第四本讲的是洗礼和他们给孩子们起的名字；第五本讲的是他们的与婚姻相关的仪式、典礼和预兆。所有这些只有第一本是可以相信的，因为它讲述的是事实，尽管印第安人野蛮、不识字，但他们对计算季节、日、周、月、月和节日一丝不苟——就像我们即将看到的那样。他们描绘征服者和战争的行为与历史、他们伟大主人的继承、暴风雨和天空中值得关注的迹象、一般有害的东西，并告知是在什么季节、哪位主人的统治下发生的；他们罗列了在西班牙人到来之前所有主要的统治新西班牙的主人。这是他们让人知道的字符和图形。他们称这本书为《年的数量之书》（*The Book of the Number of the Years*），根据我们从此中获取的关于民族的信息，有三个不同的民族定居于这片土地，有些民族至今名称都是一样的。有一个族群被稀称为奇奇米卡人，他们是这片土地的第一批主人。第二个族群是科哈人（Colhua）。第三个族群是墨西哥人。

- 关于奇奇卡人，我们除了知道他们居住在这片土地有 800 年之久外，其他一无所知，据说他们更古老些，但属于野蛮种族，他们没有记载或呈现事物的方式。我们发现科哈人开始通过字符和图形进行记录。

- （莫托尼利亚继续谈论了阿兹特克人的记录保存）

- 这些印第安人除了我已经提到的用字符和图形记录事情（尤其是主人和领袖家族的继承和血统，以及在他们那个时代值得记载的事情）以外，他们中还有具有出色记忆的人，他们记忆并叙述被问的任何事。我遇到过其中的一个，我认为他非常聪明，而且记忆力出众，他简洁且不矛盾地告诉了我这些土著的起源、他的看法，以及这些书在他们当中被看成最为可信的。

节选自 Motolinía' History of the Indians of New Spain, trans. and ed. Elizabeth A. Foster (Berkeley, CA: Cortés Society, 1950), introductory letter, 25, 29.

已经有了不是用字母文字记录的历史（文献摘录 21）。[1] 佩德罗·萨米恩托·德·甘博阿对印加记录保存的热情我们已经见识到了，他还提出为他的总督写一部最终版本的秘鲁史，但他在采访了上百位当地受访者关于印加世系的信息后，发现在许多问题上无法获得一致的意见。佩德罗·希耶萨·德·里昂认识到印加人有历史意识（但不认为其他印第安民族也有历史意识），但他的批判却十分刻薄。他将记录的多样性直接归因于当地土著缺乏写作，并依赖记忆、坎塔里斯和奇普；他注意到他们趋向于抛弃令人尴尬的失败，例如只维持了几天统治的印加皇帝尤科（Urco）。

更复杂的问题来自印第安人对历史认知的实际满意度，而不是他们保存历史的媒介。与欧洲人不同，他们没有从头到尾的完整世系记录，只有由不同的世界的循环组成的传奇式的估计的历史，这与我们在吠陀印度看到的时间观类似。根据他们对历史的认识，历史就是"事件以固定的叙述告知落后或超越经历变迁的彼此"，而且不是通往人类自救的神圣道路的阶段。西班牙天主教徒不是唯一质疑当地土著的记录保存及其真实性的人。到 17 世纪中期，一股对非传统媒介更普遍的敌意出现在欧洲，尤其针对非字母文字的书写和兴起于平民阶层的口述传统。当时的人做了充分准备去拿异族当地的野蛮主义和已脱离野蛮的本土形式进行比较（之后演化成了 18 世纪分析文明社会进程的一个主要议题）。因而 17 世纪质疑口述传统，以及用于记录保存或年代确定的非字母文字文献的价值的英国主教爱德华·斯蒂林弗利特（Edward Stillingfleet，1635 - 1699 年）将土著人的历史与欧亚异教民族的历史混合起来统统定性为错误的，且附有"巨大的疑惑和不确定"。[2]

---

[1] *Motolinía's History of the Indians of New Spain*，trans. and ed. Elizabeth Andros Foster（Berkeley，CA，1950），25.

[2] Jorge Canizares-Esguerra，*How to Write a History of the New World：Histories，Epistemologies and Identities in the Eighteenth-Century Atlantic World*（Stanford，CA，2001），101.

　　到 17 世纪，西班牙人征服的事件迅速脱离了世人的记忆，取而代之的是源于总督统治的更近期的问题。与此同时，*relación*［叙事］这个原本用于描述合法文献的词语被定性为关于历史事件的简洁叙述，因而仅能勉强与 *historia*［历史］或 *crónica*［记事］区分开。后一代的土著的历史学家更明白地采用欧洲人的史学流派去记录之前几百年的历史事件。这些人中有两位十分杰出，一位是印第安人费利佩·古曼·波玛·德·阿亚拉（Felipe Guaman Poma de Ayala，约生于 1550 年，卒于 1616 年以后），另一位是加尔西拉索·德·拉·维加（Garcilaso de la Vega，1539 - 1616 年，别名埃尔·印加［El Inca］，以避免与同名的 16 世纪著名诗人混淆）。这两个人都受拉斯·卡萨斯的世界观影响，乐意像比他们年轻、与他们同时代的新西班牙的阿尔瓦·伊克特利切特尔那样按照他们的西班牙统治者的模式创作历史，只是程度不同。他们还都谴责后征服时代的秘鲁被统治的方式。不过他们写的历史互不相同，也与阿尔瓦·伊克特利切特尔写的历史不同。

264　　　或许没有哪个早期现代的历史学家可以说明一个文化的历史体制对另一个文化的影响，而两者混合的潜力就如同埃尔印加·加尔西拉索·德·拉·维加这个名字一样。贵族混血儿加尔西拉索年轻时于 1560 年离开秘鲁，余生都待在欧洲，他被完全西班牙化了。加尔西拉索用优美的卡斯提尔散文写作，他也是库斯科（Cuzco）——"他那个帝国的罗马"——的土著，对他的印加遗产感到无限自豪。他能够阅读意大利文，并通过圭恰尔迪尼、博丹吸收了文艺复兴时期的历史风格。在研究了佩德罗·梅西亚的《罗马帝王史》（*History of Caesars*）之后，他对浪漫主义历史著作持批判态度。不过加尔西拉索也深受孩童时所听叙事中的故事的影响。在拜访他母亲的同族时，加尔西拉索这样记录道，"交流的平常话题一直是印加帝王的起源、他们的伟大、他们的帝国的宏伟、他们的行为与征服、他们在战争与和平中的统治、他们颁布的伟大的照顾臣属利益的法令，总而言之，他们最兴盛时期的历史没有不拿来说的"。在这些不可避免会转向哀叹现在和回忆他们"失落的帝国"的拜访中，年轻的加尔西拉索深入地倾听了叙述。当他 16 或 17 岁的时候，他对"他们中地位最高的人"，也就是他母亲的叔叔发起了挑战：

> 印加，我的叔叔，虽然你没有文字保存关于历史事件的记忆，但你拥有关于我们的国王起源的什么信息呢？因为西班牙人和居住在他们边界的其他民族有神和人的历史，他们从中能够知道他们的国王和他们的邻邦的国王从什么时候开始统治，一个帝国什么时候让位给另一个帝国。他们甚至知道自神开天辟地以来已有几个千年。他们所知的这些乃至更多都是通过他们的书籍获得的。但你没有书籍，你保留了关于古代的什么记忆呢？谁是第一个印加人？他被称为什么？他的宗系起源是什么？他怎样开始他的统治？他与什么人和武装打下了这个伟大的帝国？我们的英雄行为是如何开始的？[1]

作为回应，印加向他讲述了曼科·卡帕克创立王朝的故事，对于这个故事，虽然加尔西拉索可以用他自己版本的小说化的言语表述，但他直接引用了。

加尔西拉索的兴趣还扩展到了西班牙人在美洲更北边的探险。一部关于赫尔南多·德·索托（Hernando de Soto）于 16 世纪 40 年代在美洲东南部的失败探险的早期著作有色诺芬的热情，而书名通常被称为《印加的佛罗里达》（*La Florida del Inca*，1605 年出版）的著作是最早叙述现在的佛罗里达和墨西哥湾的著作之一，其对当地土著抵抗西班牙人的描述像是回归到了塔西陀的《日耳曼尼亚志》。到加尔西拉索完成他最著名的著作《王室评论》（*Comentarios reales*，1609

---

[1] Garcilaso de la Vega, El Inca, *Royal Commentaries of the Incas and General History of Peru*, part one, trans. Harold V. Livermore (Austin, TX, 1966), 41 - 42.

年出版）及其姊妹篇《秘鲁通史》（*Historia general del Perú*，1617

265 年出版）时，他完全被认为是人文主义历史学家，他用杜撰的演说使故事更有生气，试图协调他的史料中相冲突的记述，并不无一些怀疑地向葛梅拉（Gómara）、萨拉特（Zárate）、阿科斯塔（Acosta），尤其是希耶萨·德·里昂等早期的权威历史学家求教。作为一位混血的居住在西班牙的秘鲁人，加尔西拉索现在的记述不再基于土著传统，而是基于 16 世纪西班牙人的言语，并将之作为一种权威，因为他们在他们所记述的这片土地上的个人经历，他还谈论了大量关于书面文字本质在 17 世纪初的转变，以及关于历史与历史学家的文化杂糅的内容。

加尔西拉索调和的信息在批判一些西班牙人的不公正的同时指出他的民族与西班牙人没什么不同，他们是自愿加入基督教，而不是被迫臣服皈依。他指出，印加帝国不是暴君统治着卑微但高尚的人民，即便出现了阿塔瓦尔帕那样残暴不仁的人：阿塔瓦尔帕包括灭绝敌对家族成员的暴行被加尔西拉索拿来与"奥斯曼土耳其王朝的邪恶行径"进行了跨洋的比较。① 这些复杂的统治者代表着印第安人从野蛮向由自然法则统治这一转变过程中的一个阶段，这类似于罗马对野蛮欧洲的影响。像尤利乌斯·恺撒那样经典的英雄人物对罗马早期的文学作了贡献，这使得罗马人可以宣传他们的所作所为。

加尔西拉索热心地宣传印第安人是一个文明的民族意味着他的著作包括了关于哥伦布到来之前的秘鲁的大量口述和文字材料。他从他的祖先那里获得的信息多过了欧洲人的著作。当我考虑怎样最好地重述印加皇帝的起源和早期历史时，"对我来说，似乎最好的计划和最简单、容易的方式是重述我在孩童时从我的母亲、她的兄弟和叔叔以及其他长者那里经常听到的关于这些起源的故事。因为从其他史料获取的关于这些的所有事情都和我们将要叙述的故事一样，这种叙述最

---

① Garcilaso de la Vega, El Inca, *Royal Commentaries of the Incas and General History of Peru*, part one, trans. Harold V. Livermore (Austin, TX, 1966), 615 - 616.

好是由印加人来说，而不是外国作家。"他甚至写信向他的老同学们
询问他们可能从他们的母亲那里听到的关于印加人征服的领地的记
述，"因为每个地方都有它的记录，以及记录年代和传统的绳结，因
而将它自己的历史保存得比其周边地区的历史更好。"① 然而，尽管
加尔西拉索的祖先是印加人，他本人也关注口述传统，但他的著作更
贴近他所接受的欧洲文化，而不是他所抛弃的印第安文化：他通过进
一步探索哲学和语言学扩展了叙事史的正常流派边界，但这些最终都
成为了更广泛的人文主义论述的一部分。

古曼·波玛·德·阿亚拉论印加人的起源

- 秘鲁一个早期王朝的国王（最后一位叫特卡伊·卡帕克·皮那华·卡帕克 266
  Tocay Capac Pinahua Capac）拥有他们自己的盾徽，以显示他们是太阳的合
  法后裔。这些统治者被称为"太阳之子"（Intip churin）。

- 印加王朝的建立者宣称他的父亲就是太阳，母亲是月亮，他的兄弟是晨
  星。他崇拜的偶像被称为华纳卡乌里（Huanacauri）。他和他的家族被认为
  来自一个叫塔普·托克（Tampu Toco，意为"嵌入开口或窗户"）的地方。
  这个地方还有一个名字叫帕卡里·塔普（Pacari Tampu），表明那里是有神
  奇现象的发生之地。偶像崇拜始于王朝的创立者曼科·卡帕克的母亲和妻
  子所在的时期。母亲和儿子都属于蛇崇拜的群体。我所说的这个关于印加
  人起源的历史是真实的，其他的记述都是虚构的。

- 曼科·卡帕克并不是之前那个王朝的后裔，他也没有可继承的遗产。他父
  亲的名字未知，因而他自称是太阳和月亮的儿子。真相是他的母亲是马
  马·华科（Mama Huaco）。这个女人是个与恶魔关系密切的女巫。她能够
  对木棍和石头说话，甚至能够对高山大湖说话，它们则以恶魔的声音回应
  她。她成功迷惑了库斯科的印第安人，后来又迷惑了整个国家。考虑到她
  的力量十分神奇，人们乐意顺从她、服务于她。根据所有的记述，她与任
  何她相中的男人睡觉，而不顾他们的阶层等级。

文
献
摘
录
22

---

① Garcilaso de la Vega, El Inca, *Royal Commentaries of the Incas and General History of
Peru*, part one, trans. Harold V. Livermore (Austin, TX, 1966), 4, 40 – 41, 50.

- 当她发现她怀了一个儿子，她被她的恶魔建议将孩子藏起来，并委托给一个叫皮科·兹扎（Pillco Ziza）的保姆照顾。这位保姆带着小孩到了塔普·托克一个山洞里待了两年，并对小孩的身世保持沉默。与此同时，一位叫曼科·卡帕克·印加的国王出现并统治了整个国家……

- 根据一个传说，印加人起源于提提卡卡湖（Titikaka）较远一端的提阿华纳科人（Tiahuanco）。那里有四个兄弟，其中一个叫曼科·卡帕克，那里还有四个姐妹。他们到达帕卡里·塔普，继而又从那里离开，并以虔诚的姿态沿着从湖那边延伸过来的路返回到华纳卡乌里的圣坛。他们在库斯科城安顿下来，该城最初叫阿卡·马马（Aca Mama，意指"中心"）。从一开始，印加人就坚持向他们的偶像献祭，这些偶像的圣坛位于岩石、洞穴、群山之中。

- 印加人通过拉大他们的耳朵来与其他普通人相区别。他们中只有曼科·卡帕克生来就有帝王的头衔。

- 南边科拉苏尤（Collasuyu）的统治者遵循着印加人的传统去佩带骨制耳环、羊毛和鸟羽制成的包头巾，并为了装饰刺穿他们的皮肤，但他们不被认为是真正的贵族。这是因为他们懒惰，未能在印加人为确定他们自己的种姓而分配耳饰时及时到达塔普·托克。这些科拉贵族被称为"戴着白色羊毛耳饰的人"。

节选自 Felipe Guaman Poma de Ayala, *Letter to a King：A Peruvian Chief's Account of Life under the Incas and under Spanish Rule*, ed. and trans. Christopher Dilke（New York：E. P. Dutton, 1978），32 – 34。

267　　　作为历史，加尔西拉索的著作记述的 1533 年以前的秘鲁事件现在看来完全不能被视为是可信的，但它对 18 世纪南美的历史意识产生了相当大的影响。在某种程度上，加尔西拉索为 15 世纪的印加史所做的正是同一时期英国威廉·莎士比亚的历史剧为英国所做的：它创造了一种持续流行的历史文化。加尔西拉索有着西班牙裔拉丁美洲人的爱国主义，秘鲁和新西班牙在 17、18 世纪出现的大量历史著作都以此为特征。一些后来的作家不仅质疑他的论断，还质疑他的政治观点；及至 18 世纪 80 年代，他被一些人指责煽动最后的印加人图帕克·阿马鲁（Tupac Amaru）等土著反叛，他的《王室评论》也试图被没收其所有版本，不过这是徒劳的。如果加尔西拉索有从事颠覆活动的一面，那么这些活动也是相当平淡的。古曼·波玛的情况就完全不同。尽管他认为当地土著与西班牙人是可以共处的（他通过不断宣称印第安人是亚当的直系后裔将他们写入世界史中），但他的历史锋芒更盛，以至于他被称为拉斯·卡萨斯的土著门徒。古曼·波玛虽然自称贵族，但他的身份卑微。古曼·波玛的父亲源于之前"被侵略的"印加人征服的印第安族群，他更强调这方面的传承，而不是他的印加人母亲那边的。对欧洲人而言，他不是唯一的反派人物。印加人的处理方式像战胜他们的西班牙人那样残酷——是臣服了周边民众的印加人将该地区的原始基督教一神论替代成了异教。

　　古曼·波玛用盖丘亚语（Quechua）和卡斯提尔语（Castilian）这两种语言完成了《第一本新编年史和良好政府》（*El primer nueva corónicay buen gobierno*，见主题框 17），他在书中画了许多笔墨画，甚至描绘了他将他的著作上呈国王菲利普三世（Philip III）的情景。古曼·波玛十分通晓拉斯·卡萨斯和阿科斯塔等等更早期的西班牙历史学家的著作，他也很随意地利用和改述其他的历史，甚至包括那些他批判的著作，如奥古斯丁·德·萨拉特（Agustín de Zárate）的《征服秘鲁的历史》（*Historia de descubrimiento y conquista del Perú*，1555 年出版），该书是古曼·波玛关于征服的大量记述的史料来源。他将自己的这部著作称为编年史，称其功用是作为道德榜样的材料。　　268

主题框 17　古曼·波玛的《第一本新编年史和良好政府》

　　古曼·波玛对秘鲁历史叙述的组织是从圣经里的古代记述到印加人，之后的第二部分叙述（西班牙）征服史；第三部分论良好的政府，这部分占了全书超过一半的篇幅，主要是对西班牙人统治下的日常生活进行考察和评论。古曼·波玛自始至终都是将传记与历史以一种并不符合历史技艺所包括的 16 世纪晚期流派范围的方式混合起来。该书为他苛刻评论西班牙统治的不公正提供了表达途径，它或许是采用一个欧洲流派但不顺从其修辞规则和实践的典范，该书还被用作传达颠覆破坏的政治信息的特洛伊木马。这部著作得以保留本身就是一部传奇。古曼·波玛花了近 30 年的时间汇编这部著作，并显然试图将其出版（他使用了欧洲人的排版惯例）。之后，在接近 80 岁并非常临近生命终点的时候，他带着这部书的手稿从他的印第安老家艰苦跋涉到达利马这个代表王权的首都。在那里，他希望将此书至少通过委托人呈献给菲利普三世（Philip III），而菲利普三世可能到最后都没有阅读过此书。该手稿在到达西班牙之后被丹麦大使获得，并被带到了哥本哈根，之后该书被藏于皇家图书馆，直到 19 世纪末被发现。

他的著作虽然披着西方史学的斗篷，表面上采用西方史学形式，但不像当时的任何人文主义历史。该书章节不是按顺序叙述，而是历时与共时混合处理，显示出作者的本土文化的所有迹象：其目录根据印第安人的十进制划分，该书用叙述去解释图片，而不是用图书去说明叙述，因而削弱了字母文字的首要地位。尽管古曼·波玛似乎没有完全理解西方史学规范，但我们也可以说他以他自己的方式运用了它们。在古曼·波玛看来，他从事写作既是为了直接记录西班牙征服的历史，也是为了以文字形式保留正在消失的口述史。然而，他的历史不过是争论从秘鲁王国统治的缺陷到牧师的邪恶，再到可以异族通婚的土著和欧洲人的罪恶，乃至迫切需要一位基督教徒统治者在西班牙国王的授权下统治整个地区（对于这一职位，他推荐了他的儿子）等一系列激怒他的事件。他是更广泛发生于 20 世纪的某种现象的早期例子，即采用殖民地化的西方史学和欧洲史学方法作为抵抗殖民力量的工具。

图 35 奇普保管者（The Quipucamayoc，'Keeper of the Quipu'），源自 Felipe Guaman Poma de Ayala, *El primer nueva corónica y buen gobierno*, c. 1600 – 1615。Royal Library, Copenhagen, Denmark. Photo credit: Nick Saunders/Barbara Heller Photo Library, London/Art Resource, NY。

　　从史学上说，历史学家和地理学家将新世界等同于粒子物理学中的"异物质"：在起初将之纳入经典手稿领域规则的勇敢努力失败以后，他们被迫修正他们的理论。这需要很长一段时间，并涉及许多思路，且这些思路并非都是完全错误的。荷西·德·阿科斯塔认为美洲土著不是本土起源的，而是亚裔人口，这类似于我们现代理解的史前移民，即便他构造这一理论并不是基于可靠的人类学证据，而是将当地土著纳入到诺亚后裔理论之中，并解释他们堕入野蛮是撒旦所为。"所有物种在几千年前的某一时点同时产生"的观念在 19 世纪之前并没有被完全替代。但正如我在之前的章节里所说，继承来的年代图片存在根本性问题。没有高度复杂的脑力训练，我们无法解释考古学、

270

化石和植物学的发现，也不能非常令人信服地记述之前未发现的民族的存在。世界史的文献地基在经验的重压下开始经历严重的下沉。在接下来的一个半世纪里，我们会看到科学史家托马斯·库恩（Thomas Kuhn）所说的"范式转移"（paradigm shift），即为人类历史猜想和探索一个新主导理论的时期。

北美殖民史

从文艺复兴向启蒙运动（即便有些超越本章其他内容的年代学边界）过渡的一种便捷途径是在北美（欧洲人在那里同样发现了土著居民）的英国和法国历史学家的历史思想和写作。在这里，西班牙人的著作（尤其是阿科斯塔的著作）对北美殖民者土著观念的形成产生了影响，他们相信尽管土著有保存记录的能力，但野蛮人不可能有"文明史"形式的事件叙述，因而只能被当作自然史、哲学史或推测的历史的一种分支进行研究，就像斯科特·威廉·罗伯逊（Scot William Robertson，见下文第六章）在他的《美洲史》（*History of America*）中所做的那样。16 世纪西班牙人提供的例子通过法国耶稣会信徒让-弗朗索瓦·拉菲托（Jean-François Lafitau，1681 - 1746 年）等更近期的旅行家的考察得到了补充，此人在 1724 年出版的著作《原始美洲人的习俗——与最早期的习俗相比》（*Moeurs des Sauvages Amériquains, comparés aux moeurs de premiers temps*）将美洲土著与恺撒、塔西陀和其他古典时期的历史学家笔下的部落社会进行了比较。古代野蛮人与现代野蛮人的直接联系在一个被经常引用到的猜想——"起初，美洲就是整个世界"——中得到总结，并在拉菲托通过文献与考察相互支持的声明中得到阐释。他指出，"我并不限制自己去学习印第安人的特征，并熟知他们的风俗和行为，我在这些风俗与行为中寻找着最遥远古代的遗迹……我承认，如果古代作家给我信息，让我以之为基础去对印第安人有快乐的猜想，那么我通过印第安人告诉我的风俗能够

更容易理解和解释古代作家笔下的许多事。"①就古代研究而言，古典 271
权威很难被动摇，它太适宜作为解释性的指南，以至于不易被抛弃。

拉菲托和阿科斯塔一样是一位耶稣会传教士，他也以牧师的眼光
看待自然的世界与历史的世界。（他的眼光比稍后研究美洲的"权
威"、从未踏足过这片新世界的科尼利厄斯·德·保尔［Cornelius de
Pauw］的眼光更有同情心。保尔在他的《哲学研究》（*Recherches
philosophiques*）一书中认为美洲土著是人类自古代以来自然衰落的活
生生的例子。）拉菲托在新法兰西的易洛魁人（Iroquios）中待了好多
年，他对北美和南美印第安人的风俗有传奇式的记述，并将这些习俗
与"原始时代"的习俗进行了比较。拉菲托主要因为反对无神论而被
提及，他指出即便最原始的人都有神的概念和宗教行为，但他的范围
相当宽泛。拉菲托的《美洲野蛮人的风俗》（*Moeurs des Sauvages
Amériquains*）内容涵盖了从战争到乐器，到葬礼行为，再到语言的
所有领域，该书以中世纪和文艺复兴的推测传统探讨了"万民之起
源"（origo gentis，主要放在他的第一章处理，之后就被撇在一边）、
16 世纪游记的世界、启蒙运动时代的世界，最后结束于急切出现的
一神论的起源与发展这一普遍的议题。他作为人类学的创立者获得了
各种称赞，也因为将土著与欧洲文明纳入一个框架而饱受批评。他用
普林尼、希罗多德和恺撒来证明原始主义的一般特征，进一步证明了
印第安人的亚裔起源。"躺在床榻上吃饭是古人的风俗，它也是南美
印第安人的风俗，不过他们平常吃饭时用的座位只有三英尺长，像是
鞋匠的凳子，他们也经常在床上就餐，正如北美印第安人在他们用来
睡觉的垫子上就餐一样。"拉菲托对雪地靴的描述来源于他的直接观
察，它对他来说是"最初时期的另一个风俗，此风俗是随亚裔移民民
族到达的美洲"，他同时还引述了斯特拉博和苏达（Suidas）提供的

---

① Jean-François Lafitau, *Customs of the American Indians Compared with the Customs of Primitive Times*, ed. and tran. W. N. Fenton and E. L. Moore, 2 vols. (Toronto, 1974), vol. I, 27.

古代例子。①

17 世纪的英国殖民者知道与他们分享这片大陆的不仅只有北边的法国人和南边的西班牙人，还有当地土著。他们的共存在起初并不容易。然而，与西班牙人的美洲经历的一个重要区别影响了殖民地土著的历史写作。北美像秘鲁或墨西哥，那里没有相应的"征服"（不过肯定也有大屠杀，如 1637 年到 1638 年结束的佩科人战争［Pequot War］的那次），只有更缓慢的定居与媾和的进程。北美的殖民时期的显著特点是新来移民间的一系列战争，他们也经常与一些部落结盟对抗其他部落，而其他部落则反过来与法国人结盟。与当地土著冲突的高潮情节是"法国人与印第安人之战"，它也属于在北美上演的"七年战争"（1756—1763 年）。关于这些斗争的记述为我们提供了与西班牙人在 16 世纪的征服相对应的内容，它们为作家提供了战争主题，对他们来说，战争作为自然的历史事件仅次于宗教。杰里米·贝克纳普（Jeremy Belknap, 1774 – 1798 年）的《新罕布什尔史》（*History of New Hampshire*）就论述了一个相关的早期冲突——菲利普国王的战争（以发起这场战争的土著首领命名），该书采取了启蒙运动反对奴隶制的立场，并批判了殖民者对印第安人的残暴。生于一场英国革命、死于另一场革命开端的纽约人卡德瓦拉德·科尔登（Cadwallader Colden, 1688 – 1776 年）在他的《美洲纽约的五个印第安民族的历史》（*History of the Five Indian Nations Depending on the Province of New-York in America*）中大胆地记述了易洛魁人。作为又一个将印第安人视为古代欧洲野蛮人的现代反映的历史学家，科尔登相信易洛魁人需要被培养成将法国人驱逐出魁北克的同盟。

和西班牙人一样，后来的美国最早期的历史学家们都到欧洲去寻求史学模式和看待他们的世界的观念视野。编年史和按天意叙述等更古老的形式徘徊在大西洋彼岸的时间比在故土更长。在这一阶段趋于

---

① Lafitau, *Customs of the American Indians*, vol. I, 225; vol. II, 128 – 129.

结束之时，欧洲伟大的启蒙运动历史学家的著作被阅读，并影响了变革思想。历史在殖民地认同感的建立与巩固方面，乃至新共和国的建立和发展方面起到了巨大作用。同源于欧洲殖民力量分支的其他现代民族一样，历史写作在北美殖民地始于各种游记，它的设计不是用于记述历史，而是为母邦的读者描述新领地的动植物，以及当地土著的一些风俗；这种按地方志模式进行的描述之后又出现在了英国。第一位以或多或少的信史意识去记述近期历史的人是约翰·史密斯（John Smith，1579 - 1631 年），他在 1608 年出版了《真实的叙述》（*A True Relation*），后又于 1624 年出版了《弗吉尼亚、新英格兰和萨默群岛通史》（*General History of Virginia，New England，and Summer Isles*），该书模仿的是当时的英国人对土耳其人等近东民族的记述。

在新英格兰完全不同的宗教氛围中，历史迅速发展了一种按天意叙述的方式，这种方式是早期现代新教社会的特征，并从来没有在美洲人对其自身历史的叙述中消失过。从为逃避英国宗教迫害的避难者发现新以色列开始，经过"救世民族"神话的具体化，再到 19、20 世纪相信美国的"例外论"和命运天定，最终到美国在后冷战时代的世界警察和自由民主的宣传者的角色，要描绘这样一个直接的轨迹并不困难。在新英格兰，早期的历史学家们都受到了诸如约翰·福克斯的《行传与见证》（*Acts and Monuments*，也就是众所周知的《圣徒殉道史》［*The Book of Martyrs*］）、沃尔特·拉雷爵士的《世界史》（*History of the World*，1614 年出版）等著作的影响，这两本书都传达了一种很强的意识，即强调上帝在人类事务中的积极作用。殖民者们创作历史以记述他们在这些崎岖之地定居，并将五月花号上的移民几近奇迹地被从饥饿与寒冷中解救出来解释为上帝希望一个神圣的社区被建立和兴盛起来。圣经的类型学推动许多叙述成为"摩西为上帝的选民、新以色列人开辟了乐土，而耶利米保持了其居住者的纯洁"的新版本。反映在将未驯化的蛮荒之地转变成有着牛奶与蜂蜜的富足之地的邪恶分离、罪恶救赎普遍存在于这些材料之中，有时与基督再

273

临的千年期待相联系。唯信仰论者和叛教者如旧约时代那样被流放到荒野之地。这一流派有一系列主要著作说明了它的主题，例如爱德华·约翰逊（Edward Johnson，1599？－1672 年）1654 年出版的《新英格兰以色列人的救世主，创造奇迹的上帝》（*The Wonder-Working Providence of Sion's Savior in New England*）、威廉·布拉德福德（William Bradford，1590－1657 年）1856 年出版的《普利茅斯庄园的历史》（*History of Plymouth Plantation*）、威廉·哈伯德（William Hubbard，1621－1704 年）1815 年出版的《到 1630 年的新英格兰通史》（*General History of New England to* 1630）。1676 年，英克里斯·马瑟（Increase Mather，1639－1723 年）创作了《与新英格兰印第安人的战争简史》（*Brief History of the War with the Indians in New England*）一书，此书可能是第一部美洲军事史著作，不过它和其他大多数历史一样都用天意之类的词汇。

新英格兰产出的历史著作要比南边的殖民地多，这些著作有许多都出自马萨诸塞湾（Massachusetts Bay），那里的历史学家趋向于将他们的殖民地提喻为整个新英格兰。因而波士顿的医生威廉·道格拉斯（William Douglass，1691－1752 年）在他的《北美英国殖民者历史与政治的简要考察》（*Summary View，Historical and Political，of the British Settlements in North America*，1747－1750 年出版）一书中以海湾殖民地的视角广泛考察了殖民地的经历。18 世纪早期最具影响力的历史是英克里斯·马瑟的儿子科顿·马瑟（Cotton Mather，1663－1728 年）写的《新英格兰教会史》（*The Magnalia Christi Americana，the Ecclesiastical History of New England*），该书写于 1693 年，1702 年出版，分七卷，有着类似于中国官史的混合结构，不过科顿本人并不知道这一点。科顿在第一卷中从新英格兰殖民地的建立开始记述，之后用了两卷记述宗教与世俗的重要公众人物的传记，第四卷记述了哈佛大学的历史。这显示出公众对典型人物传记和清教徒虔诚生活的记录日益增长的兴趣。最后三卷转向教会史，其中

第五卷明显受到了福克斯的影响，标题为"新英格兰教会信仰与秩序的行传与见证"；最后两卷分别编年记述了天意与"上帝的战争"。

　　殖民时期完成的最后一本主要著作可能出自马萨诸塞革命前最后一位总督托马斯·哈钦森（Thomas Hutchinson，1711－1780 年）之手，他在被流放期间完成了一部多卷本的海湾殖民地史。哈钦森是波士顿人，也是一位值得同情的人物，他在政治上是一位温和派，徒劳地在愤怒的殖民者与拒不妥协的英国政府间调解斡旋，两头都不讨好。作为一个在美洲史问题上的世界主义者，他与罗伯逊等英国历史学家都有联系，罗伯逊还给他寄过关于新世界生活的调查问卷。哈钦森的《马萨诸塞湾殖民史》（*History of the Colony of Massachusetts Bay*）的第一卷于 1764 年晚期出版，此卷以其从塞缪尔·马瑟（Samuel Mather，科顿·马瑟的儿子）的图书馆获得的手稿文献证据而令人印象深刻。这部历史记述了一个很小的清教徒定居点发展为繁荣的为英帝国贸易贡献了部分力量的殖民地的过程。关于这一进程的进一步叙述因为哈钦森的政治生涯和 1765 年印花税法案引起的骚乱而受到阻碍，在此期间，他的图书馆受到暴雨侵袭，许多文稿被冲进了下水道。尽管他的许多手稿丢掉了，但他恢复了第二卷的草稿，并于 1767 年将第二卷出版，他早期的乐观主义现在被殖民者的退化和堕落抑制了。1774 年，哈钦森永远离开了殖民地和这片大陆，而当时的危机也进入尾声。他于美国独立战争期间在国外完成了他的历史，历史记述结束于他自己的统治终结，最后这一部分因为热度下降半个世纪以后才出版。

　　哈钦森在历史和史学上都属于失败者。默西·奥蒂斯·沃伦（Mercy Otis Warren，1728－1814 年）则不然。她是类似英国"共和国悍妇"凯瑟琳·麦考莱（Catharine Macaulay）的人（两个人之间也有来往），她和麦考莱一样是一位女性历史学家。她的政治情怀完全是革命性的，独立之后属于杰弗逊式的。在一次奇怪的命运转折中，默西开始在总督哈钦森以前的家里创作她的《美国独立战争的兴起、进程与终结》(*History of the Rise，Progress，and Termination of the American Revolution*)，该书创作于约 1791 年，直到 1805 年才出版。在另一位杰出女性艾比盖尔·亚当斯（Abigail Adams）的鼓舞下，沃伦结合她对所见到的主要政治人物的回忆和文献材料进行了有力的叙述，这使她写的历史在革命时代最为人所知，更不用说她的性别。沃伦的观点与艾比盖尔·亚当斯的丈夫约翰·亚当斯的观点有很大不同，她公开批判他，也得到了这位美国第二任总统臭名昭著的回应——"历史不是女人的领域"。就像艾比盖尔·亚当斯一样，这一讽刺最初激起了沃伦的史学兴趣（文献摘录 23）。

275 默西·奥蒂斯·沃伦论历史

文献摘录 23

- 历史是罪行的沉积（原文如此），是关于人类所有荣耀与可耻的事情的记录，它获取人物的信息，调查事件的资料；它记述一个明显的现象，并评论混合的原因；它用精确的语言详述产生最明显变革的事件。

- 历史是去分析影响社会渐进改变的隐秘源泉；是去探索各种政府模式的起源，以及科学、道德方面的后续发展，或标志民族在专制或更自由的形式中的态度的民族特色，历史是一个大胆而冒险的工作……

- 对支配的热爱和对强权的无法控制的欲望在所有民族中都很盛行，或许还与文明的程度相称。它们在罗马道德衰退中和英国历史的黑暗篇章中同样表现显著（原文如此）。就是这些原则推翻了古代的共和国。就是这些原则使英国频频陷入内战。对它们的抵抗使一个君主受到阻碍，另一个君主被从王位上推翻。是它们驱使美洲的第一批殖民者离开优雅的居处和富足的环境去西方世界冰冷、未开化的地区寻找庇护。由于在英国受到专制君主的镇压以及高阶教士的迫害，他们逃到遥远的国度，在那里，人类所需受自然所限；在那里，文明还没有创造出为顺心意过于频繁地转换所有道德与宗教联系的人为渴望。

引自 Mercy Otis Warren，'Introductory Observations'，in her *History of the Rise，Progress，and Termination of the American Revolution*，ed. Lester H. Cohen，2 vols. (Indianapolis：Liberty Classics，1988)，vol. I，3 - 5。

到这个世纪末，后独立时代的史学正在形成，但不是所有都是
17 世纪例外论的旋律即兴创作而成。标志着革命前时期的关注点并
没有消失，反而通过要求历史与抽象、不可剥夺的权力的更新的事件
得到了补充。这会是什么样的共和国，联邦、商业、寡头或民主，还
是农业？部分之于整体的关系是什么？向西扩张能多快、多远，印第
安人如何处置（不祥的问题）？奴隶制（不久之后便在英帝国的其他
地区被废除）适合放在哪里？戴维·拉姆塞（David Ramsay，1749 -
1815 年）在他的历史著作中抓住了这些问题。拉姆塞是苏格兰后裔，
出生于宾夕法尼亚，曾是一名医生，他在美国独立战争前不久来到南
卡罗莱纳（South Carolinian），并在那里成为了议员（直到他的反奴
隶制观点导致他再次竞选）和历史学家；他于 1785 年出版了《南卡
莱罗纳革命史》（*History of the Revolution of South-Carolina*）。他的
主要历史著作《美国独立战争史》（*History of American Revolution*）
在 1789 年出版，正值战争经历一系列胜利后结束以及修订的宪法于
1788 年确立：拉姆塞曾吹捧简单的农业共和国主义，之后不久便成
为了一位狂热的联邦主义者。

276

和杰里米·贝克纳普一样，拉姆塞抛弃了苏格兰人的启蒙运动思
想和世界主义观念；他的著作尽管有着爱国主义情怀，但与和他同时
代的一些著作相比明显带有更少的例外论思想。他的《美国独立战争
史》在跳到殖民地从 1764 年开始与英国关系恶化的叙述之前简要叙
述了殖民地的建立。在被谋杀两年后，他的三卷本的《美国史》
（*History of United States*）问世，该书是较早著作的修订本，态度更
为保守。这次对新共和国的告别演说对印第安人的同情明显不及拉姆
塞之前写的历史，它认为印第安人敌视善良的殖民者，并力促一种美
洲人的征服，这实质颠覆了他之前严厉批判殖民者对待当地土著方式
的观点。拉姆塞还一改他早期对奴隶制的批判，反而为奴隶制在南方
文化中的地位辩护。

结　论

　　戴维·拉姆塞哲学式的历史将他置于与他的先驱们完全不同的史学位置；我们现在需要探索背后"启蒙"思想的更详细的细节，以及构成早期现代世界与 19 世纪之间的桥梁与鸿沟的东西。本章关注了欧洲历史文化对地理或情境上落入 15 世纪晚期到 18 世纪轨迹的美洲区域的影响。它还说明了殖民者通常带有强烈偏见地使用许多当地土著著作和一些混血儿的著作的例子，以及从萨哈冈到加尔西拉索，再到古曼·波玛的欧洲人、混血儿、土著的作家们创新的历史写作形式。在未来的章节，我们将在追溯西方历史实践传播到世界其他地区277　时回到征服与变迁的主题。在 19 世纪广为传播的是一种如何完全不同的历史观念，比起早期现代世界已掌握的，它应该怎样被研究。在这百年之间，整个世界对历史的理解已经发生了根本变化，我们必须首先考察这些。

大事年表

1723 年	詹诺内《那不勒斯王国公民史》出版
1724 年	新井白石《读史余论》出版
1725 年	维柯《新科学》出版，并于 1735 年和 1744 年修订
1751 年	伏尔泰的《路易十四时代》出版
1752 年	博林布鲁克《关于历史研究与功用的书信集》在作者去世后出版
1756—1758 年	约瑟夫·德·金《匈奴人、土耳其人、蒙古人和其他西方鞑靼民族通史》在巴黎出版
1770 年	纪尧姆·托马斯·雷纳尔《西印度群岛和东印度群岛史》第一版出版
1772—1800 年	章学诚创作《文史通义》
1774 年	赫尔德《另一种历史哲学》和克姆斯《人类简史》出版
1777 年	罗伯逊《美洲史》出版
1776—1788 年	吉本《罗马帝国衰亡史》出版
1784—1791 年	赫尔德《人类历史哲学的概念》出版
1795 年	孔多塞《人类精神进步史表纲要》在作者去世后出版
1798 年	本居宣长《古事记传》完成
1820 年	山片蟠桃六卷本《梦之代》完成①

---

① 山片蟠桃在 1820 年完成的《梦之代》应为 12 卷，而不是六卷。——译者注

光 启
———
新史学
———
译 丛

主 编

陈 恒 陈 新

编辑委员会

光 启
新史学
译 丛

A GLOBAL
HISTORY
of HISTORY

全球史学史

Daniel Woolf

[加] 丹尼尔·沃尔夫　著

陈恒　李月　屈伯文　译

[下]

上海三联书店

目 录

第六章 欧亚启蒙运动时期的进步与历史

引　言　本章的主题是 18 世纪的两个特征。第一个特征是世界不同 　281
地区日益意识到史学模式的替代性和史学模式之间不时的相
互作用，它延续了我们在第五章展开的主题，最初由之前两
个世纪的探险家和征服者发展起来。这当然是始于 15、16
世纪的趋势的延续，但它更进了一步，将它们与世界的"元
历史"或回顾文明进程的主要叙述结合了起来。后者提供了
本章的第二个主题：基于早期现代变迁思想的"进程"观念
的出现，它现在更明确地与"历史"联系起来，被界定为累
进的历史，并被解释为由一种向前的动力推动的连续过程，
而不是就事论事的一系列事件。作为文明进程的封闭概念和
人类的单一路径，它与一种无可回避的事实相冲突，即不同
民族（包括美洲和非洲的原始和"野蛮"民族，以及在亚洲
的更先进的民族）处于不同的发展阶段，其中一些显然在他
们的轨道上止步不前。认识这种普遍路径和推测一些民族在
这条路径上比其他民族走得更远的原因是这个世纪和下个世
纪的许多欧洲思想家一心思考的问题，他们中大部分也不会
停止去考虑多种通往现代性的路径的可能性，更不用说想象
中的不同的现代性。

　　本章所涉名人包括从维柯、伏尔泰、孟德斯鸠到赫尔
德、康德的欧洲文史哲精英，以及日本德川幕府时代的本居

282 宣长（Motoori Norinaga）、中国清朝的赵翼等欧洲读者并不太熟悉的人物。从地理学上说，我们将范围限定在相比最后两章更少的国家里。这条线路包括回访清朝时的中国，当时考据学在史料批判上可与 17 世纪的欧洲相提并论。尔后回访日本，当时它正经历一个史学矛盾时期，因为中式批判与更新的以日本为中心的拥抱本国遥远过去历史的学术相冲突。最后，许多延续的主题将在这里再现。我们或可从其中的一个开始，即历史学家及其著作的读者对记忆和重现历史的书面和口述价值的态度演变。

口述的断裂

从史学上说，18 世纪的表达方式混杂。19 世纪的批评家反对它的普遍化趋势，并颠覆了它对中世纪等时期的敌意。我们自己的时代将在欧亚大陆不同地区发生的许多启蒙运动（Enlightenments，注意这里是复数）归因于各种各样的以欧洲为中心的罪恶，并谴责他们的文明议题。对许多后殖民时代的批评家来说，西方现代性及其所有排外的、帝国主义的、种族主义的方面都兴起于 19 世纪，但起源于 18 世纪。加勒比的诗人和文化评论家爱德华·格里桑（Edouard Glissant）评论说，从这一刻起，"'history'一词的首字母要大写了，并完全排除不符合西方标准的其他历史"。[1] 在西方现代性所谓的罪恶中突出的是它创造了自我授权的认识论，包括"历史应该通过我们的精确认识被客观、真实地发现"的史学见解。它的一个推论正如人种历史学家格雷格·德宁（Greg Dening）所写的那样是相信"原始"社会没有历史，而实际上，他们只是缺乏系统的惯例——调查和举证

---

[1] Edouard Glissant, *Caribbean Discourse: Selected Essays*, trans. J. Michael Dash (Charlottesville, 1989), 64, 75.

规则，以便他们以对我们来说可认识和有说服力的方式历史化。①

在全球环境下与其他史学模式的对抗，迫使欧洲人以比以前更直接的角度审慎地思考历史必需的核心元素。书写就是其中之一，它在18世纪历经200年的否定口述方式作为记忆人类历史手段的进程后达到顶点。16世纪与17世纪早期的矛盾转向替代形式上，口述和图片方式到18世纪早期已在很大程度上消失。17世纪晚期还通过初期的"概率论"为18世纪边缘化口述传统提供了哲学上的合理性，它评估的是证词的合理性及其被扭曲的可能性。通过关于历史批判的法语著作，最后又通过休谟（David Hume）这样的哲学家兼历史学家，这种态度综合了针对传统的社会和宗教偏见，进而认为任何未被记录下来的历史都不是历史。总体来说，18世纪对口述传统和类似的图片著作的批判证明，他们在对字母文字的偏好的立场比反对改革的传教士更加坚定。

首次出现在17世纪晚期的"口述传统"的概念在很大程度上是启蒙运动的产物，除了他人以外，声音不附加虚构信息地传达知识的能力在长寿的伯纳德·德·丰特内勒（Bernard de Fontenelle，1657 - 1756年）那里得到了很好的表达。对诗人詹姆斯·麦克弗森（James Macpheson）将史诗《芬格尔》（*Fingal*）作为一个叫奥西恩（Ossian）的凯尔特吟游诗人的真实著作出版的愤怒抗议胜过了旧有文献学上对伪伯诺索斯或君士坦丁的赠礼等伪作的抗议。休谟完全否定了记忆和口述传统的可靠性。作为对奥西恩的回应，休谟认为概念规则和经验证据使历史不太可能通过口述从吟游诗人所处时期保存下来。在《宗教的自然史》（*The Natural History of Religion*）一书中，休谟（通过界定"历史事实"与"推测意见"的一个区别）断言：

> 历史事实经历目击者和同时代的人的口述之后在相继地叙述

①　Greg Dening, 'A Poetic for Histories', in his *Performances* (Chicago, 1996), 40.

283

中被掩盖了，它可能最终被保存下来，即便如此，被保存下来的也很少与其所基于的原始真相类似。人类脆弱的记忆，他们对夸张的热爱，他们的懒散疏忽，这些本质如果不通过书籍和写作纠正就会妨碍历史事件的记述；争论或推理毫无用武之地，一度脱离叙述的真相也永远无法被记起。[1]

英国历史学家爱德华·吉本（Edward Gibbon）认同这样的观点，即文字将文明与先进些的野蛮人从完全野蛮中区分出来，因而历史也被从非历史中区分出来。在欧亚大陆，德国历史学家奥古斯特·路德维希·斯奇勒泽（August Ludwig Schlözer，1735－1809年）建议严格区分依靠非文字证据和民间传说的"元历史"（我们所谓的史前史）和必须建立在文字史料基础上的历史，不过他允许非文字史料对历史进行补充。赫尔德看到了以色列人对文明的杰出贡献，因为他们写的"编年史"，也因为这些编年史源自家庭编年史和历史传说，而不是象形文字。[2]18世纪将印刷术看成启蒙运动中决定性进步的瑞典人称赞北欧古字碑文等早期书写体系的古代发明者，这些体系扩展了人类记忆历史的能力。在口述文化中，历史不得不被简

284 化，以便传承，因而最简化的原始故事会在后来的讲述中得到修饰。安德斯·阿夫·博廷（Anders af Botin，1724－1790年）认为通过口述传承下来的故事可能保存记忆中的历史，但存在"因遗忘和添油加醋而堕落"的风险。[3]

撇开像麦克弗森（Macpherson）那样的虚构人物不说，也有人对非字母的替代品存有异议，这个世纪后来的让-雅克·卢梭（Jean-Jacques Rousseau）、亚当·弗格森（Adam Ferguson）等怀疑论者担心

---

[1] David Hume, *A Dissertation on the Passions/The Natural History of Religion*, ed. T. L. Beauchamp (Oxford, 2007), 36.

[2] J. G. Herder, *Reflections on the Philosophy of the History of Mankind*, trans, T. O. Churchill (1800), ed. Frank E. Manuel (Chicago, 1968), 135－136.

[3] Peter Hallberg, *Age of Liberty: Social Upheaval, History Writing, and the New Public Sphere in Sweden*, 1740－1792 (Stockholm, 2002), 86.

文字的局限性，以及它们无力捕捉口语的细微差别。① 正如我们将要看到的，那不勒斯人维柯（Giambattista Vico）认识到了口述文化与书面文化的相互依赖，他看到了口述传统的价值不仅仅在于载体，还在于它是古代智慧的典型特征，而它如果被看成次于书写形式就不会被恰当地理解；从历史观点上说，了解口头表达对研究法律十分必要。秘鲁的编年史家维拉（Bartolomé Arzáns de Orsúa y Vela，1676－1736 年）自信地认为印加人在奇普（古秘鲁人的结绳文字）上对他们帝国的历史有可靠的记录。后来，耶稣会信徒、美洲土著成就的热情捍卫者弗朗西斯科·泽维尔·德·克拉维杰罗（Francisco Xavier de Clavijero，1731－1787 年）写了一部被广泛传译的《墨西哥古代史》（Historia Antigua de México，1780－1781 年出版），该书认为土著的记录保存值得信赖。但荷兰学者科尼利厄斯·德·波夫（Cornelius de Pauw，1739－1799 年）持相反的观点。他在被广泛阅读的著作《关于美洲人哲学论文》（Recherches philosophiques sur les Américains，1768 年出版）中极力谴责新世界的学问，他认为加尔西拉索的《王室评论》（Royal Commentaries）是一个生活在退化的大陆上的美洲人可怜的创造，他的卑劣在气候学和生物学上就已经决定了。关于他的这种态度，我们在威廉·罗伯逊和当时的其他历史学家身上多少也能找到类似的倾向。

所有这些的一个副作用是受人尊敬的历史学家们渐渐不再是追求古代年代学，尤其是在詹姆斯·厄谢尔之后很少有人再确定地球的准确年龄。牛顿对这一主题的兴趣产生于年代学全盛时期的末端，不过它在之后两个世纪仍然有着受欢迎的从业者，而且同步的年表仍然是普世史与教会史的标准特征。当 18 世纪转向遥远的古代，它更感兴趣的是古代的风俗习惯，并从那里获取光明照亮人类进程。正如法国

---

① Nicholas Hudson，'Constructing Oral Tradition：The Origins of the Concept in Enlightenment Intellectual Culture'，in A. Fox and D. Woolf（eds.），*The Spoken Word：Oral Culture in Britain* 1500－1850（Manchester，2002），24－55.

重农主义者杜尔哥（Turgot，1727－1781 年）所说，世界非常古老，但它准确的年龄并不可知，因为文字并没有回溯到那么远：

> 历史时期无法被追溯到文字出现之前；当文字被发明之后，人类首先能做的是用它记录模糊的传统，或一些没有标明日期的重大事件，以及一些混杂了神话事件，其混杂程度到了无法加以区分的地步。

285　　民族的荣耀引导他们将他们的起源回溯到遥远的古代。但涉及到时期，人类在数字发明之前很难将他们熟知的观念扩展到三代或四代人以外。传统在没有历史的协助下只有在一个世纪或一个半世纪内才能指出一个已知事件的时期。因而，没有历史能够追溯到文字发明之前，除非当民族通过贸易向彼此展示自己，进而将荣耀转变成妒忌时费尽心力虚构年代。①

最初的历史都是虚构的，而在文字出现之前，"人类没有记录，只有一些歌谣在一些石头旁边不断传诵"。甚至希罗多德只是一位诗人，只有在他之后，人们才感到"历史有必要讲述事实"。②

18 世纪欧洲历史文化综述

理解 18 世纪至少在欧洲及其殖民地范围内的史学因为表面上出现的支持和反对历史研究的对抗性力量变得更复杂了。一方面，这是一个"启蒙运动的时代"，涉及自然界与哲学界、后牛顿科学时期、布冯（Buffon）和林奈（Linnaeus）那样的物理学分类、关于自然权力和自由等抽象概念的哲学争论。另一方面，戴维·休谟在宣称他所

---

① Anne-Robert-Jacques Turgot, 'On Universal History', in *Turgot on Progress, Sociology and Economics*, trans. and ed. Ronald L. Meek (Cambridge, 1973), 64－65.

② Ibid., 92－93.

谓的"历史时代"（和他所属的苏格兰的"历史民族"）时并不是在无益地吹嘘。支持这一特征描述的量化证据是引人注目的：之前两个世纪出版历史的涓涓细流汇入到了一种诺亚式的洪水之中，即历史本身为读者和评论家提出问题这一司空见惯的事因为出版人使用订购和连续出版来进行产品营销，并与竞争者相区别。[①] 流行出版物在地理上和社会上传播历史，公共和流通图书馆的增长扩展了甚至是最昂贵书籍的读者群。与此同时，法国的皇家图书馆（Bibliothèque du Roi）等主要研究型图书馆继续扩展对手稿的收集，并已扩展到美洲、阿拉伯世界、和东亚的史料，这使更为详细的普世史或世界史写作成为可能。联合的团队组织的大型出版项目在这个世纪里出版了许多这类著作，最初的著作是阿拉伯语学者乔治·萨尔（George Sale）领导的团队写的《普世史》（*Universal History*，1747－1768 年出版）。这是一部包括东方在内的涵盖广泛的书，它完全不同于中世纪和早期现代的普世史，甚至与博叙埃在 17 世纪晚期写的《论普世史》（*Discourse on Universal History*）也不同。更引人注目的是神父纪尧姆·托马斯·雷纳尔（Guillaume Thomas Raynal，1713－1796 年）于 1770 年在阿姆斯特丹出版的多卷本《西印度群岛和东印度群岛史》（*Histoire…des…deux Indes*）。这部由多人完成的著作实质上是一部非欧洲世界的全球史（书名中的东西印度群岛覆盖了相当大的区域），它对商业贸易的增长这一社会发展的完美动力和哲学化的历史学家喜欢的主题给予了特别的关注。这部历史取得了令人惊讶的成功，它在 1770 年到 1787 年间出现了超过 30 个版本；波拿巴（Bonaparte）最终将它带到了埃及。[②] 像两个世纪之前的拉斯·卡萨斯

286

---

① Mark Salber Phillips, *Society and Sentiment*：*Genres of Historical Writing in Britain*, 1740－1820（Princeton，NJ，2000）；D. R. Woolf, *Reading History in Early Modern England*（Cambridge，2000）.

② *L'Histoire Philosophique et politique des établissements et du commerce des Européens dans les deux Indes*, 2nd edn, 4 vols.（1770；Amsterdam，1774）。此著作的部分内容归功于其他作者, 尤其是哲学家丹尼斯·狄德罗（Denis Diderot）。

图 36　贝莱（J. B. Belley），圣·多明戈（Santo Domingo）的副手，紧挨着批判法国在殖民地政策的哲学家、历史学家纪尧姆·托马斯·雷纳尔（Guillaume T. F. Raynal）的半身像。帆布画，由安妮·路易斯·吉罗代·德·鲁西·特里奥松（Anne Louis Girodet de Roussy-Trioson）绘于1797 年。Chateaux de Versailles et de Trianon, Versailles, France. Photo credit: Erich Lessing/Art Resource, NY。

（Las Casas）一样，雷纳尔被证明是被征服领地上自由主义思想的流行偶像。在海地革命（1791－1804 年）期间，启蒙思想的价值转向敌视法国殖民者（图 36），这为 19、20 世纪的发展做了铺垫（见下文第八、九章）。

　　至于历史本身（图 37），历史缪斯出现在公众视野，成为沙龙中受欢迎的常客，并出现在欧洲社会精英在城镇与乡村的家中，以及有抱负的资产阶级的会堂。历史学家们的时代依靠私人资助，宫廷资助或正史的时代濒于结束，不过欧洲许多君主国和奥斯曼土耳其帝国仍在坚持这么做。历史学家们开始成为公众人物，他们在文明社会广为人知，他们的肖像被绘画，并常被装点在书中（图 38）。他们的著作

287

图 37　缪斯女神克里。弗朗索瓦·布雪（François Boucher, 1703－1770 年）工作室，18 世纪 50 年代。帆布油画。Wallace Collection, London. Photo credit: by kind permission of the Trustees of the Wallace Collection, London/Art Resource, NY.

的成功取决于公众的品位和消费模式。昂贵的对开本和四开本书籍使富有而宏大的图书馆蓬荜生辉，但它们不符合日益增长的中层阶级读者的习惯。瑞典出版人、支持小版图书的卡尔·克里斯托弗·吉杰威尔（Carl Christoffer Gjörwell）就曾说过，"我可以将一本书放在口袋，带着旅行，其尺寸不会阻止年轻人和赶时髦的绅士大量购买，这比在他们看来没有讲台就无法阅读的四开本图书要好"。[1] 作为例子，吉杰威尔列举了休谟等英法历史学家出版人，以及詹森主义者查尔斯·罗兰（Charles Rollin）13 卷本的《古代史》（*Histoire ancienne*，1734－1739 年出版）、耶稣会信徒加布里埃尔·丹尼尔（Gabriel Daniel）的《法国史》（*Histoire de France*，1713 年出版）等畅销书。

　　女性是这一出版激增时期的受益群体之一。它与历史的关系在 16、17 世纪得到了适度发展，到了 18 世纪发展更为迅速。虽然 18

————————

[1] 引自 Hallbert，*Age of Liberty*，96－97。

图 38 休谟（David Hume, 1711－1776年），苏格兰哲学家、历史学家；源自一本书中的肖像画。Photo credit：Art Resource, NY。

世纪只产生了很少数量的女性历史学家，如英国的凯瑟琳·麦考莱（Catharine Macaulay）和美国的默西·奥蒂斯·沃伦（Mercy Otis Warren，见上文第五章）和汉娜·亚当斯（Hannah Adams），但历史在女性图书馆中是一个有特权的地方，其功德被许多受过教育的男女作家称赞，包括海丝特·查普恩（Hester Chapone）和玛丽·沃斯通克拉夫特（Mary Wollstonecraft）那样的女性。俄国女沙皇伊丽莎白（1740—1761年在位）以法语著作为主的私人图书馆主要收藏的是历史著作，包括古人的著作和罗兰的《古代史》；她的后继者、在德国出生的凯瑟琳大帝（Catherine the Great，1762－1796年在位）抽时间出版了她自己的俄国历史评注。瑞典贵族夏洛塔·弗洛里奇（Charlotta Frölich）在1759年为穷人和农民匿名出版了一本历史书

籍，而在恐怖时期被送上断头台的罗兰（Roland）夫人在她生命的最
后时期希望成为法国大革命时期的凯瑟琳·麦考莱那样的人。除了宗
教和礼仪册子，历史书籍就受过教育的女性的文学关注点而言，唯一
可信的竞争对手是法国浪漫故事及其海峡对岸的表亲——英国小说。
为确保他们的记述同时面向男性和女性（男性读者日益被令人伤感的
事件吸引），历史学家们将平常的政治事件和军事战役附加了人的兴
趣、个性和情感。这不是投机取巧的欺骗：历史学家们被迫既描述平
常历史中的善行，又要更进一步唤起读者惩恶扬善的回应。苏格兰哲
学家、法学家洛德·克姆斯（Lord Kames，1696 - 1782 年）就表达了
这种意愿，他的《人类简史》（*Sketches of the History of Man*）"主要
在女性中"成为了流行著作，该书费尽心力地译介了许多国外和古代
的引文。伏尔泰通过适当的历史写作明确表达了他自己的思想，这也
部分回应了他在某一时期的情人埃米莉·德·莎特莱（Emilie du
Châtelet）的抱怨，即事实整理凌乱、不连贯的细节和"对什么都决
定不了的战役上千次的记述"。[1] 可以毫不夸张地说，现代脱离政治、
军事史的"文化转向"的 18 世纪原型被历史学家们取悦女性读者的
意愿加快了。

　　启蒙运动时期的史学严重依赖之前两个世纪的许多成就，尤其是
以刊印文本形式存在的大量博学文集、考古发现和建筑遗留的印刻，
以及对不同法律体系的深入研究。两个世纪的海外探险同样激励了
17 世纪晚期和 18 世纪的许多历史学家对历史进行比较研究。从某种
意义上说，人物或历史情节的比较从来都是历史研究的一部分，现在
这种比较跨越了时间与空间，并形成了社会、民族、风俗习惯等整体
的比较。与此同时，一种针对"个人和事件脱离它们的文本进行普鲁
塔克式的类比"在健康程度上的怀疑也出现了。

　　这种转变的原因之一是 18 世纪的历史学家迅速从典范的束缚中解

---

[1] Henry Home，Lord Kames，*Sketches of the History of Man*，ed. James A. Harris，3 vols.（1774；Indianapolis，2007），vol. I，5（'To the Reader'）.

放出来了。关于历史与过去的线性思考被挤到诫谕书、宗教文献、道德文学等边缘文学之中——一种在任何地方可以发现的无关时间的教训和范例研究。到 1800 年，对人类共同发展的理解和逐步探寻制度产生、发展的需要将过去转变成了一个累进的进程，也就是转变成了大历史。正如后来的莱因哈特·柯斯勒克（Reinhart Koselleck）所观察的那样，在这一时期，人们惯常地将历史看成一个大的整体，而不是许多历史的集成。[①]"事迹"（*Res gestae*）与"历史叙事"（*historia rerum gestarum*）开始融合，事情被记录下来就已经够了，黑格尔在 19 世纪早期宣称德国单词"*Geschichte*"［历史］的双重含义时这样说：

> 在我们的语言中，单词"history"包括了主观与客观的含义，因为它既表示历史叙事，又表示实际发生的行为、事件，从严格意义上说，这两者是有区别的。

对黑格尔来说，这不是一种偶然：主观的历史写作与客观的历史本身同时出现是因为它们都是超常秩序的产物，它们都是作为一种工具由作为历史（和叙述）的基本主题以及历史（和事件）创造者和记录者的国家创造出来的。[②]

　　莫米利亚诺曾指出，各种不同形式的历史研究到 18 世纪分成了三种重要的传统：直接以新古典风格进行历史写作，在很大程度上涉及政治和事件；"博学"研究（涵盖了主要的古物研究派系、考古学、语言学以及新出现的历史辅助学科）；"哲学化的历史"。启蒙运动史学的一个主要目标可以被描述为研究以下三者两两之间的合成与平衡：如何使用博学知识，并将之与哲学转换成令人愉悦的文学著作；如何以现行的哲学和政治思想对它进行叙述和灌输；如何将源于经验

---

① Reinhart Koselleck，*Futures Past：On the Semantics of Historical Time*，trans. Keith Tribe（Cambridge，1985），92 - 93.

② 源自黑格尔 1830 年关于世界史进程的讲稿的第二稿，见 G. W. F. Hegel，*Lectures on the Philosophy of World History*，trans. H. B. Nisbet（Cambridge，1975），135。

和通过哲学具体化的观念转变成历史叙述。一些最好的例子显示出从政治事件的叙述和描述转向考虑文明与风俗习惯。我们之前已经说过，不是 18 世纪的每个历史学家都能被视为启蒙运动历史学家，更不必说更为狭窄的分类"启蒙叙述"的从业者。这个世纪见证了沿着不同路线界定史学范围和目的的许多航行，这种航行不可避免需要他们的水手们在事实与概括、博学与文学风格、公平与重新形成的热情，甚至真实与虚构之间顶风前行。

　　大学历史部门的职务使这片大陆的主要教育机构更像是历史的企业，这是后来职业的历史占据学术主导地位的前兆。牛津大学和剑桥大学在 1724 年都有了皇室任命的现代史教授，爱丁堡大学在"普世史和古希腊罗马研究"的职业化更是在五年之前。1734 年新建立的哥廷根大学成为了德国启蒙运动的思想中心和研究历史教育特殊意义的据点。期刊首次成为了公众讨论历史的重要媒介。像贝尔（Bayle）

俄国历史写作的西化：卡拉姆津论基辅和蒙古时期

291

- 现在是过去的结果。要评价现在就必须回顾过去。也就是说，它们彼此完善，要结合来看，现实才会更加清晰。

- 从里海到巴尔干，从黑海到阿拉伯，置于古希腊人和古罗马人更多从传说中获知，而非亲眼所见的沙漠中，那里在一千年前居住着以游牧、狩猎和农业为生的民族。在这些不同的部落中诞生了世界上领土最为广阔的国家。

- 罗马，一度因勇猛而强大，又因奢靡而衰弱，最后崩溃，被北方的野蛮人粉碎。新的时代随之而来；新民族、新风俗出现，欧洲呈现出了新的景象，其主要特征仍体现在它的政治体系之中。总而言之，日耳曼民族在罗马的废墟上确立了它在欧洲的主导地位。

- 俄国也融入了这一新的、综合的体系。斯堪的那维亚这个不安武士的巢穴、不法之地、民族摇篮为我们的祖国提供了它最初的统治者，在那里，斯拉夫人和芬兰人的部落居住在有白湖之称的伊尔门湖（Lake Ilmen）边，而韦利卡亚河（River Velikaia）接受了他们的自由意志。对内战感到厌倦的

文献摘录 24

斯拉夫人和芬兰人的部落告诉他们，"来吧，来统治我们吧，我们的土地富饶而伟大，但无秩序可言"。这发生在 862 年，而到了 10 世纪，欧洲的俄国就已和现在的俄国一样大了；也就是说，它已从幼年成熟，成就非凡的伟大。俄国人曾受雇于希腊人于 964 年在西西里对抗阿拉伯人，后来参与了包围巴比伦的行动。

- 是什么导致了这种不同寻常的历史现象？是早期统治者对征服的狂热和浪漫的激情，以及他们建立在之前衰弱的、争斗的、民主的俄国废墟之上的独裁统治。留里克（Rurik）、奥列格（Oleg）、斯维亚托斯拉夫（Sviatoslav）、弗拉基米尔（Vladimir）不给公民机会从相继的胜利、军事营地的喧嚣中恢复过来，他们用荣耀和战利品来弥补他们之前失去的导致他们贫困和争斗的自由。

- 在 11 世纪，俄国像一个愉悦的充满激情的年轻人，他已能够展望长久的人生和光辉的事迹……

引自 N. M. Karamzin, *Karamzin's Memoir on Ancient and Modern Russia*, trans. Richard Pipes（1959；New York：Athenaeum, 1974），103 - 104。

292   主题框 18   俄国的历史写作

历史学家是俄国西化和沙皇政权世俗化的主要缔造者之一。瓦希莉·尼奇提克·塔提斯契夫（Vasilii Nikitich Tatischev, 1686 - 1750年）是一位矿业专家，他利用晚上和闲暇时间完成了 30 卷的《俄国史》（*Russian History*）；甚至宫廷史家、贵族米哈伊尔·斯契巴托夫（Mikhail Shcherbatov, 1733 - 1790 年）都承认他写《自古以来的俄国史》（Russian History from Ancient Times）是为了娱乐，而非出于职责。自 17 世纪晚期彼得大帝（Peter the Great, 1682 - 1725 年在位）开始西化以来，一种新的俄国民族史学出现了，首先是塔提斯契夫（Tatischev）将更古老的编年史编纂成一部从最早期到 1613 年的历史，之后出现了博学的化学家、语言学家、诗人米哈伊尔·瓦西里耶维奇·罗蒙诺索夫（Mikhail Vasilyevich Lomonosov，1711－1765 年）关于最早时期的两部历史，以及休谟著作的仰慕者斯契巴托夫写的七卷本的调查研究。18 世纪俄国历史写作就在拿破仑战争之后随着尼古拉·米哈伊洛维奇·卡拉姆津（Nikolai Mikhailovich Karamzin）多卷本的《俄罗斯国家史》（*Istoriia gosudarstva rossiskogo*，1818－1829 年出版）达到顶峰。

的《共和国短篇小说》（*Nouvelles de la République des Lettres*，1684－1687 年创刊）这样的 17 世纪末期刊在 18 世纪早期得到了英国的《博学之士作品史》（*History of the Works of the Learned*，1699－1712 年创刊）和《绅士杂志》（*Gentleman's Magazine*，1731－1907 年）等许多其他期刊继承，这些期刊通过向读者提供新著作书评和推荐出版物来回应之前已提到的历史著作混乱的情况。诸如《历史书目汇报》（*Allgemeine historische Biblothek*）、《历史杂志》（*Historische Journal*）等学术型期刊也出现了，不过这些期刊都过早夭折了。历史成为沙龙和咖啡厅频频讨论的非正式话题，而绅士俱乐部、互济会（成员包括赫尔德和俄国历史学家卡拉姆津，文献摘录 24 和主题框 18）那样的秘密团体、以法兰西学院（建立于 1635 年）模式建立的更正式的学者团体和铭文与货币皇家学院（Académie royale des Inscriptions et Médailles，建立于 1663 年，后于 1716 年更名为铭文与纯文学学院［Académie des Inscriptions et Belles-Lettres]）继续在欧洲的各国首都甚至各省的城镇涌现。

　　这类群体的智力活动范围比它们的名称所揭示的更为广泛——产生了大量学识著作的铭文学院同样参与贝尔式的辩论，也写关于早期罗马、法国、中世纪社会的历史。许多城市出版机构都出版用于信息

293

交流的知识公报：莱比锡有《博学通报》（*Acta Eruditorum*），法兰克福有《法兰克福学家展示》（*Frankfurt Gelehrte Anzeigen*），它们都为知识团队留有固定版面。学院还设有涉及各种主题的奖金和奖章。之前私人之间进行的跨政治疆界的交流日益变成公共交流，不过语调在瓦拉（Valla）和斯卡利杰（Scaliger）时代变得更加尖锐，社会修养的新规则对恶行起到了阻碍作用。拉丁语作为国际学术交流的精英语言仍然持续了一段时间，而本土语言（意大利语、德语，尤其是法语）也日益受到欢迎。期刊杂志在现在看来混乱无序，它们涵盖了任何主题（17 世纪艺术文化的遗存）。历史还没有成为独立类目的学科——那是 19 世纪的事，但启蒙运动创造的机构组织为历史进入公共领域奠定了必要的一步。

意大利、苏格兰的"哲学"史

精通欧洲和世界历史的工作在 19 世纪落在了德国人的肩上，我们将在本章末尾回溯德国。但 18 世纪欧洲的历史研究始于其他地方，在那个时代很大程度上被忽略的两位意大利人的哲学化的历史之中。这两人中较年轻的一位是皮亚托·詹诺内（Pietro Giannone，1676－1748 年），他是那不勒斯的一位法官，写有《那不勒斯王国公民史》（*Civil History of the Kingdom of Naples*，1723 年出版，见主题框 19）。这部内容翔实的著作（尽管经常参考了早期的博学著作等二手文献）专注于社会史，具有作为后来启蒙思想特征的改革思维和反教会视野。

294   **主题框 19   皮亚托·詹诺内的《那不勒斯王国公民史》**

詹诺内的公民史是一种新的流派，它与弗朗西斯·培根在一个多世纪前确定的相当于政治叙述的流派不同。相反，詹诺内希望避免使读者淹没在关于战争的记述中，也不使他们陷入旅行作家或一些地志学者对一个城市美德的颂扬中，而是向他们解释整个那不勒斯王国中的法律、风俗和政治。他的《公民史》深奥、博学，但他对博学本身并不感兴趣，而是将之作为能够有效概括、构建例子的必要叙述，就这方面而言，他指出那不勒斯衰弱的原因在于教会控制财富的特权。詹诺内的反教会立场使他被置于险境，他在 1736 年到访皮埃蒙特（Piedmont）的时候被绑架，生命中的最后 12 年都被囚禁在都灵。尽管按照这个世纪革命的标准来看，《公民史》并没有敲响自由的警钟，但它为接下来的几十年的革命奠定了基调。伏尔泰等其他人不久就开始攻击教会和其他形式的免责特权。更重要的是，公民史流派使超越原有的政治和传记形式叙述历史成为可能。

与詹诺内同时代的比他更年长的詹巴蒂斯塔·维柯（Giambattista Vico，1668－1744 年）是那不勒斯的一位拉丁修辞学教授，他最终引起了人们极大的关注。但最初并不是这样。尽管维柯早先有一些仰慕者，但他在很大程度上被忽略了近一个世纪，直到首次被赫尔德提起，之后受到法国浪漫主义历史学家儒勒·米什莱（Jules Michelet）的支持。维柯并不面向 18 世纪的受众，他的影响甚至在今天也是选择性的，而不是全面铺开的。他的著作经常含有暗喻，且模棱两可，很难读懂。我们很难说他的杰作《新科学》（*Scienza Nuova*）所论述的是什么，因为它在历史学、语言学和我们现在所谓的社会学之间转换观点，包括推荐恰当的历史写作、推测早期社会的本质、讨论荷马史诗和（学术界后来提出的）维柯的理论等内容，这些都需要多人之功，而非一位被赋予"超群的神秘智慧"的吟游诗人一力能为。[①] 而且，《新科学》的内容并未引起大多数读者的共鸣。

---

① *The New Science of Giambattista Vico*，Book III：sec. i，trans. T. G. Bergin and M. H. Fisch（Ithaca and London，1984），301，para. 780.

尽管维柯仰慕培根，但他对人与自然界的区分与培根式的经验哲学趋势是相抵触的，那种经验哲学认为人类与生物和天文适用于同一种分类和分析形式。最后，这个世纪拥抱了发展意识（即便是反复无常且十分审慎的），抛弃了持续且不可避免衰退的观念以及历史循环论。维柯对历史的看法并没有脱离前进与回归（corso e ricorso）的连续循环：尽管存在从一个阶段到另一个阶段的"发展"，但这种发展不是累进的和绝对的，而起源于人类的任何事物都将会终结。从某种意义上说，这是波里比阿政治循环论的翻版（以及范围上从政治向精神和社会领域的扩展）。维柯哲学的完整性和他知识的广度让人眼花瞭乱，他也是人文修辞学遗产的创造者。词语、语言和书写是人区别于动物的基本因素，虽然他像博丹那样质疑不同民族所宣称的荒谬的古代起源，但他采用了血统、系谱、起源等词语。其材料来源来自古代作家的作品（例如塔西陀论野蛮人风俗的《日耳曼尼亚志》）、文艺复兴时期的语言学、博丹、塞尔登（Selden）、格劳秀斯、普芬多夫等人广博的法律体系和政治思想。

《新科学》于 1725 年初版，之后在 1735 年和 1744 年进行过修订。维柯认为它可与牛顿定理相提并论，它对人类历史所做的就像是牛顿对宇宙所做的那样，不过牛顿并没有对他自己的材料强加秩序。该书开始于对历史方法的批判，指出了令历史学家误入歧途的许多假相或错误。与培根更早期的"四假相说"不同，这些包括了民族的假相（倾向于从狭隘的民族视角去写历史）和学者的假相（假设我们现在所知的所有事一直以来都被知道）。在维柯看来，前者损害了那些未能认识到古代史料偏见的现代历史学家的著作；后者造成历史意识的缺乏和"古人和我们一样思考"的不合理假设：古人的寓言和象形文字并不是包括永恒真相的代码，而是古人的思想本身。维柯的目的不是破坏人们对历史的信仰，相反，在他看来，历史知识比自然知识更能被理解。

在早期的两本著作《我们时代的研究方法》（*Of the Study*

Methods of Our Time，1709 年出版）和《论意大利人的古代智慧》
（On the Most Ancient Wisdom of the Italians，1710 年出版）中，维柯
就已开始发展一种知识理论，即笛卡尔式地抛弃他年轻时一度主张的
文献学和修辞。他对笛卡尔否决非正式事实的解决方法是依靠"人类
可以确定或至少高度可能性地理解他们所创造的包括民族和历史在内
的事物"的论点。对维柯来说，真理等同于创造物。① 我们所创造的
事物既是精神或概念上的，也是物质上的："与怀疑论相对"，他得出
结论称"真理就是人类中流行的元素通过假定的方式无限扩展：当我
们对这些元素进行组织，我们就可以通过这种组织创造真理。"② 人
类的创造物包括法律、风俗和人类制度。的确，正因为它们是人类的
创造物，它们与直接由上帝创造的自然界相比能够被更完美地认识。
历史从某种意义上说是知识的合集：正如一位学者所评论的那样，笛
卡尔的"我思故我在"通过维柯的"我造故我知"得到了回答。

296

　　维柯支持人类历史的综合，包括对西方以外历史的综合，不过他
对西方以外历史的掌握都是二手的。他构建这座大厦是基于一系列兴
衰循环的假定，他将历史分成一系列的循环的时代：神的时代、英雄
时代、人的时代（历史时代）——到他所处的时代为止已有两次这样
前进与回归的循环。在世界各地发生与持续时代各不相同的每个时代
以独立的演说、思想、法律和政府模式为特征，所有这些都呈现在通
过所有民族史在时光中穿梭的"理想的永恒历史"的想象的地平线
上。③ 维柯的洞察力使他能够解释一个时代向另一个时代的转变，以
及文明从早期的哲学家所假定的前社会的自然状态中出现。他界定了

---

① Giambattista Vico，'On the Ancient Wisdom of the Italians'，in *Vico：Selected Writings*，
　　ed. and trans. Leon Pompa（Cambridge，1982），50 - 52.
② Giambattista Vico，'On the Ancient Wisdom of the Italians'，in *Vico：Selected Writings*，
　　ed. and trans. Leon Pompa（Cambridge，1982），59 - 60.
③ Giambattista Vico，'First New Science'，in *Vico：Selected Writings*，ed. and trans.
　　Pompa，127；Vico，*New Science*，Book I：sec. lxiv，trans. Bergin and Fisch，78，para，
　　240.

作为不同思想模式特征的四种主要的修辞：隐喻、转喻、提喻、反讽，[1] 前三者代表了人类感知世界的相继层级的诡辩，反讽倾向于质疑和批判——反思的"另一种野蛮"，他现在极力反对的怀疑论。维柯将文献学和法学适用于历史研究呼应了文艺复兴时期的语言学家和法学家，他还做了后来的人类学家、语言学家、比较宗教学家做的工作。与之前的编年史著作和牧师写的大量关于非欧洲民族的历史著作类似，维柯也能够超越他所在大陆的惯常地理边界进行概括叙述。

虽然维柯在循环的时代中肯定有发展，但他并不相信绝对的人类发展。就这一重要层面而言，维柯与 18 世纪许多其他哲学化的历史学家不同。在这些人当中，没有谁比苏格兰的知识分子在将历史重构为全球范围内人类进程的历史，并分析其非叙述形式方面贡献更多。除其他人以外，约翰·米勒（John Millar）、亚当·斯密（Adam Smith）、亨利·霍姆（Henry Home）、洛德·克姆斯写了各种最终被称为"推测的历史"（conjectural history）的著作。[2] 这涉及用合乎逻辑的推测去填补历史的空白，尤其是关于更遥远时期历史的空白。它是比较性的，通常是博学的，它不仅关注政治和战争，还关注文化、政府和法律。它不是按照博叙埃或古人的模式写成的普世史，也没有末世论调，不过这些思想家都没有进行过明确表述，宗教在其中并不占据中心位置。

这种从位置不清、人口稀少的欧洲角落惊人爆发的思想能量来源多种多样。它们既包括 17 世纪的正规学术，也包括之前的理性主义，

297

---

① Vico, *New Science*, Book II: sec. i-v, trans. Bergin and Fisch, 129 - 131, para, 404 - 409.

② 克姆斯用过"推测的事实"和"推测"，例如他在 1758 年出版的《法律史手册》（*Historical Law-Tracts*）中用来描述用不同的不完整的证据拼凑成的关于法律早期发展的"历史链条"。关于更通用的"推测的历史"见 H. M. Höpfl, 'From Savage to Scotsman: Conjectural History in the Scottish Enlightenment', *Journal of British Studies* 17 (1978): 19 - 40,这篇论文在我看来对"叙述的基于文献的历史"和推测的历史进行了错误的比较。这是将通用的苹果与方法论的桔子混合起来了，因为叙述是历史表现形式，可以基于文献，也可以不基于文献；推测的历史可以是叙述的，也可以是非叙述的。

以及一种质疑的讨论，即历史如何在有着明显瑕疵和不完美的情况下仍作为知识和文学的有效形式——苏格兰人的推测在某种程度上直接受益于牛顿、莱布尼兹和没有追随笛卡尔沿着反历史的道路走下去的其他人在 17 世纪晚期的决定。18 世纪的苏格兰人也得益于苏格兰历史思想的长久传统，不过并不怎么受益于它的内容：现已生活在大不列颠联合王国环境下的他们费尽心思地抹去他们中世纪和早期现代的前辈们的民族主义倾向，并否定苏格兰粗野、不文明的过去。叙事史历史学家威廉·罗伯逊就评论说，"民族和人一样是逐渐成熟的，那些在它们的出生或早期岁月里发生的事件……不值得被记起。"[1]

　　和罗伯逊一样，苏格兰经济与社会理论家知道包括伏尔泰在内的法国历史学家，但他们从一位思想微妙、从未写过叙事历史的法国人孟德斯鸠（Charles-Louis de Secondat，baron de Montesquieu，1689 - 1755 年，见主题框 20）那里学到的更多，他对公民社会的关注和风俗文化的分析在苏格兰人的著作中都有体现。这种影响的一个很好的例子是曾经当过律师的批评家洛德·克姆斯。他在晚年出版了他声称历时三十年才完成的《人类简史》（*Sketches of the History of Man*，1774 年出版）。该书采用了历史学家所用的主题编排形式，但回避了按年代叙述。这部简史缺乏卢梭、孔多塞等其他启蒙运动作家的心理视野，但它向读者展示了一种对人类艺术、风俗、理性、道德、神学、政府形式、军事组织乃至社会政策的概括性考察。[2] 克姆斯更早期的《英国古代若干主题论文集》（*Essays upon Several Subjects Concerning British Antiquities*，1747 年出版）和《法律史手册》（*Historical Law-Tracts*，1758 年出版）将苏格兰的政治、社会发展放在了英国乃至欧洲的背景之下。

　　在苏格兰理论家中，弗格森将他的《公民社会史》（*Essay on the*

---

[1] Murray Pittock，'History and the Teleology of Civility in the Scottish Enlightenment'，in Peter France and Susan Manning（eds.），*Enlightenment and Emancipation*（Lewisbury，PA，2006），90.

[2] Kames，*Sketches*，ed. Harris.

298 *History of Civil Society*）看成孟德斯鸠观念的产物。和经济学家亚当·斯密一样，弗格森对发展的态度是矛盾的：苏格兰人珍视的完全和平与安全在二流社会和普通民众主导的消费文化中是有代价的。凭借"奢侈导致腐化、堕落、失去自由"使古代理论历史化在下个世纪被马克思满怀赞许地引述，且在后来的尼采、赫伊津哈、斯宾格勒等批评家身上也不难看出。我们也可以在弗格森对古代社会明显区别于同时代其他法国学者的感同身受的理解中，或赫尔德等德国人早期的历史相对论（见下文）中看到这一点。弗格森注意到，"每个时代都

主题框 20 │ 孟德斯鸠

除了《罗马盛衰原因论》（该著作对这个世纪后来出现的吉本产生了影响）以外，孟德斯鸠还写了两本涉及比较文学学者的议题的著作，这类议题最复杂的苏格兰表述来自亚当·弗格森（Adam Ferguson）。他在 1748 年完成的成熟之作《论法的精神》（*De l'esprit des lois*）对人类社会的起源与发展进行了宏大的解释。孟德斯鸠将历史看成一个体系或领域，认为可以从中提取不特别依赖细节精确性的原则——他对 17 世纪晚期认识论的争论或事实批判不感兴趣。（如果历史是为了指引未来和进行道德教育，历史作者所声称的所有事是否真实发生又有什么关系呢？）《论法的精神》继承了从波里比阿到马基雅维利的整个政治思想传统，它最著名的地方在于明确表达了三权分立原则，但它对史学和社会科学的影响也是深远的——它有时被称为现代社会学的起始文献，不过这有些夸张。孟德斯鸠从博丹、伊本·赫勒敦和更遥远的希罗多德那里汲取养分，并考虑了气候对民族特征的影响，进而总结称温带（法国所在的气候带）最有可以产生文明社会。

有苦难和慰藉",而那些生活在现代的舒适之中的人会夸大"野蛮时代"的痛苦。和维柯一样,弗格森认为寓言与神话是早期历史思想的特征,因而反而成为比早期形式的历史著作更好的一种证据:

> 当传统的寓言被平民预演,它们承载的是民族特征的标志;尽管混杂着谬论,并通常富于想象,打动人心……只有通过古物研究者的操纵,或剥去历史法律迫使它们穿上的装饰,它们才会不适宜娱乐消遣,或服务于任何目的。

299

古物研究者的错误在于按字面意思解释神话,仿佛它和古典史学等同一般(恺撒和塔西陀的著作尤其代表着人类早期最好的史料)。"引用伊利亚特、奥德赛的寓言或赫拉克勒斯(Hercules)、提修斯(Theseus)、俄狄浦斯(Oedipus)的传奇故事作为人类历史的事实权威是十分荒谬的;但它们可以被公正地引述,以确定它们被创作时的时代的概念与意识……"①

在恰当评价历史著作方面,弗格森和与他同时代的人一样也是新古典主义者,他称赞"令人尊敬且充满智慧的"古希腊罗马历史学家,认为他们"理解人的本质,能够汇集人的特色,在任何情况下都能展示人的特征"。就中世纪史学而言,弗格森有着更浅的观点,他抨击本已遍体鳞伤的文艺复兴人文主义者、"修道士编年史家",他声称无法再听到不相联系的一系列历史事件:

> 现代欧洲早期的历史学家在这个任务上没有成功;那些身居修道士职位、受修道士生活限制的人记录着他们乐意称为事实的事情,或因他们选择的事件,或因他们写作的风格,他们天生不能在任何情况下呈现人类活跃的精神。在他们看来,历史应由叙

---

① A. Fergusion, *An Essay on the History of Civil Society*, ed. D. Forbes (Edinburgh, 1966), 7, 76 – 77.

事构成，有时它不传达任何人类知识；历史本身可以按时代顺序完成对事件和君主继承的记述，寻求可理解的特征和只在人类事务中表现出来的可使故事或迷人或有用的感情是徒劳的。[①]

苏格兰作家所用的许多词汇都经由马基雅维利那样的文艺复兴思想家继承自古人。对风俗习惯的兴趣最早可以追溯到希罗多德，更近期的可以在阿科斯塔（Acosta）的《自然与道德史》（*Natural and Moral History*）等征服时代的著作中发现。据说 18 世纪的苏格兰人并不沉浸在古代或文艺复兴时期之中，他们将各种各样的证据分解后融入他们累进的历史之中，包括 250 年间与世界其他地区的"未开化的人"（美洲和非洲部分地区的最原始的部落）和"半开化的人"（印加人、拉普兰人［Laplanders］、欧亚中部的游牧民族等部分文明化的民族）的遭遇，并促进帝国商业的发展，而不仅仅是贵族或王朝政治的强化。混入这些元素允许（或者迫使）他们在创新的方向上处理这些材料。这也使他们可以自由地投弃早先用来解释的工具：神话创造者、奇迹，乃至以前作为可依赖的支柱的假想的"法律制定者"，如斯巴达的吕库古（Lycurgus）、雅典的梭伦，甚至是圣经中能够独自制定和实施公民法典的摩西。维柯曾质疑过这样的人物是否真实存在；许多苏格兰思想家认为他们是历史人物，但否定他们的法律制定者这一权威角色，他们认为这种一度归因于这些法律制定者的制度仅仅是某一特定时期发展的自然结果；这些制度不是跳跃式发展的，而是逐步出现的。[②] 弗格森认为，国家"从一种政府形式轻易过渡到另一种政府形式，且经常在旧的名义下采用新的制度"，人类本质蕴含着在特定时期生长和成熟的种子。"我们因而谨慎地接受古代立法者和国家建立者的传统的历史。"[③]

300

---

① Ibid., 78 - 79.
② Höpfl, 'From Savage to Scotsman', 30.
③ Ferguson, *Essay*, ed. Forbes, 123.

　　将外人写入欧洲历史的挑战周而复始，在之前的岁月里最初是日耳曼野蛮人，后来是美国土著且一直持续到 18 世纪，现在是中国人这个完全文明的社会，不过西方人把中国人、土耳其人、波斯人和大部分南亚统治者都归入"东方专制君主"统治的民族。18 世纪将关于起源的旧有论述变成了从一个文明阶段到另一个文明阶段的合理推测，以及处于不同阶段的民族间冲突的影响。特洛伊人和他们的一系列国王们总体来说已被消除了，但对游牧民族比较文学学者约瑟夫·德·金（Joseph de Guignes）来说，斯基太人、哥特人、以色列人乃至诺亚的子嗣不能被完全消除。他们随着圣经中的希纳尔（Shinar）语言的混乱对世界人口和一度博学的创立者远行的子嗣忘记了许多古代语言给出了现成的解释。尽管许多启蒙运动观察家和早期的贝尔一样持怀疑主义，但他们避开了后者分散在上百个不同主题的多样化的博学，以利于更高层次的概括。他们继承了霍布斯对前社会"自然状态"的看法，但他们用源于自然史和旅行文学的更具体的一系理论取代了这个抽象和无时间限定的观念；他们描述了从历史真实时期中的原始国家开始的人类发展，不过这种发展并不总是同一时期在不同国家进行。

　　这种社会发展演进最为复杂的构想现在被统称为"个别阶段说"（stadialism），且并不是没有先例。古希腊人和古罗马人就曾经推测人类发展是从一种社会模式到另一种社会模式，而 12 世纪编年史家马姆斯伯里的威廉（William of Malmesbury）就暗示过发展的或文明的理论。英国的萨缪尔·丹尼尔（Samuel Daniel，1562 - 1619 年）、法国的路易斯·勒·罗伊（Loys Le Roy，卒于 1577 年）等文艺复兴时期的思想家和历史学家将文化或法律的变化勾画成一个缓慢、渐变的过程。塞尔登概述了一种法律和社会制度发展的渐进方式。普芬多夫断言哲学家和法学家所爱的"自然状态"需要被看成一种真正的历史现象和世间万物进程的一部分，而不是霍布斯式的理论抽象化，而商业社会是人类历史进程的终点。在 18 世纪早期，另一个写推测的历

301

史的作者安托万・伊夫・古戈特（Antoine-Yves Goguet，1716 - 1758
年，联系圣经遗传学和苏格兰个别阶段说的重要人物）构建理论称人
类在相继经历游荡和定居之后随着后圣经时代的分散通过重新获得狩
猎、畜牧、农耕和物品交换恢复了他的学识。而基于阿科斯塔"野蛮
人没有叙事的历史，因而宜作为自然史分支加以研究"的观点，耶稣
会信徒、旅行家让-弗朗索瓦・拉菲托最终将北美土著与恺撒、塔西
陀和其他古典作家笔下的部落社会进行了明确比较。[①] 古代野蛮人与
更近期的关于现代野蛮人的著作的直接联系可用约翰・洛克的经常被
引用的评论来表达，即"一开始，美洲就是整个世界"。

18 世纪的独特贡献在于将这种思想系统化。从法学家达尔林普
尔（Dalrymple）1757 年出版的《大不列颠封建所有权通史》（*Essay
towards a General History of Feudal Property in Great Britain*）到约
翰・米勒的《阶级差别的起源》（*Origin of the Distinction of Ranks*）、
《对英国政府的历史考察》（*Historical View of the English
Government*），个别阶段说几乎成为了苏格兰作家的同义词。个别阶
段说的成熟形式正如它在亚当・斯密的《法学讲义》（*Lectures on
Jurisprudence*）所呈现的那样[②]假定了人类发展的四个阶段，存在形
式从野蛮时代，到田园/游牧时代（有时又分为两个不同的时代），再
到农业时代，最后到商业时代。这种以金钱、贸易、民族间交流和商
业为特色的累进的存在模式最终促成了亚当・斯密的宏伟巨著《国富
论》（1776 年出版）的问世；其经济上看不见的手悄悄地替代了旧有
的天意，就像自然界领域中牛顿原理将上帝转变成通过数学上可辨识
的法则远程操控的造物主，而维柯将上帝变成了万物的"神圣设计
者"，而不是实际操作的工匠。

302　　　不是每位苏格兰作家都使用个别阶段说，一个原因是它更适合作

[①] 拉菲托 1724 年的作品，见 *Moeurs des Sauvages Amériquains*，*compares aux moeurs de
premiers temps*。另见上文第五章关于拉菲托的叙述。
[②] Adam Smith，*Lectures on Jurisprudence*，ed. R. L. Meek，D. D. Raphael and
P. G. Stein (Indianapolis, 1982)，14 - 16，107，201ff.，459.

为一种描述和分析不同社会类型的系统化模式，而不是解释变化的一种杰出叙述方式——其叙述一个社会从一个阶段转向另一个阶段的原因的能力有限，也逊于维柯给出的解释。不涉及阶段论也可以讲述一个线性的、发展的历史。休谟在任何意义上都不用个别阶段说观念，不过他的著作肯定知道不同的时期，例如"社会初始阶段"这种有着更长血统的概念。罗伯逊轻率地支持个别阶段说观点，他认识到了存在模式作为社会组织决定形式的重要性，而这是个别阶段说者的核心理念。但即便是他也发现个别阶段说太排斥直接的人类机构和致力于个人行为的伦理决策。

18世纪个别阶段说与后来的人类发展论（如19世纪的实证主义或卡尔·马克思的理论）的关键区别在于个别阶段说假定发展不是无法避免的。一些民族未能过渡到一个特定阶段就是明证。而且，阶段可以重叠，甚至可以在地理上彼此相邻的区域。人类取得的成就是环境与社会因素综合的结果，而不简单地像博丹所说是气候的直接结果，也不是天意——不过这两者都可作为其中的因素。发展并不只有元叙述可用，因为历史显示了许多社会和政治衰落的例子，就像弗格森所述的罗马共和国的灭亡一样。[①] 罗马是研究帝国崩溃的绝佳例子，我们将在下文看到，另一位英国人爱德华·吉本在他的《罗马帝国衰亡史》编年叙述了罗马逐渐灭亡的过程。

法国启蒙运动的历史思想

除了孟德斯鸠和卢梭这两位都没有真正写过叙事史的人，18世纪的法国人中在历史思想和写作方面在法国之外有着巨大影响的人物是伏尔泰，不过这种影响本质上是分散的，最终是表面上的。他自己的观念本身就在很大程度上是衍生出来的。不过伏尔泰（出生时名为

---

① *History of the Progress and Termination of the Roman Republic*（1783）.

弗朗索瓦-马里·阿鲁埃〔François-Marie Arouet〕，1694－1778 年）就其声望和他的一部著作中负有野心的全球视野而言也值得我们关注。他的《风俗论》就是对已发展多个世纪的制度和风俗进行概览和评价。伏尔泰的著作包括了中国等非西方文明，不过他对欧洲以外的文化提及很少，更多是将之作为犹太-基督教优越性观念的解药。在其漫长的一生中，伏尔泰持续赞扬其他文明中的人物，但他仍然得出结论称西方文化代表着人类的高峰，即便其有益影响受到迷信和宗教狂热的削弱。伏尔泰轻蔑古人的野蛮，但他同情与他同时代的北美土著的"原始"。他对公众了解外国社会做出了贡献，经常使用当时的游记作为史料，并嘲笑在虚构祖先时仍在使用的词源或系谱的伎俩。

303

伏尔泰的世界性视角和他对文化、文明的强调是逐渐形成的。的确，他对历史的投入从某种程度上说令人惊讶，因为他大量继承了笛卡尔和贝尔的怀疑主义，以至于他最终写了一部"论怀疑主义"的论文。他作为历史学家最初的成果是戏剧性、娱乐性但完全传统的《查理十二史》（1731 年出版），该书聚集了瑞典国王查理十二世（1697—1718 年在位）这个核心人物的伟大成就（和最终的失败），并列的是作为陪衬的推行现代化的俄国沙皇彼得大帝。伟人主导了记述，其他大部分被排斥在外，包括查理十二世的部属进行的次要的战役，当时人们的生活情况也没有记述，不过伏尔泰所记述的地理范围令人印象深刻，它涵盖了查理十二世所接触过的土耳其人和鞑靼人。伏尔泰虽然不是历史的参与者，但他在修昔底德式的炫耀中吹嘘他对查理十二世的记述"没有一件事实不是咨询过诚实的目击者的"。①

然而，伏尔泰之后不太愿去详述历史，到写《风俗论》的时代，他将历史学家之间所述事实上的分歧看成勘误表的事情，而不是历史的工作。（这是自然哲学家德·达朗贝尔〔d'Alembert〕公开轻视没有道德目的的枯燥学识和铭文学院活动的变体。）培根早期将编年史、

---

① Voltaire，*The History of Charles XII*，King of Sweden，trans. A. White（London，1976），29.

304

图 39　意大利普拉（Pola）的古物研究者，作者托马斯·帕奇（Thomas Patch，1725－1782 年），描述的是 18 世纪业余的考古活动。Dunham Massey, Cheshire, Great British. Photo credit: National Trust/Art Resource, NY。

文献学和古物研究活动归为由次要的学者和不著名的收藏家（图 39）发展的史料，以便真正的历史学家后续的使用，这种观念这里也得到了伏尔泰的响应，他指出真正的历史与收集事实、文献、时期以便历史学家取用的历史编纂是有区别的。历史细节只在一个人可以从中真正学到有意义的东西时才显得重要，否则就不应该扰乱历史学家的记述。不过伏尔泰也无情地批判历史记述中的错误和愚蠢，敌对学究式的学术和无用的晦涩，他还在受到事实不清的攻击时激烈地为自己辩护。[1] 他在《查理十二史》中作解释性注释时所评论的"质疑的必要性"就是对常识优于目击证据的明确表述（文献摘录 25）。只有写于某个开明时期的文献才可相信。

　　伏尔泰兴趣点的转变显示出了 18 世纪历史从人类历史向个人历史的转变。在《查理十世史》出版 12 年之后，伏尔泰又出版了类型完全不同的《路易十四时代》（Le siècle de Louis XIV，1751 年出版）。

————————
① Ibid., 244－271.

伏尔泰论质疑的必要性

305
- 请记住，亚里士多德说，质疑是所有智慧的基础。这对于任何读过历史，尤其是读过古代史的人来说都是一种绝佳的格言。

- 如果你发现有违常识的荒谬事实和混杂的虚构故事，那么，不要相信。

- 罗马有皇帝、执政官、十人委员会。罗马人毁灭了迦太基；恺撒击败了庞培；所有这些都是真的。但当你听到卡斯托（Castor）和波格斯（Pollux）为那个民族而战；一位修女用她的腰带使一艘搁浅的船重回水上；一个深坑在库提修斯（Curtius）将他自己扔进去之后闭合上了等等，一个字都不要信。你能在任何地方读到奇迹、令人满足的预言、医神埃斯科拉庇俄斯（Aesculapius）的神庙中发生的不可思议的治愈，一个字都不要信……

- 我不相信任何不可思议的事。但我应该将我的质疑扩展到属于人类事物的自然规律，但非常不可信的事实吗？

- 例如，普鲁塔克声称恺撒全副武装地跳入地中海，一只手在高处举着他不想弄湿的文件，用另一只手游泳。不要相信普鲁塔克告诉你的这个故事，而要相信恺撒的话，他在他的评论中对此事只字未提；请确信，如果一个人手拿着文件跳入海中，文件和人都会被弄湿……

- 我甚至不相信目击者所说的与常理不符的事。我不会相信西尔·德·儒安维尔（Sire de Joinville）或者传递中世纪法国十字军东征记忆的人所声称的一个叫埃米尔的埃及人杀掉他们的苏丹，并将王位给了他们的囚犯圣路易斯：我宁可被告知我们将法国王位给了土耳其人……

- 我明确地告诉梅泽莱（Mézerai）、佩雷·丹尼尔（Père Daniel）和所有历史学家，我一刻都不会相信一场冰雹使爱德华三世（Edward III）审视他的道德，并为菲利普·德·瓦卢瓦（Philippe de Valois）带来和平。征服者不会因为下雨变得虔诚，并停止战争。

- 罪已犯下，但需证实。在梅泽莱的著作中，你会发现至少有六位君主"极度残暴"。但他没有证据证明，一个流行的谣言不应该被记录，除非它被当成谣言……

- 如果我没有许多目击者的证据，如果查理十二的个性没使这种英雄般的荒唐事变得可信，我应该质疑查理十二世在本德尔（Bender）的战役。我们对特定事实的质疑应该扩展到外国民族的风俗习惯。对于任何历史学家

（无论古代的还是现代的）所述违背自然和人类道德情感的事，我们都不应该相信。

节选自 *The History of Charles XII King of Sweden*，trans. A. White（London：Folio Society，1976），272‒275。

完全不同的《路易十四时代》（*Le siècle de Louis XIV*，1751 年出版）。虽然这本书颂扬国王，但这本书在任何意义上都不是关于路易十四（即便有一些娱乐性的宫廷轶事）或甚至是法国的，而是关于明智君主统治下礼仪和理性的顶峰。虽然该书涉及更多的是战役和政治生活，而不是伏尔泰乐于承认的主题，但伏尔泰还是在该书中涵盖了文化、科学和艺术，并从中发现路易十四统治的第一个阶段是可以和古希腊、奥古斯都时期的罗马、文艺复兴时期相媲美的四个伟大时代之一。路易十四的统治为伏尔泰提供了他所处时代迫切需要的改革的基准。对于这位自然神论者来说，这就是继续存在的黑暗的教会力量，对于这种力量，法国和世界自这个世纪就早期开始拒绝。伏尔泰的乐观十分有限，它从来没有使伏尔泰像他所虚构地声称"在可能最好的世界里，所有都是最好的"像邦格乐斯（Pangloss）教授那样生活，尤其是在他的晚年，1755 年发生的里斯本地震动摇了建筑，也动摇了他的信心。

这个世纪关于人类进展最乐观的观念由伏尔泰在革命时期的后继者孔多塞（Marie-Jean Antoine-Nicolas Caritat，marquis de Condorcet，1743‒1794 年）提出。这位贵族启蒙哲学家在他年轻时的 1770 年与他所景仰的伏尔泰会面时就是一个聪明且标新立异的人，他最终成为了伏尔泰的遗稿执行人。孔多塞的生命终结于革命时期的监狱，不过他在临终的几个月前完成了《人类精神进步史表纲要》（*Esquisse or Sketch for a Historical Picture of the Progress of the Human Mind*，他本来打算将此书作为更大的一部著作《人类精神进步史表》的前言）。该书揭示人类发展有十个阶段，第十个理性与成就的阶段始于法国大

306

革命，法国共和国标志着道德与启蒙进程的结合的高潮。该书出版于
恐怖政策取消之后的 1795 年，形式稍有变化，它成为了发展的宣言，
影响了从激进的亨利·德·圣西门（Henri de Saint-Simon）到奥古斯
都·孔德（Auguste Comte）的许多重要的 19 世纪思想家。

　　孔多塞总结了一些启蒙运动的趋势，后来的学者对此也有所响
应，例如它敌视所有中世纪的东西，它的历史思想家们愿意基于不同
时期和国家历史的抽象均化进行假设和大胆武断的概括。考虑到关于
远古文字出现之前时期的信息的匮乏，孔多塞采用了当时标准的"推
测的"模式，即以可观察的现代部落社会的生活来估算史前史。在历
史记录开始之处，概括需要进一步假设。"在这里，图景在很大程度
上依赖历史传递给我们的相继的事实，但有必要将它们从不同民族的
历史中区别分出来，进而进行比较、综合，以提炼假设的单一民族的
历史，并构建它发展的图景。"[1]

　　孔多塞对历史进程的解释容纳了个人成就和集体进步。变化既可
能突然爆发，也可能随时间流逝更悄悄地发生；它受环境因素的影响
（这一点得到了博丹和孟德斯鸠的响应），也受风俗因素的影响，这两
种因素都可加速、减速或完全停止发展进程，使一些民族仍在部落和
游牧阶段徘徊。与这个世纪大多数哲学化的历史学家一样，孔多塞将
无意识的结果视为和优秀的成功计划一样的创造世界的成果。不同人
的种种方案之间的相互作用，即所谓的"目的异质性"也是如此。孔
多塞普遍的乐观情绪和他对"平民"能力的信任允许了任何时期对抗
性的、退化的层面存在：他所说的第八个阶段因而看到了神职者权术
通过宣传松开了桎梏，也见证了征服者的骇人暴行和宗教战争。但毫
无疑问，孔多塞相信人类的财产和意识在不断向前发展。相比 18 世
纪的个别阶段说学者，他更像是 19 世纪中期的实证主义者。

　　明晰而有力的表达使孔多塞成为最乐观的哲学推测的象征，而

307

---

[1] Condorcet, *Sketch for a Historical Picture of the Progress of the Human Mind*,
trans. June Barraclough (London, 1955), 8-9.

《人类精神进步史表纲要》并非原创，它界定的人类发展阶段从传统的四阶段变成九阶段除外。孔多塞的许多思想都源于更早期的法语著作，而他的阶段论类似于海峡对岸的苏格兰作家的学说，这些苏格兰作家缺乏历史基础，思想上的差别很小，并都对历史发展不可避免地持保留态度。《人类精神进步史表纲要》是那些时不时出现的对历史进程的概要推测之一，且很快被后来的事件证明是错误的：孔多塞的推测所基于的"人类不可能倒退到之前的野蛮形态"在两个世纪以前似乎有些过于乐观了。[1] 预言这种胜利或意识形态、社会组织或政治体系的游戏被证明十分流行，而 19、20 世纪会发现新的、独创的方式从历史中推断未来。

三巨头

在 1707 年通过英格兰与苏格兰议会联合建立的不列颠王国，启蒙思想历史著作则步入了一条完全不同的道路。苏格兰人和英格兰人曾经发展过法式的宫廷史学传统——仅在 17 世纪晚期，苏格兰和英格兰两个王国甚至建立了"皇家史学"部门，到了 18 世纪早期，严肃的学识和文采之间的摩擦就已经很尖锐了。可能除了克拉伦登（Clarendon，见上文第四章）以外，人们频频断言没有人能够达到修昔底德的黄金叙述准则。英国出版市场尤其沉浸在劣等著作之中：大量旧有著作的摘要本、节选本和再版本、牧师传说与书信集、各种党派历史。托利党政治家亨利·圣·约翰·博林布鲁克（Henry St John Bolingbroke）子爵在他的《论历史的研究与功用》（*Letters on the Study and Use of History*）中强烈批判当时的史学，并明确地概括了历史的功用及其恰当的优雅风格，此书在作者去世后的 1752 年出版，在国外被广泛阅读（见主题框 21）。

---

[1] Condorcet, *Sketch for a Historical Picture of the Progress of the Human Mind*, trans. June Barraclough (London, 1955), 169.

308　主题框 21　亨利·圣·约翰·博林布鲁克子爵

博林布鲁克（1678－1751 年）属于近期包括 16 世纪的博丹和 18 世纪末的神父加布里埃尔·博诺·德·马布利（Gabriel Bonnot de Mably，1709－1785 年）在内的欧洲历史作家之列。他将文艺复兴时期的历史技艺应用于现代世界，并灌输了一种他在 17 世纪晚期的法国绝对怀疑主义和贝尔的学术批判中发现（和排斥）的经过调整的怀疑论。尽管他的《论历史的研究与功用》（*Letters on the Study and Use of History*）所涉内容并非原创，但它扣人心弦，因为它明显有意识地平衡了对细节（包括源于旧约的编年叙述的可靠性）的质疑和对历史总体真实及其可效仿的道德价值的信念；他的读者包括伏尔泰、孔多塞和许多德国历史思想家。

最明确回答了对优雅民族史的需要的不列颠人是著名的"三巨头"中最年长的戴维·休谟（1711－1776 年），"三巨头"的其余两位是威廉·罗伯逊（1721－1793 年）和爱德华·吉本。休谟现在被认为是世界最伟大的哲学家之一，但他在当时更多被认为是历史学家。休谟的两个兴趣点有重叠。他打算将他的谨慎怀疑理论和他对古代历史学家（尤其是修昔底德）的景仰带到英国历史（更确切地说是苏格兰历史）之中。他的《从尤利乌斯·恺撒入侵到詹姆斯二世退位期间的英国史》（*History of England from the Invasion of Julius Caesar to the Abdication of James II*，1754－1762 年出版）是修昔底德式的叙述，因为当时英国文学已被呼吁。该书紧紧扣住了当时读者的心弦。还值得一提的是，休谟还在其中发展了一种"感性的"历史写作方式，以便使著作如他所愿同时面向男性和女性读者。在这种渴望之下，他获得了极大成功：他的著作在他有生之年有了七个版本，在他去世后的百年之中出现了 175 个版本。他的努力为他赚取了

3000 英镑，这在现在相当于 75 万美元。该书在八年时间里分成三部分出版，其内容从最近期的 17 世纪开始追溯。积极的回应促使他先回溯都铎王朝，之后回溯中世纪，现在看来，该书的叙述范围有些狭窄，只局限于英国。

　　休谟在决定写自己的著作之前对历史著作的涉猎相当广泛：他的哲学著作通篇都有历史学家的名字和历史情节。尽管休谟对学术无动于衷，但他认识到了查询文献和用脚注充实著作的必要性，他的著作建立在更早期的历史学家成果的基础上，而不是通过将时间花费在档案中。他避免了沉浸于原版史料的"黑色产业"之中：他的目的是写一部可信的、精确的、有说服力的、充满古典史学标准的历史，并以一种感同身受的语调记述历史。他回避了古典史料的一种典型的元素——虚构的演说。和这个世纪大多数历史学家一样，他在混合直截了当的叙述与更哲学化和主题化的风俗、法律方面存在困难：他自己在干净利落地叙述诺曼征服之前的历史事件时找不到位置处理盎格鲁-萨克逊文明，因而将之作为附录。但休谟的准则起了作用，他的《从尤利乌斯·恺撒入侵到詹姆斯二世退位期间的英国史》在 19 世纪之前成为关于英国史的最接近畅销书的著作。

　　罗伯逊比休谟小十岁，现在被称为三巨头之一，不过他在当时被许多人认为是最伟大的历史学家。他的著作《美洲史》（*The History of America*，最后一部分在作者去世后才出版）对拉丁美洲国家写它们自己的历史产生了极大的影响，这种影响一直持续到了下个世纪。罗伯逊在 1743 年被任命为长老会牧师，而在接下来的半个世纪里，他迎来了辉煌的牧师和学术生涯，并在 1762 年被任命为爱丁堡大学校长时达到顶峰（此后在有生之年一直担任此职），不久后又获苏格兰皇家史学家的头衔。他实际上是长老会教会中温和派的领袖，这个派别提倡牧师的社会性、礼仪和一定程度地施加影响，这与更为传统的加尔文主义不同。简而言之，他是使与伏尔泰的观点差不多的启蒙思想原则具体化的牧师，不过他为上帝干涉人类事务的能动性留有空间。这使他在思想上更接近德国包括新教徒和温和的天主教徒在内的基督徒的启蒙思想（见下文）。

罗伯逊写了大量著作，包括他对基督教时期世界的思索性的说教（1755 年）。他最开始叙述的历史是他在《苏格兰史，1542－1603 年》（*The History of Scotland* 1542－1603，1759 年出版）一书中重述苏格兰玛丽女王（Mary Queen of Scots）和詹姆斯四世（James VI）的历史，这是一部更长历史的一部分，它仅仅是为了暗示这个国家从粗野的古代历经 16、17 世纪经济、宗教和政治的困境朝向与英格兰联系的美好结局发展。① 从政治上说，它批判了苏格兰古代和中世纪的历史，这两段历史一个模糊不清，没有被真正叙述过，另一个是充满偏见和封建战争的时期：这些在以发展之名支持加强中央集权对抗贵族体制的启蒙时期陷入困境。

罗伯逊的另一本著作《国王查理五世统治时期的历史》（*History of the Reign of the Emperor Charles the Fifth*，1769 年出版）概览了宗教改革时期的欧洲历史，相比之前更早期的苏格兰人的研究，该书更像是一本哲学式的历史。罗伯逊向法式启蒙运动的叙述转变在这里可以通过覆盖从 5 世纪晚期到 16 世纪早期近千年的"社会发展观"以及后来叙述范围结束于 1559 年的 12 本著作得到体现。通过出版商的有效营销，该书被译成多种语言，包括法语和俄语；它使罗伯逊的声名遍及欧洲，并使他获得了大量钱财。罗伯逊最后的一本主要著作是《美洲史》（*History of America*，1777 年出版），他现在最为人熟知也是因为这本书，该书紧接的是查理五世的欧洲、西班牙的海外帝国、欧洲与美洲土著的交流等故事主线。政治家埃德蒙·伯克（Edmund Burke）认为该书是"阶段渐变"方面的杰作，因为它描绘了各种发展阶段的不同土著部落。在这里，罗伯逊主要是受到 16、17 世纪西班牙作家（尤其是埃雷拉［Herrera］和阿科斯塔［Acosta］）的引导，而他

① William Robertson, *The History of Scotland during the Reigns of Queen Mary and of King James VI* (New York, ［1844］), 271－272.

对这本著作的初步打算一开始被雷纳尔 1770 年出版的巨作《西印度群岛和东印度群岛史》（*Deux Indes*）打乱，之后又被美洲革命打乱，这迫使他放弃了英属北美部分，此书最终在他去世后由他的儿子出版。《美洲史》仍然是一本未完成的杰作，但它在海外产生了极大影响。

罗伯逊在他死前不久还写了一本书，该书适当地提及了英国在失去北美更富饶、人口更多的那部分殖民地之后重新转向东方的印度。和他的其他著作一样，他的《关于古人所知印度知识的历史探讨》（*A Historical Disquisition Concerning the Knowledge which the Ancients Had of India*，1791 年出版）从更早的时期追溯他的印度主题直到 16 世纪的头十年。由于并不同情美洲革命，也不羡慕北美土著，罗伯逊强调印度从古至今的自然演变在他看来超越了北美，并且会在没有英国强制或宗教改信的无用尝试情况下按自己的策略继续发展。他甚至对种族制度都抱有适度赞同的观点，而 16 世纪对待印度教徒和伊斯兰教徒一视同仁的莫卧尔皇帝阿克巴在他看来像是一个开明君主的典型。罗伯逊所提及的所有成就都是按照欧洲标准衡量的，其中就涉及到欧洲中心论，就像《美洲史》所呈现的那样，而在我们回归 19 世纪印度的时候则呈现得更为直接。不过此书也包括了一种可作为下个世纪的颂歌的表达方式，这是一种在解释"古代未能发现通往印度的海路的原因"的背景下对"以现代标准评价古代"的禁令："但在评价远古时代的民族的行径问题上，当我们决定以我们自己时代的观念看法，而不是以他们所处时代的观念看法去看待问题，没有比这更大的错误了。"[1]

苏格兰人在 18 世纪关于历史的思想和著作的普遍高质量特别令人钦佩，但南边的英格兰的情况则不同。博林布鲁克控诉称英格兰历史写作并没有完全错位，因为英格兰总体的历史著作产出数量很多，

311

---

[1] William Robertson, *An Historical Disquisition Concerning the Knowledge which the Ancients Had of India*; and *the Progress of Trade with That Country, Prior to the Discovery of the Passage to it by the Cape of Good Hope* (New York, 1844; a separately paginated appendix to the *History of Scotland*), 62 - 63.

实际的成就很少：正如博林布鲁克所担心的，英格兰人写的著作只有很少能够达到高标准，能够将读者保留到下个世纪的著作甚至更少；休谟写的英格兰史是一部杰作，但他本人是苏格兰人。吉本是这种普遍景象中主要的例外，他的光辉因为背景的黯淡而变得更加耀眼。吉本是位热切的读者，也是他的苏格兰和法国前辈的部分著作的钦佩者，不过他致力于叙述历史，而不是推断历史，他认为哲学家从属于博学的历史学家——他在他的历史著作中提到了这一理论，但没有进一步展开，更不必说他对证据选择的判断。吉本继承了许多个世纪里概念化的词语，包括著名的"衰亡"、"野蛮"和"帝国"，也继承了18 世纪关于经济在社会、政治变化中的作用的讨论。他还获取了近百年来博学的和启蒙的历史，包括提勒孟特（Tillemont，吉本所谓的"有耐心、脚步稳健的顽固之人"）、穆拉托里或詹诺内（Muratori or Giannone）、伏尔泰、罗伯逊等人不同的模式。讲述罗马人与东边和西边野蛮人（东边与西边的野蛮人之间的区别对他的历史叙述很重要）的交战要求他成为一个比较学者，不过他的《罗马帝国衰亡史》在任何意义上都不是风俗史。尽管他认识到了野蛮人在形成现代世界过程中的作用，但他不像卢梭那样钦佩高贵的野蛮（在他 1755 年出版的《论不平等》［*Discourse on Inequality*］一书中），也不像哲学家那样感觉原始阶段是本质上最适合人类的阶段。和许多苏格兰人一样，吉本对历史进程的概念是矛盾的，他评论说"如果现代的商业城市格拉斯哥曾经居住的是野人，或许新西兰在不久的将来可以产生南半球的休谟"。① 其中有一些乐观主义成分，但更多的是质疑。

吉本写了一些未能出版的论文，主要是他年轻时的作品，他写的回忆录、书信和日记则出版了。② 出于娱乐的初衷，所有这些在他的

---

① Edward Gibbon, *The History of the Decline and Fall of the Roman Empire*, ed. D. Womersley, 3 vols. (London, 1994), vol. I, 104 note 122 (for the reference to Tillemont); vol. I, 1001 (for New Zealand).

② *The English Essays of Edward Gibbon*, ed. Patricia B. Craddock (Oxford, 1972); *The Letters of Edward Gibbon*, ed. J. E. Norton, 3 vols. (New York, 1956).

宏伟巨著《罗马帝国衰亡史》（1776—1788 年出版）的光芒之下都不值一提。这是一部集合了文学、钱币学和其他古代材料的（尽管主要是通过提勒孟特的著作和铭文学院获得的二手材料）并以哲学和批判视角加以考察的文学丰碑。在并不认真地考虑到从英国史到瑞士史、佛罗伦萨史等一系列其他主题之后，吉本将主题定在了古代晚期。他告诉我们（这个故事关于他的部分可能在文学上是虚构的，但既表现了他的讽刺风格，又表现了他敏锐的历史距离意识），"在 1764 年的罗马，当我坐在罗马城的废墟之中沉思，光脚的修道士在朱庇特神庙中进行晚祷时的吟诵，此时写一部关于这座城市衰落与灭亡的想法开始浮现在我的脑海。"由于将"城市"作为指引被证明过于狭隘，他不久便立志叙述从西罗马帝国的终结到 1453 年罗马帝国最终灭亡的整个帝国的苦难史。经过许多年系统地阅读和做笔记，他最终于1773 年开始写作。经过多年努力，他的《罗马帝国衰亡史》的第一卷于 1776 年 2 月出版，一时好评如潮。书商不能保持充分库存，盗版在爱尔兰出现。"我的书出现在每一张桌子上，甚至每一间厕所里"，因为它同时面向男性和女性读者。[1] 就在该书出版几个月之后死去的休谟（吉本的"导师"之一）[2] 称它贡献了伦敦文学界的大部分。第二、三卷于 1781 年问世，第四、五、六卷于 1788 年 5 月 8日，即吉本 51 岁的生日那天出版。

　　关于当时的人们对《罗马帝国衰亡史》的感受，我们有十分清晰的图景，包括钦佩者和发现吉本对基督教大不敬的宗教反对者。尤其是吉本因为蔑视早期教会（特别在他著名的第一卷每 15、16 章中）激起了教会人士和虔诚的世俗信徒的敌意；他在第二卷中最喜欢的反基督教的极其邪恶的叛教者朱利安（Julian the Apostate）的肖像也类

---

[1] Edward Gibbon, *Memoirs of My Life*, ed. B. Radice (London, 1991), 165.

[2] 关于休谟对吉本的影响见 David Womersley, *The Transformation of the Decline and Fall of the Roman Empire* (Cambridge, 1988), ch. 2; J. G. A. Pocock, *Barbarism and Religion*, 5 vols. to date (Cambridge, 1999 –), vol. II, 177 – 257. 波考克（Pocock)关于《罗马帝国衰亡史》及其知识背景的研究计划于 2010 年 11 月出版，遗憾的是这对于用作此章写作的参考来说太晚了。

似地遭人侧目。不过总体来说，此书的反响是受人喜欢的，它的成功足以使它的作者晚年在荣耀和文化名人的声名中度过。

认为《罗马帝国衰亡史》是"关于罗马的并不过时、仍然有用的著作"或者将它视为"古典文本、始终如一的无缝的整体、'精制的瓮'"的论调已不再流行。此书从头有太多不一致性和转换，不过考虑到它的创作费了 20 年之功，这也并不奇怪。我们知道吉本所用的原始史料——在 8000 个经常东拉西扯的注释中进行了标注和评价。这些在他的主要叙述之外形成了一个副文本，其主题涵盖简单地引述或与当时的作家们辩论乃至探讨长颈鹿的罕见性。作为一个具有讽刺观点——超然物外从外界反思整个历史的距离感和一种通过不充分陈述施加影响的对应风格——的大师，吉本能够在热情支持某些皇帝（颇有争议的是叛教者朱利安）与有节制但清楚地谩骂其他皇帝之间转换。他也评价作为他的同伴的历史学家：伏尔泰被他称为"不可忍受的偏执狂"，他还说雷纳尔是一位有趣的作家，但他发现《西印度群岛和东印度群岛史》（*Deux Indes*）没有引文是对学术不可宽恕的冒犯。古人如果犯错也逃不过他的嘲笑，甚至塔西陀都不再是"第一个运用哲学研究事实的历史学家"。[1] 莫米利亚诺认为吉本的主要贡献在于协调了博学与叙述，因而在古物研究者与历史学家之间旧有的鸿沟上搭起了桥梁。[2] 实际上，吉本实现了三个方向的联合，第三个方向就是哲学，即便他既不是古物研究者，也不是哲学家。

313

西方与东方

正如我们在之前章节里看到的，历史写作开始自我意识到其相互矛盾的流派，并逐步意识到这些流派与包括神话、小说在内的其他历

[1] 关于休谟对吉本的影响见 David Womersley, *The Transformation of the Decline and Fall of the Roman Empire*（Cambridge, 1988）, ch. 2; J. G. A. Pocock, *Barbarism and Religion*, 5 vols. to date（Cambridge, 1999 –）, vol. I, 230.

[2] Arnaldo Momigliano, *Studies in Historiography*（New York, 1966）, 40 – 55.

史模式的关系。评估美洲、印度的记录保存、历法书写、传统讲述的历史学家们认识到这些行为相比最邻近的非基督教史学——伊斯兰史学（最为人所知的代表人物是伊本·赫勒敦，现已被欧洲历史学家们熟知）——与西方史学有更大程度的不同。语言学家威廉·琼斯等人促进的比较语言学的发展开始将印度史诗视为历史（见主题框22）。捕捉欧洲史学流派与印加奇普（结绳记事）的本质区别仍然十分有限，外来的回忆与表现形式开始嵌入西方范畴甚至西方文学流派之中，且通常匹配不佳。但以一种不可能出现在古代和基督教中世纪的方式对欧洲史学乃至欧洲历史独特性更深层的意识正在发展，这一点毫无疑问。

主题框22　威廉·琼斯、语言和印度的史实性　　310

　　以17世纪阿拉伯人的著作为基础，欧洲人在18世纪通过文献学家的著作对伊斯兰教的认知有了很大进步；伊本·赫勒敦至少从17世纪开始就为欧洲人所知。但伊斯兰教是著作的文化，因而与欧洲人看重的写作的对比不太明显。信奉印度教的印度的情况则不同。欧洲人对南亚文化的理解通过威廉·琼斯（1746－1794年）的著作获得了跨越性的进步，琼斯使梵文与希腊语、拉丁语和凯尔特语相联系的语言学研究开创了比较语言学领域。他和其他早期东方学学者的著作为欧洲的历史学家们获取《摩诃婆罗多》（*Mahābhārata*）等印度著作提供了途径；理解语言间的内在联系在历史中起了重要作用，例如，它能帮助表达19世纪德国的自我感知以及最终的"雅利安"神话。琼斯在孟加拉担任一名法官，他也受益于亚洲人关于欧洲和欧洲人关于亚洲的游记。他在东方语言之间或梵文与其他东方语言的关系方面的观点受到了《关于宗教的讨论》（*Dabistan-I Mazahib*）的影响，此书是一位到牛津访问的波斯人引介给他的。琼斯最大的贡献可能在于他强烈坚持并建议其他研究印度的历史学家使用原始文献创作印度史，他相信珍贵的历史金粒可以从史诗或往世书中神话与传奇的碎砾中淘出来。尽管如此，琼斯和其他学者们的著作虽然对他们的研究的主题感同身受，但有助于印度的"东方化"。就琼斯而言，印度是更大的亚洲的一部分，而亚洲对欧洲人来说无论是古代还是现代都是明显落后的。

这种意识也扩展到中国，这得益于耶稣的传教士，他们的著作在整个 18 世纪的大部分时期里都备受好评，甚至在英国那样的新教国家。中国历史与文化的各个层面都广受欢迎，包括儒学研究（图 40）。需要承认的是，中国史学既不能和那些没有字母文字著作的当地社会归为一类，也不是简单地与之平行的传统。到 18 世纪中期，当文化比较变得特别流行的时候，超越拉·普利尼埃尔（la Popelinière）、博丹和一些文艺复兴时期的资助人（trattatisti）所做的内部审察而对欧洲史学与其他地区史学进行概括性区别成为可能。伏尔泰是一个中国迷，他的话剧《中国孤儿》（*The Orphan of China*）就以成吉思汗时期为背景，他对中国史学也特别热衷。他写道，"如果有什么编年史带有确信的标志，那么它一定是中国的编年史"（这里的"如果"很重要：他从来不确信任何实际发生的事），这种编年史摆脱了寓言、神话和荒谬的传奇血统的专制。"这是一个有着四千年日常编年记录的民族"（图 41）。① 吉本在《罗马帝国衰亡史》第二卷最后一章不仅将人们对古代、中世纪鞑靼人历史的认识归因于不识字的民族与欧洲各国的相互影响，还归因于中国的历史学家，其中有许多人他都进行过译介和引用。吉本通过在《铭文学院纪要》（*Mémoires de l'Académie des inscriptions*）中了解到的之前法国历史学

---

① Voltaire, *The Philosophy of History* (London, 1766), ed. Thomas Kiernan (New York, 1965), 82 – 84.

家尼古拉斯·弗莱雷（研究过中国的学者）的著作以及与他同时代的约瑟夫·德·金（Joseph de Guignes，1721－1800 年）的著作了解到了许多中国历史学家，尤其是司马迁。

图40 孔子感谢上苍给他时间让他完成他的六本书。一位 18 世纪的中国迷伊西多尔·赫尔曼（Isidore S. H. Helman），绘制的插图，源于 *Abrégé historique des principaux traits de la vie de Confucius, célèbre philosophe chinois, d'après des dessins originaux de la Chine envoyés à Paris par M. Amiot, missionaire à Pékin. Paris, 1788. Private Collection*。Photo credit：Snark/Art Resource，NY。

　　约瑟夫·德·金精通多种语言，中文十分流利，是他向 18 世纪的西方打开了通往东方历史学家的世界的最重要的窗口。他的《匈奴人、土耳其人、蒙古人和其他西方鞑靼民族通史》（*Histoire générale des Huns，des Turcs，des Mogols，et des autres peoples Tartares occidentaux，*

316

316

图41 伏尔泰第一次阅读《中国孤儿》，1755年。阿尼塞·查尔斯·加布里埃尔·勒莫尼耶（Anicet Charles Gabriel Lemonnier, 1743－1824年）所绘帆布画。Musée des Beaux Arts, Rouen, France. Photo credit：Erich Lessing/Art Resource, NY。

1756－1858年出版）颇有野心地试图在欧洲文明与欧亚中部游牧社会之间进行文化上的比较。德·金可能是第一位能够直面和比较东方与西方历史的西方人——这种比较与之前的世纪里欧洲人与拉丁美洲土著的比较不同，因为中国人被近似于看成与欧洲人平等而不是劣等的种族。在德·金的这本著作的前言中，他反思了他的史料的价值，因而涉及外国的史学，包括中国的和伊斯兰的：

> 在这里谈一些这些历史学家们的特征或许不会令人乏味。一般而言，中国人写作讲求心性，提出统治者和他的臣民的相互间的责任，并逐渐灌输爱国情操。阿拉伯人似乎除了记述事实以外没有其他目的，虽然充满活力，但失去了方向，也丧失了兴趣。上述的两种历史写作都很枯燥。支配着中国人的系统精神引导他们去除历史中的装饰。皇帝有他自己的历史，军事领袖和作家也

一样。这些历史彼此分离，干枯乏味，但将它们综合起来叙述就会很有意思；但中国人寻求历史的功用，而不是将之用来娱乐。它没有我们在古希腊罗马的作家们那里发现的辉煌的描述和有益的情节。它的表述简洁，并谨慎地划分时期。另一方面，阿拉伯人的历史著作要么仅仅是一部编年史，一丝不苟地记述事件发生的年月日；要么就是扮演演说者的角色，能用几句话说完的事情不会用两页纸去记述，并且，它还痴迷于浮夸的表述、使用修辞手法和表示停顿和传达散文意味的复杂韵律。它抛弃了激情，只给我们留下了讽刺文学和颂词；这就是它的专门史的困扰。拜占庭式的颂词和雄辩也是大部分古希腊历史学家、无知、轻信和迷信的十字军东征的史学家所采用的。中国的历史学家对他们自己民族的记述是可靠的，但对外族带有偏见，不仅过于轻视，而且知之甚少。①

德·金对伊斯兰史学（他并没有意识到伊斯兰史学与阿拉伯史学归属不同类别）的批判使它的两种模式都很逊色，这两种模式都明显类似于启蒙运动所竭力摒弃的史实性模式。这两者要么太像中世纪的编年史模式（对此，德·金没有专门提及，但有清楚的暗示），要么就像混合了错误的演说展示。② 简而言之，它不是过于记实，就是过于虚构。与将东方史学看成源自不同优先性的完全不同的著作文集不同，德·金选择将它教化或世俗化为不那么先进的文明的产物，认为它有些类似西方早期的现在看来十分老旧的历史看待方式。伊斯兰世界和较小程度上的中国因而不是没有历史的文明，它们只是在历史发

317

---

① Joseph de Guignes, *Histoire générale des Hun*, *des Turcs*, *des Mogols*, *et des autres peoples Tartares occidentaux* (Paris, 1756 – 1758), vol. I, xix-xx, quoted and translated in Pocock, *Barbarism and Religion*, vol. IV, 112 – 113.
② 对于类似于中世纪编年史模式的说法,伯纳德·德·丰特内勒(Brnard de Fontenelle)在 30 年前就有类似的表述,即"即使在现在,阿拉伯人也会在他们的历史中加入奇迹,而且大部分通常都是荒谬和怪异的",见 Fontenelle, *Of the Origin of Fables*, in B. Feldman and R. D. Richardson (eds.), *The Rise of Modern Mythology 1680 –1860* (Bloomington, IN, 1972), 14。

展上还没有摆脱启蒙运动时期的欧洲已经超越的更早的历史阶段。当然，18 世纪的大部分中国人不是这么看的。

　　德·金对东方史学模式的评论只是暗示而不是明确表示西方史学扩张的野心，而这 19 世纪和 20 世纪初则表现得更为明显。就这层意义上说，它们是搭建早期现代更加试探性的跨文化史交流与欧洲更加成功的霸权之间的桥梁的代表性方式。更直接的是，德·金的探究恰好配合了欧洲人自问的一个更大的更迫切的问题，即欧洲的文明与学识何以比"拥有沃土、人文刚开始起步的东方"发展的水平更高。[①] 历史知识属于学识的一类，而中国成为启蒙运动被引述最多的形容发展停滞、相当于一潭死水的例子。

清朝早期的中国史学

318　　中国也开始更了解西方文化。在 18 世纪晚期，清朝满族官员七十一所著《西域闻见录》（1777 年出版）记述了从俄罗斯人到土耳其人的许多邻邦民族。耶稣会信徒是西方信息传向东方和其他方向的渠道，他们作为顾问和官员在北京保持着影响，且一直持续到清朝——18 世纪中期乾隆皇帝的宣传者郎世宁实际上就是意大利的耶稣会信徒朱塞佩·卡斯蒂廖内（Giuseppe Castiglione，1688 - 1766 年）。卡斯蒂廖内和许多传教士一起效仿塑造路易十世的法国人将乾隆描述成世间君王的楷模。

　　道出欧洲史与亚洲史差别的约瑟夫·德·金错过了通过进一步考察中国而得出的某些类似性。到 18 世纪晚期，清帝国作为东方的像奥斯曼土耳其帝国或更西方的法国、英国那样的大国不仅占领了中国，而且吞并了邻近的西藏和蒙古。考虑到极其不同的环境，清朝统

---

① Robert, *Historical Disquisition ... of India*, 5. 关于文化从东方向西方移动的问题可参阅 Anthony Pagden, 'The Immobility of China: Orientalism and Occidentalism in the Enlightenment', in Larry Wolff and Marco Cipollini (ed.), *The Anthropology of the Enlightenment* (Stanford, CA, 2007), 50 - 64。

治下的中国经历了与西方相同的史学发展历程。这包括对少数民族的史学的同质化趋势：17 世纪复兴的蒙古史学（见上文第三章）到 18 世纪晚期或被边缘化，或以满人的观点重写。由官修著作、地图、纪念碑支撑的清版历史湮没了在大部分被征服地区与之相矛盾的历史版本。清朝时期的中国还与 18 世纪的欧洲一样有着普世主义倾向，不过就此而言是以中国为中心，而不是欧洲版本的普世主义——他们的出现显示出普世主义很少是普世的。当时欧洲人思想中的一些史学分类的倾向也在清朝晚期以历史占据中心地位的经世文中得到体现。

即便东西方之间有着类似的史学发展历程，它们也不是按照同样的规则呈现的。最明显的是清朝早期，当时出现了从明朝的抽象哲学向文献考据方向的转变，其特征是"从哲学向文献学"的转变，之前支配中国历史写作五百年之久的新儒学或程朱理学现在受到了考据学的严重挑战。① 与此同时，"经典"开始失去了它们不变的品质，因

图 42　两班生活图，由朝鲜最著名的画家之一金弘道（Kim Hong-do，约 1745—1806 年）所画。八扇折叠屏风。朝鲜，李氏王朝（1392—1910 年）。Musée des Arts Asiatiques-Guimet, Paris. Photo：Thierry Ollivier. Photo credit：Réunion des Musées Nationaux/Art Resource，NY。

---

① Benjamin A. Elman, *From Philosophy to Philology：Intellectual and Social Aspects of Change in Late Imperial China* (Cambridge，MA，1984).

319　为它们开始像其他历史文献一样受到批判。这种趋势在哲学家、文史学家章学诚（1738—1801 年）所倡的"六经皆史"中达到顶峰——"六经皆史"的观点意味着"六经"都是由古代圣君的官方机构所创，出于特别的政治目的，而不是那些圣人故意创作，以将之作为永恒的智慧；更彻底的"亵渎"发生在 19 世纪晚期和德国历史主义的影响下。这一进程在科举考试这块中国历史知识试金石上有所体现：到1800 年，他们要求学生反思经典作为历史文献的发展历程。

　　这种现象在东亚其他地区也有所体现。朝鲜自唐朝起就是中国的属国，而高丽王朝的李氏家族对在 16 世纪 90 年代助其打退日本入侵的明朝特别忠诚。朝鲜君主也特别依赖汉学阶层，特别是信奉儒学的官僚群体两班（Yangban，图 42），而类似于中国正史的历史写作到16 世纪末也开始成熟。虽然学识上沿着类似的轨迹，但这种纽带已开始放松，在地理学和历史学领域朝着去中国化的方向发展，这是19 世纪民族主义的前兆。倡导实学（sirhak）的李翼（Yi Ik，1681 - 1773 年）曾经是位政治家，后来成为历史思想家，他号召独立研究

320　朝鲜历史。李翼的学生安鼎福（An Chǒng-Bok，1712 - 1791 年）写了第一部朝鲜通史《东史纲要》（*Tongsa Kangmok*，1778 年出版），他也类似地提倡用历史作为改革者的工具。这种对实用性的关注从严格意义上说并不能实现最高目标：道德总是胜过证据。正如安鼎福在他这本著作的前言里所说：

　　　　一般来说，历史写作的任务是明正大统、厉斥反叛、直言对错、褒扬忠贞、详解法规。就这一层面而言，现存的历史有许多值得讨论的空间。因而，我进行过缩略、增补和删除。对于那些错误已到极限的内容，我在著作末尾用两卷专门做了记录。①

---

① 引自 Marion Eggert, ‘Ideology and Truth Claims in Korean Historiography of the "Empiricist School"’, in Helwig Schmidt-Glintzer, Achim Mittag and Jörn Rüsen (eds.), *Historical Truth, Historical Criticism, and Ideology: Chinese Historiography and Historical Culture from a Comparative Perspective* (Leiden, 2005), 415.

从某种意义上说，在 18 世纪欧洲发生的从狭隘地专注人文主义文献的博学到理性主义和推测的历史的转变在中国和朝鲜是正好相反的。不过与欧洲一样，中国与朝鲜的学士所关注的是社会与政治的解决方式；许多最开始的思想家起初认为他们自己是其他领域的学者，而不是历史领域的学者。例如，黄宗羲（1610—1695 年）利用他广泛收集的明朝文献著成《明史案》，不过该书现已遗失；他的《明儒学案》完成于 1676 年，相当于之前三个世纪的思想史。但黄宗羲并不满足于仅仅研究历史。在《明夷待访录》一书中，黄宗羲评论了自秦以来的整个中国史，在他看来，这近两千年的历史是持续退化至混乱的过程，而中国的发展甚至受到压制混乱的中央集权的阻碍。这里没有对未来乌托邦的规划：黄宗羲的观点则正好相反，即圣人的黄金时代已经逝去了，需要被复兴。

黄宗羲是明清过渡时期拒奉新主的众多学者之一。他的学生、写有自孔子时代以来中国编年通史的万斯同（1638—1702 年）也是其中之一。评论时政十分危险，所以万斯同替之以更早期的两个朝代，即从宋到元，以及更遥远的从商到周。他的目的是恢复被新统治者视为顽固抵抗者的"前朝遗民"的名誉，他在有生之年间接担任顾问学者是为了既避免为清廷效力，又能埋头苦干，完成此举。这是一种审慎的文学创作，不像欧洲 16 世纪塔西陀风格的新斯多葛派著作。黄宗羲和万斯同也都代表了从严格遵守形式向强调证据的转变。黄宗羲认为严格遵守正史编纂规则是历史认识的显著障碍。万斯同也持类似的观点，他自己的方法号召查证正史和（不那么可信的）野史中的信息，以一种引人入胜的风格创作，不偏不倚，并关注事件的原因。这与启蒙运动时期的欧洲史学目标没什么太大区别。

满清统治者总体上采用被征服民族汉族（Nikan，源于中文中的"汉"）的语言与文化，他们对官员苛责，并实行配额。作为这种严苛政策的直接后果，专业化在 18 世纪发展到了更高的程度。文献学与诸如铭文学、古文书学、手稿整理、训诂学等辅助学科在清朝儒学范围内"汉学"与新儒学的"宋学"之争（不严格地说，有些类似更早期的欧洲的古代与现代之争）背景下得到发展。在这一时期，官方学术代替了在明朝获得极大发展的私人学派。藏书爱好随着16世纪木版印刷的扩展继续作为一种收藏在中国各地发展，许多处收藏馆之间的馆际网络已在18世纪晚期的杭州出现。满族的领袖们在完成他们的征服之前就已在阅读中国历史，以寻求在之前的朝代中找到合理的例子和有益的借鉴，并构建他们自己对以前朝代的意识观念。他们延续着对学术的官方支持。清初的皇帝们下令扩展和重构在近期北京受到攻击时受损的帝国图书馆；翰林院负责发展书籍的收集和保存体系；书目研究通过官方资助完成的《四库全书》达到顶峰，该书意图整理出一部中国文献的综合书目。

顾炎武（1613—1682年）等前明遗民集中体现了在广泛史料（文献和材料）中的审慎研究，尤其体现在他的《日知录》一书中。顾炎武将历史对二手材料的依赖比作硬币被融化后以同样的材料重铸。和许多世纪前的前辈们一样，他也主张以史为鉴，但他超越了传统的道德、善行教诲，进而建议具体的制度变革。历史的真正教育意义在于万事皆变，风俗如果不符他所谓的"仁爱"原则就应该被认为是可变的。

322　　　　第四位要提及的明清过渡时期的人物是王夫之（1619—1692年），他在某种程度上既体现了文艺复兴时期历史学家们的说教趋势，又体现了后来一位欧洲个别阶段说者的社会思想。在评论司马光的《资治通鉴》的过程中，王夫之认为"镜鉴"不能被简单地看成历史文献反映现实，还应被看成读者的自我反思，以便复制过去的成功，避免过去的失败。但王夫之和与他同时代的人不同，倒像后来一个世纪的许多欧洲思想家，他并不寻求恢复失去的历史。他的变化意识假定社会从古代的野蛮时代开始发展，而"野蛮人"的界定依据的是道德与风俗。古代的圣人不可能预见中国的变迁，因而他们连同他们的道理不可能被当作永恒不变的智慧。王夫之还将政治变迁从其传统的天意中分离了出来：在他看来，寰宇之力与王朝兴衰没有必然的联系。这也就引出了一个推论，即没有所谓的正统，只有胜者反过来为其正名。如果王朝本身失去了这种与宇内秩序的本质联系，那么它们如何被当作历史分析的自然体呢？对王夫之来说，王朝变迁带来的新纪元提供了组织历史的更有用的方式。

当代事件继续有力地刺激了无可争辩的详尽且精确的研究。在黄宗羲和顾炎武之后、清朝统治完全确立的一个世纪里，王鸣盛（1722—1798 年）断言历史学家的责任是检验所有可获得利用的证据，并声称研究经典的方法同样可以适用于研究历史：

> 我开始理解，我们研究历史与经典的方式有区别，但更多的是相似性。怎么会这样呢？（这是因为）研究经典的目的在于明"道"。要这样做就不能沉溺于讨论原理与含义，而必须阐明语源、区分发音、分析古文、理解评注，以使原理与含义自现。正如"道"的启示一样……研究历史也应该思索讨论，以通过道德判断作为其单一目的，以此寻求法则和教训。而且，研究历史还应该检验规制的准确性，并确保事件与记录的真实性，以寻求真相。因此，两个研究对象是类似的。①

如果英国有休谟、罗伯逊、吉本这三巨头，那么 18 世纪的中国可以用包括以对正史的批判研究著称的三个人作为回应，王鸣盛是其中之一。另外一个是受人尊敬的老师、古物爱好者钱大昕（1728—1804 年），是他重写了《元史》。他还在他的著作《二十二史考异》中指出历史著作中的错误与不精确，其技艺精湛使该著作可与 18 世纪早期欧洲文本学者的著作一较高下。作为一位金石学（收集和研究青铜器和石碑铭文的学问，相当于欧洲的铭文学）的大师，钱大昕关于证据

323

---

① 王鸣盛的话引自王晴佳教授的一篇未发表的论文，感谢王教授提供的翻译与帮助。

优先于修辞的评论特别引人注目。"当记录诚实地记录了事实，对与错自会显现。如果历史学家为了褒贬使记录带有倾向性，那么他的著作就没有存在的理由。"① 18 世纪晚期的清朝历史学家中最先提出这些观点的可能是赵翼（1727—1814 年），他认为历史学家的任务不仅是道德判断，而且是确立能够用于纠正特定政治问题的发展和变迁模式。他基于清朝军事档案著书，同时用到了他所经历的征缅甸、讨台湾时的个人笔记和未出版的档案资料。

在中国历史的这一时期，西方的影响已不可否认。中国也有与文艺复兴和启蒙运动史料相平行的运动，而且并未效仿欧洲，这包括始于明朝晚期的木版印刷的扩展、学者间半公开的频繁沟通交流，以及对古代学识的高度评价。这导致的一个后果便是经典文献被拿来审查鉴定，就像文艺复兴时期的文献学家对君士坦丁的赠礼那样的伪作所做的那样。而且，正如文艺复兴时期的人文主义先于启蒙运动时期的理性主义出现一样，汉学的复兴最终造就了新儒学的支配地位。从方法论上看，考据学派（字面意思是"研究与纠正"）的理念可通过阎若璩（1636—1704 年）等人的著作得到体现，他在一部未出版但广为流传的著作中揭示《尚书》章节中选取的"古文献"实则是后孔子时代的人所作。

破除传统追求真理在这个学派于 19 世纪衰落之前造成了学术界的巨变。它为清末更明显受到西方影响的"新史学"扫清了道路。中国人对博学的强调到 18 世纪末还在继续发展，并日益关注收集和分析青铜器和石碑上的铭文（那时还没有发掘骨头、坟墓、竹简等作为铭文学的材料）作为经典文献的辅助，或对经典文献加以纠正，这完全与铭文学院的工作一致。考据学认为学识通过集体的努力才能得到最好的完成，学者们前赴后继，这使从业者去考虑他们自己的和更古老的著作不仅是独立的文本，还是研究的工具。就这一点而言，通过

————————
① 关于此句引文要再次感谢王教授。

视觉辅助可使正史更为有用，例如大事年表复制了 17、18 世纪欧洲人写的著作中所用的图表，这是印刷术引入之后更宽泛地向图形和视觉文化转变的一部分。

在所有这些历史批判中，保留中国之前史学流派的工作仍在继续。清朝建立后一年内便下令编纂《明史》，但相比明朝早期历史学家编纂了一本低劣《元史》的急切速度，清朝的历史学家还是在这上面花了些时间。除了提取各种记录编成一本简明明朝编年史，并于 1653 年上呈顺治皇帝外，整个《明史》编纂过程搁置了很长时间，直到 17 世纪 60 年代才有所复兴；到 18 世纪早期，王鸿绪（1645—1723 年）完成了《明史》的临时手稿，据说他的这本著作剽窃自他的助手万斯同。该书对某些统治的解释是有争议的，例如永乐皇帝（1402—1424 年在位）取他的侄子建文帝（见上文第四章）而代之的情况被万斯同加以粉饰，他的反对者称这是"歪曲"历史。

《明史》编纂到乾隆时期才最终完成，并于 1739 年上呈宫廷，而乾隆时期也是著作特别盛产的时期。问题不是满族统治者保持他们所继承的历史形式的热情，相反，清朝皇帝对历史特别感兴趣，尤其是喜欢歪曲历史，使之对他们有利，对他们的敌人不利：例如，剿灭蒙古准噶尔部族之后，紧随之而来的是收集所有谱系，之后销毁，一度还写了撤去了准噶尔部族的历史。顺治皇帝（1644—1661 年在位）个人阅读过 1653 年被呈上来的明朝编年史，《明史》编纂工作的搁置是因为恰逢清廷统治者决定写一部自努尔哈赤于 1616 年建立后金以来、征服中国之前的他们自己的历史。

在 17 世纪 60 年代，新皇帝不愿置身编史过程之外导致了更深的问题，不过这时的王朝对认可明朝的观点并不再那么敏感。（此时也正是莫卧尔王朝的贾季汗干预他所雇历史学家的工作的时期。）但长命的康熙（1661—1722 年在位）自认为是个学者，个人应对最终的成果负责，"他修订了历史记录，仿佛他创造了它们一样"。康熙在 17 世纪晚期下令用满汉双语写成各种关于战役的历史，并为之作序，

因而发明了一种没有明朝先例的新流派——方略。① 朱熹曾评论司马
325　光的《资治通鉴》，康熙自己对此也有过评论，并对历史事件进行了
个人的以王权为中心的重新解释。这种压制以及坚持评判所有后继书
稿的做法阻碍了历史写作，毒化了历史部门的氛围，使这一部门的职
业从任何意义上说都迅速堕落为闲职。康熙的介入模式在他的继承者
雍正（1723—1735 年在位）、乾隆（1735—1796 年在位，死于 1799
年）统治期间仍在持续；乾隆甚至相信评断书稿是帝王的特权。

　　然而，尽管清帝国存在这种令人毛骨悚然的细微管理，但历史编
纂还是很繁荣。许多更早期的历史在这传记和文献研究的两个世纪里
得到了修订：因而邵晋涵（1743—1796 年）利用他参与《四库全书》
编纂的关系收集史料，而运用这些史料，他可能改正宋朝正史中的错
误。而且，许多重要的其他历史写作流派也在这一时期出现。之前附
加在正史和其他著作中的官制史现在以独立专著的形式呈现。以前以
地名录形式存在、可回溯到宋朝的方志仍有产出，有近 1000 本明朝
时期、5000 本清朝时期的方志被保留下来；尽管它们在其他国家没
有对应物，但它们对地方的关注和对多种史料来源的强调可与 17 世
纪和 18 世纪早期的自然史和区域"考察"相媲美。

　　卒于 19 世纪初的章学诚的著作是这方面的典范。章学诚写了许
多著作，涉及不同主题，包括地方志的恰当写作方式、家庭史、历史
写作简洁易读的必要性、关于"历史学家的道德"的话题，以及"历
史学家"一词的含义。他还在刘知几所谓历史学家应具备"史才"
"史学""史识"三要素的基础上增加了第四个要素——"气节"。他
的许多写作计划都胎死腹中，例如重新修订《宋史》。其他著作或是
匆匆完成，或是在逆境中完成：他参与编纂的《湖北通志》因其讨论
地方人物而遭受批评，而他抱怨称向他提供信息的人并不是现成的，
地方职员提供必要文献的速度缓慢，而他的助手们又不能胜任。章学

---

① Peter C. Perdue, *China Marches West: The Qing Conquest of Central Eurasia*
(Cambridge，MA，2005)，463.

诚写的大部分著作都未能在其生前出版，而在他去世后出版的著作有许多在 19 世纪 50 年代发生的太平天国运动中遗失了。然而，留存下来的著作包括了一些在清朝产生的最吸引人的历史思想，包括章学诚所提议的"史学评论"，其在类目上涵盖的不仅仅只是史学著作。他写道："正如我看到的，世间与写作相关的任何事物都是历史学。"① 大部分书目著作都错误地假设历史能被归为一类或另一类，而这种对正式术语的界定是枯燥的，也不具建设性。章学诚对史学史的调查研究使之完全区别于记录保存，这两者一个本质是圆的，一个本质是方的。只有具有天分、洞察力、面向未来的人才能成为真正的历史学家；记录保存者是一个娴熟的回忆录作者，他有效地保存史实，面向的是过去。在这里，我们似乎听到了一些伏尔泰所论历史与史学的区别。但章学诚还说所有历史本身都有一些既圆又方的东西，这相比伏尔泰更像是吉本的观点。

326

　　章学诚曾向一位朋友吐露，称他的著作需要一个世纪的时间才会被完全领会；事实证明，这是十分精明的，因为 19 世纪晚期的守旧派用他的著作捍卫儒学和经典，以对抗更激进的改革派。章学诚甚至对 20 世纪 20 年代民国时代的历史学家们有着更深远的影响，他们重温了章学诚对通史的理解以及对史学理论的表述。在某种程度上，章学诚类似于一位 18 世纪早期的人物，也是学者，也很贫穷，且生前一直被忽视，去世后很长时期才被记起。从章学诚关于古代写作的起源及其自口述而来的转变、人类从古代圣贤和诗意的时代向哲学家和更乏味的表述的转变、古代智慧不再作为深奥艺术等等理论中，我们可以对詹巴蒂斯塔·维柯的问题有一个亚洲版的回复。在章学诚对人类智慧作为"道"通过像公元前 12 世纪的周公旦——与章学诚一样的"世界历史名人"——那样的圣贤相继传播演进的系统哲学化分析中，我们也能看到后来的西方学者黑格尔的一些影子，也能看到历史

---

① David S. Nivison, *The Life and Thought of Chang Hsüeh-ch'eng* (1738 – 1801) (Stanford, 1966), 99.

朝向理性意识的发展。

早期德川幕府时代的日本

在经历数世纪的帝国衰落和军阀混战之后，其中的一位军阀德川家康最终在 1600 年获胜。三年之后，他接受了天皇赐予的将军头衔，德川幕府（1603—1868 年）最终建立。像更早期的镰仓幕府和室町幕府一样，被任命的将军代表有名无实的天皇通过地方上的大名或军阀维持统治，这一体制有时被归为西方中世纪"封君封臣制"一类。既然将军政治承认所有权力最终源于天皇，那么它至少在理论上支持幕府并依赖帝国的忠诚。一位叫德川光圀（Tokugawa Mitsukuni，1628‑1700 年）的统治水户（Mito）的大名监管着一部支持帝国的历史《大日本史》（*Dai Nihon Shi*）的编纂工作，到光圀死时，该书有近 130 位学者参与编纂；该书初稿于 1720 年完成并上呈幕府，而定稿直到 20 世纪早期才最终完成。

327   在这一时代的大部分时期，日本远离了外界影响，基督教传教士不是被迫害，就是被驱逐。在德川幕府的统治早期，新儒学支配了日本人的思想生活（正值新儒学在中国受到挑战的时期），它最初是中国的朱熹对"传统"的一个变种，与王权崇拜密切相关；从某种程度上说，这标志着奈良时代价值观的回归和对在中世纪晚期对日本有深重影响的佛教的放弃。由于新儒学确定了天地间严格的分级原则，朱熹的新儒学在日本得到了幕府的保护和推动。日本在经历了中世纪用本土语言写物语之类的著作之后现在又回归了中文的历史写作。《大日本史》基于司马光的《资治通鉴》，开始于帝王的编年叙述，并另辟了一部分专门记述将军传记。光圀之后编纂该书的水户学者们竭尽全力地获得新的文献，并将它们带到被称为史馆（Shōkan，成立于1657 年）的核心部门，他们还对《古事记》等旧有文献进行差异比较。中国批判帝王、将王朝衰落定性为天意的史学实践并不适应于日本这个从未想象过王朝继承断裂的外国文化；甚至评价帝王都是不恰当的，这些内容都会在 18 世纪被从《大日本史》中去除。而且，在后来的一个世纪中出现的否定中国优越性的民族主义意识已能在此书的某些内容中找到端倪。不过中式的考据研究仍有着深远的影响：中国的考据学在日本有个对应的词叫"Kōshōgaku"。

林罗山（Hayashi Razan，1583 - 1657 年）以前是一位将军身边的佛教僧侣，后来成为了确立幕府官方学术的主要人物。虽然他的兴趣起初并不是历史，但历史是新儒学的核心因素，将军对这两者都很看重。林罗山对《春秋》（当时还是相信此书由孔子所作）和朱熹对司马光的《资治通鉴》的评注的印象特别深刻。1644 年，林罗山应将军要求开始着手用古典中文写一部新的日本史，最初起名为《日本编年史录》（*Honchō Hennen Roku*）。到他去世时，此书仍未完成，这项事业由他的儿子林雅邦（Hayashi Gahō）在其两个儿子、学者以及许多僧侣的帮助下继续完成，定名为《日本通鉴》（Honchō Tsugan）。林罗山将他对六国史及其中国模式的高见记入他的著作之中，这使该书重复了旧有文献，并将一些日本文献译成了中文。他还不辞辛苦地将六国史与其中国史料进行比较，并致力于更正他在两者中发现的错误。他还对天神和神武天皇的神话表现出了质疑，因为在他看来，这些与严格的新儒学不符。按照林罗山的说法，王室血脉是由人建立的，而不是由神建立的。他认为中国移民吴太伯的传奇故事是貌似可信的，可替代神性起源的非神性起源，不过他最终在他主要出版的著作中又否定了这些。林罗山是那些个人保留质疑观点的同时遵循传统的历史学家之一，这在日本史学中十分常见。

到 18 世纪早期，日本历史思想达到了一个新的高度，以至于获生祖徕（Ogyū Sorai，1666 - 1728 年）能够自信地宣称历史是学识的最高形式。在与他同时代的人中，新井白石（Arai Hakuseki，1657 - 1725 年）因为他的《论历史》（*Tokushi yoron*）脱颖而出，该书试图为将军提供典型的历史论文集，它广泛使用了各种史料。因为新井白石的父亲的耻辱,新井白石成为了一名浪人。但他也是一位奇才,他在很小的时候就精通中国经典,其学术生涯在从雇主到雇主的转变中不断发展,并最终成为了未来的德川加宣(Ienobu,1709－1712 年在位)的导师。1693 年,新井白石见到了他的新学徒,当时两人都三十多岁,到 19 年后德川家宣死时,新井白石向他传授了 1299 节课。他的这位学生在其生命的最后三年里终于继位为幕府将军,而新井白石因而也能够将其历史知识用于治国。新井白石所写《读史余论》(Tokushi yoron)是模仿中国宋朝司马光的《资治通鉴》而作。作为论"仁政"的著作,它在这方面可与几乎同时代的博叙埃、博林布鲁克的著作,以及欧洲许多论专制主义的历史著作相媲美。[①] 新井白石虽然是一位传统的新儒学信奉者,但他极其质疑日本早期历史中的错误。他在很大程度上通过回避来解决神武天皇和神明的问题:他的历史叙述始于公元 9 世纪。他的确也提到了更远古的时期,并采用了西方现已不再流行的神话即历史论,据此神明可能的行为能够不被解释为神话,而被解释为当时人们的真实行为,而当时的人则在后来因为拼写错误或对古代史料的误读而被理解为神。

山片蟠桃(Yamagata Bantō,1748－1821 年)是接近社会底层的商人阶级的一员,他对日本早期传奇历史的态度更为强硬。他曾担任仙台地区的财务顾问,但最后因为失明被迫辞职,继而耗尽余生纂写《梦之代》(Yume no Shiro)。山片蟠桃曾接触过西方科学著作,他极度质疑宗教,可能甚至是一位无神论者。他接受儒学,视之为一套道德和政治原则,但反对其精神层面,《梦之代》的第三章就是对神话时代的史实性进行持续的批判。他的一些论证依据的是常识或明显的年代学谬误:一个人怎么能接受寿命长达 100 万年的事情呢?新井白石至少通过神话即历史论容纳了神明,山片蟠桃则完全将它们抛在一

---

① 例如国家资助完成的《瑞典史》(Svea rikes historia,'History of Sweden',1757－1764 年出版),该书由瑞典史学泰斗奥洛夫·达林(Olof Dalin,1708－1763 年)所写,对他来说,没有什么比教育更重要的了,他的学生就是后来的瑞典国王古斯塔夫斯三世(Gustavus III,1771－1792 年在位)。

边。就在当时的西方批判史前史的同时，山片蟠桃相信最早期的历史源于口述的没有文字的社会，因而不值得作为证据。老生常谈的观点是中国手迹在公元 3 世纪传到日本，之后记录才成为可能，而更早期的历史只通过传统被简单保存，直到付诸笔端。但山片蟠桃写道，关于口述传承，我们之前见过，"因为书写从神武天皇时期到神功皇后时期（201—269 年在位）并不存在，那时的事情不可能被知道……即便现在也有一些国家没有书写体系。在这样的国家里，之前两到三代国王统治时期的事件通过口述传承，再以前的就无从得知。"①

山片蟠桃在一个多世纪里都是荒野之息，很容易被他的一个主要对手本居宣长（1730－1801 年）的声音湮没。本居宣长认同对神话时代进行文字解释，并相信《古事记》是连续而精确的口述传统的产物。本居宣长是当时出现的"日本国学"的代表人物。这种排斥受中国影响的历史记录、支持更早期的《古事记》的学术流派现在获得了之前 1000 年都没有获得过的地位（文献摘录 26）。不过本居宣长既不愚蠢，也不是没有学术风度。他虽然出生自佛教家庭，但他的教育包括了儒家经典，19 岁时读过《尚书》《易经》和《论语》。他被培训成一位商人，但他越来越发现自己适合学识的世界，即便当时还没有任何特别的倾向。当这位当时还没有目标的年轻人被送到东京学习他不愿意学的医学时，这一切就改变了。18 世纪 50 年代早期，他在东京将姓改为本居（原来的姓为小津［Ozu］），继而放弃了商人的传承，与武士为伍。他还排斥新井白石等学者的新儒学以及他们对早期神话的讽喻。他在约 1757 年追忆 8 世纪的作家今井宽也（Imibe Hironari，见上文第二章）时写道，"如果有人相信有些东西现在不存在，那么它在过去也不存在，这是一个巨大的误解。"②差不多同一时间，据说本居宣长获得了《日本书纪》（*Nihon Shoki*）、《古事记》和

---

① John S. Brownlee, *Japanese Historians and the National Myths*, 1600－1945: *The Age of the Gods and Emperor Jinmu* (Vancouver and Tokyo, 1997), 52.

② 本居宣长的话引自 Peter Nosco, *Remembering Paradise*: *Nativism and Nostalgia in Eighteenth-Century Japan* (Cambridge, MA, 1990), 160－233, at 171。

其他早期日本著作的复本。虽然他在接下来的一些年里完成了他的医学训练，但他仍然致力于学术研究，一度发现他自己既是执业医师，又是关于中世纪日本文学的公共讲师：他会经常给一位病人讲一堂课，之后再变回听众。本居宣长的《古事记传》（*Kojiki-den*）是他一

330

本居宣长对《日本书纪》的批判

文献摘录26

- 现在，如果说我将解释《古事记》，那么我为什么会讨论《日本书纪》呢？自古代以来，人们在很大程度上只看重《日本书纪》，世代的学者们都在这一文献上耗费精力。虽然关于"神的时代"的评论已多到让人厌烦的程度，但关于《古事记》的回应并不认真，人们并不认为它是一个值得耗费精力的文献。要论其原因，只因为世界的人们只对中国的写作精神感兴趣，并且完全忘记了我们伟大祖国的古代精神。因此，扫清由中国精神导致的疑惑，建立对《古事记》恰当的尊崇能够构建一个研究本土事情的导向标……既然人们并不认为《日本书纪》充满点缀装饰，并不完全理解它被编纂时的环境，祛除中国精神的恶疾就会很困难。相应地，如果恶疾不除，表达《古事记》中的好的观点也会很困难。除非人们意识到《古事记》中的好的观点，否则他们不会理解研究古代的真正道路。

- 我们的讨论应该始于《日本书纪》标题本身不可接受的事实。在这个标题的命名中，我们遵循了中国史的命名方式，例如《汉书》（汉朝正史）、《晋书》（晋朝历史），从而在书名中加上了我们国家的名字。在中国，既然国家的名字随朝代变化，如果朝代不被包括在书名之中会很难理解。然而，在我们帝国，帝国王权传承世代延续，而既然王权传承没有变化，就没有必要划分时代并以那种方式叙事。将我们国家的名字放在这样的著作的标题之中是一种比较行为，但相应地和谁比较呢？似乎只有中国可比，这是因考虑中国而创造的标题。……事实上，为什么后世的人盛赞这种标题很高贵呢？在我看来，它相当令人不满意，似乎是一个相当次等的题目。一些人认为《日本书纪》的书名是考虑到要显示给中国看，但情况绝非如此……

- 至于《日本书纪》的写作风格，由于它完全参照中国（历史），它除了涵义……与形式……的点缀修饰外空无一物，还有许多地方与古代的演说和

基本事实不符。……

- 中国著作中包括记述天地初开的传奇都是凡人在心中通过任意逻辑推测而来。我们的传奇自古代传承而来，但却不属于这一类；它们不是一些人想象的言辞，而是从非常远古的时代传承而来的言辞。两者相较，中国的著作相当有逻辑，让人假设事情必如所述；日本的传奇传承自古代，显得无关紧要和简单。正是因为这个原因，所有人都被中国著作吸引，而从舍人亲王（Prince Toneri）经历后继的学者们直到现在，没有人不被它迷惑。

- 所有人都被中国著作吸引的原因是古代深入思考万物及其成因的聪明人以一种让所有人假定事情必定如此的方式创造传奇。他们用灵巧的毛笔娴熟地将这些记录下来。然而，人类知识存在局限，真正根本的原理并不存在于可知可测的事物之中，我们怎能通过一些有意图的逻辑原则去认识天地初开这样的事情呢？这样的臆测在大部分时间甚至近似的事情上都是错误的。随着逻辑原则的适用，就天地起源与终结而言没有什么是不可知的，这只会导致人们无法意识到人类知识的局限，也不能意识到真正的原理很难被看透。相信所有事都符合潜在的原则简直就是个错误。

节选自 Motoori Norinaga, *Kojiki-den*: *Book* 1, ed. and trans. Ann Wehmeyer（Ithaca, NY: East Asian Program Cornell University, 1997），33–37。译介得到了安·韦迈尔（Ann Wehmeyer）和康奈尔东亚系列丛书的许可。韦迈尔的注释被省略了，一些日语和编辑所做的修改在这里也被省略了。"Nihonshoki"的其他拼法在这里得到了保留。

331

生的力作，完成于 1798 年，当时他 68 岁，但结果完全是对旧文本文献学上的分析。本居宣长认同日本起源于东陶（toto）的神话，但这并不是阻止他对《古事记》中的错误的纠正。我们对此不应感到惊讶，毕竟欧洲文艺复兴时期伟大的文献学家也在批判的同时接受圣经关于起源的记述，或为像特洛伊的布鲁图斯（Brutus）这样的神话人物的存在辩护。最终，本居宣长的古代史观点被抛弃了，但在他所处的时代，他运用最诡辩的方式为它们进行了巧妙的辩护。

　　本居宣长在其早期生涯中发展了一个概念来解释人类情感的一种现象。"Mono no aware"可被粗略地译成"物哀"（the sadness of

things），但更精确地说是一种移情理论，综合了对世事无常的悲叹和
对短暂美或欢乐的美学欣赏，这种感觉可以追溯到《平家物语》
（*Heike Monogatari*）那样的中世纪著作。[1] 这一有趣的发展与欧洲试
图理解人类心理层面并付诸笔端几乎发生在同一时期——本居宣长比
同时代的席勒（Schiller）、赫尔德、歌德年长。从艺术上说，物哀为
本居宣长提供了理解《源氏物语》（*Genji Monogatari*）那样的中世纪
著作的工具：这些著作对爱的强调似乎是人类最强烈的情感，人类无
论男女即便表面上男性化，其内心也是女性化的。他使用了随时准备
为主人去死的忠诚武士的例子：这样的仆人虽然忠诚，但死时就是另
一个人了，在其生命的最后时光，他会遗憾失去了妻儿，或悲叹再也
见不到父母。"这种人之将死时的感受是自然的人类感受，成千上万
的人都感受过，不论是圣贤还是普通人，都没有区别。"[2] 物哀的概
念完全违背了儒学严格的情绪控制和佛教中的遁世观念，它与日本神
道教更为贴合，最终引导本居宣长去相信一种"古代方式"（*inishie
no michi*）或"神道教的方式"。到本居宣长生命终结的时候，日本面
临着一系列的社会和经济问题（还有影响可与里斯本大地震相当的火
山喷发），他的思想演变成一种观点，即日本在古代日本文化中达到
巅峰，随后又在中国的影响下衰落。这种保守的民族主义在之后一个
半世纪里继续发展，并在 19 世纪晚期西方文化主要从那时引领史学
世界的德国再引入日本的过程中幸存了下来。

德国的启蒙运动

　　18 世纪的德国仍然是一系列独立国家的集合，而普鲁士开始成
为其主导力量。当时的德国没有一个史学活动的思想中心，许多作者
仍然在学院职位之外从事写作，而历史思想和著作日益被大学认同，

---

[1] 我的这一观点来自唐纳德·贝克(Donald Baker)教授。
[2] Shigeru Matsumoto, *Motoori Norinaga 1730 – 1801* (Cambridge, MA, 1970), 40.

这一现象的发展比欧洲其他地区都要早。到这个世纪末，许多新大学建立了起来，或是天主教的，或是新教的，其中有许多都有历史教授职位；在这个世纪最后三分之一的时间里，历史成功从辅助学科或预科转变成了独立发展的自主学科。哥廷根大学的历史活动特别活跃，其影响与其政治地位或大小不成比例。

德国启蒙运动对史学的影响如何与其他国家的启蒙运动不同需要

主题框 23　　贾斯特斯·莫泽　　333

地方史现已在世界上完全确立（见上文第四章），但莫泽最终完成的多卷本的《奥斯纳布吕克史》（*History of Osnabrück*，1768 年出版）在西方史学史上享有特殊的地位，他也被视为德国历史思想和著作贡献的先驱，而这种历史思想与著作最终对后来一个世纪产生了深远而持久的影响。莫泽的著作最突出的方面是它对特性的强调：地方政治、法律、行政制度在社区随时间发展时的特征，以及对非理性作用的坚持。它使启蒙运动第一阶段的高深推测和宽泛概括更切实际。虽然莫泽的研究对象只是一座城市，但他的解释框架是地缘政治学式的：这座城市是整体的一部分，而整体存在于一个有着可识别特征或风格的特定时期。地产和自卫队的发展为将历史碎片串起来提供了"强有力的线"，莫泽从中勾画了自由失去与重获的四个"时代"。这有些类似于苏格兰人的个别阶段说，尤其类似于米勒的《对英国政府的历史考察》，而这在很大程度上属于巧合；与文艺复兴时期的公民人文主义及其自由市民在共和政体下行使自由权力的观念的类似则更为直接，因为莫泽完全是学习文艺复兴和 17 世纪历史的学生。他的著作还标志着德国启蒙运动的许多思想中的反专制主义主题，不过他最终并未激进，并在其生命的最后岁月里积极反对法国大革命。就启蒙运动晚期的价值观和历史感而言，相比卢梭，他更像是伯克。

解释说明一下。从某种程度上说，区别在于 20 世纪早期具有高度说
服力的弗雷德里希·梅尼克（Friedrich Meinecke）所创造的错觉，对
他而言，德国人在用历史特殊主义取代启蒙运动的普世主义方面处于
领导地位：贾斯特斯·莫泽（Justus Möser，1720－1794 年）多卷本
的单一城市史《奥斯纳布吕克史》（*History of Osnabrück*）就是这样
的一个很好的例子（见主题框 23）。在谈到不该遮蔽本已存在的事实
方面，这种区别可能就被放大了。这部分是因为启蒙运动传到德国稍
微有些晚，因而可能折中吸取了在其他地方发展起来的思想，甚至站
在其中一些思想的对立面自我界定；另一部分原因是尽管反感继承自
戈特弗里德·阿诺德的教条主义，但德国人仍然是路德教派和基督徒
的重要据点，从根本上不被伏尔泰和他的反教会干涉政治的观念所接
受。德国思想家受到数学家哲学的影响，也受到历史学家莱布尼兹及
其"世界是由一系列'单子'组成的，其中任何一点都独立反映整
体"的观点影响，他们在他们自己的信仰体系中调和基督教的历史观
会更容易。从审美学上看，欧洲许多地区仍然视罗马为古代成就的顶
峰，而德国人更倾向于古希腊文明，尤其是 5 世纪的雅典。在文献学
方面，弗雷德里希·奥古斯特·沃尔夫（Friedrich August Wolf，
1759－1824 年）在其《荷马绪论》（*Prolegomena to Homer*）一书中
为古代研究的跨学科方法奠定了基础。他直言"我们现在手中拿的
荷马史诗不是当时古希腊人口口相传的荷马史诗，而是经过各种
替代、篡改、更正和修订了的"，他做出这样的论断不是基于之前
使用"各种零散的证据"检验过这一史诗的许多"饱学之士和智
者"，而是基于所有这些证据的系统整理，从而让"历史说话"。
①他对《伊利亚特》和《奥德赛》在古代创作阶段和它们从口述转
为笔录的阶段的重构也帮助下个世纪早期口述文化兴趣的复兴提供
了舞台。

334

---

① F. A. Wolf, *Prolegomena to Homer 1975*, ed. and trans. Anthony Grafton, Glenn
W. Most and James E. G. Zetzel (Princeton, NJ, 1985), 209.

所有这些对德国历史思想都有意义。像约翰·克里斯托夫·加特勒（Johann Christoph Gatterer，1727–1799 年）那样的保守派坚持逐字阅读《旧约》和传统的基督教编年史，其他人（包括被称为"新教义信奉者"［Neologists］的群体）保持他们的信仰的同时不再严格遵循圣经时间。依据圣经的质疑源自年代学，他们把《旧约》当成关于预言的和道德的圣诗来读，而不是当成由不同作者在不同时代所写的历史文本来读；《旧约》也不被理解为关于事件的文本记录，而是用其矛盾来提供其史实性的证据，这种矛盾源于其作者在长期内相继创作。一些新教义信奉者不能完全去除圣经故事，他们就扩展了《旧约》的年代范围，通过延长亚当与基督之间的时间来记述渐进的社会变化。在 18 世纪的德国，神学、伦理学和所谓的"实用主义哲学"比古典学更受推崇，它们与对历史和大历史的文献学思考一样有着明显的影响。圣经注解学——适用于解释圣经的理论——的长久传统在德国人的手中演变成了批判各种文献的有力工具。是德国启蒙思想家使人类历史发展的哲学更为完美，同时保留了"各阶段都是整体的有用部分"的信念，这是 19 世纪德国历史思想的两个特点。与经典对照一度被博学多识的历史学家们喜爱，并将 19 世纪的历史思想勾画成对 18 世纪的质朴和无关历史的激烈回应，它似乎无处不比德国启蒙运动更有说服力。①

335

面对将所有事件原因都归因为人类意图的"世俗"人文主义、冷嘲式地将伟大事件的原因都归因于偶然、无论奇迹的还是平常的事件都被归因于为天意这三个都不太吸引人的观点，德国启蒙思想家们选择了第四种解释方式。这种方式同时包括了天意和总体计划，也容纳了在德国启蒙思想家们看来意识形态上支持适度改革和有限专制的孟德斯鸠所说的环境因素。他们假设了个人和集体的人类能动性，并在

① Ernst Cassirer，*The Philosophy of the Enlightenment*，trans. Fritz C. A. Koelln and James P. Pettegrove（Boston，1955），197；Peter Hans Reill，*The German Enlightenment and the Rise of Historicism*（Berkeley，CA，1975）.

这个世纪末开始制定出关于"历史伟人"的一种分类。但约翰·洛伦兹·冯·莫斯海姆（Johann Lorenz von Mosheim，1694？－1755 年）指出，他们没有掉入高估意图与其结果的联系、将不太可能的预知融入个人远见中的陷阱。

在其他启蒙思想家中，英国思想家对德国思想家的影响比法国思想家更多（即便有一个孟德斯鸠），而在英国内部，苏格兰人比英格兰人更具吸引力，这是因为麦克弗森的奥西恩风格（Ossianic）的诗歌在德国更受欢迎。休谟和罗伯逊的著作很快被译成德语，而弗格森的历史似乎格外受欢迎，这使他入选普鲁士皇家科学与艺术学院，这是罕见的殊荣。由于受亚当·斯密的影响，许多德国启蒙思想家都去探索经济思想、贸易、技术变化，并进行统计研究。他们被比较研究强烈吸引，并将之用在处于不同发展阶段的社会身上：在哥廷根大学执教的俄国史先驱斯奇勒泽（Schlözer）公开出版了一封论历史方法的信件，他在信中对古代、中世纪、现代的各个民族进行了明确的比较，并且号召以全球视野去研究历史。① 除了环境因素以外，德国启蒙思想家们还将事件原因归因于诸如"民族特征"、所谓的时代精神（Zeitgeist）、作为超人类的力量代理能够最终替代天意的非人为力量（尽管这不是它们的意图）等更加难以言喻的概念。

德国人自 16 世纪末以来已频繁为历史艺术的著作做贡献，现在他们成为了指南、说明、手册的作者。但也有许多人超越这些更深入地思考历史、其中的变化机理和人类能动性，以及历史的"科学"（Wissenschaft）。影响力巨大的加特勒批判历史被组织成一系列失去了部分与整体联系的民族记录。在这一点上，他支持复兴基于圣经的336　普世史，而这是德国早期启蒙思想的一个主要观点。他一生写了许多手册著作，涉及系谱学、年代学、纹章学和外交学，其中较早期的两本著作《普世史手册》（Handbuch der Universal-historie，1761 年出

---

① August Ludwig Schlözer, 'On Historiography [1783]', *History and Theory* 18：1 (1979)：41－51，at 41.

版）和《同步的普世史入门》（*Einleitung in die synchronistische Universalhistorie*，1769 年出版）通过对自然史的考察解释了圣经中所述早期历史的问题，例如前洪积世人们非常长寿的问题。他最终修改了他那传统的基督教的历史分期，取而代之的是根据社会组织程度、包括历史在内的知识形式、基督教世界和非基督教世界的主要事件对时间进行的四阶段的划分。

理性的普世主义在面对无法控制的革命变化时不能提供充分解释，甚至提供安慰也不能，这让德国启蒙思想家们越来越不安，这种不安显示在约翰·戈特弗里德/冯·赫尔德（Johann Gottfried Herder，或 von Herder，1744－1803 年）丰富的思想中。作为一名教师和牧师，赫尔德在职业和思想方面都是见异思迁的人，他会突然改变对人和事的想法，并与康德和歌德等以前的朋友闹翻；他在性格上类似法国启蒙运动晚期的一位活泼善变的人物——卢梭。赫尔德在他散文式的《另一种历史哲学》（*Also a Philosophy of History*，1774 年出版）一书中对抽象的思考进行了讽刺批判，他被认为只能进行哲学式的概括。除维柯外，该书被认为是 19 世纪历史相对论的核心理论的最早表述，即认为每个时代都应该按其自身的条件、根据其自身的价值观进行评判。赫尔德的著作被广泛传译，是他而不是任何其他欧洲人为后来一个世纪的民族主义及其抛弃与启蒙运动相关的各种普世主义（尽管不是所有的普世主义）奠定了基础。在赫尔德看来，所有民族都各有不同，也不会遵循同样的发展道路；他喜欢有机的隐喻联系，这使他能够看到生物学上的各种变化。每个民族都是自然的一部分，但其所发芽的种子不同；每个民族都会根据它自己的倾向成长，未来的形成普遍存在于历史之中。赫尔德拒绝将法国式的发展看成人类思想的前进运动，他关注包括机遇在内的非理性因素：他是最先进行历史反事实假设的人之一，这种"如果"的游戏思考的是"如果怎么样，结果会怎么样"，例如如果"罗马建立在不同的地点"或"恺撒如果处在奥古斯都的位置该如何统治"，以及关于克利奥帕特拉（Cleopatra）

的鼻子长度的各种帕斯卡式的问题（Pascal's question）。①赫尔德对个
人（尤其是不同寻常的人）成就的作用的强调将他们提升到了常人之

337　上，使他们脱离了普通的规则和标准，这似乎是托马斯·卡莱尔
（Thomas Carlyle）和更令人不悦的尼采在 19 世纪继续发展的主题。

赫尔德认为，尽管全球领导权从一个文明相继传递到另一个文
明，但没有一个文明真正灭亡，因为它将被包含在人性的最终故事之
中，这是人类朝向实现普世的共同目标发展的本质所在。"整个人类
的历史就是人类力量、行为、习性通过时间与空间修饰的纯粹的自然
史。"② 文化藏入事件之中，而不是相反，"骑士精神并非兴起于十字
军东征（原文如此），而是十字军东征源于骑士精神。"③ 文化的承载
者和人性历史的容器因而是民族，一个能够展现看得见的差异化的文
化特征的人类单体；它是民族的语言（本身就各种各样且受历史条件
限制）、社会风俗、习惯方式、气候、经历，以及跨越政治边界和政
治史时期的共性等等的产物。国家可能兴起与衰亡，被外来征服者征
服，但"民族会保留下来"。④ 民族之间不可严格对比，他们的发展
速度不同，不像孔多塞所衡量的速度那样单一；在孔多塞对待野蛮人
的人性上前后矛盾的地方，赫尔德明确指出他们是更大的人类历史的
贡献者，并不差人一等：他们都拥有人性，并保持着独特的特性。然
而前进的脚步是明显的，时间长河确保了人性的向前发展，既向过去
学习，又超越过去。

甚至像一度有道德的罗马治下的奴隶制世界那样的灾难也能催生
新的文明，像凤凰一般从消失民族的灰烬中涅槃重生。赫尔德所谴责
的中世纪天主教会至少在野蛮时代的西欧稳定了秩序；而像十字军东

① Herder, *Reflections on the Philosophy of the History of Mankind*, trans. T. O. Churchill (1800), ed. Frank E. Manuel, 264.
② Herder, *Reflections on the Philosophy of the History of Mankind*, trans. T. O. Churchill (1800), ed. Frank E. Manuel, 214.
③ Herder, *Reflections on the Philosophy of the History of Mankind*, trans. T. O. Churchill (1800), ed. Frank E. Manuel, 378.
④ Herder, *Reflections on the Philosophy of the History of Mankind*, trans. T. O. Churchill (1800), ed. Frank E. Manuel, 162.

征那样"疯狂的事业"能够产生预想不到的有益结果，例如商业的发展和现代欧洲的诞生。[①] 赫尔德直接将注意力从政治和军事史转向可通过艺术、音乐、文学等识别的人类的"内在生活"，这种方式最终演进成了 19 世纪的文化史观念。他在他的人类取样中像伏尔泰一样囊括了中国人、非洲人、爱斯基摩人、美洲印第安人等外部民族，与此同时，他从根本上说仍是一个欧洲中心论，不过他认为欧洲人并不那么高人一等。

然而，伏尔泰过分简单的普世主义令赫尔德感到厌烦，他也否定了承认地区多样性的更精细的构想。作为替代，赫尔德从卢梭那里寻求一种能够替代世界主义的被认可的神话，以替代后者所赞扬的斯巴达，以及对罗马共和国时期早期德国部落未被现代的奢靡腐蚀的朴素、独立的一种更古老的塔西陀式的理想化。不过我们仍然可以将赫尔德置于启蒙运动的世界主义的传统之中。赫尔德的著作前后矛盾的情况众所周知，他关于历史的成熟之作《人类历史哲学的概念》（*Ideen zur Philosophie der Geschichte der Menschheit*，1784－1791 年出版）既分析了 20 世纪所讨论的问题，又收回了他的一些早期观点，因为它用了一种普世主义的历史观，而年轻时的赫尔德认为这个观念存在很多问题。尽管如此，它仍然去除了正统的启蒙运动早期民族主义者所持"所有人在所有时期都有不变的共性"的观点。简而言之，赫尔德又摇摆回到了中心，确立了一种与维柯没什么不同的中间立场，而这两人都对之前的时代感同身受，并都持"整体包含特殊"的观点（文献摘录 27）。

338

在所有的人物之中，启蒙运动晚期最著名的思想家是康德（Immanuel Kant，1724－1804 年），他是赫尔德的老师，最后又被赫尔德批判。与他的这位学生不同，康德致力于研究中世纪晚期，在几年之内就出版了《纯粹理性批判》（1781 年）和《实践理性批判》（1788

---

① Herder，*Reflections on the Philosophy of the History of Mankind*，trans. T. O. Churchill (1800)，ed. Frank E. Manuel，119，357.

赫尔德论文化的传承

● 不可否认，时间进程影响到了人类的思维模式。吩咐一个人去虚构，去吟唱《伊利亚特》，吩咐他像埃斯库罗斯、索福克勒斯、柏拉图那样去写作，这是不可能的。幼稚天真、无偏见地看待事情等等这些古希腊人的年轻阶段已经一去不返了。希伯来人和罗马人也一样；另一方面，我们知道了许多希伯来人和罗马人都不知道的许多事情。一天教谕着另一天，一个世纪指导着另一个世纪：传统在充实丰富：时间、历史的缪斯用上百种声音吟唱，用上百种语言言语。在那里，污秽与困惑也同样多，并像雪球一样被时间越滚越大；然则这种困惑是时代的产物，它的兴起源于同一物体不知疲倦地不断向前滚动。因而，每次回溯古代，甚至著名的柏拉图年都是虚构的，是源于世界和时间的观念，是不可能的。我们向前浮游：但曾经流过的溪流不会再返回它的源头。

节选自 J. G. Herder，*Reflections on the Philosophy of the History of Mankind*，trans. T. O. Churchill，ed. Frank E. Manuel（University of Chicago Press，1968），106 – 107。

年），这两本书对后来一个世纪的认识论和伦理学产生了深远的影响。在这两本书完成期间的 1784 年，康德还发表了一篇名为《从世界主义视角看普世史观念》的论文，也正是这一年，赫尔德出版了他的《人类历史哲学的概念》，次年，康德发表了该书的书评。康德主要反对的不是赫尔德的经过修正的普遍主义，而是赫尔德得出结论的方式，即思考个人行为与社会发展之间自然和谐的问题时依靠不可靠的经验主义证据和可疑的逻辑。

康德对此十分质疑。他认为人类有缺点，有自私、短命、争执、冲突的欲望。个人追求自己的欲望会产生混乱（这里没有斯密的"指引之手"），但集体的对抗与冲突能促进发展，抑制人类的衰弱和懒惰。人类本质无所拘束的最坏结果能够通过遵从康德所谓的"绝对命令"得到克服，自由意志不会去做任何一个人不可能愿意拿来作为普世原则的任何事。人类作为一个种族的集体力量会走向理性和充分发挥自然赋予的潜能。这只有在社会背景下才能达成：人就像树，紧密贴近就会被迫向上朝阳生长，独立生长，伸展不受约束，枝丫就会弯曲。其结果从理论上说导致了一个开明社会的依据共和原则得到最好管理的"道德整体"，康德认为人类本质最无价值的方面包括他们自己的决议和人类的成就。战争产生了安全共栖和最终和平的愿望，而装饰人类的所有文化、艺术和最好的社会秩序都是有孤僻倾向的果实，它迫使自己自律，从而通过一种人为的艺术使本质的种子发展得更趋完美。[1]

结　论

18 世纪的历史继续维持着与文献学家和古物研究者的学术联系。在西方，并行发生的还有与哲学更紧密的联系以及对自然的研究，而不是之前从维柯到赫尔德那样的思想家推测人类历史进程那种情况。尽管德国相比欧洲其他地区在宗教的历史解释层面进行了更强烈的保留，但到了康德时代，自然已在很大程度上取代了天意为人类创造计划的责任。那种计划对历史学家们来说只是部分可见，但就像笛卡尔曲线一样，一些人认为它的轨迹可以通过历史事件累进的趋势绘制。在差不多同一时期的东亚，批判学术到达了一个更高的高度，有时接近打破旧习者的结论；在后来的 19 世纪，一股源于欧洲方法论的概念变化的新一波风潮会被引入到日本和中国（以及世界其他地区）。

在欧洲内部，历史现在真正到达了"大历史"的形式，而后来一个世纪的思想家会对此进一步发展。个别阶段说者等 18 世纪的理论家增强了历史向前运动的动力，但也能够阻止（有时也在质疑发展的

340

---

[1] Immanuel Kant, 'Idea for a Universal History from a Cosmopolitan Point of View', in *Peaceable Kingdoms: An Anthology of Utopian Writings*, ed. Robert L. Chianese (New York, 1971), 197 – 210, at 202.

益处）。19 世纪并不情愿在这件事情上给历史太多选择，并有时赋予它几乎机械式的无法停止的动能。与此同时，"小"历史（一种文学流派，不久之后便成为了一种专门的学科）也在变化。这两类变化及其相互联系是我们下一章将要涉及的。

大事年表

1811—1832 年	尼布尔三卷本《罗马史》出版
1824 年	兰克《拉丁和条顿民族史》，1494—1514 年出版
1830—1842 年	孔德《实证主义哲学》出版
1837 年	黑格尔《世界史哲学讲演录》在其去世后出版
1852 年	马克思《18 世纪外交史内幕》出版
1857 年	《匈牙利历史档案》和英国的"主簿丛书"开始发行
1857—1861 年	巴克尔两卷本《英国文明史》出版
1858 年	德罗伊森《史学概论》出版
1859 年	《历史杂志》创刊
1860 年	布克哈特《意大利文艺复兴时期的文化》出版
1864 年	古朗士《古代城市》出版
1874 年	尼《论历史的用途与滥用》出版
1883 年	狄尔泰《人文科学导论》出版
1897 年	朗格诺瓦、瑟诺博斯《历史研究导论》出版，之后不久被译成多种语言

第七章

破碎的镜子：19 世纪西方的民
族主义、浪漫主义和专业化

统治者、政治家、国民经常被建议学习历史课 　345
程。但教授的经验与历史是这个或那个国家和政府
从来没有从历史中学到什么，或按照他们可能从历
史中学到的任何教训行事。每个时代、每个国家都
会发现它们置身于独特的环境，在这种独一无二的
情况下，它能够而且必须独立做出抉择（只有伟人
才能确定正确的路径）……（从历史中获得的指导
并没有出现在任何我们基于历史的反思中。没有两
个例子完全相似；他们永远不能使我们充分确信在
某种情形中最好的同样在另一种情形中也是最好
的。）在这一方面，没有比我们经常听到的求助于
希腊、罗马先辈更无趣的了。没有什么能够比国家
的特性和我们的时代有更多的不同。

黑格尔（Georg Wilhelm Friedrich Hegel）①

引　言　19 世纪是现代史学史的一个巨大蓄水库，许多个世纪的思想
源流汇集于此。汇流之后涌现出来的是 20 世纪的历史写作，
其起源和它的许多矛盾仍然可以清晰地追溯到水库的另一端，

---

① G. W. F. Hegel，*Lectures on the Philosophy of World History*，trans. H. B. Nisbet
（Cambridge，1975），21.

346

但随着东西方传统的合流发生了无可比拟的改变，或者更准确地说，是西方史学有时通过武力，但经常通过引诱向世界其他大部分地区的传播促成了这一变化。在本章中，我们将集中于西方的经验，尤其是欧洲及其主要的独立分支——美国。在下一章中，我们会进一步放眼海外，囊括一些欧洲其他的殖民地，包括拉丁美洲、加勒比地区、印度、东南亚、奥斯曼土耳其帝国衰落时期的伊斯兰世界，并再次关注东亚。

19世纪超越大部分时期之处在于它充满了狄更斯的矛盾。这是一个民主自由主义的时代，也是一个保守主义反扑的时代；这是一个宗教强势回归的时代，也是一个科学或唯物主义驳斥超自然的时代；这是一个流行历史著作广泛传播的时代，也是一个职业精英主义的时代；这是一个革命民族主义的时代，也是一个帝国主义统治的时代；这是一个在训练公务员和殖民地官员时强调历史功用的时代，但也是一个日益拒绝出于自身目的学习历史课程的时代；这是一个见证像梯叶里（Augustin Thierry）那样的历史学家关注普通人、社会史发端以及经济史作为平行学科出现的时代，也是一个见证始于黑格尔的"世界史上的个人"（World-historical individuals），继之以苏格兰亲德派卡莱尔，结束于令人烦恼的人物尼采的历史"英雄"崇拜的时代（这也迎合了公众对传说和伟人书信集的胃口）；这是一个对关于过去与未来历史进程的理论进行大胆臆想的年代，也是一个学术极其谨慎并竭尽全力反理论的经验主义年代。

19世纪也是历史和历史学家影响公共政策达到顶峰的时代。古代的历史学家常常最初是政治家或士兵，他们的历史就是回顾他们所经历的已消逝的过去。在早期现代和启蒙运动时期，从培根、克拉伦敦、普芬多夫到波兰的亚当·拉鲁斯哲维兹（Adam Naruszewicz）、瑞典的奥洛夫·达林

（Olof Dalin）等历史学家都当过君主的顾问或国王的老师。但在19世纪，欧美历史学家不仅会写他们国家的历史，还会参与当前的公共事务。杰出的历史学家会担任：外交官（巴西的弗朗西斯科·阿尔多夫·德·维恩哈根［Francisco Adolfo de Varnhagen］；智利的乔斯·维多利诺·拉斯塔里亚［José Victorino Lastarria］、本杰明·维库里拉·麦肯那［Benjamín Vicuña Mackenna］、迪亚戈·巴罗斯·阿拉那［Diego Barros Arrana］；美国的乔治·班克罗夫特［George Bancroft］）、政府官员（阿里西斯·德·托克维尔［Alexis de Tocqueville］、阿尔弗尼斯·德·拉马丁［Alphones de Lamartine］、维克多·杜卢伊［Victor Duruy］、埃及人阿里·穆巴拉克［Ali Mubārak］和奥斯曼土耳其帝国的历史学家阿迈德·杰夫代特·巴夏［Aḥmed Cevdet Pasha］）、高级公务员（弗朗西斯科·拉桑尼［Francesco Lanzani］）、内阁部长（又是乔治·班克罗夫特）、首相（弗朗索瓦·基佐［François Guizot］和阿道夫·梯也尔［Adolphe Thiers］）、首席立法委员（托马斯·巴宾顿·麦考利［Thomas Babington Macaulay］、阿希姆·莱勒维尔［Joachim Lelewel］、海因里希·冯·西贝尔［Heinrich von Sybel］、西奥多·蒙森［Theodor Mommsen］、海因里希·冯·特赖奇克［Heinrich von Treitschke］、朱塞佩·法拉利［Giuseppe Ferrari］、弗兰基谢克·帕拉茨基［František Palacký］，1798–1876年），甚至是总统（西奥多·罗斯福［Theodore Roosevelt］、阿根廷的巴托洛梅·米特雷［Bartolomé Mitre］及其继任者多明戈·福斯蒂诺·萨米恩托［Domingo Faustino Sarmiento］、洪都拉斯的马尔科·奥瑞利欧·索托［Marco Aurelio Soto］）。历史在英美各大学的显著扩张最初与促进研究无关，而是与培养国家未来公务员的教育有关，在法国，出于类似原因，历

347

史在 19 世纪晚期的改革中攫取了大量好处，它在法国文科教工中的教授职位比重从 1865 年的 20%（这些岗位按常规还包括教授地理的人）增长到了 1910 年的 32.6%。[1] 事实证明，这种历史、政治与社会改革的联系成为西方史学在世界其他地区被采用的催化剂。

知识与政治背景

1815 年的欧洲正从法国大革命和拿破仑战争的动乱中恢复过来。在这个世纪的头十年，反对启蒙运动晚期政治和知识理性主义的文化革命和对 18 世纪占主导地位的新古典主义美学的挑战几乎不可避免，即便不会持久。并不是卢梭（Rousseau）、罗伯斯庇尔（Robespierre）或美国的汤姆·佩恩（Tom Paine）等单独几个 18 世纪晚期的人物遭人非议地释放了革命的精灵，而是相当一部分受过教育的人开始回溯过去，指向像伏尔泰那样更温和的，乃至持居主主义观念的启蒙思想家，指责那些现在看来似乎是可怕的错误的东西。雅可比时代对激进主义的批判和埃德蒙·伯克在拿破仑时代和后拿破仑时代被包括约瑟夫·德·迈斯特（Joseph de Maistre，1753－1821 年）、弗朗索瓦·雷恩（François-René）、维孔特·德·夏多布里昂（vicomte de Chateaubriand，1768－1848 年）在内的妄图恢复旧制度的保守派热情接纳。20 世纪早期欧洲最伟大的历史学家之一约翰·赫伊津哈（Johan Huizinga，1872－1945 年）把握到了对过去的美好且轻微夸张的怀旧之情："对待历史整个态度都转变了：过去不再是一个模型、一个例子、演说家的武器，或者是堆满古董的杂物间，它现在用对遥远和外国事物的渴望和再现曾经发生的事件的渴望填补了人的心灵。

---

[1] Pim den Boer, *History as a Profession: The Study of History in France*, 1818－1914, trans. Arnold J. Pomarans (Princeton, NJ, 1998), 201.

历史意识充满了怀旧之情和萦绕的记忆。"①

这种新视角的重要部分是我们现在称之为"中世纪主义"的出现，它旨在重新评估罗马灭亡到文艺复兴之间的时期。后来成为皇帝拿破仑三世的夏尔·路易·拿破仑·波拿巴（Charles Louis Napoléon Bonaparte，1808－1873年）在1840年因政变失败入狱后开始花时间完成一部关于查理曼及其影响的历史。而对浪漫主义作家夏多布里昂来说，对中世纪的再思考与恢复它的精神密切联系在一起。他曾用这样的词句来描述进入哥特式教堂的感受："古代法国似乎也复活了"。② 因

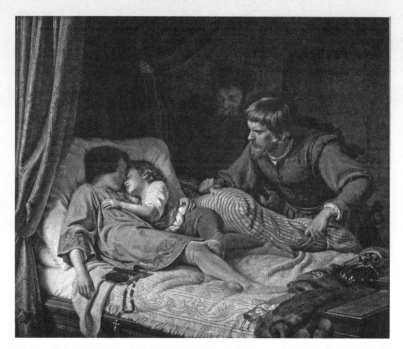

图43 塔中的王子们。中世纪英国晚期的一个情节：一个后来被莎士比亚和其他人描述过的，国王爱德华四世（Edward IV）的儿子们在塔中被他们的叔叔暗杀，即之后谋朝篡位的国王理查德三世（Richard III）谋杀了。由德国画家西奥多·希尔德布兰特（Theodor Hildebrandt，1804－1874年）所画。Kunstsammlung Nordrhein Westfalen, Düsseldorf, Germany. Photo credit: Erich Lessing/Art Resource, NY.

① Ibid. , 124.
② François-René de Chateaubriand, *The Genius of Christianity*, trans. C. I. White (Baltimore, 1856), Part Three, Book I, ch. 8, 385.

而哥特亚文化现在渗透到了顶部，溢到艺术、建筑、文学甚至史学
领域之中。沃尔特·斯科特（Walter Scott, 1771－1832年）等小说家
在对英雄事迹和战事的叙述中因为将历史与小说相混合并频繁地选择
中世纪场景而广受大众欢迎（斯科特的著作是如此成功以至于美国作
家马克·吐温因为美国内战中联盟国的战斗对他有过非常著名的指
责）。艺术家将历史情节融入绘画中，按想象重构历史上的著名场景，
而中世纪主题则特别流行（图43和44）。威尼斯人弗朗西斯科·哈
耶兹（Francesco Hayez）的实质上属于意大利浪漫主义流派的画作
《皮亚托·罗西》（Pietro Rossi）就是受艺术家阅读旧的编年史和近代
史的启发，尤其是受瑞士历史学家珍·查尔斯·莱昂纳多·德·西斯

图44 贾罗修道院（*Jarrow Priory*），由威廉·贝尔·斯科特（*William Bell
Scott*, 1811－1890年）所画。来自一套描述盎格鲁-苏格兰边境历史的壁
画，该套壁画绘于1856年，现存于沃林顿会堂（*Wallington Hall*）的中央
大厅。Photo：Derrick E. Witty. Wallington, Northumberland, Great Britain.
Photo credit：National Trust Photo Library/Art Resource, NY。

蒙第（Jean Charles Léonard de Sismondi，1773－1842 年）的《中世纪意大利共和国史》（*L' histoire des républiques italiennes du moyenne âge*，'History of the Medieval Italian Republics'）的启发。中世纪主义并不是保守派独有的财产。卡莱尔（1795－1881 年）在变得反动保守之前想重写布雷克隆德的乔斯林（Jocelyn of Brakelond，约 1211 年）的《编年史》（*Chronicle*），以此作为他编辑的颇有影响的社会评论《过去与现在》（*Past and Present*，1843）之外最引人注目的功绩。失意的温和派政治家普罗斯珀·德·巴那恩特（Prosper de Barante）模仿弗伊萨特（Froissart）的风格写了一部关于勃艮第公爵的极其成功的历史。与此同时，热衷于古物研究、提倡"新学术"的自由主义者梯叶里在介绍他写的诺曼征服史时宣称他保留 11 世纪的姓名的原始拼法就是在保留历史真实。英国的历史学家在这一整个世纪都热衷于强调幸存的日耳曼遗产，重新关注他们盎格鲁-萨克逊的历史，并恢复了 17 世纪的一种尝试，即寻找因诺曼征服而中断的英国体制的延续性。[①]

　　保守主义在后拿破仑时代流行，尤以法国最盛，与之相对的更温和的一股潮流——自由主义——也在形成。它批评过度的恐怖活动，指责共和政体先退化到混乱，再坠落为帝国，并引导了一条介于激进主义和"极端"反应的中间路线。其追随者包括自由派天主教徒，他们试图通过历史研究和教育来恢复牧师名誉，并利用文献学最新进展。思想界所有人士都深知需要用当今的力量来付诸实施或抵制改变。保守主义与自由主义之间的紧张局势在 1830 年法国和西属尼德兰革命中达到顶峰（导致了比利时的诞生），之后又在 1848 年爆发，并以法国为中心向中欧和南欧哈布斯堡家族统治的地区延伸。

　　与此同时，在 1789 年革命后释放出来的民族主义潮流正在兴起，并煽动抵制拿破仑式的中央集权，但之后被试图封杀流派的"欧洲协

---

① J. W. Burrow, *A Liberal Descent: Victorian Historians and the English Past* (Cambridge, 1981).

调"局面勉强控制。这些正好发生在大国力量与统治接近顶峰之时，而这些敌对的反动力量间的冲突在 19 世纪持续，并不幸地延续到了 20 世纪。到这个世纪末，世界版图发生了很大变化。大英"第二"帝国正值顶峰，但它正面临着因民族主义而生的新国家——普鲁士人统治的德意志帝国——这一劲敌的挑战。像比利时这样的新民族国家和荷兰这样古老的国家也在或控制或伺机去控制位于非洲或南亚的地盘；西班牙因为军队叛乱和自由主义革命而风雨飘摇，而葡萄牙从 1828 年到 1834 年间也因内战动荡不安，这两个国家都在从中南美洲这个民族主义运动最激烈的地区撤退（见下文第八章）。欧洲和中亚其他三国——奥地利-匈牙利（新形成的哈布斯堡帝国）、沙皇俄国、奥斯曼土耳其帝国——不久也都陷入困境，曾经伟大的专制帝国都面临着严重的衰退。

　　随着在英国和美国最为剧烈的工业和经济革命的进一步深入，科学和技术在这个世纪有了巨大的进步，而人们对改善世界的能力也感到极大的乐观。但也有人敌视工业化和机械化，如不喜欢长期存在的社区和土地价值观被颠覆的保守派，又如马克思那样信奉用唯物史观去解释资本主义兴起、内部矛盾及其最终灭亡的激进社会评论家。至于宗教，从 17 世纪的绝对怀疑主义到启蒙运动时期的理性主义再到 19 世纪的批判主义有点像从煎锅到火里并终于地狱的转变。然而作为对"理性的金牛犊"这一启蒙哲学崇拜的回应，基督教价值观也有所回归，但这一复苏的精神境界现在有了新的敌人，其在圣经批判方面（在某种程度上断断续续可回溯过整个 18 世纪一直到理查德·西蒙〔Richard Simon〕时代）首先发现于戴维·弗里德里希·施特劳斯（David Friedrich Strauss，1808－1874 年）颇有争议的《耶稣传》（*Life of Jesus*，1835），该书解密了基督，并挑战了他的神圣性。反教权主义仍然对一些历史学家有吸引力——法国历史学家米什莱和埃德加·奎内特（Edgar Quinet，1803－1875 年）在 19 世纪 30、40 年代加入了对教会的自由批判中，他们视耶稣会为特别有害的势力；马克思视宗教为"人民的鸦片"。令这一信仰境况更糟的是，被强调了至少两个世纪的编年史的圣经体系（包括创世的故事）现在也由于查尔斯·莱伊尔（Charles Lyell）的《地理学原理》（*Principles of Geology*）和后来查尔斯·达尔文的《物种起源》（*Origin of Species*，1859）的问世而近于湮灭。大主教厄谢尔（Ussher）的（圣经谱系）大厦在经过一个世纪的下沉之后终于崩塌了。

不过还需强调的是，这不是一个反宗教的时代，这个时代的学术研究也不会倔强地与超自然力对立。历史学家也不过只是个"科学家"（scientist，英国自然哲学家和博学者威廉·休厄尔［William Whewell］在 1833 年杜撰的一个词），他们会发现在他们的研究和信仰之间，或者甚至在历史的机械论和对更高的力量的信仰之间存在不可调和的矛盾。这个世纪最为杰出的历史小说家之一托尔斯泰——一位特别虔诚的基督徒和"伟人"历史的批评家——能在 19 世纪 60 年代就在描述俄国在奥斯特利茨（Austerlitz）的一次惨败过程中巧妙地运用钟表的机械式隐喻，"无数车轮和滑轮的复杂运动……那是人类历史钟面上世界历史指针的一次迟钝的移动"；实际上，他在《战争与和平》的结语中用了一半的篇幅进一步探讨历史与宗教。①就像宗教改革运动时期所发生的那样，天主教和新教间的宗教分裂对史学走向、研究议题产生了相当大的影响，并持续到了 20 世纪。

就我个人看来，许多历史学家对待他们的信仰都很严肃。德国伟大的历史学家兰克（本章和下一章将突出塑造的人物）就是一位虔诚的新教教徒，他认为通过文献研究过去可以洞察神为人类制定的计划；他将卢瑟（Luther）视为他最重要的智慧灵感来源之一，将神学家弗里德里希·施莱尔马赫（Friedrich Schleiermacher）视为他的密友。约翰·西利（John Seeley，1834－1895 年）、詹姆斯·安东尼·弗劳德（James Anthony Froude，1818－1894 年）、塞缪尔·罗森·加

---

① Leo Tolstoy, *War and Peace*, trans. R. Pevear and L. Volokhonsky (New York, 2007), vol. I, iii, xi, 258.

352　德纳（Samuel Rawson Gardiner，1829－1902 年）等许多维多利亚女王时代的英国著名历史学家都有类似的宗教观念；社会历史学家约翰·理查德·格林（John Richard Green，1837－1883 年）是一位被任命的牧师；曼德尔·克雷顿（Mandell Creighton，1843－1901 年）和威廉·斯塔布斯（1825－1901 年）都放弃了他们在剑桥大学和牛津大学受人尊敬的教授席位，转而去担任主教。法国历史学家欧内斯特·勒南（Ernest Renan，1823－1892 年）在安然度过了一次信仰危机之后成为了著名的宗教史家，就像德国的《耶稣传》（*Life of Jesus*）作家施特劳斯一样。法国牧师的高阶博学传统曾因宗教改革运动对条例规定的废止和皇家学院的关闭而中断，但早在 1795 或 1796 年旧有院校作为法兰西学院得到重建和本笃会（法国和高卢的历史学家群体）复兴之时也复兴了。

历史主义、浪漫主义和民族主义

　　本章有许多"主义"：浪漫主义、自由主义、保守主义和民族主义；我们更进一步还会接触到实证主义和马克思主义。"历史主义"或者其更为人所知的变体"历史相对论"（historicism）是一种在日常用词中不太会用到的"主义"，但它对于理解 19 世纪和 20 世纪早期的史学至关重要，[①] 其英语化的德语单词"*Historismus*"几乎与"历史"本身拥有同样多的含义。弗里德里希·梅尼克（1862－1954 年）并没有杜撰该词，但该词随着他在 1936 年出版的《历史主义的兴起》（*Entstehung des Historismus*）一书传播出去了。尽管梅尼克关注了德国以外其他国家涉及世界观的先驱，但他在"历史主义"中表现出了特别明确的德国历史观念，而且他和许多同辈人一样试图将德国的方法视为现代西方学界普遍适用的方法。在这一领域的另一端，卡尔·

---

① 切不要与 19 世纪同名的强调在建筑和绘画中回归古典形式的艺术运动相混淆。

波普尔（Karl Popper，1902－1994年）这样的哲学家集中于关注历史主义的形而上学、政治和推理性层面，他经常毫无用处地将之与实证主义哲学合并起来（见下文），并用这个单词表示对历史中前进动力的任何理解。从这一点上看，历史主义是世界主宰，是将阻挡者、落伍者之类无情碾压在其无法阻挡的履带之下的坦克。然而就我们的目的而言，历史主义最好被理解为基于启蒙思想的某些方面同时又排斥其他思想的关于历史的观点。

　　历史主义的特点是什么？当然有许多，但不会马上都显现出来，也不会平均分布在任何作者的著作中，但一般来说适用于以下特征。德国历史主义倾向于回避有机体变化的机械论解释，其经常使用自然主义的类比，但带有强烈的神学和唯心主义的暗流。在其成熟形态，我们现在称为"历史主义"的更广泛的观点强调个体的价值观和代理（可以表示作为个体的社会、国家或文化，而不仅仅是个体的人）以及彼此对人类历史"更大图景"的贡献。它接受了人类发展的概念，但并不以妖魔化一些时期同时颂扬其他时期为代价。历史主义认识到历史与自然科学有着一些共同的特征，但作为一门科学又与生物学或化学之类的科学不同；它继续在历史叙述中拿自然界的东西进行类比，而不仅仅是记述国家或民族之类的社会或政治实体的发展历程。

　　对历史及其特殊个体的发展的观点背负了引进民族例外论的危险形式（最臭名昭著的是德国的 *Sonderweg*［特殊道路］）的骂名，而这并非完全不公的对待。从那个意义上看，历史主义为19世纪的民族主义提供了新的历史基础，以替代过去不可信的历史传说。关于民族起源的历史讨论很少依靠特洛伊人、斯基太人，或像西班牙的图巴尔（Tubal，诺亚的孙子）那样的神话或圣经虚构的英雄，甚至不会让他们为人表率，因为一个民族起源的整个过程可以被理解为一个有机过程、自然进程，并像植物开花那样可以预测。捷克历史学家弗兰基谢克·帕拉茨基从一个民族的精神和特征中看到，"一个民族的历史的产生就像从播种到开花，从开花到结果那样"。① 与此同时，历史主义为挪用并围绕无可争议的历史人物编织新的一系列神话提供了便利。某些神圣庄严的比喻——具有塔西陀风格的自由而正直的德国战士形象以及相对应的捷克、斯洛伐克、丹麦等等各种民族形象——仍在适用。与此同时，整个历史正在塑造新的民族国家和首先忠于祖国的公民。这是一个近代历史学家认为"现代"民族主义出现的时期，随之而来的是公众对历史英雄事迹的颂扬、建造雕像和其他纪念场所，甚至完全是"发明传统"。至于它最狂热的形式，我们可以从英国爱德华·奥古斯都·弗里曼（Edward Augustus Freeman，1823 - 1892 年）和柏林有"德意志帝国先驱"（Herald of the Reich，图 45）之称的海因里希·冯·特赖奇克（Heinrich von Treitschke，1834 - 1896 年）的著作中看到，其中特赖奇克在多卷本的《特赖奇克的 19 世纪德国史》（*Treitschke's History of Germany in the Nineteenth Century*）中叙述俾斯麦帝国的形成时阿谀奉承，而这则成为了世纪末德国帝国主义的脚本。贾斯特斯·莫泽的《奥斯纳布吕克史》（*Osnabrückische Geschichte*，见上文第六章）因其对地方社区独特性的敏感而被梅尼克（Meinecke）专门提及。如果结合赫尔德对不同民族的文化差异以及民族完整性的理解和像歌德（Johann Wolfgang von Goethe）那样的文化偶像的巨大影响，我们会发现启蒙运动晚期的德国人预示了许多欧洲历史思想的未来趋势。实际上，尽管我们习惯在启蒙运动与它的浪漫轮唱颂歌之间划上清晰的界线，但这再次成为了决定摈弃前辈做法的当代作家太容易留心人物刻画而产生的对我们有利的分界线。一个人可以均等地将 19 世纪区分为"浪漫主义"史学的上半期和"专业"或"科学"史学的下半期。相反，启蒙运动晚期与浪漫主义之间有着很强的连续性，尤其是在德国，那里从 1750 年

354

---

① Maciej Janowski, 'Mirrors for the Nation: Imagining the National Past among the Poles and Czechs in the Nineteenth and Twentieth Centuries', in Stefan Berger and Chris Lorenz (eds.), *The Contested Nation: Ethnicity, Class, Religion and Gender in National Histories* (Basingstoke, 2008), 455 – 456.

图 45　海因里希·戈特哈德·冯·特赖奇克（Heinrich Gothard von Treitschke），德国历史学家和政治理论家。拍摄人不详，约 1865 年。Photo credit：Adoc-photos/Art Resource, NY。

到 1850 年的一个世纪被称为桥接时期。

　　然而，就在拿破仑战争结束之后、浪漫主义文化作为对启蒙运动的理性主义的回应正在觉醒之时，欧洲大部分地区的知识分子的语调发生了明显变化。除了黑格尔、孔德、马克思和英国的亨利·托马斯·巴克尔（Henry Thomas Buckle）这样的人之外，19 世纪的思想指引远离了宏大理论和推测性的世界史，并朝向叙述英雄的个人和民族发展——与我们在中世纪晚期所看到的叙述内容一致。民族勇士无论是近期的还是很久以前的（瑞士的威廉·泰尔［William Tell］、英国国王阿尔弗雷德［Alfred］和罗马尼亚勇敢的迈克尔［Michael the Brave］）都是流行的历史主题。这与同样强调民族作为整体的共同代表的历史观念完全协调，因为英雄的个人几乎是通过赋予民族特征和精神来定义的。诸如弗朗索瓦·基佐（François Guizot，1787 - 1874 年）、

图 46　儒勒·米什莱
（Jules Michelet），由托
马斯·库蒂尔（Thomas
Couture，1815－1879
年）所画。Musée
Renan Scheffer, Paris.
Photo credit: Bridgeman-
Giraudon/Art Resource,
NY。

阿道夫·梯也尔（Adolphe Thiers，1797－1877 年）等 19 世纪中期的
法国历史学家都假设他们的国家有着完整统一的历史，而比他们更为
激进的同辈人儒勒·米什莱（Jules Michelet，1798－1874 年）则通过
他在 1845 年出版的开创性著作《人民》（Le Peuple）引导读者去关
注民众的历史。

　　米什莱（图 46）是一位复杂的多才多艺的作家，他还是个自然
学家。作为一位杰出的文体学家，米什莱与小说保持了安全的距离，
并且经常运用科学词汇，将历史研究描述为基于历史学家的意识进行
一种化学过程。他的历史杰作包括历经 30 年，于 1867 年完成的巨著
《法国史》（History of France）以及七卷本的《法国大革命史》

（*History of French Revolution*）。他是他那个时代的民族偶像，不过
声誉在那个世纪的后半期人们对客观性和历史方法狂热追求中有所下
降，直到20世纪那些看法反过来受到攻击才得以复兴。除了专业人
士，米什莱的著作现在在他家乡以外的地区很少被人阅读——就其充
满说服力和活力的风格以及将他自己插入作品叙述之中为他的国家历
史代言的可爱习惯而言，这未免有些遗憾。他对历史即时性的感受类
似于与他同时代的卡莱尔（Carlyle）所做的努力——将读者置于他用
一般现在时描述的场景中。这两个人估计会在下个世纪的大部分时间
里都与倾向于历史客观性的历史学家争论不休。米什莱在他所处的那
个自由浪漫的时代有着深远的影响，但就像他向19世纪的读者介绍
的维柯那样，他最大的影响却姗姗来迟。在他的那个时代，他是一位
受人尊敬的文本历史学家，以其对研究课题的激情和对可触摸的古旧
文献的热爱著称，对于那些文献，他自1830年以来作为一位档案馆
雇员每天都有接触，直到1852年波拿巴政变使他丧失了这一职业和
法兰西学院的教席。但现代的东西有许多都要感谢他的付出：年鉴学
派（见下文第九章）的创始人之一马克·布洛赫（Marc Bloch）作为
一名历史学家体现了许多米什莱的价值观，而布洛赫的同事吕西安·
费弗尔（Lucien Febvre）公开承认要感谢这位已逝去多年的前辈。20
世纪后半期的许多史学趋势都可以至少部分追溯到与他的联系。例
如，米什莱重新肯定了口述史料的价值，从而进一步产生了现代的口
述史（见主题框24）。米什莱的平民主义方式也被后来19世纪被称
为社会史的学生们接纳，如英国的约翰·理查德·格林和丹麦的特勒
尔斯·弗雷德里克·特勒尔斯-伦德（Troels Frederik Troels-Lund，
1840‑1921年）。就更近的时期而言，如果没有米什莱一个半世纪以
前对平民作为集体的可理解的群体以及"鲜为人知的群体"（尤其是
工匠）的生活与生计的强调，那么"自下而上的历史"及其一些变体
（如属下阶层研究，见下文第九章）的出现将是不可想象的。

　　然而，浪漫主义对20世纪的影响比米什莱的遗产更为直接。它

最初是将自然置于理性之上，重新重视中世纪等被忽略时代的价值的文化思潮或甚至是反动运动，之后被下一代人适用为推动自由、促进各种民族主义事业的信条。民族主义情感兴起已有段时日，像 16 世纪荷兰人反抗西班牙人的典型独立战争甚至被弗雷德里希·冯·席勒（Friedrich von Schiller）这种不崇尚狂热或极端的人在其 1788 年出版的一本历史著作中祝贺。美国独立战争提供了一种更为近代的解放模式。它也因而使受奴役的民众从别的地方寻求斗争的动力成为可能，而不是像法国大革命那样一开始转为恐怖统治，之后建立中央集权的

357　主题框 24　　民族主义与口述史

　　米什莱运用了他那个时代的口述史料，它们来源于活着的民众。显然，他们还能进一步回顾过去，以帮助构建没有文献可寻的主题。的确，即便档案和它们的拥有者能够主导 19 世纪下半期的历史写作，口述传统仍然可以复兴回归到它以前的高度，尤其是在这个世纪的上半期。这个世纪伊始，人们透过沃尔特·斯科特宏大的流行历史小说对盖尔人（Gaelic）的历史产生了兴趣；而像托马斯·珀西（Thomas Percy）的《英诗辑古》（*Reliques of Ancient English Poetry*）那样的民谣集成也出现了。伟大的语言学家和民俗学家雅各布·格林（Jakob Grimm）在他导师弗雷德里希·卡尔·冯·萨维尼（Friedrich Carl von Savigny）的图书馆里翻阅书卷中对德国文学和神话故事产生了兴趣。口述史料同样也能够被用于民族主义目的，理解这一点也很重要，它恰好填补了文字记载的空白，以充分支持早期的民族主义历史学家所希望创造的历史连续性，这使他们回过头去寻找包括民歌、谣曲、礼节仪式和地名在内的民族志材料。就这一点而言，浪漫派民族主义历史学家与地方古物研究者和民俗学家一起在展示能促进民族连续性的口述传统方面起到了十分

重要的作用。说出来或唱出来的历史将新国家与荣耀的建立者们联系起来，并在贯有新的迷人的中世纪之风的时代鸿沟上架起了桥梁。

反民族主义的帝国。赫尔德对民族与语言这一关键角色的结合为接下来的一个半世纪里欧洲边界按照民族-语言路线进一步重组提供了思想基础。新的民族国家出现了，例如罗马尼亚（前达西亚［Dacia］）这个名字与罗马帝国有着久远联系的国家，它涵盖了一片有着共同种族起源和语言的民族居住的区域，不过那里也居住有说其他语言的少数民族。

与浪漫主义不同，民族主义本质上既不自由也不保守，不过它与这两者经常被联系在一起：在德国，它与保守主义联系最为紧密，但即便在那里，它也有自由主义追随者。1800 年以后推动史学前进的动力并不总是来自那个世纪中叶作为后拿破仑时代反响的自由主义复兴，而且在某些情况下正好相反。例如在西班牙，基佐于 19 世纪 20、30 年代在随拿破仑的占领而来的民族主义狂热分子中成为受人景仰的历史学家典范。但 19 世纪 40、50 年代日益保守的一代西班牙历史学家开始厌恶基佐早期生涯的自由主义，转而投向维柯，因为维柯关于"历史的过程与复归过程"（corsi e ricorsi）的悲观主义观点比自由主义叙事更合他们的胃口。随着 1848 年革命以及自由主义或甚至披着激进政治运动（如在欧洲受外族统治的前属地争取独立以及在北美和南美的前殖民地争取解放的过程中出现的意大利统一运动那样的民族统一运动）外衣的进步观念的回归，民族主义历史意识被夸大了。不过即便如此，它也有保守的一面：身兼教育部长顾问的澳大利亚历史学家约瑟夫·亚历山大·冯·赫尔福特（Josef Alexander von Helfert，1820－1910 年）认为民族主义是共同栖居在同样的边界，并对同一个需要保护的政府忠诚："'澳大利亚'的历史需要被创造和促

358

进，观念上需要用能够避免重蹈 1848 年革命覆辙的新民族史"。[①]

比利时等一些新兴的王国在政治上确立之前当然会有一些杰出的历史学家。尽管如此，自治使它们迫切需要构造民族历史以及用文字或其他记忆方式清楚表述的能力：近期为独立而进行的斗争被嫁接到更长篇的包括更早期的中世纪与外部压迫者冲突在内的精妙叙述之中。甚至像波希米亚那样在这一时期没有取得政治自治的地区仍然在赞颂他们的单独身份，并规划出了与众不同的历史。民族主义的诱惑难以抵抗，即便对档案保管员转变而来的认为历史不可能既当婊子又立牌坊的历史学家弗兰基谢克·帕拉茨基来说也是如此。帕拉茨基用五卷本的篇幅记述了捷克民族从最早期到 1526 年哈布斯堡联盟统治时期的历史，并对捷克传承的高度浪漫主义和民族主义观点表示拥护。他嘲弄地说道，捷克人先于澳大利亚人之前存在，并将在澳大利亚人消失之后继续存在；他称颂 15 世纪的胡斯运动成员（Hussites）是对抗日耳曼独裁主义的波希比亚解放运动的领导者，而不完全是宗教改革者。欧洲犹太人在犹太法专家主导处理历史事务数个世纪之后通过艾萨克·马库斯（Isaac Marcus，1793－1860 年）、海因里希·格雷茨（Heinrich Graetz，1817－1891 年）的连续性著作第一次获得了现代民族史。其他地区的模式也很类似，包括有着复杂的多语言和多种族人口的比利时和更古老的国家瑞士。瑞士历史学家强调他们的共和政体的延续性可追溯到中世纪的传奇英雄威廉·泰尔（William Tell），在他们看来，这比统一后的德国人所宣称的与神圣罗马帝国的联系更加合理。

民众自发的历史认同感会在对外来人的理解做出回应时兴起，这种情况并不少见。威尼斯人古老、祥和的共和国在 1797 年不复存在

---

① Walter Leitsch, 'East Europeans Studying History in Vienna (1855 － 1918)', in D. Deletant and H. Hanak (eds.), *Historians as Nation-Builders: Central and South-East Europe* (London, 1988), 139 － 156, at 140 － 141. 最终赫尔福特在奥地利历史研究所如愿以偿地开始研究爱国史，而当时的维也纳也成为了帝国大部分地区的历史学者拜师学艺的中心。

了，但他们在对拿破仑以前的伙伴皮埃尔·安东尼·诺埃尔·达鲁 359
（Pierre Antoine Noël Daru，1767－1829 年）写的畅销书《威尼斯共和
国史》（*History de la République de Venise*）的强烈回应中找到了新的
历史意识。在东南方，希腊人试图排斥与他们关系更密切的奥斯曼土耳
其和拜占庭历史，并确立了他们的新民族与古希腊的直属联系，这在孩
子命名上得到了体现，他们传统的基督教洗礼名都被古希腊姓名替代
了。希腊人引领着他们新的历史意识，以击退外界来自德国人种学家兼
历史学家雅各布·菲利普·法尔梅莱尔（Jakob Phillip Fallmerayer，
1790－1861 年）针对他们历史延续性的达鲁斯克（Daruesque）挑战。
1830 年，法尔梅莱尔出版了一部伯罗奔尼撒历史，并在书中声称现代希
腊人口主要由中世纪早期以来的斯拉夫人和 4 世纪以来的阿拉伯人构
成。最早对此作为回应的是斯皮瑞东·扎比利罗斯（Spirídon Zambélios，
1815－1891 年）在 1812 年写的民族史，该书开头对一本民歌集有长
达 600 页的介绍；康斯坦丁诺斯·帕帕瑞格普罗斯（Konstantinos
Papparigopoulos，1815－1891 年）的《从古至今的希腊民族史》
（*History of the Greek Nation from the Most Ancient Times until the
Present*）也在不久后问世，该书奠定了现代希腊史学的基础。

　　民族主义未必对所有情况下的历史来说都是好事。尽管像帕拉茨
基那样具有民族主义思想的历史学家看不到他们推动历史进程与他们
对新兴职业的责任之间有什么矛盾，但严格忠实于证据与推动讲述肯
定民族认同连续性的连贯故事之间的冲突不可避免，这在帕拉茨基对
将克丽奥勾画成妓女的警告中已有暗示。这里，匈牙利的例子是十分
贴切的，它展示了那个世纪上半期最为尖锐的民族建构与历史写作之
间的矛盾。正如一位历史学家所注意到的那样，匈牙利人的民族主义
对匈牙利造成了影响，它使一些最好的思想脱离了历史，转向于政治
活动。[1] 与此同时，浪漫主义趋势破坏了历史批判和历史距离感的发

---

[1] Steven Bela Vardy，*Clio's Art in Hungary and in Hungarian-America*（Boulder，CO，
1985），17.

展。像伊什特万·霍瓦特（István Horvat，1784－1846 年）那样的浪漫主义历史学家也为匈牙利民族创造了类似的高度小说化的流行历史。民族史格外地目光狭隘且谈吐高贵——过去伟大的英雄绝大多数不都是贵族和君主而不是平民吗？最近期的是 1884 年，政治家、历史学家卡尔曼·萨利（Kálmán Thaly，1839－1909 年）在对"匈牙利历史学家是令人悲哀的孤立派"的控诉做出回应时宣称世界史与民主在价值观和主题上与匈牙利史学传统相异。"我们并不关心与世界史的联系，而是关心与我们自己亲爱的国家的联系，而且我们追随贵族观点……我们颂扬胡亚迪斯（Hunyadis）、扎波利亚斯（Zápolyas）……拉科西兹（Rákóczis）以及其他令人自豪的寡头执政者——没有他们，匈牙利民族甚至不会存在！"[①]

360　　　民族主义直到这个世纪下半期才开始产生一种更持久的史学遗产。不过它通常不以国家学术机构（尤其是大学）为中心，这些学术型史学会逐渐边缘化休闲人士的历史著作、根源日益受到质疑的神话、无文献支持的谎言。就在匈牙利 1848 至 1849 年失败的革命之后不久，民族主义历史开始出现（通常由像米哈里·霍瓦斯［Mihály Horváth，1809－1878 年］这样的被流放的自由主义者所写），差不多同时出现的还有匈牙利科学院历史委员会（1854）、匈牙利历史协会（1867）以及在《匈牙利历史档案》（*Monumenta Hungariae Historica*，'Historical Records of Hungary'，1857 年第一版）中出版的大量史料。罗马尼亚在 1877 年获得独立后不久便建立了国家科学院，而历史也被引入到他们新成立的大学之中。波兰人对独立和政治改革的渴望也类似地反映在 19 世纪早期大量出版的资料中，还反映在最后三十年被流放于法国或比利时的极端民族主义者约阿希姆·勒莱韦尔（Joachim Lelewel，1786－1861 年）所写的自由主义的支持农民的多卷本波兰史中。

[①] 引自 Irene Raab Epstein，*Gyula Szekfü：A Study in the Political Basis of Hungarian Historiography*（New York，1987），45。

一些受民族主义启发的历史仍然贴近早期时代的种族神话和虚构的创始人。例如，来自希伦达尔的历史学家兼神父派西（Father Paisiy of Hilendar，1722 - 1773 年）的原始浪漫民族主义对引导保加利亚当地人在 1878 年获得独立的历史民族意识进行了一个世纪的构建，最初以不加批判的态度确认了与斯拉夫人以及像塞西亚人那样的古代游牧民族后裔的联系。像挪威人彼特·安德里亚斯·蒙克（Peter Andreas Munch，1810 - 1863 年）那样的民俗学家用他们国家的古代史去构建之前并不存在的带有英雄色彩的民族史。另一个浪漫民族主义者是作为瑞典王室成员、史学家，并于 1817 年在乌普萨拉（Uppsala）获得教授职位的埃里克·古斯塔夫·盖杰（Eric Gustave Geijer，1783 - 1847 年），他写了一本《瑞典史》（*Svenska folkets historia*），并在书中赞扬了这个国家在中世纪保持了自由和独立（文献摘录 28）。在 1809 年后获得自治的芬兰，民族主义情绪使当地语言版本的著作在数量上超过了瑞典语版本的著作，其中约里奥·萨卡里·约里奥·科斯基宁（Yrjö Sakari Yrjö-Koskinen，1830 - 1903 年）写了第一部芬兰语版本的长篇芬兰史。作家们则进一步激发了历史意识，如有芬兰的沃尔特·斯科特之称的记者、教育家兼小说家扎卡赖亚斯·托佩留斯（Zacharias Topelius，1818 - 1898 年）。与其他种群不同，立陶宛先前并没有什么史学传统，直到浪漫主义历史学家西蒙那斯·道坎塔斯（Simonas Daukantas，1793 - 1864 年）用当地语言通过一个遥远的野蛮部落为他的民族创造了一个可疑的血统。更早期的历史是十分稀少的。通常被称为《立陶宛编年史》（*Lithuanian Chronicle*）的 16 世纪长篇立陶宛语文献"拜乔夫科编年史"（Bychovko chronicle）直到 1846 年才由与道坎塔斯同时代的特奥尔多·纳布特（Teodor Narbutt，1784 - 1864 年）出版。勿庸置疑，这些领土上的许多民族在俄国、波兰、德国的历史学家们的记述中通常被置于主流历史之外，或者是被笨拙地塞进大国的民族叙述之中，就像俄国的许多臣属人口那样，尤其是乌克兰人。在下一章，我们将更明确地梳理帝

361

国与其周边地区的关系以及统治与臣属的历史，但这里需要注意的是西方与世界其他地区之间出现的动态也已经在西方民族叙述中欧洲主要力量对待他们自己的种族和宗教少数派的过程中出现了。

盖杰论中世纪史

● 瑞典的中世纪充满了困惑，而且缺乏耀眼的辉煌。那个时代的欧洲其他地方呈现的等级制度、封建主义、强大而繁荣的城市都延伸到了这一地区，只是发展程度很低。如果我们信奉相同的主张，那些使我们的异教祖先卓越高贵的许多值得赞扬的品质必须随着异教教义消亡，并在很大程度上被新的罪恶和错误的信仰替代。对我们而言，无论是过去的美德还是新的堕落都不算清晰。如果我们在对荒凉的世界的抱怨中拒绝倾听眼前的现实，那么我们能在异教信仰的昏暗中有充足的空间发挥想象。欧洲从被称为北方人的力量那里遭受了沉重的苦难，也在他们寻求减少内战之后承受了他们的弄权给他们自己带来的灾难，北方的中世纪编年史提供了充足的证据。但没人可以否认瑞典人在挪威失去了政治独立性、丹麦人失去了自由的磨难中挺了过来。在瑞典，这两样都被安全地确立了下来，而这一事件足够唤起人们对一个没有徒劳的时代的兴趣，正是那个时代造就了这样的结果。对于我们在中世纪的这一斗争，我们将在这里尝试去领会与欣赏。

节选自 Eirc Gustav Geijer, *The History of the Swedes*, trans. J. H. Turner (London, Whitaker and Co., n. d. [1845?]), 80。

俄国人的历史著作很好地展示了西欧人向东方扩张的趋势。它虽然在 18 世纪晚期和 19 世纪已经处于斯奇勒泽（Schlözer）和卡拉姆津（Karamzin）时代，但仍继续受着其他民族史的影响（尤其是法国的和德国的）。和其他地方一样，后拿破仑时代的俄国在宰相尼古拉·彼得罗夫·拉姆扬特塞夫（Nikolai Petrov Rumiantsev, 1754 - 1826 年）的领导下，为史料的收集和出版做了大量工作。一个"考古委员会"承担了全国范围内的档案和资料库的调查工作，该机构类似于英国维多利亚时代的历史手稿委员会。受德国古典学家巴托尔

362

德·格奥尔格·尼布尔（Barthold Georg Niebuhr，见下文）的影响，米哈伊尔·特罗菲莫维奇·卡琴诺夫斯基（Mikhail Trofimovich Kachenovskii，1775－1842年）用一种高度怀疑的方法对待之前基辅时期的俄国史。黑格尔的历史哲学在19世纪30、40年代受到知识界的广泛阅读，这对历史学家中的亲斯拉夫学派产生了影响，他们的一般趋势就是在科学的血液里践行历史方法的欧洲化。例如，第一个在莫斯科大学教授史学的俄国人保罗·尼古拉耶维奇·米留可夫（Pavel［Paul］Nikolaevich Miliukov，1859－1943年）在1892年向他的学生们宣称科学的历史的恰当主题是"一个民族发展的内部的根本的过程"。[1] 因而有证据证明，西欧的方法成为了确立俄国民族天赋的关键。

泽格·米卡伊诺维奇·索洛维耶夫（Sergeĭ Mikhaĭlovich Solov'ev［Soloviev］，1820－1879年）和瓦西里·奥西波维奇·克柳切克夫斯基（Vasiliĭ Osipovich Kliuchevskii，1841－1911年）是19世纪下半期的两位十分杰出的历史学家。索洛维耶夫游历西方，听基佐和米什莱授课，还与捷克历史学家帕拉茨基熟识。他写了一部宏伟巨著《自古以来的俄国史》（*Istoriia Rossiis drevneĭshikh vremen*，'History of Russia since Ancient Times'，该书从1851年开始一年出版一卷，共29卷），还写有大量专题著作。作为一位坚定的历史主义者，他将历史视为有机发展的统一且连续的故事。在之后的一代，索洛维耶夫的学生和继承者克柳切克夫斯基将分析社会经济史作为新的主导方向，这奠定了后革命时代的马克思主义史学的基础，不过克柳切克夫斯基自己并不考虑马克思的观念。讽刺的是，许多他曾经的学生（著名的有米留可夫）分享了他的立宪主义观点，其他人则拥抱了马克思主义和布尔什维克主义，并在1917年革命之后成为了成功的社会主义历

---

[1] Melissa K. Stockdale，'The Idea of Development in Miliukov's Historical Thought'，in Thomas D. Sanders（ed.），*Historiography of Imperial Russia：The Profession and Writing of History in a Multinational State*（London，1999），262.

史学家，而其中的米哈伊尔·波科夫斯基则几乎单枪匹马奠定了苏联史学的基础（见下文第九章）。

重绘地图通常会导致阐释历史路径的分歧，就像在斯堪的纳维亚半岛和低纬度国家所发生的情况一样。在英属北美地区，殖民地在美国革命之后从政治上分隔开了，其在史学方面也如同政治一样被分离了。北方的殖民地仍然稳固地处在英帝国的势力范围之中（尽管未来的魁北克省与众不同，那里大多数人是讲法语的天主教徒），后来最终成为了现今的加拿大。加拿大人的意识及其独特的历史直到1867年的联盟成立带来了政治统一和半自治地位才成熟起来，即便那时，

图47　关于华盛顿·欧文（Washington Irving）与他的文友们在纽约泰利城肖像图，桑尼赛德（Sunnyside）的家中的肖像画，由克里斯蒂安·斯秋塞利（Christian Schussele，1824–1879年）画于1864年。该绘画作品是美国南北战争前包括广受欢迎的历史学家在内的文人精英名人录：中间位置只露出侧脸的是威廉·希克林·普莱斯考特（William Hickling Prescott），乔治·班克罗夫特（George Bancroft）位于最右边。欧文在正中间，普莱斯考特的右侧，正对观赏者。历史小说家詹姆斯·费尼莫·库柏（James Fenimore Cooper）坐在班克罗夫特的左边。National Portrait Gallery，Smithsonian Institution，Washington，DC. Photo credit：National Portrait Gallery，Smithsonian Institution/Art Resource，NY。

法语区的史学随着周而复始的独立运动仍然独立于英语区史学之外，甚至在现在，由于坚信历史上的分裂，魁北克人仍然在谋求合法独立。南方的情况则大不相同。在美国，民族主义史学的原型早在殖民时期的著作中就已经确立了下来，当时这些著作承认这一地区是帝国的殖民地，但同时也颂扬着他们的新世界的独特性。就在从英国独立出来不久，一个带有民族主义色彩的美国史学就迅速显现了出来，默西·奥蒂斯·沃伦（Mercy Otis Warren）、戴维·拉姆齐（David Ramsay，见上文第五章）等早期共和国历史学家就将美国的出现视为基于民主价值观念的自由国家，专门写乔治·华盛顿这样的大人物的传记作家帮助建立了类似于欧洲创造或复兴的民族英雄的名流群。詹姆斯·费尼莫·库柏（James Fenimore Cooper，1789-1851年）和其他的历史小说家都在模仿沃尔特·斯科特爵士。在19世纪上半期，美国史和世界史在读者中都极受欢迎，但其作者仍主要是休闲男士（偶尔会有像沃伦那样的女士）或记者。著名的例子包括记述西班牙征服的威廉·希克林·普莱斯考特（William Hickling Prescott，1796-1859年）和记述西部边疆的弗朗西斯·帕克曼（Francis Parkman，1823-1893年），他们的视力在其职业生涯的大部分时间里都严重受损。他们都来自东北精英知识分子群体（以波士顿和纽约为中心），这一群体还包括受训于哥根廷大学（Göttingen University）、研究荷兰共和国和美国驻澳大利亚大使的历史学家约翰·洛思罗普·莫利特（John Lothrop Motley，1814-1877年）以及库柏和华盛顿·欧文（Washington Irving）那样的文学家（图47）。然而，在国际上最为人熟知的美国历史学家是另一个"波士顿婆罗门"（'Boston Brahmin'）——乔治·班克罗夫特（George Bancroft，1800-1891年），一位曾担任过哈佛大学教授的外交官，他也是第一个从德国大学里拿到博士学位的美国人（这一趋势在这个世纪的下半期也日渐兴盛）。

363

364

兰克与历史的专业化

如果西方 19 世纪上半期以带有浪漫主义和民族主义色彩的文学史为特征的话，那么下半期可以"专业化"的迅速发展而著称。虽然它也有民族主义的一面，但它较少地与任何种族、语言或文化意义上的民族联系，更多地与政治上的民族国家及其官僚机构联系，而且不论是新国家还是进行过重组的旧国家。例如，法国于 1870 年刚刚建立起来的第三共和国通过写有颇具影响力的教科书的欧内斯特·拉维斯（Ernest Lavisse，1842－1922 年）这样的半官方历史学家来推进它的民族性。意大利是在一个新统一的君主政体里推动民族主义与专业化之间关系的范例。新政治鼓励历史写作并推动教育，正如广受欢迎的历史学家在这个世纪的早些时候为意大利统一运动铺平了道路。在此之前，历史最多在意大利的大学里处于次要地位，历史教席仅在帕维亚和都灵等少有的几个地区存在。这一局面在 19 世纪 60 年代发生了改变，那时教授职位产生了，而且直接由共和国教育大臣任命。但对那个世纪下半期许多最有影响的历史学家们来说，过去几十年间的激进爱国主义现在需要让位于像重要学者帕斯夸里·维拉里（Pasquale Villari，1827－1917 年）所呈现的那样在方法上更加科学的形式。他们强调研究历史事实的重要性；对他们来说，尽管历史可以用于公民教育，但史学的主要议题将不再是政治。

在这个世纪中后期的几十年里，民族独立与统一运动的浪漫自由主义在欧洲许多地区将自身调整为再次致力于维持和巩固社会稳定的制度保守主义。变化通过大量进步体现出来，其中许多从表面上看呈现出了历史的学术规范，例如专业课题的显著增长，这为历史创造了市场，有一批教授和老师骨干在教授它（图 48），有现成的教科书供他们使用，有些教科书还配有生动的图片（图 49）。公务员要学习历史课题，他们有时甚至会在空余时间进行历史写作。像机械印刷这样

365

图 48　教学。位于索邦大学的一幅 19 世纪壁画，画中勾画了一些法国伟大的历史学家，包括勒南（Renan）、奎内特（Quinet）、基佐（Guizot）。米什莱（Michelet）站立着，手里拿着纸张。Sorbonne, Paris, France. Photo credit：Snark/Art Resource, NY。

366

图 49　1000 年前丹麦人是如何通过海峡的，1925 年。从频繁重印的 20 世纪早期的历史大道系列历史教科书中选取的一幅插图。该图选自第二本，见 Stories from British History, London, Edinburgh, New York：Thomas Nelson and Sons, 1925。The Print Collector, Great Britain. Photo credit：HIP/Art Resource，NY。

的技术变化使大众读者更易负担原本需要依靠连载或公共图书馆才能阅读的图书。在影响形成于 1900 年的历史职业的最显著变化中有一些需要特别注意：国家对于历史活动的支持，其中包括专门书籍的出版，如英国从 1857 年开始出版的关于中古编年史的"主簿丛书"（Rolls Series），也包括机构的建立，如法兰西第二帝国建立高等研究实践学院第四部门；学术生活的规范化以及（在法国和德国）将大学教职纳入公务员薪资范畴；大学系统的扩张，其中许多大学到那个世纪末转入正式的历史学术训练；博士学位的引入，而在德国体系中，终身教授成为更高等级的任教资格；许多大学公共档案的系统化；许多新专业协会的发展，这些协会常常都伴有新的更高标准的供同行审阅的期刊或杂志；延续长期以来出版档案文献的趋势，只是现在通常在政府资助下进行，并在精确性的标准方面相比以前有了相当大的提高；最后，系统将之前三个世纪里成熟起来的博学技能（古文书学、钱币学、铭文学、外交）整合到历史科学（*Geschichtswissenschaft*）中来。

367　　　关于 19 世纪专业化的任何记述都必须始于 1810 年新建立起来的柏林大学，并聚焦于兰克（Leopold von Ranke，1795 - 1886 年）。他最初学习的是古代史和哲学，对现代史的学习只花了很少的时间，认为它是比古典学次要的写作形式。但首先成为一个古典学家不过是一个错误的开端，而要理解兰克，我们必须首先感受尼布尔（Barthold Georg Niebuhr，1776 - 1831 年）和萨维尼（Friedrich Carl［Karl］von Savigny，1779 - 1861 年）这两位更年长的学者的影响。研究古代史是德国学术界在 19 世纪早期的优先方向，而吉本或弗格森从文学或哲学等不同角度写成的著作已开创了先河。在领悟弗雷德里希·奥古斯特·沃尔夫（Friedrich August Wolf）的荷马研究基础上，丹麦出生的尼布尔开创了古代各方面整体的史料导向的综合研究，这是一种基于问题意识的利用语言学家、历史学家、铭文学家的技艺以及文学批判对古代进行的统一学术研究。他的《罗马史》（*Römische*

Geschichte）成为了关于罗马史的主导文献，一直到后来被蒙森（Theodor Mommsen）的《罗马史》取代。最终，兰克将尼布尔与马丁·路德（Martin Luther）、修昔底德和哲学家费希特（Fichte，即便兰克不喜欢思辨）一起作为他对维柯所说"四大作家"人选的回答。

尼布尔使用一套独特的规则和标准确定一整段时代作为研究对象的方法在学习罗马法的学生萨维尼身上得到了继承和发扬，他与尼布尔差不多同一时期到的柏林，并在 24 岁时就已经出版了一本主要著作。萨维尼属于法律史学家，这类人从伟大的 17 世纪的博学之士塞尔登（Selden）、格劳秀斯、普芬多夫到居亚斯（Cujas）、霍特曼（Hotman）时代以及文艺复兴时期的高卢流派，最后到中世纪晚期萨索费亚图的巴尔多鲁（Bartolus of Sassoferato）这样的评论家可以罗列一长串。而萨维尼给这个谱系带来的是关于"将法律视为特殊时期和环境的产物"的强烈争论。这不是完全不改变对理想化的"正确"的反应，而是从历史角度改变规则与习惯。作为一位实践法学家，萨维尼在他所处的时代抵制了法典编纂（他是憎恨拿破仑暴政的突出人物），并且不赞成卑屈地服从"自然法"中固有的专制主义。法律是人为制定的和积极的，这就是维柯所说的 *factum*［法律］。同样的，个人法不能脱离创造它的社会去理解。如果法律以某一特定时期的文明为特色，那么这一时期本身就是独特的和不能严格比较的，因而这些法律需要被当作有机的整体进行独立研究。萨维尼还证明了罗马法远不是只有古物学家才感兴趣的过时的古代体系，而是一直留存延续到了中世纪，人们可以在地方风俗习惯和教会法律中发现它的踪迹。因此，不解读西罗马帝国灭亡以来 14 个世纪里演进的不同阶段的早期法律，我们不可能理解现代法律体系。

368

在某种程度上，兰克的最终成功在于融合了尼布尔最前沿的语言学方法和萨维尼的时代感，并将之应用于 1500 年之后的政治史研究。可能部分是因为对当代事务日益滋长的兴趣，兰克放弃了古代史，专注于现代史，以《从 1494 到 1514 年的拉丁和条顿民族史》

(*Geschichten der romanischen und germanischen Völker von* 1494 *bis* 1514，1824 年）一书为开端，其论述的时间范围与三个世纪前圭恰尔迪尼写的《意大利史》（*The History of Italy*，1537－1540 年，见上文第四章）大致相同——意大利这个国家对职业生涯早期的兰克有着特别的吸引力。就在这本书中，兰克附加了他最初的理论成果之一《现代史学家批判》（*Zur Kritik neuerer Geschichtsschreiber*），该文在同年又单独出版，这对于一个仍然十分年轻的历史学家来说是大胆的一步。在该文中，兰克批评了许多从事早期现代历史的前辈，对圭恰尔迪尼的批评则最为尖锐，他所吹嘘的对原始文献的使用在兰克看来被严重高估了（文献摘录 29）。

《拉丁和条顿民族史》为他在柏林大学争得了一席之地。在那里，不受欢迎的普鲁士政府成为了凌驾于他、萨维尼（1816 年因为外交官职位离开柏林大学）以及后来的黑格尔（见下文）之上的阻碍者。黑格尔在 1818 年获得了哲学教席，不久之后便与另外两位产生了冲突。兰克作为这一群体中的晚辈在关于历史阶段不同特征的争论中坚定地站在了萨维尼的一边。不久之后，他也将看到这些学术争吵成为了历史与哲学、具体与抽象之间更大规模争斗的征兆。他对一份关于早期现代历史的未被充分利用的史料"威尼斯外交官手稿"（The manuscript of Venetian diplomats）的潜力发掘使他写了更多的著作，包括《16、17 世纪的奥斯曼土耳其和西班牙帝国史》（*Die osmanen und die spanische Monarchie*，1827 年出版）。在兰克看来，威尼斯人的报告有着特殊的意义，这不仅是因为它们的准确，还因为它们对欧洲的综合看法。这应该能使兰克从多元的历史转向单一的历史，但结果令他失望，因为这一著作并不能达到这一综合的目标。由于不能解决土耳其人和西班牙人的国家之间组织机构不同的问题，兰克再次将它们分别对待，并各有侧重：他并没有找到任何"大的历史进程"将这些碎片捆绑在一起。19 世纪 30 年代，兰克开始基于私藏的罗马档案撰写《教皇史》（*Die Geschichte der Päpste*，他因为清教徒的身份被

兰克论圭恰尔迪尼的《意大利史》

- 由于频繁地中断和继续，圭恰尔迪尼的历史可与阿里奥斯托（Ariosto）的诗相提并论。但一个历史学家的著作需要更严格的规则。这里，让我们共同去探索。

- 在第四卷中，圭恰尔迪尼重述了恺撒·博尔吉亚（Cesare Borgia）与女伯爵卡特琳娜·丝弗扎（Caterina Sforza）治下的伊莫拉（Imola）和弗里（Forlí）之间的战役。伊莫拉在 1499 年 12 月被征服；弗里则是在 1500 年 1 月。战役过程本身并没有中断，而圭恰尔迪尼在提到伊莫拉之后却进行了打断。年末使他想起了土耳其人在 6 月对弗留利（Friuli）的进攻，于是他将这件事也记录了下来，这件事可能与卢多维科的战争（the war of Ludovico）有一些联系，但与恺撒的战役毫无关联。在对这一事件进行了讨论之后，他还回想起 1500 年是一个大赦年（Jubilee Year），在此之后，他才回归到弗里的事务上来。

- 他在观察一本年鉴的形式时更为死板。亚历山大与恺撒·博尔吉亚有一次联合对抗奥尔西尼（Orsini）。儿子在 1502 年 12 月 31 日取得胜利，父亲则是在 1503 年 1 月 3 日。这为他在叙述之中插入在米兰多拉（Mirandola）的冲突提供了充分的动机，不过他也承认此事意义不大……（兰克之后继续将历史评论形式转为历史考证形式，以此作为当代史的一部分和未来历史学家用到的史料）。

- 就我们通常称为史料的文本历史而言，第一个会被问到的问题是它们是否由参与者或目击者，抑或只是同时代的人所写。圭恰尔迪尼于 1492 年开始历史写作时只有十岁。一个人可以轻易想象他的考察在之后学习和进行正规训练的 20 年里是有所欠缺的。他自己甚至在作为外交官被派往西班牙之后对意大利事务的认识仍然是不充分的。但在那之后，当他成为罗马格纳（Romagna）元首、雷焦（Reggio）和帕尔马（Parma）的指挥官、拥有联盟军队的教皇的助理时，他亲自参与了事务，并亲眼见证了许多举世瞩目的大事。

- 结果，他的历史分成了两部分：他亲历其中的事件属于一部分，其余的属于另一部分。显然，就尽可能广泛意义上的后一部分而言，他的著作必须基于文献和研究。因此，在我们使用他的著作之前，我们必须质问他的信息是第一手的还是借鉴的，如果是借鉴的，又是以什么方式借鉴的，此外，我们还要问他是用什么研究方法组织材料的。

370

● 我们有理由假设，由于这个历史学家在处理历史的第二部分时通常身居高位，有绝佳的机会去确定事实的准确性，因而这一部分历史会是最原始的、最有益的、最充分研究的记述。但他的著作在这里恰恰证明了是不原始的，且依赖另一本著作［兰克之后证明圭恰尔迪尼的著作借鉴了米兰的大臣杰罗姆·莫罗内（Jerome Morone）的私人助理加莱亚佐·卡普拉（Galeazzo Capra or Capella）的著作《评论》（*Commentarii*）］。

节选自 'Critique of Guicciardini' （Originally included in Zur Kritik neuerer Geschichtsschreiber［1824］，Sämmtliche Werke 33/34）。当前选段源自 Leopold von Ranke, The Seret of World History：Selected Writings on the Art and Science of History，ed. and trans. Roger WINES (New York：Fordham University Press，1981)，82。

梵蒂冈图书馆拒之门外），该书之后被列为禁书。即便是现在，该书仍然因为其谨慎的公平受人赞许；实际上，一些清教徒认为该书对罗马的敌意不足。

就在这一个十年，兰克开始综合指引着他剩余职业生涯的普世史观点。到 19 世纪 30 年代末，兰克一生最伟大的著作之一《宗教改革时期的德国史》（*Deutsche Geschichte im Zeitalterder Reformation*）的第一部分问世，在该书中，他最终在普世的宗教与特定的国家之间的冲突之中找到了联系的主题。兰克之后的著作追溯了欧洲国家体系的兴起，对于这位杰出的德国公务员来说，这些作为现代文明和个人自由的源泉令他赞许有加。他的一生在视野稳步向外扩展中伴随着未完成的多卷本《世界史》（*Weltgeschichte*）而结束。[①] 兰克在八十多岁时开始撰写世界史，到他 91 岁离世时已写到 12 世纪，他的学生们延续下来一直写到君士坦丁堡的陷落。

综观兰克奋斗的一生，一丝不苟、煞费苦心地研究单一文献展现了他对历史特殊性的关注，他也认识到了人与国家、国家与国家、以

---

① 尽管兰克所谓的"世界"很大程度上局限于欧洲，但他并不是对世界其他地区不感兴趣，他在职业生涯早期曾认为阿拉伯语是除拉丁语之外对世界史最重要的语言，不过他后来放弃了这一观点。这些看法源自格奥尔格·伊格尔斯（Georg Iggers）。

上种种与上帝之间的内在联系，但他据说并没有看到两者之间的矛盾。国家作为兰克叙述过程中的基本政治元素（不单单只包括政府）非常值得研究——值得研究的不是它本身，而是将它视为通往过去更广泛意义上的"民族"的通道。民族进而又可作为窥视长久积累的人文历史的窗户。针对现代史学家的细致研究显示出他们实际上是兰克思想的延伸。这位以认为各时代的"个性（Eigentümlichkeit）、特性是天赋的"而著称的历史学家仍然相信演进之类的东西，也确认存在永恒、延续的观念，尤其是在伦理方面。但他不接受像黑格尔那样的哲学家将它们合并在一起的做法。是个人行为而不是具体的观念在时光中促进了人类的进步。

371

兰克文集在1868到1890年间共出版了54卷。① 尽管他著述颇丰，但他写的任何单体的历史都不如以他为代表的学派更彰显他的重要性。虽然他没有写关于方法论的书，但在现代历史学界为守护过去而对发展至今的历程进行的自述中，兰克所施加的影响可能超过了除修昔底德之外的任何人。他被塑造成了18世纪排斥的众多"立法者"之一；由于海量的著作、人格魅力，以及相当数量的知识传授的影响，人们普遍相信他为初生的历史学科规定了未来的目标和最佳的做法。裂痕已经出现在这个立法者的形象雕像上，也出现在他的规则中，这些规则本身就是特殊时期的产物，它在20世纪并不总能很容易地适应学术界的新形式和兴趣点。而且，伊格尔斯（Georg Iggers）认为关乎兰克声誉的方法论和评论的方面——德国以外的钦慕者最热衷采用的部分——既不完全出自兰克，从长期来看也不是他毕生作品中最重要的方面，这种观点无疑是正确的。② 但他作为学者、老师和偶像的影响并没有得到否认（见主题框25）。在供职于柏林大学期间，兰克通过在研讨班上集中探讨原始文献并对其批判考证完全转变

---

① Ranke, *Sämmtliche Werke*, 54 vols. in 24 parts (Leipzig, 1868 – 1890).
② Georg G. Iggers, *The German Conception of History*: *The National Tradition of Historical Thought from Herder to the Present*, rev. edn (1968; Middletown, CT, 1983).

了针对青年历史学家们（有许多是外国人）的训练方式。出于对这样
的原始文献的热爱，他最终预测了它们在研究过程中的主导地位。
"我看到了一个时代的来临，在这个时代，我们研究的现代史将不再
基于甚至是当代历史学家的报告（拥有事实的私人和即时信息的情况
除外），也不再仍然较少地基于离史料还很遥远的著作，而是基于目
击者的叙述和真正的原始文献。"①

　　意欲批判令人尊崇的文献并从中获取想法通常会被当代的敌对者
和后来的钦慕者之类的人冠以世俗主义或不虔诚的标签：我们可以回
想约翰·塞尔登（John Selden）在 17 世纪的英格兰的经历以及上文
讨论过的对中国清朝早期汉学家的反应。不过就兰克而言，我们发现

主题框 25　兰克的弟子们

　　兰克的门生包含后来的 19 世纪里许多伟大的人物，如格奥尔
格·魏茨（Georg Waitz, 1813 - 1886 年）和海因里希·冯·西贝尔
（Heinrich von Sybel, 1817 - 1895 年），也包括他的同僚和朋友，如他
那个时代最重要的历史哲学家约翰·古斯塔夫·德罗伊森（Johann
Gustav Droysen, 1808 - 1884 年）。这些人对将兰克的理念在整个普
鲁士和之后作为整体的德国的制度化贡献颇多。当然，也有一些门
生背离了这位大师的模式。西贝尔认为兰克过于脱离现实问题，而
更具理论化思维的德罗伊森认为兰克最终不过是收集事实。瑞士历
史学家雅各布·布克哈特（Jacob Burckhardt, 1818 - 1897 年）是他
的一位不同寻常的弟子，他写的伟大著作《意大利文艺复兴时期的
文化》（Kulturgeschichte, The Civilization of the Renaissance in Italy,
1860）是现代文化史的先驱，至今仍是被阅读最多的 19 世纪的历
史著作。

---

① Leopold von Ranke, *History of the Reformation in Germany* (1905; reprinted London,
　1972), xi.

他是虔诚笃信的人，他就像之前的许多历史学家那样寻找上帝在历史中的作为，但集中于考察早期的人类行为的运作方式，而且到了通过细致研究史料就能重现这一切的程度。虽然兰克允许上帝的安排，但他也赞同各个历史时代和民族的伟人故事的独特价值和贡献，所有这些用他在一系列演讲中首先用到的一个习语来说就是"在上帝面前都是平等的"。"一个人如果想要知道历史人文，那么他必须既注意到时光之中生命的无限多样性，又注意到时光流动中巨变的过程"，他写道，"让我们重视每个新纪元的生命和所有这些生命间的联系。"[1] 他推动了一种史学的发展，即主张对待历史尽可能地"如实直书"（*wie es eigentlich gewesen*）。

　　这一词语通常是许多学生所知唯一的关于兰克的东西。这一观点在他职业生涯早期提出，它不是他的方法论洞察力的灵光一闪，甚至不是完全出于原创：古代的修昔底德进行过类似的考察，语言学家和教育改革家威廉·冯·洪堡（Wilhelm von Humboldt，1767－1835年）在 1821 年致函普鲁士科学院时就宣称"历史学家的任务是呈现实际发生的事情"。兰克关于这一观念的详细界定出现在他的第一本主要著作《拉丁和条顿民族史》（*Latin and Germanic Peoples*，1824）中，并在作者广泛使用威尼斯人的档案的特定环境中，而不是作为哲学式的概括。随之而来的是对历史学家公正教谕者角色的放弃，即便这对兰克来说可能是次要的。"历史被赋予了评判过去，引导现在，以利于未来的职能，但当前的工作并不假定去达到如此之高的职能，它只寻求展现实际发生的事情。"且不论这种否决可能只是撤除我们较少感兴趣的事件的一种修辞性伪装——历史学家们在他们的前言里的一种标准辩护词，它实际上可能并不是对"*wie es eigentlich gewesen*"（如实直书）这一词语最准确的解读，该词更精确的描述应该为"还历史本真"。实际上，他要表达的含义不如后来的一些钦慕者怎样去

372

373

---

[1] 引自 Leonard F. Krieger, *Ranke：The Meaning of History* (Chicago，1977)，244。

解读来得重要，尤其是在美国。许多人错误地相信，这位大师试图完全回避任何不是基于特定事实的东西，并抛弃了臆测或解读，因而忽略了兰克著作中精神和哲学的一面，而这在他后期的著作中十分明显，以至于他早期的反说教性言论毫无意义。

得益于兰克及其直系弟子以及著名的大学研讨班的环境，德国学术界在19世纪下半期以及之后的时期赫然耸立于西方知识界。索邦大学历史学家欧内斯特·拉维斯最初为兰克的成功所动，于是他将研讨班引入到了法国的高等教育之中。毫无疑问，德国学术界同样也让英国主要的历史学家浮想联翩，就斯塔布斯（Stubbs），尤其是弗里曼而言，它无法从他们对古代撒克逊人的自由的热情上轻易分离。梅特兰（Frederic Willian Maitland，1850－1906年）翻译过萨维尼的著作，并在学术规范上以他为典范。阿克顿勋爵（Lord Acton，1799－1902年）与德国信奉天主教的学者约翰·英格涅·冯·多林格（Johann Joseph Ignaz von Döllinger，1799－1890年）也素有来往。斯塔布斯效仿了兰克的史料批判，他的学生或弟子在之后的几十年间依次推进了英国历史专业的"现代化"，直到第一次世界大战爆发。约翰·罗伯特·西利也钦佩兰克，并否定了史料的文学层面；但西利最终接受历史教育的方向与斯塔布斯完全不同，他与政治和时事的联系更为紧密，这可以通过他在1873年确立了剑桥大学文学士荣誉学位考试得到证明。到这个世纪末，英国大学的历史可以说成为了教化青年人享受帝国权力的同时承担责任的根本措施。

不过整个德国学术体系穿越（英吉利）海峡的进程却十分缓慢。与法国和美国的同行不同，剑桥和牛津都抵制研讨班，并继续保持本科生导师制与公共课相结合。只有异军突出的曼彻斯特大学才发展了更接近兰克训练模式的东西，而像托马斯·弗雷德里克·陶特（Thomas Frederic Tout，1855－1929年）这样受过斯塔布斯影响的学者在20世纪初将曼彻斯特大学转变成英国领先的中世纪史研究机构。在20世纪之前，英国的大学并不将博士学位作为大学教职的必备要求，许多杰出的英国历史学家都是凭他们在本科时的优秀表现获得了教学职位，这种情况最晚持续到了一战后。相对应地，我们必须承认像研究17世纪历史的专家查理·弗思（Charles Firth，1857－1936年）爵士那样的历史学家的巨大影响，就是他认为教授青年人历史实际上包括教育他们成为历史学家。到20世纪的头几年，他是在本科教育中加入研究要素的推动者之一。

后兰克时代的德国对欧洲之外地区产生了比欧洲更大的影响。例如，在东方，20世纪早期许多代罗马尼亚历史学家都从德国汲取灵感，包括考古学家瓦西里·帕尔旺（Vasile Pârvan，1882－1927年）和方法论者亚力山德鲁·色诺普（Alexandru Xenopol，1847－1920年）。在北方，丹麦人克里斯蒂安·艾瑟夫（Kristian Erslev，1852－1930年）和挪威人古斯塔夫·斯托姆（Gustav Storm，1845－1903年）都曾长期在德国研讨班学习。尤需一提的是，日本人在19世纪80年代欣然接受了德国的方法论（见下文第八章）。美国学生最频繁的去处也是德国，他们返回故里后便在霍普金斯和密歇根这样的美国大学里开办研讨班，并成立新的历史研究院。19世纪80、90年代在美国大学里工作的历史学家差不多有一半都在德国学习过，不过他们常常由于停留时间过短，以至于不能完全吸收到德国历史方法论的精髓，更不必说方法论背后的整个哲学思想。在美国史学中唱诵了几十年的"客观性"颂歌在很大程度上可被认为是引入的本土化的兰克主义，它将兰克奉为偶像，同时对他的思想中更细微的层面产生了极大的误解。的确，兰克的神话在美国远比他的方法论有影响力。也不是每个美国学生都很享受他们在德国的时光。非常年轻时的班克罗夫特（Bancroft）对他在哥根廷大学看到道德缺失和酗酒感到反感。杰出的黑人历史学家兼教育家威廉·爱德华·布格哈特·杜波依斯（William Edward Burghardt Du Bois，1868－1963年）虽然在柏林受到他的导师们的肯定，但在1890年饱受海因里希·冯·特赖奇克的一次种族主义责骂。像将研讨班引入哈佛大学的亨利·亚当斯（Henry

374

Adams）那样的一些美国学者甚至鄙视整个德国的大学体系。尽管如此，从追求客观性和价值中立的学术中辐射出来的"专业化"光环最有吸引力，而德国似乎在两方面都提供了前进的模式。概述了"科学的历史"的信条的专业标准得到了1884年新成立的美国历史协会的支持，并得到了《美国历史评论》（*American Historical Review*，*AHR*）的第一任编辑——约翰·霍普金斯大学培养出来的约翰·富兰克林·詹姆森（John Franklin Jameson，1859 - 1937年）——这样富有影响力的学者的监督。

期刊和手册

《美国历史评论》是19世纪的另一个主要进程——专业历史期刊——在北美的首例，它同样源于德国。在此之前，历史主要通过文学评论和博学学者的出版物中的专版文章形式出现（见上文第六章）。主要集中于古物研究的地方志研究团体在18世纪末19世纪初开始涌现。从事历史研究的民族主义协会也开始出现，如一位苏黎世商人在1841年建立了瑞士的历史研究协会。但供历史学者评阅和发表新研究成果的独立编辑的学术期刊到19世纪中期才在德国出现。兰克的学生，当时在慕尼黑大学当教授的海因里希·冯·西贝尔（Heinrich von Sybel，1817 - 1895年）于1859年创办了《历史杂志》（*Historische Zeitschrift*，*HZ*）。之前像《历史研究杂志》（1844—1848年）这样的期刊十分短命，而《历史杂志》创刊之初也不能确保不会停刊，因为当时大部分杰出的历史学家都不太情愿在上面发表文章，他们更倾向于把文章集中发在专刊上（这是人文学科持续至今的一种偏见，与自然学科截然不同）。但由于这本杂志存续的长久性、对历史的独有奉献，以及对统一学术标准的坚持，它为其他地区的其他期刊照亮了道路。曾在德国受训的法国历史学研究改革者加布里埃尔·莫诺（Gabriel Monod，1844 - 1912年）于1876年创办了他自己的《历史杂志》（*Revue historique*，RH）。《意大利历史杂志》（*Rivista Storica Italiana*）和《英国历史评论》（*English Historical Review*，EHR）也紧接着在 1884 年和 1886 年问世了；之后在 1895 年，《美国历史评论》作为美国历史协会的官方出版物问世了。有趣的是，这些期刊无一例外都始于相对的局外人寻求改革他们国家的历史学术实践，而这些改革者又无一例外地在不久之后成为了局内人，即"客观性"及"合理"方法等史学教条的保守守护者。之后新的反对者会分离出来，或致使竞争对手出版关于被排斥主题的作品。这种模式一直持续到 21 世纪初。

这些早期的历史杂志有一些区别值得注意：德国和法国的《历史杂志》（*HZ*，*RH*）都认为历史仍然扮演着一种社会角色，而且并不回避政治议题；《英国历史评论》则明确否定了这些。早期的历史杂志在内容上也各有不同：在英国之后出现的美国的历史期刊在很大程度上回避了史学理论，直到 20 世纪 60 年代早期《历史与理论》（*History and Theory*）创刊。《美国历史评论》与欧洲同类的杂志不同，它是在一个已经成熟的制度环境中创刊的，创立它的机构已经存续了 11 年，这使它几乎立即成为了专业的组织者和监管者，而不是改革者。起初，学校老师、档案管理员、图书馆馆员也在这些杂志上发文章，尤其是在《英国历史评论》这个创刊初期的学术主导程度在主要期刊中最低的刊物上。该刊的第一任编辑曼德尔·克雷顿只是一个刚从教区牧师职务上回到剑桥大学教书的人。尽管如此，那些未受大学雇佣的人很快被排挤出来，这导致了其他刊物的创立：那些不会被《美国历史评论》录稿的人创立了《密西西比河谷历史评论》（*Mississippi Valley Historical Review*，1914 年创刊，1964 年起更名为《美国历史杂志》*The Journal of American History*）之类的期刊；在很大程度上被西贝尔编辑的《历史杂志》（*HZ*）排斥在外的罗马天主教徒创办了《历史年鉴》（*Historisches Jahrbuch*）；最著名的是 20 世纪 20 年代为反对传统期刊《历史杂志》（*RH*）而创办的社会经

376

济史期刊《年鉴》（*Annales*，见下文第九章）。早期的期刊也有民族史优先的倾向：《历史杂志》以德国议题为主；《英国历史评论》（*EHR*）以英国议题为主，诸如此类，不过一些期刊也有推动平衡发展的尝试，如克雷顿就在《英国历史评论》中加入外国著作的书评。

历史研究以新的期刊为前锋，殿后的历史教育以手册指南为辅助。此类著作有些延续着 18 世纪的旧有版式，专门汇总世界历史事件，如卡尔·普勒茨（Carl Ploetz，1819 - 1891 年）大量出版的摘要；其他的则概括各种史学方法。正如 16、17 世纪的史学发展及其流派之争被归结到"历史艺术"（*ars historica*）的文本中一样，加特勒（Gatterer）和马布利（Mably）等 18 世纪的后继者为历史研究提供了通用指导书，以便 19 世纪始于德罗伊森、继之以奥托卡·洛伦兹（Ottokar Lorenz，1832 - 1904 年）、恩斯特·伯伦汉（Ernst Bernheim，1850 - 1942 年）的史学争论和规则界定得以通过这一系列的手册指南向学生传授。伯伦汉写有一本巨著《史学理论教科书》（*Lehrbuch der historischen methode*，1889 年），该书 1908 年的版本扩展至八百多页，影响远至日本（见下文第八章）。他自信地宣称许多历史事件都可确信无疑，不过其他的在他看来只能是凭猜测被认为是"可信的"。

这种对方法论的狭隘成见在 19 世纪末的法国也有体现。米什莱和埃德加·奎内特等早期的法国历史学家的确受到过历史哲学的影响，前者受维柯的影响，后者受赫尔德的影响；曾发展民族性作为一种"精神"的赫尔德式理论的希伯来语学家兼宗教学者欧内斯特·勒南也浮想着将唯物主义哲学作为他已动摇的信仰的替代选择。但和德国的情况一样，这种观念正日益处于一种少数派地位。现代法国史学组织体系随着著名的研究生研究中心——高等研究应用学院——在 1868 年的成立，以及《历史杂志》的出现而得以确立。或许根据证据对科学史实质的自信——一种对坚如磐石的文献基础的坚信，以及进一步对历史知识进行史料批判，并不将所有的人文知识贬低为自然科

学的信仰——最无知的表述可在法国与恩斯特·伯伦汉相媲美的人的身上找到。一本关于方法论的手册指南《历史研究导论》 377
（*Introduction aux etudes historiques*，1897 年）取得了巨大成功，该书基于索邦大学的一整套课程，由研究中世纪的专家，后来成为国家档案馆馆长的朗格诺瓦（Charles Victor Langlois，1863－1929 年）和研究 19 世纪政治史的历史学家瑟诺博斯（Charles Seignobos，1854－1942 年）编辑出版，不久便被译成其他多种语言。[①] 牛津大学钦定教授弗雷德里克·约克·鲍威尔（Frederick York Powell）在该书 1898 年英文版的前言中声称它作为历史"科学"方法的手册指南是不可或缺的。杰出的希腊历史学家斯皮瑞东·兰布罗斯（Spyridon Lambros，1851－1919 年）在 1902 年将该书译成希腊语，并将之用作希腊的专门教科书。在他看来，该书有助于那些准备研究希腊档案的人，他们中有许多人在做这项工作之前都没有经过任何前期训练；该书也为他对古文书学（*graphognossia*）等辅助学科的支持提供了外部检验。

对《历史研究导论》的这种早期的热情现已衰退，这完全可以理解，而且不仅仅是因为它已年代久远。随着《历史研究导论》逐步描述历史写作所需的准备、分析、综合等步骤，该书不恰当地成为对19 世纪学术纯真自信的卓越代表。随之而来的便是一些冒险地对什么是（和什么不是）恰当方法的大胆断言，以及对著作史独立的响亮宣言。论综合步骤的第三卷开篇就这样写道：

> 让我们从考虑史料开始。它们的形式和本质是什么？他们如何区别于其他科学的资料？
>
> 历史事实源于史料批判。史料通过分析得到简化、细化，并最终通过这一过程变为单体的陈述；单一的句子包含许多陈述：我们通常会接受一些，而拒绝另一些；各个陈述都代表着一个

---

① 关于瑟诺博斯这位公共生活和民主精神历史重要性的积极倡导者见 Boer，*History as Profession*，195ff.，247，295－300，关于朗格卢瓦见 ibid.，301－304。

事件。

> 历史事实都有共同的特征，即它们都源于史料……①

朗格诺瓦和瑟诺博斯还说道，将源于各种史料的不同事实集合到一部连贯的历史中类似于科学地建构一座建筑。一个人必须精心挑选材料，因为错误的选材会妨碍设计的实施。否则就会像提议用建筑石材去建埃菲尔塔一样。②

历史、科学和决定论

历史既被视为文学杰作又被一些人议论为"科学"是 19 世纪这个伟大的时代的众多悖论之一。这种矛盾对现在的我们来说要比当时更明显，因为那时的科学是一个更宽泛的概念，它还保留了科学或知识在文艺复兴时期的一些含义；这在法语和德语中不太可能发生，两者所用的科学一词（*Wissenschaft*）更加兼容并蓄，且相比英语与实验和数学领域的联系更少一些。而且，在 19 世纪，知识分子仍然能偶尔穿梭于科学与文学之间（不过相比以前不那么频繁了），而自然则为两者提供了共同的灵感源泉。的确，历史似乎是能够跨越自然与社会这两个领域边界的典型活动。克丽奥扩展了她的影响范围，更全方面的"历史化"前景也在流行文化和学术文化中得到发展，其触角几乎涉及智力活动的所有领域。随着历史成为文学小说的材料来源、收集和展示自然的培根-希罗多德式的潮流概念、比较语言学的基础和社会学等学科的根基，说历史是这个世纪的"主导学科"并不为过。法国无政府主义者、社会学家普鲁东（Pierre-Joseph Proudhon，1809 - 1965 年）曾简明扼要地表达了对历史的这

378

---

① C. V. Langlois and C. Seignobos, *Introduction to the Study of History*, trans. G. G. Berry (New York, 1903), 211 - 212.
② Ibid.

种信念，他宣称"所有真相都在历史之中"，并认为历史就像自然一样需要屈服于人类社会法则。当法国法学家弗朗索瓦·弗雷德里克·彭色列（François Frédéric Poncelet，1790－1843年）在1820年声称"历史是所有人文科学的源泉"时，[1] 他所说的人文科学是当时新兴的术语，就是指我们现在所说的社会科学。欧内斯特·勒南把哲学和历史都包括进了他对科学的界定之中。到大约1900年，当科学开始向更专业化和技术化的方向迈进时，拜占庭学家、研究历史进程的历史学家约翰·巴格诺尔·伯瑞（John Bagnell Bury，1861－1927年）声称"历史被视为一门科学'恰如其分'"的说法仍然不无道理。

不过同样真实的是，在19世纪头几十年，一些人继续视历史为一种精神资源，认为其个体和剧情仍然保留了旧有说教角色的东西，而另一些人则认为永恒向前的历史进程不仅仅是需要解决的知识问题，还是工作原理能被分析甚至能逆向改造，以便增强其前行动力的机器，两派人的界线已然分明，而两派观点在一些方面并非互不相容。波兰民族主义者和共和主义者、学术生涯因1824年沙皇强制流放而被迫中断的约阿西姆·莱勒维尔当然会用自由主义进程的模式看待他的祖国的历史，尤其是中世纪史。但他保留了在文艺复兴时期并非完全不恰当的说教观点，并在1815年告诉他的学生们说：

> 历史为国家和政府提供有益的建议；为共同利益督导政府，为公共福利确保安全和内部和平与秩序。它复兴了勤勉精神和进

---

[1] 普鲁东（Proudhon）的话引自 Aaron Noland，'History and Humanity: The Proudhonian Vision', in Hayden White（ed.），*The Uses of History: Essays in Intellectual and Social History Presented to William J. Bossenbrook*（Detroit，1968），63；彭色列（Poncelet）的话引自 Donald R. Kelly，*Historians and the Law in Postrevolutionary France*（Princeton，NJ，1984），56。

取思想……历史还激励社会行善事……（并）唤醒了一种社会
意识。①

对一些 19 世纪的思想家来说，英雄历史——卡莱尔的《法国大革
命》（*French Revolution*）等人格化频繁出现的著作的周期性特
征——首先是要求自身历史被述说的进步力量（文献摘录30）。② 虽
然 19 世纪史学的总体方向朝向学术批判，并远离哲学猜想，但这一

379

历史作为多愁善感的观察家：卡莱尔论吉伦特派与山岳派

- 但至于其他，自此以后不要再让人要求历史通过原因和影响去解释事情是
如何进展的了。吉伦特派与山岳派之争，以及之后的狂热（Fanaticisms）
与奇迹（Miracles）之争不适合分析原因和影响。它通向心灵的声音就像使
人心烦意乱的嘈杂之音。长期的聆听和研究并没有怎么使声音汇聚，只有
战斗的骚乱、胜利的呐喊、绝望的尖叫……一旦历史可以从哲学角度描述
着火船上的熊熊烈火，它就会在其他方面进行尝试。这儿铺的是一层沥
青，那儿铺的是一层硫磺石。让火药、硝酸钾、松节油和污秽油脂的脉络
运转：她有足够的好奇想知道的，历史可能知道一些。但当火烧至另一层，
全体船员群情激奋，火苗蹿过横桅索和顶桅，他们在甲板之下如何凭借他
们的本能和技艺行动和反应：不要让历史进行这种尝试。
- 火船是旧的法国和旧的法国生活方式；她的船员是一代人。他们的呐喊和愤
怒是多么狂野，就像心灵在烈焰中煎熬。但整体来看，他们没有死去吗？他
们害怕这个世界，他们随他们的火船一起驶离了；其火焰和怒喝也很快消失
在时光深处。因此历史会做一件事：同情他们，为它给他们带来的痛苦。

引自 Thomas Carlyle, *The French Revolution*: *A History*, ed. K. J. Fielding and D.
Sorensen, 2 vols. in 1 (Oxford University Press, 1989), vol. II, 244 – 5。

---

① Joan S. Skurnowicz, *Romantic Nationalism and Liberalism*: *Joachim Lelewel and the
Polish National Idea* (Boulder, CO, 1981), 24.
② 不过卡莱尔版本的大革命几乎不为人知：在 1835 年 3 月 6 日，约翰·斯图亚特·穆
勒(John Stuart Mill)造访卡莱尔的家，并向卡莱尔坦承不慎烧毁了他正在阅读的该书
第一卷的手稿，见 John D. Rosenberg, *Carlyle and the Burden of History* (Oxford,
1985), 15。

文
献
摘
录
30

时期出现了大量综合扩展人类历史总量的计划，且通常出自非历史学家之手。揭示历史最终走向被称为历史"决定论"，它有着诸多著名的实践者（如英国历史学家亨利·托马斯·巴克尔［Henry Thomas Buckle，1821－1862年］，见文献摘录31），关于它的最著名的明确表述来自奥古斯特·孔德、乔格·威廉·弗雷德里希·黑格尔和卡尔·马克思。这些人的知识体系完全不同，但他们都相信人类事务会不可阻挡地向前运动。

实证主义与历史：巴克尔论史学

380

- 在人文知识的所有伟大分支中，历史的大部分都被记录了下来，并且一直最受欢迎。总体来看，历史学家的成功总是和他们的勤勉相对应，这也似乎已成共识；关于这一研究对象，被研究的都能被理解。

- 但另一方面，如果我们要描述史料的运用，我们必须绘制一幅完全不同的图景。人类历史的一个不幸特征便是任何人都很难将史料联结成一个整体，并确定联结史料的确切方式，哪怕这个人经过检验对单独的史料具有相当强的能力。在所有其他伟大的研究领域，概括总结是普遍认可的，人们也会试图从个别事件中竭力发现这些事件被驾驭的规则。然而，这与历史学家们的惯常做法相去甚远，这些人中流行着一种很强的观念，即他们的工作仅仅是陈述事实，并可以偶尔通过加入看起来有用的精神和政治反思而变得活跃……

- 这种狭隘标准的确立导致了非常不利于我们知识发展的结果……（因为）人类思考历史的所有更高目的都可悲地缺失了，而历史作为一个规则未知的研究对象表现得令人困惑和杂乱无章，甚至基础都不稳定……

- 任何知晓过去两个世纪所发生的事情的人都必能认识到每一代人都证明了上一代人认为无规律可循和不可预知的一些事实际上是有规律可循和可预知的……这种在困惑中发现规律性的期待对科学家们来说再熟悉不过了，他们中的最杰出人士都以它为信条：如果这种同样的期待不能在历史学家中被广为发现，那么它必定部分归因于他们的能力不如自然的研究者，也部分归因于他们研究所涉及的这些社会现象具有更大的复杂性。

- 这两种原因都阻碍了历史学的产生。

引自 H. T. Buckle, *History of Civilization in England*, 3 vols. (London: Longmans, Green and Co., 1872), vol. I, 1-9。

文献摘录31

圣西门（1760－1825 年，见主题框 26）以前的一位与他不和的学生孔德发展了一种被称为"实证主义"的哲学，其核心特征是直截了当。实证主义假定进步不仅是可能的，而且是不可避免的；它相信已成为历史的人类行为都遵循类似于自然界法则那样的"法则"运转。孔德受过数学训练，这使他相对那些只有人文背景的人而言对自

381

主题框 26   亨利·德·圣西门

马克思和孔德都受过亨利·德·圣西门的影响，这位早期的社会主义思想家发展了一种理论，即认为历史发展是一种"危急"时期和"组织有序"时期的相继的振荡循环。这第一次推翻了后苏格拉底时期的古希腊、文艺复兴、启蒙运动等等更早些时期的假想。"组织有序"的时期是那些有着创造性行为的时期，如前苏格拉底时期（后来的弗雷德里希·尼采对此推崇备至）和中世纪，这些时期发展了新的哲学和生活方式。除此之外，圣西门还声称有"法则"控制着历史的向前运动。

然法则有更大的自信。不过，他的思想与 19 世纪早期的历史思想（尤其是浪漫主义）有许多共同之处。对孔德来说，理解当前现象（及其未来发展）的钥匙在于回溯其历史根源。他的理想的"实证主义图书馆"甚至有一部分留给了历史，并选取了从希罗多德到他所处时代的一些史家的著作。孔德有一本多卷本的著作，英文名称为《实证主义概论》（*Course in Positive Philosophy*，1830－1842 年出版），该书概括了历经神学、形而上学、实证主义等三个时代的整个人类思想史。关于历史阶段划分，这里略微提及维柯的神、英雄、人等三个时代的划分；生存模式转变阶段说；孔多塞对历史九个时期的划分。如果进一步回溯，我们甚至可以瞥见中世纪菲奥雷的约阿希姆的神秘

莫测的圣父、圣子、圣灵的三种纪元划分。

法则作为人类行为支配性力量的实证主义时代即将来临，每种知识模式、每种学科都沿着平行的路径历经轮次交替的阶段最终到达同样的目的地。孔德的理论除去在社会方面注定形而上学之外，其在认识论上认为所有形式的科学（历史也包括其中）都在累进式发展。这就导致了"实证主义"被适用于任何假定"知识在稳定增长，就像自然科学中实验在不断改进那样"的历史思想。整个19世纪兰克式的学术方法因而有时也被认为是"实证主义"，这对其本意来说是一种深刻的不利扩展。它被适用于历史学的"累进的稳固的进步"的模式可能更恰当一些，但即便是这样的类推也是有问题的。在某种程度上，历史研究中的"实证主义"在我们自己的时代被当成之前所有历史学幼稚观点（尤其是基于证据的经验主义）的过失的替罪羊，它能被累积起来，然后被驱赶至声誉扫地的观念的思想荒漠。此外，术语的通用无意识地扩大了实证主义的实际影响力。不过孔德的观念虽然对实用主义等一些哲学学派产生了影响力，而且很自然地呼吁一个将发展几乎作为信条的时代，但除了英国历史学家巴克尔、社会进化论者斯宾塞（Herbert Spencer，1820 - 1903 年）以及法国的泰纳（Hippolyte Taine，1828 - 1893 年）以外，其在19世纪的西欧、美国历史学家中的影响远没有人们可能想象的那么大，即便在那之后，其影响也仅是选择性的。相比之下，亚洲和拉丁美洲则提供了更肥沃的土壤，对此，我们之后将进一步探讨。东欧的情况也是一样，它在那里提供了一个马克思主义的替代选择，例如，俄罗斯的米留可夫（Miliukov）就是一位积极的孔德主义者。

实证主义是关于历史方向的一种思想流派，德国唯心主义则是另一种，它始于康德和费希特，在黑格尔的世界史哲学中达到顶峰。历史对黑格尔来说就是在辩证过程中渐进的一种心灵的自我认识，是论点和论点的对立面之间的矛盾及其在综合过程中的解决。黑格尔的思想源于早期的启蒙运动思想家，但就像他早年所质疑的那样，他坚决

382

反对一种长期存在的认为历史是"通过例子进行哲学教学"的经典观点，反而替之以一种完全不同的历史与哲学间关系，在这种关系中，哲学的历史本身成为了一种人类理解能力的发展史，而在这种发展进程中，思想体系让位于优越的后继者，从而促使精神世界的自觉意识不断推向前进。历史不是一位老师，至少不是非常优秀的一位。它既是一个进程，同时又对这个进程进行了连贯的叙述。尽管人类历史是世界性的，但黑格尔相信在普世史上的尝试是有问题的——讽刺的是，他所宣称的"专门史"（通过艺术或法律等某一个专门的研究对象探索整体史的一种方式）似乎更有成效。是哲学家而不是历史学家在破解历史的意义。这方面的认识在历史终结之前不会完成：正如他所说，密涅瓦的猫头鹰（Owl of Minerva）只在黄昏伸展双翼。①

回想起来，就像维柯在 18 世纪早期的情况一样，黑格尔到了 19 世纪早期似乎成为了一个复杂的、通常令人模糊的、无法归类的学者：按照兰克模式，他不算历史学家；他的"绝对唯心主义"成为了哲学的形而上学的主要威胁，因而也算不上哲学家。但与维柯不同，黑格尔并没有长期陷于身份模糊之中，他得到了后人的拯救。他在他所处的时代十分出名，他杰出的学生或他赞赏的弟子通常通过为回应他们的导师而构想的观点后来也成为了业界明星。尽管他背负着保守派的名声，但他却结交了相当数量的左派人士。黑格尔的外国钦慕者中包括法国自由主义哲学家维克多·库辛（Victor Cousin，1792 - 1867 年），此人对法国历史学家奎内特和米什莱素有影响，也是黑格尔哲学传到意大利的主要渠道。而在离故土更近的地方，青年黑格尔派在路德维希·费尔巴哈（Ludwig Feuerbach，1804 - 1872 年）的影响下将黑格尔的唯心主义哲学转变成以人为中心的"唯物主义"。

---

① Hegel，*Lectures*，trans. Nisbet，23 - 24.

图 50　柏林的学者们。黑格尔（Georg Wilhelm Friedrich Hegel，位于绘画的最中间）与一些19世纪早期的柏林知识界的明星，包括威廉（Wilhelm）、亚历山大·冯·洪堡（Alexander von Humboldt）。平版印刷，由尤利乌斯·索普（Julius Schoppe）绘于约1810年。Kupferstichkabinett, Staatliche Museen, Berlin. Photo：Joerg P. Anders。Photo credit：Bildarchiv Preussischer Kulturbesitz/Art Resource, NY。

　　黑格尔在1818年受到他在柏林的同事们的冷遇（图50），他的观念也引起了争议。整个世纪从克尔凯郭尔（Søren Kierkegaard）到叔本华（Arthur Schopenhauer）到海德格尔（Martin Heidegger），再到罗素（Bertrand Russel）等值得一提的反对者都把他作为邪恶的象征，并在反对他的过程中构建了他们自己的哲学。是黑格尔而不是任何其他19世纪的人物概述了两个世纪里欧洲对非西方文化的漠视，尤其认为他们缺乏史实。在西方人看来，非西方地区既没有历史意识，也没有在人类历史叙述的主要情节中占得一席之地：非洲人和某些欧洲民族（尤其是斯拉夫人）因而都没有历史，且历史意义也不

384

大。在这方面排得上号的只有亚洲（部分地区）和欧洲，而后者在历史这条道路上走得更远一些。这种地位后来成为了针对欧洲中心论和东方主义的现代和后现代批判的避雷针，而这并不令人感到意外。但为了公正地看待黑格尔，这里应该指出，黑格尔采纳这种观念的原因是缺乏文字记载和过分依赖口述，这与传统的早期现代和 18 世纪人士的原因不同。在黑格尔看来，"国家地位"的关键标准只能通过在历史中授予地位和完成历史著作加以确认。"是国家首次提供了历史内容，它不仅会将它自己融入历史记述之中，还会帮助创造历史……（从而）创造了它自身发展的记录。"①

如果完全按照流行影响力评估，黑格尔的历史哲学及其辩证法的最值得注意的附带成果是它被社会主义者、一度是青年黑格尔派的卡尔·马克思（1818—1883 年）运用到揭示经济与社会变化过程的唯物主义理论之中，具体为从其原始时期到封建主义和资本主义时期，再到无产阶级胜利和共产主义时期。马克思通过《德意志意识形态》（1846 年）等早期的理论著作逐步发展了他的历史哲学，他的这种哲学受到费尔巴哈哲学（其不一致性受到了马克思的严厉批判）、孔德的实证主义（马克思对孔德十分蔑视），以及更遥远的维柯的影响并不显著。他至少写有一本被认为是政治史的著作，即 1852 年写的《路易·波拿巴的雾月十八日》（历史事件会发生两次，第一次是悲剧，第二次是闹剧，马克思的这一著名评论的源泉来自黑格尔）。就追随者的总体数量而言，现代没有哪个历史理论能比马克思主义历史理论有更强的影响力，尤其是在俄罗斯、东欧和中国的追随者中。

马克思的独著或与他的挚友弗雷德里希·恩格斯（1820—1895 年）的合著都很丰富且复杂，不过他并没有试图对我们将在这里阐述的他的历史思想进行完整的概括。他的理论作为一个连贯体系从来都不是通过一本著作就能呈现，而是散布在他体量巨大的全部作品之中。世

---

① 引自黑格尔论世界历史进程的讲稿的第二稿（1830），见 *Lectures*，trans. Nisbet，136。

代马克思主义和非马克思主义学者和思想家挥洒了大量笔墨（而不是一点点心血）将其摘选出来。简而言之，马克思主义史学理论可概述如下：人类已经经历或将要经历一系列社会阶段，这些阶段始于以家庭为最初的组织形式的原始时期，经历财产所有权的发展和剥削发展到封建主义，继而发展到资本主义，并最终由标志着"真正"历史开端的社会主义国家将其终结。更具体的说，马克思描述了四个时代：亚洲时代（这里借用了已确认下来的"东方专制主义"的概念）、古代、封建时代、资本主义时代，每个时代都是通过经济与社会配置进行界定的；只有在资本主义崩溃之后，随着未来的第五个时代的到来，没有阶级的社会才会出现，历史变迁的引擎才会关闭。

385

阶段到阶段或时代到时代的运动与之前的时代里个别阶段说者所提的没什么不同，但天意的或超自然的因素被完全剔除了，生产力比生存方式更能在限制社会制度的同时推动历史的前进。从一个阶段转变到另一个阶段（关于这一方面，个别阶段说者从未进行充分的说明）既非在同一时间，也非以同一速度发生在所有地方。严格来说，它们甚至不是完全不可避免的，因为亚洲时代并没有什么向前发展的动力。变化有时是凭借外力的作用。不过它的发生更多是因为内部的矛盾与冲突，尤其是阶级冲突。在马克思看来，正是这种阶级冲突才产生了分化、阶级意识、最终的革命等现象，而最终的革命正是触发变化的最后一环的要害一击，由此，黑格尔的辩证法由思想领域变换到了经济与物质生活之中。人类存世的各个阶段的顶峰是冲突辩证问题的解决以及之前处于从属地位的阶级获得权力。结果是新的合成体——下个阶段——仅能维持短暂的稳定，新的辩证问题将重新出现。人类生命所有更可见的方面——政治、宗教、意识形态——不过是冰山一角。物质和经济基础决定了上层建筑。在概括这一理论的过程中，马克思清晰地表达了许多影响社会分析、经济分析和历史分析已超过一个世纪的基本概念，其中一些在20世纪90年代欧洲共产主义崩溃之后依然存在，如劳动价值理论、原始积累、无产阶级专政等等。

德国人还产生了其他一些关于历史演变和历史学科本质的重要思想理论。研究普鲁士的历史学家、有时又是理论家的德罗伊森（Johann Gustav Droysen, 1808－1884 年，图 51）虽然相信历史知识增加的可能性，但他在他的《历史知识理论》（*Historik*）以及简短而广泛传播的《史学概论》（*Grundriss der Historik*）中支持关于历史学家与史料之间关系的一个不那么天真的观点。[①] 对于他以前的导师兰克，德罗伊森批判得比较中肯，他认为客观性崇拜随着对史料批判的专注已将历史引向了错误的道路；兰克的"历史"试图填补的只是在充满想象的小说世界里被诗学占据的历史。德罗伊森特别强调了由当前环境和价值观引导的阐释这一创造性角色，也强调了坚定和持久的

图 51　德罗伊森（Johann Gustav Droysen）。无名的照片，拍于大约 1870 年。兰克主导的柏林大学的产物。德罗伊森在历史和历史哲学方面都著有著作，包括影响很大的《史学概论》（Outline of the Principles of History）。Photo credit：Adoc-photos/Art Resource, NY。

---

① J. G. Droysen, *Outline of Principles of History* (*Grundriss der Historik*), trans. E. B. Andrews (Boston, 1893). 该书整本被编辑收录进了一部德文版著作中，见 P. Leyh and H. W. Blanke, eds., *Historik*：*historisch-kritische Ausgabe*, 3 vols. (Stuttgart-Bad Cannstatt，1977－2008)。

方法论的必要性。他就像英国的亨利·托马斯·巴克尔等历史实证主 386
义者那样批判兰克学派把人类行为和制度简单归为自然界的一类。

德罗伊森既涉足兰克学派研究的政治史也涉及哲学。他是上可追
溯至18世纪、下可延续至今的德国神学学派——释义学派——的成
员。这一学派的一个关键要素是相信观察者或解释者的位置或有利位
置对他（她）如何解释证据至关重要；不同的立足点会提示出不同的
真相，真相是唯一的，但也是多面的，就像莱布尼茨的"单子"之一
一样。① 狄尔泰（Wilhelm Dilthey，1833－1911年）为19世纪到20
世纪的释义派提供了明确的联系，也为历史知识概念提供了同样重要
的修正。狄尔泰宣称，历史是一种用来理解（领悟）的脑力活动，对
事件的含义的理解需要凭借我们的内部经验产生的直觉，它不能直接
从史料中得来，从这里我们可以看出后兰克时代对史料态度的转变。
正如德罗伊森对进程只能无限循环的自然界和进程可以发展的历史加
以区别一样，狄尔泰也是反实证主义的，但更尖锐一些。德罗伊森认
为领悟这一人类认知的最完美形式仍然具有客观真实性。而更年轻的 387
狄尔泰则不那么肯定。一方面，他接受像人类发展论这样的实证主义
观点和几个世纪里从宗教和形而上学中学来的解放运动。另一方面，
他相信兰克学派太容易拒绝抽象，以至于他们的知识理论并不充分，
不足以替代实证主义。而且，狄尔泰认为过去的事件可以通过一种并
不适用于科学界的方式领会，因为我们与历史人物有共通的人性：历
史属于精神科学，而不是自然科学。在1883年出版的《精神科学导
论》（*Einleitung in Die Geisteswissenschaften*）的前言中，狄尔泰认定
了一个有问题的成见，即自文艺复兴以来，对历史现象的分析原则源
于对自然的研究；这导致了它们与自然现象的区别不受重视，继而导
致了历史理论的贫乏。

从某种程度上说，狄尔泰是在复兴历史的传统说教观点的一些前

————————————

① 关于莱布尼茨的"单子论"可参阅陈乐民编：《莱布尼茨读本》，江苏教育出版社2006
年版，第33—84页。——译者注

提，但把它们引向了完全不同的方向。是的，所有民族都有着共同的基本特征，但这一事实的功用在于通过人类动机理解历史进程，而不是从中获得教训。文德尔班（Wilhelm Windelband，1848－1915年）在那些认为他们的学科是门"科学"的历史学家们游行时祈求降下了大雨。他在1894年担任斯特拉斯堡大学校长时重申了亚里士多德的一个古代原则，即历史处理的是奇异性，它拥有"表意"行为（独特和单一的典型）的地位，而不是"以法律为依据"或由法律产生的地位。区别仅适用于"调查研究模式"，而不适用于"知识内容本身"，因为历史和自然科学都处在"实证科学"这一更大的伞的下面。历史的最终目标是"从未经处理的史料中提取和重构历史真实，而史实的明晰须是稳健的，也是至关重要的。历史在总体的财富、人类独特形式的丰富及其完美无损地保存下来的重要个性中创作了人以及人类生活的情景。"①

并不是所有人都准备丢弃历史的实证或"科学"的一面，尤其是当他们扩展的边界能够超越国家和政治的时候。或者说他们确实能够推进民族主义者的议程：希腊人斯皮瑞东·兰布罗斯认为历史学家的责任既是科学层面上的，又是民族层面上的，为此，他在1905年这样说道：

> 只有历史学家的笔能与武器抗衡。因此那些还未完成他们崇高使命和实现统一的民族将他们潜在的民族伟大依靠着两大靠山：军事组织和历史研究的进步……的确，陪伴左右的没有比历史学家的书案和军营的帐篷更好的了。②

现代意义上第一部长篇罗马尼亚史的作者、狂热的罗马尼亚民族主义

388

---

① W. Windelband,‘History and Nature Science’, trans. G. Oakes, *History and Theory* 19（1980）：169－185, at 175, 177, 179.
② Effi Gazi, *Scientific National History：The Greek Case in Comparative Perspective* （1850－1920）（Frankfurt, 2000）, 84.

者亚力山德鲁·色诺普决定从哲学和社会科学中提炼发展出历史科学，不过他最终构建的只是狄尔泰和文德尔班的混合体，其在很大程度上是在面对更年轻的历史学家的反对时回顾性地展示他自己的著作是"科学的"。

社会文化史对兰克史学的替代

人们或想知道，什么成为了18世纪人类历史研究的方法，是伏尔泰研究路易十四统治时期的文化视角，还是对过去社会的阶段性分析？19世纪对政治和传记的重新专注似乎将这些连同黑格尔模式的辩证对照思考抛在了一边。所有这些加起来并不算一幅精确的图景，因为这个时代的确出现了兰克史学、以国家为中心的欧洲史学，以及这两种方法论的局限的替代品。这些替代品为启蒙运动的关注点进入20世纪提供了路径。

兰克模式的首要挑战出现在一位曾在柏林听过兰克授课，但大部分时间在巴塞尔和苏黎世的瑞士历史学家雅各布·布克哈特的著作中。他最著名的著作《意大利文艺复兴时期的文化》是对文艺复兴时期的艺术和文化、美学与政治生活关系（他将"国家"视为"艺术的结晶"），以及个人主义的兴起的杰出研究。时至今日，该书是少有的几本仍在印刷出版且作为文艺复兴课程指定书目的19世纪历史之一。在该书中，布克哈特践行了一种被称为 *Kulturges-chichte*［文化史］的历史研究模式（即便这种模式可能不是他发明的），它通过一系列关于文艺复兴不同层面的反思性论文违抗了学科传统。他的这一著作尽管广受好评（布克哈特之后便被提供了兰克在柏林大学曾担任的职位，不过他拒绝了），但在之后几十年时间里仍然自成一类。

19世纪中期伟大的研究古代史的法国历史学家古朗士（Numa Denis Fustel de Coulanges，1830－1889年）提供了另一种替代品。他是一位令人钦佩的学者，专注于从孔德到韦伯（Max Weber，1864－

1920 年）延伸而来的社会史传统。他也是一位温和的实证主义者，从这个词的认识论意义上说，他的确相信历史通过文献能清楚说明问题，并认为它是一门"观察性的科学"。他并不反对理论和概括——包括瑟诺博斯（Charles Seignobos）在内的一些学生都认为他们的这位老师太致力于系统观念的研究。古朗士还是一位博学的研究者，他在 1864 年《古代城市》（*La Cité antique*）中对古希腊罗马宗教、法律和制度的研究广为人知。然而理论和博学都来自古朗士自己，他直到生命的尽头都没有受兰克的叙事或甚至是尼布尔的古典学的影响。而其他人则最终加入他的行列：接近这个世纪末，在普法战争的灾难之后，德国人的影响越来越受质疑，而第一次世界大战则强化了这一趋势。过去兰克研讨班的支持者、德国史专家欧内斯特·拉维斯甚至将法国历史学家本身的训练发展看成"与德国人争斗"的替代方式，不过像研究中世纪的专家斐迪南·洛特（Ferdinand Lot，1866－1952年）那样的更年轻的学者仍然为他们国家的教育机构不如德国的大学而感到烦恼。

　　在经历了一代人之后，兰克式的德国史学面临着另一个挑战，而这一次是来自德国人内部。19 世纪 90 年代由卡尔·兰普雷希特（Karl Lamprecht，1856－1915 年）发起的臭名昭著的"方法论之争"（*Methodenstreit*）预示着一些争论会延续到我们的时代。兰普雷希特批判他那个时代的新兰克史学，且比德罗伊森或狄尔泰更认同实证主义，并声称一种"新"历史的必要性。他质疑只记述领袖和特殊事件，而不是更大群体的历史，认为这样的历史毫无用处；他主张历史与包括心理学在内的刚开始发端的社会科学结合起来，认为这样是必要的；他还认为文化是一个民族集体心灵（*Volksseele*）的外在表现。兰普雷希特背离了许多观念。1895 年，他提议将《历史杂志》合并到其他两个与他相关的杂志里，从而谋求该杂志的编辑职位，但没有成功；他的一位尖锐的批评者、后来的历史主义历史学家梅尼克比他更胜一筹，这个人经过谋划将特赖奇克推上了这一职位。尽管兰普雷希特在其职业生涯中被德国史学机构边缘化，但他在国外备受钦佩：像特勒尔斯-伦德这样的19世纪晚期斯堪的那维亚地区的历史学家将他视为他们版本的文化史之父，这种版本的文化史相比之前几十年里布克哈特的文化史较少地追求审美，更多地贴近平民。兰普雷希特的学生包括了后一辈的罗马尼亚杰出历史学家尼古拉·约尔卡（Nicolae Iorga，1871－1940年）；第二次世界大战之后的东欧有许多历史学家都将他视为"兰克的替代性选择"。兰普雷希特在北欧还有另外一批仰慕者，这里尤值一提的是两位研究中世纪的专家，比利时的经济史家皮雷纳（Henri Pirenne，1862－1935年）和荷兰的文化史家赫伊津哈。他们相继为世纪之交转向后来诸如年鉴学派和现代文化史的发展提供了重要桥梁（见下文第九章）。 390

　　兰普雷希特的观念以及他们对于这些观念的敌视是历史与包括心理学、经济学、人类学、社会学等现代社会学科在内的许多邻近知识分支间的紧张局势的产物，这种局面在18世纪末还未得到解决。这一问题至今仍在这些科目之间的边界地带产生着巨大影响。历史上处于同一时期的哲学家乔治·齐美尔（George Simmel，1858－1918年）、政治经济学家马克思·韦伯、古朗士以前的一位法国学生涂尔干（émile Durkheim，1858－1917年）都将历史研究与社会学结合起来，社会学自此与其母学科维持着坚如磐石的关系。经济史学家（在没有得到卡尔·马克思帮助的情况下）也类似地转向了物质文化、工业甚至是劳工的历史；经济学家古斯塔夫·冯·施穆勒（Gustav von Schmoller，1838－1917年）支持德国经济学派所说的一种观点，即认为历史数据是他们的学科的基石。在美国，兰普雷希特的观念被不满美国史学的一代历史学家广为接受。哥伦比亚大学的詹姆斯·哈维·罗宾逊（James Harvey Robinson，1863－1936年）和第一次世界大战前后的"新史学"学家对政治史权威的短暂攻击、像哈里·埃尔默·巴尔内斯（Harry Elmer Barnes，1889－1945年）那样的另一批"新史学"学家对民族主义和美国例外论的批判、像卡尔·贝克尔（Carl

Becker，1873－1945 年）和查理·比尔德（Charles Beard，1874－1948
年）那样研究历史进程的历史学家的工作在 20 世纪 60、70 年代共同
开启了北美社会史的大门。

世纪末的不确定性：尼采

德国史学思想在直到第一次世界大战的岁月里还受到了除兰普雷
希特之外的其他威胁。文德尔班和狄尔泰以不同的方式关注了人类行
为的非理性层面，不过他们停了下来，因为不足以挑战"客观、表面
的历史真相是可获得的"这一信条，这也使他们与表面上类似于 20
世纪的相对论、后现代主义那样的趋势分离开了。眼下，历史写作在
认识论上的系泊点被动摇了，但还算安全。而形而上学的层面则是另
外一回事儿了。"精神""天意""心灵"甚至上帝这些被黑格尔或兰
391　克的前辈和同辈人看得如此重要的东西现在在一个包括马克思主义、
现代科学的兴起、在世纪之末打破旧习的哲学家弗雷德里希·尼采
（Friedrich Nietzsche，1844－1900 年）的时代迅速褪色了。

尽管尼采在经历了十年的精神疾病困扰之后死于世纪之交，但相
比 19 世纪，他更像是一个 20 世纪的人，因为他在死后影响很大。尼
采在历史和文化方面的观点以及他的学识是他的哲学训练的结果，但
这也使他在很大程度上处在了否定四个世纪的人文主义的位置。他对
诸如现代道德之类的东西或推论追本溯源的谱系式的史学方法对后来
像米歇尔·福柯（Michel Foucault）那样的 20 世纪的人物产生了极大
影响。作为作曲家理查德·瓦格纳（Richard Wagner）的挚友，并深
受布克哈特的影响，尼采的观点与极权统治和纳粹联系在了一起，至
于这种联系的有效性，这里不做讨论。尽管尼采可以说敌视整个 19
世纪的史学研究（因而成为我们在本书临近结尾时要讨论的一些 20
世纪史学趋势的主要源泉），但他并不是对过去漠不关心。正如海
登·怀特（Hayden White）所说，尼采的史学观点像黑格尔的观点一

样受到专业历史学家们的冷遇，不过受冷遇的原因不同。黑格尔所思
所想往往高深莫测，难以理解，而尼采所思所想就十分清晰明确。
他的目的就是"毁灭人们对'从历史中学到任何单一、实质真相'
的信仰"。①

尼采的史学观点通过他的许多主要著作得到发展，这些著作的英
文名称对许多人来说都十分熟悉，包括《悲剧的诞生》（*Birth of
Tragedy*）、《道德的谱系》（*The Genealogy of Morals*），尤其是《历
史的用途与滥用》（*Use and Abuse of History*，全名是"论历史之于生
活的用途与不利"）。② 历史见证了前进与倒退的循环，这种循环始
于最初的蛮荒时代，经历了天赋异禀的前苏格拉底时代的思想和埃斯
库罗斯的悲剧，之后又在扼杀创造性的宗教与科学的暴政中衰落。就
像 150 年前的维柯一样，尼采将他所处的时代视为下降的向未来的蛮
荒时代悲剧式发展的一部分。人类世界本身由两大本源争斗而来，即
作为创造性能量的狄奥尼索斯式的混沌力量和阿波罗式的秩序力量：
两者对于人类境况都是必要的，而任何一种力量过多都是有害的。就
历史知识而言，它既是工具，又是负担：说它是工具是因为它允许我
们认识到从何而来，也能让我们感受到为之奋斗的更好的未来；说它
是负担是因为它阻止我们只生活在当下，并在我们的时代取得伟大的
功业。与传统地将历史等同于记忆，并认为记忆本身就是人性的必要
特征不同，尼采呼吁将遗忘视为必须，因为不遗忘就无法逃离无尽的
形成过程。为了生存，我们必须选择性遗忘，就像戴上耳机消除周围
杂音一样。

392

历史（训练或是实践）依次表现为三种不同的人类存在形式，即
"谁行动和努力"，"谁维持和倒退"，"谁承受痛苦并寻求解脱"：尼采
相应地称之为不朽的、崇古的和批判的形式。不朽的形式就是常见的

① Hayden White, *Metahistory*：*The Historical Imagination in Nineteenth-Century Europe*
  (Baltimore，1973)，332.
② *Vom Nutzen und Nachteil der Historie für das Leben*（1874）.

"伟人"历史。它教导我们伟大的功业在过去是可以取得的，现在还可能再次取得，但它作为相关例子的功用是有限的，因为没有两个伟大功业的例子是相同的，即便历史学家们把它们塑造得外观相似。崇古的形式就是不加选择地恢复历史的细节，寻求所有东西的价值和所有东西之间的联系。如果它统治了其他两种历史形式，那么它无疑会引起历史的僵化："历史自此不再受到当下鲜活生活的鼓舞和推动"，这无疑是一种退化。从这关于前两个历史形式的描述中，我们可以看出尼采对早期的怀疑主义思想有所质疑，这种质疑既针对圭恰尔迪尼对历史事件相似性的反对，又针对 18 世纪人们对没有社会功用的学识的反对，不过尼采对这些问题的探讨相比他的前辈们在逻辑上更为极端。

作为第三种形式的批判史（critical history）就是将历史带到现在的法庭中，"严谨地审判，最后定罪"，不过这不是基于道德或正义的法则，而是出于生命的纯粹力量，即"黑暗这一贪得无厌的驱动力"。批判史必要地分解了过去的历史或进程，并将过去看成能够按现实道德和审美要求连接起来的元素（尼采更乐意用"音符"来类比）汇聚的水池，所以，历史没有必要包括任何真实。"这是一个可以被想象为毫无一般的实证真相可言，却自以为拥有最高程度客观性的史学。"历史中的客观性在任何时候都是一个嵌合体，因为每个人都会随意地从历史中攫取所需来面对只有主观的个人才经历的生活。断言客观性的普通历史学家因此不过是一个伪君子，这要么是"经过伪装的利民主义者和党派人士为追求他们的欺诈游戏而采用客观性氛围"，要么就是"完全欠缺考虑的人在著史时天真地相信他们那个时代的所有流行观点都是正确的和公正的观点……（他们）称所有不接受这些流行标准的史学'主观性'是依照教规的。"①

这些形式过多或过少都是有害的，就像历史作为一个整体的过度一样：历史中一个时代的"过度饱和"对生活是"敌对的和危险的"。

---

① Nietzsche, 'On the Uses and Disadvantages of History for Life', in his *Untimely Meditations*, trans. R. J. Hollingdale (Cambridge, 1983), 75 – 76, 90 – 91.

尼采论历史学家的特征

- 如果你试图去解释过去，那么你只能通过最大限度地运用现在的活力去做到这一点：只有当你尽可能地发挥你的高贵特质的时候，你才能预言过去的什么东西是值得知道和保留的。物以类聚！否则你只是描绘过去而已。不要相信不是来自拥有最宝贵思想的头脑的史学；当思想需要去表达一些普世的东西或重复世人皆知的东西时，你就会知道它的品质：天才的历史学家拥有将世人皆知的东西重铸成世人闻所未闻的东西的能力，并能够将普世的东西表达得如此简单而深刻，以至于简单迷失在深刻之中，深刻又寓于简单之中。没人能够同时成为伟大的历史学家、艺术家和没头脑的肤浅之人；另一方面，我们不应该仅仅因为进行着筛选和搬运工作的工人可以确定永远成不了伟大的历史学家而低估他们；更不用说将他们彼此混淆，而是应该将他们视为服务于大师的必要的学徒和杂工……这些工作会让他们逐渐成为伟大的学者，但并不能因此成为大师。一个伟大的学者和一个伟大的没头脑的肤浅之人——两者位于同一顶帽子之下会更好。

引自 Nietzcshce,‘On the Uses and Disadvantages of History for Life’, in his *Untimely Meditations*, trans. R. J. Hollingdale (Cambridge University Press, 1983)，94。原版为意大利语。

我们的生活离不开历史：其中一些对人类生存是必要的，它使我们与生活在无尽时刻的动物区别开了（尽管它们有一定的快乐，没有烦恼和虚伪）。历史不是为弱者准备的，因为它"只能承载强者"，而差一些的人就会被它湮没。历史不是谁都可以尝试，而是应该由"有经验的和出众的人"来主导——这里尼采就像他所批判的历史中的当权人物那样是一个出众的人（文献摘录32）。至于从历史中提炼"法则"，追求只能产生关于大众的最为平庸的真相是相当愚蠢的：

统计能够证明历史中有法则可循吗？法则？它们只能证明大众是多么的粗俗和令人恶心的统一：但惰性、愚蠢、伪装、爱和渴望能被称为法则吗？好吧，让我们假设的确如此：但那只能确定一点，即就历史中的法则而言，法则是无用的，而历史也是无用的。①

尼采对非理性的强调和他对许多专业史学大厦的否定显示出不是所有在 19 世纪末的克丽奥的欧洲庙宇都是好的。

结　论

394

　　然而她总喜欢织她的网，

　　织上她镜中古怪的景象，……

　　那网飞出窗，直朝远处飘，

　　那镜子一裂两半地碎掉，

　　她喊道，"诅咒已降临于我"。

考虑到塔在西方文化中是作为是人类精神的象征，上文所提朗格诺瓦和瑟诺博斯用关于 19 世纪伟大的工程奇迹埃菲尔铁塔（1889年）的选择来隐喻历史构建的做法不足为奇。但塔的形象同样也代表着约束。阿尔弗雷德·丁尼生勋爵（Alfred, Lord Tennyson）就在他1833 年首次出版的关于亚瑟王的诗《女郎夏洛特》（*Lady of Shalott*）中虚构了另一个塔。尽管丁尼生不是一个历史学家，但对历史（尤其是中世纪史）很感兴趣。《女郎夏洛特》无意地捕捉到了历史在 19 世纪发生的事情，并将塔的观念与本书另一个循环再现的形象——镜子——联系了起来。在诗中，被囚禁的女郎无法直视屋外难以企及的外部现实，她承受着诅咒之苦，她通过镜子间接地凝视着外面的世界，并在编织中记录着所看到的东西。屈从于诱惑，直接通过窗户向外看的冲动弥漫着整个房间。

19 世纪以前的历史学家就像丁尼生笔下被束缚在塔中的女郎，

---

① Nietzsche, 'On the Uses and Disadvantages of History for Life', in his *Untimely Meditations*, trans. R. J. Hollingdale (Cambridge, 1983), 83, 86, 113.

他们无法直视难以接近的过去。过去不仅被视为映照现实的镜子，而且在某种程度上被用现实的眼光观察：历史事件不与现代的事情关联就无法被理解，就像现代的事情反过来被看成历史的回响一样；释义派学者对这一点特别清楚。在 19 世纪，职业的欧洲历史学家开始不用镜子，开始直视过去（或者说他们是这样说服他们自己的），并在很大程度上否定"建立历史事件与现代事件之间的相似联系"的观念，以及"历史的主要功用是提供现实的教训"的观念（即便公务员、官员、政治家的训练保留了功利的一面）。不久之后，他们便不再用镜子，而是通过文献这一看起来通透的窗户去发现之前未知的历史——兰克的"如实直书"。与女郎不同，他们会继续编织他们叙述的网，呈现他们所看到的东西。由于已经抛弃了镜子，他们不知道他 395 们构建的学科之塔正处于危险之中，其根基并不像他们所估算的那样稳固。

　　本章的标题涉及的是历史的教谕观点这面破碎的镜子。在我们的时代，一些流行的历史概念对这种教义也略有提及。自从 19 世纪晚期以大多数热心的中国清朝官员无法想象的方式主导了历史研究，它在历史专业中就不再受到拥护。海登·怀特说，我们现在似乎主要卡了在对待历史的"讽刺"态度中，这和维柯所说的"反思的野蛮"，或者我们所说的女郎夏洛特的诅咒如出一辙。在 20 世纪，质疑开始从女郎夏洛特的镜子转向她的网，对所看到的历史真相的文字呈现现已飘向远处，与它的作者脱离。与此同时，原来仅仅破裂的镜子现在被真正地完全粉碎了。自相矛盾的是，它的碎片为 20 世纪晚期出现的历史写作的专业细化所用，每一个碎片都反映了不同的东西，这取决于观察者的角度——又一个释义学的极端例子。这里的论述有些超前了，因为我们关于 19 世纪的论述还未结束。现在是时候首先看看这些令人自信的西方进展是如何在世界其他地区上演的了。

大事年表

1749 年	黎贵惇多卷本《大越全史》出版
大约 1801 年	阿布德·奥拉赫曼·奥贾巴提完成了《在摧毁法国过程中的虔诚展示》
1817 年	詹姆斯·穆勒《英属印度史》出版
1818 年	《农的编年史》完成
1821—1827 年	卡罗斯·玛丽亚·德·布斯塔曼特《墨西哥革命的历史描述》出版
1825 年	《迪帕那加拉自传》现存手稿的最早时间
1842 年	魏源完成他的《海国图志》
1859 年	巴托洛海·米特雷《曼努埃尔·贝尔格拉诺与阿根廷独立史》出版
1887 年	路德维希·里斯被任命为东京帝国大学的第一位历史系教授
1897 年	塞缪尔·约翰逊创作《约鲁巴人的历史：从最早时期到开始成为英国保护国》
1902 年	梁启超的《新史学》出版
1919 年	印度建立了历史档案委员会
1928 年	何炳松的《通史新义》出版；沙菲克·古尔巴《埃及人质疑的开始和穆罕默德·阿里的崛起》出版
1935 年	穆罕默德·福阿德·科佩鲁《奥斯曼土耳其帝国的起源》出版
1942 年	尼赫鲁《世界史一瞥》出版

第八章 | 克丽奥的帝国：欧洲史学在亚洲、美洲和非洲

引　言　刚刚所述专业化的欧洲史学文化在 1800 年至 1945 年间对世界其他地区的影响达到了顶峰，这也正好是拥有成熟训练准则和机构的国家运用政治和知识分子影响和控制全球其他地区的时期。19 世纪初的拿破仑帝国奠定了这一基调，这个帝国的统治虽然短暂，但它将法国的影响传出了欧洲，穿过地中海到达了非洲。本书封面描述的是希腊历史女神克丽奥（Clio）在与世界各国交谈，标志着欧洲的全球统治地位包括对认知过去和组织历史研究的主导权。历史成为一门学科正好发生在欧洲大都市试图向其外围强加规则的时期。从拿破仑统治的顶峰时期到经历两次世界大战的动乱，地球上的历史就是大国（有些扩张，其他的衰落）输出他们的历史观念以及历史书写形式和学问。这是克丽奥帝国的时代。

399

　　殖民者将他们的"历史体制"强加给臣服的领地，在非洲和印度的殖民大学和学校里所教授的历史就是典型的例子，他们还将之强加给一些他们在政治和经济上能产生各种影响的独立国家，不过这种征服通常是用诱导的方式。但存在已久的东亚史学同总体的西方帝国机制一样令人敬畏，它不可能转而采用"现代"的方式，这些国家的改革者没有倾向于进行欧式的实践，他们的实践活动也没有适应于完全不同的土壤的灵活性。像梁启超这样看到他们的国家在各方面

400

与西方存在巨大差距的知识分子认为处理历史的传统方式也是问题之一。在他们看来,一个束缚过去的囚笼既不会叙述社会、政治和经济成就的历史,也不能促成一个发展的未来。在世界的某些地方,文艺复兴的发展故事受到热情拥抱,甚至在黑格尔辩证哲学家和实证主义者的故土给他们造成了长久的坏名声。因而波多黎各的官方史学家萨尔瓦多·布劳(Salvador Brau,1842-1912年)在1896年指出了历史学家的目标——将历史认识的现代工具作为在美丽新世界保存民族认同感的方式:

> 是的!我们拥有历史,我们也必须理解它,以便坚定不移地向未来迈进。我们必须让每个人都理解这些历史,这样我们的地区特征才能自我区分……所以没人会将我们与其他民族混淆。①

从20世纪的观点来看,所有这些确定是不可避免的:当然,有人会本能地认为西方方式和欧洲流派胜利了,因为非洲和东方社会大部分进步群体认识到了它们固有的优越性。这种解释在那些满怀热情地拥抱西方著史方式的非欧洲人写的著作中有充分的佐证。传奇、神话、谬误应该从关于过去的记述中根除,而严格的证据批判应该作为叙述进步历史的先驱。无论我们审视欧洲和美国之外的任何地方的历史著作史,克丽奥帝国的扩张看上去都不可阻挡。欧洲史学在经历了数个世纪关于"如何处理历史才最好"的争论之后,才随着兰克的学术实践、历史学习的世俗化、其在大学、期刊、书籍、学会、书评中的制度化而变得井然有序——制定

---

① 引自 Allen Woll, *Puerto Rican Historiography* (New York,1978),53。

了研究过去的"规则"。即使欧洲政治分裂局面无望改变，它至少在史学上看起来正趋向于发出同一种声音——一种距离与语言创造的和谐一致的错觉。谁能抵挡如此强大的破坏力？谁又愿意站出来去阻挡呢？

广泛地考察西方史学在亚洲、非洲、澳大利亚和拉丁美洲的传播可能需要另辟专著论述。这里，我们需要有选择性地分析，用少许几个地区来展示克丽奥扩展其领地的不同方式。英属印度便是一个很好的开始，在这里，帝国政权本身就发现有替代之前存在的许多（不是一种）史学模式的必要。

英属印度

英属印度直到 1947 年独立期间的史学转向既表现为成功的西化过程，又表现为根本上对殖民者的敌对。到 1800 年，莫卧尔帝国的最后残余已消失数十年，而英国殖民者已确立了对南亚次大陆大部分地区的统治，只是有些地方是通过地方权贵间接统治。英国人詹姆斯·穆勒（James Mill，1773 - 1836 年）是最早写印度史的殖民地评论家之一，不过他从未去过南亚地区。他是遗传自罗伯逊、米勒、史密斯的苏格兰教育体系的产物，也与英国功利主义者杰里米·边泌（Jeremy Bentham）交往甚密，还是更有名的约翰·斯图亚特·穆勒（John Stuart Mill）的父亲。1817 年，老穆勒（詹姆斯·穆勒）出版了《英属印度史》（*The History of British India*）一书，并因为该书为人熟知。该书的有趣之处很多。它背离了 18 世纪晚期的东方主义，用语言学家威廉姆·琼斯（见上文第六章）的话说就是放弃了视印度"即便是次等的，也是离奇有趣的、与众不同的、无与伦比的"的看法。相反，它明确提出了一种与众不同的、罗伯逊式的看法，即通过

401

世界史的视角将印度看成具有巨大潜力的需沿着功利主义路线进行改革的落后地区。作为对英国在印度的干预行为的评论家，穆勒将南亚次大陆看成边泌主义社会实践的大型实验场；印度近期的历史也为他提供了评价他的祖国的道德和价值观的机会。他缺乏直接经验，也没有约翰所掌握的任何语言学知识，这使他能够比那些居住在印度并说着当地语言的人更能冷静、客观地分析问题。

《英属印度史》既引发了一个世纪的帝国史学研究，也对殖民政策造成了直接的影响；它缺乏深度和原创性的研究反常地成为了在印度的殖民主义的理想解释工具。最臭名昭著的是它轻视印度本土史实，将之与伊斯兰进行比较。

> 将印度伟大的史诗《摩呵婆罗多》（*Mahābhārata*）与波斯伟大的史诗《列王纪》（*Shah Nama*）进行比较；背离自然和可能性没有那么不寻常和过度；事件没有那么愚蠢；情节更有独创性；穆罕默德写的著作在所有方面都很大程度上胜过了印度的著作。但穆罕默德的优越之处在于他在宏伟的著作中展示的是历史。鉴于我们的知识都是基于经验，以史为鉴、引导未来是写作艺术的主要用处之一。而对于这一重要的文学分支，印度则完全缺乏。在印度的穆罕默德们当中，编史的艺术被培养得比亚洲其他地区更加完美。①

402　　琼斯秉持经验主义和历史与神话的区别，但他相信《往世书》之类的史料可以折射出一些历史史实的光芒。在这一点上，穆勒超越了琼斯，让他运用这样的史料会更加困难，但这不足以使他的著作独一无二。托马斯·巴宾顿·麦考莱（Thomas Babington Macaulay，1800-1859年）认为穆勒的著作是自吉本以来最好的史书，他反复强调了

---

① James Mill, *History of British India*, 3 vols. (London，1817)，vol. I, 648.

一个类似的概念，即通过东方史学来衡量它的文化的低劣，例如他在
1834 年曾宣称"从所有用梵文写成的著作中收集而来的所有历史信
息都不如从英国预备学校使用的毫无价值的删节本中找到的有
价值。"①

　　许多记述印度过去的殖民作家都是偶然成为历史学家的，且不论
他们是否在印度待过一段时间，公司职员或公务员的职业经历给他们
的一种看待印度的视野。穆勒就曾在东印度公司的伦敦办公室担任官
员；亨利·贝弗里奇（Henry Beveridge，1799 - 1859 年）曾是爱丁堡
的一位失意的律师，后来成为了职业作家，他受布莱奇和儿子们
（Blackie and sons）出版社雇佣写一部《印度通史》（*Comprehensive
History of India*，该书最后出了三卷本，在 1858—1863 年间出版），
但他同样也没有离开过英国。在那些实际到过印度的作家中，蒙特斯
图亚特·埃芬斯通（Mountstuart Elphinstone，1770 - 1859 年）在
1841 年出版了一部《印度史：印度教和伊斯兰教时期》（*History of
India：The Hindu and Mahometan Periods*），该书被广泛用于印度教
育（而且对印度历史的记述比穆勒的著作更具同情心）。埃芬斯通担
任了八年孟买总督；他的助手格兰特·达夫（Grant Duff，1789 -
1858 年）与马拉地人有些接触，并有权接触官方文件，他写了一部
关于马拉地人的广泛的历史。到那个世纪末，居住在拉吉布塔那
（Rajputana）、后担任印度殖民当局秘书的阿尔弗雷德·莱尔（Alfred
Lyall，1835 - 1911 年）爵士运用他的知识写了一部《英国在印度统治
的兴起与扩张》（*The Rise and Expansion of British Dominion in
India*，1983 年出版）。在 20 世纪早期，这一模式在文森特·亚瑟·
史密斯（Vincent Arthur Smith，1848 - 1920 年）身上得到了延续，他
是一位在印度当了 30 年公务员的都柏林人，其分别在 1904 年和
1918 年出版的《印度早期史》（*Early History of India*）和《牛津印

---

① 引自 Eric Williams，*British Historians in the West Indies*（New York，1966），53。

度史》（*Oxford History of India*）影响了欧洲学界一个世纪，并且仍保持着"理解过去有助于解决当代问题"的坚定信念。一直到殖民统治结束的 1947 年，还有许多类似的著作可以被论说，包括休·乔治·罗林森（Hugh George Rawlinson，1880－1957 年）在 1948 年出版的《在印度的英国档案》（*British Achievement in India*）。

　　史密斯的《牛津印度史》作为学校教科书特别有影响。然而，西化的印度历史写作并不是占领者独有的财产，印度人也受到激励依照西方模式撰写他们自己的历史。第一本用本土语言出版的西式印度史可能是 1802 年出版的《拉亚·普拉塔帕迪提亚的一生》（*Rājā Pratāpāditya-Charit*），该书由一位叫拉姆拉姆·巴苏（Ramram Basu，约 1751－1813 年）的人在传教士威廉姆·克里（William Carey）的请求下用孟加拉语写成，以便用作新成立的福特·威廉姆学院的教科书。巴苏故意疏远了先前的印度和莫卧尔-波斯历史学家，并对殖民者有偏向地展现历史的方式表示了认同，即便他本人不会英语。他的这本著作被克里宣称为真正的历史，这也使他在历史学家俱乐部的荣誉会员身份得到了公认。正如拉依特·古哈所评论的那样，在黑格尔宣称印度越过了世界史前沿之前的一些年，其中之一便已经"溜过了边界"进入了史学的藩篱。[①]

　　在这个世纪的进程中，许多其他印度人受帝国机构指派负责撰写他们自己的历史。有些人这样做是为了提升印度人的认同感，也为了批判英国的殖民统治，这些人包括小说家邦吉姆·钱德拉·查特吉（Bankim Chandra Chatterjee，或 Chattopadhyay，1838－1894 年）和罗宾德拉纳特·泰戈尔（Rabindranath Tagore，1861－1941 年）。查特吉同许多作家一样基于历史史料撰写小说，这为以一种促进民族情感萌芽的方式展现过去提供了一次机会。然而，他会对其他地方印度史显然地缺乏哀叹不已。这种缺陷迟滞了印度的政治再生，他也呼吁集体

403

---

① Ranajit Guha, *History at the Limit of World-History* (New York, 2002), 11.

的努力来填补空白，尤其是创作强调印度人过去的英雄事迹的历史。其他人认同"民族史存在可悲的缺失"，但鉴于对历史之于文明的必要性确信不疑，他们无法接受情况一直都是这样。苏因达纳斯·邦勒加（Surendranath Banerjea，1848－1925年）设想在遥远的年代，印度人（尤其是古代雅利安人）的确在历史中记录了他们那个时代的荣耀。是不同的帝国（尤其是莫卧尔帝国）数个世纪的征服累积造成的影响才使这些著作不幸被毁。

这类西式历史所用的语言多种多样，诸如尚卡尔·希拉查德·奥吉哈（Shankar Hirachand Ojha，1863－1947年）等一些人用印度语或其他印度地方语言写了大量著作。如查吉特爱国的号召所提示的那样，一些人将他们的历史著作作为展现印度民族意识的载体，尤其是在19世纪末和20世纪初将历史变成了一种抵抗形式。例如，印度民族主义者维纳亚克·达莫德尔·萨瓦卡（Vinayak Damodar Savarkar，1883－1966年）将印度1857年叛乱展现为《印度独立战争》（*The Indian War of Independence*，1909年出版）。勿庸置疑，该书被英殖民当局列为禁书。他也是最早逆流而动地宣称古代印度人的确创作了历史（而不是想象中的被穆斯林毁掉的历史记录）的人之一，这与约翰对伟大史诗的证实交相呼应。穆斯林历史学家怨恨自约翰开始对印度教的印度更感兴趣的英国殖民学者将以前的伊斯兰主流文化和宗教边缘化的态度。他们也审视过去，以回味他们过去包括伊斯兰史学在内的伟大。从长期来看，这种趋势加深了印度教徒与穆斯林的冲突，给1947年后的南亚次大陆带来了麻烦。

政治觉悟暂且不论，印度历史学家在方式、方法上是朝向西方的。他们既采用欧洲史学家的实践，也接受英国人文明化的工作日程，前者与后者的改进也密切相关。英语历史著作被译成印度本土语言；在众多译者中，拉亚·希瓦·普拉萨德（Raja Shiva Prasad，1823－1890年）还自己写了一部著作《能够破除黑暗的历史》（*Itihas Timirnasak*，1864年出版，标题的字面意思是"能够破除黑

404

暗的历史"〔History as Destroyer of Darkness〕），该书既试图强调历史变迁的现实，又确信了与英国影响相关的印度的未来发展。他的弟子贝拉勒斯的哈瑞斯钱德拉（Harishchandra of Benares，1850－1885年）接受了关于发展需要的观点，并将历史研究看成它的原动力，不过他设想了印度最终从剥削它财富的英国人那里解放出来。关键一点是，要看到历史和西方术语中的历史不用认可殖民议题，也无须支持殖民统治。穆勒在东方有一个继任者，他在邦吉姆·查特吉1874年呼吁的"印度人的印度史学"中令人自豪。实际上，采用英式史学方法和历史教科书的传播在超越地区或语言多样性、不再依靠共同起源的神话、最终推倒殖民大厦的印度民族意识产生的19世纪并非微不足道。英国人向印度引入了一种观念，即有一种现代、正确、源于欧洲模式的历史讲述方法，这使印度民族意识得到了增强。

　　维多利亚女王时代晚期的"科学史"概念在20世纪前三分之一的时间里经由受训于英国并回国执教的印度历史学家传到了印度。可能部分由于梵文语言学家拉姆克里希那·戈帕尔·班达伽（Ramkrishna Gopal Bhandarkar，1837－1925年）爵士、他的儿子铭文和钱币学家迭瓦达答·拉姆克里希瓦·班达伽（Devadatta Ramkrishna Bhandarkar，1875－1950年）、研究莫卧尔时期的学者贾杜拉斯·萨卡尔（Jadunath Sarkar，1870－1958年）爵士等专家学者的影响，诸如1919年建立的历史档案委员会和1937或1938年建立的印度历史大会等西式史学机构逐渐出现了。欧洲的史学趋势在海外也得到了复制：经济史在19世纪晚期的英国被成功确立为一门与历史平行的学科的行为在印度也通过印度退休官员洛美什·昌德尔·（钱德拉）·杜特（Romesh Chunder〔Chandra〕Dutt，1845或1848—1909年）的《印度经济史，1902—1904年》（*Economic History of India*，1902－1904）得到了响应。

欧洲与觉醒的印度民族意识：卡瓦拉姆·马德哈瓦·潘尼卡　405

文
献
摘
录
33

- 民族崇拜在许多情况下都需要一个新的历史背景，因为没有共同的历史，一个民族不可能存在。在许多亚洲国家，尤其是印度，这样带有民族意图的历史几乎不存在。印度毫无疑问在地理、文化和社会上是统一的，甚至宗教从其历史主要以印度教发展为主线的意义上来说也是统一的。但政治史除神话与传奇外尚不清楚。从将旃陀罗笈多（Sandrocottus）认同为钱德拉古普塔·茉利亚（Chandragupta Maurya）到对摩亨佐达罗（Mohenjodaro）和哈拉帕（Harappa）的考古挖掘，从解读阿育王（Asoka）的铭文到综合考察全印度的碑铭记录，欧洲学者的著作为印度史写作提供了史料。更突出的例子是印度尼西亚，一些欧洲学者（尤其是荷兰人）通过铭文对爪哇帝国和苏门答腊帝国历史的重构为印度尼西亚的民族主义提供了坚实的历史基础。从这种意义上说，不可否认，欧洲学者和思想家通知他们求知的努力促使了印度人、锡兰人（斯里兰卡人）和印度尼西亚人去思考历史的延续性。

引自 K. M. Panikkar, *Asia and Western Dominance* (London：Allen and Unwin, 1953)，492。

　　这些著作有许多都由民族主义者所写，甚至适度地采用了反殖民的视角，这在 20 世纪 30、40 年代盛行起来，并在 1947 年以后占据着更显著的地位。印度独立后的第一任总统拉金德拉·普拉萨德（Rajendra Prasad）公开呼吁历史既覆盖古代英雄历史，也包括更近代的斗争；国家第一总理贾瓦哈拉尔·尼赫鲁（Jawaharlal Nehru）还在十年前的狱中写了一部《世界史一瞥》（*Glimpses of World History*，1942 年出版）。原始文献评注本的出版在印度也对历史的民族化起到了作用，就像它在 19 世纪的欧洲所起的作用一样。撰写多卷本的印度史的许多尝试最后都证明是失败的，但它促进了小说家卡那伊亚拉尔·曼勒卡拉尔·蒙什（Kanaiyalal Maneklal Munshi）等人发掘印度古代和伊斯兰到来之前的历史。随着印度在 1947 年的独立，蒙什号召写一部新的印度史，这一次是在拉梅什·钱德拉·马宗达（Ramesh

Chandra Majumdar，1888‑1975 年）的指导下，最终完成了《印度人的历史和文化》（*The History and Culture of Indian People*，11 卷，1951‑1969 年间陆续出版）。历史，这个殖民者的工具尽管还未被印度广大下等民众所用，但已变成印度政治精英寻求独立解放的手段。在英国接受教育、当过律师、记者和外交官的印度人卡瓦拉姆·马德哈瓦·潘尼卡（Kavalam Madhava Panikkar，1894‑1963 年）在 1953 年的一本名为《亚洲与西方统治》（*Asia and Western Dominance*）的书中指出了这一点（文献摘录 33），顺便期待了后一辈在后殖民时代的学术成就。

拉丁美洲和加勒比海地区

406　　19 世纪的拉丁美洲呈现了与印度完全不同的情况。那里的殖民程度更深，欧洲人到 18 世纪晚期与当地人混杂和通婚，从而创造出了一个独特的克里奥尔人（Creole）社会。到 1799 年，当亚历山大·冯·洪森堡到达现今的委内瑞拉开始令他后来出名的旅游考察时，中美洲和南美洲已与科尔蒂斯（Cortés）和皮萨罗（Pizarro）300 年前所发现的完全不一样了。以前只有新西班牙和秘鲁的地方现在出现了众多区域。从利马到布伊诺斯艾利斯，再到哈瓦那，许多人口众多的大都市作为商业中心和主要港口出现了。在加勒比海这个受到过英、法、西班牙共同影响的地方，土著居民早已被消灭殆尽，取而代之的是大量的黑人奴隶。在 19 世纪的前 20 年，殖民地相继脱离西班牙的帝国轨道，重新确立了近似于现代南美洲国家的格局。在北方，墨西哥在 1821 年赢得了独立，之后便是 20 年的内战；中美洲随后在 1823 年以统一的联邦共和国形式独立。巴西于 1822 年宣布独立，但到 1825 年又处于葡萄牙的殖民统治之下。那些随着各种帝国和宪法尝试而来的血腥政局变动（也有一些例外，如加拿大、英属洪都拉斯［伯利兹］和加勒比海大部分地区）这里就不关注了，重点是美洲地区在政治上已经摆脱了欧洲统治。

正如我们在本书其他情境中所看到的那样，新政权会感到迫切需要重写历史，通过流行的故事使他们的胜利看起来不可避免，同时通过脚注刻意忽略和贬低其他事件，并对抗潮流趋势或敌对派系，以使他们的权力合法化。在那些政府和整个国家都是新成立的地方，这种急迫性倍增：历史的构建要能够巩固公民和他们的新国家间的联系，并能培养国家主义的忠诚和爱国主义精神。传统必须被立即复兴、再发现，或者甚至是虚构。① 随着整个 19 世纪拉丁美洲部分地区由各种政治家发起的独立斗争而来的是人们对历史、文献收集、建立私人图书馆的热情，与差不多同一时期欧洲国家主义运动的情况类似。阿根廷前总统巴托洛梅·米特雷（Bartolomé Mitre）在 1871 年的一次制宪会议时这样说道，"历史始终应该展开在我们面前，作为活生生的课程教我们管理我们的行为和法律。"②

在这种环境下，乔治·华盛顿、西蒙·波利瓦尔（Simon Bolívar）、胡安·法昆多·基（Juan Facundo Quiroga）等等军事和政治领袖们无论成为成功的反叛者还是成为勇敢的烈士都会常常被从真实的历史人物转变为传奇的偶像。与此同时，旧有的不满和近期的暴行必须被公开坦承，以便之后能够被遗忘或至少被丢在一边（一种在今天以"真相与调解委员会"继续存在的模式）。过去的幽灵通常很难被搁置，而且在不以英语为母语的美洲，征服的旧式情节继续在主导大众意识。墨西哥政治家兼历史学家卡罗斯·玛利亚·德·布斯塔曼特（Carlos María de Bustamante，1774－1848 年）致力于再版阿尔瓦·伊克利克索奇尔（Alva Ixtlixóchitl）、葛梅拉（Gómara）和萨哈冈的历史著作，而他自己的著作《墨西哥革命的历史阐述，1821－1827 年》

407

① 见上文第七章欧洲类似的国家主义经历。与现代国家主义相联系的"虚构传统"在其殖民背景下被广泛适用了。尤见 Eric Hobsbawm and Terence Ranger（eds. ），*The Invention of Tradition*（Cambridge，1983）；Benedict Anderson，*Imagined Communities：Reflections on the Origin and Spread of Nationalism*（London，1983）。
② 引自 John L. Robinson，*Bartolomé Mitre：Historian of the Americas*（Washington，DC，1982），41。

（*Cuadro histórico de la revolución de la América Mexicana*，1821－1827）也萦绕着西班牙征服者和他们的受害者们。

在整个拉丁美洲，自 16 世纪就被西班牙和葡萄牙征服的区域一直存在从事历史写作的潮流，其中大量著作都是巴拉圭耶稣会历史学家佩德罗·罗萨诺（Pedro Lozano，1697－1752 年）这样的西班牙移民写成的。启蒙运动晚期的自由主义价值观在 19 世纪继续弥漫在历史写作之中，首先是出现在专注于独立后从欧洲继承而来的法律制度的立宪主义历史学家的著作中，后来更多出现在紧随赫尔德和米什莱而来、自主的、浪漫的、强调在后殖民时代建设功能良好的新社会中民族精神重要性的著作中。身为阿根廷的法昆多的传记作者、后来自己也成为阿根廷总统的福斯蒂诺·萨米恩托（Faustino Sarmiento，1811－1888 年）对法国自由主义历史学家和启蒙思想非常熟悉。在解释国家形成过程时，萨米恩托将他的国家近期发生的暴力的历史定位为文明与野蛮（civilización y barbarie）的冲突，并顺便将后者与加乌乔人（*gaucho*）"独唱者"记述的关于英雄的口述史联系起来（文献摘录 34）。19 世纪 30 年代的智利文学会举行了常务会议，选自赫尔德和其他 18 世纪历史学家的作品的选集在会上被阅览。欧洲历史学家常被用于完成高度政治化的任务，即为在校学生编书。主张自由主义并反对教会干预政治的智利历史学家迪亚戈·巴罗斯·阿拉纳（Diego Barros Arana，1830－1907 年）在 19 世纪 50 年代考察了教科书的选择问题，他批评一本教科书整段地抄袭了罗伯逊的著作。巴罗斯·阿拉纳所在的委员会最终做了一个安全的选择，即确定维克多·杜卢伊（Victor Duruy，1811－1894 年）的法文著作《普世史进程》（*L'abregé d'histoire universelle*）作为通用教科书，辅之以巴罗斯·阿拉纳自书写的两卷本《美洲史纲要》（*Compendio de historia de América*，1865）。后来还有第三个群体效仿孔德的实证主义，其中巴克尔（Buckle）和斯宾塞（Spencer）致力于推动展现地区沿欧洲工业化路线行进时的经济和科学进程的历史——韦森特·菲德尔·洛佩斯

野蛮与文明：多明戈·福斯蒂诺·萨米恩托

● 现在我们有了生命中关于抵抗、文明、野蛮与危险的概念。加乌乔人（*gaucho*）"独唱者"与中世纪的歌唱者、吟游诗人或行吟诗人交流，行走于同样的场景之中，置身于地区封建城市间的争斗，介于逝去的生命与新生的生命之间……独唱者用他那简单的方式记录风俗、历史和传记，这些都是中世纪的吟游诗人演绎的，他的韵文自此可以记录下来，收集起来，作为文献和权威供未来的历史学家使用，但在他边上还存在另一种更有修养的带有事件信息的社会形式，这比这粗俗的狂想曲中不受欢迎的编年叙述更加优越。两种独特的文明形式同时出现在阿根廷共和国这一片土地上：一种正处在萌芽状态，它忽略上面的，继续重复着中世纪粗俗的努力；另一种则无视脚下的，同时努力去认识欧洲文明的最新成果；19世纪与20世纪聚在了一起——一个位于城市之中，另一个则没有。

引自 Sarmiento，*Life in the Argentine Republic in the Days of the Tyrants*；Or，*Civilization and Barbarism*，trans. Mary Mann（1868）；（repr. New York：Hafner Press，1972），41-42。在本段中，萨米恩托将加乌乔人或混血儿的乡野的、浪漫的、英雄的（但也是野蛮和暴力的）生活与独唱者在18世纪以"游牧状况"为代表的亚冰期情境中的流动吟游技艺结合起来。他将此与他热情拥护的以城市、工商业为代表的文明并列起来。因此，他延续了早期欧洲人对口述史料的偏见，不过最终也不是完全对它们不支持。讽刺的是，萨米恩托在叙述牺牲的英雄领袖胡安·法昆多·基罗加（Juan Facundo Quiroga，死于1835年）的传记时频频求助于奇闻逸事、报告、无真凭实据的传说。

文献摘录34

（Vicente Fidel López）在19世纪40年代说，"历史使规划未来成为可能"。智利人乔斯·维多利诺·拉斯塔里亚（José Victorino Lastarria，1817-1888年）在孔德著作中发现了支撑他自己观点的内容。巴西历史学家乔奥·卡皮斯特拉诺·德·阿布鲁（João Capistrano de Abreu，1853-1927年）年轻时受到巴克尔和丹纳（Taine）的影响，在他早期的著作中沿用实证主义路线，这是他唯一信服的路线，直到他花了些时间在国家图书馆，并发现德国人的历史主义提供了一种更吸引人的方式。

报刊杂志和小说对历史在拉丁美洲的流行也起到了一定作用。沃尔特·斯科特和维克多·雨果（Victor Hugo）的小说在那个世纪早期

409 历史与小说的边界：乔斯·米拉（1822—1882 年）

● 我写这部小说的主要对象是大多数读者了解甚少的一些人物和某些历史事件。我需要依附事实添加一些引人入胜的东西……在我们的古代编年史中，人物和相关事件以最简明扼要的方式被叙述出来。我则在尽可能尊重这些编年史的情况下对不涉及时代错乱（在我看来，这是不可原谅的，即便是在此类著作中）和不直接有悖于历史事实的人和事进行自由发挥。因而，人物确实真实存在，但一些性格和行为则是虚构的。为避免过于散漫，也避免注释让读者分心，我不会引述一些段落来证明许多相关事件的真实性。

引自米拉的第一部历史小说《西班牙殖民地总督的女儿》（*La Hija del Adelantado*）的前言，该小说在 1866 年通过杂志《周刊》（*Semana*）连载出版。小说记述的是一个真实的历史人物——危地马拉总督佩德罗·德·阿尔瓦拉多（Pedro de Alvarado, 1495 - 1541 年）——的女儿。英文选段引自 Walter A. Payne, *A Central American Historian：José Milla（1822 - 1882*）(Gainesville, FL：University of Florida Press, 1957), 40。重印得到了佛罗里达大学的许可。

就已被阅读，而像萨洛梅·吉尔（Salomé Jil，笔名乔斯·米拉·威利达［José Milla y Vidaurre］，1822 - 1882 年，自 1776 年起担任危地马拉官方史学家，直到去世）这样本土出生的小说家在支持文献出版和国家史写作的同时也写他们自己的历史小说（文献摘录 35）。日耳曼式的"专业史"到来得晚一些，并且不是一直流行。将档案研究技术引入玻利维亚的加布里埃尔·雷恩-莫雷诺（Gabriel René-Moreno, 1836 - 1908 年）在其死后的半个世纪里鲜有模仿者，直到 1962 年，他在他的祖国的知名度都比不上世界史家阿诺德·约瑟夫·汤因比（Arnold Joseph Toynbee）。话虽如此，拉丁美洲的大学（其中有许多都可追溯到后征服时代早期）仍比亚洲或非洲的大学更早成为史学活动的中心。①

---

① 不过时间上有所不同：智利是最早发展基于大学的史学机构的国家之一（19 世纪 40 年代到 20 世纪 20 年代），但墨西哥直到 20 世纪前几十年才开始这一进程。此观点出自胡安·麦古阿什卡（Juan Maiguashca）。

　　南美其他地区在克劳德·盖伊（Claude Gay，1800 - 1873 年）的
《智利政治史》（*Historia física y política de Chile*）出版之后发生了一
次涉及历史写作的正确方式的激烈争论。作为一名法国植物学家，盖
伊受智利政府委托著成此书，尽管该书受到令人尊敬的委内瑞拉文学
家安德烈·贝罗（Andrés Bello，1781 - 1865 年）的认可，但年轻一
些的作家（包括贝罗的智利学生拉斯塔里亚［Lastarria］）不满其对
事实的引用没有统一的解释；贝罗在 19 世纪 40 年代对客观历史的请
求最终也在争辩和思想意识的需求下搁浅了。最终，一些人从南美历
史上的爱国者身上寻求意义和指导，而且从大西洋彼岸并越来越多地
从美国吸取文学灵感。率先独立并确立其在整个半球的帝国野心的美
国对拉丁美洲历史的写作施加了潜在的影响，这种影响始于小说家华
盛顿·欧文（Washington Irving）在 1828 年出版的《哥伦布传》
（*Life and Voyages of Christopher Columbus*），继之以威廉·希克林·
普莱斯考特对征服墨西哥和秘鲁的英雄式重述。亲法的阿根廷历史学
家巴托洛梅·米特雷（1821 - 1906 年，在 1862—1868 年任该国总
统）特别欣赏普莱斯考特，并将后者的《秘鲁史》（*History of Peru*）
译成了西班牙语。米特雷最初倾心于实证主义，尤其是巴克尔，他还
钦佩伏尔泰和米什莱。不过他最终被托马斯·卡莱尔对历史的"伟
人"解释所吸引。他自己对阿根廷独立的叙述也集中于英雄的革命领
袖曼努埃尔·贝尔格拉诺（Manuel Belgrano）和乔斯·德·圣·马丁
（José de San Martín）的经历。智利的本杰明·维昆那·麦肯那
（Benjamín Vicuña Mackenna）也受到了卡莱尔类似的影响，并成为了
一个多产的传记作家，这种做法使他给那些在他的英雄光环下变得黯
淡的平凡人的后裔或亲属带来了烦恼。简而言之，鉴于欧洲和北美对
拉丁美洲史学的影响之大，没有单一的模式或方法（包括德国的实证
主义）能够占据主导地位，历史仍然是新闻工作者、公共知识分子和
学术界涉足非常多的领域。这可能部分是因为拉丁美洲对待它与欧洲
间的联系的态度。尽管获得了独立，但拉丁美洲国家仍然视他们为欧

410

洲谱系的后代。他们从欧洲引入的历史实践和方法不是外来的帝国表现，而是表兄弟的联系。因此，他们在完成了对欧洲史学所有变化和细微差异的分析后有了自己的"内部"见解，而且不愿意优待一种模式并排斥其他模式。

东南亚（各个地区）

世界其他地区的考察者就不能这么说，在那里，西方史学整体上被视为外来的，即便对其当地的崇尚者来说也是如此。在 18 世纪晚期到 20 世纪早期的整整 150 年间，本土史学形式或被现代欧洲史学替代，或被边缘化，有时几乎到了灭绝的地步。这在更大规模上重复了我们在早期现代的美洲看到的进程，即在南美、加拿大和澳大拉西亚（Australasia）[①] 以土著居民的财产和历史为代价的"殖民者"社会中展现的进程（见主题框 27）。

---

411 主题框 27 　殖民者史学

这一时期被忽略的一类替代本土史学形式的民族史学是产生于"殖民者社会"的史学形式。在殖民者社会，数量可观的欧洲移民攫取土地，宣称比当地土著优越，之后减少他们的数量，并在此过程中耕耘和净化新的土地。19 世纪的加拿大、澳大拉西亚和南非就是这类社会的很好的例子，因为（与亚洲和非洲其他地区的殖民经历不同）他们的殖民人既构建了不同于土著居民的完全属于他们自己的历史，也规划出了与他们的母邦不同的道路。就南非这一个例子而言，土著非洲黑人的口述传统这一专门处理历史事件和谱

---

① 包括澳大利亚、新西兰在内的西南太平洋岛屿。——译者注

系的史学支流就被白人历史学家的"殖民者学派"完全忽略，以利于南非白人历史书写集中于殖民营地出现到盎格鲁-布尔国家独立的民族主义传统。这一传统在加拿大出生的乔治·麦考尔·西尔（George McCall Theal, 1837－1919 年）的著作中得到了巩固，他的目标就是提供能够将荷兰（布尔）殖民者和英国殖民者融合成一个单一民族的论述。非洲土著人并没有被完全排斥在他的历史之外，而是被视为欧洲人入侵的主要受益者，他们经历了上千年的野蛮状态和独裁统治，在此期间一无所有，而欧洲人的到来拯救了他们。殖民者史学（尤其是西尔的著作）是长期存在的一种思路的产物，这种思路可追溯到 16 世纪的征服但终于 19 世纪的"白人的负担"（'White Man's Burden）。

东南亚剔除史学流派的过程要慢一些。由本书到现在为止还没有探讨过这一地区，因而一些早期的史学史回溯是有必要的，即便我们可以直接承认它的语言和种族的复杂性。例如，缅甸（Burma，现在的缅甸"Myanmar"的英文旧称）由于毗邻中国和印度而在文学、宗教和历史文化上都受到了两者的影响，还从 1200 年起受到伊斯兰教的影响，而伊斯兰教还在南部的马来半岛、爪哇部分地区和菲律宾消除佛教和印度教的影响。与伊斯兰教和更古老的宗教相比，基督教来到这个地区的时间更晚，要到 16 世纪，而且最初很少取得广泛的成功。西方史学的出现甚至更为缓慢。在整个 18 世纪和 19 世纪的上半期，东南亚部分地区的欧洲管理者将新殖民地的历史介绍给故土的读者，同时也悄悄地开始了利用并最终边缘化他们被要求使用的当地历史。就像在印度那样，地方精英阶层最终被指定使用西方流派。在早期帝国强权国家中，荷兰人给予了他们"东印度群岛"的历史特别密切的关注。始于弗朗索瓦·瓦伦提因（François Valentijn，1656－1727

412

年）这样的百科全书编纂者，荷兰东印度公司贸易商开始公布关于这个群岛的历史信息。在1800年，公司不复存在，短暂的巴达维亚（Batavian）共和国（1795年取代了以前的荷兰联合共和国）直接接管了海外资产。在一代人的时间里，荷兰人失去了他们的帝国在亚洲大陆最后的统治区域，这使研究殖民地的历史学家将注意力很大程度上集中在了这个群岛上。

在整个东南亚地区，历史写作在早期现代之前有过松散式的发展。柬埔寨尽管经历了精英阶层上千年的文学创作，但在1700年以前，能够被称为史学的东西只得到极少发展。这一情况在《庞萨瓦塔》（Pangsavatar，有时被称为《邦萨瓦塔》［Bangsavatar］）的创作之后有所改善，如果不求严谨，该书可以被称为编年史，不过其关于早期历史的真实性已受到挑战。自19世纪以来，很少有像《农的编年史》（*Nong Chronicle*，完成于1818年）这样的精品问世，① 该书在时间上覆盖了1414年到1800年，参考了更早期的一本在当时已经佚失的编年史。后来的这类范本在殖民统治末期国王西索瓦·莫尼旺（Sisowath Monivong，1927-1941年在位）和他的孙子诺罗敦·西哈努克（Norodom Sihanouk，1922年出生）治下保存了下来。这样的历史或宫廷编年史（*rajabangsavatar*）尽管的确存在，但也通常被视为不宜出版（与一些同样经典的老挝和爪哇的著作一样），有时作为王政复辟的一部分而创作；在国家独立之前，严格的王权控制抑制了学术发展。20世纪早期主要的柬埔寨著作是《提雍的编年史》（*Tiounn Chronicle*，以直接指导该书编辑的有权势的法国部长提雍或西雍［Thiounn］命名），该书起初在1903年到1907年进行首次创作，后在1928年到1934年进行再次创作；这些创作都基于一系列更早期的史料。在法国的殖民统治下，欧洲史学方法逐渐被引入，但柬埔寨历史在课程上仍属于次等地位。像乔治·科迪斯（George Coedès）这样

---

① 19世纪晚期以前创作的柬埔寨历史的许多史料实际上都来自对泰国编年史内容的大量复制。

的法国学者对柬埔寨历史的关注都要比当地人关注的多得多；外国历史也一并被忽略了。从来不用于表演或娱乐的《庞萨瓦塔》（*Pangsavatar*）流传并不广泛，也没有被宫廷之外的历史学家读到过；《提雍的编年史》直到 1969 年内战前夕都没有公开出版。

　　一部著名的缅甸史《玻璃宫殿的王室编年史》（*Hman-nan Raza-windaw-yi*）在该国长期的史学传统终结之时问世，不过它成为了研究殖民地的历史学家取笑的对象（见文献摘录 36）。在这部著作之前还有许多更早的史书，这些著作如一位学者所说类似伊丽莎白一世时代的英语编年史。① 这些著作受佛教启发，而第一本现存的历史《名人编年史》（*Maha Thamada Wuntha* or *Yazawinkyaw*）就出自一位僧侣之手。泰拉·温莎（Thila Wuntha）或辛·泰拉温莎（Shin Thilawuntha）叙述了印度佛教的历史（其中的缅甸王表几乎是事后附加上去的），其意图是将他们当前的宗教与君主政体与其南亚的根源联系起来，内容大多源于 10 世纪的佛教著作《大史》（*Mahāvamsa*）。尽管佛教徒被禁止谈论涉及国王、将军和大臣的世俗事务，因为这不适合精神境界的升华，但他们被允许使用这样的传说来阐述世事无常和即便是强大的国王也逃不过必死的命运。世俗之人尽管无须受此规诫，但仍然将他们的历史集中于道德教诲。对未来的极度不确定性诱使了人们对过去的关注，而对异常事件的解释可被归因为业报，即过去的功德或罪过会在来世得到奖赏或惩罚。一位篡位者成功取代一位正统国王可以通过"可追溯业报"来解释——不是文艺复兴时期的人文主义者所说的因为运气、审慎或美德，而是因为篡位者和他的牺牲品在他们的前世累积欠下的债。

　　尽管他们缺乏表示"历史"的词汇（以便与"文学"区别开来），但殖民时代以前的缅甸有两个传统流派可被认为是历史性质的：*yazawin*［王室谱系学］和 *thamaing*［最初用来表示对地方事务和宗

413

---

① U Tet Htoot, 'The Nature of the Burmese Chronicles', in C. H. Philips（ed.），*Historians of India*，*Pakistan and Ceyon*（London，1961），50.

教场所的记述，在现代缅甸用来表示"历史"]。^① 除去像王室的导师赞布·昆格亚（Zambu Kungya）写的《国王们的古老行为》（*Yaza Mu Haung*，'Ancient Actions of Kings'）这样的并不真正被视为编年史的早期著作，我们所知现存最早的缅甸编年史是上文已提到的泰拉温莎（Thilawuntha）在 1520 年完成的《印度佛教史》（*Yazawinkyaw*）。在毗邻中国、老挝、泰国的景栋（Jengtung）或肯东（Kengtung）这样的典型山区，当地在 19 世纪编纂的历史回溯了几百年，包括"国家的编年史"和瓦特·帕达恩（Vat Pādaeng）寺院的编年史。前者的记述后来得到延续，并经过对英国统治时期的记述一直持续到 20 世纪 30 年代，该书开篇是一部分史实与传奇混杂的历史，之后在其第 99 节韵文中开始转入真正的编年史（年代主要通过铭文进行证实）：

414　缅甸史：玻璃宫廷编年史

- 第二部分就在这里结束了。接下来，我们将展示从萨基扬（Sakiyans）高贵的太阳王朝延续下来的缅甸王国的整个历史。这里，我们将从他们兴建的第一个城市达贡（Tagung）、神圣的遗迹和宗教的确立、城市建立者和统治者的血统开始说起。

- 102. 中部国家的萨基扬人阿布希纳迦（Abhiraja）第一次建立伟大的达贡王国。

- （阿布希纳迦建立达贡）达贡，咖古三塔佛时代被称为珊萨亚普亚（Thantharapura），迦叶佛时代被称为辛推（Thintwè），乔达摩时代才称为达贡。释迦族萨基扬人阿布希纳迦（Abhiraja the Sakya Sakiyan）是它的第一位统治者。这里讲述的就是阿布希纳迦的故事。

- 很久以前，在我们的佛祖于征服之地的智慧树下展现四圣谛之前，作为拘萨罗（Kosala）和潘查拉（Panchala）两国之主的潘查拉之王要求通过婚姻

---

① 更令人感到困惑的是，尽管"历史"一词沿用"*thamaing*"，而不是"*yazawin*"，但历史倾向于以"*yazawin*"为基础，而不是"*thamaing*"：Michael Aung-Thwin，'Mranma Pran：When Context Encounters Notion'，*Journal of Southeast Asian Studies* 39（2008）：193 – 217。

与科利亚（Koliya）之王结盟，并派大臣向科利亚公主提亲。但科利亚王以其与生俱来的傲慢拒绝了他，所以两国便爆发了大战。潘查拉之王最终取胜，科利亚、德瓦达哈（Devadaha）、卡皮拉瓦图（Kapilavatthu）这三个萨基扬人的王国君主被彼此隔离，他们的国家也破败不堪。后来这三个王国又重新兴盛起来，但就在最初他们的力量被摧毁之时，释迦族萨基扬人的卡皮拉瓦图之王阿布希纳迦率领所有军队离开了中部王国，在达贡建立了名为桑戈萨拉西亚（Sangassarattha）的国家……

- （堪拉扎伊［Kanrazagyi］和堪拉赞戈［Kanrazangè］）阿布希纳迦死后，他的两个儿子堪拉扎伊和堪拉赞戈开始争夺王位。但一位明智的大臣说，"如果王子间发生大战，国家的一切都会被摧毁。这发动的不是一场仇敌之战，而是一场利益之战。"之后王子们询问："这该如何办呢？"大臣回答道："王子们啊！你们各自在一夜之间建造一座大型救济院，谁先完成谁就继承大统。"王子们同意了，他们各自选了一个小山丘，开始建造大型救济院。堪拉扎伊没有建成，因为他用了大量的木材和竹子，而堪拉赞戈完成了，他只用了少量的木材和竹子，用白布盖起来，并且把它刷白。到了黎明，当哥哥看到弟弟建立的白色大堂后便率领他的军队去了伊洛瓦底江（Irrawaddy）下游。从那时起，他放弃了萨罗瓦迪（Thallawadi），并将他在卡勒唐戈尼山（Kaletaungnyo）上朝六个月的地方取名为王舍城（Rajagaha）。当西部的派鲁斯（Pyus）、堪呀斯（Kanyans）、塞克斯（Theks）等国要求一位君主去统治他们时，他派了他的儿子穆渎西塔（Muducitta）去当派鲁斯王。他在卡察帕（Kacchapa）河东岸建立了奇遥帕东（Kyauppadaung）城并统治了74年。从那时起，他又占领了最终由国王玛拉宇（Marayu）建立的古城达哈瓦提（Dhaññavati），在那里确立统治，建立新宫殿和要塞。至于他的弟弟则继承他父亲的事业继续统治达贡。

- （达贡之王）因此在被称为桑戈萨拉西亚的达贡，前后有33位国王进行了不间断的继承统治，从释迦族萨基扬人阿布希纳迦开始，其后代代代相传依次是儿子堪拉赞戈（Kanrazangè）、儿子甲布迪帕纳迦（Jambudiparaja）、儿子桑戈萨纳迦（Sangassaraja）、儿子维潘纳迦（Vippannaraja）、儿子德瓦塔纳迦（Devataraja）、儿子穆里卡纳迦（Munikaraja）、叔叔拉嘎纳迦（Nagaraja）、小儿子印达纳迦（Indaraja）、儿子萨穆提纳迦（Samutiraja）、儿子德瓦纳迦（Devaraja）、儿子玛辛达纳迦（Mahindaraja）、儿子维玛拉纳迦（Vimalaraja）、儿子西哈努如迦（Sihanuruja）、儿子曼嘎拉纳迦（Manganaraja）、儿子卡姆萨纳迦（Kamsaraja）、儿子卡零嘎纳迦

（Kalingaraja）、儿子辛特沃纳迦（Thintwèraja）、儿子西哈拉纳迦（Sihalaraja）、小儿子哈姆萨纳迦（Hamsaraja）、儿子瓦拉纳迦（Vararaja）、儿子奥朗格纳迦（Alaungraja）、儿子科拉卡纳迦（Kolakaraja）、儿子苏里亚纳迦（Suriyaraja）、儿子辛格里纳迦（Thingyiraja）、儿子泰格里特纳迦（Tainggyiraja）、儿子玛杜纳迦（Maduraja）、儿子明赫拉吉纳迦（Minhlagyraja）、儿子萨姆森西哈纳迦（Samsnsiharaja）、儿子德汗朗嘎纳迦（Dhanangaraja）、儿子辛达纳迦（Hindaraja）、儿子莫瑞呀纳迦（Moriyaraja）、儿子宾拉卡纳迦（Bhinnakaraja）。

- （达贡的衰亡）被称为桑戈萨拉西亚的达贡王国在最后一位国王宾拉卡纳迦统治期间在镇压来自干德哈拉（Gandhala）王国盛村地区的塔罗普人（Tarops）和塔瑞克人（Tareks）的过程中灭亡。而宾拉卡纳迦则可能召集了追随者进入马里河流域并定居在那里。当他死后，他的追随者分成了三部分。一部分建立了东部的19掸邦，并自此被称为宾拉卡纳迦后裔。另一部分进入了西部地区，定居于穆杜西塔（Muducitta）以及派鲁斯人（Pyrus）、堪扬人（Kanyans）和塞克斯人（Theks）建立的其他萨基扬国家。第三部分在女王纳嘎赫森（Nagahsen）的带领下定居马里。

引自 The Glass Palace Chronicle of the Kings of Burma, trans. Pe Maung Tin and G. H. Luce（London：Oxford University Press；Humphrey Milford，1923），1 - 3。选段来自编年史译本第三部分的开篇，前两部分涉及佛教和印度信奉佛教的国王的故事。

　　99、这里讲述的是景栋国自居住在该地的利瓦斯（Lvas）在萨卡纳迦（Sakkarāja）496年破（葫芦）壳而出以来的编年史。在萨卡纳迦591年，布拉亚·曼格雷（Brayā Mangrāy）追逐金色牡鹿到了景栋国。第二年，曼格雷授命贡坤（Khun Gong）和朗坤（Khun Lang）与利瓦斯作战，但并没有击败他们。萨卡纳迦605年，国王曼格雷任命芒格呼姆（Māngghūm）统治景栋国，同年驾崩，而芒格呼姆的统治维持了四年。①

　　18世纪早期一位叫芒·卡拉（Maung Kala，或 U Kala，1714 -

---

① The Pādaeng Chronicle and the Jengtung State Chronicle Translated, trans. Sao Sāimöng Mangrāi（Ann Arbor，MI，2002），234，verse 99.

1733 年在世，该名称意为"印度先生"，暗示着他可能的外来种族身份）编辑了一本《国王编年史》（*Mahayzawingyi* or *Maha Razawindaw-gyi*），这是第一本完全综合的缅甸编年史。该书包含了国王的谱系，罗列了他们取得的成就，随后进行了编年叙述。

尤卡拉确立的模式在 18 世纪晚期新贡榜王朝（Konbaung Dynasty）的统治下得到了模仿，国王波道帕亚（Bodawpaya，1782－1819 年在位）的一位大臣图因辛·马哈·西殊（Twinthin Maha Sithu）在前人著作基础上完成了《新缅甸编年史》（*Myanma Yazawinthit*），鉴于该著作综合了居住在缅甸领土上的许多种族的历史，它可算是第一部真正的缅甸"国家"史。和在他之前的早期作家一样，马哈·西殊著史也是为了王朝的合法性，但作为一位博学之人，他通过对铭文的研究引入了一种区域史写作之前没有的标准。国王自己也爱读史，他命令收集了整个王国的铭文。而作为国王的内政部长，马哈·西殊有权查验缅甸的宗教财产，这使他能够接触到这些铭文，他也充分利用了这一职位，使用这些铭文上包括数据在内的信息纠正了尤卡拉的编年史。[①] 铭文这个我们通常与 17、18 世纪欧洲的博学者相联系的东西因而也在同一时期的南亚被研究，只不过没有用到正规的方法。我们不宜夸大这些著作的"科学性"，因为像世界其他地方一样，许多缅甸史学著作的撰写都是出于教谕目的。例如，18 世纪晚期的真宗派僧侣萨达林卡（Sandalinka）写的《像珍珠一样珍贵的先例》（*Maniyadanabon*）一书就是用历史事例来阐述堪比马基雅维利的政治原则的实用政治原则。

尽管印度尼西亚与现代的马来西亚和新加坡一样都将马来语作为

416

---

① 图因辛·马哈·西殊（Twinthin Maha Sithu）还设定了一套缅甸后来的许多历史写作都采用的模式。他命名王朝的方式是国都（迎接佛陀显现的神圣之地），而不是王朝的建立者，从而创建了王朝的名称（蒲甘［Pagan］、阿瓦［Ava］、头贡［Tougoo］、贡榜［Konbaung］），这些名称至今仍在被历史学家们使用。西拉温莎（Thilawuntha）的更早期的《呀扎温克谣》（*Yazawinkyaw*）也是以同样的方式组织的，但鉴于它的原始手稿已不存在，这些是否是编辑者在手稿出版时加上去的尚未可知。我所知的这些信息源自迈克尔·昂-特温（Michael Aung-Thwin）。

官方语言，但它的史学史极其复杂，因为它的种族成分众多。爪哇语
的历史写作至少可以追溯到 14 世纪的《爪哇史颂》（*Deś-awarṇana*
或 *Nāgarakṛtāma*），到了 19 世纪又包括了巴巴德斯（babads）——记
录爪哇历史上包括战争在内的各种历史情节的史诗。爪哇的邻居巴厘
岛也以巴巴德斯为其著作特色。这些巴巴德斯通常由宫廷诗人所写，
用于诵读。这些一般是近期（1700 年以后）产生的，学者们根据它
们所依赖史实的准确性对它们加以区分，不过有争论称西方的"事实
-小说"的两分法完全不适用它们，因为那里没有小说的概念，只有
精确性程度的概念（见主题框 28）。巴巴德斯的例子中包括《爪哇编
年史》（*Babad Tanah Jawi*），它有时也被称为《爪哇国编年史》
（*Javanese State Chronicles*）。该书是由现代爪哇语写成的一组文献，
时间范围从神话时代一直持续到 18 世纪晚期，于 1779 年首次被部分
译成荷兰语。另一个例子是《纪年铭的编年史》（*Babad ing
Sangkala*），它大约写于 1738 年，包含了从 1478 年到 1720 年间的
2000 条编年记录（文献摘录 37）:《纪年铭的编年史》是韵文历史写
作流派的样本，其中的历史事件及其年代都是通过纪年铭（字字珠玑
的一系列词语）记录的。第三个例子是《查卡·汀克尔的历史》
（*Babad Jaka Tingkir*）。这是一本 19 世纪中期的记录，其中部分源自

417　主题框 28　巴巴德斯中的真实与小说

　　巴巴德斯的作者们可以出于不同目的使用同一主题。他们也能
提供互相冲突的信息。在涉及 17 世纪晚期的英雄苏拉巴蒂
（Surapati，卒于 1706 年）三个不同的巴巴德斯中，一个是出于说教
目的，一个是为了证明特殊政治地位的合法性，一个似乎试图作为
史实进行写作。没有一本是依照欧洲意义上的历史所写，也没人去
挑剔它们的作者的不准确性，或保守地褒奖它们将历史真实附加在

他们不可接受的对写作目的的误解之上。例如，《布勒涅》（*Babad Buleleŋ*）的作者直到 19 世纪中期才提到荷兰人（尽管他们自 17 世纪开始就出现在了巴厘岛），这并不是因为作者遗忘了荷兰人之前的出现，而是因为荷兰人只到那时才对他叙述的主题——系谱——产生意义；在那以后，外国人才开始干预巴厘人的继承问题。

荷兰语史料，它记录了巴章（Pajang）的爪哇苏丹这位 16 世纪的统治者早期的生活。在整个 18、19 世纪，战争似乎成为了巴巴德斯写作的主要动力。《迪帕拉加拉》（*Babad Dipanagara*）就是在这一时期产生的最重要的著作之一，该书讲述的是 1825 年至 1830 年爆发的爪哇王子迪帕拉加拉（或迪波勒戈罗［Diponegoro］，被认为是该巴巴德斯的作者）抗击荷兰殖民者的战争，最后迪帕拉加拉被荷兰人击败，并被放逐到了苏拉威西岛（island of Sulawesi）的孟加锡（Makassar）。①

《马来纪年》（*Sĕjarah Mĕlayu*，"马来纪年"的译法通常带有一定误导成分）是一部来自次区域的广为人知的早期历史，也是更接近系谱学和编年史等西方史学流派的史著。②该书一度被认为创作于 15 世纪末，这一时间后来被推迟到了 1612 年，即存世手稿最早的一年。《马来纪年》应马六甲（现在是马来西亚的一部分）苏丹的命令所写，就是这位苏丹命令他的财政大臣"创作一部编年史，以陈述马来王侯的系谱以及他们的宫廷仪式，以备他的后裔参详，他们或许可以熟读历史，并从中获益"。一部年鉴简直就是一个系谱树，但只有某些版本的几页内容能够恰当地被称为系谱。而这些主要由后来的下至 1832

---

① *Babad Dipanagara*：*An Account of the Outbreak of the Java War*（1825 – 1830），trans. P. B. R. Carey（Kuala Lumpur，1981）.

② 《马来年鉴》是著作《帝王家谱》（Sulalat'us-Salatin，'Genealogy of Kings'）的一个修订版本的名字。其作者据说是柔佛总理图恩·塞里·拉郎（Tun Seri Lanang），其内容涵盖了马来伊斯兰时期的苏丹的早期。U. Kratz，'Malay Historical Writing'，in D. R. Woolf（ed.），*A Global Encyclopedia of Historical Writing*，2 vols.（New York，1998），vol. II，587.

418 一部爪哇的巴巴德斯：《纪年铭的编年史》

- 31. 卡尔塔（Karta）的集市广场被给予了一个西蒂·印吉尔（Siti Inggil）；
- 就在这一年，阿堤帕提（Adipati）离开了泗水城（Surabaya）；
- 也在这一年，
- 苏丹去了萨马吉（Samanggi，萨拉 sala）；
- 当"马看上去像只恶魔，且就在同一个月里"（Ś 1547/Mar. 1625 – Feb. 1626），
- 苏丹又去了肯安邦甘（Kĕmbangan），
- 那里传染病盛行；
- 许多人都染上了。
- 32. 马杜拉勒加（Madurarĕja）从马塔兰（Mataram）离开，
- "杰出的诗人胸怀世界"（Ś 1548/Mar. 1626 – Feb. 1627）。
- 在"描述勇气的九种方式中"（Ś 1549/Mar. 1627 – Feb. 1628），
- 毁灭帕斯（Pathi）被计算在内了。
- 潘格郎·苏拉巴亚（Pangeran Surabaya）似乎要在马塔拉表现出顺从，
- "他躺在地上，无心入眠"（Ś 1550/Mar. 1628 – Feb. 1629）；
- 与此同时发生的是雅加达事件。
- 33. 在雅加达遭到攻击后，马塔兰第二次进行了全城动员；
- 所有阿堤帕提都携枪出征了，
- 据苏不拉萨（Subrastha）和萨托米（Satomi）所说，
- "所有人都得到了安排；
- 也是在这一年"（Ś 1551/Mar. 1629 – Feb. 1630），
- 在吉里拉雅（Girilaya），皇后陵墓得到了建造和装饰；
- 陵墓得到了装饰。
- 34. 荷兰人在三宝垄（Samarang）登陆，
- 之后向马塔兰进发，
- 荷兰人两人一队，并带有四名水手，
- 419 "他们向前硬闯，罪恶，肆无忌惮"（Ś 1552/Mar. 1630 – Feb. 1631）。
- 之后不到一年，
- 在城池被毁之后，
- 灾难降临到许多人身上，

- 维德西（Wĕdhi）以南的人都成了酋长邦加斯（Bungas）的追随者。
- 35．船长乔哈什（Joharsih，乔治·德·阿昆哈 Jorge d'Acunha？）到达之后，
- 葡萄牙人在贾帕拉（Japara）登陆，
- 并向当地的最高统治者进献了一只貘及其鞍座，
- 以及骑上它所需的所有配件，
- "它被人为制造得像只恶魔"（Ś 1553/Mar. 1631 - Feb. 1632）。
- 当葡萄牙人受到接待，
- 所有人都被告知要沐浴更衣，换上宫廷盛装，
- 以示对苏丹的尊崇。

源自《纪年铭的编年史》，转引自 M. C. Ricklefs，*Modern Javanese Historical Tradition：A Study of an Original Kartasura Chronicle and Related Materials*（London：School of Oriental and African Studies, University of London, 1978），Canto I, stanzas 31 - 35, pp. 35 - 37。整个著作有四个诗章那么长。里克莱夫斯（Ricklefs, Introduction, p. x）将该书手稿的时间追溯到 1738 年，不过它记录的事件发生在 17 世纪。引号中的文字是纪年铭，这些被转换成了爪哇历和公历，见小括号内容。

年的作家所写。该书 1612 年手稿的作者秉承苏丹的愿望"写此编年史就像父辈和先祖传授一样，其中汇编了过往之人的所有故事，以便使他的国王获得更大的喜悦"。[①] 同其他这样的宫廷编年史一样，它的功用不是以现代西方方式确定准确的日期，而是辩论一个例子，这里讨论的例子就是 15 世纪的马六甲苏丹的后裔和自伊斯坎德尔·左勒盖尔奈恩（Iskandar Zulkarnain，亚历山大大帝）以来的柔佛帝国的先辈。这是东南亚版的中世纪基督教国家的《帝国的转换》（*Translatio imperii*，文献摘录 38）。

　　许多这样的历史的本土形式都有一个共同的特征，即他们不强调西方人所理解的"事实"或"事件"，而是完全强调各种各样的其他方面，如查证感觉，而不是字面上的事实，又如支撑社会价值或当前政治安排的合法性。它们与写作的关系也很复杂，因为它们通常被用

① *Malay Annals*, trans. C. C. Brown（Kuala Lumpur, Singapore and London, 1970; repr. Perpustakaan Negara, Malaysia, 2009），intro. And 12 - 13. 该书由英国殖民官员托马斯·斯坦福·莱佛士爵士（Thomas Stamford Raffles, 1781 - 1826 年）首次译成英文。

420　《马来纪年》

- 苏丹曼苏尔·沙哈（Mansur Shah）在统治了 73 年之后生病了。他召集他的孩子、盘陀诃罗和首领们，并对他们说，"你们都知道，我感觉这世界正在脱离我的掌心，我现在所有的渴望就是这个不朽之城。当着盘陀诃罗帕杜卡（Paduka）和所有首领的面，我指派我的儿子拉丁（Radin）继位，你们要辅佐他，如果他犯错了，你们要原谅他，因为他还是个孩子，对我们的习俗一无所知……"……之后，苏丹曼苏尔·沙哈驾崩，依传统的君王仪式安葬；拉丁继位，被盘陀诃罗帕杜卡授予阿拉丁·利雅特·沙哈（Ala'u'd-din Ri'ayat Shah）的头衔。而苏丹阿拉丁成为了一个强大的人，在那段岁月里未逢敌手。（苏丹得了痢疾，他的祖母希望他就此驾崩，以便让他最喜爱的儿子取而代之；这一图谋被他的谋士们制止了。）盘陀诃罗帕杜卡、财政大臣和海军舰队司令勤勉地辅佐着苏丹阿拉丁，他也得到了全能神的保佑：书中记录他的内容并没有被岁月侵蚀。

引自 *Malay Annals*，trans. C. C. Brown from MS Raffles No 18（repr. Perpustakaan Negara，Malasia，2009），111。第一版见 *Sějarah Mělayu or Malay Annals*，trans. C. C. Brown（Kuala Lumpur，Singapore and London：Oxford University Press，1970），其本身也是布朗（Brown）1952 年的译文的再版，见 *Journal of Malaysian Branch of the Royal Asiatic Society* 25（1952）：2-3。

于表演，而不是阅读。在北边的苏门答腊，历史叙述引自马来地区，其他语言的历史在以韵文形式被记录下来之前都是口头传诵，许多历史记忆即便在文字复本面世后仍然是口口相传。举个例子，18 世纪的亚齐语史诗《穆哈马特王子》（Hikajat Pótjoet Moehamat，文献摘录 39）以一种不同于荷兰和印度尼西亚统治者的官方语调的态度记录了一场早期的内战。历史叙述的口述传统，或者说是"真实的传说"（*tutui teteek*）在印度尼西亚东南部的罗地岛（island of Roti）广为流传，罗地君主（Rotinese Lord or manek）系谱也是这样口传的。许多这类传统都根据荷兰的殖民地文献得到了独立查证。在苏拉威西岛（以前称西里伯斯岛［Celebes］），布吉人（Bugis）和望加锡人（Makasar）的史著可追溯到 17 世纪，包括编年史或被称为"奥托瑞郎"（*attoriolong*）的叙述形式，这种叙述形式基于统治者在位时间的长度、两个事件之间消逝的时间纪年，而不是用绝对的日期。《博恩编年史》（*Attoriolonna Bone*）就是这样一个例子，它涵盖的博恩国的

苏门答腊的哈卡亚特

421

- 以慈悲的真主之名，
- 多么奇妙的事情！他们都坐在大清真寺的门前，
- 听我讲国王们的故事；讲事情过程中的新的转机。
- 一位国王的儿子波捷奥特（Pòtjoet）穆罕马特（Moehamat）第一次召集会议。
- 国王所有的 *oelèëbelang*［领主］都齐聚一起。
- 当他希望看到一个梦揭示的奥秘时，他们审议了三天。
- （第 1—6 行）
- 现在是关于波捷奥特穆罕马特的另一个故事。
- 他是阿拉丁（Alaédin）之子，也是真主的坚定信奉者。
- 他去了萨拉萨尔（Salasari），自那时起，那里变成了编年史传承的重要据点。
- 萨拉萨尔是一个古老的名称，我们并不确定那里是否有统治者。
- 萨拉萨尔是一个早期的名称，宗教首先在那里打下了根基。
- 后来，它被赋予了一个新的名称"帕色"（'Pasè'），一个独特的、邪恶的名称。
- 从那时起，这个城市就被冠以这个毫无意义的名称。
- 当一条狗猎获了一只鹿之后，这个城市就被冠以了这个名称。
- 从他们将这个名称给了这个城市起，这个名称就一直沿用至今。
- （第 1250—1290 行）

引自 *Hikajat Pòtjoet Moehamat*, trans. James Siegel, in his *Shadow and Sound*: *The Historical Thought of a Sumatran People*（University of Chicago Press，1979），36，99。西格尔（Siegel）的注解被省略了。原文的第 1250 行是重复的一句，被西格尔省略了，致使第 1250—1290 行之间只有九行。"elèëbelang"是指亚齐省内的领主，"波捷奥特"（'Pòtjoet'）是王子或公主的一个头衔（ibid., glossary，283‑284）。"哈卡亚特"（'Hikayat'或'Hikajat'）是历史记录，形式是散文或韵文，语言为马来语，通常以过去时态与将来时态混合为特征，如将过去的事件作为将来的预言。哈卡亚特的另一个流派用于公开表演，它通常是自我参考的，记录的是一个口头传诵的哈卡亚特的其他例子。

文献摘录39

历史自 14 世纪祖先的到来，到 17 世纪晚期时间更为确定的事件，结束于 1667 年。与《爪哇编年史》那样的爪哇著作不同，这些编年史以简洁、年代清楚和相关的诸如预言之类的非历史内容而著称。通过《博恩编年史》中对"据说如此"或"据说"等词语的使用，我们可以看出作者对某些情节的怀疑态度是明显的。

422　　　事实证明，面对多种族现状去构建过去的民族意识总会令人却步，其程度不亚于建立印度尼西亚国家本身。20 世纪上半期，荷兰人训练出来的印度尼西亚历史学家集中于提供一个叙述框架，以支持人们对印度尼西亚的国家独立的渴望。在西方殖民力量统治和日本战时占领的背景下，民族主义-反殖民主义史学在 20 世纪 40 年代早期被引入。如许多二战后获得自治的殖民地一样，印度尼西亚的历史学家们面临着排斥以荷兰为中心的史学议题的同时保留西方方法论的挑战，这就需要确立印度尼西亚历史上关键事件和著名人物的史实性。[①]

　　为整个群岛构建一个整体的历史构想在很大程度上是民族主义领袖、后来的总统苏加诺（Sukarno，1901 - 1970 年）、教科书作者萨努西·帕内（Sanusi Pane，1905 - 1968 年，日占时期的一本关键的教科书的作者），尤其是律师穆罕默德·亚明（Muhammad Yamin，1903 - 1962 年）的工作。苏加诺特别支持马克思主义唯物史观。亚明是《马来纪年》的钦佩者和法国历史学家欧内斯特·勒南（Ernest Renan）的忠实读者，他使一部浪漫主义风格的以爪哇为中心的印度尼西亚史得到普及。在 20 世纪 50 年代晚期和 60 年代早期，一大批学者批判史学中的民族主义偏好，但它随着 1965 年后苏哈托（Suharto）"新秩序"政权的出现又获得了新生，也正是在这一年，一本关于印度尼西亚史学的论文集由受西方影响的学者索德伽特莫克（Soedjatmoko）出版了。

---

① 我的这一观点源自安·库马尔（Ann Kumar）。

两个照搬西方史学的殖民地：越南和菲律宾

历程有些许不同的越南和菲律宾能更好说明东南亚历史的欧洲化。戴维·马尔（David Marr）指出，"越南人对待历史十分认真，很可能比东南亚的任何人都认真"。[①] 与他们的柬埔寨邻居不同，越南人以某些形式从事历史写作已长达八个世纪以上；自 5 世纪以来，许多家庭都开始编纂系谱，那时的越南已接触到儒学。越南在其历史的大部分时期都是作为中国卫星国存在的，其早期的历史写作也受到中国的影响（或是儒学，或是佛教），带有现在看来陈旧的中-越特征。尽管后来的中国入侵和内斗被认为毁掉了许多更古老的史料，但对历史的兴趣已深入到那些严谨保存系谱和传记信息（*gia pha*）的地方社区和宗族之中。《阐书》（*chanhsu*）是一种中式风格的帝王史或帝国年鉴，它记录的是帝王在位时期发生的主要事件，并通常通过诋毁前朝来歌颂当朝。越南国王秉承了中国帝王将历史应用于公共政策的兴趣，他们在前殖民时期勤勉地推行一种"信史"。最值得一提的独特历史文本包括《越南历史年鉴》（*Đại Việt sú lược*，由李宛胡 Lê Vân Hưu 从一本现已遗失的 13 世纪文献中删减而来）、额是年（Ngô Sĩ Liên）的《大越南通史》（*Đại Việt sú ký toàn thu*），以及李宛胡的另外一本已经佚失的历史。李宛胡是一位陈朝时期（1225—1400 年）的公务员和学者，他被授命编写一部越南史录，到 1227 年，他向皇帝上呈了 30 章的《大越南通史》（*Đại Việt sú ký*），其内容覆盖了从公元 3 世纪到陈朝的越南史。由于正值越南极力抵制对中国元朝的附属关系，且本土的"古代学识"在宫廷得到尊崇，李宛胡虽采用了中国历史的写作形式，但带有越南爱国主义的观点。

423

---

① David G. Marr, 'Vietnamese Historical Reassessment, 1900 - 1914', in Anthony Reid and David Marr (eds.), *Perceptions of the Past in Southeast Asia* (Singapore, 1979), 313.

　　在 18、19 世纪，越南学者已经能够以几个世纪的历史文献（包括传记）为基础，并产出黎贵惇（Lê QuýĐôn，1726－1784 年）的多卷本的《大越通史》（Đại Việt thong sú，别名《李越通史》Complete History of Lê Dynasty）等主要著作。到 19 世纪 60 年代，阮朝的官方史学家完成了 500 本《大越南信史实录》（Đại Nam thus luc）的一半。之前受中国儒家思想影响的传统越南史学在欧洲人（尤其是法国人）到来之后仍然存在，不过它需要受到官方审查。于 1920—1930 年出版的《越南信史实录》（Việt Nam Sú Luọ'c）是一本流行的越南通史，其作者陈重金（Trân Trọng Kim，1883－1953 年）后来在 1945 年成为了日本扶植的越南帝国总理，不过这个帝国命运十分短暂。

　　在越南工作的法国学者（和在法国受过教育后回国的越南人）在 20 世纪的头十年逐渐成功引入了西方史学，并伴有民族主义、马克思主义等对这个国家后来的发展产生了巨大影响的强大概念。反殖民主义的活动家潘佩珠（Phan Bội Châu，1867－1940 年）有时被认为是越南第一位"现代"历史学家，他同一些学者一样抛弃了帝国史，采用西方史学范畴，并通过中日学者的译介传播接受了进化论、社会进步观等源于达尔文和斯宾塞的观点。到 20 世纪 20 年代，朱熹式的新儒学及其对美德、英雄主义的强调和效仿过去的方式开始在越南流行，与之共存的另一种思想是将历史研究作为累进的过程，并作为寻求从殖民统治中获得独立的作家们沿着延续的历史道路定位越南的现在与未来的途径。印刷术的发展使历史得到越来越广泛的公共流通。像潘佩珠这样爱国和反法的历史学家从 1908 年至 20 世纪 20 年代年间或被监禁，或被流放。在 20 世纪 20、30、40 年代产生的出版风潮涵盖了相当一部分的历史、传记方面的书籍和小册子，而胡志平在 1941 年回到越南后写了一部关于他的祖国的诗性历史。

　　菲律宾的西化进程与越南有轻微的不同，但结果相同。由于长期受西班牙统治，后来又受美国统治，菲律宾人民像拉丁美洲人民一样很早就适应了他们的征服者的历史兴趣（西班牙历史学家和传教士早期的非凡影响的又一佐证），以及对之前存在的历史记忆的损害。被征服后的第一本历史著作是西班牙的官员安东尼奥·德·莫尔加（Antonio de Morga，1559-1636 年）于 1609 年在墨西哥出版的《在菲律宾群岛的胜利》（*Success de las Islas Filipinas*），这是唯一一本由外行写的菲律宾早期历史。在整个 17、18 世纪，许多定居的教会神职人士写的编年史很大程度上都集中于他们自身的传教活动。然而，正如在美洲所做的一样，西班牙人选择性地适用当地本土的形式，以便确立他们的权威：西班牙人在很大程度上根除了其他前殖民时代的文学形式，他们的传教士将格律史诗作为现成的殖民工具，其实质是将英雄主义的西班牙史学进行包装，以适用于当地。格律史诗由当地的他加禄语（Tagalog）写成，它包括 19 世纪早期的《伯纳多·卡皮奥的著名历史》（*Historia famosa ni Bernardo Carpio*），其内容源自中世纪西班牙人与摩尔人（Moorish）的冲突。这些故事的书面和口述形式都那么地令人熟悉，以至于每个菲律宾人都知道查理曼大帝、法国反对国王的七贵族、特洛伊城的毁灭，而不是西班牙人征服之前的菲律宾王侯，以及西班牙征服者对马尼拉的毁灭。[①] 讽刺的是，格律史诗中的英雄人物的灵感源于他加禄人在 19 世纪末对从西班牙统治下解放出来的梦想：传奇的西班牙人伯纳多·卡皮奥很容易本土化成一位菲律宾人，并成为受压迫人民的非凡捍卫者，他会像救世者那样归来，使菲律宾人摆脱外国的压迫。

正如格律史诗一样，西方历史被证明是原始民族主义的有用工具，尤其是在曾于 19 世纪 60 年代去欧洲接受过更高等教育的菲律宾俗家僧侣手中。关于菲律宾民俗的著作不久之后便开始出版，之前未出版的编年史也通过菲律宾历史图书馆丛书（1892 年）出版发行。欧式的史学方法随着乔斯·利泽尔（José Rizal，1861-1896 年）而

---

① R. C. Ileto，'Tagalog Poetry and the Image of the Past during the War against Spain'，in Reid and Marr（eds.），*Perceptions of the Past*，381.

425 来，这个人曾到访过德国，并对西方史学方法有所了解。在 1887 年至 1888 年被放逐伦敦期间，利泽尔出版了莫尔加的著作的评注本，他在该书中强调了西班牙人到来之前的菲律宾人的成就，以及他们在外国人统治之下的道德沦丧。通过这种形式，利泽尔的观点既在他被处死之后推动了革命情绪，又最终促进了在后来的美国统治时期的本土历史研究的延续。

泰国皇家宣告的史实

强加欧式史学实践于自身，并处于背离长期存在但与众不同的史实传统的进程中的最好例子可能要数泰国（旧称暹罗）了。小乘佛教于 13、14 世纪从斯里兰卡传到了泰国，并随之带来了佛教历史（*vaṃsas*，见上文第一章）。事实证明，这在之后两到三个世纪里对历史写作是一种推动：暹罗精英阶层非常重视历史的价值，他们创作史诗（例如 15 世纪的《元朝的败退》*Yuan Pâi*），并以各种形式创作了一系列的编年史。源于佛教的 *tamnan*［故事或传奇］自 15 世纪至 19 世纪以大量不同的手迹和语言（包括巴利语［Pāli］）被记录在棕榈叶上。关于中世纪和早期现代的一些王朝的编年史、*tamnan*［故事或传奇］、史录通常始于佛祖的时代，或者更早，它们主要记录的是各种地点、人民及其原始的神话。这些著作中有一些用泰语或巴利语写成，相当于"普世史"，另一些记录的要么是遥远的过去，要么是佛教机构的遗迹和纪念碑。*Tamnan*［故事或传奇］在现代与另一个编年流派 *phongsāwadān*［王朝编年史］有所区别，后者在 17 世纪的泰国中部地区取代了前者。由于两者都是编年体例，因此区别通常是内容侧重不同，而一些著作对两者所涉的内容都有记述。主要的区别在于，*phongsāwadān*［王朝编年史］将他们的主题定为特定王朝的历史（例如大成［Ayudhyā or Ayutthaya，1351–1767 年］王朝的统治者们），而不是佛教历史；*tamnan*［故事或传奇］由僧侣所写，

phongsāwadān［王朝编年史］由宫廷文秘或官员所作。或许关于
phongsāwadān［王朝编年史］最著名的例子要数《大城编年史》
（*phongsāwadān Krun Si Ayutthaya*），其名称源于被缅甸人于 16 世纪
中期和 1767 年两次毁灭的泰国都城（和与之相关的王朝）。这一著作
现今至少有七个版本存世，每个版本的作者都不同，创作时间在 17
世纪晚期到 20 世纪中期之间，其中包括由于长期与邻邦争斗（尤其
与 1760 年至 1828 年与缅甸的争斗）由盛转衰的时期。除了更早期的
残篇，最早期、最简洁的，并在某些重要方面与其他版本不同的应该
是《巴硕编年史》（*Luang Prasert or Prasoet Chronicle*，发现于 1907
年，以其手稿拥有人的名字命名）。该书写于 1680 年，将泰国历史的
追溯到了公元 4 世纪，其作者可能是一个叫銮·霍拉西波迪（Luang
Horathibòdi）的宫廷书吏。① 如果除去耶利米亚·冯·弗利特
（Jeremias van Vliet）于 1640 年使用当时现成的史料用荷兰语写成的
编年史外，② 该书应该是我们所知最早的关于大城王朝的记录。这本
关于大城的编年史后来在 18 世纪晚期又进行过修校，将叙述时间范
围扩展到了 18 世纪晚期。

　　查克里王朝（Chakri Dynasty，1782 年起统治至今）的国王们在
19 世纪继续支持历史写作，并将历史作为对内、对外的政治工具：
泰国官员一度用一本编年史向法国外交官证实他们对柬埔寨的主
张。③ 国王拉玛一世（Rama I，1851 - 1868 年在位）要求重新修订一
批 *phongsāwadān*［王朝编年史］，而在他之后的著名的继任者、曾当
过西方修道士的蒙库特（Mongkut，即拉玛四世 Rama IV，1851 -
1868 年在位）命令完全由官方修订了关于大城的编年史。由于对历
史执着的兴趣，蒙库特还寻求研究铭文。他和他的继任者朱拉隆功

① 该编年史后来进行过编辑和比照，见 *The Royal Chronicles of Ayutthaya*，trans.
　Richard D. Cushman and ed. David K. Wyatt（Bangkok，1995）。
② Jeremias van Vliet，*The Short History of the Kings of Siam*，ed. David K. Wyatt，
　trans. Leonard Andaya（Bangkok，1975）.
③ Craig J. Reynolds，*Seditious Histories：Contesting Thai and Southeast Asian Pasts*
　（Seattle and London，2006），55.

（Chulalongkorn，即拉玛五世 Rama V，1868－1910 年在位）授命长期为他们服务的官员操法雅·提帕空拉翁（Chaophraya Thiphakorawong，1813－1870 年）写了符合这一传统的最后的著作，即关于查克里王朝前四位君王的一系列编年史。在曼谷之外，泰国北部社区和附属王国中有一种地方编年写作传统保持着旺盛的活力。在北部城市清迈（Chiang Mai，古老的兰娜［Lan Na］王国的都城），一位不知姓名的作者谨慎且有选择性地借鉴更早期的史料记录了这座城市从 13 世纪晚期的建立到 19 世纪的历史。现存的这类编年史有超过 100 种的不同版本。这些编年史大部分用 19 世纪晚期以前的泰国文学形式在棕榈叶或能折叠的树皮上手写而成，这类写作在 19 世纪早期达到了顶峰，不过为人所熟知的都是后来的作品，如 1894 年由楠朝（Nan）国王的一位官员萨恩郎·拉贾索帆（Saenluang Ratchasomphan）编辑的《楠朝编年史》（*Nan Chronicle*）。[①] 缅甸的泰语区和现在的老挝也创作类似的编年史。

　　西式现代史和学校教科书在 20 世纪 20 年代晚期首次出现。与此同时，印刷术的引入扩展了历史著作在泰国有学问阶层的流通范围，其中包括许多从国外引入的书籍。如同 16、17 世纪的欧洲一样，投机取巧的作家利用了公众对历史日益增长的兴趣——一位曾当过僧侣的出版人库拉普（Kulap）在这个世纪末因为伪造和修订皇家手稿，并用杜撰的历史情节蒙骗读者而招致政府带来的麻烦。[②] 大学的历史教育也在 20 世纪 20 年代开始了，西式的泰国史学（*prawatsat*）也在这一时期出现了。蒙古特的小儿子丹龙·腊贾努巴（Damrong Rajanubhab or Rachanuphap，1862－1943 年）王子建立了皇室民族主义史学传统。丹龙是在他哥哥统治下的一位成功的内务大臣，也是一位多产的作家和教育改革家，他在卸任之后便将兴趣转向了历

427

---

① *The Chiang Mai Chronicle*, ed. D. K. Wyatt and Aroonrut Wichienkoo, 2nd edn (Ching Mai, 1998).
② Reynolds, *Seditious Histories*, 67－73.

史。他钦佩兰克和整个西方学术，他写的历史著作既运用到了史料批判，也像更古老的 *phongsāwadān*［王朝编年史］那样集中于叙述王朝历史。就是他主持出版了历史系列丛书《历史集成》（*Prachum phongsāwadān*）——相当于德国的《日耳曼历史文献》（*Monumenta Germaniae Historica*）或英国的《主簿丛书》（'Rolls Series'）。丹龙还帮助建立了可以接受的泰国历史年表，并鼓励历史学家超越传诵国王行径的范畴，记录国民的历史。

在这种现代化的学术环境中，并随着君主政体受到来自政治左派和右派的挑战，替代性的观点不再发展。长期任职泰国人民党的宣传部长的銮·威七·瓦萨堪（Luang Wichit Wathakan，1898－1962 年）在 12 卷的历史《沙功史学》（*Prawattisat Sakon*）发展了一种极端民族主义和军国主义的历史观点（借鉴自从欧洲引入的种族理论），该书恰巧出版于 1931 年，就在他所在的政党推播专制君主之前不久。这一勇敢的著作脱离了王朝史传统，以利于将泰国国家视为一种整体进行记述。在意识形态领域的另一端，左翼史学随着《我的祖国泰国》（*My Country Thailand*）的出版而产生，该书的作者菲拉·萨拉萨斯（Phra Sarasas）在出版该书后被流放东京，那里在 19 世纪 70、80 年代是欧洲史学进入东亚的入口。

日本的历史、史学和现代化

过去我们对待岛国日本总是在其更大的邻邦中国之后，不过现在我们需要反过来了，因为日本步入现代化并受西方影响比中国要早 20 或 30 年，并且与中国不同，它不需要推翻它的帝国来获得这些。在经历了德川幕府时代长期的闭关锁国之后，日本通过 1868 年的明治维新结束了存续了近七个世纪的幕府统治。明治维新标志着对以往的巨大变革，许多观察家也都这么认为。1876 年，德国医生欧文·贝尔茨（Erwin Baelz）评论说，"日本人只放眼未来，对论及他们过

428 去的任何词语都不耐烦。我听到他们中的一个说'那都是野蛮的时代'。当我问另外一个人日本的历史时，他直率地反驳称'我们没有历史。我们的历史始于今天。'"①

　　这显然是无稽之谈——我们已经看到日本长达一千多年的史学活动。不过，它说明一些日本人乐意否定近代的封建历史，这也意味着他们不久之后就会丢弃有文字记载的历史。起初，他们通过回顾他们自己的古代历史（而不是国外历史）来改革史学。在维新不到一年的时间里，一份天皇诏书就号召建立史馆（shikyoku），以便"我们祖先的好风俗得以恢复，并让知识和教育传遍整片大地"。② 换句话说，史学会与意识形态以及建立在奈良和平安时代的帝国全盛时期的行政部署基础上的新政治、社会议程的执行紧密联系起来。新政权迅速于1872年在政府的最高中枢建立了历史官方部门（rekishika），后于1875年对史学部门进行了扩展，之后不到两年的时间里又建立了史学学会。这些机构的最初目的是编纂《大日本编年史》（Dai Nihon hennenshi），这是一部以六国历史为主线、用帝国视野写成的新历史。这些机构还负责完成《维新编年史》（Fukkoki，直到1930年才出版），并负责构建民族史，以便在1876年的费城和1878年的巴黎的世界博览会那样的集会地点进行展示。最后，这些机构要负责制定政权密切控制公共学校教育内容的政策，编纂一系列由教育部门出版的教科书，最先出版的是《史纲》（Shiryaku，1872年出版），该书在第一个五年里就卖出了13万本。

　　到19世纪80年代，这些富有雄心的计划只有很少被完成了，而《大日本编年史》的编纂在1893年被完全放弃了。其中有一些失败是因为围绕资源配置和周期性重组展开的内斗，与此同时，还有更深层次的思想障碍存在。语言就是其中之一：日本将其本土语言用中国文

---

① Erwin Baelz, *Awakening Japan：The Diary of a German Doctor*, ed. Toku Baelz (Bloomington, IN, 1974)，17.
② Margaret Mehl, *History and the State in Nineteenth-Century Japan* （Basingstoke，1998)，1.

字表达致使口头语与书面语越来越不一致，而到了 19 世纪晚期，传统宽文（Kanbun）作为"文学"或"官方"文本形式的主导地位走向终结，并再次在西方的影响下试图被设计得使口头语和书面语的联系更为密切。① 这并不是就所涉历史写作而言的深奥之处，因为语言的选择表明对中国影响的或尊崇或敌视的态度。历史部门选择继续使用宽文，这使它甚至在形势开始产生之前仍然后知后觉。而且，仅仅复兴旧有的历史写作形式或追随古代先辈构建体制是不可能的，这不仅仅是因为维新的主要目标是完成幕府时代的将军们未能完成的事：不以平等的态度，而是以明显高高在上的优越态度对待不可避免会出现的西方，学习欧洲人与美国人，但不牺牲日本的特性。在一个更长期的受压迫的时期里，日本于 19 世纪下半期在许多方面都经历了欧洲经历过的迅速变化的轨迹，它同时又面临着在现代化与依恋传统与历史之间维持平衡的问题。而且，中央资助的官方史学本身在世界许多其他地区就是过时的行为，且在被认为为重构史学提供模式的纯正欧洲国家已不受推崇。在那里，大学曾走在了前沿。在 1881 年及以后经历了一系列深入的重命名和改组，史学部门最终在 1888 年被转移到了东京帝国大学，一个日本史部门也于 1889 年在那里建立起来，也正是在这一年，保证有效 20 年的新国家宪法最终公布了。1893年，政府否决了史学机构的研究项目，并暂时关闭了它。

对史学的任何残余的中国传统影响很快就被西方学术湮没了。早在 1878 年，一位叫末松谦澄（Suematsu Kenchō，1855–1920 年）的年轻官员（后来成为了很有影响力的政治家）被遣往伦敦，并应历史部门要求向其汇报法国和英国史学，这些史学中有一些在当时的日本已经存在。他寄回国的书信表明，他非常羡慕西方从修昔底德到克拉伦登，再到基佐的政治史古典传统，而且很欣赏巴克尔的实证主义方法。然而，就在几个月里，末松谦澄认定日本需要由欧洲人写的定制

---

① Margaret Mehl, *History and the State in Nineteenth-Century Japan*（Basingstoke, 1998），68–71.

的欧洲历史，于是任命了一位叫乔治·古斯塔夫斯·泽夫（George Gustavus Zerffi，1820－1892年）的前革命时代的匈牙利人。这位匈牙利人匆匆完成了《历史的科学》（*The Science of History*，1879年出版）一书，该书以其褒扬德国史学方法著称，不过对日本史学只有粗略的影响。然而，到这一时期，西方人已开始接受日本的学术任命，滋野安次（Shigeno Yasutsugu，1827－1910年）邀请兰克比较疏远的门生、德国犹太人路德维希·里斯（Ludwing Riess，1861－1928年）到日本东京大学担任第一位历史教授。里斯在此任上一直工作到了1902年，那时，他已经训练出了下一代日本的历史教授。之后不久，历史部门转到大学之中作为附属的研究机构，久米邦武（Kume Kunitake，1839－1931年，见主题框29）、滋野安次和其他历史学家也被正式任命为历史教授。日本史在1889年成为了一个独立部门的科目，并在1904年拥有了教授席位。与此同时，粗略相当于美国历史协会的日本历史协会也建立起来，并基于里斯的经验以欧洲期刊为典范（尤其是《历史杂志》*Historische Zeitschrift*）出版了期刊《史学杂志》（*Shigaku zasshi*）。《日本史编年史料集》（*Dainihon shiryō*）是明治时代的两大历史文集之一，它名义上是模仿《日耳曼历史文献》（*Monumenta Germaniae Historica*）——此类作品的始祖，但两者之间没有什么相似之处，因为日本的版本更多遵循的是儒家编年形式，其对事件的处理都伴有相应的摘录。更明显的是，在19世纪80年代到访德国的日本高官对民族主义、历史与日益增长的军事能力之间的联系印象深刻。德国成为令日本人羡慕的模式不是停留在感觉上，而是给他们的发展道路带来了不祥后果。

然而，正如在欧洲一样，不是每个人都认可学术史学的价值。山路爱山（Yamaji Aizan，1864－1917年）就是一个局外人，也是一位对东京帝国学术以及"死历史"（不知是否是对尼采的响应？）高度不满的人。他提倡覆盖广泛主题的历史写作，这与政府支持的只集中于史料批判和事实查证相对。山路爱山杜撰了"私人历史学术"

（*minkan shigaku*）一词，以便将他那一类的历史与国家资助完成的历史区别开来。而且，通过里斯的日本朋友们支持的史料批判产生的学术决不会总是受到欢迎，尤其是在那些决定维护社会、道德在史学中的传统影响的保守民族主义者当中。滋野安次（后来成为了 1889 年建立的历史协会主席）被斥责为"毁灭博士"，因为他抨击传统的事实，例如对最受人尊崇的中世纪历史之一《太平记》（*Taiheiki*）及其历史中的人物的可靠性的抨击。他的同事久米邦武也被迫在 1892 年辞职，因为他使用学术方法破坏了日本的一个创世神话的史实。

与此同时，像亚历西斯·德·托克维尔（Alexis de Tocqueville）、巴克尔、斯宾塞、基佐的读者福泽谕吉（Fukuzawa Yukichi, 1835 -1901 年）这样的拥有改革思维的亲西方学者构建了一套文明理论，以表明西方的优越性，以及日本在闭关锁国的岁月之后赶超世界其他地区的必要性。其他的举动类似于英国的"辉格史"，将明治维新描述成现代化道路上的里程碑。到 19 世纪末，日本历史学家们分属三大正式的领域：民族史（kokushi or Nihonshi）、东方史（Tōyōshi）和西方史（Seiyōshi）。斯蒂芬·田中（Stefan Tanaka）通过使用 *Tōyō*［东方］的概念（由津田吉敏［Tsuda Sōkichi, 1873 - 1961 年］构思，

主题框 29　久米事件

使久米邦武陷入巨大麻烦的文章于 1892 年 1 月 25 日发表于流行历史杂志《史刊》（*Shikai*），其标题是"神道教是一种过时的天神崇拜风俗"（'Shintō wa Saiten no Kozoku', 'Shinto is an Outdated Custom of Heaven Worship'）。久米邦武认为，神道教不是一种宗教，而是一种原始崇拜，这一结论是他通过神道教与世界其他宗教的比较而进行的历史性和批判性分析得出的。依照久米邦武的说法，神道教代表着宗教发展的早期阶段，而这一阶段早就被其他宗

教传统超越了。神道教徒闻言惊骇万分，一些人甚至到他家示威。保守主义批判家指控他对天皇和日本不敬，他们所关注的是久米邦武的分析的道德暗示，而不是科学价值。抱怨声传到了内务省、宫内省和教育省，后者让久米邦武停职，并迫使他辞职。一年后，史学机构关闭，包括滋野安次在内的其他提倡打破旧习的人也被解雇了。

含义与"西方"相对）探索了日本的历史进程，以构建他们自己的历史，这种历史将日本作为独立于中国、区别于西方的实体融入世界历史之中。东方史最初是里斯以前的学生、曾于 1904 到 1925 年在东京帝国大学担任教授的白鸟库吉（Shiratori Kurakichi，1865－1942 年）与当时最著名的汉学家之一、东京大学的内藤湖南（Naitō Kōnan，1866－1934 年）的努力成果。像白鸟库吉这样的日本兰克派面临着调和对独特现象的历史主义认识与天皇制等被认为的永恒制度的挑战。为解决这一问题，白鸟库吉将黑格尔和兰克的思想融合，提出"精神"是一种全球规范，并否定这种"普世的"属性能够在所有文化中都被发现。日本因而既可以作为世界这个整体的一部分，也可以自由遵循自己的独立道路，去构建 19 世纪晚期的可与美国例外论相提并论的民族主义历史写作。白鸟库吉抨击那些认为"世界史就是欧洲史附加亚洲史"的历史学家，但由于明治时期太容易拥抱西方议题，连他自己的日本同事都陷入了这一做法。不过，东方史的最终目的还是研究东方（Tōyō，与欧洲人的东方主义 Orientalism 相对应的日本术语）以及困于西方与日本发展道路之间的亚洲其他地区。

　　正如久米事件和对神道教的抨击所阐明的那样，适用日本人所谓的"科学的历史"去构建以国家和帝国为中心的历史叙述过程也存在着不安气氛。在走向第二次世界大战的十年里，以天皇为中心的历史观，并结合对违背 kokutai〔字面上理解是国家的"身躯"或"实质"，实指对天皇至高无上的传统信仰〕的惩罚限制了表达的自由：将日本政府体制这样的被认为不变的和神圣的制度历史化就是破坏正统。虽然政府的直接介入事件并不多，但他们已变得众人皆知。1911年的教科书争论使日本经历了一段对中世纪历史（即后醍醐天皇时代的南北朝时期，以及由此暗示的现代天皇地位合法性的问题）特别敏感的时期。滋野安次那时虽只是一介草民，但仍然不反对辩论，他认为这是一个困难的问题，因为整个王朝的概念都借鉴自中国。政府官方认同14世纪北畠亲房（见上文第三章）的地位，即认为南朝是唯一合法的，但从来没有公开表示过，而大部分历史学家为避免麻烦对南北朝都不提及。

　　1911年，正值一个政权不稳、叛国审判频现的时期，当一个叫喜田贞吉（Kita Sadakichi）的人在一本教科书中宣称"南北朝都是合法的"时，现状被打破了。当尘埃落定，许多历史学家失去了他们的职位，学术型历史和学校层次的历史（一种更古老的历史分类）沿着各自独立的轨迹分离了，并且一直持续至今。1942年，历史学家津田吉敏被判刑，因为他在近30年前出版的关于古代王朝的一本著作中破坏了现在仍被尊崇的《古事记》的民族神话。他对神武天皇及其继任者的史实性的质疑在一个1940年国庆时标榜建国天皇2600年纪念的极富侵略性的军事国家是完全不可接受的。这种著作遭到的严格审查程度不应该被夸大，也不应该从西方自由主义的观点来看。我们几乎没有证据可以证明与津田吉敏同时代的人（甚至在学者中）会认为这是对我们所说的学术自由的侵犯；在他们看来，这是以不侵犯公众信仰和传统价值观的方式呈现历史所必需的举措。而且，这样的回应情节在氛围更加自由的时期会相应地更简短地和交替地出现。

433

中国的现代化

　　日本的经历为西方史学进入东方其他地区提供了一个入口。朝鲜虽然受欧洲影响至少已有两个世纪，尤其是经由天主教教堂，但它第一次接触现代史学还是通过与它隔海相望的邻邦。在高丽时代结束后的日占时期（1910—1945 年），日本学术主导了朝鲜的学术研究，它的早期后果之一就是申采浩（Sin Ch'aeho，1880－1936 年）和崔南善（Ch'oe Nam-sŏn，1890－1957 年）等历史学家以自由主义、进步主义、民族主义观点而不是以王朝为主线来重写早期的朝鲜史。大约 1890 年被引入的常用语 minjok［民族，粗略相当于德语中的 Volk］——一个以种族而不是领土来界定的朝鲜民族——被证明对于这种历史眼界的形成至关重要：起初，朝鲜人认为他们不过是一个共同效忠一个君主的民族。对于申采浩来说，minjok［民族］为他的新历史提供了一个本质的统一概念。类似的界定也能为当时的日本史学提供一剂良药。当时久米邦武等一些日本历史学家开始构想一个过去边界一度包含朝鲜的更广阔的帝国，所以像申采浩这样的朝鲜人就用相反的论断为朝鲜的抵制辩护。其他日本人（以白鸟库吉最为著名）质疑朝鲜早期历史记录以及朝鲜的传奇建立者檀君（Tan'gun），而申采浩既拯救了历史人物，又指出朝鲜遥远的史诗般的古代早于且独立于日本或中国的影响。

　　然而，东亚史学最戏剧性的变化发生在儒学之乡，正值清朝乃至中华帝国本身的最后几十年。正如我们在第六章所提到的那样，中国的历史研究和方法论在 17 世纪晚期和 18 世纪取得了显著进展，尤其是钱大昕等学者的哲学式的实证调查。而且，到 19 世纪早期，中国历史学家也越来越意识到应该抛弃或至少背离主要沿王朝主线的历史编纂形式；实际上，他们已经知道替代的历史标准模式已存续百年，且存在私人的和官方的历史写作的许多不同流派。庄存与（1719—1788 年）等一些人重拾了汉朝学者何休（129—182 年）的观念，即孔子所说的"三大系统"在历史上可定位于古代，而王朝相继实际上代表的不仅仅是天命的转变，它还代表着从一个无序的时代朝向一个"接近和平"的时代，最终步入"普遍和平"时代的渐进式变化。庄存与的外孙刘逢禄（1776—1829 年）则更进一步，他将历史分为几部分，首先是夏、商、周三朝，之后是孔子和春秋时期，最后是后裔时期。刘逢禄以前的一位学生魏源（1794—1856 年）假定了简化与改进在三大系统连续展开的过程中的交替循环；他的《明代兵食二政录》就是分析明朝衰落的论文集。魏源的观点使他置身于中国历史的封闭系统之外：他在他的《海国图志》一书中第一次以中国人的视野考察了欧洲的历史与地理。

所有这些作者都视这些变化是自然的、不可避免的，至少有时候是良性的。与此同时，他们不愿抛弃在一个事情表面下的稳定秩序所必需的儒学信仰。但到了 19 世纪早期，清帝国的架构开始解体。与魏源同时代的人已开始看到叛乱、战争和经济危机，这些无疑让他们感受到了无序的历史时代。南方的学者们滋养了对满族统治者的一种特别强烈的不满，他们所处的南方比北方遭受着更为残酷的压制。对科举制度的不满也发挥了一定作用。尽管对作弊有严厉的惩罚，但在咸丰（1850—1861 年在位）统治的 1858 年仍然发生了严重的弊案。随之而来的是一场清洗，腐败的考官或被斩首，或被发配放逐，而在任何考试中舞弊的作弊者会失去他们之前获得的所有荣誉，但人们对这一制度的信心已经不可挽回地动摇了。它直接导致了太平天国运动（1851—1866 年），其领导者就是一个落榜生。太平天国运动兴起于帝国王权从来没有完全覆盖的地区，它为清帝国在 1911 年最终的崩溃埋下了伏笔。1904 年，就在失败的"百日维新"（1898 年）之后，科举制度正式终结，随之终结了还有许多世纪以来束缚官方史学为帝国服务的重要体制。

与此同时，清朝与西方的商业冲突愈演愈烈：与英国的贸易纠纷导致了 1839 年至 1842 年的第一次鸦片战争（英国通过这次战争攫取了香港岛）；清朝继续推行的闭关锁国政策（包括限制"外国魔鬼"去广州、澳门等特定地点）受到了抵制。到这个世纪末，就在日本对外开放，接受外来影响的 30 年之后，清朝坚持的惧外的孤立主义在义和团运动中激烈地达到顶峰。帝国人口从王朝建立伊始到19世纪中期增长了一倍，但科技没有相同的进步，而且工业化被视为另一种西方不利影响，因而经济灾难也隐约出现。最终，除去向英法割让的领土不说，像俄国和日本那样的近邻也开始蚕食帝国，大部分中国人秉持的大中华主义世界观也因而受到削弱。

要理解存续了两千三百多年的中华帝国突然崩溃的境况，其实质就是要搞清楚为什么中国这个自身包含了所有世界文化的国家（其对佛教等国外宗教的引入除外）在19世纪末突然开始吸收西方史学实践。这倍加重要，因为像康有为（1858—1927年）、胡适（1891—1962年）、顾颉刚（1893—1980年）这样的历史学家、傅斯年（1896—1950年）这样的语言学家，以及梁启超（1873—1929年）这样的有历史学倾向的社会理论家无论是改革还是革命都走在运动的前沿。被梁启超称为"儒家思想的马丁·路德"的康有为是一位保守的改革家，他认为社会变革即便在儒学影响背景下也不可避免；他将孔子转变成了一个预测未来发展的先知。他提倡的君主立宪制是一种选择，但因为慈禧太后的反动统治，以及慈禧太后的儿子、有名无实的光绪帝在1908年的死亡（慈禧太后也在不久后死去）而失败了。慈禧太后和光绪帝的死使清朝出现了四年的权力真空，而到1912年清朝最后一位皇帝溥仪（Puyi）退位，中国变成了共和国。从那时起，中国历经了超过30年的政治动荡、军事冲突、日本侵略，直到1949年中国共产党领袖毛泽东建立中华人民共和国。

在整个19世纪，西方著作被大量引入中国，一个译介机构也于1839年在广州建立起来了。因此，欧洲政治哲学和历史的关键文献开始变得能够获得，甚至像记者兼译者王韬（Wang Tao，1828－1897年）这样因循守旧、不相信中国落后的人都开始研究西方历史。然而，起初，中国人获得的西方史学并不是直接来源于欧洲，而是经由日本倒手而来。中国的这位东方邻邦在现代化道路上明显领先，而它近来的成功引起了中国人相比欧洲力量更强烈的惧怕。1894年至

1895 年，中国在围绕对朝鲜的控制问题上展开的中日甲午战争中被日本击败；1905 年，日本人通过现代化获得了东方式的成功因为击败俄国而更引人注目。中国历史思想长期以来都秉持一种历史循环论，即认为历史的发展是无序阶段与有序阶段的交替，自始至终是个体王朝的兴起与衰亡。当面临急促的政局变动，并感到危机临近，中国的历史学家们会转而去解释历史经历一系列时期线性向前发展，并去理解他们的国家不再是天下，而是暂存的、有限的、地理上有界线的民族国家。

436

在这一时期，历史学家被广泛地分成三大群体：传统儒生、自由民族主义者，以及后来发展起来的马克思主义者。在清朝最后的岁月里，包括章太炎（1869—1935 年）、刘师培（1884 年—1919 年）在内的一群民族主义者兴起了国粹运动，他们发表历史论文，倡导写新的中国史。更重要的是，自由民族主义改革家梁启超被放逐日本和其他地区长达 12 年（1899—1911 年），而他在日本的时候迅速掌握了日语，并与福泽谕吉等明治时期的改革家进行了交流。结果，梁启超成为了近代日本文化和与政治进展介绍到中国的主要引入者，也成为了中国人抛弃至少自唐时起就长期存在的中国史学体制的代表。

梁启超不懂西方语言，但许多欧洲著作的日译本或中译本都可获得。通过福泽谕吉以及记者兼地理学家志贺重昂（Shiga Shigetaka）等少数作家，梁启超接触到了巴克尔的理论，这些理论在东亚产生了很大的影响，直到很久以后被巴克尔的同事布里顿（Britions）彻底否定。在日本，梁启超还写了谈论罗素、边沁（Bentham）、达尔文、康德等欧洲思想家的文章。1902 年，他出版了《东原著书纂校书目考》，其中包括了列有日本当时正在使用的日本史的参考书目，以及包括米什莱、基佐和许多日本历史学家在内的名单列表。梁启超还放眼西方，寻求非朝代性的周期变化，而不是着眼于中国古代的王朝更替；他注意到了"古代、中世纪、现代和当代"的惯常时间分法，并将之应用于中国，不过他强调，中国的这种时代划分与西方并不精确同步。梁启超反对中国历史写作的编年模式，还哀叹中国没有累进的民族史。数千年来，中国是世界文化的主要贡献者，但它的历史"从来没有被历史性地叙述过"，而是在沿着王朝主线分隔成段中被掩盖了。[①] 梁启超认为当时的中国对历史没有现代的理解，它继续将它自己看成一个世界，而不是一个国家；梁启超还通过阅读吉本的著作获得了灵感，遂将中国与古罗马进行了比较。在他看来，由于优于其他民族的自豪感，两者都对"将政体视为更广阔世界里的'国家'地位"缺乏认识，而这会毁掉真正的爱国主义。

同对历史的兴趣一样，梁启超对大历史也很感兴趣。他总结说，中国现在实行现代化，并追赶世界还为时未晚。梁启超发现了笛卡尔和培根这两位早期的互补的理性主义和进步主义的先知；对于更近代的人物，他比较钦佩伏尔泰和托尔斯泰。欧洲与日本所到之处，中国现在也应随之，以摆脱 2000 年的停滞。梁启超与民族主义者章太炎都提倡基于西方史学方法的通史，在他 1902 年分六期出版的《新史学》一书中，他极度批判了中国当时的历史定位，认为其仍然局限于宫廷，记录个人的已灭亡的王朝，而不是整个民族以及其中的各种集体等相关的历史主题。

1922 年，就在梁启超生命快要终结的时候，他收集一套讲义集成出版了《中国历史研究法》。这是对历史叙述形式转向沿主题（音乐史、科学史、哲学等等）重组历史的呼吁。在这种对集成的、基于主题的历史的认可中，兰克式的史实性不如具体表现在吉本、伏尔泰，乃至创立年鉴学派的法国学者（见下文第九章）身上的启蒙运动的历史思想。梁启超还写了一篇影响力很大的文章《前清一代中国思想界之蜕变》，此文两周内完成，原本是给朋友蒋方震 1882—1938

---

① Xiaobing Tang, *Global Space and the Nationalist Discourse of Modernity: The Historical Thinking of Liang Qichao* (Stanford, 1996), 36.

年）的《欧洲文艺复兴史》所做的序，素有布克哈特式的文化史之
风。① 梁启超并不是对个体的作用没有认识：他涉足传记，频频以卡
莱尔（Carlyle）的方式使用英雄人物阐述他的论点，并在未完成的
《英国的奥利弗·克伦威尔传》（*Life of England's Oliver Cromwell*）
中引用了卡莱尔的著作。尽管梁启超为历史从"为政治功用服务和
宣传"中脱离出来自主辩护，但他并不是历史学术本身的信徒，因
为精确地理解过去只是中国打破桎梏的工具。如果说德国人的讲义
在这里产生了影响，那么它一定是兰普雷希特的，而不是兰克的，
对此，梁启超可能从福泽谕吉处获知，而它本身与美国的新史学运
动类似。如果这里存在民族主义，那么它一定不是特赖奇克
（Treitschkean）式的，因为亲英的梁启超是在全球和世界主义的背
景下看中国，即便这种背景已被包含日耳曼人高高在上的种族进化
论篡改。康德似乎在被斯宾塞（Herbert Spencer）、张伯伦（Houston　　438
Stewart Chamberlain）、弗里曼（Edward Augustus Freeman）的光辉掩
盖之后才传入中国。

　　梁启超为中国开启了一扇大门。通过这扇门，西方影响不久后迅
速波及中国，中国学者也开始更频繁地写世界其他地区的历史。作为
东南亚的一部分，距离改变了中国对异类的看法：中国的读者试图将
欧洲的方法论混合起来，减少在欧洲人自己看来很大的不同，如实证
主义与唯心主义的不同，或兰克式的方法论与兰普雷希特的出发点的
不同。又过了一些年，随着"五四"新文化运动的兴起，哥伦比亚大
学历史学家詹姆斯·哈维·鲁宾逊（1890－1946 年）的"新史学"
被其中国的仰慕者何炳松（1890—1946 年）引入中国，美式的学术
历史也随之而来。何炳松曾在威斯康星大学和普林斯顿大学就读，他

---

① Liang Qichao, *Intellectual Trends in the Ch'ing Period*, trans. Immanuel C. Y. Hsü
（Cambridge, MA, 1959). 到他生命的这一时期，第一次世界大战和凡尔赛和平进程
使他的幻想破灭（他当时是中国代表团的一员），他开始转向佛教，他追求现代化的激
情也受挫了。

在写作《通史新义》（1928 年）的过程中将朗格诺瓦（Langlois）和瑟诺博司（Seignobos）的传统文本改编（而不是翻译）后引入中国。陈寅恪（1890—1969 年）是杰出的语言学家和研究隋唐的专家，他曾在哈佛大学和柏林大学求学。胡适是哥伦比亚大学训练出来的历史学家，后来又作为中国驻美大使回到美国，他仰慕哲学家约翰·杜威（John Dewey），写有《中国哲学史》（*History of Chinese Philosophy*），书中借鉴了诸如威廉·文德尔班（Wilhelm Windelband）、朗格诺瓦、瑟诺博司等人的众多欧洲资料。他的学生顾颉刚可能是他们的群体中最令人敬佩的思想家，他在包括洛伦佐·瓦拉（Lorenzo Valla）、艾萨克·卡索邦（Isaac Casaubon）在内的伟大的国际文献学传统中无情地揭穿了中国古代文本中的伪作。他还出版过一本流行的学校教科书，并在书中将中国置到世界历史之中。由于严重质疑公元前 11 世纪的周朝之前的中国早期历史，他成为了疑古派的核心人物。不过疑古派因为商朝甲骨文的发现而没落了，这一新发现使早期的王朝被纳入到了历史时期当中。

与此同时，在德国受训的中国学者将兰克的历史写作方法引入中国，这是鲁宾逊的新史学所批判的，但他们的明显差别在中国读者面前再次模糊了。在他们那代更年轻一些的人中，傅斯年是第一次世界大战之后爆发的五四运动的学生领袖，也是胡适的学生，他在西方的史学理论中看到了中国问题的解决途径。作为一个历史学家，他第一次为众人所知是因为他拥护实证主义者支持的德国语言学方法（不过他可能将这种方法既归因于明清时期的考证，也归因于尼布尔），第二次是因为他反对基于种族划分进行分析的王朝史，尤其是中国国内汉族与非汉族之间的冲突，并指出了后者对于整个中国历史的贡献。傅斯年的挚友与同窗姚从吾（1894—1970 年）于 20 世纪 20 年代和 30 年代早期在德国学习，正如傅斯年一样崇拜德国。王晴佳说，姚从吾是他们那一代最"兰克式"的历史学家，他为中国受众详细说明了德国的史学方法和哲学，并为哥伦比亚大学派系的新史学提供了一

439

种替代选择。

非洲：书面历史与口述传统的再讨论

非洲是本书到目前为止还未主要提及的地区，它将带我们回顾"演讲、文本与历史的关系"这一周期性的主题。非洲的口述传统和口述文学已被密切研究得有一段时间；我们这里也没有太多的空间去重复这些讨论，让我们回溯许多个世纪，简单概观非洲口述史诗的一些例子就够了。其中有一些直到最近才被记录下来，例如关于 15 世纪桑海帝国统治者阿斯吉亚·穆罕默德（Askia Mohammed，1493－1528 年在位）的史诗；该史诗之前在 16 世纪的穆斯林历史中被提到过，它直到 20 世纪 80 年代早期才从尼日尔的一位格里奥（griot，西非的吟游诗人）的口中被记录下来。关于此类的史诗有许多，名称各有不同，例如沃洛夫人的《血亲》（*woy jallore* or *cosaan*）——一首关于伟大功业或系谱的颂歌。桑海帝国关于系谱细节的长篇记述被称为迪达（deeda）。此类词语有一些彼此联系紧密，表示一种书面史流派：冈比亚的"*tariko*"和上几内亚的"*tariku*"似乎都源于阿拉伯语"*ta'rīkh*"。这些史诗有一些记录的是很久以前的事件：源自几内亚西南的曼丁人（Mande）的"穆萨度史诗"（'Epic of Musadu'）讲述的就是一个叫佐·穆萨（Zo Musa）的奴隶在 13 至 15 世纪之间的某段时间建立起穆萨度城，而一个叫弗宁加玛（Foningama）的战士可能在 16 世纪占领了该城的故事。至于这些史诗最早起源于何时，以及它们经历岁月变迁如何变化，我们并不知道。

考察口述传统的史实性通常不会有什么成果，更不必说考察精确的编年信息。我们最好是去考虑它们能给我们带来什么当代价值。富有同情心的专家指向"伸缩"（telescoping，截断或扩展王朝主线，以填补编年的空缺）、"反馈"（Feedback，口述证据记录的影响，尤其是传统有被源于殖民者的或外来的文字史料的事实玷污，并简单复述

440

的风险）、"结构性记忆缺失"（Structural Amnesia，集体遗忘不再适合当前政治环境的历史细节和历史人物）。另一方面，有人争辩称这种歪曲的影响能够被过滤掉。口述传统研究者的技术已在非洲之外广泛应用于东南亚、拉丁美洲和加勒比地区的文化研究，也应用于北美和澳大利亚的土著文化研究。尽管口述传统作为一种史料存在诸多潜在的缺点，但它无疑重启了一度因从早期现代开始叙史的史学偏向（这种偏向在启蒙运动时期又进一步得到巩固）而被关闭的通往历史的道路。不过我们没有必要依靠口述传统去发现白人到来之前的非洲的历史证据。与流行的观念相反，这个大陆并不缺乏书面历史，也不是在殖民者到来之前一片"黑暗"。

到葡萄牙人正绕行好望角之时，穆斯林已经在这片大陆的北端存在了好几个世纪，并将他们的文化影响延伸到马格里布（Maghreb，包括突尼斯、摩洛哥、阿尔及尼亚在内的西北区域）、南苏丹和撒哈拉以南地区。许多非洲土著口语都是用阿拉伯连体字（已知的如"*adjami*"）表达的，例如苏丹的豪萨语（Hausa），以及在 19 世纪征服了许多豪萨人领地的游牧民族富拉尼人（Fulani）的语言。在史学方面，豪萨人尤其受到了多产的贾拉勒·奥丁·奥苏尤提（Jalal al-Din al-Suyuti，1445－1505 年）所写的《哈里发的历史》（*Ta'rikh al-khulafa*）的影响；例如，晚至 20 世纪早期，阿布巴卡尔·丹·阿提库（Abubakar dan Atiku）的《索科托编年史》（Chronicle of Sokoto）就模仿了奥苏尤提的写作形式和风格。豪萨也发展了一种当代历史写作的儒雅传统，表现在最早为人所知的豪萨人的历史著作中；这可以追溯到 16 世纪 70 年代，当时一位叫艾哈迈德·伊本·法图瓦（Aḥmad b. Fartuwa，或 Aḥmad ibn Fartua）的首席阿訇（Imam，对伊斯兰宗教领袖或学者的尊称）记录了博尔努帝国（Bornu）的国王伊德里斯·阿隆马（Idrīs Alōma，1570－1602 年在位）在位前 12 年的编年史。到 18 世纪早期，一个叫贡加（Gonja）的西非沿海国家将该国的口述传统转变成了阿拉伯语的编年史，如《从马里出发》（*Kitāb*

Ghanjā and Amr Ajdādinā）。在东非，一个关于位于现坦桑尼亚（Tanzania）境内的基尔瓦城（town of Kilwa）的故事（*Kitāb al-sulwa fi-akhbar kilwa*）被记录在苏丹穆罕默德·伊本·奥侯赛因（Muhammad b. al-Husayn）授命一位姓名不详的人在 16 世纪早期写的一本著作中，这个故事后来又被葡萄牙的历史学家若昂·德·巴罗斯（João de Barros）引用过。

　　埃塞俄比亚可能是撒哈拉以南非洲的历史著作最丰富、历史写作传统最长久的国家。埃塞俄比亚的君主们早在公元 4 世纪就命人刻碑

图 52　所罗门抓着示巴女王的手。《示巴女王的历史》（*The History of the Queen of Sheba*）中的一幅插图。埃塞俄比亚，19 世纪晚期，文本用语为吉兹语（Gr'ez）和阿姆哈拉语（Amharic）。Manuscript division, Staatliche Museen zu Berlin, Germany. Photo credit：Bildarchiv Preussischer Kulturbesitz/Art Resource，NY。

441

题铭了，当时阿克苏姆的伊扎拉（Ezana of Aksum，大约公元 320—360 年在位）让基督教成为了国教。由宫廷书吏写的王室编年史在 13 世纪首次出现，用源于古代埃塞俄比亚的吉兹语（Ge'ez）的字母写成。这部编年史内容与王子耶克努·阿姆拉克（Yekuno Amlak，1270 - 1285 年在位）发起的"所罗门群岛的王朝复辟"有关，这位王子声称是示巴女王（Queen of Sheba）和所罗门之王的传奇儿子曼涅里克一世（Menelik I）的后裔。而在接下来的两个世纪，我们会看到许多后继埃塞俄比亚国王的编年史，以及讲述曼涅里克出生的故事

442　埃塞俄比亚的早期历史写作

文献摘录 40

- 他还不到 14 岁……他将他的权力委托给了他的母亲和他母亲的姐妹，直到他到达理性的年纪。在他长大之前，离开了她们，他做不了任何事；就这种情况而言，他就像我们那听母亲话的救世主耶稣……直到他 20 岁时接受约翰之手的施洗……他在年轻时遵循这一步骤之后便投身战场，因为总督们发动了叛乱，其中有许多是他的亲戚，还有许多来自他的祖先们扶植到高位的显赫家族；这些反叛者死的死，逃的逃，死者已逝，生者臣服……

- （沙塔·登格尔（Sartsa Dengel）在其统治期间于塞门山脉［mountains of Semien］对法拉沙人［Falashas］发动了一场战争，一位有些钦佩敌人的编年史家这样写道：）[1]

- 那天，一件非常奇怪的事发生在了一位沦为奴隶的（法拉沙人）妇女身上。一个男人将她的手捆绑后牵着她走；在行进中，她看到她身处悬崖附近……她纵身跃下，拽着绑她的男人一起掉下悬崖。这个宁死不屈的妇女的精神令人惊奇！她不是唯一一位行此壮举的人；许多男人竞相效仿，但她是第一个。

节选自埃塞俄比亚国王沙塔·登格尔（1563—1597 年在位）的编年史，见 *The Ethiopian Royal Chronicles*，ed. Richard P. Pankhurst（Addis Ababa and Oxford：Oxford University Press，1967），82，86 - 87。潘克赫斯特（Pankhurst）用斜体印刷的插入语被省略了，大写字母被修正了。沙塔·登格尔幼年继位，名号马拉克·沙贾德（Malak Sagad），与英格兰的伊丽莎白一世、西班牙的菲利普二世、俄国的恐怖伊万（Ivan the Terrible）属于同时代的人。

---

[1] 这是我添加的部分，其他部分是译者的。

（图 52）的著名著作《国王的荣耀》（*Kebra Nagast*，'Glory of Kings'）。这类编年史以吉兹语和阿姆哈拉语（Amharic，埃塞俄比亚现在的官方语言）的形式持续到了 20 世纪。其他用吉兹语或阿姆哈拉语写成的埃塞俄比亚历史文献出现于 16 世纪，如《盖拉族的历史》（*History of Galla*），这部历史由巴赫里（Bahrey）于 16 世纪 90 年代所作，他还有可能是一部关于国王沙塔·登格尔（Sartsa Dengel）的当代编年史的作者（文献摘录 40）。[①] 在更南边，斯瓦希里（Swahili）文学包括了一些叙述诗（*utendi*），这类作品最早的例子是 1728 年问世的《廷巴克图的故事》（*Utendi wa Tambuka*，'The Story of Tambuka'），它是一部关于穆罕默德一生的史诗。在撒哈拉沙漠的另一端，西非的王国发展了阿拉伯语的历史文学，如阿布德·奥拉赫曼·奥萨丁（'Abd al-Raḥmān al-Sa'dī，1596 - 1656 年在世）写的《黑人编年史》（*Ta'rīkh al-sūdān*）。[②]

　　现代西式的历史写作首次出现在欧洲是在 19 世纪的殖民时代——距其在欧洲确立的时间并不太久。起初，它完全是殖民者（尤其是想让非洲学童融入基督教和欧洲历史的传教士）的专利。不过也有一些在当时并不引人注目的例外，如塞拉里昂约鲁巴人（Yoruba）的儿子，作为传教士返回其父母在尼日利亚（Nigeria）居住地的萨缪尔·约翰逊（Samule Johnson，1846 - 1901 年）。约翰逊深受修昔底德等古典历史学家的影响，他写了一部《约鲁巴人的历史：从最初时期到开始沦为英国保护国》（*History of the Yorubas：From the Earliest Times to the Beginning of the British Protectorate*，创作于 1897 年，在作者死后于 1921 年出版）。这部著作在很大程度上基于约鲁巴人的口述史（Ìtàn）和见闻，并附之以殖民者的文献；约翰逊的目的正如他在该书的开头所说是为了确保"我们祖国的历史不会被遗忘，尤其是

443

---

① Bahrey, *History of the Galla*, included in *Some Records of Ethiopia*, 1593 - 1646, trans. and ed. C. F. Beckingham and G. W. B. Huntingford (London, 1954), 111 - 129.
② *Timbuktu and the Songhay Empire：Al Sa'dī's Ta'rīkh al-sūdān*, ed. and trans. J. O. Hunwick (Leiden, 1999).

在我们的古老宗系正迅速衰亡的时候"。另一位非洲牧师卡尔·克里斯蒂安·瑞恩多夫（Carl Christian Reindorf，1834－1917 年）在他 1895 年出版的《金色海岸与阿桑特人的历史》（*History of the Gold Coast and Asante*）一书中既用到了口述史料，又用到了书面证据。而布干达（Buganda，乌干达 Uganda 的一部分）政治家阿波罗·卡戈瓦（Apolo Kagwa，约 1869－1927 年）爵士基于口述史料在 1901 年出版了史书《布干达的国王们》（*The Kings of Buganda*）。[①] 在西非中部的巴姆（Bamum，现在的喀麦隆 Cameroon）地区，当地的苏丹乔瓦（Njoya，约 1880－1933 年）效仿欧洲文字创造了自己的表意文字，并命人完成了 548 页的关于他的民族的历史和风俗的手稿。

非洲历史写作的西化进程能够在贝宁（Benin，位于现在的尼日利亚）的尤瓦迪亚·雅各布·厄格哈伦巴（Uwadiae Jacob Egharevba，1893－1993 年）的漫长生涯中得到很好的说明。厄格哈伦巴在约鲁巴人的领地接受教育，并随他的商人父母到处旅行，不过他很快便放弃了商业，全身心转入文学生涯。在完成他超过 30 本历史与文学著作中最负盛名的《贝宁简史》（*Short History of Benin*）时，他利用了其与贝宁的首领们和包括负责编纂贝宁国王列表的人在内的"宫廷历史学家"们的联系，并相信他的民族的传统要在未来得以保存就需要被记录下来。他最初在 1934 年用埃多语出版了此书（这种语言也是他热心倡导的），书名为《埃多简史》（*Ekhere Vb'Itan Edo*），但他最终认识到英译本是非常必要的。事实证明，此书是如此地流行，以至于之后几十年又陆续出现了许多版本。尽管厄格哈伦巴从来没有失去对口述史料的兴趣，但他开始越来越多地运用欧洲人的书面史

① Samuel Johnson, *The History of the Yorubas*: *From the Earliest Times to the Beginning of the British Protectorate* (1921; Lagos, 2001), viii; C. C. Reindorf, *The History of the Gold Coast and Asante*, *Based on Traditions and Historical Facts Comprising a Period of More than Three Centuries from about* 1500 *to* 1860, 2nd edn (Basel, [1951]); A. Kagwa, *Basekabaka be Buganda Translated as the Kings of Buganda*, trans. and ed. M. S. M. Kiwanuka (Nairobi, 1971); Kagwa, *The Customs of the Baganda*, trans. E. B. Kalibala and ed. May Mandelbaum Edel (New York, 1934).

料；一项最近的研究显示，他似乎对再现他所听到传统不那么感兴趣了，他更愿意将它们均化和融合到一个"看起来真实的故事"当中。[①] 英文版的《贝宁简史》在反英基调上也有所缓和，它整段删除了英国官员们会反对的一些内容。且在 1953 年的版本中，他抛弃了他之前接受的一些传统的起源故事，以利于含米特假说（Hamitic hypothesis，见主题框 30）将埃多人的起源追溯到古埃及人。

主题框 30　含米特假说　　　　　　　　　　　　　　444

非洲许多早期的本土著作都致力于反对关于非洲种族低劣的假设。这些假设通常源于含米特假说——实质是 19 世纪的伪科学和对一种古老的源于圣经的观点进行人种学诠释和宣传（并受到语言学研究的支持），这种观点认为非洲人是诺亚（Noah）次子含（Ham）的后裔，或者认为埃及和北非文明源于腓尼基人等欧洲民族。就这种观点的现代形式而言，该假设利用了 18 世纪的个别阶段说及其与农牧社会的区别。这一假设到 20 世纪早期仍然被种族理论家使用，对他们来说，独特的含米特族与更原始的黑人种族通婚，非洲文明的发展归因于含米特人对处于农牧生活状态下的黑人的积极影响。在 20 世纪早期关于这类观点最著名的阐述来自英国人种学家查尔斯·加布里埃尔·塞利格曼（Charles Gabriel Seligman，1873－1940 年）于 1930 年出版的著作《非洲种族》（*The Races of Africa*）。

所有这些著作都在人种上集中于恢复和讲述一个特定部落的历史。这些历史学家中大部分人都有过的牧师生涯使这些著作带有强

---

① Uyilawa Usuanlele and Toyin Falola, 'A Comparison of Jacob Egharevba's 'Ekhere Vb Itan Edo'' and the Four Editions of its English Translation, 'A Short History of Benin', *History in Africa* 25 (1998)：370.

烈的基督教色彩，并且大部分都严重依赖欧洲史料，正如科萨人（Xhosa）传教士约翰·亨德森·索加（John Henderson Soga，1860－1941 年）于 1930 年出版的著作《东南部的班图人》（*The Southeastern Bantu*）一样。在坦噶尼喀（Tanganyika，现坦桑尼亚的一部分）这样的德国殖民地，用罗马字体写成的斯瓦希里语历史著作和用 *adjami*［阿加米］写成的韵文编年史出现于 20 世纪早期，始于阿卜杜拉·宾·赫米迪·阿杰米（Abdallah bin Hemedi 'l Ajjemy，约 1835－1912 年）完成于 1906 年的《基林迪编年史》（*Habari za Wakilindi*）；[1] 该书大量记述了在 19 世纪统治这一地区的基林迪王朝，史料来源于莎巴拉（Shambala，一个不说斯瓦希里语的部落）人的口述和作者自己对近期发生的事件的回忆。《帕泰国王编年史》（*The Chronicle of the Kings of Pate*）暗示口述传统和书面历史可以双向流通，并可以同样的环境下同时繁荣。该书的原始手稿涵盖了帕泰王国（位于现在的肯尼亚境内）从 13 世纪到 19 世纪晚期的历史。这一手稿在英国人 1890 年攻击帕泰首都维图（Witu）的过程中被毁或遗失，其内容是如此鲜活，以至于许多作家都能够在之后几十年里创作出新的版本，这要感谢王室成员布瓦纳·奇提尼（Bwana Kitini，死于 1931 年）的记忆，而他的记忆依靠的是他的祖父"王室传统保存者"布瓦纳·辛巴（Bwana Simba）的口述证词。[2]

445

然而，直到第二次世界大战以后，非洲史才作为一个学术课题朝着非洲内外的主流历史课程的方向缓慢前进。从 20 世纪 40 年代晚期开始，随着接下来几十年里欧洲殖民力量的撤退和独立国家的建立，且作为对几十年来受外国帝国史学教育的回应，非洲人对自身历史产

---

[1] Abdallah bin Hemedi 'l Ajjemy, *The Kilindi*, ed. J. W. T. Allen and William Kimweri bin Mbago bin Kibwana bin Maiwe wa Kwekalo (Mlungui) bin Kimweri Zanyumbai (Nairobi and Boston, 1963).

[2] *The Pate Chronicle*, ed. and trans. Marina Tolmacheva (East Lansing, MI, 1993), 16－17.

生了更浓的兴趣。而这就迫切需要重塑历史记录，并重新发现许多被忽略的前殖民时期的文明的证据。非洲去殖民化的一个后果就是欧式的大师的历史叙述起初被简单地引入和转化，以为当地所用。欧洲的政治退缩伴随着一种全新学术机构的创建，其主要目的就是促进欧洲模式的海外扩张，而这高度依赖欧洲的学术人员或海外的附属大学——英国从 20 世纪 40 年代开始在其殖民地创办大学，法国和比利时也紧随其后。一位胜利的民族主义者对许多新的非洲史著作标榜的欧洲政治退缩或前殖民地获得自由，并成为国际社会的完整一员的叙述会持续到大约 1970 年。随之而来的是战前的"辉格"史学的大部分外在标志，如政治机构在过去的稳步发展、中央集权和行政管理的进步——所有现代西方国家的特征。

与此同时，欧洲知识分子自身对之前学术中的欧洲中心论的不满也明显刺激了学者们对非洲史的进一步学术研究，这种革新到 20 世纪 60 年代晚期又传播到了北美。伦敦的东方与非洲研究学派（School of Oriental and African Studies，SOAS）的罗兰·奥利弗（Roland Oliver，生于 1923 年，1960 年创刊的《非洲历史杂志》（*Journal of African History*）的联合创刊人）、比利时人扬·万思那（Jan Vansina，生于 1929 年，口述传统权威专家）等人做了奠基性的研究。讲法语的学者也有着同样的影响力。但非洲史学不是感兴趣的欧洲人独自创立的。尽管非洲部分地区政局不稳，内战多年，但非洲的大学训练了他们自己的学者，并派遣了许多人到海外攻读博士学位。 446
他们同样也吸引了一些欧洲学者到非洲执教：历史学家的伊巴丹学派（the 'Ibadan' School，始于 20 世纪 50 年代尼日利亚的伊巴丹大学，影响持续到了 20 世纪 70 年代）既包括本土的尼日利亚人，也包括了移居过来的英国人。作为先驱的尼日利亚历史学家肯尼思·昂库瓦·戴克（Kenneth Onwuka Dike，1917－1983 年）在达拉谟（Durham）、亚伯丁（Aberdeen）和伦敦从事过研究；仅东方与非洲研究学派（SOAS）就教育出了包括加纳人艾伯特·阿杜·博哈恩（Albert Adu

Boahen，1932－2006 年）在内的许多非裔学者。博哈恩后来又参与了
联合国教科文组织的《非洲通史》——后殖民时代历史写作的重要早
期归纳性著作——的编写工作，该书的编写工作由一个"科学委员
会"主持，其成员有三分之二是非洲人，有包括肯尼亚人阿里·马兹
鲁伊（Ali Mazrui，1933－）、珀斯威尔·阿兰·奥格特（Bethwell
Allan Ogot，1933－）、布基纳法索（Burkina Faso，以前的上沃尔塔
［Upper Volta］）的约瑟夫·基泽尔博（Joseph Ki-Zerbo，1922－2006
年）、尼日利亚人雅各布·费斯图斯·阿德·阿贾伊（Jacob Festus
Ade Ajayi，生于 1929 年）在内的三百多位作者参与了编写。欧洲史
学于过去的一个世纪里在非洲的发展因而让人回想起同一时期的印度
历史写作：殖民地所采取的殖民主义工具和概念开始拥抱殖民势力，
后来在对民族主义（更近期的是来自东方的马克思主义）目标的支持
中又推翻了殖民势力。

伊斯兰世界的宗教、国家与历史

在 19 世纪下半期，伊斯兰世界的阿拉伯地区和非阿拉伯地区的
知识分子都开始致力于民族史的写作，现在还包括了前伊斯兰时期的
历史写作。更古老的泛伊斯兰文化和宗教冲动仍然和新的阿拉伯民
族主义一样重要：中东持各种宗教信仰的人民必须面对与西方势力
并存的困境。受到西方科学技术影响的现代伊斯兰思想在一部阿富
汗史的作者赛义德·贾马尔·奥丁·阿富汗尼（Sayyid Jamal al-Din
Afghani，1839－1897 年）这样的积极改革家的手中开始形成。历史
学家的社会出身和研究兴趣也与之前的时代有很大不同。伴随欧洲
人出现而来的是"ulema"［乌理玛］的瓦解，他们是有学识的宗教
之士，曾主导了伊斯兰世界的历史写作许多个世纪，他们中有许多
人不单单只是历史学家，还是博学者和科学思想家。他们的位置被
中产阶级（医生、律师、记者）替代，而这些人通常是非常西化的，

他们将历史看成 *adab*［文学］或 *belles-lettres*［纯文学］的一个分支。[①] 在这一时期，史料陆续出版，一些有着历史兴趣的知识分子团体也建立了。

埃及人阿布德·奥拉赫曼·奥贾巴提（'Abd al-Raḥmān al-Jabartī，1753-1825 年）用他对拿破仑 1798 至 1801 年入侵埃及的记

拿破仑在埃及：奥贾巴提的编年史

447

- 在第 16 个星期四，据称如果任何人与一个基督徒或一个犹太人争吵，或反过来，那么敌对的一方就可以做不利于另一方的证明，并要求对方被带到萨里·阿斯卡尔（Ṣārī 'Askar）的家中。

- 那一天，他们杀了两个人，并带着死者的头颅四处走动，大声喊叫："这就是所有给马穆鲁克（Mamlūks）带信或送信的人的下场"。

- 那一天，他们告诉民众不要将这些死者埋在居住地边上像奥阿巴奇亚（al-Azbakiyya）、奥努瓦伊伊（al-Ruwayʿī）这样的墓地里，而应该埋在人迹罕至的坟地。那些在墓地里没有墓穴的人应该将他们的尸体埋在马穆鲁克的墓穴里。在埋葬了某些人之后，他们被要求增加坟墓的深度。他们进一步要求民众将衣物、服饰、寝具挂于屋顶，并对他们的屋子进行烟熏消毒。正如他们所宣称的那样，所有这些都是出于恐惧瘟疫的传染。

- 对于法国人来说，他们没有埋葬尸体的风俗，而是将之像狗或野兽的尸体一样仍到垃圾堆里，或直接丢入海中。在其他方面，他们说如果有人病了，他们必须通知法国人，之后法国人会派授权代表对其进行检查，看是不是得了瘟疫。之后再决定如何处置他。

引自 *Napoleon in Egypt：al-Jabartī's Chronicle of the French Occupation*，trans. Shmuel Moreh（1975；Princeton and New York：Markus Wiener，1983），71. 选自涵盖 1213 年第 16 拉比·埃尔萨尼（16 Rabi el-Thāni 1213 AH，相当于公元 1798 年 9 月 9 日）的日常事务的编年史。

文献摘录 41

[①] Tarif Khalidi，*Arabic Historical Thought in the Classical Period*（Cambridge，1994），233-234.

录《法国毁灭下的虔诚的证明》（*Maẓhar al-Taqdīs bi-Dhahāb Dawlat al-Faransis*，约完成于 1801 年，带有反法性质）和从 17 世纪晚期到 19 世纪早期的更长的历史记录《关于传记和历史报告的惊人记录》（*'Ajā' ib al-āthār fi'l-Tarājim wa'l-Akhbār*，此书对欧洲入侵者的批判明显减弱了）预示了这次史学复兴。奥贾巴提的著作出现在一段很长的史学停滞期的末期，那时在奥斯曼土耳曼统治下的埃及，历史著作匮乏，而且低劣，不过其他历史学家在不久后也出现了，如写有包含史料的苏丹游记的穆罕默德·伊本·奥马尔·奥图尼西（Muḥammad b. 'Umar al-Tūnisī，1789－1857 年），以及奥贾巴提的两个朋友阿布杜拉·奥沙奇瓦（'Abdullāh al-Sharqāwī，卒于 1812 年）和伊斯梅尔·奥卡沙巴（Ismā 'īl al Khashshāb，卒于 1814 年）。

448　　　包括奥贾巴提的著作在内的大部分此类著作仍可被看成传统伊斯兰史学晚期的例子。然而，这种史学背后的政治环境却在 19 世纪早期迅速消失，在这一时期，我们会看到阿拉伯民族主义与穆斯林统一的摩擦冲突，其代表就是奥斯曼土耳其帝国的衰落。奥贾巴提的著作大部分都写于巴夏（Pasha，对奥斯曼土耳其官员的尊称）穆罕默德·阿里（Muḥammad 'Alī，1805－1849 年）在埃及长期统治的头几年，阿里好读史书，并十分钦佩亚历山大大帝和恺撒。奥贾巴提并不拥护这位巴夏，并将他视为暴君和异教徒；另一位埃及人里法·拉菲·奥塔哈塔维（Rifā 'a Rāfi' al-Tahṭāwī，1801－1873 年）持相反的观点，因而成为穆罕默德·阿里最喜欢的知识分子之一，并在他和后继者的统治下十分得势。奥塔哈塔维曾在巴黎待过五年，他成为了现代欧洲史学进入阿拉伯语世界的一个主要通道。他将包括伏尔泰的《查理十二史》（*Charles XII*）和罗伯森（Robertson）的《查理五世史》（*Charles V*）在内的许多启蒙运动时期的著作都翻译或监督翻译成了阿拉伯语；乔治·伯纳德·德平（Geogres-Bernard Depping，1784－1853 年）的《民族风俗史纲》（*Aperçu historique sur les moeurs et coutumes des nations*）的译本被证明在突尼斯人中特别流行。一场轰轰烈烈的"翻译运动"可能一度阻止了新的历史写作，但在穆罕默德·阿里的后继者（尤其是主张西化的埃及总督伊斯梅尔［Ismāˈil，1863－1879年］）的统治下，奥塔哈塔维还在一本混合了现代与古代伊斯兰历史写作形式的著作（1868—1869年出版）中叙述了古埃及的历史。正如伊本·赫勒敦（其《历史绪论》在1857年被奥塔哈塔维指导刊印出版了）那样的作家和《穆罕默德言行录》（ḥadiths）所概述的那样，伊斯兰史学的某些长期存在的价值继续得到了强调。伊斯兰教在奥塔哈塔维的历史叙述中扮演了重要角色，正如他所说，它给了埃及现代的身份认同。不过，该书背离了伊斯兰历史写作形式，它第一次将埃及看成一个独特的从古代一直存续到现代的个体，歌颂这个国家在世界文明和学问中占有一席之地；这建立在当时的世界其他地区近期在理解象形文字方面获得进展之后为埃及着迷的基础上。历史被奥塔哈塔维分成了人类史和宗教史，而前者又被分为古代和现代（围绕主题事务又被分成了"普世史"和"专门史"），这显示出了西方的影响。

　　奥塔哈塔维帮助改革了埃及学校课程，历史到19世纪70年代成为了常规课程。大学在20世纪早期建立了，历史和其他艺术、科学的学者们藉此得到了学术训练。在1882年至1992年英国统治埃及的时期，富有影响力的政治家穆斯塔法·卡米勒（Muṣṭafà Kāmil，1874－1908年，他本人也是许多历史著作的作者）进一步鼓励看待其祖国历史的民族主义观点；他的门生穆罕默德·法里德（Muḥammad Farid，1868－1919年）在1891年写了一部关于穆罕默德·阿里统治下的埃及的历史，又在1894年写了一部关于奥斯曼土耳其帝国的历史。在思想上，卡米勒和法里德标志着一种新的更深入的民族主义和反西方的趋势，这一趋势打断并经常否定了上千年来大部分历史著作的伊斯兰价值观，而文学和思想生活在表达上从土耳其语向阿拉伯语的迅速转变又推动了这一趋势。

　　叙利亚在19世纪30年代被埃及占领，从而进行了西式改革，即

449

便在埃及人最终撤退之后，取而代之的奥斯曼土耳其人仍然坚持如此。历史研究在叙利亚受到了奥布斯塔尼斯家的布鲁特斯与萨利姆两父子（Buṭrus and Salīm al-Bustānī）的推动，他们创办了文学杂志《花园》（al-Jinān），并促进了新学校的发展。布斯塔尼斯父子相比奥塔哈塔维有着更现实的眼光，他们强调阿拉伯的统一性，淡化伊斯兰教的作用；父亲编了一本阿拉伯辞典，并致力于编一本阿拉伯百科全书。这一时期的大部分阿拉伯历史学家倾向于非学术性，而且不是所有人都是穆斯林；身为基督徒的叙利亚人伊利亚斯·马塔尔（Ilyās Maṭar，1857－1910年）是奥斯曼土耳曼帝国的官员，还是一名医生和律师，他的同胞朱莉·雅尼（Jurjī Yannī，1856－1941年）是人种上属于希腊人、宗教上信奉希腊东正教的记者和知识分子。受过西式教育的马塔尔还是学生的时候就决定着手写一部叙利亚史。1874年，正值奥斯曼土耳其帝国推行改革时期，《叙利亚省的历史》（Tārikh al-mamlaka al-Sūriyya）在贝鲁特出版，它传达了作者对这块土地缺乏历史的失望，并再次将民族认同置于宗教之上。

不是所有的这些民族主义都与特定的国家和领土相关联，确立一种"泛阿拉伯"史学来促进种族团结和对抗无论是奥斯曼土耳其还是欧洲的外来影响是可能的，就像同时代的德国史一样。黎巴嫩-埃及人朱莉·扎伊达（Jrujī Zaydān，1861－1914年）在20世纪初集中体现了这种史学。扎伊达是一个基督徒，一名记者，也是许多历史小说和多卷本伊斯兰文明史（1902—1906年出版）的作者。[1] 但正如其他泛阿拉伯民族主义作家一样，他将宗教视为第二重要的联系，并将历史回溯到伊斯兰教到来之前更遥远的过去；他把前伊斯兰教时期的阿拉伯人研究到了极致，声称古代巴比伦人就是阿拉伯人。

学术型史学的发展在始于20世纪20年代的后奥斯曼土耳其时代

---

[1] 戴维·塞缪尔·马格里欧斯（David Samuel Margoliouth，1858－1940年）翻译出版了此书的部分内容，见 Umayyads and 'Abbasids: Being the Fourth Part of Jurjī Zaydán's History of Islamic Civilization，trans. D. S. Margoliouth（Leiden，1907）。

开始缓慢下来，它最初掌控在北美和欧洲训练出来的学者手中，西式的学术型史学因而也扩大了它对伊斯兰世界长期与众不同的史学传统的优势。可能最早践行现代档案学的著作是沙菲克·古尔巴（Shafiq Ghurbāl，1894－1961 年）在 1928 年用英语写成的《埃及问题的起点和穆罕默德·阿里的崛起》（*The Beginnings of the Egyptian Question and the Rise of Mehemet Ali*），他写此书时用到了英国和法国的手稿资料。古尔巴是一个埃及历史学家群体的一员，该群体还包括贝鲁特的穆罕默德·里夫（Muḥammad Rif）和穆罕默德·萨布里（Muḥammad Ṣabrī，1890－1978 年），这两个人都曾在欧洲学习过。古尔巴于 1915 年被派往利物浦，并在那里学习历史，后来他作为学校老师在亚历山大里亚待了很短一段时间，之后于 1922 年返回英国，在伦敦的历史研究所学习。在那里，他在年轻时的阿诺德·约瑟夫·汤因比（Arnold Joseph Toynbee）的指导下拿到了文学硕士学位，其硕士论文后来成了他一本著作的一部分。[①] 古尔巴余下的生涯都作为一位富有影响力的大学教授和政府官员待在埃及。他的许多历史著作将穆罕默德·阿里塑造成了民族英雄和现代化倡导者，这些著作也确立了我们最后所谓的埃及历史学家的"民族"学派。西方的方法论著作也流行起来，那些在欧洲本土已经过时的观念却在伊斯兰世界产生了很大的影响：叙利亚历史学家阿萨德·拉斯特姆（Asad Rustum，1897－1965 年）在 1939 年用阿拉伯语出版了一本关于西方史学方法的指南，该指南在很大程度上取材于朗格诺瓦和瑟诺博司的著名著作，而他们的著作当地在法国已因年鉴派的史学革命而失势（见下文第九章）。

　　然而，我们在非阿拉伯的伊斯兰世界同样能够感受到民族主义和世俗趋势，其中在土耳其的感受最为强烈。在那里，长久以来的奥斯曼土耳其历史写作传统幸存了下来，并经历 18 世纪一直持续到了 19

450

---

① Shafik Ghorbal [sic], *The Beginnings of the Egyptian Question and the Rise of Mehemet Ali* (London，1928).

世纪。在这一时期，官方历史学家仍然是被任命的，印刷术和识字群体的扩展激发了公众对历史著作的兴趣。宫廷任命的编年史家（*vak'anüvis*）及其他或与宫廷有联系，或追求这种殊荣的人（*müverrih*）继续占据着主导地位，这种情况至少持续到了 19 世纪中期，而真正独立的史学是罕见的。这一时期十分杰出的历史学家艾哈迈德·杰夫代特·帕夏（Aḥmed Jevdet ［Cevdet Pasha，1822－1895年）花了 30 年的时间筹备写一部 12 卷的 1774 年至 1826 年间的帝国史，该历史早期部分的完成为他赢得了官方史家的职位。至于在奥斯曼土耳其帝国的其他地区，这一时期正是人们的兴趣向西欧文化及其历史著作、西方语言和文学知识转变的时期；新流派得到了发展，这包括了记忆史和地方志，而不仅仅是具有地方价值的传记。印记学、铭文学、钱币学等历史的辅助学科在这个世纪下半期开始出现；当伊斯坦布尔大学在世纪之交确立其现代形式后，西式学术训练随之而来。1880 年后出版的教科书受到了政府更严格的控制，这些教科书反映了对强调领土获得的奥斯曼土耳其历史的更世俗的理解；作为早期历史特色的关于被废黜或精神错乱的苏丹的故事被视为对国家有害。这一时期也正值这个世纪中期成立的青年奥斯曼土耳其党的影响力达到顶峰的时期，他们决定通过一种粘合力强的"奥斯曼土耳其主义"（Ottomanism，由孟德斯鸠和卢梭的某些启蒙运动思想发展而来）来维持帝国的统一性。

　　奥斯曼土耳其主义到 19 世纪末正向土耳其主义转变，这种转变使这个国家少了些种族成分，多了些民族主义成分，而新一代的政治知识分子——青年土耳其党——在 1908 年领导了一场推进宪法改革的革命。这场革命在 1923 年达到高潮，就在这一年，历经第一次世界大战的灾难和失去了大部分属国之后的土耳其建立了土耳其共和国。对于这个新国家的领导者穆斯塔法·凯末尔·阿塔图克（Mustafa Kemal Atatürk，1881－1938 年），我们在欧洲史上经常读到，在他的推动下，以前的奥斯曼土耳其历史协会在 1931 年被重组为土耳其历史协会。1935 年，阿塔图克在安卡拉设立了地理、历史和语言学院，以提供训练青年学者的西式学术机构。他通过歌颂土耳其民族及其历史的"土耳其历史论文"（Turkish Historical Thesis, *Türk Tarih Tezi*）极力支持从民族主义视角从事历史写作，以替代旧有的奥斯曼土耳其人暴虐的、疲弱的和东方的形象；这与土耳其人占领安纳托利亚有密切联系，因为阿塔图克希望阻止在这些边界之外的任何"泛土耳其主义"的帝国冒险；它使土耳其人联系着"白人"欧洲和中亚（所有文明的发源地），而不是"黄色人种"的东亚。1931 年，一个土耳其历史研究委员会成立，第二年，"土耳其历史论文"被宣布为土耳其国家的官方学说。

　　这些发展为第一代共和国历史学家提供了背景。共和国历史学家们虽然之前无情地与帝国争斗了 200 年，但他们拥抱了帝国在 13 到 17 世纪之间的成功与荣耀。现代土耳其史学的学术奠基人穆罕默德·福阿德·科佩鲁（Mehmet Fuat Köprülü，1890 - 1966 年）从 20 世纪 30 年代开始在索邦大学的讲义中呈现这种美景，这些讲义后来在法国和土耳其出版，书名为《奥斯曼土耳其帝国的起源》（*The Origins of the Ottoman Empire*，英文本，1992 出版）。除了从事实中清理出传说、权衡种族、宗教及其他影响外，他们那一代土耳其历史学家们的任务是用现代学术工具去追忆 19 世纪早期的浪漫民族主义史学。奥斯曼土耳其档案在 20 世纪 40 年代的开放使学术兴趣转向了社会经济史，而自 20 世纪中期开始，土耳其持续产生了像左倾经济史家穆斯塔法·阿克达（Mustafa Akdağ，1913 - 1972 年）和他的批判者、科佩鲁的一名学生哈利勒·伊拉西克（Halil Inalcik，1916 -）那样的杰出学者。

结　论

　　贾瓦哈拉尔·尼赫鲁（1889 - 1964 年）于 1933 年在牢房中给他　　452

年幼的女儿（未来的英迪拉·甘地［Indira Gandhi］）写的书信体历史中记录了下面的感受，这样的感受放在这两章长篇章节的结尾或许是十分恰当的：

> 19世纪！我们被这些100年羁绊了多么长的时间啊！我向你记述这一时期已经有四个月了，这已让我感到有些疲倦，你在读到这些信件时或许也会有这样的感受。我一开始告诉你这是一个迷人的时期，但即便迷人，过了一段时间也会乏味。①

尼赫鲁经历了第一次世界大战，他将这次大战视为"一个时代的终结和另一个时代的开始"，所以他与之前的19世纪末已有一些距离。一个历史学家如果从法国的一个图书馆、印度的一个师范大学或东京的一个书房审视19世纪末的这个世界，他或许有理由会为克丽奥——发源于西方的史学女神——和他的信徒们在过去100年里所完成的成就眼花缭乱。历史不仅确立了一套学术规则和训练程度，并在很大程度上沿用至今，它还为这些规则确立了全球霸权，这些规则现在已经扩展到了世界上直到19世纪还在践行不同于西方的史学模式的地区。无论是通过文字殖民还是通过其他形式的影响（有时伴随着与当地史学的合作），欧洲史学已经昂首阔步地走向了世界，并用其方法论的炮弹以真正的合金炮弹无法做到的方式击垮了对手。我们很容易忽略一点，即为了在不同的气象中兴盛，西方史学被迫与当地文化和体制现实融合，而在这样做了之后，它仍然不能完全逃脱被其信徒和传教士试图归化的人民改造和挪用。

　　某种自信与轻松只有在19世纪末才是自然的，但恰逢西方想让欧洲以外的世界拥抱它的文化的时候，祸乱内生，随之而来的是对

---

① J. Nehru, *Glimpses of World History: Being Further Letters to His Daughter Written in Prison, and Containing a Rambling Account of History for Young People* (New York, 1942), letter 145, 22 March 1933, 607.

19 世纪史学大厦的严重挑战。在几十年间，它不再那么像朗格诺瓦和瑟诺博司的埃菲尔塔，或甚至是囚禁夏洛特的塔，而更像是以前在圣经中竖立的塔，它的发展在我们未能完全逃避的言语混乱中停滞。现在，我们转向 20 世纪。

大事年表

1910—1914 年	波科夫斯基五卷本《俄罗斯从最原始时期到商业资本主义兴起的历史》出版
1917 年	克罗齐《历史学的理论和实际》出版
1918—1922 年	斯宾格勒《西方的没落》出版
1929 年	《年鉴》杂志创立
1930 年	郭沫若《中国古代社会研究》出版
1939 年	乔治·勒费弗尔出版英文版的《法国大革命的降临》；《观念史杂志》创立；马克·布洛赫《封建社会》出版
1941 年	范文澜《中国通史简编》出版
1946 年	科林伍德《历史的观念》出版；玛丽·比尔德出版《历史中作为力量的女性》
1949 年	布罗代尔出版了《菲利普二世时期的地中海和地中海世界》
1952 年	《过去与现在》杂志创立
1963 年	汤普森《英国工人阶级的形成》出版
1973 年	海登·怀特《元历史》出版
1974 年	福格尔、恩格尔曼《十字架上的岁月》出版
1978 年	赛义德《东方主义》出版
1986—1987 年	德国发生历史学家争论事件
1988 年	斯考特《性别与历史政治》出版；澳大利亚的"历史战争"开始
2000 年	法院判决了大卫·欧文诽谤案件

第九章 | 巴别塔？ 20世纪的史学

引　言　……为了挫败所谓的骄傲，上帝突然将灾难降临到所有在巴别塔工作的人身上。这里的人本来只会说一种语言……现在却出现了72种不同的语言，以至于他们不能理解对方的话，因此他们不得不放弃巴别塔的工作……从此以后这座塔成为了巴比伦的城墙……巴比伦也因此被译作"灾难"。

　　20世纪中后期，佛罗伦萨编年史家乔瓦尼·维拉尼阐述了创世纪（11：4），通过阅读他早期著作的英译本，你会发现上帝并没有摧毁未完工的巴别塔，而是混淆了语言，致使骄傲的建筑师和他们的后代不能用同样的语言交流。维拉尼的阐述神奇地预示了100年里的历史命运：随着在我们最后两章所提到的西方史学方法的显著胜利（实际上这种胜利也发生在世界许多地方），历史专业就会慢慢细化、分散，它不仅会面临应该学什么的问题，也会关心关于过去的描述是否可靠。

　　爱德华·傅特出版其著名的《自文艺复兴以来的现代史学史》时的1911年则并不是这样。① 他总结了欧洲前500年的史学发展，并认为亚洲和非洲理应是欧洲历史著作的主

---

① Eduard Fueter, *Geschichte der Neueren Historiographie* (Munich and Berlin, 1911)。本章开头的来自维拉尼（Villani）的铭文引自《维拉尼的编年史》（Villani's Chronicle），见 *Villani's Chronicle*, trans. Rose E. Selfe and ed. Philip I. Wicksteed (London, 1906)，3。

458　题，而美洲大陆的出现很平常，就像班克罗夫特（Bancroft）家族一样，没什么特别的历史。他的欧洲中心论紧紧围绕其所处的时代展开，完美地反映了那一时期的历史，且经过长时间的努力终于达成了目标。尽管傅特也认为历史有很多流派和子流派，但对于它们的统一毫不怀疑。傅特不太可能预料到下个世纪的历史发展，即我们在最后一章中所说的社会史、年鉴学派、新的不同的左倾或右倾的极权主义史学、女权主义和女性（性别）史、心理史学、计量史学以及后现代主义等。单一民族国家在历史研究中的中心地位也是一个问题（或者更准确地说，这种对抗性的论述充满着阶级性、民族性甚至性别歧视，尽管在 19 世纪的时候有所收敛，但一开始的时候就埋下了祸根）。对于知识的分支，能真正反映过去的历史地位的根本问题，傅特没什么可说的。尼采认为傅特的作品中唯一有点参考价值的是他的一个脚注。我们没有理由认为傅特的著作对历史研究产生了重大影响，在尼采这位晦涩的哲学家会成为后现代批判历史特权的中坚的 70年里更是如此。

历史主义的危机

19 世纪的历史地位、社会功能、认识论优势和方法论的兼容性既松散又易被打破。即便是作为欧洲及世界其他国家规范的德国历史思维在理论和方法论之间也存在明显的裂痕。因此，我们不应将 20世纪看成 19 世纪的突然中断，甚至于看成历史在更早期被构建为"主要学科""方法论性质的纲领性准则""自律""自治"，且为其他领域提供指引的智力活动"时所产生的矛盾的解决方式。近几十年内发生了三件事：第一件事是，在学术圈，政治史的优势地位和单一民族国家的中心地位受到了挑战；第二件事是，20 世纪的大门向看似无休止增加的历史特殊化和思想兴趣敞开；第三件事是，历史统一人文学科和社会科学的地位明确地受到了动摇，并伴随着一些错误观念的存在，即过去的知识永远不会完美，或明显像 16 世纪的绝对怀疑主义那样认为历史不过是虚构的小说。

在本书的最后一章，我们一定会对关于 20 世纪历史写作的概述感到满意，并且首先会考虑到历史曾经享有 100 年的崇高权威地位，后来地位怎么会下降了呢。在过去的一个世纪里，随着"历史"课程的演变，它以不同方式反映了世界各地的学科。世界上很多国家的历史实践者的热情在 1900 年就开始冷却了，例如，它丧失了自己的解释能力：美国散文家、小说家，并时不时充当历史学家的亨利·亚当斯在意识到冗长的 19 世纪美国早期历史无法明确解释 1812 年的战争后辞去了哈佛大学的工作。仅第一次世界大战（1914—1918 年）是不被怀疑的，并且人们要考虑到至关重要的当代智慧和文化的发展，例如相对论、不确定性准则、立体主义、表现主义和无调性等，但这场战争的确动摇了许多历史学家对自己领域的信心。德国历史相对论的传统在战壕中经久不衰，但也有残缺，到 1932 年德国魏玛共和国解体，教会史学家卡尔·休斯（Karl Heussi, 1877 - 1961 年）已声称它存在致命伤。这就好像在说历史使世界衰退，正如法国散文家兼诗人保罗·瓦雷里（Paul Valéry, 1871 - 1945 年）所评论的："历史可以证明一切，但它不能精确地传授一切，因为历史囊括了一切，也修饰了一切，它非常有力地说明历史是人类的一大威胁。"①

第一次世界大战也彻底割裂了史学家之间的国际纽带，只有极少数人得以幸免，各国的学者断绝了与政府的联系，非常受欢迎的德国奖学金在西欧被冻结了，北美的情况只是略好一些。国际史学合作的损失尤其体现在卡尔·兰雷普希特和比利时史学家亨利·皮雷纳破裂

① 引自 Hayden White, *Tropics of Discourse*：*Essays in Cultural Criticism*（Baltimore, 1978），36。

的关系上。德国入侵比利时以后，兰雷普希特试图拜访刚在战争中失去儿子的皮雷纳，但遭到了拒绝，并且之后皮雷纳一直拒绝参加德国史学家的国际会议，直到 20 世纪 20 年代。这些裂缝直到 1933 年纳粹党掌权的时候都没有修复，德国学者的孤立状态一直持续到第二次世界大战，不过期间也有一些重要的变化，即德国和欧洲其他一些国家的历史学家（许多是犹太人）飞往英国和美国，并在那里成为战后颇有影响的博士生导师（很少有人返回故乡）。随着德国第二次战败，德国学术界也随着西方自由民主和东方共产主义的分裂（1940—1990 年）而一分为二。

尽管一些知识分子存有疑虑，但对史书和历史小说的需求在战后与日俱增。在像剑桥这样的大学里，战争对课程的改变很小，而且历史招生确实在人文学科中占优势，越来越多的学生开始关注现代历史。

460 主题框 31 相对主义

第一次世界大战对历史写作，尤其是对过去意识的精神层面的影响很持久。历史相对主义不仅存在于美国，它和"进步人士"卡尔·贝克尔及其同时代的查理·奥斯丁·比尔德（Charles Austin Beard，1874－1948 年）有着非常密切的联系。贝克尔是两个评论家中较温和的一个，他认为史学的乐趣在于它本身具有的正确性，而他 1932 年写的散文《人人都是自己的历史学家》（*Everyman His own Historian*）中缺乏可靠的历史事实的现象还不是很明显。有证据表明"历史"的创造靠的是头脑感知和事件回忆，当然，任何一个人都能从历史出发考虑过去发生的事，让它们变得井然有序；任何一个这样的故事都可能成为历史。尽管贝克尔知道史学家无法摆脱他们自己主观性的束缚，但他依然坚信描述的事实是客观存在的。

比尔德的观点就没有那么含蓄了，它更容易引发异议，对学科更是一大威胁。比尔德的一篇被命名为《高贵的梦想》（*That Noble Dream*）的散文于1935年发表在《美国历史评论》上，同贝克尔的《人人都是自己的历史学家》一样，比尔德直接谈到了"客观性"崇拜问题，他声称"客观性"将成为幻影，最多是个无法实现的目标，然而很多史学家都自欺欺人地相信不带私人感情地、完全中立地探究过去是可能的。尽管相对主义只是一场没有持续多久的"运动"，但它为后来始于20世纪70年代对历史知识可靠性的广泛怀疑揭开了序幕。

过去可用来逃避当代问题。一般而言，虽然爱因斯坦与普朗克（Planck）挑战了牛顿经典力学，紧接着是战壕带来的恐慌和旧帝国的灭亡，人们对发展、科学、甚至是客观性（见主题框31）的信念也受到动摇，但19世纪的趋势持续到了20世纪上半期。民族主义在战时也有所抬头，而1918年战后的一些志存高远的史学著作（包括探索世界史的著作）则试图摆脱将国家作为历史分析基本单元的状态。战争的空前灾难带来的悲观情绪为以文明衰退主题为基础的文化历史创造了契机，例如荷兰历史学家赫伊津哈于1919年出版的《中世纪的衰落》（*Herfsttij der Middeleeuwen*），该书研究的是中世纪后期的艺术、宗教和文学，现在可以被当作战前审美和文化衰退的寓言来读。赫伊津哈一开始是个梵文学者，后来成为了历史学家，他对社会科学的印象不深，但非常热爱文化史，现在他又被认可为精神科学家。他的历史观念的突出特点是渴望通过艺术和文学轨迹与历史相连，这是自米什莱和卡莱尔以来被抑制了数百年的天性（布克哈特除外）。

461

历史哲学和历史

　　有人在赫伊津哈自相矛盾的著作中发现了一段相当长的专门通过历史分析不同文化的文化悲观主义（*Kulturpessimismus*）的例子。奥斯瓦尔德·斯宾格勒（Oswald Spengler）在某段时期曾担任过校长，他的作品《西方的没落》（1918—1922 年）因其醒目的英文标题而出名。像尼采一样，斯宾格勒的观点就反映在他的代表作中，表面上是对纳粹主义的预想，但他最后拒绝了希特勒粗俗的种族歧视。《西方的没落》是一部反动主义泛化和极端知识相对主义的作品，在当时循环论复兴的基础上假定兴盛与衰退的交替阶段，正因为每种文化都有它自己的学习和推理模式，所以它们的共同点很少，而累积进步和任何共同之处的发现在计划中是不可能的。斯宾格勒一开始讲述了公元前4000 年的历史，但省略了古代、中世纪和现代的划分，在他看来，这种划分已经过时，并号召去除"欧洲"这一武断的地理术语。斯宾格勒共考察了八种文明，包括西欧和美国、希腊罗马、阿拉伯、印度、巴比伦、墨西哥、中国和埃及，但重点强调了前三种，他猜想俄罗斯可能是第九种。尽管这几种文明没什么共同之处，但每种文明都经历了兴盛和衰退的交替，这是斯宾格勒对维科关于国家发展进程的问题的回答（见前文第六章），它们的发展或多或少都不依赖彼此，只有一点除外，那就是一种文明能够促进或抑制另一种文明的发展。第一次世界大战爆发前，斯宾格勒完成了著作的大部分内容，1918 年 9 月，即停战前几周，《西方的没落》第一卷大张旗鼓地出版了，他对欧洲人的历史进程权威叙述提出了挑战，并在近几十年里受到思想界左派的响应，尤其是在后殖民主义研究领域；他对尼采哲学关于绝对真相的存在与其文化环境无关的思想的怀疑得到了后现代主义的响应。紧接着，《西方的衰落》促使与众不同（如果公平推测）的英国人开始了文明的比较研究，即阿诺德·约瑟夫·汤因比（1889－1975 年）于

462

1920 年开始着手写的《历史研究》。

斯宾格勒来自低下的中等阶级家庭，是个孤僻的人，尽管接受了大学教育，但没有从事学术工作。汤因比则同时具有学术和社交能力。他的叔叔也叫阿诺德·汤因比，在世的时间很短（1852—1883年），但是位被人称颂的经济史学家和社会改革家。小汤因比童年的精神动力是牛津大学的历史学家爱德华·奥古斯都·弗里曼（1823 - 1892 年）。汤因比的《历史研究》和斯宾格勒的《西方的衰落》有很多共同点，都是世界范围的，并且都不把国家作为历史的中心。但汤因比并不简单地像斯宾格勒那样只有牛津-剑桥式的口音和微笑。例如，汤因比年轻的时候是个不可知论者，但成熟后是个虔诚的基督徒，他的《历史研究》中的大部分内容就是在这一时期完成的。他从宗教角度看世界，与他同时代的克里斯多夫·道森（Christopher Dawson）和另一个相较之下稍显年轻但更敏感的史学家赫伯特·巴特菲尔德（1900 - 1979 年）也是这样。然而，当基督教于 20 世纪 30 年代衰败时，汤因比放弃了各种形式的决定论，不论是卡尔文理论还是马克思主义或伊斯兰教。和斯宾格勒不同，汤因比认为在衰败过程中没有什么是必然的，更多地肯定了偶然性。当他笔下的文明消逝时，这个编史裁判官断定他是自杀，而不是被谋杀。其消逝既不是因为人类控制的宇宙力量，也不是因为种族衰退，而是各种因素造成的，其中包括社会的分裂，意志或民族自觉的失败和对环境的失控（就像预知的 21 世纪的生态）。如果说汤因比有个早期的世界史学家学习榜样，那么很可能是伊本·赫勒敦，因为汤因比明确表示过对他的崇拜之情。或许最重要的是汤因比否定了斯宾格勒明确的相对主义。尽管比较了依然存在的文化后，他认同没有什么能使文明统一，但也确实存在一些出色的理念和道德。①

二战后，《历史研究》受到了广大读者的欢迎，这是反映学术史

---

① Arnold Toynbee, *A Study of History* (Oxford, 1934 - 61)，vol. I, 255，257，275，342.

学和广大的普通读者之间差距的好范例，这种差距从 20 世纪早期就开始慢慢拉大了。汤因比学术评论的恶化与其说是他的全球性抱负导致的，还不如说是他理论中的附属证据导致的，荷兰史学家皮特·戈耶尔（Pieter Geyl）也是如此。在过去的 200 年里，西方历史学家一直都在怀疑"大历史"，并且没有哪里像西方这样尊重"资本主义历史"的。将"小历史"尊为一种写作流派、阐述模式、精神运动、叙事形式，或用现在的话来讲，一种"语言构思"或"论述方式"都是不准确的。"唯心主义"是对绝对的科学历史从更狭隘、更实证意义上的学术回应，呼应了狄尔泰早期的限定条件，但不能将之与德国康德和黑格尔时期的"唯心主义"相混淆。在这一趋势中，最具影响力的代表人物是意大利哲学家兼历史学家贝内德托·克罗齐（Benedetto Croce，1866－1952 年）。

克罗齐写了欧洲以及他的家乡那不勒斯的历史，他对史学也很感兴趣，但他现在更多地被称为历史哲学家。19 世纪历史相对主义的创造者要使其从各方面适应 21 世纪，他也回归到了自由传统的进步史观，完成其限定的固定不变的政治史。克罗齐最后将他的历史观点称为"绝对历史主义"，以便同德国的其他观点区分开。他没有支持历史主义者对启蒙普遍主义的批评（不过他也持否定态度），而是绕开了这种对立的配对，转去支持更激进的观点。历史不是现实的一部分，它呈现着每个国家或每种文化的过去；历史就是现实的全部，是一个完整的过程，因为世界是全面发展的，没有依靠任何超常的力量（例如天意），也没有任何确定的决议，不论是基督教所说的末日，还是黑格尔派所说的终结。只有现在是真正幸存下来的，但是过去发生的每一件事都参与了现在的形成，包括好的、坏的事情，就像我们的现在也会成为未来人们的现在的一部分（而且我们的努力决定了它的形式）。

和之前的狄尔泰一样，克罗齐否定了实证主义，转而主张历史从科学中脱离出来自治，以及历史与生活体验密不可分。克罗齐说，记录和文献只有在活着的人对其反思，使其再生时才有意义。相反，我们唯有进行历史性的思考才能使生活有意义。死者会以另一种方式活在我们之中。这也是为什么建造纪念碑和陵墓会是一种道德行为。被尼采斥为纪念性的和沉迷石物的历史活动也适用此理。

> 死者将活在我们的记忆中，并将继续活在我们未来的记忆里。收集死的文献，写下空的历史也是为了服务于我们的生活。他们被用来重塑充实的呈现给我们心灵的历史的时刻必将到来。①

克罗齐的著名评论"一切历史都是当代史"并不是说过去的所有事件都发生在同一时期，而是说每一代人都会根据他们所处的环境来选择并规划其过去，历史学家问的问题由他或她自己世界的要求决定。没有问题或亟待解决的难题是不可能真正理解过去的，只能复制或重排文件材料。此外，尼采主张隐去不必要的历史，克罗齐的观念针对这种挑战提供了对策。历史的重担如能被有规律地减轻就没必要被这样压碎，不必要的部分被丢弃了，只有那些在当时能引起人们兴趣的部分被继续保留。

尽管克罗齐的观点吸引了很多本世纪上半期的西欧人，但未能吸引马克思主义者和实证主义者，他的历史在任何方面的影响力都不及与他同时期、比他年轻、从建筑师转变成为哲学家的柯林伍德的影响大。在柯林伍德死后出版的《历史的观念》（1946）提出了"一切历史都是思想史"的见解，暗示史学家必须专注于他（她）的主题，探究历史事件的本质（思考事件背后的代理人），心里反复排练以便于复述。这个见解已经不新颖了，与狄尔泰的《理解》（Verstehen）非常相似，但在柯林伍德反复重复下，说英语的国家都知道它。尽管《历史的观念》的欧洲中心论很明确，忽略了除西方多样性以外的所有历史，但它还是有广泛的读者，其历史想象的观念在过去 20 年里

464

---

① Benedetto Croce, *Theory and History of Historiography*, trans, D. Ainslie（New York，1921），24.

伴随着柯林伍德自己都不能理解的后现代主义的到来重新风行起来。柯林伍德同出生在巴西的西班牙文学家兼历史学家阿梅里克·卡斯特罗（Américo Castro）一样具有国际影响力，卡斯特罗的发言"写历史要求历史学家能够通过自己的生活觉悟体会到他人的生活觉悟"高度附和了柯林伍德。①

年鉴学派的兴起

或许世人所知的"年鉴学派"是内战时期最有意义的史学创造，它在法国兴起，因 1929 年在斯特拉斯堡大学由马克·布洛赫和吕西安·费弗尔指导下出版的《年鉴》杂志而命名。这两位学者受之前的社会学家涂尔干和哲学家兼地理学家亨利·贝尔（Henri Berr，1963 - 1954 年，见文献摘录 42）的影响很大，后者是杂志《历史综合评论》（Revue de synthèse hsitorique）的编辑，也是用更全面的方法研究过去的早期倡导者。布洛赫与费弗尔与比利时中世纪史家亨利·皮雷纳也

465　地理与历史的关系：亨利·贝尔

文献摘录 42

- 纯粹的"地理学家"不会自寻关于历史的麻烦，或将之融入地理学中。这一复杂问题需要一个地理-历史学家或历史-地理学家，同时也算是社会学家的人来解决。现有的书卷会毫无疑问地证明，如果一个历史学家对他自己的著作有广泛而深刻的理解，拒绝忽略任何有助于他提高效率的事物，试图解决人类行为内部与外部的所有症结，同时也专注于他的研究，那么他这样非常难得的历史学家特别适合处理人类与自然环境间存在的重要而棘手的问题……

节选自 Henri Berr，'Foreword' to Lucien Febvre and Loinel Bataillon, *A Geographical Introduction to History*, trans. E. G. Mountford and J. H. Paxton（1924；London：Routledge and Kegan Paul, 1949），v - vii。

---

① Américo Castro, *An Idea of History*：*Selected Essays by Américo Castro*, trans. and ed. Stephen Gilman and Edmund L. King（Columbus, 1977），305。

交往甚密。《年鉴》杂志和与之相关的实践虽历经数代，但它在法国和许多倾慕它的其他地方仍保持着影响。年鉴史家们抛弃了政治史，支持考察地理、气候、经济和工农业以及礼仪的总体史，而这一事件在 75 年后依然保持着原有的新鲜感。这让人想起了欧洲编史审美在社会和政治、一般性和特殊性、扩张性和选择性之间摇摆不定的情景，并可以一直追溯到希罗多德和修昔底德时期。

布洛赫在因抵抗活动被纳粹党人判处死刑后的几十年里成为史学上最近期的民族英雄。事实上，他的所有作品现在仍然以多种语言被印刷出版，包括《史家的技艺》（*The Historian's Craft*），这是一本在他死后才出版的关于历史的沉思与论文的合集。布洛赫曾在第一次世界大战中为荣誉而战，而在巴黎大学获得经济史教席之前还在斯特拉斯堡（Strasbourg）从事过邮差工作。他的第一部重要著作《创造奇迹的国王们》（*Les rois thaumaturges*，1924 年出版，英译本名称为《国王的触摸》[*The Royal Touch*]）探讨了中世纪国王触摸"瘰疬"或淋巴结核病人的行为，该书成为了关于宗教仪式的文化史的奠基之作。布洛赫晚期的作品写于他与费弗尔协力创办《年鉴》杂志之后，其中包括他在 1931 年写的《法国乡村史》（*Les caracteres originaux de l'histoire rurale francaise*，*French Rural History*），该书因为唤起了人们对乡村的重视而风靡了很长一段时间；他的另一本著作《封建社会》（*La societe feodale*，1939 年出版，*Feudal Society*）则再次从人类学和社会学视角考察了封建主义，不仅将之看成一个军事系统，还把它看成一个社会和文化体系，并深入到了支撑它的心理层面。

费弗尔的作品不像布洛赫的作品那样有那么长久的影响力，但在他们的时代，两者是一样重要的。他的博士论文完成于 1911 年，是关于西班牙国王菲利普二世和弗朗什伯爵（Franche-Comte）的，该论文透彻地描述了该地区 16 世纪的社会和物质状况，不过他对历史地理学的兴趣很快转变到精神面貌上。费弗尔是一个宗教怀疑论者，他与文艺复兴时期的作家拉伯雷（Rabelais）一起试图证明欧洲 16 世

466

纪的精神追求中没有涉及真正的无神论，即便作家可能会显示出无宗
教信仰或非正统的一面。他最著名的作品《16 世纪的不信教问题》
（*Le problems de l'incroyance au XVI siecle*，1942 年出版）研究了无神
论的概念。费弗尔也对印刷文化感兴趣，他的第三部作品成功地受到
法国历史学家罗杰·夏蒂埃（Roger Chartier，生于 1945 年）和北美
学者罗伯特·达恩顿（Robert Darnton，1939 –）的认同。与布洛赫不
同，费弗尔在二战中幸存下来，并且活到了 20 世纪 50 年代，这使他
能够成为年鉴"培育系统"的主要缔造者。该体系立足于长期培养历
史学家，训练他们去研究仍处于主导地位的政治史以外的课题。
1947 年，他帮助 1868 年建立的闻名世界的高等研究实验学院（the
Ecole pratique des hautes etudes）在巴黎创建了第六个部门，该学院是
专门培训研究生的机构，它想要补全大学课程，而不仅仅是重复。新
创建的部门专门致力于先进的社会科学研究，并且在 1975 年之前凭
借自身力量将自己建设成为了一个独立自主的机构——高等社会科学
研究实验学院（the Ecole des Hautes Etudes en Sciences Sociables，
EHESS），该部门和 EHESS 在六十多年的时间里为年鉴学派在巴黎
的中心打下了基础。

　　年鉴学派的学识在过去 80 年里几次改变了它的方向，并且被更
准确地定义为"进化的传统"，而不是"学派"。事实上，为了顺应潮
流，年鉴学派彻底改造自身的能力已经成为了它力量的标志和保持重
要性的原因，它的改变象征性地反映在《年鉴》杂志副标题的几项变
化中。① 二战后第一个重要的转变马上到来了，其中部分是受广泛的
社会科学（见下文）实验驱使，这一转变由"第二代"编年史家、费
弗尔的一位著名的学生费尔南·布罗代尔（Fernand Braudel，1902 –
1985 年）领导的组织指导。布洛赫和费弗尔有着共同的兴趣，尤其

---

① Originally *Annales d'histoire économique et sociale*（1929 – 1939），then *Annales
　d'histoire sociale*（1939 – 1945），*Annals. économies sociétés，civilizations*（1946 –
　1994）and *Annales. Histoire，sciences sociales*（1994 –）.

是他们都致力于地理研究，布罗代尔曾极力推行地球和海洋是变化动因的想法，他提倡事件史（短期的人类行动，比如政治世界的某些行动）从属于中世纪社会、物质和经济局势以及长时段的地理、气候缓慢变化的研究。最后是自然力控制的范畴，假如第二和第三领域的约束和结构变化了，那么个别事件可能会发生。尽管布罗代尔偏向一种更复杂、更动态的只在人类施行的范畴内才被认可的关系，避开了气候和"国家特性"之间原本的联系，但气候影响的概念仍然源远流长，要从孟德斯鸠追溯到博丁和伊本·赫勒敦。布罗代尔的《菲利普二世时期的地中海和地中海世界》（*La Mediterranee et le monde mediterranean a l'epoque de Philippe II*，*The Mediterranean and the Mediterranean World in the Age of Philip II*）一书对历史时代的划分最为经典，该书初稿源于被困德国一个战俘营时期的回忆。这一历史时代的划分究竟被运用到多少不同学科尚不清楚，批判《菲利普二世时期的地中海和地中海世界》的人指出，布罗代尔没能整合时代的三个阶段，也没有像他研究《物质文明》（*Civilisation materielle*）、《资本经济》（*economie et capitalisme*）和《资本主义和物质生活》（*Capitalism and Material Life*，*XVe - XVIIIe*，1967 - 1979 年出版）那样有多卷后续作品能充分利用长时段的深层时间。

年鉴史学这阶段的量化倾向也反映在与布罗代尔同时代的非年鉴派学者欧内斯特·拉布鲁斯（Ernest Labrousse，1895 - 1988 年）的作品中。这种量化倾向被称作"布罗代尔一代人"的史学家们详细地阐述出来，尽管其中有一二十个是他的晚辈，如法国学者皮埃尔·索鲁（Pierre Chaunu，1923 - 2009 年）。像罗伯特·芒德鲁（Robert Mandrou，1921 - 1984 年）和弗朗索瓦·孚雷（Francois Furet，1927 - 1997 年）那样有才华的历史学家也采用了心态史学的量化方法，这为史书的发展开辟了道路。在最近的十年里，虽然传统进一步发生变化，但是很多年鉴派史家以及外国其他认为自己是年鉴派仰慕者或同僚的人放松了限制，返回去研究布罗代尔和费弗尔的心态史学风格，更加强调个人和集体信仰以及熟悉地方环境的生活。一部分人刻意缩小写作的范围，例如在 20 世纪 80 年代倡导研究德国日常史（字面意思是日常生活的历史），同时也反对抽象的德国"社会科学历史"（见下文）。20 世纪 70 年代末以及 80、90 年代的"微观史学"或 microstoria［微观史学的意大利说法］流派，包括伊曼努尔·勒·罗伊·拉杜里（Emmanuel le Roy Ladurie，1929 -）的《蒙塔尤：错误的应许之地》（*Montaillou：The Promised Land of Error*，研究的是中世纪的纯洁派村庄）和金兹伯格（Carlo Ginzburg，1939 -）的《奶酪和蛀虫：16 世纪的米勒宇宙》（*The Cheese and the Worms：The Cosmos of a Sixteenth-Century Miller*）被证实在校园乃至著名的书籍市场都非常畅销，并且在全球引发了大量的附加例子。日本 seikatsushi［日常生活史］和 seishinshi［精神生活史］的从业者与日常史学和心态史学大体一致，都是从德国和法国模式中找寻灵感。

历史和社会科学

468　　年鉴学派和微观历史都是历史的冷和热与社会科学相互挑逗的结果，这是一种源于前现代的现象。理论上，启蒙运动时期的不正思想在过去已经试验过了：既是数学家又是物理学家的让·达朗贝尔（Jean d'Alembert，1717 - 1783 年）认为绝对怀疑主义怀疑过去的知识可能会通过科学的研究方法而破解。苏格兰的地质学家们将历史学习和社会学习紧密地联系在一起，我们也看到很多欧洲以外的例子，伊本·赫勒敦是其中最著名的。19 世纪的历史学家主要怀疑的是新兴的社会科学，这源于兰克史学的统治和它对政治史的强调，源于历史主义更普遍地关注个人而不是社会，还源于读者们越来越喜欢英雄传记和历史。然而 19 世纪末，这一现象开始变化了。在关于历史与自然科学的争论中，"人文"科学似乎妥协了，经济史作为强大的亚学科在本世纪末出现了。马克思已经专门概述了历史和经济的纽带，

孔德和社会学的关系。德国的方法论之争（*Methodenstreit*）和美国的
"新史学"著作都涉及历史与它们及其他学科，尤其是人类学、地理
学和心理学的自然联系。

　　在由社会科学推动历史的创建者中，有两个早期的社会学家非常
突出，他们分别是法国的埃米尔·涂尔干（1858－1917 年）和德国
的马克斯·韦伯（1864－1920 年）。这两个人都对过去很感兴趣，涂
尔干认为，历史是科学自身的倒退，尽管如此，它依然是社会科学的
有用资源。涂尔干描述了独立于任何相依事物而存在的集体现象，还
鼓励公平、平等地学习，这一点体现在他在 1912 年出版的经典著作
《宗教生活的基本形式》中，该著作也因为它的参照群体在全球延展
而闻名。韦伯直到生命的尽头都认定自己是历史学家，而不是社会学
家。他代表了某种不同的潮流。他同样厌恶德国 19 世纪末的主流历
史学术研究，并且积极地对此进行批评，他还加入了对兰普雷希特的
《德意志史》（*Deutsche Geschichte*）的斥责者行列中。韦伯的社会学思
想受狄尔泰阐述的自然和人类科学区别的影响。尽管韦伯认同后者的
合理性以及确立清晰的概念和实践的必要性，但他也强调了探究的主
观因素和真实的生活现实与系统表象之间的差距，例如"理想类型"。　469
韦伯同样也是位杰出的比较文学学者，在众多的题材中，他热衷于比
较东西方文化的差异，探索经济和意识形态间的关联，例如他在
1904 至 1905 年出版的一部出色的作品《新教伦理与资本主义精神》。

　　以社会科学为基础的历史的基本要素早在第一次世界大战爆发的
时候就很明确了：拒绝特殊和偶然，除非它能成为整体的一部分；使
过去成为后代了解社会和人类自然的数据库；借用其他学科的重要思
想来了解过去，为其打造基本框架；喜欢比较年代的时间顺序，以及
国家和区域的界限。甚至是政治史家也接受社会学对群体行为的重
视，他们试图通过群体传记或"群传作品"（prosopography）来分析
历史事件。这正式出现是在 20 世纪 20 年代末，当时刘易斯·纳米尔
（Lewis Namier, 1888－1960 年）出版了他对 1769 年乔治三世

(George III) 在位时英国政治状况的研究。纳米尔利用科技将国会成员的投票行为与他们和贵族赞助的网络关联起来。人物研究随后可能被应用到很多其他环境中，例如出生在新西兰的古典主义者罗纳德·赛姆（Ronald Syme，1903－1989 年）利用它来解释罗马在奥古斯都时期从共和国过渡到帝国的过程。[①]

　　社会学和经济学都是高度数据化的学科，尤其是经济学。量化研究一直是以社会科学为方向的历史的重要组成部分。尽管量化研究系谱渊远流长，但它作为富有潜能的"银色子弹"以最清晰的姿态显现出来还是在二战以后，历史学家们渴望靠它使他们的作品跻身"硬"科学之列。正如我们前面所看到的，布罗代尔时期的年鉴编者更加量化了。20 世纪 70 年代后期，布罗代尔最聪明的一个学生以马内利·勒·罗伊·拉杜里（Emmanuel le Roy Ladurie）预言：十年之内，所有的历史学家都将成为计算机程序员。尽管当时历史学家的书桌上普遍放置着个人电脑，但这种说法显然有些夸张，然而很多历史学家都利用量化方法来补充他们的常规工具箱。公众的注意力都集中在一小部分精于计算的人身上，主要是那些喜欢并且学过高等统计学和计量经济学理论的人。"新的经济史"或者说"计量史学"（Cliometrics）早在 20 世纪 60 年代就出现了，它不仅形成了大量的数据组和广泛的计量历史学家喜欢的结论，还形成了一些额外的东西，如"反事实的"（counterfactual）应用或"假设性"问题。这需要创建一个元素在过去的互动系统中变化的模型，移除其中的一个或更多，如果有变化的话，要看到它的变化。因此罗伯特·威廉·福格尔（Robert William Fogel，1926 -）研究了 1964 年美国铁路的作用，在把它们从他的经济学模型中排除后，他指出：其他的交通方式在短时间内影响经济的发展后将得以发展或推广。福格尔后来的书《美国黑奴经济学》（1974 年出版，与斯坦利·恩格曼 Stanley Engerman 合著）引起

---

① L. B. Namier, *The Structure of Politics at the Accession of George III* (London, 1929); R. Syme, *The Roman Revolution* (Oxford，1939).

了更大的争议，因为它触碰到了美国的政治、种族和奴隶制度的原始
神经。这本书用种植园的记录来暗示南方的奴隶制度其实并不落后，　　470
也不是没有经济效率的体系，而是非常有效的制度；没有自由的黑人
并不懒惰，也没有种族主义解放一个世纪后的无能现象，事实上他们
是既勤奋又多才多艺的。除去它反对历史学家不能为"美国黑奴制
度"辩护这点（作者们也审慎表达了他们对黑奴制度道德层面的异
议），这本书还因为存在很多方法论缺陷和错误假设而受到批评。然
而，大量主流历史学家都开始公开反对量化研究，并经常把它同计量
史学混在一谈。早在1962年，也就是福格尔关于铁路这本书出版的
前两年，研究美国殖民时期的历史学家卡尔·布里登博（Carl
Bridenbaugh，1903－1992年）指出，在他所处的美国历史学会的范围
内，最令人难忘的是对"财富和量化"的激烈抨击。哥伦比亚大学的
雅克·巴赞（Jacques Barzun，1907－）1974年在一本名为《克丽奥与
博士们》（Clio and the Doctors）的书中攻击计量历史学家。出生在德
国的剑桥大学的英国历史学家杰弗里·埃尔顿（Geoffrey Elton）从不
赞赏受社会科学影响的量化研究，他在一本联合出版的书中同福格尔
争论量化研究的优劣。[1]

20世纪70年代，社会学和经济学的研究比重开始在史学家中下
降。一些人用人类学来取代他们，最初的例子就是克劳德·列维·斯
特劳斯概括了"结构主义"的多样性。牛津大学的历史学家凯斯·托
马斯（Keith Thomas，1933－）于1963年写了一篇著名的关于"历史
和人类学"的文章，在这篇文章中，他引用了人类学中的深刻见解，
产生了权威而巨大的影响。托马斯还在1971年的时候研究了早期的
现代巫术和英国流行的其他方面的信仰。[2]与此同时，欧洲史学对大

---

[1] Carl Bridenbaugh, 'The Great Mutation', *American Historical Review* 68: 2 (1963):
315－331; R. W. Fogel and G. R. Elton, *Which Road to the Past? Two Views of
History* (New Haven, CT, 1983).

[2] Keith Thomas, 'History and Anthropology', *Past and Present* 24 (1963): 3－24;
Keith Thomas, *Religion and the Decline of Magic* (London, 1971).

规模形式和结构的关注开始消退，转向对特性和地方的研究，一会儿是典型事例，一会儿又是非典型事例。总是别具特色的亚洲、拉丁美洲或非洲的人类学调查研究的创立为想要推广自己直接经验的欧洲人提供了引人注目的比较标准。克利福德·格尔兹（Clifford Geertz，1926－2006 年）、马歇尔·萨林斯（生于 1930 年）和维特·特纳（Victor Turner，1920－1983 年）等文化人类学家为史学从大规模形式和结构向地方和特性的转变提供了可靠标准（因而也为微观历史提供了理论基础，正如上文所讨论的那样）。例如，萨林斯对三文治岛（Sandwich Island，位于夏威夷群岛）上库克船长（Captain Cook）之死的研究为很多从惯例到语言符号标准中都能读到的单个历史事件提供了实例。① 格尔兹的常用术语"深度描写"和他对巴厘岛（Balinese）的旋塞战斗等热门事件的分析成为很多文化史学家和文学学者必不可少的参考资料。②

471　　　历史和社会科学之间的后续联系是 19 世纪后期陡然出现的关于历史和自然科学的争论，这场争论最终在文德尔班和克罗斯的干预下结束，衍生出两个其他领域——历史哲学和社会科学，并从那里回到历史学科本身。在历史哲学方面，做出重要贡献的是移民德国的哲学家亨普尔（Carl Hempel，1905－1997 年）。1942 年，亨普尔在发表的一篇文章中争辩说历史研究的核心作用是解释"掩盖的"或"普遍的"规律，而这种解释不能令人满意，因为它没有引证或发展这些规律，而这篇文章也引发了"什么是历史的哲学分析"的争论。在关注的问题（如自然）及对历史合理解释的交流中，亨普尔的观点不仅被很多史学家否决了，还遭到了很多他自己领域的成员的强烈批判，其中包括加拿大的威廉·德雷（William H. Dray，1921－2009 年）、美国的阿瑟·丹多（Arthur Danto，生于 1924 年）以及牛津大学的帕特里

① Marshall Sahlins, *Islands of History* (Chicago, 1985) and *How 'Natives' Think: About Captain Cook, for Example* (Chicago, 1995).
② Clifford Geertz, *The Interpretation of Cultures: Selected Essays* (New York, 1973).

克・加迪纳（Patrick Gardiner，1922 – 1997 年）。

其他的发展同样也涉及科学，尤其是它的历史学和社会学。1962年，由物理学家转为历史学家的托马斯・库恩出版了一本不太引人注目的小书《科学革命的结构》（*The Structure of Scientific Revolutions*）。在这本书中，库恩没有坚持受到高度重视的科学稳定发展的实证主义观点，而是暗示了科学由两大不同的模式引导：一种是通常所说的"常规科学"，这一领域的科学家在共同的假设和规则下工作，慢慢收集资料，增长知识；另一种是间或出现的"危机"模式，这时，那些旧的假设被瓦解，主要是从数据的重要性来否定他们，而新的与之前不可通约的假设就出现了。库恩将假设和实践的积累称为"典范"，并且将这个词永远运用于社会科学。在他看来，典范决定了实验议程和整个科学计划。

库恩对科学变化的解释影响重大，尽管在科学界外的影响比科学界内大。出于对史学的一般性尊重，"典范转移"和"常规科学"的概念有两个重要意义。首先，在科学历史本身的范畴内（20 世纪后期，该课程发展成为独立的学科），库恩式模型带来了一种别样的历史，该历史对过去科学思想的详细解释关注得很少，而是更多地关注他们的社会和文化背景，忽略他们的规范状态或内部一致性。第二个意义是，库恩的观点对史学的影响已经超出了科学史的范畴。举个例子来说，如果他的模式有助于解释科学变化，那么它也能帮助我们理解历史是怎样起作用的。难道作为本书主题的史学史应该被当作一系列"典范转移"来说吗？而这种"典范转移"还是很多过去的主要思想家再三强调的，以牺牲其他被视为纯粹的不停地封堵优势典范漏洞，并且从事"常规历史"工作的"问题解决者"为代价的。这种方式确实会将史学家的注意力吸引到外部的一个接一个的社会和文化因素中去，但是它也必然会使历史研究的类型减少，不能达到"典范"的地位，包括大部分非西方类型在内。然而，库恩的"典范"也更成功地被用来阐述历史解读特殊事件或问题的兴起与衰退（例如，法国革命或第一次世界大战的起因）。这是一个弹性十足的术语，在使用过程中可以有很多变化，因此比"学派"这一术语更灵活。

独裁和专制政权下的历史

出生于澳大利亚的哲学家卡尔·波普尔同库恩一样是一位在关于科学的争论中令人敬畏的人，也是一位著名的评论家，他直言不讳地批评他认为无用的"历史相对主义"的社会科学理论。[①] 通过这种我们之前碰到过的与德国的历史主义毫无关系的方法，波普尔确实提出了一些能被用来颠覆一个"开放"社会的总体理论。如果说他选择的文字使人迷惑不解，那么他的担忧就不是毫无根据的了。20 世纪见证了历史和历史转向为政治左右翼的专政、军政府和极权政权服务，适度的控制和压迫使得早几个世纪的国家或王权干涉看上去才刚开始，并且是良性的。

最声名狼藉的右翼政体是 20 世纪 30、40 年代的轴心国：法西斯意大利、日本帝国和纳粹德国。意大利史学在墨索里尼时期有了左右之分，这种分法至今未曾消失。反对法西斯政权的史学家加埃塔诺·沙耳非米尼（Gaetano Salvemini，1873 - 1957 年）于 20 世纪 20 年代逃离了意大利，之后一直居住在美国，直到二战后才返回意大利。其他人则因为个人利益而离开，其中有古典主义史学家阿纳尔多·莫米利亚诺（Arnaldo Momigliano），他在 1938 年因为法西斯推行反犹太人法时失去了自己的职位，后来在牛津和伦敦安定下来，晚年则在芝加哥度过。但是法西斯主义者像其他政权一样在认定的敌人被消灭前从没有停下来过，他们指派焦阿基诺·沃尔普（Gioacchino Volpe，1876 - 1971 年）这样的史学家去写意识形态认同的内容。日本在 20 世纪 30 年代也走上了类似的道路，它重点强调与过去的强大帝国合

473

---

① Karl Popper, *The Poverty of Historicism* (London, 1957).

作，更加关注现代的军事战绩，反对像俄罗斯这样强大的邻国。持有不同意见的史学家相继被迫害，例如小泽荣太郎（Noro Eitarō，1900－1934 年），他是一位马克思主义经济史学家及政治活动家，死于政治拘留。和意大利一样，军政府得到了军国主义倾向的历史学家的直接支持。战后的反响则是对历史军国主义的反思和向非马克思主义社会文化史或民俗史（minshūshi）方向的转变。[1]

在德国，一个有进取心的怀旧的民族主义者为纳粹史学提供了思想基础，证明了对这个行业乃至更广泛的知识分子进行大清洗的正确性。大量犹太人和左翼史学家在 20 世纪 30 年代时逃离德国，大多都到了英国和美国，并对这两个国家战后的行业发展产生了巨大的影响。来自被纳粹征服地区的其他人就没那么幸运，他们最终成为了大屠杀的牺牲品，例如俄罗斯-立陶宛杰出的犹太史学家西蒙·杜本劳（Simon Dubnow，1860－1941 年）或波兰的犹太人伊曼努尔·林格本（Emanuel Ringelblum，1900－1944 年）。[2] 在纳粹统治下，即使是保守的旧式风格史学家也没有兴盛起来：弗雷德里希·梅尼克（Friedrich Meinecke）是一位君主主义者转而支持魏玛共和国的人，但最后也被罢免了《历史杂志》（*Historische Zeitschrift*）的编辑职位。历史学家吉哈德·里特尔（Gerhard Ritter，1888－1967 年）是一位虔诚的观念保守的路德教（Lutheran）成员，本可能因为炸弹谋杀希特勒的行动而死，不过他在后续的一系列的报复行动中幸存了下来。纳粹时期的史学著作确实是某些人所期盼的，本质上是反闪米特人和反布尔什维克的，涉及德国 1919 年在凡尔赛签订的不公平条约，并灌输了种族主义者要给出最终解决方案的强烈意愿。我们不需要在此逗留太久，尽管作为它的成果之一的《族名史》（*Volksgeschichte*）曾兴盛一时，这为史学领域始于塔西陀、继之以改革时期的人文主义

---

[1] Carol Gluck, 'The People in History: Recent Trends in Japanese Historiography', *Journal of Asian Studies* 38 (1978): 25－50.

[2] Michael Marrus, *The Holocaust in History* (Hanover, NH, 1987), viii.

者、于 18 世纪后期被赫尔德和费希特（Fichte）再次形成，并在 19 世纪时被很多非德国史学家所接纳的"条顿主义"安排了一个相当悲惨的结局。

更具意义的是 1945 年以来纳粹史学的余波，即德国史的修订，以及对刚刚过去的那段历史艰难而痛苦的反思。随着历史行业抵制社会科学方法失败，战后史学发生了重大转变。一些像吉哈德·里特尔那样的保守史学家和一些恢复了名誉的前民族史研究者开始探寻纳粹主义在民主衰退和大众衰弱情况下的兴起根源。而汉斯·乌尔里奇·韦勒尔（Hans-Ulrich Wehler，1931 -）等其他左翼史学家都在关注 19 世纪德国政治和社会制度的现代化。韦勒尔提倡一种新的"历史社会科学"，它综合了美国和英国社会科学的方方面面以及马克斯·韦伯、

474　主题框 32　费舍尔争议和历史学家争论

德国历史进程一直都是持续争论的话题，自 1945 年以来，它至少有两次机会引发全面的政治争议。第一段插曲发生在 20 世纪 60 年代，由前纳粹改革人士弗里茨·费舍尔（Fritz Fischer，1909 - 1999 年）的作品引起，并且与他对第一次世界大战的解释有着密切关系。在《德国在第一次世界大战中的目标》（*Griff nach der Weltmacht：Die Kriegzielpolitik des kaiserlichen Deutschland* 1914 - 1918，1961 年出版；英译本名为 *Germany's Aims in the First World War*）一书中，费舍尔声称德国不仅要对二战负责，也要对一战负责，而前者被普遍接受了，后者没有。在他看来，19 世纪后期德国政治家的政策直接导致了第一次世界大战的爆发，德国的领导人在战争爆发前很明显地力图成为世界强国。后来可以明显看到，二战的爆发或多或少不可避免地受到一战的影响。费舍尔实际上已经创立了反特殊道路的说法，这里的特殊道路与 19 世纪在俾斯麦提

出的德国变强大所走的"特殊道路"的概念类似。这引发了人们一时的愤怒之情，于是他们烧毁了费舍尔出版社的工作室，并且很多知名史学家都在攻击费舍尔的方法和史料来源。

大约25年后，第二次争议爆发了，这是一个独立但又不无联系的话题，最终站上了一个更大的舞台。费舍尔事件还仅仅只是间接关注了第二次世界大战，而学家争论却是直接关注了它，尤其关注其最丧失道德的独一无二的事件——大屠杀。这里争论的问题是：大屠杀是一小群犯罪者（纳粹领导者）的异常行为，还是一些更险恶的事实——德国社会的深层次结构问题可怕到极点。19世纪现代化和国家地位的快速发展（又是走西欧民主政治的"特殊路线"）加速了社会的衰弱，最终导致第一次世界大战的爆发和20世纪20年代民主主义的失败，并且被纳粹借用来帮助他们强大起来。因此长远来看，它导致了第二次世界大战和最终的屠杀方案。从这里看来，整个国家一直都背负着沉重的罪恶感。当保守派史学家恩斯特·诺尔特（Ernst Nolte，生于1923年）辩称大屠杀是（包括德国在内）一小圈疯狂反对闪米特人的一次性行为，并且像奥斯威辛这样的小城不是费舍尔所说的邪恶"特殊道路"上的另一个不可避免的结果，而是人造的苏联集中营时，争论就开始了。还击这一论点的主要是左翼分子，由哲学家兼社会理论家于尔根·哈贝马斯（Jurgen Habermas，生于1929年）发起，他在《时代周报》（Die Zeit）中指责诺尔特（Nolte）试图用"伤害赔偿"的方式来申请无罪，掩埋从坟墓中挖出的东西。这可能是哈贝马斯以某种方式在干涉，因为在史学家的指导下可能会处理得更加顺利，它能将严谨的争论转变成更普遍的公开演讲。

马克思的观念，还有被流放后返回德国、被称为法兰克福学派的"批判理论"。战后一代的许多历史学家探讨的中心议题就是纳粹主义的出现，他们最出色的杂志就是《历史主义和法理社会》（*Geschichte und Gesellschaft*，创立于 1975 年）在过去的 50 年里，关于德国"特殊路线"的争论引发了两场重大的史学风暴：20 世纪 60 年代早期的费舍尔争论（Fischer controversy）和 20 世纪 80 年代末的"历史学家争论"（*Historikerstreit*，见主题框 32）。

　　20 世纪后半期，全球很多新法西斯主义者和独裁主义者主张控制历史创作，镇压异党。以意大利和德国为例，这项主张的实施采取了主动与被动相结合的方式。主动的在于由野心勃勃的政府大力支持通常是多卷本国家历史的写作——这种官方史学的旧有传统在民主的欧洲和美国已被长期边缘化，而在亚洲东部和东南部仍然存在。而涉及过去的政策的被动的一面在右翼或左翼政权中清晰可见：公然镇压和审查制度时常出现，出版渠道被严格控制，意见总是被监听，有异议会受到暴力报复、放逐或监禁等惩罚。印度尼西亚的苏哈托政权（1967—1998 年执政）"新秩序"为两种方式的结合提供了很好的范例。在这一时期，军国主义的"官方"历史在史学家、战士及教育部长努格罗荷·诺托苏桑托（Nugroho Notosusanto，1931–1985 年）的指导下出现了，邪恶的反共主义和"爱国的"多卷本印度尼西亚史在 20 世纪 70 年代全面上市。《印度尼西亚国家史》（*Sejarah Nasional Indonesia*，1975 年出版，1984 年被重新修订）是官方历史和以大学为基础的史学家的作品的不稳定结合。受社会科学影响的、关注广受欢迎的历史的（与新秩序政策相反）、极具竞争力的史学院于 20 世纪 70 年代在萨顿·卡托迪阿鸠（Sarton Kartodirdjo，1921–2007 年）的领导下发展起来了。独立的地方历史提供了更多的其他选择，它们中的很多口头传统第一次被书面化了。然而总体来说，在"新秩序"阶段，右翼民族主义传统在各院校甚至是东帝汶这样边远的不确定的领域被严格执行。由于苏哈托的辞职，民族主义史学受到了很多过去的相互矛盾的观念的公开挑战，包括那些具有代表性的独特的地区和少数民族群体，例如亚齐人（Acehnese）。尽管印度尼西亚的史学家声称他们不受国家控制，然而人们至今依然不清楚"历史整改"工程是否只是用一种新的形式来代替正统的意识形态，直到 2007 年再次回到了苏哈托的反共主义时期，其标志是印度尼西亚的检察总长下令没收历史书籍。

　　就共产主义左翼而言，20 世纪大部分时间里的史学状况都非常相似。如果非理性主义、怀疑主义和悲观主义是西欧 1918 年以后导致的法西斯主义产生的三大主要因素，那么从更远的东部传来的音调就形成了马克思主义，它是苏联的第一项重大成果。起初，苏联的马克思主义史学有两位创建者：一位是专业史学家，一位不是。两个人在十月革命之前都致力于马克思主义史学的创建。格奥尔基·普列汉诺夫（Georgi Plekhanov，1856 - 1918 年）不是专业的史学家，他在十月革命爆发后就去世了。作为一名理论家，他在 1891 年写了一篇重要的关于马克思主义的文章《论唯物主义的历史观》（*The Materialist Conception of History*）。紧接着，在 1895 年又写了《论一元史观的发展问题》（*The Development of the Monist View of History*），该书追溯了 18 世纪末和 19 世纪初法国的唯物主义起源。德国的唯心主义能够更有效地解释变化和发展，与此相比，唯物主义一开始就存在知识弱点，而费尔巴哈和马克思对"现代"唯物主义的反应是有依据的。尽管普列汉诺夫支持孟什维克党，但他依然是苏联马克思主义思想的领袖人物。另外一个重要人物是米哈伊尔·尼古拉耶维奇·波科夫斯基（Mikhail Nikolaevich Pokrovskii，1868 - 1932 年），他曾经是克柳切克夫斯基的学生，对学术历史的影响更大。波科夫斯基在 1905 年革命失败后被流放，他早在致力于革命史学的第一个难题时就用马克思主义版本代替了标准的俄罗斯兼并的帝国描述。波科夫斯基早期关于俄罗斯历史的研究体现在他那五卷本的由列宁批注的《俄国历史——从早期到商业资本主义兴起》（*History of Russia from the*

Earliest Times to the Rise of Commercial Capitalism，1910—1914 年
出版；1931 年被译成英文）中，紧接着，他的其他作品陆续出版。
波科夫斯基在政治上很机敏，他在 20 世纪 20 年代早期将自己的命
运与占优势地位的斯大林（Joseph Stalin）联系在一起，到 1928 年
时，他成为了苏联史学上占主导地位的人物。

　　在接下来的五年里，随着斯大林权力的巩固，各种观念发展的空
间被进一步缩小。波科夫斯基最初的影响力使他幸免于难。莫斯科大
学为了纪念他曾改用他的名字命名（1932—1937 年），并且在 1934
年早期，该国最杰出的女史学家潘克拉托娃（Anna Mikhailovna
Pankratova）就维护过他的名誉，但到了 1934 年末期，波科夫斯基的
地位开始急剧下降。他是个非常正统的马克思主义者，死后受到斯大
林的谴责，说他缺乏国际主义情怀，而且在叙述经济对事件的影响时
太肯定了。他所勾画的革命前的俄国就像马克思描绘的一样：非常落
后的国家——这样不利于斯大林主义使俄罗斯人民对后继的国家没有
走西方的历史道路而感到振奋和自豪。马克思主义史学家协会（the
Society of Marxist Historians）在逐渐衰落之后也于 1936 年瓦解了，
在历史争论发生以及共产主义学院历史研究所（the Institute of
History in the Communist Academy）建立之前，20 世纪 20 年代里适
度的忍耐氛围向严格的党的控制让步了。而之后，国家对历史写作产
生了重大影响。史学家们成为 20 世纪 30 年代大清洗的受害者。除了
像追随托洛茨基（Leon Trotsky，1879 - 1940 年）这样一些与党持不
同意见的思想家外，非俄罗斯国家的国际主义史学家也是目标之一：
乌克兰重要的专业史学家米哈伊尔·格鲁舍夫斯基（Mykhailo
Hrushevsky，1866 - 1934 年）开始被流放到莫斯科，后来神秘猝死于
高加索。

　　严格的审查制度在斯大林统治的最后几年里达到了巅峰，1938
年，内务人民委员会（NKVD）控制下通过了苏联档案管控。随着斯
大林的逝世，出现了一些正统马克思主义的反对者，例如研究中世纪

的文化史家阿龙·古列维奇（Aaron Gurevich，1924 - 2006 年）和文学评论家兼理论家米哈伊尔·巴赫金（Mikhail Bakhtin，1895 - 1975年）。巴赫金在国内流放中幸存了下来，他的博士论文《拉伯雷和他的世界》（*Rabelais and His World*，1941 年出版）未能引起人们对 16世纪法国大众文化的研究，不过该书在之后的几十年仍然被广泛引用。

斯大林论历史学

478

- 社会发展史首先是生产的发展史，是许多世纪以来依次更迭的生产方式的发展史……
- 这就是说，历史科学要想成为真正的科学，就不能再把社会发展史归结为帝王将相的行动，归结为国家"侵略者"和"征服者"的行动，而首先应当研究物质资料生产者的历史，劳动群众的历史，各国人民的历史。
- 这就是说，研究社会历史规律的关键，不应该到人们的头脑中，到社会的观点和思想中去寻求，而要到社会在每个特定历史时期所采取的生产方式中，即到社会的经济中去寻求。
- 这就是说，历史科学的首要任务是研究和揭示生产规律，生产力和生产关系发展的规律，社会经济发展的规律。

节选自一个美国译本，译者不详，见斯大林：《论辩证唯物主义和历史唯物主义》，*Dialectical and Historical Materialism*（New York：International Publishers，1940），29 - 30。该书最初被包含在 1938 年出版的《联共（布）党史简明教程》（*History of the Communist Party of the Soviet Union [Bolsheviks]：Short Course*）中，该书出版于斯大林时期。参见：Bruce Franklin, ed.，*The Essential Stalin：Major Theoretical Writings* 1905 - 1952，London：Croom Helm，1973，300 - 301，320。

文献摘录 43

随着冷战的到来，监督很快传播到苏维埃社会主义共和国以外的地区，罗马尼亚、波兰、保加利亚、东部德国、匈牙利和捷克斯洛伐克等华约国家都不同程度地制约着史学家。在苏联处于领导地位的时代，其在欧洲的卫星国的史学都是苏联史学经历的翻版，只是时间有所不同。各国政权严格掌控着历史学家们的活动，不过实施的力度并

不均衡。例如，匈牙利在 1956 年革命（匈牙利事件）失败之后不久
就开始放松了监管。波兰这个在这一年同样经历了失败革命（波兰事
件）的国家的情况也是如此。二战前联系波兰历史学家和年鉴学派的
纽带又重新建立起来了，法语著作和波兰语著作被互译成对方的语
言，像受布罗代尔影响的维托德·库拉（Witold Kula, 1916－1988
年）、理论家耶日·托波尔斯基（Jerzy Topolski, 1928－1999 年）就
在《年鉴》（*Annales*）上发过文章。不过在其他地方，此类限制并未
放宽。保加利亚主要的一个学术型历史期刊在 1968 年的一期中宣称
中央政治局决定委托那些欣赏中央政治局的自信的学者们写一部保加
利亚民族史。该书的写作需要严格以马克思-列宁主义为指导，计划
出十卷。第一卷《人民的历史》于 1979 年问世，刊印五万册。

479　　另一个主要的共产主义国家——中国（1949 年建立中华人民共
和国）——也推行马克思主义史学，且因杂糅儒家思想而变得复杂。
儒家思想认为世界是一个稳定的连续体，被朝代的兴衰隔开，而马克
思主义认为世界是一个线性发展的舞台；儒家思想都是与秩序、和谐
相关的，马克思主义涉及的是阶级斗争和反抗。然而，中国成为了
20 世纪马克思主义史学的第二大归属地，直至今日，仍然是坚持将
马克思主义作为官方意识形态的超级大国。虽然古代经典在 1911 年
的革命后迅速失去了他们作为圣经的光环，但共产主义和马克思主义
都没能轻易地舍弃儒家思想的全部内容。很多马克思主义者发现它很
有用，正如约瑟夫·列文森（Joseph Levenson）巧妙地陈述：转变这
种古老的思想，而不是消灭它。① 因为它们是适应当时的时代的，即
便随着社会的更替，这些时代都消失了。

到 19 世纪 20 年代，随着俄国革命的爆发，马克思主义和历史唯
物主义开始明确地对中国思想产生巨大影响，尽管共产主义知识分子
还没有明确地将它们与革命变化的需要或承诺联系起来。再者，日本

---

① Joseph R. Levenson, 'The Place of Confucius in Communist China', in A. Feuerwerker
(ed.), *History in Communist China* (Cambridge, MA, 1968), 56－73.

是疏通西方和中国的重要管道，一些重要的马克思主义文献第一次由日文译成了中文。中国很多马克思主义史学家在1911年到1912年清朝灭亡的时候还很稚嫩，很快，他们不再依赖苏联的帮助，尤其是因为斯大林主义认为中国从没有摆脱封建阶级，因而不能进入必将引发工人运动的资本主义阶段。大部分中国马克思主义者坚持认为虽然中国封建主义早在周朝的时候就存在了（这一时期受到的关注比先秦到晚清2200年间还多），但中国封建主义向资本主义的转变早就发生了，不过他们也承认在某些政治和社会上层建筑中存在封建残余。诗人、剧作家兼历史学家郭沫若（1892—1978年）通过1930出版的《中国古代社会研究》贡献了大量关于中国古代的论文，该书很快成为这方面的畅销书，刊印超过7000本。郭沫若将中国古代历史发展分为四阶段，第一阶段是西周以前的原始社会或亚洲社会，之后是奴隶社会（马克思主义并不常提到的一个阶段，有时被认为后接封建社会），再往后是春秋时期，最后过渡到封建社会或中世纪社会。至于倒数第二次的转变，即向资本主义的转变只有在20世纪才发生。尽管郭沫若为回应批评而对这种年代划分做了一些修正，但他的研究在其他方面意义重大：他是第一个以马克思主义为指导去运用近几十年新发掘的中国古代考古材料的作家，在这种情况下，他对"周朝属于封建时期"的说法进行了批驳。中国马克思主义者之间关于阶段划分的争吵和其他争论是马克思主义（乃至所有普遍性理论）内部非常具有代表性的更大的问题：其模式从一种背景转入另一种背景并不容易。

480

尽管内部存在着矛盾和分歧，这种"社会史论战"的结果却是：中国历史最终融入了诸如"封建主义"这样的欧洲历史范畴之中，最终完成了中国史学始于19世纪90年代的西化过程。不只是梁启超和主张共和的五四运动学者（见上文第八章），中国早期的马克思主义史学家也在着手处理与儒家说教的永久性决裂问题和在历史写作方面居统治地位两千五百多年的道德说教问题。马克思主义的一个重要的早期追随者是范文澜（1891—1969年），他于1941年出版的《中通史简编》被认为是具有里程碑意义的中国马克思主义史学著作。在经历过日军侵占和随之而来的国共内战后成立的中华人民共和国（中国），马克思主义史学成为国家支持的正统思想。许多早期的马克思主义代表人物并没有成为共产党人：如最令人敬畏的中国早期马克思主义历史学家之一陶希圣（1899—1988 年）。相比之下，范文澜自 20 世纪 20 年代就成为了一名共产党人，并最终被授命领导近代史研究所。

从 20 世纪 50 年代初开始一直持续到 20 世纪 70 年代，中国学术成就的重点便转向了农民和资本主义的历史，而共产主义的胜利被描述成是必然的。自中华人民共和国成立开始，"党史"就成为大学课程里的一门重要学科，有些大学甚至成立了部门，专门致力于党史研究。从 1949 年到 1976 年毛泽东逝世，在这方面的著作对于当权者意愿的探讨显示出越来越多的关注，由此产生的与党史相关的文本仍然被谨慎地控制着。大跃进（1959—1961 年）造成了老一辈的马克思主义学者和年轻的马克思主义学者之间的分歧，并伴随着对马克思主义原则通史的建设，以此推动学术历史学家积极断绝与"封建"或"资本主义"时期历史的关系，并通过参考以前的朝代、皇帝和事件来整肃。这还伴随着过去服从现在、历史服从理论的指示，但这种指示被一些中庸的学者以一种简单的方式抵制着，例如北京大学的翦伯赞（1898—1968 年）。

文化大革命在几年之后有一个更可怕的影响，这始于对一个受人尊敬的研究明朝历史学的史学家的攻击，他就是最终在监狱里被殴打致死的吴晗（1901—1969 年）。吴晗在几年前写了部名为《海瑞罢官》的历史剧，是关于以同情民粹主义者和反对腐败著称的明朝官员的真实事迹。十年文革期间，中国的许多知识和学术群体都惨遭监禁、折磨，或被发配到乡下强迫劳动。吴晗仅仅是诸多事业和生活都在这些年月里被摧毁的历史学家之一，其中包括被迫自杀的翦伯赞。最后都得到了平反。整个时代由于高考恢复而风气大开。在 20 世最后一个季度里，中国院士在西方研究生院学习深造，许多西方书籍也已被译成中文（不过反向译介输出的中文书籍很少）。

中国马克思主义史学经验已经在其先前的卫星国（越南）小规模地反映出来了，自从美国于1975年撤离越南，共产主义政权便在越南占据了统治地位。历史学家干部、工人阶级成员在继续他们常规工作的同时接受相关的历史培训，这使得历史写作增添了与时俱进的元素。早期苏联历史学家在20世纪20、30年代遭遇了民族主义和马克思主义之间的张力，越南此时又重蹈覆辙。早期废除过去朝代的封建制度的冲动被迅速平息了，旧的作品自动恢复到了国家漫长而英勇的历史文献长河里。起初甚至有试图与南方非共产主义史学家建立联系的尝试，不过这样的尝试最终于20世纪60年代被终止了。殖民时期的历史学家和考古学家的作品无论是法语版本还是越南语版本都更有争议性，并容易遭到批判，尽管和悠久的历史相比它的数量更为可观，但这只能意味着它仅仅是不容忽视的。

尽管国家四分五裂，但越南的"新历史"标志了在学术史学方面的进一步好转。1975年之前，南方与北方之间的战争延长，在此期间，南方同样狂热的反攻史学遭遇了北方国家强制实施的马克思主义解释，这就严格地限制了可供研究的话题范围。自从在20世纪80年代后期引入了"改造"的政府政策，一些自由化现象就出现了，其中就包括与世界其他国家更好地信息交流。然而，官方的历史描述仍然在教科书中被传授于人，而某些科目仍然被禁止，可见官方的历史描述是服从于政治目的的。如东亚和东南亚其他地区一样，越南对于在校期间阅读内容的控制在最近几年都是相似的。官方的假设是：国家认同感的形成需要从头开始，而未来公民在青春期就通过接触正统历史能形成最佳的国家认同感。

民主和非民主国家在质疑和解释历史方面的自由的关注程度上对比鲜明，而这部分内容可能形成了对于这种反差的一个夸张印象。不幸的是，政治上缺乏包容性不是极权主义政权的专利，即使在民主政府统治下也会出现限制出版自由和历史学家的言论自由的现象。1956 年，年轻的澳大利亚历史学家罗素·沃德（Russel Ward）的讲师职位由于他的"煽动性"和共产协会成员的身份被机构主管否决了，这就使得部门主管（他坚决不赞成沃德的观点）在抗议侵犯学术自由过程中辞职。左翼英国历史学家乔治·鲁德（George Rudé，1910－1993 年），由于法国革命浪潮的侵袭，直到 40 岁都没有取得他的博士学位。随后他在英国选择就业时发现障碍重重；他职业生涯的大部分时间都在澳大利亚和加拿大。当作为日本最杰出的现代历史学家之一的家永三郎（Ienag Saburō，1913－2002 年）被委托写一个关于 1953 年的历史文本时，他的手稿是被当局否定掉的，因为该手稿被认为是反对德川家族系统的，并认为农民起义是合法的，且在太平洋地区的近代史方面花费了太多笔墨。但当他再次提交手稿时，同样的手稿一字未改却通过了，这是在向他充分展示系统的权威。许多遭受审查和迫害的例子都来自美国，20 世纪 50 年代的左翼历史学家和那些被怀疑与共产主义有联系的人员都被列入了黑名单，由此出现了大量移民前往加拿大、英国和其他国家。古代史学家摩西·芬利（Moses Finley，1912－1986 年）就是一名出身纽约的犹太人。他于 1952 年被罗斯格大学（Rutgers University）解雇，随后便搬去了剑桥，并在那里拥有了一段漫长而成功的学术生涯，并最终获得了爵位。纳塔利·泽蒙·戴维斯（Natalie Zemon Davis，生于 1928 年）是现代法国早期的一位历史学家，虽然她为了在伯克利大学（University of Berkely）和普林斯顿大学（University of Princeton）教书不得不往返于美国，但她仍然选择于 20 世纪 60 年代早期跟随她身为数学家的丈夫（政治迫害的受害者）移居到了多伦多。20 世纪 60 年代的激进历史学家如霍华德·津恩（Howard Zinn，1922－2010 年）和斯陶顿·林德（Staughton Lynd，生于 1929 年）都被撤销了学术职位，后者是由于为了显示对越南战争的抗议而访问了河内。

自下而上的历史

由于没有国家权力的支撑，马克思主义在西方学术圈从未取得过垄断权威，但它迄今为止仍然有着重要的影响力，不过这种影响自 20 世纪 80 年代以来已有所减弱。西方民主国家开始出现马克思主义、社会主义或广泛的左倾史学是在 20 世纪相对较早的阶段。左派的部分恢复不是来自僵化的正统思想，而是来自它的反面——相当广泛地混合其他议程的能力和灵活交杂使用其他历史学研究方法的能力。法国政治学家让·饶勒斯（Jean Jaurès，1859－1914 年）于第一次世界大战前夕惨遭暗杀，他的《社会主义法国革命史》（*Socialist History of the French Revolution*）是非马克思主义学者写社会主义历史的早期例子，在出生于 19 世纪最后几十年的历史学家中，像他这样的还有很多，如波兰的经济史学家、教育改革家弗朗齐歇克·布扎克（Franciszek Bujak，1875－1953 年）和他的英国同行理查德·亨利·托尼（Rechard Henry Tawney，1880－1962 年）、芭芭拉·哈蒙德（Barbara Hammond，1873－1961 年）。同时代的其他一些历史学家思想更激进，例如这一时期的领军人物挪威的历史学家哈夫丹·科特（Halvdan Koht，1873－1965 年），尽管他对马克思的坚定唯物主义论持批判态度，但他仍然于早期宣称自己是一个马克思主义者（文献摘录 44）；希腊历史学家扬尼斯·科达托斯（Yannis Kordatos）把他的祖国的革命叙述为阶级斗争，而不是种族冲突。马克思主义的魅力在 1929 年华尔街股市崩盘而导致的金融危机发生后不断增加，这一切似乎印证了马克思关于资本主义必然崩溃的预言。乔治·列斐伏尔（Georges Lefebvre，1874－1959 年）把法国大革命纳入马克思主义历史发展观里，即认为过渡到资本主义发展阶段是必不可少的。他最著名的著作《法国革命的降临》（*Coming of the French Revolution*）在第二次世界大战前夕的 1939 年被再版。1940 年法国战败之后，有通

敌嫌疑的维希政府下令焚烧了所有已知的副本，然而它最终将会成为
英国左派青睐的文本。

484　一位马克思主义史学家的教育：哈夫丹·科特

- 我通过工党在贝鲁姆的分支成为了其中的一员，并于 1909 年从国外回来
  后就定居在了那里。没过多久我就成为了当地社区政治共同体中的活跃分
  子。通过这个团体开始积极接触更多的党的工作，我经常在事关农民和劳
  动者之间合作的会议前发表演说，在国家问题上也是一样……

- 对于社会主义问题作为民族政治问题，我早在 1910 年就已经讨论过了，
  我关于基本统一的结论一经形成就可以在这里找到踪迹。我年复一年地完
  善着这个理论主题，逐渐在工党的实践中获得了更多的支持……我敢大胆
  断言，我在这个领域的工作可以说影响着整个工党的思想，以至于他们不
  再仅仅满足于拒绝资产阶级的民族主义观念，而是通过采用民族主义的观
  念使其满足自己的目的……在我的人生中，很少有那么多能让我感觉到欢
  欣鼓舞的事，而促成挪威工党的知识转型就是少数之一。

- 《心理学研究》（*Psychological Research*）

- 我所写的关于历史研究和实践工作的内容都是基于阶级斗争观念，即认为
  在我的论证中一直占主导地位的不是经济生活本身，而是阶级斗争培养的
  知识分子的性格、思维方式和类型，这一点十分清楚。我足可以自称是一
  名马克思主义者，因为我在挪威农场起义（Norwegian Farm Uprising）中做
  了许多马克思主义性质的工作。但是我并不喜欢"唯物主义史学"这个术
  语，这个术语除了是马克思把他的历史观与唯物主义哲学观结合起来外毫
  无根据。对于我的历史观而言，没有唯物主义这样的学说是必须的。我完
  全赞成诸如米哈伊尔·尼古拉耶维奇·波科沃斯基（Mikhail Nikolaevich
  Pokrowski［sic］，1868－1932 年）这样优秀的马克思主义历史学家的观点，
  他曾在 1928 年于奥斯陆举行的历史会议上对我说："我们必须永远牢记这
  一点，马克思主义是一种方法，而不是一种简单的学说或是任何历史事件
  都可以套用的一个公式"。

20 世纪社会史有几个关键的英美的例子，例如上文中提到的乔治·鲁德（George Rude）关于群众的著作，爱德华·帕尔默·汤普森（Edward Palmer Thompson，1924－1993 年）的《英国工人阶级的形成》（*The Making of the English Working Class*，1963 年）和赫伯特·古特曼（Herbert Gutman，1928－1985 年）在 1977 年出版的《工业化美国的职业、文化与社会》（*Work*，*Culture and Society in Industrializing America*）都是产自明确的马克思主义者的作品，但这些作品表现出来的更多的是人文主义和较少的严格规定性和透视性；所有这些都强调了受压迫群众的日常生活史和属于被压迫人的机构，也在一方面低估了作为主流思想的马克思主义决定论的重要性。一个类似的就马克思主义而言的"软"方法在世界的其他地方被采取了，例如荷兰记者、历史学家扬·罗迈因（Jan Romein，1893－1962 年）受赫伊津哈的"文化史"支流思想的影响甚于马克思主义的影响，正因为他的非正统观点，他被开除了荷兰共产党的党籍。① 意大利的社会主义者，同时也是法西斯主义的受害者安东尼奥·葛兰西（Antonio Gramsci，1893－1962 年）明确地展示了马克思主义的进一步修正，他的 3000 页的《狱中札记》（*Prison Notebooks*）在他去世后十年首次出版面世，已经成为左派伟大的政治文本。在该书中，他对他的文化"霸权"概念阐述如下：执政力量或精英凭借与臣属合作的意愿使其保证了权威地位。葛兰西的声望自 20 世纪 60 年代以来与日俱增，他的主张持续地出现在很多非马克思主义的历史学术成就和文学历史中。

除了法国和意大利之外，没有一个民主国家产生了像英国这样蓬勃发展的马克思主义史学。在那里，马克思主义史学研究领域几乎涵盖从中世纪到 20 世纪的每个时期。在那里，社会主义历史学家虽然

485

---

① A. R. Douglas, 'Marx and Huizinga: Jan Romein as Historian', *Virginia Quarterly Review* (Winter 1980): 152－161. 也是罗曼（Romein）和他的妻子安妮·维厄斯库（Anne Verschoor）在第二次世界大战之后让世人关注到了安妮·弗兰克（Anne Frank）的日记。

在公民中所占人数不多，但是却拥有较高的公众形象。总的来说，这些社会史学家也逃离了政治迫害（虽然不都像鲁德那样遭遇事业的中断），但在美国和澳大利亚被划入了左倾历史学家的阵营。诸如克里斯托弗·希尔（Christopher Hill，1912－2003 年，一个研究 17 世纪英格兰地区的拥有激进思想和信仰的历史学家）这样的许多英国马克思主义者最初是活跃的共产党员，但他们在 1956 年苏联入侵匈牙利后和几个法国同行一起退出了共产党的行列。其他的例子如研究工业时期的历史学家埃里克·霍布斯鲍姆（Eric Hobsbawm，生于 1917 年）虽然对于苏联过度的扩张主义行为采取批评的态度，但他仍然保留了党籍。也许他们最重要的集体贡献就是他们中的许多人于 1952 年创立的杂志《过去与现在》（*Past and Present*），该杂志迅速确立了其替代政治历史期刊的相对更占主流的地位，至此就奠定了如同早前《年鉴》（*Annales*）在法国所取得的国际显著地位。[①] 但它很快就抛弃了最初的副标题"科学期刊的历史"（而现在则变成仅仅是一个历史研究的杂志），《过去与现在》到 20 世纪 70 年代中期已经变得相当中立，最终甚至放弃在左派中的地位而让位于更新的组织，例如《历史工作坊杂志》（*The History Workshop Journal*）之流。

美国也拥有同样悠久的"左派历史"，这大概可以追溯到 20 世纪初的进步主义史学家。二战后美国例外主义及建立在例外主义基础上的"舆论"——用来掩盖种族、阶级和尚未听说的性别上的分裂——在冷战拉开帷幕的时期有效冷却了任何激进的冲动。在 20 世纪 40、50 年代，那些左派联盟经常发现自己在"忠诚"方面面临着棘手的问题。然而，20 世纪 60 年代中期，随着越南战争和民权运动主导了公共话语，激进历史带着仇恨卷土重来，期间甚至出现了极端暴力：法国自由主义历史学家奥列斯特·拉努姆（Orest Ranum，生于 1933 年）写了一年的笔记就在 1968 年被哥伦比亚大学的学生示威者撕毁。

486

---

① 类似被认为是先驱的意大利和德国期刊分别是《历史手册》（*Quaderni Storici*，1970 年创刊）和《历史与社会》（*Geschichte und Gesellschaft*，1975 年创刊）。

他很快发现他的思想更为激进的同事的态度是如此带有压制性的，以至于他不得不搬到了约翰·霍普金斯大学。虽然到了 20 世纪 60 年代后期，美国和西欧的激进主义在几年之内就烟消云散了，但它留下了一笔强大的具有教育意义的遗产。自下而上的历史伴随着黑人史、妇女史、地方史于 20 世纪 70 年代初在大学历史系成立了一个小而稳固的据点。在这个十年的后期，所有相关的课程设置都是较为安全的，只是赶上了抵御 20 世纪 80 年代出现在美国和其西方盟国的死灰复燃的保守主义。

妇女史和性别史

19 世纪见证了之前的史学未曾见过的东西，即在欧美历史著作中更大程度地涉及妇女。妇女成为历史的读者已有数百年之久，这本书前面的章节中就已经提到了少量的女性历史学家。女性撰写的通俗历史和传记的数量在 19 世纪以后明显增加，到 20 世纪，女性已开始进入新兴的职业领域。女性在进入新兴职业领域过程中所遭遇的阻力是巨大的：和开放选择的本科生讲座相比，研讨会仍然是一个男性专属的领域——特赖奇克宣称女性可以获准在柏林上他的课程实际上会是对他的男学生的一种侮辱。走出大学校园，妇女以各种方式榜上有名，包括兰克和奥古斯丁·梯叶里（Augustin Thierry）的妻子举办的知识沙龙；爱尔兰的玛丽·艾格尼斯·希克森（Mary Agnes Hickson，1825－1899 年）由于编辑 17 世纪爱尔兰的历史材料而出名。缺乏从事学术生涯的机会大约不可避免地造成了放弃史学研究而选择其他的追求：瑞士历史学家玛利亚·维瑟（Maria Waser，néeKrebs，1878－1939 年）于伯尔尼获得了 15 世纪瑞士史方面的博士学位，但不久后她就离开了这个学科领域，转而开始了她的文学生涯。

随着女性获得一些大学的录取资格，她们开始对学术做出更重要

贡献。在大学里，经济史现如今作为政治史的一个强有力的替代物已

487 经被很好地确立，这也被证实对女性很有吸引力。莉莲·诺尔斯
（Lilian Knowles，1870－1926）之前是剑桥大学的一名学生（剑桥大
学直到第一次世界大战以后才开始向女性授予学位），后来成为伦敦
经济学院（LSE）一名优秀的成员。诺尔斯后来成为许多年轻妇女的
导师，其中就包括爱丽丝·克拉克（Alice Clark，1874－1934 年）。作
为一名杰出的政治活动家和女性实业家，克拉克从未担任过学术职
务，但她于 1919 年出版的《十七世纪妇女的工作生活》（*Working
Life of Women in the Seventeenth Century*）已经成为妇女史研究的范
本。与克拉克同时代的年轻学者艾琳·鲍尔（Eileen Power，1889－
1940 年）是 20 世纪早期杰出的中古史学家之一，她于 1910 年在巴
黎文献学院（école des Chartes）攻读研究生学位时打破了欧洲档案奖
学金男性独霸的局面。和之前的诺尔斯一样，鲍尔在 1931 年也成为
了伦敦经济学院（LSE）的经济史教授，她更是比较经济史和中世纪
妇女史研究的先驱人物。鲍尔是一名受欢迎的讲师，她在把看似枯燥
的学术议题纳入公共领域范畴方面独具天赋，她还开创了使用无线电
广播进行历史教育的先例。

除了经济史，家庭和社会史也为女性史兴趣研究提供了一个有益
的入口。正如安妮·沃顿（Anne Wharton）在 1893 年提出的那样，
"仅仅研究地方和国家的会议或战争是远远不够的：人们无论男女都
希望了解的是过去生活中更加隐秘和私人的事"。[①] 美国人露西·梅
娜德·西蒙（Lucy Maynard Salmon，1853－1927 年）深受古典考古学
的影响，她后来被视为物质文化史研究的先驱。日本女权主义者高群
逸枝（Takamure Itsue，1894－1964 年）在早期日本文化方面的母系
氏族研究中嘲笑马克思主义；她反感儒学和中国，认为这两者是日本
父权制度产生的原因，然而具有讽刺意味的是，她的这些观点使她在

[①] 引自 Julie Des Jardins，Women and the Historical Profession in America：Gender，Race，
and the Politics of Memory，1800－1945 (Chapel Hill，NC，2003)，17。

20 世纪 30、40 年代成为了日本政府亲战派的一员。

早期的女性历史学家所面临的挑战是难以计数的，她们受虐待和剥削的例子也同样数不胜数。在法国，年鉴学派正绘制在社会和经济史学的新方向，女性代表如苏珊娜·道格娜（Suzanne Dognon，1897－1985 年）就对学术成就贡献良多；与此同时，她们奋力保持自己与权威男性学者（如道格娜那比她年长二十来岁的丈夫吕西安·费弗尔）的联系，以此来维持自己的身份和独立性。犹太移民露西·瓦尔加（Lucie Varga，1904－1941 年）是费弗尔某一时期的同事和情人，她提供了年鉴学派与德国学术界的联系。相比工作上与一个著名的配偶密切联系，单凭自己获得学术上的认可要困难得多。德国历史学家奥托·欣策（Otto Hintze，1861－1940）的遗孀赫德韦希·欣策（Hedwig Hintze，1884－1942）本身就是研究法国大革命的一名专家，但由于拥有犹太血统，她不得不逃往荷兰，并在被驱逐到奥斯威辛前夕自杀身亡。一个不是很重要的，但可能更典型性的例子说明了"玻璃天花板"① 这个专业术语：杰西·韦伯（Jessie Webb，1880－1945 年）的名字鲜为人知，她是一名在墨尔本教书多年的澳大利亚人，她承担着比她的男性同行更沉重的教学任务，但是却从未在讲师排名中超越过他们。

撇开艾琳·鲍尔这样的典型例子不谈，女性历史学家总体而言在第一次世界大战结束后就逐渐失去重要性并因而处于不利地位，这一趋势一直持续到 20 世纪 60 年代。研究历史是一回事，以一名学术型历史学家的身份入职是另一回事，这是玛丽·里特尔·比尔德（Mary Ritter Beard，1876－1958 年）所谴责的职业目标，因为这些学术规则都是完全由男性设定的，她自身所在的大学也是如此。爱丽丝·威廉姆斯（Alice Williams）就曾在 1919 年抱怨在美国历史协会（AHA）中女性职位的缺失。尽管在接下来的几年里情况有所改善，

---

① "玻璃天花板"是指在公司企业或者机关团体中，限制某些人口群体，如女性、少数族裔，晋升到高级经理及决策阶层的障碍。——译者注

美国历史协会自其成立的头一个一百年里当选的女性主席只有一个，即 1943 年当选的中古史学家内莉·尼尔森（Nellie Neilson）。北美和西欧以外突出的女性史学家甚至分布更不均匀。在中国，这个行业仍然在很大程度上是男性的领地。在保加利亚，女性历史学家自 19 世纪中叶以来约占所有历史学家人数的四分之一，这个比例相较 1989 年共产主义终结时已大为改善。相比之下，芬兰在 20 世纪 50 年代之前则很少有女性在历史学方面获得过博士学位，不过有许多女性获得过硕士学位。在第二次世界大战后的第一个十年里，芬兰各界男性仍然占绝大多数，不过许多女性传记作家和业余历史学家做出了许多努力。

近代早期发端并延续至 20 世纪初期的对于性别的历史兴趣在今天也同样存在。妇女不断受到各种形态的社会史、文化研究和妇女与性别史的吸引。在过去的 40 年里出现的众多的历史分支中，妇女史（本身同样作为社会和经济史的下属分支）及其近几年的分支——性别史和性史——在重塑整个学科议程方面可能是最成功的了。妇女史首次真正大学是在 20 世纪 70 年代，不过这一主题在世界其他许多地方的发展可追溯到一个世纪以前：例如，在阿拉伯世界，叙利亚和埃及等地的一些主要来自富裕阶层的女性在 19 世纪晚期开始撰写历史，其中的一位赞娜卜·法瓦西（Zaynab Fawwasi，约 1850–1914 年）注意到："历史作为最好的学科很大程度上都是由男性主导的。然而这些男性历史学家中未曾有一个人花费哪怕一个章节的内容来描述占人类半数的女性。"[1] 就这一点而言，法瓦西的观念比玛丽·里特尔·比尔德（Mary Ritter Beard）领先了几十年，后者在其 1946 年出版的著作《妇女作为历史中的一股力量》（*Women as Force in History*）中指出，历史学家主要由男性主导，他们没有看到妇女在历史中的贡献。

---

[1] 引自 Anthony Gorman, *Historians, State and Politics in Twentieth-Century Egypt: Contesting the Nation*（London, 2003），104。

直到 20 世纪 60 年代为止出现的这个问题事实上并不是由于人们　489
对妇女史研究缺乏兴趣，而是由于它在大学课程和研究议程方面的缺
失。总之，妇女史仍然仅作为军事、政治和社会史主流内的临时学
科，并且最常被设置于大学之外。最初的解决方案似乎是在于建立妇
女史学科，使之作为一个知名的和未脱离专业主流的明显子学科，并
在该专业领域设立女性为之争取了半个世纪的学术奖励和荣誉。20
世纪 70 年代妇女史研究的推进是沿袭了妇女解放运动和哲学与社会
科学的女性主义视角的发展，更是来自于 20 世纪经典文本带来的思
想启蒙，例如西蒙娜·德·波伏娃（Simone de Beauvoir）于 1949 年
撰写的《第二性》（*The Second Sex*）和弗吉尼亚·伍尔夫（Virginia
Woolf）在 1929 年撰写的《一间自己的房间》（*A Room of One's
Own*）。美国的大学已经零星地出现了妇女史课程，1920 年在维也纳
出生的戈达尔·勒纳（Gerda Lerner）从 20 世纪 60 年代中叶就开始
在美国各个机构教授这方面的课程了。开设妇女史本科课程并把它作
为研究课题的一个重要因素可能是一些获得专业认可的女性史学家所
做出的决定，她们选择转移研究兴趣或者扩大自己的学术研究和教学
重点。早期研究法国印刷工人的纳塔利·泽蒙·戴维斯在 20 世纪 70
年代撰写了近代早期法国妇女和流行文化的开创性论文。吉塞拉·博
克（Gisela Bock，生于 1942 年）是著名的德国女权主义史学家，她
撰写的第一本书是关于文艺复兴时期的哲学家托马索·康帕内拉
（Tommaso Campanella）的，之后她个人代表女职工争取薪酬公平的
政治活动促使她开始转向妇女史研究。

与此同时，对于妇女史从何处以及怎样融入"特定的历史"或者
说是"主流历史"的争论在校园里仍然持续不断。从一些男性史学家
的角度来看，妇女史是沿着"利益集团"这条线持续进行学科分裂的
出类拔萃的象征。它经常由于重要性不够而被大打折扣。尽管它与家
庭史有明显的交叉部分，但有"强烈求学欲望"的研究生（特指男性
和一些真正想要事业发展的女性）仍然被建议去研究其他领域。直至

20 世纪 70 年代结束，女性从业者也不是完全同意把她们作为主要议题。难道妇女史仅仅是史学家们主要课题的一个补充，只是之前知识库中成就取得后被忽略内容的补充吗？而为先前依附男性的妇女建立一个附属机构是否足够简单？或者说由男性首创的妇女史研究已经简单地变成一种史学分析（或者是编史议程）？简而言之，妇女史足以对书写历史做出贡献，或者正如俗话所说的，能够考虑到史学研究的传统并且将妇女史加入其中并发扬光大吗？

490　　主要的转变发生在 1986 年以后，一位研究法国史的美国学者琼·瓦拉赫·斯科特（Joan Wallach Scott，1941 - ）发表了具有开创性的文章："性别：历史分析的一个有用分类"（'Gender：A Useful Category of Historical Analysis'）。文章敦促人们不要从生物学本质化角度来关注女性，而是要重新聚焦于性别研究及其对社会（和语言）的建设。这种立竿见影的效果在很大程度上扩展了女权主义和非女权主义史学家的潜在研究领域：相较着眼于妇女所承受的压迫，隶属机构或者大型机构可以选择另外一种途径进行研究，通过这种方式可以看出，性别差异对于人类过去历史活动的影响贯穿各个领域，其中也包括一直以来女性极少出现的政治生活领域。然而，斯科特并不是简单地以民族或阶级作为一类来提倡性别平等，她考虑到了更深的层面。她探问"性别"在特殊的情境下意味着什么？而"性别"作为其他现象的决定因素又是怎样表现的？法国文化理论家米歇尔·福柯（1926 - 1984 年）后期的作品专注于性欲的历史影响。受诸如福柯的法国文化理论家的影响，斯科特宣称，由社会产生的书面话语是他们自己独立的权力表现形式，并由此产生并制约着男性和女性的概念以及跨越时间的阳刚与阴柔气质。尽管斯科特本人一直被批评对后现代主义（见下文）过于热忱且以更传统的女权主义议程为代价，但她文章的影响几乎立竿见影。在过去的二十多年中，西方学者已逐渐把研究对象从妇女史转移到了性别史。先前社会历史和经济的联系也已经辅之以近期诸如文化研究的跨学科方法。反过来，性别史也与其他两

个相近的子学科有交叉的地方，它们分别是性史及其衍生物同性
恋史。

思想史和心理史

历史学家研究观念和历史事件长达数百年，在文化史和精神史研
究中都注意到了人类思维在过去产生的影响。在现代历史学科中，即
通常所说的思想史形成于中世纪，是拥有不同名称并在不同的形态下
形成的鲜明的次级学科。例如，梅尼克的观念史是德国衍生的变体；
而法国的心态史学的研究则是伴随着年鉴学派而产生的。在美国，观
念史作为一个明确的学科是以亚瑟·洛夫乔伊（Arthur Lovejoy，1873
－1962 年）于 1939 年在期刊上发表的文章中的首次命名为基础的。
在《伟大的存在之链》（*The Great Chain of Being*）中，洛夫乔伊首
创"观念史"这个概念，该书集中体现了他的研究方法：确定一个主
要概念或"单位观念"（unit idea），并在它与其他单位观念组合或重
新组合的时候及时追寻到它。通过将它们与哲学和历史联系起来（就　　491
挑选一个思想家的明确论断和及其来世作为优先考虑方向而言），思
想史家在这一时期创作了一些引人注目的优秀著作，但洛夫乔伊的方
法在 20 世纪 60 年代开始受到批判。《观念史杂志》（*Journal of the
History of Ideas*）虽然不能即时反映史学趋势变化，但却为它们提供
了一个很好的指引：该杂志自其创立后 70 年间历任的编辑不多，近
期以更广阔的"文化史"主题对传统的涉及精英思想家"高智商"思
想史这一传统主题进行了补充。它还开始放弃几乎以欧洲为中心，以
及"内在论者"的哲学方式等一些之前限制思想史走向更广阔世界的
东西。

思想史在欧洲和北美于 20 世纪 50 年代兴盛之极，到了 20 世纪
60、70 年代便不再流行（迅速崛起的社会史的牺牲品），到 80 年代
进行了较少精英所谓"文化史"的改造，并自此以后在史学界重新取

得了一席之地。洛夫乔伊旧有的"观念史"得到了扩展，一方面包括了像书籍史（*histoire du livre*）这样的新领域，另一方面包括在语言或社会背景下追寻术语和文本的含义。后者这股潮流又被划分进了以英国的昆廷·斯金纳（Quentin Skinner，生于 1940 年）、美国的新西兰裔波考克（John Greville Agard Pocock，生于 1924 年）为代表的所谓的剑桥政治思想史学派，以及德国人莱因哈特·柯斯勒克（Reinhart Koselleck，1923 - 2006 年）所倡导的"政治与社会概念史"（'history of political and social concepts'）之中。从某种意义上说，柯斯勒克的方法与洛夫乔伊的更为类似，但他的关注点不在于作为自由漂浮实体的"单位观念"，而是在于特定词语的语义用法及其意义。与本书密切相关，且在第六章已经引述的例子是"历史"于 18 世纪在德国的发展，并伴随着我们现在所说的"大历史"的发展。赫伯特·巴特菲尔德（Herbert Butterfield）以前的一个学生波考克从历史角度在相继的政治和思想背景下考察了观念，并伴随着将一些主要的作者与当时很重要，但现在被很少提及的人进行比较。他在职业生涯中期完成的杰作《马基雅维利时刻》（*Machiavellian Moment*，1975 年出版）对这种方式进行了充分的阐释，该书随着"市民人文主义""共和制"等关键的政治和历史概念回溯古代和中世纪早期的思想，之后探讨了它们在 16 世纪的意大利这一背景下的进展，再经由 17 世纪的英国思想家们进入 18 世纪的大西洋彼岸的英属美洲世界。昆廷·斯金纳的方法坚持认为对伟大著作的研究不应只是简单形成内部的明晰理解，还需将之置于那个时代其他著作的背景之中，在这一点上，他与洛夫乔伊的想法类似，但他在某种程度上更强调像 17 世纪哲学家托马斯·霍布斯（Thomas Hobbes）这样特别杰出的思想家，而且他的写作更明确地运用到了语言学理论。西格蒙德·弗洛伊德（Sigmund Freud，1856 - 1939 年）的精神分析理论激发了对精神之于历史的影响的一种非常不同的探究，就这个案例而言是对非理性和潜意识的研究。在弗洛伊德晚期的著作，尤其是 1939 年出版的《摩西

492

与一神论》（*Moses and Monotheism*）中，他将这一理论和临床经验运用到了对历史的"诊断"中。他在职业生涯早期对历史有所涉猎，并于 1910 年出版的一本关于莱奥纳多·达·文斯（Leonardo da Vince）的著作中运用了精神分析理论，且在 1930 年出版的《文明及其不满》（*Civilization and Its Discontents*）中有过系统地分析。按照弗洛伊德的构想，文明的进程是由弑父情结引起的爱与根、性与死亡的无尽的争斗，并由像摩西那样的领袖们在与他们的统治的暴民的冲突中推向前进——就这一点而言，弗洛伊德这位维也纳犹太人与他同时代的尼采的思想具有惊人的相似。

心态史可能在其最为狂热的爱好者中唤起了更多的激情，也在相比几乎任何其他历史研究方法（甚至是"语言学转向"，见下文）最为直言不讳的批判声中受到蔑视。它在弗洛伊德死后的 20 世纪 50 年代晚期，60 年代、70 年代早期的一代人中走向全盛时期。1957 年，当时的美国历史学会主席威廉·伦纳德·兰格（William Leonard Langer）使用就任演说的机会号召历史学家们向"下一个任务"前进，即采用心理学进行历史研究。而就在第二年，德国出生和受训的心理学家、躲避纳粹的流亡者埃里克·洪布格尔·埃里克森（Erik Homburger Erikson，1902－1994 年）出版了《青年路德》（*Young Man Luther*），这是第一本试图对一个特定历史人物进行全面精神分析的著作。之后，他又写了更多这样的著作，不过没有一本比他关于路德的研究更受青睐。虽然埃里克森和心态史都没有在钦慕者的核心圈子之后赢得广泛接受，而弗洛伊德的理论也在心理学中被现代神经系统学边缘化，但精神分析法也能得到像彼得·盖伊（Peter Gay，生于 1923 年）这样不常处于主流位置的历史学家的拥戴，此人亲身接受了精神分析的训练，并写了关于弗洛伊德的大量著作。它间接地对后现代主义的一些方面产生了悄无声息但十分显著的影响，不过这种方法对于理解灵魂的可能性提出了挑战，因为灵魂本身可能就是西方文化的一处构成特征。在像埃里克森那样的受过训练的精神分析者的著作中，心态史充其量提供了对于个人行为的一种貌似可信的替代解释，而最糟糕的情况是它像它表面上反对的文本实证主义那样沦为无可救药的决定理论和解构理论。

语言学转向，后现代主义与后殖民主义

493　　在 20 世纪 60 年代晚期，由于社会史的支配地位，很少有职业历史学家思考他们与文学上千年的古老关系。压倒性多数的历史读者和作者都认同小说与记录真实故事的历史之间有着根本的不同。但在接下来的十年里，正值之前三个世纪里的启蒙运动议题和理性主义作为 20 世纪 60 年代席卷全世界的动荡和迅速的反殖民化运动的部分结果再次被质询的时候，这种情况开始发生改变。简而言之，对历史和大历史（以及两者的联系）的疑惑在这个世纪早些年里就已经出现，但在很大程度上在第二次世界大战和战后初期被压制了，现在在后原子能时代一个从未这么分裂的学科中又重新出现。

　　这一问题的一个直接产物便是语言学转向，它通常与更广泛的后现代主义，以及衰退频繁的后结构主义放在一起认识。它根源于文学理论和欧陆哲学，尤其是法国人米歇尔·福柯和雅克·德里达（Jacques Derrida，1930－2004 年）、德国人马丁·海德格尔（Martin Heidegger，1889－1976 年）、一度是海德格尔学生的释义学家汉斯·格奥尔格·伽达默尔（Hans-Georg Gadamer，1990－2002 年），以及以前的尼采等人的著作。其他的影响来自战前德国的思想家沃尔特·本杰明（Walter Benjamin，1892－1940 年）和西奥多·莱辛（Theodor Lessing，1872－1933 年），以及 20 世纪早期出现的反实证主义风潮。后现代主义还选择性地吸收了文化人类学的成果。如果想进一步探究血统，我们可以回溯到 18 世纪和文艺复兴时期历史价值与文学想象力之争，最终可以追溯到亚里士多德的《诗学》。虽然语言学转向决不会专门涉及这一问题，但其主要的推力会挑战历史与小

说间的传统边界，并颠覆了历史基于"其描述真实而不是想象的事件"而维持了两个世纪的优越性。关于这一观点的杰出倡导者包括美国的海登·怀特（Hayden White，见主题框 33）和英国的理论家凯斯·詹金斯（Keith Jenkins，1943 –）和多米尼克·拉卡普拉（Dominick LaCapra，1939 –）。尽管它源于西方，但它近年来已传到亚洲历史论述之中，这得益于 20 世纪 80 年代末以来更自由的思想传播和人口流动；但它与认识论意义上的历史评论联系较少，更多的是与"将亚洲历史纳入导向区别于西方特征的现代替代形式的轨道上来的努力"之间的联系。

主题框 33　海登·怀特与元历史　　　　　　　　　494

　　海登·怀特（生于 1928 年）1973 年出版的非常有影响的《元历史》（*Metahistory*）试图通过对从兰克、布克哈特到尼采、克罗齐等一系列 19 世纪历史学家和哲学家的细致研究证明历史写作、历史哲学与小说之间没有根本的区别。他争辩称，实际上我们呈现的历史并不真实；对历史的每种叙述或描写都涉及历史学家的一系列富有诗性想象的心理活动，因而在预先确定了将要发现的故事。随后，怀特借维柯的话辩称历史叙述通过四种比喻（隐喻、借喻、提喻、反讽）或修辞构建从组成未加工的"历史领域"的稀缺史料中创造有意义的历史。这些比喻帮助作者在三种不同解释策略中做出选择，从而使一个记录转变成一部历史：情节模式（讲故事的方式）、形式参数模式（事件和人物在历史世界中相互作用直到结束的方式）、寓意模式（从故事中提炼的道德）。元历史在许多层面上都很有影响，尤其是怀特构建的支架式理论对于理解 19 世纪各种作家的历史叙述结构和著作的影响。他进一步扩张了他的观点，大量的论文集也随后出版。然而，可能更有影响（和争议）的是他的结论，即认为就一个人描述想象的事件和其他"真实"的事件的情况而言，小说写作与历史写作没有本质区别。怀特当然没有说小说和历史是一回事，也不建议一个人像小说家创造人物一样编造文本和历史人物，但他的论点的确对于消除一些维持历史-小说的区别数世纪之久的一种关键设想有一定的作用。正因为如此，他的著作在所涉及的历史范围内成为了后现代的争论焦点，推动着双边的辩护者（有些人的观点比怀特本人更极端）。与此同时，他的著作也受到了亚瑟·马威克（Arthur Marwick，1936－2006年）和杰弗里·埃尔顿等人的严厉批判，其中后者的批判甚至比一些年前某人对计量史学的批判更为严厉。

495　　　如果自下而上的历史让世界上下颠倒的话，后现代主义则是让它内外颠倒。后现代主义通常明确表现为政治性的，有时在其敌意正统时表现为基要主义的，并表现为杰出的叙述和强有力的架构。它致力于消除这些正统，以及建立在这些正统之上的知识结构，它也致力于对之前被认为是中心的事物进行去中心化，并至少暂时性地将之前被边缘化和外围化的东西中心化。它决意解构本质，调查思想探究的目标和分析的种类（性、种族、阶级），甚至将个人视为社会甚至语言"建构"的产物。理性主义被许多后现代主义者质疑，尤其是"启蒙运动"时期的理性主义。后者是后现代主义者抵制的许多东西的一种简写，因为它的普世主义、精粹主义倾向，对先验的和客观存在的价值的假设、对事物与代表这个事物的词语之间可恢复关系的信仰。"实证主义"对后现代主义者来说甚至是更值得质疑的，而且是幼稚的，其社会与科学相平行的进步（如孔德和巴克尔）和认识论上的发展也受到双重质疑，因为它假定两条线向前变化，而叙述的精确性作为基础在支持它。

后现代主义者热衷于讽刺他们的对手是"实证主义者"、理性主义者或简单幼稚，但具有讽刺意味的是，他们中有许多人构建了他们自己感到便利的另一个伪造的知识恶棍，其本身就是一个本质化和普遍化的例子。他们（也不是全部）还将无处不在、无所不能的几乎没有限制的品质归咎于后启蒙运动时代的叙述，将源于 18、19 世纪的相比他们所代表的人格而言不那么和谐而且单一的思想潮流与包含了他们自己的抵制和反辩因素的东西进行了均化。后现代主义的反对者和整个语言学转向既来自左派，也来自右派：一些马克思主义者和劳工史学家将语言和论述的定位视为从经典分析主要议题遗憾地退向观念和抽象的幻想区域，并将之视为对基于进步或激进史观的唯物主义和社会经济分析的背叛。

一个人没有必要全盘接受后现代主义的所有观念，以便知道它是为所有历史学家进行了有益的提醒，即告知他们文本不会自己说话；它们需要被历史学家们解读，甚至最为中性的文献究其根本也是由一个时代的臆想、社会压力和语言学惯例所驱动的人所创造的人工制品。换句话说，史料在历史学家第一次遇见它们的时候就准备解读过去，而很少有历史学家现在会认可菲斯泰尔·德·古朗士（Fustel de Coulanges）在 19 世纪对一群学生进行乐观的警告时所说的一句话，即不是他说历史，而是"历史通过我去述说"。虽然后现代主义对文学和语言产生了很大的影响，但大部分历史仍保持着反对它的声音：不过它在性别史家、新文化史家那里找到了受众，它能为他们提供一套分类，以替代源于马克思的分类。

后现代主义议题还跨越到了其他领域之中，如后殖民主义研究，这也是一个含义广阔的术语，它包括一些具有代表性的印度"底层研究"方式（在其早期是作为南亚地区对"自下而上的历史"的回应）和爱德华·萨义德（Edward Said，1935－2003 年）的"东方学"评论。据一位观察者所说，后殖民主义不太像是一个理论，更像是对其自身另一个通常被定义为广泛意义上的"后启蒙运动"议程的评论，

496

这个议程以原因、进程、西方文化和经济的支配地位不可阻挡地发展、对民族国家稳定性的错误见解为特征。① 后殖民主义先前已在这个世纪中期被马提尼克岛人弗朗茨·法农（Frantz Fanon，1925 - 1961 年）、特立尼达人（Trinidadian）西里尔·莱昂内尔·罗伯特·詹姆斯（Cyril Lionel Robert James，1901 - 1989 年）所用，现在又被与萨义德（他在 1978 年出版的《东方主义》*Orientalism* 是一本关键著作）联系起来，并与像加亚特里·加卡拉沃提·斯皮瓦克（Gayatri Chakravorty Spivak，生于 1942 年）、帕萨·查特吉（Partha Chatterjee，生于 1947 年）、霍米·卡拉姆昌德·巴巴（Homi Karamchand Bhabha，生于 1949 年）这样的一批主要生于印度的作家联系了起来。

后殖民主义作为一种评论工具被最大限度地广泛运用于印度和中东研究之中，它在目的上与后现实主义有所重叠，即都是为了动摇、颠覆或去中心化现存的主流叙述，以利于地方的或之前被边缘化的叙述，而且通过违背常规地阅读文本去发现没有说的和实际做的东西。后殖民主义对印度等以前的殖民地有过间接的学术关注，关注方向倾向于臣属的平民大众，而不是帝国统治者及其印度的精英贵族盟友或政治继任者。底层研究群体作为拉依特·古哈（生于 1922 年）创立的一种印度史学流派是这方面的显著例子，它不仅是独立前的印度史学的关键，也是 1947 年后历史被重写成人物反转过来，只集中于地方政治精英、忽略十分之九人口的反向历史的关键。底层研究的议题以研究底层和非暴力、地区性问题（而不是全国性问题）为首先方向——"底层"从这个意义上说源于葛兰西（Gramsci）。斯皮瓦克这位通常与底层研究群体相关的文学评论家将他的底层研究扩展到了女权问题研究中。近年来，社会史家苏米特·萨卡尔（Sumit Sarkar，生

---

① Prasenjit Duara, 'Postcolonial History', in Lloyd Kramer and Sarah Maza（eds. ）, *A Companion to Western Historical Thought*（Oxford, 2002）, 417 - 431; Duara, *Rescuing History from the Nation*: *Questioning Narratives of Modern China*（Chicago, 1995）.

于 1939 年）等一些早期的底层研究学者打破了这一运动日益增长的
激进主义和它与后现代主义的联系。然而，其他大部分学者则从马克
思主义分析类别转向后现代所关注的解析殖民主义的语言。在某种情　497
况下，他们拒绝将西方史实作为帝国统治的工具（启蒙运动时期进步
主义议程的产物），推动了"无霸权统治"印度（乃至其他殖民国家）
的真正意义上的历史，这是一种从看似不可避免的黑格尔式的独立国
家观念释放出来的意识。

　　印度后殖民时代的评论家对西方史实的抛弃并不新鲜。早在当下
的讨论以前，地位举足轻重的莫罕达斯·卡拉姆昌德·甘地
（Mohandas Karamchand Gandhi，1869－1948 年）就有关于这一立场强
有力的论述，他不仅抵制英国统治，而且从根本上抵制大部分西方文
化，包括历史。这位圣雄将欧洲现代化视为印度的麻烦，而不是良
策，在他看来，印度没有历史的话状况会更好。他说，"我钟爱的一
个理论是我们的印度祖先通过忽略作为理解现代的手段的历史，并通
过把轻微的事件建立在他们的哲学建构之上来帮助我们解决问题。"
像《摩诃婆罗多》（Mahābhārata）这样的古代史诗用尊敬的威廉·琼
斯爵士的话说远不止是一部历史：它们比历史更好，因为它们包含了
用寓言描述的不朽的事实。甘地认为，印度乃至世界实际上都会因为
历史少了一些而受益，因为历史本身就是一个病入膏肓的东西。"正
如我们所知道的，历史就是对世界战争的记录……国王如何表演，他
们如何成为另一个国王的敌人，他们又如何谋杀了另一个国王，这些
都能在历史中找到，如果这就是世界发生的全部，历史在很早以前就
已经终结了。"历史不能记录和谐、和平和爱，因为它必须专注于破
裂和间断，而不是甘地所支持的非暴力。"数以百计的民族生活在和
平之中。历史不会，也不能注意到这个事实。它实际记录的是每一次
运转的中断，其中甚至包括爱或灵魂的力量所推动的运转。"① 甘地

---

① Michael Gottlob（ed.），*Historical Thinking in South Asia：A Handbook of Sources
from Colonial Times to the Present*（Oxford and New Delhi，2003），62，215.

的立场也因此与他的亲密盟友尼赫鲁或早期的民族主义小说家邦吉姆·查特吉（见上文第八章）相背离，因为对这两个人来说，历史是创建独立国家和取得独立斗争胜利的必备因素。

底层研究和萨义德的东方学现在都已扩展到了它们出生地之外的世界其他地区，稍老一些，更注重在经济层面反殖民主义的批判理论存在重叠，例如 20 世纪 60 年代引入用于解释发达国家与不发达国家间不平等关系的"依附理论"。20 世纪晚期的拉丁美洲历史学家们对西方历史学术的看法更加统一，而且与他们 19 世纪的前辈完全不同。然而，对帝国主义、西化事业的严厉批判有着更老的起源（最常见的是马克思主义），例如非洲和加勒比海地区的"流散"史学（'Diasporich'

498 后殖民主义早期对历史的批判：埃里克·威廉姆斯论英国历史学家与帝国主义

文献摘录 45

- 但它能带来是什么好处呢？小珀金（Jr. Perkin）这样询问布伦海姆之战（battle of Blenheim）。

- 历史的预言并没有应验。被动的种族开始活跃起来。印度成为了一个自由和独立的国家，甘地的教育观念、拉达克里希南（Radhakrishnan）的哲学、泰戈尔的诗现在都成为了世界文化的一部分。苏伊士运河再也不能与纳赛尔（Nasser）对立。非盟则标志着非洲的独立，而这无论如何都不应归因于英国人对威尔伯福斯（Wilberforce）或其他任何人的传统的继承。牙买加（Jamaica）、特立尼达（Trinidad）、多巴哥（Tobago）现在都是独立的加勒比海国家。独立并不意味着后退或脱去他们的衣服。在地方总督和有色人种组成的首相和内阁领导下的独立也不意味着回归野蛮。

- 这不是说英国大学里对西印度群岛近一个半世纪的诋毁并没有在英国人对西印度群岛的态度上留下印迹。英国人的双重标准——白人殖民地的自治和黑人殖民地的直辖统治，对牙买加黑人起义的态度和对英格兰白人起义的另一种态度——不可能与联邦移民法案对西印度群岛的有色人种的态度相分离。

- 英国历史学家所写的几乎是英国人引入黑人奴隶制度只是为了废除它。他们将英国提供给种植者的补偿视为清偿在奴隶贸易方面欠西印度群岛的债务，这种态度已经发展和传播超过了 125 年，很难不用这种态度去解释英国政府对西印度群岛的经济援助，以及对西印度群岛制糖工业的特惠待遇。

- 这些都是政治性结果。就其本身而言，这些是英国历史学家们对政治结果的合理回应。这些人在英国身居大学教授乃至校长等要职……历史领域因此成为了帝国主义政治对抗民族主义政治的战场……

- 就这种意义而言，西印度群岛未来的历史学家在教育西印度群岛的人民他们自己的历史，并无情揭露宗主国的历史学家们的伪善、前后不一和偏见方面扮演着重要角色。

引自 Eric Eustace Williams, *British Historians and the West Indies*（New York: Scribner's, 1966），233 - 234。在牛津受过教育的威廉姆斯从 1956 年到他死时的 1981 年期间担任特立尼达和多巴哥的首相。

文献摘录45

historiography）。与 20 世纪早期印度抵制欧洲史学方法，以反对英国　499
殖民主义相应的内容（见上文第八章）可参见特立尼达的历史学家、
政治家埃里克·威廉姆斯（Eric Williams，文献摘录 45）和一度是威
廉姆斯的老师的西里尔·莱昂内尔·罗伯特·詹姆斯等人的著作。詹
姆斯的思想根源可以追溯到米什莱（他对法国大革命的同情让詹姆斯
十分钦佩），他在 1938 年出版的《黑色的雅各宾派》（*Black
Jacobins*）用马克思主义分析了 18 世纪晚期的海地奴隶起义及其与同
时期法国历史事件的相互关联性。在 20 世纪 60 年代早期菲德尔·卡
斯特罗（Fidel Castro）领导的古马革命胜利之际（不过西印度群岛的
其他地区仍然在富有的、人口占少数的白人、美国支持的独裁者和配
合协作的黑人中层阶段的统治之下），詹姆斯又回顾了这本书，他对
底层评论期盼了近 20 年，并宣称"历史传统和教育就紧抓民族史而
言已经消失了。历史作为一种教育手段一直是那些支配着旧殖民体系
的人的宣传工具。"[1]

---

[1] C. L. R. James, *The Black Jacobins*: *Toussaint l' Ouverture and the San Domingo Revolution*, 2nd edn（London, 1938; New York, 1963, repr. New York, 1989），408.

修正主义和"历史战争"

后现代主义最极端的版本源于文艺复兴时期的绝对怀疑主义对任何历史含义稳定性、除语言之外的客观现实存在和叙述真实历史可能性的否定。它是历史学家们长期称为"修正主义"的极端变体，但有一个重要的不同之处：与争论对特定历史事件的解读，但分享共同的词汇，并设定一套参考点（通常是关键的事件、个人或建筑）的主流修正主义历史学家不同，后现代主义者会质疑特有的参数，并围绕它进行有意义的争论。一个结论由此得出，即对历史的任何解释都不会或多或少比另一个解释更有根据，与此同时，这种争论也看似自由，对像否定犹太人大屠杀这种在道德上令人反感的立场（大部分后现代主义者可能不会主张的立场）的合理性问题上持开放态度。这一问题近年来通过许多与后现代理论毫无关联的著名例子走向前台，其中最臭名昭著的可能就是 20 世纪 90 年代学术圈外的多产作家、否定犹太大屠杀的戴维·欧文（David Irving，1938 -）针对美国的历史学家德波拉·利普斯塔德（Deborah Lipstadt，1947 -）的诽谤诉讼。利普斯塔德控诉欧文粗制滥造、扭曲证据，以支持他的理论。接着发生的民事审判涉及历史学家理查德·埃文斯（Richard Evans，1947 -）和一个进一步从事欧文的研究的研究生团队，结果是欧文的论证完全不成立，利普斯塔德和她的出版人被证明无罪。

严重背负着正确与错误的道德判断去洞察历史与历史学家们感到有权"讲述他们所看到的真实历史"的意识之间会发生冲突，而否定犹太大屠杀只是这种冲突事件中臭名昭著的热点事例——这种事自有历史学家以来就在史学界造成了紧张局势。欧文等否定犹太大屠杀的人普遍很少用后现代主义或相对论来构建他们的论点：在这种情况下，他们的观点无异于一个人断言他们看到的"事实"应该替代公认的正统的"真相"。在欧文与利普斯塔德的案例中，历史研究被用来揭露欧文的论点，显示他们的论据的毫无价值和方法论上的缺陷，从而消除他被诽谤的声明。欧文声称，讲述真相并运用合适的基于文献的历史方法；被告和鉴定证人指责他故意扭曲、遗漏、篡改证据。其他主要的史学冲突则不那么明了清晰。这可能是因为问题本身就模棱两可和（最低限度地）处理了，或是因为证据是模棱两可的。这些冲突同样涉及历史学家对历史的叙述与公众对实际发生历史的认识间的冲突。不同的是，在这些案例中，历史学家（通常数量不少）或者在证据和如何解释证据问题上严重分化，或者依照政府、退伍军人团体、民族主义者或宗教运动等强有力的非专业利益进行分类。

　　公众围绕历史教育问题的争论并不新鲜，它在19世纪欧洲和拉丁美洲的民族建构争论中就是一个问题了。但这样的争论在20世纪90年代与日俱增。在加拿大，1992年的一部关于战争的电视系列片对盟军密集轰炸的必要性提出了质疑，这激怒了老兵，并直接导致了该剧的制片人和编剧在国会被定罪。更近期的一个事例是，一个在新加拿大战争博物馆的展览再次点燃了激情，老兵们对展示第二次世界大战的各个层面都有抱怨，如对轰炸的描述，以及对加拿大士兵参与暴行的绘画展示等等。博物馆有许多从来都没有阅读过一本历史书，它们由于广泛对公众开放极易受到公众对其展示历史的方式的批评。它们是高度视觉展现的，但它们选择性地展示、高度地简化、必须提供的简要描述，它们展示的对象与历史事件如果有任何冲突就很容易激起反应。下面是一个可能有些久远的例子：世界各地纪念哥伦布1942年航行500周年的纪念活动计划都高度地两极分化，批评家们发现在被征服和人口锐减的美洲没什么可庆祝的。然而，麻烦的事件通常都是近期发生的，往往是幸存者冲在前面，就像加拿大的例子一样。这些争论落入了记忆与历史的灰色地带。美国的一个著名例子是1994年史密森学会计划的一场纪念广岛原子弹爆炸50周年的展览。展览指出投下原子弹是一个在道德上十分复杂，或许甚至没有必要的决定，这激起了美国空军和保守政客的怒火。学会领导人试图让展览

501

既让退伍老兵们"感觉良好",又能讨论原子弹的发明和使用的长期影响,不过这么做是徒劳的。重写历史脚本的尝试也并不成功,到这一事件结束之时,咨询委员会成员以辞职抗议这种学术标准的淡化,国家航空航天博物馆馆长也引咎辞职。最后,展览也在 1995 年早期被取消。

这样的争论并不仅限于博物馆。学术性史学大部分时间里在其学术圈里是安全的,但它有时也会发现自己身处公众的目光之下,且位于令人不适的位置。德国的"历史学家争论"(*Historikerstreit*)就是这样的一个例子。澳大利亚的"历史战争"是另一个。这始于那个国家 200 周年纪念活动,并在之后继续持续了 20 年。澳大利亚的冲突也有博物馆的一面,但超越了这一层面,包括了一系列事件和历史媒介。"战争"使自由主义和左派历史学家和他们在职业内外的思想上的敌对者深陷其中,自由民族主义者、联合政府总理约翰·霍华德(John Howard)也是一位积极的参与者。在 1996 年选举胜利之初,霍华德公开抨击民族主义历史学家杰弗里·布莱内(Geoffrey Blainey, 1930 -)所谓的"黑臂章历史",认为它寻求"出于党派政治原因重写澳大利亚史",从而在澳大利亚政治生活中暗中为害。许多历史学家一度对"19 世纪的白人对待土著居民的方式"持批判态度。人们担心这会使澳大利亚被纳入其他有过种族灭绝史的国家之列,并与犹太大屠杀比较,从而引起激烈回应。凯斯·文沙(Keith Windschuttle, 1942 -,一度激进,后转为保守,对后现代主义和女权主义有尖锐的批判)考虑疾病、自相残杀等人口锐减的替代性解释,支持去证明死于白人之手的土著居民的人数被宣传夸大了,并抨击对手对土著居民口述传统的依赖。一位澳大利亚记者声称学校的历史课程被左翼、政治上正确的思想家绑架了。他渴望回归。"我们的历史不属于鱼龙混杂的学究们的教学大纲委员会,而是属于整个社会。"①

---

① Stuart Macintyre and Anna Clark, *The History Wars* (Carlton, Victoria, Australia, 2003), 178.

澳大利亚的争论涉及民选政府和保守的新闻机构系统化地尝试去限制讨论，并纠正左派对特殊利益群体的职业和影响在认知上的偏见。一个人可能赞成或不赞成这一观点，也会担心对历史教科书的控制作为世界性事件已出现在日本等其他行政管辖区域中。① 但所有权的类比并没有错位。为什么许多这类争论到最后都成了"谁拥有历史"或"这是谁的历史"的问题的变体？不同群体的成员敢更强烈甚至排他性地声称他们作为历史学家所叙述的他们共同的历史是真正可信的吗？为什么外人的替代观点被允许"剽窃亡者的声音"？甚至富有同情心的外人就应该将过去的不公正和不幸资本化，以利于书籍销售和职业发展吗？参与者个人的回忆与历史学家所用的证据之间的冲突是什么：史密斯少校这位因福克兰群岛战役而授勋的老兵自己及其战友对这场战争的看法是正确的吗？因为顶尖的教授琼斯学术上自由运用证据对这场战争进行了与史密斯完全相反的解读。

一个更深层次的问题可能适用于几乎所有限制于特定群体方面的历史，即群体中的一个人要达到什么程度才能够对这个群体的历史进行研究，并发表看法？男人研究妇女史合适吗？白人研究土著人和非裔美洲人合适吗？许多研究奴隶制的白人在 20 世纪 60 年代和 70 年代早期被黑人学者攻击：在一次悲剧事件中，一个富有同情心的年轻白人历史学家罗伯特·斯塔罗宾（Robert Starobin，卒于 1971 年）在一次大会上被黑人演讲者公开羞辱后自杀。海地人种史家米歇尔·罗尔夫·特鲁约（Michel-Rolph Trouillot）回忆起早些年前，当他教授关于黑人在美洲的经历的课程时，一个年轻的女性问他："为什么要让我们去读白人学者写的东西？关于奴隶制度，他们又能知道多少？当我们跳下船的时候，他们在哪？"② 幸运的是，近年来人们对"外人"写一个群体的历史持更加包容和多元的态度，这或许是对后现代

---

① 例如印度在 20 世纪 70 年代晚期的教科书之争（许多历史学家都被人民党政府批评对伊斯兰教在印度和前印度的部分时期的历史的处理过于"柔和"）。

② Michel-Rolph Trouillot, *Silencing the Past：Power and the Production of History* (Boston, 1995), 71.

主义和后殖民批判支持的精粹主义的抛弃带来的积极后果，即便不是直接的。

　　许多国家发生的历史战争都强化了人们对历史与记忆间的即时联系的认识，而记忆近年来也成为了人们自发研究的主题。这包括许多形式，其中最为人所知的是被称为国家"记忆文化"的分析。早期的社会学家、涂尔干的学生莫里斯·哈布瓦赫（Maurice Halbwachs，1877－1945 年，卒于布亨瓦尔德）对于"集体记忆""社会记忆""共同记忆"等概念的发展起到了根本性作用。现在，关于这一主题的著作和期刊有一大堆，而记忆也为历史和哲学、人类学、心理学和

503　主题框 34　新口述史

　　不同时期的人都对历史学家出现前的五六十年表现出相当浓厚的兴趣，现在"口述史"也引起了人们的兴趣，它尤其要与许多人沟通，通常是永远不会将自己的经历付诸笔端的工人阶层。尽管现代口述史与以前的口述传统有一些共同特征，但它们是有区别的，关于这一点，我们在之前的章节已有所提及（两者有时被统称为"口述史学"）。口述传统处理的是拥有记忆之人已不健在的更遥远的时期，它跨越了许多代人。相比之下，口述史是一套方法论，主要在 20 世纪 60、70 年代得到完善，它主要通过采访，摘录受访人亲身经历的特定历史事件的回忆，或简单记录受访人对他们过去生活和经历的描述。虽然口述史受到一些与口述传统一样的异议，尤其是人类本性要通过间隔的时间棱镜去回顾历史，或仅仅是不记得了，但它现在已确立了一套标准或方法论上的最佳实践方式和伦理上正确的资料收集方式。世界各地创造了大量口头采访的重要档案，以利于特定群体（如犹太大屠杀的幸存者）在他们因为死亡永远沉默之前保存他们的证词。

社会学提供了一个新的交叉点。近年来，记忆研究跨越了后现代主义的议题，尤其是在犹太大屠杀这样的历史创伤方面，这并不标志着18世纪以来受人青睐的历史的延续性，而是其不延续性、破裂和根本转变，它强调的与米歇尔·福柯的知识"考古"类似，通过同辈人重新体验历史经历中令人崇敬的层面，并与历史保持着直接的、有力的、感性的、甚至势不可挡的联系，而不是历史学家自浪漫主义之后保持着谨慎的、客观的、有距离的联系。

记忆与历史的准确关系是模糊不清的，而思考这个问题通常又回到了其他更老的方法论问题上，如文字材料和口述材料的相对价值，或口述史作为一种方法论的用处（见主题框34）；现在已有关于"集

主题框 35　本土历史性

504

在世界上那个无可非议地遭受屈辱的群体中，土著群体应该引起我们的历史意识的特别关注。一些被征服的群体也经历了同样程度的人口灭绝，他们关于过去的信仰和传统也随之消散或被边缘化，更不必说关于那些信仰的一般的不理解和无特性。正如我们在第五章所看到的，土著群体更加依赖（即便不是完全依赖）视觉和口述材料，他们的历史叙述对痴迷于文本的白人观察家来说与实在的真相相比更像是充满想象的神话。令人欣慰的是，自从罗伯特·罗伊（Robert Lowie）在1915年声称"（美洲）印第安人的传统毫无历史价值"以来，我们还是取得了很大进展，不过我们应该避免将欧洲分类强加给与我们的相比表面上类似，但存在根本性不同的土著记录。这里举一个关于这一谬误的例子，白人学者海伦·布利什（Helen Blish）声称阿莫司·巴德·哈特·布尔（Amos Bad Heart Bull，约1868–1913年）关于奥格拉拉部落苏族（Oglala Sioux）的随笔集表明他的目的与希罗多德是一样的——他"试图保存一个民族生活

的记录",并"因而成为著名历史学家"。巴德·哈特·布尔可能有一些不同的企图,其中一些可能的确与希罗多德类似。但他是否模仿古希腊模式,并是否同样将死后获赠"著名历史学家"作为合乎心意的敬语是值得怀疑的。实际上,巴德·哈特·布尔让他的随笔集留给了他的妹妹,该书也在他妹妹死后按照奥格拉拉部落风俗随她一起埋葬了,这显示出它的作者心中最后一件事是创造永久的记录。更近些年来,土著史迎来了他们自己的时代,尤其是在人种史家(通常在人类学系工作)的笔下,人们对其社会功能有更强的认识,这通常体现在宗教或仪式上,而不是完全的纪念或解释性质。

体记忆"的档案材料的毁坏和大规模搬迁问题的有用研究。就对最近几十年或更久远的时间所发生史事的共同想法,以及它所意味着什么而言,我们或许可以假定所有的现代民族都有强烈的民族记忆。然而,似乎并不是这样。在法国,皮埃尔·诺拉(1931－)强调了"记忆

文献摘录46

505 北美土著历史:安娜·李·沃特斯

- 我的部落自古以来的历史一直深入到了我的世界观,并因而深入到了我的写作之中。对于一些读者来说,这是一种十分另类和不熟悉的元素。主流社会所讲的美国史忽略土著群体,并一直给予负面形象的做法也影响到了我。作为一个了解我族历史的部落一员,我写的东西和观点是对美国所珍视的虚构的部分群体历史的一种反抗。我们没有被殖民者击败和灭绝。我们受到了他们的重创,但我们幸存了下来。

- 今天,我作为作家的职业与我祖父、祖母的行为有关,他们以他们长者的方式重复着家族的历史,是他们带领着全家遍及这片神圣的土地,他们在黎明徒步出发,直到红岩河(Red Rock Creek)才休息。我又以同样的方式将他们的话传达给我们的孩子和孙子。在部落社会,这就是历史的受众,毕竟,这是一个个性化的时代。接受和传递历史是每一代人的责任。我们

是它的保存者。

● 身处部落社会之外和学术圈内的学者和专家没有必要最了解部落群体。根据自己的审美和价值观，用自己的语言去解读事件和时间是部落群体固有的权力，这是美国史的组成部分，哪怕这种解读与主流历史不同。

引自 Anna Lee Walters（b. 1946），*Talking Indian：Reflections on Survival and Writing*（Ithaca，NY：Firebrand Book，1992），86。

文
献
摘
录
46

的场所"（lieux de mémoires）的重要性，以促进十足的历史感。有许多地方分散在乡村或城市，标记着一些特定事件。它们的定位可能和战争纪念碑、教堂或雕像、或像滑铁卢或葛底斯堡那样的国家或世界性的战场纪念地一样。它们可以是人造的，或自然生成的。这些场所的共有关键特征是它们与特定事件或一系列事件的联系。而且，许多回忆起来的历史不是国家性的，而是区域或地方性的；北美和南美的土著史就是一个明显的例子（见主题框 35 和文献摘录 46），但我们也可以回忆早期岁月的旅行者，如 16 世纪的古物研究者，他们发现和报告村镇和城市的关于特定地方或建筑周围的历史的传统。

结论：史学的分裂

506

在概括 1914 年以后，尤其是 20 世纪 60 年代的史学特征的词语中，有一个词是分裂。更乐观的一个描述是"多样性"，或者用更中性的一个词描述是"专业化"。在某种程度上，有关分裂的问题已在美国传得沸沸扬扬；欧洲和亚洲的历史学家似乎受这一观点的困扰较少。专业化在美国职业界的一些角落成为一个令人担心的问题已超过一个世纪，但并非一直让人担心，也从来没有引起所有历史学家的担心。历史学家之间可能存在的思想异见暂且不提，历史学家们按例自我定性为政治史家、军事史家、家庭史家、性别史家、妇女史家、经济史家、社会史家、环境史家、思想史家或文化史家。全世界的大学历史系的扩张（尤其是在 20 世纪 60 年代）对学术成果的早期发布产生了巨大的压力，它还通常鼓励高程度的精科细分，并伴随着期刊和丛书的扩展（考虑到提供传统刊印替代方式的能力，最近的发展没有慢下来的迹象）。尽管马克思主义在北美大部分历史系中不占主要地位，但社会史被保留了下来，不过现在通常被分解成了许多组成部分。

现在也有一种重新体验整个星球历史的尝试，这源于汤因比或斯宾格勒的形而上学的收获。随意的读者没有太多时间，但会充满好奇，并本能地被"大的图景"吸引。20 世纪 60、70 年代，即在布罗代尔时代之前，世界史的流行产生了全球史引入大学课程的第一波浪潮，从而与"西方文明史"或"柏拉图到北大西洋公约组织的历史"相竞争。与之同时出现的还有刚刚起步的由美国历史社会学家以马内利·沃勒斯坦（Immanuel Wallerstein，1930 –）等社会学家提出"世界体系理论"、早期现代医疗史的出现、研究兴趣向生物与生态的转向、拉丁美洲和非洲史在学生中的流行度迅速飙升。在冷战时期以不同方式被分化，又在过去的 20 年里经过重新构造再现的"全球史"使早期的努力又相应地更新。在从波里比阿到 18 世纪世界史的漫长"普世史"传统中，我们的时间得到了它公平的分配；在当前"跨国"和"纠缠"的历史语言中，我们能够认识到与古希腊历史学家的 *symploke*［整合］概念相对应的后现代部分。不过，此时的全球史不过是一扇能看到过去的更宽广的窗户，而不是将流浪在外的相互争吵的克丽奥的孩子们聚集在同一个屋檐下的房子。

507　　分裂的程度足够的深入，而其未来的发展也是如此地难以预料，以至于本章"巴别塔"的标题也不能正确识别。对于一些观察者来说，看到这个学科不可修复的损坏，而不仅仅是混乱，蛋头先生（Humpty Dumpty）① 的比喻可能更贴切些。也有将历史重新聚拢起

---

① 汉普蒂·邓普蒂（Humpty Dumpty），又称"蛋头先生"，童谣里从墙上摔下跌得粉碎的蛋形矮胖子，这里比喻一经损坏便无法修复的东西。——译者注

来的尝试，如在 20 世纪 90 年代由一度是左派，后转为保守派的尤金·吉诺维斯（Eugene Genovese，生于 1930 年）和其他人在美国建立的新历史学会就对历史划分及其与认同政治的联系进行了纠正。加拿大历史学家杰克·劳伦斯·格纳内斯坦（Jack Lawrence Granatstein，1939 -）也提出过类似的请求。20 世纪 80、90 年代见证了大量针对克丽奥的假想敌——利益群体史、社会理论、女权主义，尤其是后现代主义——的回应；这些相继与校园内外针对"政治正确性"的更广泛的活动联系了起来。到近期的 2009 年，俄罗斯创造了一个总统委员会来消除"与俄罗斯利益相悖的伪造的历史"，并再次翻新了本已破旧的苏联形象。政治力量对感知到的挑战的回应会和左派主张其利益一样强烈。美国于 1994 年创造"民族史标准"的不幸尝试和忙于对学生历史知识认知的下降的处理减少了保守派脱口秀主持人、前国家人文基金会主席切尼（Lynne Cheney），乃至美国参议院的集体愤怒。类似的经历在其他地方的国家课程中也没有取得明显的成功。在许多交流场合的这种演说通常是对宗教改革时代有意义的多样性的怀旧回忆。或者说是荒谬地过分简单化：正如极端保守的评论家拉什·林博（Rush Limbaugh）在美国课程辩论中所说（轻率地将历史研究与历史学科合并），"历史其实很简单。你知道历史是什么吗？它就是发生了什么事情……历史应该仅仅是去发现发生了什么事情。"①

---

① 引自 Gary B. Nash，Charlotte Crabtree and Ross E. Dunn，*History on Trial：Culture Wars and the Teaching of the Past*（New York，1997），6。

结 语

509　　当我在 20 世纪 70 年代还是个学习历史和古典学的大学生的时候，我学习了许多古代史课程。回想起来，我在我的一位导师的办公室门上看到过一张漫画。这张漫画由一个学生深情绘制，温和地讽刺了这个教授在课堂上无情地坚持询问学生们所述内容的出处，也就是确认提供信息的古代历史学家。在漫画中，我的导师神奇地被传送到了公元前 5 世纪晚期的雅典，并进入了由修昔底德授课的历史课堂。修昔底德授课时表情严肃，他要求他的学生（包括年代错位的教授）发言时必须说明出处。

　　如果反过来呢？如果修昔底德或司马迁发现他们置身于现代历史系呢？这种疑问相当诱人。他们可能听到的大量讨论会像其现代背景一样令他们疑惑。除去语言因素，他们在理解彼此对过去的看法上也会有些困难。但有一个活动核心他们可以彼此分享，也可以与我们分享，即认识到历史讲述或应该讲述真的历史；意识到历史学家无论强加什么道德判断都应该呈现没有失真或伪造的证据；确信最好的史书不仅承载着过去的证据，还是给予子孙后代的遗产和供未来阅读的文字作品。

　　这就引发了期刊论文和学术会议经常会提及的一个问题，即历史的未来可能是什么样的呢？当前的这本史学史涉及了一些"兴起"与"衰落"的经典叙述，历史在其中总体上作为捕捉和呈现历史的一种
510 组织方式演进成为一种现代世界教育与文化生活的一个主要方面，而

西方的一种特别的史实模式取代了其他史实模式，被取代的模式有一些（南亚的印度史诗；拉丁美洲的绘画文字；非洲和当地土著的口述传统）与西方史实模式存在根本不同，另一些（东亚和伊斯兰世界的史实模式）差别多少要小一些。与这一进程明确联系的是平行发生的欧洲人对世界其他地区广大的文化体制和相伴随的许多思想的"征服"，不过不是所有情况下都是通过以殖民地的形式进行政治上的征服。"现代"或"科学的"历史的领主地位发生在欧洲帝国野心扩张的 16、17 世纪和后来的 19 世纪并非偶然。本书作为中心议题讨论的西方史实性深受它所碰撞的替代史实性的影响也并非偶然，这与其说是因为它接受了替代的史实性，倒不如说是因为它将替代史实性理解和批判为一种被动的关于"什么使西方历史方式与众不同"和"为什么在欧洲人和他们的亚洲和殖民地仰慕者看来它很优越"的某种水平的自我意识。最后，19 世纪西方史实性在全球取得胜利在这个长时段进程中只是很短暂的一个时期，克丽奥所宣称的历史帝国在 20 世纪变得内部不和、反叛、分化，并威胁着最初让它称霸、由它的助手们促进和帮助维持的文字帝国。如果说最后的 60 年是世界范围内字面上的去殖民化进程，那么史学从现代西方态度、方法、模式中脱离的去殖民化也在平行进行。当然，克丽奥帝国还没有衰亡，但它演进成为一个更为松散的联邦。我们中的大多数人悄悄地埋头于教室、图书馆、档案馆从事本职工作，只有极少数人花了大量时间去思考这个学科的历史与未来。在那些平凡的无意识的职业"实践"中，我们是否就像吉本在朱庇特神殿看到的那些在我们的缪斯面前吟唱晚祷的"光脚精灵"一样对时代变化熟视无睹，仍然用我们的实际行动向这个衰退的现已仅仅是个考古遗迹的帝国以及 19、20 世纪思想野心的遗存致敬？

正如我前言中提到的，本书所讲述的故事如果被归入古典戏剧流派之中就算是一部悲剧，其历史的核心特点是起初出乎意料地取代了其他对手，但最终衰落。这种衰落可归因于三个（而不是一个）根本

缺陷。第一是傲慢地假定自己作为关于世界历史的不可挑战的法定权
511　威——无论是在大历史中施行关于进程的一种主导叙述方面，还是在
使西方方法和体制安排合理地成为任何历史精确叙述的充要条件方
面。第二个缺陷存在于在 21 世纪的现在看来十分幼稚的信念之中，
即相信被告知的故事基本上都是真实的，并相信方法的渐进式改进和
独立于国家或党派的历史学家使这样的讲述成为可能；这是文艺复兴
时期欧洲梦寐以求的"完美历史"（perfect history）的现代主义变体。
第三种缺陷是迎合公众的意识——历史在已经超越了知识的古代边界
之后，在一个通常只是作为"娱乐"模式的时代开始变得至关重要，
而它的主要从业者也会得到高度关注。从古代到 18 世纪的对"虚构
的"历史及其沉闷的持续批判潮流促进了一种更大的目标和更哲学化
的方法；尼采同时警告了历史的责任和批判历史的必要性。西班牙哲
学家加塞特（José Ortega y Gasset，1883—1955 年）认为人类有历史，
但没有本性，他在 20 世纪上半期捕捉到了无关紧要的感受，并借此
指责历史学家们过于痴迷于细节。他写道："我确信上帝不会原谅历
史学家们，即便是地质学家也成功唤醒了我们对没有生命的石头的兴
趣；但拥有最吸引人的主题在手的历史学家们所达成的成就是在欧洲
读历史的人没有以前多了。"[1]

　　不过加塞特错了。历史已死的玩笑被极大夸大了，而尸体解剖也
十分不成熟。我们还不是吉本的追随者。历史有希望长存的原因至少
有两个。第一是历史学科自冷战结束以来的 20 年里进行了相当深入
的国际化或"全球化"，对此，我在最后一章已有所提及。每隔五年
在不同地点举办一次的历史学国际会议通常会在其项目中包括世界历
史议题，并吸引着来自世界各地的历史学家。学术期刊发表跨国性主
题的文章也越来越多，像《世界史杂志》（*Journal of World History*，
1990 年创刊）和《全球史杂志》（*Journal of Global History*）这样的

---

[1] Ortega, quoted in K. J. Weintraub, *Visions of Culture* (Chicago，1966)，285.

新期刊也出现了。互联网英语作为通用学术语言的迅速传播为相隔甚远的学者们的即时交流提供了便利。大型联合项目以令人印象深刻的步伐跨越了边界和海洋，显示出一种新的世界主义和一种国际化的重大举措。尽管许多历史学家并不认同兰克的欧洲中心论、保守主义或国家至上的坚持，但有趣的是，新全球史的一些价值观（尤其是一视同仁且根据其自身的优点对待其他文明）至少回归了这位伟大的德国人的历史思想，即便不是他的实践方面。[①]

512

　　第二，历史仍然与社会相关，甚至广受欢迎，尽管两个世纪以来我们最好的学者在努力去除历史的这两个特质。即使历史思想从来都不是普世的，当代世界也存在本能的甚至是存在主义的历史兴趣，且不论是自传、系谱还是考古。专业史学失去了它在 19 世纪和 20 世纪早期所享有的特权（当时还与文学存在残留的联系），从电视、电影再到小说，通俗史学从来没有如此显现。从家庭照片到家庭录像，再到业余的系谱研究，历史无处不在。[②] 这就像打电话那样，是一种爱好，甚至明显的知识评论都是普遍存在的，即便不是专业的学术史学，也不是探寻历史的行为。我在前言中引述过的澳大利亚的人种史学家格雷格·德宁（1931－2008 年）是一位现代史实性的批判者，他宣称"我们都在无止境地创造历史。创造历史是我们人类的处境。现在转眼即逝，我们也立即能感受到它已成历史。我们讲述它的故事……我们在我们的思想中叙述历史，在我们的交谈中叙述历史。我们以某种方式记录历史——在日记中，在信件中，在证书上，在纳税申报单上"。这呼应了卡尔·贝克尔（Carl Becker）的"人人都是他自己的历史学家"一说。对德宁来说，历史相比真相的文本声明更像是一种表演方式——对许多土著文化来说就是这样，西方持这一观点

---

① 这里要感谢皮尔·弗里斯（Peer Vries）教授的提醒。
② 比如，参阅，Roy Rosenzweig and David Thelen，*The Presence of the Past*：*Popular Uses of History in American Life*（New York，1998）；David Lowenthal，*The Past is a Foreign Country*（Cambridge，1985）。

更早。① 米歇尔·罗尔夫·特鲁约是海地的一位历史学家的侄子，他也做了类似的评论，就他而言，他将历史教育和历史著作视为最多只算通往过去的不完备或肤浅的途径。"我们都需要没有历史著作可以讲述的历史，但它们不在教室里——总之不在历史的教室里。他们在我们在家里学到的经验教训中，在诗歌里，在孩童的游戏里，在我们合上历史书本及其可证明的事实之后所剩下的历史中。"②

这也呼应了古人西塞罗所说的"历史是生活的老师"，同时也让人更强烈地感受到历史学家们的道德责任、克罗齐式的"生者对死者的责任"③ 和保护历史免于干涉、篡改的责任。它也是在号召让历史重新纠正世界的罪恶，它在这个种族屠杀、恐怖袭击、疯狂图利的世界里应该就像它对于我们的祖先那样成为一个令人信服的理由。然而，其他人认为历史需要"放松"，应该停止被严肃对待。贝弗利·金斯顿（Beverley Kingston）在澳大利亚历史战争期间评论称坏历史的风险因素还没有高到证明一些令人兴奋的政治修辞围绕它的滥用是正当的。"坏历史并不像有故障的桥或一个被误诊的疾病那样危及生命。我们所能料想的最坏结果是诽谤死者或激怒生者。"④ 类似地，对于历史首先作为当前的一个教育者和劝善的潜在力量，还是一种不那么实用的娱乐模式，作为玩具，而不是工具，学界仍有争论。

对历史研究行为做非常长期的预期不是本书的目的，也不是一个历史学家走向职业生涯终结的方式。有许多其他著作预测了我们这门学科的命运，历史学仅在过去的一百年时间里在方向上就有太多的改变，这使得预测变得无用。没什么比我们对未来看得更远，这也包括历史叙述行为的未来。我希望展示的是，如果人类确立恢复某种历史

> 513

---

① Greg Dening, 'A Poetic for Histories', in his *Performances* (Chicago, 1996), 35.
② Michel-Rolph Trouillot, *Silencing the Past: Power and the Production of History* (Boston, 1995), 71 – 72.
③ Antoon De Baets, *Responsible History* (New York and Oxford, 2009).
④ Beverley Kingston, 'A Plea from the Peripheries for Modesty', in Stuart Macintyre (ed.), *The Historian's Conscience: Australian Historians on the Ethics of History* (Carlton, Victoria, Australia, 2004), 75 – 83, at 83.

的"本能"倾向（一个有争论的观点），那么就没有它追求的必要模式，没有这样做的单一目的，也没有呈现它的不可回避的媒介。我们可以想象一个与事实不符的情况，即西方并未取得它曾经获得的人文主义历史的支配地位（现已摇摇欲坠），因而也可以想象司马迁、伊本·赫勒敦或甚至是玛雅人在战胜对手取得霸权后以他们的范式创作历史——这就是历史与权力的联系。世界上千年的时间里出现的广泛多样的历史形式能够帮助我们理解现代史学的出现是一个复杂的故事，它涉及了许多转折、文化的多元碰撞、对同一问题来回探讨（例如普遍性或现在的全球性与特殊性的关系；历史与小说的界限），以及流派与形式的实践。与此同时，史学史与人类更广阔的历史有着密切联系，其成功与失败既是社会和政治环境的作用，也是思想变化的结果。大历史、历史、累进的过去和我们在不同时间、地点涉及的大量方式都不容易彼此区分。大历史背负着小历史，不论如何，骑手比面向后面坐着的人更能注视脚下的土地。的确，骑手在鞭策有时不受控制和疾驰的马时发挥着不小的作用。

进一步阅读书目

515　　以下是一系列为进一步阅读而推荐的书目，它们根据本书的章节进行编排，尽管通常并非总是按照各章小节而细分（在某些情况下，小节被合并在一起，特别是许多书籍或文章适用于多个章节）。它并不是完整的参考书目，甚至也不是筹划本书过程中查阅的所有作品的列表，而只是经过精挑细选的——或许是主观上的——重要书籍和文章的分类，这或许是那些希望继续深入在之前章节中探讨过的主题和话题的人的特殊兴趣。考虑到本书的读者主要是英语读者，我特别喜欢采用英文作品；偶尔涉猎使用其他语言的一些作品。在每章的进一步阅读书目列表中书籍或文章的完整引用只出现一次，它们在相同章节内的再次出现则以简短标题的形式出现。

　　遵循典型的西方中心论的经典史学史作品是：福特的《新历史编撰史》（Eduard Fueter, *Geschichte der neueren Historiographie*, Munich, 1911）；肖特韦尔的《史学史导论》（James Thomson Shotwell, *An Introduction to the History of History*, New York, 1922）；汤普森的《历史著作史》（James Westfall Thompson, *A History of Historical Writing*, 2 vols., New York, 1942）；巴恩斯的《历史著作史》（Harry Elmer Barnes, *A History of Historical Writing*, Norman, OK, 1937）；巴特菲尔德的《人类论其往昔：历史学术研究》（Herbert Butterfield, *Man on His Past: The Study of Historical Scholarship*, Cambridge, 1955）；巴特菲尔德的《历史的起源》（Herbert Butterfield, *The Origins of History*，New York，1981）；布雷萨赫的《史学史：古代、中世纪、现代》（Ernst Breisach，*Historiography*：*Ancient*，*Medieval*，*and Modern*，3rd edn.，1983；Chicago，2007）；克罗齐的《历史学的理论与实际》（Benedetto Croce，*Theory and History of Historiography*，trans. D. Ainslie，New York，1921）；科林伍德的《历史的观念》（R. G. Collingwood，*The Idea of History*，1946；Oxford，1961）；凯利的《多面的历史》（Donald R. Kelley，*Faces of History*：*Historical Inquiry from Herodotus to Herder*，New Haven，CT，1988）；凯利的《历史的命运》（Donald R. Kelley，*Fortunes of History*：*Historical Inquiry from Herder to Huizinga*，New Haven，CT，2003）；凯利的《历史的前沿》（Donald R. Kelley，*Frontiers of History*：*Historical Inquiry in the Twentieth Century*，New Haven，CT，2006）；布劳的《历史的历史：从远古到20世纪的历史书写》（J. W. Burrow，*A History of Histories*：*Epics*，*Chronicles*，*Romances and Inquiries from Herodotus and Thucydides to the Twentieth Century*，London，2007）。本特利主编的《史学研究指南》（Michael Bentley ed.，*A Companion to Historiography*，London and New York，1997)则是包括诸多欧洲之外的章节，内容涵盖广泛，但它主要关注的是与西方有关的非洲、拉丁美洲的著作以及经过选择的部分亚洲国家的著作。

更多使用社会学方法的一些重要著作可参阅：Bernard Guenée，*Histoire et culture historique dans l'Occident médiéval*（Paris，1980。论述中世纪）；Charles-Olivier Carbonell，*Histoire et historiens*：*un mutation idéologique des historiens français*，*1865 – 1885*（Toulouse，1976）；Pim den Boer，*History as a Profession*：*The Study of History in France*，*1818 – 1914*，trans. Amold J. Pomarans（Princeton，NJ，1998）；Reba N. Soffer，*Discipline and Power*：*The University*，*History*，*and the Making of an English Elite*，*1870 - 1930*（Stanford，CA，1994）。在第九章中探讨的"语言学转向"，已经转向了其他方向，

朝向更为深入的文本分析;这对主流方法提出了挑战。海登·怀特具有重大影响的作品《元史学:19世纪欧洲的历史想象》(Hayden White, *Metahistory*: *The Historical Imagination in Nineteenth-Century Europe*, Baltimore, 1973),当讲述叙述类型时(通过一系列转义来呈现发展的形式),采用了20世纪晚期历史思维的反讽风格,其结局并不让人欢欣鼓舞。加布里埃尔·施皮格尔关于13世纪法国散文史的作品《复活往昔:13世纪的法国》(Gabrielle Spiegel, *Romancing the Past*: *The Rise of Vernacular Prose Historiography in Thirteenth-Century France*, Berkeley, CA, 1993)相似地将这些置于社会和政治背景之中进行考察而不是视作原历史,它是通向现代真正意义上史学的演进阶段。

对全球史学史研究的早期努力应当特别关注,比如在西尔斯主编的《国际社会科学百科全书》(D. Sills ed., *International Encyclopedia of the Social Sciences*, 19 vols., London and New York, 1968, vol. 5, 368–428)中关于"历史编纂"(historiography)的综合性文章,该文涵盖了有关伊斯兰、南亚和东南亚、中国和日本的简明叙述。杰弗里·巴拉克拉夫是一位转向世界史研究的中世纪史家,在其后的著作《历史主流》(Geoffrey Barraclough, *Main Trends in History*, New York, 1978)中也涉足了非欧洲世界的历史写作。然而,重大的进步只是在过去十年或十五年才出现,特别是最近格奥尔格·伊格尔斯、王晴佳和穆赫吉的《全球史学史:从18世纪至当代》(Georg G. Iggers, Edward Wang and S. Mukherjee, *A Global History of Modern Historiography*, Harlow, UK and New York, 2008)。不同历史文化间的比较研究相当匮乏,尽管这里也出现了有益的尝试:特别是可以参阅分别由吕森主编的《跨文化的争论:东西方名家论西方历史思想》(Jörn Rüsen, *Western Historical Thinking*: *An Intercultural Debate*, New York and Oxford, 2002)和埃克哈特·富克斯、贝内迪克特·斯塔西提主编的《跨越文化边疆:全球视野下的史学史》(Eckhardt Fuchs,

Benedikt Stuchtey, *Across Cultural Borders*：*Historiography in Global Perspective*，Lanham，MD，2002）。对那些能够阅读德语的读者，一部简洁的独立撰写的全球史学史作品可以在马库斯·沃尔克的《史学史》（Markus Völkel，*Geschichtsschreibung*，Cologne，Weimar and Vienna，2006)中找到。现在对全球史有许多百科全书式的参考书：沃尔夫主编的《全球历史著作百科全书》（D. R. Woolf ed.，*A Global Encyclopedia of Historical Writing*，2 vols.，New York，1998；本书简称为 *GEHW*）、博伊德主编的《历史学家和历史著作百科全书》（K. Boyd ed.，*Encyclopedia of Historians and Historical Writing*，2 vols.，London，1999）。五卷本的《牛津历史著作史》（*Oxford History of Historical Writing*，Oxford，2010‑2012，本书简称为 *OHHW*）提供了有关这一主题世界大多数地区的学术论文，时间涉及古代到现在世界。本书的某些材料在我之前的论文"史学史"（Historiography），刊霍罗威茨主编的《新观念史辞典》（M. C. Horowitz ed. *New Dictionary of the History of Ideas*，6 vols.，New York，2005，vol. 1，xxxv‑lxxxviii)中出现过（以更为简洁的方式）。

第一章

古代近东

　　历史写作的最初形式主要被精通近东语言的专业语言学家、考古学家、宗教史家和神学家研究过。这种作品大量是用德语写作的。遗憾的是，对初学者而言浅显易懂的英语作品非常少。最易获得的最新研究，尽管读者或许对其论战并不感兴趣，是约翰·范·赛特斯的《探寻历史：古代世界的史学与圣经历史的起源》（John Van Seters，*In Search of History*：*Historiography in the Ancient World and the Origins of Biblical History*，New Haven，CT and London，1983）。也可参阅马里奥·利维拉尼的《古代近东史学中的神话与政治》（Mario Liverani，

Myth and Politics in Ancient Near Eastern Historiography，London，2004）。有价值的文选，并带有注释的是格雷森的《亚述和巴比伦编年史》（A. K. Grayson，*Assyrian and Babylonian Chronicles*，Locust Valley，NY，1975）和让-雅克·格拉斯纳的《美索不达米亚编年史》（Jean-Jacques Glassner，*Mesopotamian Chronicles*，ed. B. R. Foster，Atlanta，2004）。比较陈旧一点的选本（只有巴比伦晚期）是维兹曼主编的《大英博物馆中的迦勒底国王编年史，公元前 625—前 556 年》（D. J. Wiseman，*Chronicles of the Chaldaean Kings*（*626 -556 B. C*）*in the British Museum*，London，1961）。登坦主编的《古代近东的历史观念》（R. Dentan ed.，*The Idea of History in the Ancient Near East*，New Haven，CT，1955）中的论文尽管现在业已过时但浅显易读。克里斯蒂娜·克劳斯主编的《史学的局限：古代历史文本中的题材与叙述》（Christina Shuttleworth Kraus ed.，*The Limits of Historiography*：*Genre and Narrative in Ancient Historical Texts*，Leiden，1999）中的论文简明扼要，但涵盖了诸多与本章相同的领域，尽管预设了一些知识。《历史的起源》（A. Watson ed.，*The Origins of History*，London，1981）是巴特菲尔德（H. Butterfield）这位伟大历史学家的最后一本著作，也是一本遗作，尽管持欧洲中心观（虽然一笔带过司马迁），但非常值得一读。普拉姆的《逝去的往日》（J. H. Plumb，*The Death of the Past*，rev. edn.，1969；Basingstoke，2004）第 1 章对包括美索不达米亚在内的古代历史写作提供了简要但值得一读的评价。

犹太历史思想的兴起

如果说美索不达米亚的历史编纂是晦涩难解的，那么古代以色列人的历史编纂则更具挑战性，同时也呈现出高度技术性。这部分是因为 20 世纪中对以歌功颂德的方法研究古代犹太史和古代犹太史学激进反叛的一种结果（就大部分基督教神学家而言，犹太人旧约圣经的历史是基督教重要的支持）。许多文献是极具争论性的。除较早的作品诸如登坦主编《古代近东的历史观念》(Dentan ed. , *The Idea of History in the Ancient Near East*)外,其他导论性的著作互相还包括马可·布雷特莱的《古代以色列的历史构建》(Marc Zvi Brettler, *The Creation of History in Ancient Israel*, London and New York, 1995)、石田智雄的《古代以色列的历史与历史书写》(Tomoo Ishida, *History and Historical Writing in Ancient Israel*, Leiden, 1999)以及范·赛特斯的《探寻历史》(Van Seters, *In Search of History*)。关于希腊化时代的犹太教,参阅艾达·弗罗利希的《时间与时代和不完整的时间:波斯和希腊化时代犹太文献中的历史意识》(Ida Fröhlich, '*Time and Times and Half a Time*': *Historical Consciousness in the Jewish Literature of the Persian and Hellenistic Eras*, Sheffield, 1996)和卡尔·霍拉迪主编《希腊化时代犹太作家残篇》(Carl R. Holladay ed. , *Fragments from Hellenistic Jewish Authors*, vol. I: *Historians*, Chico, CA, 1983),后者包含残篇摘要。

希腊史学

对希腊和罗马古典历史学家的研究实在是不胜枚举,这不仅仅是因为对其他地区和时期的现代历史学家而言他们是较大多数已逝历史学家更为重要的源头。初学者可能发现参考书目眼花缭乱,但可以获得一些精心撰写和条理清晰的介绍:特别可以参阅阿纳尔·多莫米里阿诺的《史学研究》(Arnaldo Momigliano, *Studies in Historiography*, New York and Evanston, IL, 1966)和《古代史学中的时间》('Time in Ancient Historiography', *Essays in Ancient and Modern Historiography*, Middletown, PA, 1977, 179–204)。比较新的著作有约翰·马林克拉的《古代史学中的权威和传统》(John Marincola, *Authority and Tradition in Ancient Historiography*, Cambridge, 1997)和《希腊历史学家》(*Greek Historians*, Oxford, 2001),这是精彩和值得一读的作品;伍德曼的《古典史学中的修辞》(A. J. Woodman, *Rhetoric*

in Classical Historiography，London，1988）特别擅长文学风格研究。
西蒙·霍恩布洛尔主编的《希腊史学》（Simon Hornblower ed. ，*Greek
Historiography*，Oxford，1993）是一部介绍翔实的有价值的论文集。
费利克斯·雅各比的《阿提卡：古代雅典的地方编年史》（Felix Jacoby，
Atthis：The Local Chronicles of Ancient Athens，Oxford，1949）关于当
地史的研究艰深难读，但就其本质而言却是经典之作。查理·福尔纳
拉的《古代希腊罗马的史学本质》（Charles W. Fornara，*The Nature of
History in Ancient Greece and Rome*，Berkeley，CA，1983）对希腊和罗
马的历史编纂进行了详尽的研究，其优势在于以主题和体裁而非历史
学家来编排章节。关于各个历史学家的书籍亦比比皆是。关于修昔底
德和希罗多德的可分别参阅康福德的《修昔底德：神话与历史之间》
（F. M. Cornford，*Thucydides Mythistoricus*，London，1907），距今一个
多世纪并饱含争议，但值得一读；弗朗索瓦·哈托格的《希罗多德之
镜：历 史 书 写 中 他 者 表 现》（François Hartog，*The Mirror of
Herodotus：The Representation of the Other in the Writing of History*，
trans. Janet Lloyd，Berkeley，CA，1988），该书极具挑战性，但所涉内
容丰富并具有启发性，正如哈托格在《历史的发明：从荷马到希罗多德
的 前 历 史 观 念》（'The Invention of History：The Pre-History of a
Concept from Homer to Herodotus'，*History and Theory*，39［2000］，
384‑395）中的后期思想。关于公元前 4 世纪的希腊历史学家，特别是
色诺芬，参阅弗朗西斯·波纳尔的《往昔的教训：公元前 4 世纪散文中
历史的道德作用》（Frances Pownall，*Lessons from the Past：The Moral
Use of History in Fourth-Century Prose*，Ann Arbor，Ml，2004）。关于
波里比阿，参阅沃尔班克的《波里比阿》（F. W. Walbank，*Polybius*，
Berkeley，CA，1972）和《*Symploke*，其 在 波 里 比 阿 历 史 中 的 作 用》
（'*Symploke*：Its Role in Polybius' Histories'，in Donald Kagan ed. ，
Studies in the Greek Historians in Memory of Adam Parry，Cambridge，
1975，197‑212）；和肯尼思·萨克斯的《波 里 比 阿 论 历 史 书 写》

（Kenneth S. Sacks, *Polybius on the Writing of History*, Berkeley, CA, 1981）。

到公元 2 世纪为止的罗马史家

关于罗马历史学家和历史编纂的作品与希腊的同类作品差不多。除了福尔纳拉的《古代希腊罗马的史学本质》外，最近对重要人物的高质量研究成果是罗纳德·梅勒的《罗马历史学家》（Ronald Mellor, *The Roman Historians*, London, 1999）。关于李维，参阅安德鲁·菲尔德黑尔的《李维历史中的景观与社会》（Andrew Feldherr, *Spectacle and Society in Livy's History*, Berkeley, CA, 1998）。罗纳德·塞姆的《塔西陀》（Ronald Syme, *Tacitus*, 2 vols. , 1958; Oxford, 1989）对塔西陀的研究是详尽的经典之作。早期罗马历史编纂在科内尔的《早期罗马历史传统的形成》（T. J. Cornell, 'The Formation of the Historical Tradition of Early Rome', in I. S. Moxon, J. D. Smart and A. J. Woodman eds. , *Past Perspectives: Studies in Greek and Roman Historical Writing*, Cambridge, 1986, 67 – 86）中得到了很好的总结。

古代晚期的异教史家

涵盖了异教徒和早期基督教徒的古代晚期历史编纂现在可用的研究出现在大卫·罗尔巴克尔《古代晚期历史学家》（David Rohrbacher, *The Historians of Late Antiquity*, London and New York, 2002）和沃纳·特雷德戈尔德的《早期拜占庭历史学家》（Warren Treadgold, *The Early Byzantine Historians*, Basingstoke, 2007）中。格雷姆·克拉克等人主编的《古代晚期历史读本》（Graeme Clark et al. , *Reading the Past in Late Antiquity*, Rushcutters Bay, NSW, Australia, 1990）包含几篇专业论文。对古代晚期历史学家最好的研究（最备受推崇的）是关于阿米阿努斯·马赛里努斯（Ammianus Marcellinus）的，对他的最新研究参阅约翰·马修的《阿米阿努斯和罗马的永恒》（John Matthews,

'Ammianus and the Eternity of Rome', in Christopher Holdsworth,
T. P. Wiseman eds. , *The Inheritance of Historiography* 350 – 900,
Exeter, 1986, 17 – 43), 包含广泛的书目, 见巴恩斯《阿米阿努斯·马赛
里努斯历史中的文献习俗、怀旧和现实》(T. D. Barnes, 'Literary
Convention, Nostalgia and Reality in Ammianus Marcellinus', in Clarke et
al. eds. , *Reading the Past in Late Antiquity*, 59 – 92)。

从远古到汉代的中国史学

中国历史编纂被很仔细地研究过, 现在有许多英译本可以通过对
诸多中国经典历史著作的翻译获得。最新的研究, 涵盖了从前帝国时
期到 20 世纪早期整个时间段, 是伍安祖、王晴佳的《世鉴: 中国传统史
学》(On-ChoNg *Mirroring the Past: The Writing and Use of History in
Imperial China*, Honolulu, 2005)。一本现已陈旧但依然有价值的论
文集是毕斯雷、蒲立本主编《中国和日本的历史学家》(W. G. Beasley
and E. G. Pulleyblank eds. , *Historians of China and Japan*, London,
1961); 贾德纳的《中国史学传统》(Charles S. Gardiner, *Chinese
Traditional Historiography*, Cambridge, MA, 1938)甚至于更为陈旧
但极易获得并书写条理清楚。更加专业和重要的是史嘉柏的《历史的
形成: 早期中国史学中的形式与思想》(David Schaberg, *A Patterned
Past: Form and Thought in Early Chinese Historiography*, Cambridge,
MA, 2001)。关于汉代历史学家司马迁的是杜润德的《朦胧镜像: 司
马迁著述中的张力与冲突》(Stephen W. Durrant, *The Cloudy Mirror:
Tension and Conflict in the Writings of Sima Qian*, Albany, NY, 1995)
和葛朗特·哈代的《青铜与竹子的世界: 司马迁对历史的征服》(Grant
Hardy, *Worlds of Bronze and Bamboo: Sima Qian's Conquest of
History*, New York, 1999)。劳埃德《好奇的抱负: 理解古代希腊与中
国世界》(G. E. R. Lloyd, *The Ambitions of Curiosity: Understanding
the World in Ancient Greece and China*, Cambridge, 2002)提供了中国

和希腊在思想方法,包括历史思想方面具有启发性的比较。

从古代到 14 纪中叶的南亚

瓦尔德的单卷本《印度史学导论》(A. K. Warder, *An Introduction to Indian Historiography*, Bombay, 1972)简要涵盖从古代到莫卧儿时代的古代印度历史编纂,它也涉及了许多不同地区的历史编纂。其他大部分著作所涉的时期都比较短。古印度是否拥有历史观念这一问题饱受争议。研究该主题最近的学者中,罗米拉·塔帕尔的"古代印度史学"(Romila Thapar, 'Indian Historiography – Ancient' in *GEHW*, 455–458)和他的《对早期印度历史思想的一些反思》(Some Reflections on Early Indian Historical Thinking, in Jörn Rüsen, *Western Historical Thinking: An Intercultural Debate*, New York and Oxford, 2002)是条理清晰和简明扼要的,它们采用了中间道路的立场。塔帕尔承认记录着明确日期和人物的编年史是缓慢进入印度文化的,但他最终认为历史思维和历史兴趣无论在什么地方都发生了,对往昔的描述通常植根于其他非历史的文学体裁中。甘谷里的《古代印度的历史与历史学家》(D. K. Ganguly, *History and Historians in Ancient India*, New Delhi, 1984)倾向于持有更多怀疑精神,而不是那种将大部分古代印度文学排斥在外的欧洲历史观。僧伽罗的《古代印度史学:材料与解释》(G. P. Singh, *Ancient Indian Historiography: Sources and Interpretations*, New Delhi, 2003)内容全面,但对印度史诗的史实性持相反观点。印度史诗文本的英译本可以在帕吉特主编的《迦梨时代的往世书文本》(F. E. Pargiter, *The Purāṇa Text of the Kali Age*, London, 1913,帕吉特是 20 世纪早期拥护印度史诗是信史的人和莫顿·斯密斯的《早期时代印度的日期与王朝》(R. Morton Smith, *Dates and Dynasties in Earliest India*, ed. J. L. Shastri, Delhi, 1973)中找到。一个更新的作品,卢多·罗谢尔的《往世书,印度文学史》(Ludo Rocher, *Puranas, A History of Indian Literature*, vol. II, fasc. 3,

520

trans. Jan Gonda，Wiesbaden，1986，115 - 131 页）也评论了两个世纪以来关于印度史诗史实性不断变化着的观念。关于斯里兰卡佛教的历史文献及其如何传播到东南亚的，可参阅劳的《论锡兰的编年史》（B. C. Law，*On the Chronicles of Ceylon*，Calcutta，1947）和卡耐·拉尔·哈兹拉的《东南亚的佛教编年史》（Kanai Lal Hazra，*The Buddhist Chronicles of Southeast Asia*，New Delhi，1986）；最近有价值的论文是罗伊·佩雷特的《古代印度的历史、时间与知识》（Roy W. Perrett，'History，Time，and Knowledge in Ancient India'，*History and Theory*，38（1999），307 - 321）。对吠陀和希罗多德进行简短但极具洞察力的比较，可参阅弗朗索瓦·哈托格的《历史的发明》（*The Invention of History*），见上述希腊史学中所列举的书目。

第二章

基督教和蛮族时代的欧洲历史书写

这一章节在时间上和空间上都又一次涵盖了非常大的范围。特别有帮助的作品有大卫·罗尔巴克尔的《古代晚期的历史学家》（David Rohrbacher，*The Historians of Late Antiquity*，London and New York，2002）；瓦伦·特雷德戈尔德的《早期拜占庭历史学家》（Warren Treadgold，*The Early Byzantine Historians*，Basingstoke，2007；此书包含了年表和早期拜占庭史家翻译目录）和格雷姆·克拉克等人主编的《在古代晚期阅读过去》（Graeme Clarke et al. eds.，*Reading the Past in Late Antiquity*，Rushcutters Bay，NSW，Australia，1990）。格伦·切斯纳特的《最初的基督教史：尤西比乌斯、苏格拉底、所罗门、狄奥多莱和埃瓦格里乌斯》（Glenn F. Chesnut，*The First Christian Histories*：*Eusebius*，*Socrates*，*Sozomen*，*Theodoret*，*and Evagrius*，2nd edn，Macon，GA，1986）这本著作的内容局限于所选择的一定数量的基督教史家，并特别关注尤西比乌斯，但对于这些史家的思想做了很多分

析。埃夫里尔·卡梅伦的《阿加提阿斯》（Averil Camerons, *Agathias*, Oxford, 1970）和《普罗科比与六世纪》（*Procopius and the Sixth Century*, Berkeley, CA, 1985）是很优秀的个案研究，是一位杰出权威对古典晚期文化的研究。伊扎克·亨、马修·因在他们主编的《早期中世纪对往昔的运用》（Yitzhak Hen and Matthew Inne eds., *The Uses of the Past in the Early Middle Ages*, Cambridge, 2000）一书中的论文在更广阔的范围内考察了人们对于过去的态度，范围超过了历史编纂却饶有趣味。关于西方伟大的"蛮族"史学家，沃尔特·戈法特的《蛮族历史的叙述者（公元 550—800 年）：约尔丹尼斯、图尔的格列高里、比德和执事保罗》（Walter A. Goffart, *The Narrators of Barbarrian History*（AD 550‑800）：*Jordanes, Gregory of Tours, Bede, and Paul the Deacon*, Princeton, NJ, 1988）一书是不可缺少的，比起传统的原始史料研究（*Quellenforschung*）取向，更多地关注他们的文学和修辞水平。贝丽尔·斯莫利的《历史学家与中世纪》（Beryl Smalley, *Historians and the Middle Ages*, London, 1974）是一份可读性良好的简明著作，该书内有精心选取的图片说明。关于教会史学，对于从产生到现代综合性最好的著作（德文版）是彼得·迈因霍尔德的《基督教史学史》（Peter Meinhold, *Geschichte der Kirchlichen Historiographie*, 2 vols, Munich, 1967）。

伊斯兰史学的兴起

尽管伊斯兰史学在大多数研究中都被忽略，但对于伊斯兰史学的研究却进行得不错，尤其是最近十年到十五年间，有大量的研究开始出现。在英语世界仍旧有用的标准的版本是弗朗茨·罗森塔尔的《穆斯林史学史》（Franz Rosenthal, *A History of Muslim Historiography*, 2nd edn, Leiden, 1968），附有很长的摘要文献翻译。汉密尔顿·吉布的《历史》（Hamilton Gibb, 'Tarikh［sic］', in his *Studies on the Civilization of Islam*, ed. S. J. Shaw and W. R. Polk, Boston, 1962）中提供了一个研究综述。最简洁的导论是蔡斯·罗宾逊的《伊斯兰史学史》(Chase F. Robinson, *Islamic Historiography*, Cambridge, 2003), 这部书的重点不在文本的摘要,而在于伊斯兰史学写作时的社会背景。此外,想了解更多细节的学生可以参阅塔里夫·哈立迪的《古典时期的阿拉伯史学思想》(Tarif Khalidi, *Arab Historical Thought in the Classical Period*, Cambridge, 1994);杜里的《阿拉伯历史写作的兴起》(A. A. Duri, *The Rise of Historical Writing among the Arabs*, ed. and trans. Lawrence I. Conrad, Princeton, NJ, 1983);玛丽莲·罗宾逊·瓦尔德曼的《走向历史叙述理论:波斯-伊斯兰史学的个案研究》(Marilyn Robinson Waldman, *Toward a Theory of Historical Narrative*: *A Case-Study in Perso-Islamicate Historiography*, Columbus, OH, 1980);朱莉·斯科特·梅萨米的《至12世纪末期的波斯史学史》(Julie Scott Meisami, *Persian Historiography to the End of the Twelfth Century*, Edinburgh, 1999)。阿尔布雷克特·诺斯和康拉德的《早期阿拉伯史学传统:史料批判研究》(Albrecht Noth with (L. I. Conrad), *The Early Arabic Historical Traditions*: *A Source Critical Study*, trans. M. Bonner, 2nd edn, Princeton, 1994)也同样值得阅读,尽管可能专家更有兴趣。

史学的官方化:迄至唐末的中国史学

伍安祖和王晴佳的《世鉴:中国传统史学》(On-cho Ng Q. Edeward Wang, *Mirroring the Past*: *The Writing and Use of History in Imperial China*, Honolulu, 2005)一书提供了一份简明研究。在比斯雷、蒲立本主编的《中国和日本的历史学家》(W. G. Beasley and E. G. Pulleyblank eds., *Historians of China and Japan*, London, 1961)中有不少论文,特别是蒲立本的《中国史学批评:刘知几和司马光》(Pulleyblank, 'Chinese Historical Criticism: Liu Chih-chi and Ssu-ma Kuang', 135 - 166),有文章论述了由唐朝到明朝的官修史学机构问题。麦大维在《中国唐代的国家

与 学 者 》（David McMullen, *State and Scholars in Tang China*, Cambridge，1988）一书中提到了学术环境的变化与儒家学说的发展，特别值得关注的是第 159—205 页关于历史的部分。关于唐代官修史学最详细的介绍，特别是关于唐代的修史机构，在杜希德（又译崔瑞德）的《唐代官修史学》（Denis Crispin Twitchett, *The Writing of Official History under the Tang*，Cambridge，1993）有所体现。

10 世纪末的早期日本史学

为了解日本早期史学，请参考以下书目：坂本太郎的《六国史》（Tarō Sakamoto, *The Six National Histories of Japan*, trans. J. S. Brownlee, Vancouver and Tokyo，1991）；约翰·哈里森主编并翻译的《中世纪早期日本史学新解：两部翻译与导论》（John Harrison ed. and trans. , *New Lights on Early Medieval Japanese Historiography：Two Translations and an Introduction*，Gainesville，FL，1959）；凯特拉（J. Ketelaar）在《全球历史著作百科全书》第 481—485 页的叙述；约翰·布朗利主编的《为日本国家服务的历史》（John S. Brownlee ed. , *History in the Service of the Japanese Nation*，Toronto，1983）中的引言部分；罗宾逊的《早期日本编年史：六国时期》（G. W. Robinson, 'Early Japanese Chronicles：The Six National Histories', in W. G. Beasley and E. G. Pulleyblank eds. , *Historians of China and Japan*，213‑228）。约翰·布朗利的《日本史学的政治思想：从〈古事记〉（712）到〈读史余论〉（1712）》（John S. Brownleed, *Political Thought in Japanese Historical Wring：From Kojiki（712）to Tokushi Yoron（1712）*，Waterloo，Ontario，1991）是对日本史学千年发展十分可读的著作，重点关注史家的政治思想；约翰·本特利的《早期日本的史学潮流》（John R. Bentley, *Historiographical Trends in Early Japan*，Lewiston，NY，2002）包括了十一部小的奈良到平安时代历史著作翻译。

9、10 世纪拉丁西方的史学

　　作为对前几部分内容的补充，如下书目虽然更加专业，但十分有用。菲利斯·利夫希茨的《虔诚者纽斯特里亚的诺曼征服：历史编纂话语与圣迹，684 - 1090 年》（Felice Lifshitz, *The Norman Conquest of Pious Neustria：Historiographic Discourse and Saintly Relics 684 - 1090*, Toronto, 1995）；埃里克·库伯主编的《中世纪编年史》（Erik Kooper eds. , *The Medieval Chronicle*, Amsterdam, 1999）中用多种语言写成的文章；贾森·格伦的《十世纪的政治和历史：兰斯的里歇尔的作品与世界》（Jason Glenn, *Politics and History in the Tenth Century：The Work and World of Richer of Rheims*, Cambridge, 2005）；安东尼娅·格兰斯登的《英格兰的历史写作》（Antonia Gransden, *Historical Writing in England*, Vol. 1, Ithaca, NY, 1974）；让·布莱克的《多面的时间：古代法文中往昔的形象和盎格鲁-诺曼时期的拉丁历史叙事》（Jean Blacker, *The Faces of Time：Portrayal of the Past in Old French and Latin Historical Narrative of the Anglo-Norman Regnum*, Austin, TX, 1994）；埃米丽·阿尔布的《历史中的诺曼人》（Emily Albu, *The Normans in Their Histories*, Woodbridge, 2001）。关于圣徒传记的分析（biographies of Saints，通常被称作圣徒传[hagiography]，有时却名不符实），参阅帕特里夏·考克斯的《古典晚期的传记：对圣人的追寻》（Patricia L. Cox, *Biography in Late Antiquity：A Quest for the Holy Man*, Berkeley, CA, 1983）。关于连接古代和文艺复兴时期人文主义者之中世纪显著线索的杰出研究，参阅萨瑟恩（R. W. Southern）写的一系列文章，这些文章冠之为"历史写作欧洲传统面面观"（Aspects of the European Tradition of Historical Writing），这些文章重新收录在《历史学与历史学家：萨瑟恩论文选》（*History and Historians：Selected Papers of R.W. Southern*, ed. R. J. Bartlett, Oxford, 2004）。对于作品题材问题处理最好又十分简洁的（法语）是贝尔纳·君奈的《历史、年鉴、编年史：中世纪历史学体裁分

析》(Bernard Guenée, 'Histoire, annales, chroniques: essai sur les genres historiques au Moyen Age', *Annale: ESC*, 28: 4 (1973): 997 – 1016);亦可参阅更早但更简明的雷金纳德·兰·普尔的《编年史与年代记:两种体裁起源于发展概述》(Reginald Lane Poole, *Chronicles and Annals: A Brief Outline of Their Origin and Growth*, Oxford, 1926)。对于这一时期的"官修史学",参阅罗萨蒙德·麦基克里特的《在早期中世纪建构过去:以法兰克王国编年史为例》(Rosamond McKitterick, 'Constructing the Past in the Early Middle Ages: The Case of the Royal Frankish Annals', *Transactions of the Royal Historical Society*, 6th ser. 7, 1997, 101 – 129);伊扎克·亨的《梅斯编年史与墨洛温王朝的过去》(Yitzhak Hen, 'The annals of Metz and the Merovingian Past', Yitzhak Hen and Inne eds. , *The Uses of the Past in the Early Middle Ages*, Cambridge, 2000, 175 – 190);因和麦基特里克的《历史写作》(M. Innes and R. McKitterick, 'The Writing of History', in R. McKitterick ed. , *Carolingian Culture: Emulation and Innovation*, Cambridge, 1994, 193 –220)。

第三章

15 世纪的传统伊斯兰史学

作为对之前章节中关于伊斯兰教书目的补充,参阅穆罕默德·塔希尔主编的《中世纪穆斯林历史编纂学》(Mohamed Taher ed. , *Medieval Muslim Historiography*, New Delhi, 1997);唐纳德·利特尔的《马木路克历史编纂学导论》(Donald P. Little, *An Introduction to Mamlūk Historiography*, Montreal, 1970),伯纳德·刘易斯、霍尔特主编的《中东的历史学家》(Bernard Lewis and P. M. Holt eds,, *Historians of the Middle East*, London, 1962)中更为深入的论文。对伊斯兰史学有深刻见解的研究综述,参阅斯蒂芬·汉弗莱斯的《伊斯兰史学实践中的转折点》(R. Stephen Humphreys, Turning Points in Islamic Historical Practice, in

Q. Edward Wang and Georg G. Iggers eds., *Turning Points in Historiography*: *A Cross-Cultural Perspective*, Rochester, NY, 2002, 89 - 100)。在流行于世的英文著作中,对伊本·赫勒敦(Ibn Khaldūn)的研究与他同时代的欧洲史家相比要显得更多,特别值得参阅的是穆赫辛·马赫迪的《伊本·赫勒敦的历史哲学》(Muhsin Mahdi, *Ibn Khaldūn's Philosophy of History*, 1957; Chicago, 1964);纳撒内尔·施密特(Nathaniel Schmidt)如论文般精炼的研究成果《伊本·赫勒敦:历史学家、社会学家和哲学家》(*Ibn Khaldun*: *Historian*, *Sociologist and Philosopher*, New York, 1930);海因里希·西蒙的《伊本·赫勒敦的人文科学》(Heinrich Simon, *Ibn Khal-dun's Science of Human Culture*, trans. F. Baali, Lahore, 1978)。

从十字军东征到早期文艺复兴的欧洲

作为对前面几章欧洲部分书目的补充,可参阅利娅·绍波科的《历史与社会:11、12 世纪诺曼人的历史书写》(Leah Shopkow, *History and Community*: *Norman Historical Writing in the Eleventh and Twelfth Centuries*, Washington, DC, 1997),伊恩·伍德、劳德主编的《中世纪时期的教会与编年史》(Ian Wood and G. A. Loud eds., *Church and Chronicle in the Middle Ages*, London, 1991);关于十字军东征,参阅阿齐兹·阿提耶的《十字军:历史编纂与文献》(Aziz S. Atiyah, *The Crusade*: *Historiography and Bibliography*, Bloomington, IN, 1962)。关于修辞,特别是中世纪晚期历史著作的文体和文学方面,参阅加布里埃尔·施皮格尔斯的《圣丹尼的编年传统研究》(Gabrielle Spiegels, *Chronicle Tradition of Saint-Denis*: *A Survey*, brookline, MA, 1978)和《作为文本的过去:中世纪历史编纂学的理论与实践》(*The Past as Text*: *The Theory and Practice of Medieval Historiography*, Baltimore, MD, 1997);南希·帕特纳的《严肃的娱乐:12 世纪英国的历史书写》(Nancy Partner, *Serious Entertainments*: *The Writing of History in Twelfth-*

Century England，Chicago，1977）。英国部分，参阅安东尼娅·格兰斯登的《英格兰的历史书写》(Antonia Gransden，*Historical Writing in England*，2vols，Ithaca，NY，1974-1982）。关于中世纪晚期的法国和勃艮第编年史，参阅保罗·阿尔尚博的《七位法兰西编年史家：历史的见证人》(Paul Archambault，*Seven French Chroniclers：Witnesses to History*，Syracuse，NY，1974）；格雷姆·斯莫尔的《乔治·夏特兰与瓦卢瓦·勃艮第的塑造》(Graeme Small，*George Chastellain and the Shaping of Valois Burgundy*，Woodbridge，1997）；弗兰克·科拉尔的《十五世纪末历史学家的工作：罗伯特·盖冈》(Frank Collard，*Un historien au travail à la fin du XVe siècle：Robert Gaguin*，Geneva，1996）。社会科学和书籍史(*histoire du livre*)取向在贝尔纳·君奈的《中世纪西欧的历史与文化》(Bernard Guenée，*Histoire et culture historique dans l'Occient médiéval*，Paris，1980)中有所体现。中世纪西班牙史学在贝尼托·萨切斯-阿隆索的经典著作《西班牙史学史：综合研究》(Benito Sáchez-Alonso，*Historia de la Historiografía Española：Ensayo de un Examen Conjunto*，vol. II，Madrid，1947)中有所体现，这部书还包含其他时期的研究；彼得·莱恩汉的《中世纪西班牙的历史与史家》(Peter Linehan，*History and Historians in Medieval Spain*，Oxford，1993)在这个少有人研究的领域是一部更新更详尽的作品。东欧和中欧的历史编纂学著作在英语世界和其他西欧语言中被介绍的情况并不乐观，可以参考乌尔祖拉·博尔科夫斯卡主编的《东、中欧编年史中的普遍主义与区域主义》(Urszula Borkowsaka，*Uniwersalizm i Regionizm w kronikarstwwie Europy Ś rodkowo Wschodniej*，Lublin，1996，一部多种语言的论文集）。沃尔纳斯基等人主编的《俄罗斯历史资料集：从早期到1917》第一卷"古代至十七世纪早期"(G. Vernadsky，*A Source Book for Russian History from Early Times to 1917*，vol. 1：Early Times to the Late Seventeenth Century，New Haven，CT，1972)是一部实用的关于俄罗斯的英文选集读本。笔者目之所及（但并无法阅读）对于俄罗斯编年史最详尽的研究是普里肖尔科夫的《俄罗斯

编年史编纂史（11 至 15 世纪）》（M. D. Priselkov, *Istoriia russkogo letopisaniia XI - XV vv*, Leningrad, 1940）。雅科夫·吕里亚的《作为莫斯科公国建构的历史资源的十五世纪编年史》一文（Jakov S. Luria, 'Fifteenth-Century Chronicles as a Source for the History of the Formation of the Muscovite State', in Michael S. Flier and Daniel Rowland eds., *Medieval Russian Culture*, Berkeley, CA, 1994, vol. II, 47 - 56），鲍里斯·克罗斯的《确认三位一体编年史的权威》（Boris M. Klos s, 'Determining the Authorship of the Trinity Chronicle', ibid., 57 - 72）是两个简明的关于 15 世纪晚期的研究。

从宋到元的中国史学

像杜希德（D. C. Twitchett）关于唐代官修史学那样的著作（如前文所介绍），在宋史官修史学研究领域并不多见。但可以参考李弘祺主编的《新而复杂的宋代历史观念》（Thomas H. C. Lee, *The New and the Multiple: Sung Senses of the Past*, Hong Kong, 2004），这部论文集包括了一系列的宋代史学论题。关于宋、金和元朝，伍安祖、王晴佳的《世鉴：中国传统史学》（On-cho Ng and Q. Edward Wang, *Mirroring the Past: The Writing and Use of History in Imperial China*, Honolulu, 2005），正如比斯雷、蒲立本的《中国和日本的历史学家》（W. G. Beasley and E. G. Pulleyblank eds., *Historians of China and Japan*, London, 1961）一书一样，对于了解宋代史学非常有帮助。关于司马光（一位杰出的宋代历史学家），参阅冀小斌的《中国北宋的政治与保守主义：司马光的事业与思想（1019—1086）》（Ji Xiao-bin *Politics and Conservatism in Northern Song China: The Career and Thought of Sima Guang*（A. D. 1019 - 1086），Hong Kong, 2005），然而这部著作相比较司马光的历史思想而言，关注更多的是他的事业。关于历史思想在公众生活和教育系统中的角色，参阅郝若贝的《历史的类比，11、12 世纪中国的公共政策与社会科学》（Robert M. Hartwell, 'Historical Analogism, Public Policy and Social Science in

Eleventh and Twelfth Century China', *American Historical Review* 76 (1971)：690 - 727)一文。关于中国的佛教史学,参考冉云华的《宋代的佛教史学》(Jan Yun-hua,'Buddhist Historiography in Sung China', *Zeitschrift der Deutschen Morgenlandischen Gesellschaft* 114 (1964)：360 - 381)。

从 10 到 15 世纪的日本和朝鲜

    罗宾逊的《早期日本编年史：六国时期》(G. W. Robinson,'Early Japanese Chronicles：The Six National Histories', in G. Beasley and E. G. Pulleyblank eds., *Historians of China and Japan*, 213 - 228);比斯雷的《11—14 世纪的日本历史书写》(Beasley,'Japanese Historical Writing in the Eleventh to Fourteenth Centuries', ibid., 229 - 244);德尔默·布朗的《〈愚管抄〉以前的历史写作》(Delmer M. Brown,'Pre-Gukanshō Historical Writing', in Brown, Ichirō Ishida trans. and ed., *The Future and the Past：A Translation and Study of the Gukanshō, an Interpretative History of Japan Written in* 1219, Berkeley, CA and Los Angeles, 1979, 354 - 401),这些研究总结了这一时期的历史背景与历史写作风格。除了作为对这些书目和先前部分有关日俄不能的书目(第二章)外,还有许多对 11 到 15 世纪历史书写的叙述,不只是文献版本,还包括诗歌和编年史。特别可以参阅由珀金斯翻译和主编的《吾妻镜：一部镰仓时代日本宫廷编年史》(*The Clear Mirror：A Chronicle of the Japanese Court during the Kamakura Period* (1185 - 1333), trans. and ed. George W. Perkins, Stanford, CA,1998);篠田实的《镰仓幕府的建立,1180—1185 年》(Minoru Shinoda, *The Founding of the Kamakura Shogunate* 1180 - 1185, New York,1960),此书包括了《吾妻镜》的选段;海伦·克雷格·麦卡洛翻译并主编的《太平记：一部中世纪日本编年史》(*The Taiheiki：A Chronicle of Medieval Japan*, trans. and ed. Helen Craig McCullough 1959; Rutland, VT and Tokyo, 1981)。关于这一时期各种日

本的"镜",可参阅约翰·布朗利的《日本史学的政治思想:从〈古事记〉(712)到〈读史余论〉(1712)》(John S. Brownleed, *Political Thought in Japanese Historical Writing*: *From Kojiki*（*712*）*to Tokushi Yoron*（*1712*）, Waterloo, Ontario, 1991)。和中国日本相比较,对于朝鲜史学的研究并不全面,在英语世界中,对于朝鲜史学的研究没有像比斯雷(Beasley)和蒲立本(Pulleyblank)对于中日史学研究那样的著作(如上所述)。然而,仍可以参考崔永浩的《朝鲜史学概述》(Ch'oe Yŏng-ho, 'An Outline History of Korean Historiography', *Korean Studies* 4（1980）: 1-28)。

印度

除了在第一章已经介绍过的研究成果外,可特别参考皮特·哈迪的《中世纪印度的历史学家:印度-穆斯林历史写作研究》(Peter Hardy, *Historians of Medieval India*: *Studies in Indo-Muslim Historical Writing*, 2nd edn, New Delhi, 1997);贾格迪什·纳拉扬·萨卡尔的《中世纪印度历史书写史及同时代的历史学家:中世纪印度史学导论》(Jagadish Narayan Sarkar, *History of History-Writing in Medieval India*: *Contemporary Historians*: *An Introduction to Medieval Indian Historiography*, Calcutta, 1977);苏迪塔·森的《过去的帝国秩序:中世纪北印度地区印度-波斯文化中的时间与历史的含义》(Sudipta Sen, 'Imperial Orders of the Past: the Semantics of History and Time in the Medieval Indo-Persianate Culture of North India' in Daud Ali, *Invoking the Past*: *The Uses of History in South Asia*, New Delhi, 1999, 231-257)。关于非汉传佛教,参阅卡纳伊·阿尔·哈扎拉的《东南亚佛教编年史》一书(Kanai Lal Hazra, *The Buddhist Chronicles of Southeast Asia*, New Delhi, 1986)和森主编的《现代印度的历史学家与历史编纂学》(S. P. Sen ed., *Historians and Historiography in Modern India*, Calcutta, 1999)一书中收录的几篇相关论文。关于《诸王流派》(*Rājatara ṅginī*)的历史可参阅潘迪特翻译的《傻（君王）的花园导读：中世纪克什米尔编年史》(*the introduction to Bahāristān-i-Shāhī：A Chronicle of Mediaeval Kashmir*，trans. K. N. Pandit, Calcutta，1991）。

第四章

文艺复兴和 17 世纪的欧洲

早期近代欧洲史学已经从一系列有利角度做过充分研究。最好的概述是彼得·伯克的《往昔的文艺复兴意识》(Peter Burke，*The Renaissance Sense of the Past*，London，1969)；但也可以参阅奥雷斯特·拉鲁姆主编的《欧洲现代早期的国家意识、历史与政治文化》(Orest Ranum ed.，*National Consciousness，History，and Political Culture in Early-Modern Europe*，Baltimore，MD，1975)；布鲁斯·戈登主编的《16 世纪欧洲的新教历史与自我认同》(Bruce Gordon ed.，*Protestant History and Identity in Sixteenth-Century Europe*，2 vols.，Aldershot，1996)。关于法律与历史的关系，特别可以参考唐纳德·凯利的《现代历史学的基础：法国文艺复兴中的语言、法律与历史学》(Donald R. Kelley，*Foundations of Modern Historical Scholarship：Language，Law，and History in the French Renaissance*，New York，1970)和波考克的《古代宪法与封建法：英格兰 17 世纪历史思想研究》(J. G. A. Pocock，*The Ancient Constitution and the Feudal Law：A Study of English Historical Thought in the Seventeenth Century：A Reissue with a Retrospect*，Cambridge，1987)。关于语文学，可参阅安东尼·格拉夫敦的《赝造者与批评家：西方学术的创造力与欺骗性》(Anthony Grafton，*Forgers and Critics：Creativity and Duplicity in Western Scholarship*，London，1990)和《文本的捍卫者：科学时代的学术传统，1945—1800 年》(*Defenders of the Text：Traditions of Scholarship in an Age of Science，1450 - 1800*，Cambridge，MA，1991)。约瑟夫·列文的《书籍之战·奥古斯都时代的历史与文学》(Joseph M.

Levine，*The Battle of the Books：History and Literature in the Augustan Age*，Ithaca，NY，1991）对于整个欧洲在"古人"与"今人"之间的学术争论做出了精要解释。

　　关于在文艺复兴到 18 世纪前的古物和历史研究，参阅阿纳尔多·莫米利亚诺的《古代历史和古物研究者》（Arnaldo Momingliano，'Ancient History and the Antiquarian' in his *Studies in Historiography*，New York and Evanston，II，1966）一文仍很有价值，也可参考安·莫耶的《17 世纪佛罗伦萨的历史学家与古物学家》一文（Ann E. Moyer，'Historians and Antiquarians in Sixteenth-Century Florence'，*Journal of the History of Ideas* 64（2003）：177 - 193）。

　　关于古物研究和艺术、科学、考古学、地质学思想之间的相互关系，参阅迈克尔·亨特的《约翰·奥布里与学术王国》（Michael Hunter，*John Aubrey and the Realm of Learning*，London，1975）；罗伯特·韦斯的《文艺复兴时期对古典古物学家的发现》（Roberto Weiss，*The Renaissance Discovery of Classical Antiquarian*，2nd edn，Oxford，1988）；弗朗西斯·哈斯克尔的《历史与其图像：艺术与过去的阐释》（Francis Haskell，*History and Its Images：Art and the Interpretation of the Past*，New Haven，CT，1933）；菲利普·杰克的《古物学家与古物的神话：文艺复兴思想中罗马的起源》（Philip J. Jacks，*The Antiquarian and the Myth of Antiquity：The Origins of Rome in Renaissance Thought*，Cambridge，1993）；葆拉·芬德伦的《拥有自然：意大利现代早期的博物馆、收集与科学文化》（Paula Findlen，*Possessing Nature：Museums，Collecting，and Scientific Culture in Early Modern Italy*，Berkeley，CA，1994）；莱昂纳德·巴坎的《发掘过去：文艺复兴文化中的考古学与美学》（Leonard Barka，*Unearthing the Past：Archaeology and Aesthetics in the Making of Renaissance Culture*，New Haven，CT 2000）；丹尼尔·伍尔夫的《过去的社会流动：英国历史文化，1500 - 1730 年》（Daniel Woolf，*The Social Circulation of the Past：English Historical Culture 1500 - 1730*，Oxford，

2003）；约瑟夫·列文的《伍德沃德博士的盾牌：奥古斯都时代英国的历史、科学和讽刺文学》（Joseph M. Levine, *Doctor Woodward's Shield*: *History*, *Science and Satire in Augustan England*, Berkeley, CA, 1977）；威廉·斯滕豪斯的《阅读铭文与古代史书写：文艺复兴后期的历史学》（William Stenhouse, *Reading Inscriptions and Wring Ancient History*: *Historical Scholarship in the late Renaissance*, London, 2005）。博兰德学派（the Bollandists）和17世纪晚期到18世纪早期博学学者们的活动收录在戴卫·诺尔斯的《伟大的历史事业：僧侣史学中的问题》（David Knowles, *Great Historical Enterprises*: *Problems in Monastic History*, London and New York, 1963）和道格拉斯的《1660－1730年间的英国学者》（D. C. Douglas, *English Scholars*, *1660－1730*, 2nd rev. edn., London, 1951）。

对于文艺复兴之后时期的历史研究，出现了对女性参与历史编纂的关注，特别是娜塔莉·泽蒙·戴维斯的《性别与题材：作为历史学家的女性》（Natalie Zemon Davis, Gender and Genre: Women as Historical Writers, 1400－1820, in Patricia H. Labalme ed., *Beyond Their Sex*: *Learned Women of the European Past*, New York, 1980）；洛的《文艺复兴与意大利反新教改革运动中的修女编年史与修女院文化》（K. J. P. Lowe, *Nun's Chronicles and Convent Culture in Renaissance and Counter Reformation Italy*, Cambridge, 2003）；夏洛特·伍德福德的《德国现代早期作为历史学家的修女》（Charlotte Woodford, *Nuns as Historians in Early Modern Germany*, Oxford, 2002）；伍尔夫的《女性的过去？英国的性别，题材和历史知识，1500－1800年》（D. R. Woolf, 'A Feminine Past? Gender, Genre, and Historical Knowledge in England, 1500－1800'. *American Historical Review* 102（1997）：645－679）。

关于宗教和民族国家的研究数量庞大。对于北欧和中欧（包括斯堪的纳维亚和德意志，但不包括法国和英国），参阅杰尔拉德·施特劳斯的《危机岁月中的历史学家：约翰纳斯·阿文蒂努斯（1477—1534）的生平与著作》(Gerald Strauss，*Historian in an Age of Crisis：The Life and Work of Johannes Aventinus 1477 - 1534*，Cambridge，MA，1963)；彼得·比耶特霍尔茨的《历史与故事：黄金时代历史中的神话与传说》(Peter G. Bietenholz，*Historia and Fabula：Myths and Legends in Historical Thought to the Golden Age*，Leiden，1966)；库尔特·约翰内松的《16世纪瑞典的哥特文艺复兴：作为政治家和历史学家的约翰内斯和奥劳斯·马格努斯》(Kurt Johannesson，*The Renaissance of the Goths in Sixteenth-Century Sweden：Johannes and Olaus Magnus as Politicians and Historians*，trans. And ed. James Larson，Berkeley，CA and Los Angeles，1991)；卡伦·斯科夫高-彼得森(Karen Skovgaard-Petersen)的《克里斯蒂安四世的宫廷历史编纂学(1588—1648)》(*Historiography at the Court of Christian IV，1588 - 1648*，Copenhagen，2002)；伊雷娜·巴克斯的《宗教改革时代(1378—1615)的历史学方法与宗派身份》(Irena Backus，*Historical Method and Confessional Identity in the Era of the Reformation（1378 - 1615）*，Leiden，2003)。

关于意大利的文艺复兴，埃里克·科克拉内的《意大利文艺复兴的历史学家与历史编纂学》(Eric Cochrane，*Historians and Historiography in the Italian Renaissance*，Chicago，1981)仍是权威著作；也可参阅在达莱、莱温、奥谢姆主编的《编年史：中世纪和文艺复兴意大利的编年史家与历史学家》(S. Dale，A. W. Lewin and D. J. Osheim eds.，*Chronicling History：Chroniclers and Historians in Medieval and Renaissance Italy*，University Park，PA，2007)一书中的论文。还有一些精深的著作可作为补充，如唐纳德·威尔科克斯的《15世纪佛罗伦萨人文主义者历史编纂学的发展》(Donald Wilcox，*The Development of Florentine Humanist Historiography in the Fifteenth Century*，Cambridge，MA，1969)；齐默尔曼的《保罗·乔维奥：历史学家和16世纪意大利的危机》(T. C. P. Zimmerman，*Paolo Giovio：The Historian and the Crisis of Sixteenth-Century Italy*，Princeton，NJ，1995)；费利克斯·吉尔伯特的《马基雅维

利与圭恰尔迪尼：17 世纪佛罗伦萨的政治学与史学》(Felix Gilbert, *Machiavelli and Guicciardini : Politics and History in Sixteenth-Century Florence*, Princeton, NJ, 1966)；加里·伊恩齐蒂的《斯福尔扎统治下的人文主义历史编纂学》(Gary Ianziti, *Humanistic Historiography under the Sforzas*, Oxford, 1988)；西蒙·迪奇菲尔德的《特伦托宗教会议时期意大利的礼拜、神圣与历史》(Simon Ditchfield, *Liturgy*, *Sanctity*, *and History in Tridentine Italy*, Cambridge, 1995)。南希·斯特吕弗的《文艺复兴时期历史的语言》(Nancy Struever, *The Language of History in the Renaissance*, Princeton, NJ, 1970)有些艰深但值得去读；乌尔曼的《意大利文艺复兴研究》(B. L. Ullman, *Studies in the Italian Renaissance*, Rome, 1973)包含了一系列陈旧但饶有趣味的论文,许多是对于古代史家和他们手稿的研究。

关于法国,可参阅朱利安·富兰克林的《让·博丹与 16 世纪法学方法和历史学的变革》(Julian H. Franklin, *Jean Bodin and the Sixteenth-Century Revolution in the Methodology of Law and History*, New York, 1963)；乔治·胡珀特的《完美历史的观念：文艺复兴时期法国的博学历史与历史哲学》(George Huppert, *The Idea of Perfect History : Historical Erudition and Historical Philosophy in Renaissance France*, Urbana, IL, 1970)；奥列斯特·拉努姆的《光荣的艺术家：17 世纪法国的作家和历史思想》(Orest Ranum, *Artisans of Glory : Writers and Historical Thought in Seventeenth-Century France*, Chapel Hill, NC, 1980)；布兰迪恩·巴雷特-克里格的四卷本权威著作《历史学家与君主政体》(Blandine Barret-Kriegel, *Les historiens et la monarchie*, 4vol, Paris, 1988)。关于中欧,特别是波希米亚,可参考霍华德·劳坦的《波希米亚皈依：天主教改革中的强力与劝诫》(Howard Louthan, *Converting Bohemia : Force and Persuasion in the Catholic Reformation*, Cambridge, 2009, 115 - 145)。关于西班牙,参阅萨切斯·阿隆索的《西班牙史学史：综合研究》(B. Sánchez-Alonso, *Historia de la Historiografia Española : Ensayo de un*

527

Examen Conjunto，*vols. II and III*，Madrid，1944，1950)仍有帮助,但对西班牙的许多研究主要集中在扩张史和统治史上,关于这一点在下一章有介绍。关于英国,可参阅利维的《都铎王朝的历史思想》(F. J. Levy，*Tudor Historical Thought*，San Marino，CA，1967);弗格森的《被解放的克列奥:文艺复兴时期英国的社会观念与文化》(A. B. Ferguson，*Clio Unbound*：*Perception of the Social and Cultural Past in Renaissance England*，Durham，NC，1979);丹尼尔·伍尔夫的《早期斯图亚特王朝的历史观念》(Daniel Woolf，*The Idea of History in Early Stuart England*，Toronto，1990)和《早期现代英国的历史阅读》(*Reading History in Early Modern England*，Cambridge，2000);菲利普·希克斯的《新古典主义历史与英格兰文化:从克莱伦登伯爵到休谟》(Philip Hicks，*Neoclassical History and English Culture*：*From Clarendon to Hume*，New York，1996);最近出版的论文集,参阅保林·克韦斯主编的《英国近代早期历史学的运用》(Paulin Kewes，*The Uses of History in Early Modern England*，San Marino，CA，2006)。对于苏格兰的研究不多,但可参考戴维·艾伦的《美德、学术与苏格兰启蒙》(David Allan，*Virtue*，*Learning and the Scottish Enlightenment*，Edinburgh，1993),罗杰·梅森的《镇压:十六世纪英国的政治、历史和国家神话》(Roger Mason，'Scotching the Brut：Politics，History and National Myth in Sixteenth-Century Britain'，in R. A. Mason ed.，*Scotland and England 1286 - 1815*，Edinburgh，1987，60 - 84)。

关于君主与历史的关系,作为对上列书目的补充,可参考除上述拉努姆(O. Ranum)、伊恩齐蒂(G. Ianziti)之外的研究如下:尚塔尔·格蕾莱、凯瑟琳·沃尔皮哈克-奥热主编的《尼古拉·弗雷烈,传说与真实》(Chantal Grell，Catherine Volpihac-Auger eds.，*Nicolas Fréret*，*légende et vérité*，Oxford，1994)研究了法国;理查德·卡甘的《克列奥与王冠:中世纪和早期近代西班牙历史学中的政治》(Richard L. Kagan，*Clio and the Crown*：*The Politics of History in Medieval and Early Modern Spain*，

Baltimore，2009）研究了西班牙；还有尚塔尔·格蕾莱（Chantal Grell）、韦纳·帕拉维奇尼、于尔根·沃斯主编的《16—18 世纪的君王与历史》（Werner Paravicini，Jürgen Voss eds.，*Les Princes et l'histoire du XVIe au XVIIIe siècle*，Bonn，1998）研究了整个欧洲。关于历史艺术（ars historica），安东尼·格拉夫敦的《历史曾是什么?》（Anthony Grafton，*What was History?*，Cambridge，MA，2007）既权威又极富可读性；而吉罗拉莫·考特罗内奥的《历史艺术诸篇》（Girolamo Cotroneo，*I trattatisti dell' Ars historica*，Naples，1971）仍包含了许多有价值的观点；更为简洁的（如今已有些陈旧）是贝亚特里切·雷诺兹的《历史批评流变》（Beatrice R. Reynolds，'*Shifting Currents of Historical Criticism*'，*Journal of the History of Ideas*，14（1953），471‑492）。

中国明朝的历史书写

作为对前几章提到的研究成果补充，可参考伍安祖的《晚明的私修历史》（On-cho NG，'Private Historiography of the Late Ming：Some Notes on 5 works；*Ming Studies* 18（1984）：46‑68）；卜正民的《明清历史的地理资料》（Timothy Brook，*Geographical Sources of Ming-Qing History*，Ann Arbor，MI，2002）；傅吾康的《明实录，1368—1644 年》（Wolfgang Franke，'The Veritable Records of the Ming Dynasty（1368‑1644）'，in W. G. Beasley，E. G. Pulleyblank eds.，*Historians of China and Japan*，60‑77）一文。弗兰克的《明史史料介绍》（Franke *An Introduction to the Sources of Ming History*，Kuala Lumpur，1968）和《明朝的历史书写》（'Historical Writing during the Ming'，in F. W. Mote and D. C. Twichett eds.，*The Cambridge History of China*，vol. 7，The Ming Dynasty. Part I，Cambridge，1988，726‑782）；方岚生的《互照——莱布尼茨与中国》（Franklin Perkins，*Leibniz and China*：*A Commerce of Light*，Cambridge，2004）。关于对黄宗羲的政治作品《明夷待访录》的语境重构和他的其他作品，可以参考司徒琳的《历史语境中的黄宗羲：对其主要作

品的再评价》(Lynn A. Struve, 'Huang Zongxi in Context: A reappraisal of his Major Writings', *Journal of Asian Studies* 47 (1988): 474 - 502)。关于罗贯中的政治军事作品《三国演义》(完成于明朝),参阅戴福士的《走向另一个唐或周? 从顺治时期的中原看起》(Roger Des Forges, 'Toward Another Tang or Zhou? Views from the Central Plain in the Shunzhi Reign', in Lynn A. Struve ed., *Time*, *Temporality and Imperial Transition: East Asia from Ming to Qing*, Honolulu, (2005), 73 - 112)。

萨法维王朝、莫卧儿王朝和奥斯曼帝国的伊斯兰史学

　　与第二章和第三章中有关形成中的、古典的伊斯兰历史学家所引用的文献相比较,还没有早期现代伊斯兰史学的研究,这大概反映了自 13 世纪伊斯兰政治分裂的状况。能够了解这段历史的一种途径就是通过阅读有关不同地区和王朝的著作。幸运的是这一类的著作颇丰。关于波斯,尤其可以参阅奎因的《阿巴斯统治时期的历史写作: 萨菲编年史中的思想形态、模仿与合法性》(Sholeh A. Quinn, *Historical Writing during the Reign of Shah 'Abbas: Ideology, Imitation and Legitimacy in Safavid Chronicles*, Salt Lake City, UT, 2000);贝尔托德·斯普勒的《波斯史学与地理学》(Bertold Spuler, *Persian Historiography and Geography*, trans. M. Ismail Marcinkowski, Singapore, 2013,一本古老著作的译本)的后面部分;萨沃的《枯燥无味、拮据拗牙的阅读》(R. M. Savory, '"Very Dull and Arduous Reading": A Reappraisal of *the History of Shah 'Abbas the Great* by Iskandar Beg Munshi,' *Hamdard Islamicus* 3 1980: 19 - 37);还可以参阅费利克斯·陶尔的《历史与传记》(Felix Tauer, 'History and Biography' in Jan Rypka et al., *History of Iranian Literature*, ed., Karl Jahn, Dordrecht, 1968, 438 - 461)。

　　印度或许拥有其"中世纪"时期最广泛的涵盖范围(包括西方的中世纪晚期和莫卧儿时代),这时期包括许多主要著作的翻译,比如《巴布尔纳玛》(*Baburnama*)、《阿克巴纳玛》(*Akbarnama*)、《沙贾汗本纪》(*Shah*

Jahan Nama)以及一部很罕见的由女性编写的历史著作:《胡马雍本纪》(*Humayun-Nama*),它是由第二任莫卧儿帝王的妹妹古尔·巴丹卡莉达(Gul-Badan Begum)所写。这些著作的翻译应归功于一大批 19 世纪的英国官员和学者的努力,其中最有名的是詹姆斯·托德上校(Colonel James Tod,1782－1835)和亨利·迈尔斯·埃利奥特爵士(Sir Henry Miers Elliot,1808－1853)。托德的观点与印度教徒相近,他认为处于伊斯兰教统治之下的印度是印度历史上的暴政时期,为此他收集了许多拉杰普特时期(Rajputs)的资料,包括许多他的手稿,其中有两部已经出版了,名为《拉贾斯坦邦的地方志与遗迹》(*Annals and Antiquities of Rajast'han*,London,1829－1832);埃利奥特则出版其著作《印度穆斯林历史学家的文献索引》(*Bibliographical Index to the Historians of Muhammedan*[*sic*]*India*,4 vols.,Calcutta,1849),并编辑了大量从 9 世纪到 18 世纪的印度穆斯林的文本。其中许多文本被收录在其去世后出版的由道森主编的八卷本《印度史,由自己的历史学家叙述:穆罕默德时期》(J. Dowson ed.,*The History of India, as Told by Its Own Historians: The Muhammadan Period*,London,1867－1877)中,此书已在文献学和思想意识形态领域受到广泛的批评。第二类来源同样十分丰富:除了参阅菲利普的论文《印度、巴基斯坦与锡兰的历史学家》(C. H. Philips,*Historians of India, Pakistan, and Ceylon*,London,1961)外,还可以参阅哈桑、穆罕默德主编的《中世纪印度的历史学家》(Mohibbul Hasan,Muhammad Mujeed eds.,*Historians of Medieval India*,Meerut,1968);纳拉扬萨卡的《中世纪印度历史写作史:同时代的历史学家对中世纪印度史的介绍》(Jagadish Narayan Sarkar,*History of History-Writing in Medieval India: Contemporary Historians: An Introduction to Medieval Indian Historiography*,Calcutta,1977);彼得·哈迪的《中世纪印度的历史学家:对印度穆斯林历史写作的研究》(Peter Hardy,*Historians of Medieval India: Studies in Indo-Muslim Historical Writing*,2nd edn,1960;New Delhi,1997);以及穆基亚的《阿克巴统治时期的历史学家与史

529

学》(Harbans Mukhia, *Historians and Historiography during the Region of Akbar*, New Delhi, 1976)。三桔·萨布拉曼洋(Sanjay Subrahmanyam)的论文《对 1500—1800 年间南印国家与历史形成的反思》('Reflection on State-Making and History-Making in South India, 1500 - 1800', *Journal of Economic and Social History of Orient*, 41 (1988): 382 - 416),该论文对这一时期印度南部编年史与国家的关系阐述得很深刻。最后,由拉奥、大卫·舒尔曼和三桔·萨布拉曼洋合著的《时间的纹理:1600—1800 年间南印写作史》(Velcheru Narayana Rao, David Shulman, *Textures of Time*: *Writing History in South India* 1600 - 1800, New York, 2003)是一本对 16、17、18 世纪南亚历史写作流派的具有煽动性和极具可信的探索,其中包含了对其他非欧洲历史形式评价的重要暗示。

虽然近年来对奥斯曼人的研究突然变得热门起来,但只有为数不多奥斯曼人的历史著作被翻译成英语。弗朗茨·巴比戈的《奥斯曼人的历史书写者及其著作》(Franz Babinger, *Die Geschichtsschreiber der Osmanen und ihre werke*, Leipzig, 1927)是最新的书目研究;它正被哈佛大学的一个主要研究项目:奥斯曼帝国的历史学家(Historians of the Ottoman Empire)所取代,该项目的网址为:http://www.ottomanhistorians.com,该项目列出的历史学家至少是巴比戈的三倍。杰马尔·卡法达尔的《两个世界之间:奥斯曼国家的构建》(Cemal Kafadar, *Between Two Worlds*: *The Construction of the Ottoman State*, Berkeley, CA, 1995)讨论了早期文献和现代史学。有用的简明整体研究有哈利勒·伊拉西克的论文《奥斯曼史学的兴起》(Halil Inalcik, 'The Rise of Ottoman Historiography', in Bernard Lewis and P. M. Holt eds. *Historians of the Midddle East*, London, 1962, 152 - 167);还有法朗齐的《走进奥斯曼历史:文献介绍》(Suraiya Faroqhi, *Approaching Ottoman History*: *An Introduction to the Sources*, Cambridge, 1999。作者评论了历史编纂的历史);另外还有各个历史学家的研究,其中有康奈

尔·弗莱舍的《奥斯曼帝国的官僚与知识份子：历史学家穆斯塔法·阿里》(Cornell H. Fleischer, *Bureaucrat and Intellectual in the Ottoman Empire：The Historian Mustafa Ali*, Prince, NJ, 1986)，这是一本兼具明确性和细节且包括了对主题的全面概括的典范之作；对此更进一步研究的是约翰内斯·施密特，其著作《给干渴穆斯林的纯净水：有关穆斯塔法·阿里在加里波底的昆胡·阿赫巴尔的研究》(Johannes Schmidt, *Pure Water for Thirsty Muslims：A Study of Mustafa Ali of Gallipoli's kunhu l-Ahbar*, Leiden, 1991)。其他个体研究有刘易斯·托马斯(Lewis V. Thomas)，其著作《奈玛研究》(*A Study of Naima*, ed. N. Itzkowitz, New York, 1972，去世后发表有关奈玛研究的博士论文，附有很长的选自历史学家的英语摘要)；及梅纳吉的《纳什里的奥斯曼的历史：文本来源与发展》(V. L. Menage, *Neshri's History of the Ottamans：The Sources and Development of the Text*, London, 1964)。也可参阅马西埃尔·基尔《马拉纳·纳什里与中世纪保加利亚的城镇》的(Machiel Kiel, "Mevlana Neṣri and Towns of Medieval Bulgaria," in Colin Heywood and Colin Imber (eds.), *Studies in Ottoman History in Honour of Professor V.L. Menage* (Istanbul, 1995), 165–186)。加布里埃尔的《奥斯曼悲剧：戏剧中的历史与史学》(Gabriel Piterberg, *An Ottoman Tragedy：History and Historiography at Play*, Berkeley, CA, 2003)，是一份令人着迷的研究，也是理论上的挑战，从 17 世纪早期选取的案例研究，围绕1622 年奥斯曼苏丹二世(Sultan Osman II)一系列暗杀事件的不断重写。特兹坎的《现代早期奥斯曼史学的政治》(Baki Tezcan, 'The Politics of Early Modern Ottoman Historiography,' in V. H. Aksan and D. Goffman eds., *The Early Modern Ottoamns：Remapping the Empire*, Cambridge, 2007,167–198)；伍德海的《奥斯曼人进军匈牙利史》(Christine Woodhead, *Ta'li ḳ İ-zāde's Ṣehnāme-i hümāyūn：A History of the Ottoman Campaign into Hungary, 1593–1594*, Berlin, 1983)及《官方史学尝试》('An Experiment in Official Historiography：The Post of

Şehnāmeci in the Ottoman Empire c. 1555 – 1605' *Wiener Zeitschrift für die Kunde des Morgenlandes* 75（1983）：157‑182），该文对法院资助和官方史学很有帮助。最后，关于研究奥斯曼人的西方历史学家，可以参阅玛格丽特·莫瑟夫的《文艺复兴时期历史思想中的伊斯兰帝国》（Margaret Meserve，*Empire of Islam in Renaissance Historical Thought*，Cambridge，MA，2008）。

530

第五章

关于印度和美洲史的欧洲历史写作

　　关于发现新大陆对欧洲历史思想的影响，可以参阅大卫·阿米蒂奇的论文《新世界与从理查德·哈克卢伊特到罗伯逊的英国历史思维》（David Armitage，'The New World and British Historical Thought from Richard Hakluyt to William Robertson,' in Karen O. Kupperman ed. *American in European Conciousness, 1493 – 1750*, Chapel Hill，NC and London，1995，52‑75）；彼得·伯克的论文《美洲人与世界史重写》（Peter Burke，'American and the Rewriting of World History,' ibid.，33‑51）。约翰-保罗·卢比斯的《文艺复兴时期的旅游与民族学》（Joan-Pau Rubiés, *Travel and Ethnology in Renaissance: South India through European Eyes, 1250 ‑ 1625*, Cambridge，2000），其第八章讲述的就是西班牙东扩至南亚的历史。有关伊比利亚的历史和美洲历史学家，有两份最新研究可以参阅，即弗朗西斯科·埃斯泰夫·巴尔巴的《印第安纳史学》（Francisco Esteve Barba, *Historiografia Indiana*, Madrid，1964）、柯蒂斯·威尔格斯的《拉丁美洲史学：历史写作入门，1500—1800 年》（A. Curtis Wilgus, *The Historiography of Latin America: A Guide to Historical Writing, 1500 – 1800*, Metuchen，NJ，1975）；也可以参阅杰克·雷·托马斯的《拉丁美洲历史学家与史学传记辞典》（Jack Ray Thomas, *Biographical Dictionary of Latin American Historians and*

Historiography，Westport，CT，1984）。本杰明·基恩的《西方思维中阿兹特克人形象》（Benjamin Keen，*The Aztec Image in Western Thought*，New Bunswick，NJ，1971）对在欧洲的阿兹特克人形象及他们文化的争论论述得非常精彩。布拉丁的《第一美洲：西班牙王室、克里奥尔语爱国者与自由国家，1492—1867 年》（D. A. Brading，*The First America：The Spanish Monarchy，Creole Patriots，and the Liberal State 1492 - 1867*，Cambridge，1991）是一部在西班牙人与阿兹特克人接触后三个世纪里极好的身份认同研究著作。安琪儿·德尔加多-戈麦斯的《1493—1700 年间西班牙有关新世界的历史写作》（Angel Delgado-Gomez，*Spanish Historical Writing about the New World 1493 - 1700*，Providence，RI，1994）是一部逐项详细讲述西班牙历史的著作，附有插图。各个历史学家的专著，如拉斯·加萨斯（Las Casas）、阿科斯塔（Acosta）、萨米恩托（Sarmiento）、萨哈冈（Sahagún）的数目太多这里就不一一列举了。早期历史学家的 19 世纪中期的文献汇集（西班牙语）以恩里克·维迪尔（Enrique de Vedia）名誉刊发（源自 18 世纪晚期的一个版本），即《印度早期历史学家》（*Historiadores primitivos de India*，3 vols.，Madrid，1852）于 1946 年再次出版。有关新世界的西班牙历史著作几乎都被翻译成英文，其中许多著作被翻译多次。

美洲土著与混血儿写的历史

与上文提到的埃斯泰夫·巴尔巴轻视本土历史学家及其文本相比，对欧洲人到达美洲前后有姓名的作家或南美洲、中美洲的历史思想都有越来越多的细致研究。有关前哥伦布时代，哥伦布到达后早期的中美洲、南美洲的历史文献已经研究得很好，现在有很多有关中美洲重要文献的版本可以获得，其中许多包含了大量的图画和复写本。可以参阅由詹森、吉米内兹主编的《博得利法典：来自米兹特克高地和墨西哥的画纪事报》（M . Jansen，G . A . Perez Jiménez，*Codex Bodley：A Painted Chronicle from the Mixtec Highlands，Mexico*，Oxford，2005）；保罗·基尔霍夫、奥德纳·格梅斯和路易斯·雷耶斯·加西亚主编的《托尔特克-奇奇梅克人史》(Paul Kirchhoff, Lina Odena Guemes, Luis Reyes Garcia eds., *Historia Tolteca-Chichimeca*, Mexico, 1976。用西班牙语、那瓦特语 [Nahuatl]);科伯编辑并翻译的《纳托尔兰斯法典:阿兹特克绘图手稿中的仪式、占卜与历史》(Eloise Quiñones Keber, ed. and trans., *Codex Telleriano-Remensis: Ritual, Divination, and History in a Pictorial Aztec Manuscript*, Austin, TX, 1995);伊丽莎白·希尔·布恩的《红与黑之间故事:插图本阿兹特克人与米斯特克人史》(Elizabeth Hill Boone, *Stories in Red and Black: Pictorial Histories of Aztecs and Mixtec*, Austin, TX, 2000)。尼科尔森的论文《核心美洲本土历史传统与他们的考古相关性问题》(H. B. Nicholson, 'Native Historical Traditions of Nuclear America and the Problem of their Archaeological Correlation' *American Anthropo-logist* 57, 1955: 594 - 613)给我们提供了中部墨西哥人分析和局部研究的典范。还有许多我们可以接触到的 16 世纪末和 17 世纪主要历史学家的文献版本,其中著名的有加尔西拉索·德·拉·维加(EI Inca Garcilaso de la Vega)、古曼·波玛(Guaman Poma)和阿尔瓦·伊克特利切特尔(Alva Ixtlilxóchitl)。詹姆斯·洛克哈特编辑并翻译的《我们这里的人:征服墨西哥中的纳瓦特叙述》(James Lockhart ed. and trans., *We People Here: Nahuatl Accounts of the Conquest of Mexico*, Eugene, OR, 1993)是研读纳瓦特的非常有用的西班牙语和英语双语文本选集。关于印加人的次要文献,尤其要参阅苏珊·奈尔斯的《印加历史的形成:安第斯山脉帝国的叙事与建构》(Susan Niles, *The Shape of Inca History: Narrative and Architecture in an Andean Empire*, Iowa City, 1999);凯瑟琳·朱利安的《阅读印加史》(Catherine Julien, *Reading Inca History*, Iowa City, 2000);加里的《从结绳记事到叙述》(Gary Urton, 'From Knots to Narratives: Reconstructing the Art of Historical Record Keeping in the Andes from Spanish Transcriptions of the Inkha Khipus', *Ethnohistory* 45 (1998): 409 - 438)。关于征服者与被征服者的相互影

响,参阅瓦尔特·米格诺罗的《复兴的阴暗面：文化、占领与殖民》(Walter D. Mignolo, *The Darker Side of the Renaissance*: *Literacy*, *Territoriality*, *and Colonization*, 2nd edn, 1995; Ann Arbor, MI, 2003) 及佛罗勒斯坎的《墨西哥的记忆、神话与时间：从阿兹特克到独立》(Enrique Florescano, *Memory*, *Myth and Time in Mexico*: *From the Aztecs to Independence*, trans. Albert G. Bork and Kathryn R. Bork, Austin, TX, 1994)。这两部著作言辞激烈,都压倒性地强调欧洲历史的真实性。这两本著作为下面三部倾向于双向影响的著作所平衡,它们分别是：乔治·博多的《墨西哥的乌托邦与历史：1520—1569 年间墨西哥文明的第一部编年史》(Georges Baudot, *Utopia and History in Mexico*: *The First Chronicle of Mexican Civilization* (1520 – 1569), trans. Bernard R. Ortiz, Niwot, CO, 1995),关注的是墨西哥早期历史写作的乌托邦主义和千禧年主义；拉巴萨的《发明美洲：西班牙史学与欧洲中心论的形成》(José Rabasa, *Inventing America*: *Spanish Historiography and the Formation of Eurocentrism*, Norman, OK and London, 1993),讲述的是新世界的发现及对欧洲人自身的欧洲中心观形成的影响；及豪尔赫·卡尼萨雷斯-埃斯格拉的《如何写新世界的历史：18 世纪大西洋世界的历史、认识论与身份认同》(Jorge Cañizares-Esguerra, *How to Write a History of the New World*: *Histories*, *Epistemologies and Identities in the Eighteenth-Century Atlantic World*, Stanford, CA, 2001),讨论的是 18 世纪大西洋两岸的历史学家。

北美殖民史

迈克尔·克劳斯、大卫·乔伊斯的《美国历史的书写》(Michael Kraus, David D. Joyce, *The Writing of American History*, rev. edn, Norman, OK, and London, 1985)第一版于 1937 年出版,是一本可供参考且持续更新的著作,此书持续的更新使其可以成为研究的参考书而不是普通读物。大卫的《记录美国过去：1607—1884 年间美国历史研究发展的

解 释》（ David D. Van Tassel， *Recording America's Past： An Interpretation of the Development of Historical Studies in America 1607‒1884*，Chicago，1960），此书是可以追溯到 19 世纪 90 年代的解释性的、选择性的记述，具有可读性但包含了一些事实性的错误，并倾向于过分强调美国历史写作起源于欧洲的特殊性；彼得·盖伊的《支配权的陨落：在殖民时代的美国清教徒历史学家》（Peter Gay， *A Loss of Mastery： Puritan Historians in Colonial America*，Berkeley，CA，1996）是一本关于清教徒这一精英团体的杰出研究。特雷弗·科尔伯恩的《经验之灯：辉格 史 与 美 国 革 命 的 知 识 起 源 》（ Trevor Colbourn， *The Lamp of Experience： Whig History and the Intellectual Origins of the American Revolution*，Chapel Hill，NC，1965）本质上关心不是历史学家而是英美革命之间的历史思想之间的联系，附录中包含了记录历史阅读模式的努力。斯蒂芬·卡尔·阿奇的《授权过去：17 世纪英格兰的历史修辞学》（Stephen Carl Arch， *Authorizing the Past： The Rhetoric of History in Seventeenth-Century England*，De Kalb，IL，1994）及大卫·里德的《新世界，已知世界：早期盎格鲁-美利坚写作的知识形成》（David Read， *New World*，*Known World： Shaping Knowledge in Early Anglo-American Writing*，Columbia，SC and London，2005）均是文学研究，前者提供了有关约翰逊（Johnson）、马瑟兄弟（the Mathers）、温思罗普（Winthrop）的有用材料，后者则很好地研究了约翰·史密斯（John Smith）、威廉·布拉德福德（William Bradford）。彼得·梅塞尔的《独立的故事：18 世纪美国的身份认同、意识形态与历史》（Peter C. Messer， *Stories of Independence： Identity，Ideology，and History in Eighteenth-Century America*，De Kalb，IL，2005）覆盖了许多同样的领域，同时强调苏格兰启蒙运动的影响（在下一章阅读到）；它包含了一张非常实用的美国历史年表。劳伦斯·莱德尔编辑的《殖民时代的遗产》（Lawrence H. Leder ed.， *The Colonial Legacies*，2 vols.，New York，1971）是一部关于美国早期历史学家的论文集。罗斯玛丽·扎格里的《妇女的困境：奥蒂斯·沃伦和美国革命》

(Rosemarie Zagarri，*A Woman's Dilemma*：*Mercy Otis Warren and the American Revolution*，Wheeling，IL，1995)及凯特·戴维斯的《凯瑟琳·麦考利与奥蒂斯·沃伦：革命的大西洋与性别政策》(Kate Davies，*Catharine Macaulay and Mercy Otis Warren*：*The Revolutionary Atlantic and the Politics of Gender*，Oxford，2005)诠释了杰出的革命时代人物沃伦(Warren)。早期美国妇女的历史著作选集收录在由沙龙·哈里斯编辑的《女性所记录的早期美国历史叙述》(Sharon N. Harris ed.，*Women's Early American Historical Narratives*，Harmondsworth，2003)。本土的历史性是人类学家的研究主题,艾米·奥登的《超越征服：新英格兰的土著与斗争史》(Amy E. Den Ouden，*Beyond Conquest*：*Native Peoples and the Struggle for History in New England*，Lincoln，NE，2005)。

第六章

口述的断裂

现在没有单独的对18世纪口语、字母书写、历史的研究。但可以参阅尼古拉斯·哈德森的《1600—1830年间的写作与西方思想》(Nicholas Hudson，*Writing and European Thought 1600 - 1830*，Cambridge，1994)和统一作者的论文《构建口语传统：启蒙时代知识文化中概念的起源》('Constructing Oral Tradition：The Origins of the Concept in Enlightenment Intellectual Culture'，in A. Fox and D. Woolf eds. *The Spoken Word*：*Oral Culture in Britain 1500 - 1850*，Manchester，2002，24 - 55)。还可以参阅本书作者的论文《共同的声音：近代早期英格兰的历史、民俗与口述传统》('The "Common Voice"：History，Folklore，and Oral Tradition in Early Modern England'，*Past and Present* 120，August 1988，26 - 52)。

18 世纪欧洲历史文化综述

有关启蒙运动历史思想的英语通论著作并不多,尽管有关这一时期
533　的文化研究、思想研究中的历史与历史学家作为主题也是非常突出的。
作为一般史学研究背景有洞察力的指南,我们在这里时常被提及的许多
作家是,波考克(J. G. A. Pocock)对吉本的《罗马帝国衰亡史》(Gibbon,
Decline and Fall of the Roman Empire)的持续研究,它不仅包含了吉本
本人,还包含了像休谟(Hume)、罗伯逊(Robertson)、伏尔泰(Voltaire)、莫
斯海姆(Mosheim)等其他历史学家的研究:《野蛮与宗教》(*Barbarism and
Religion*, 5 vols. to date, Cambridge, 1999 -)。保罗·哈泽德的《18 世纪
的欧洲思想:从孟德斯鸠到莱辛》(Paul Hazard, *European Thought in the
Eighteenth Century*:*From Montesquieu to Lessing*, Cleveland, OH,
1963)和《1680—1715 年间的欧洲思想》(*The European Mind 1680 - 1715*,
trans J. Lewis May, Harmondsworth, 1973)及卡西尔的《启蒙哲学》
(Ernst Cassirer, *The Philosophy of the Enlightenment*, trans. Fritz
C. A. Koelln and James P. Pettegrove, Boston, 1955),这些著作虽陈旧但
观念依旧深刻。弗里德里希·梅尼克的《历史主义:新历史观的兴起》
(Friedrich Meinecke, *Historism*:*The Rise of a New Historical Outlook*,
trans. J. E. Anderson, 2nd edn, translation revised by H. D. Schmidt,
London, 1972)是一部经典之作,其对偶像人物进行特殊选择并倾向于把
18 世纪看作最吸引人的时代,把 19 世纪视为历史主义的时代;这也是巴
特菲尔德的《人类论其往昔:历史学术研究》(Herbert Butterfield, *Man on
His Past*:*The Study of Historical Scholarship*, Cambridge, 1955)的弱
点。安娜·戈登加的《粗鲁的学问:1680—1750 年间文学共和国的行为与
共同体》(Anne Goldgarm, *Impolite Learning*:*Conduct and Community
in the Republic of Letters*, 1680 - 1750, New Haven, CT, 1995)研究了
"文学共和国"的学术氛围。还有一些文集,诸如罗伊·波特、米库拉什·
泰希编辑的《民族语境下的启蒙运动》(Roy Porter, Mikuláš Teich eds.,

The Enlightenment in National Context，Cambridge，1981）；及卡尔·哈默、于尔根·沃斯编辑的《18 世纪的历史研究》（Karl Hammer，Jürgen Voss eds.，*Historische Forschung im 18. Jahrhundert*，Bonn，1976。以德语、法语写作的这方面的最新文集）。尽管已有一个世纪之久，狄尔泰的论文《18 世纪与历史世界》（Wilhelm Dilthey，'The Eighteenth Century and the Historical World'，trans. P. Van Tuhl，in Dilthey *Selected Works*，ed. Rudolf A. Makreel and Frithjof Rodi，Princeton，NJ，1985 -，vol. IV，325 - 385），仍旧是对他那个时代杰出的历史哲学家的经典摘要和评估。总体来说，这一时期的史学活动很好地被当时的不同人物和官方记录下来。关于法国、意大利、英国、德国，参阅下述书目。诸如瑞典、俄国这类北方国家正在进行研究，可参阅彼得·哈尔贝格的《自由时代：1740—1792 年间的社会动乱、历史写作与瑞典新的公共领域》（Peter Hallberg，*Ages of Liberty*：*Social Upheaval*，*History Writing*，*and the New Public Sphere in Sweden*，1740 -1792，Stockholm，2002）；马克斯·奥肯夫斯的《早期近代俄国拉丁人文主义的兴起与衰落》（Max J. Okenfuss，*The Rise and Fall of Latin Humanism in Early-Modern Russia*，Leiden，1995）；及鲁道夫·丹尼尔斯、塔季谢夫的《圣彼得革命的保卫者》（Rudolph L. Daniels，V. N. Tatishchev，*Guardian of the Petrine Revolution*，Philadelphia，1973）。

意大利、苏格兰的"哲学"史

处于文艺复兴和意大利复兴运动（Risorgimento）之间的意大利在一定程度上被忽略了，其中也包括历史写作被忽略了。维科（Vico）和（一定程度上的）詹诺内（Giannone）就是有名的例子。关于詹诺内的英文资料很少，但能够阅读意大利语的应该参阅朱塞佩·里库佩拉迪的《皮埃特罗·加诺内在米兰和那不勒斯的市民经历与信仰经历》（Giuseppe Ricuperati，*L'esperienza civile e religiosa di Pietro Giannone*，Milan and Naples，1970），特别需要注意的是杜利的《怀疑主义社会史》（B. Dooley，*The*

Social History of Skepticism，Baltimore，1999）中的第三章及其在论文《从失败关口获得胜利：巴洛克时代意大利的历史与想象》（'Snatching Victory from the Jaws of Defeat：History and Imagination in Baroque Italy'，*Seventeenth Century* 15：1，2000：90 - 115）是有帮助的。比较而言，维科现已被翻译成多种语言并进行了系统研究。哈德克的《历史思想导论》（B. A. Haddock，*An Introduction to Historical Thought*，London，1980）有关于维科简明的、流畅章节介绍其思想；利昂·庞帕的《人性与历史知识：休谟、黑格尔与维科》（Leon Pompa，*Human Nature and Historical Knowledge*：*Hume*，*Hegel*，*and Vico*，Cambridge，1990）和《维科：〈新科学〉研究》（*Vico*：*A Study of the* '*New Science* '，2ⁿᵈ edn，Cambridge，1990）及唐纳德·菲利普·维纶的《维科的想象科学》（Donald Phillip Verene，*Vico's Science of Imagination*，Ithaca，NY，1981）都是比较全面的研究，又侧重不同的方面进行重点研究。乔治·塔利亚科佐、怀特主编的《维科：国际论文集》（Giorgio Tagliacozzo，Hayden V. White eds.，*Giambattista Vico ：An International Symposium*，Baltimore，1969）是关于维科思想不同方面的论文集。关于苏格兰的一般研究著作，有理查德·谢尔的《苏格兰启蒙运动时期的教堂与大学：爱丁堡的谦和知识界》（ Richard B. Sher，*Church and University in the Scottish Enlightenment*：*The Moderate Literati of Edinburgh*，Princeton，1985）及《启蒙运动与书籍》（*The Enlightenment and the Book*，Chicago，2006）；科林·基德的《颠覆苏格兰过去：苏格兰辉格历史学家及盎格鲁-英格兰认同的创造》（Colin Kidd，*Subverting Scotland's Past*：*Scottish Whig Historians and the Creation of an Anglo-British Identity*，Cambridge，1993）；还有大卫·艾伦的《美德、学问与苏格兰启蒙运动》（David Allan，*Virtue*，*Learning and the Scottish Enlightenment*，Edinburgh，1993）。近期对苏格兰启蒙运动中的历史学进行简明研究的是穆雷·皮托克的论文《历史学》（Murray Pittock，"Historiography"，in Alexander Beoadie ed.，*The Cambridge Companion to the Scottish Enlightenment*，Cambridge，

2003，258 - 279）。

法国启蒙运动的历史思想

　　法国是启蒙运动的中心，以至于对这一时期的一般研究在一定程度上给法国带去骄傲。关于伏尔泰研究，可以参阅布鲁姆菲特的《历史学家：伏尔泰》(J. H. Brumfitt, *Voltaire*, *Historian*, Oxford, 1958)；布鲁斯·马兹利什的《历史之谜：从维科到弗洛伊德伟大的探索者》(Bruce Mazlish, *The Riddle of History*：*The Great Speculators from Vico to Freud*, New York, 1966)；还可以参阅卡伦·奥布莱恩的《启蒙运动的叙述：从伏尔泰到吉本世界主义者的历史》(Karen O'Brien, *Narratives of Enlightenment*：*Cosmopolitan History from Voltaire to Gibbon*, Cambridge, 1997)。关于孟德斯鸠研究，可以参阅苏珊·吉尔哈特《阅读〈论法的精神〉：孟德斯鸠与历史法则》(Suzanne Gearhart, 'Reading *Del'Esprit des Lois*：Montesquieu and the Principles of History', *Yale French Studies* 59 (1980)：175 - 200)。关于孔多塞研究，可以参阅马兹利什的《历史之谜》(*The Riddle of History*, 同上)，这部著作也包含了维科，可读性强，即使在多有判断的情况下。也可参阅罗伯特·达恩顿的《启蒙运动的生意：1775—1800 年间的百科全书出版史》(Robert Darnton, *The Business of Enlightenment*：*A Publishing History of the Encyclopédie*, *1775 - 1800*, Cambridge, MA, 1979)，这虽然不是关于历史本身的，而在本质上是关于知识传播的阅读史，是一部关于 18 世纪文化的典范之著。列昂奈尔·戈斯曼的《中世纪精神与启蒙运动意识形态：圣帕拉维的世界与著作》(Lionel Gossman, *Medievalism and the Ideologies of the Enlightenment*：*The World and Work of La Curne de Sainte-Palaye*, Baltimore, 1968)，通过对"博学"(*érudit*)传统时代中的杰出学者活动的研究，从而对 18 世纪的反中世纪精神的传统解释进行了纠正。

三巨头

关于休谟研究,可以参阅尼古拉斯·菲利普森的《休谟》(Nicholas Phillipson, *Hume*, London, 1989),大卫·伍顿的论文《"历史学家"大卫·休谟》(David Wootton, 'David Hume, "the historian"', in D. F. Norton ed., *The Cambridge Companion to Hume*, Cambridge, 1993, 281 - 312)。也可参阅布劳迪的《历史与小说中的叙述形式》(Leo Braudy, *Narrative Form in History and Fiction*, Princeton, NJ, 1980),它涵盖了休谟、吉本与小说家亨利·菲尔丁(Henry Fielding)之间的关系。维克多·韦克斯勒的《大卫·休谟与英格兰史》(Victor Wexler, *David Hume and the History of England*, Philadelphia, 1979)是一部具有可读性的简明之著,但包含了常见的错误,因此应谨慎使用。关于马克·菲利普斯的《社会与情感:1740—1820 年间的不列颠历史写作风格》(Mark Salber Phillips, *Society and Sentiment : Genres of Historical Writing in Britain, 1740 - 1820*, Princeton, NJ, 2000)对 18 世纪历史学(包括休谟)的情感及其与小说的关系进行了明智的分析。关于作为历史学家的罗伯逊研究(令人遗憾的反差),尽管没有长篇专论,但还有论文与文章发表,这包括杰夫的论文《罗伯逊〈美国史〉中的公正》(Jeffrey R. Smitten, Impartiality in Robertson's *History of America*, *Eighteenth-Century Studies* 19, 1985: 56 - 77)、《现代化与历史:罗伯逊未完成的英属北美史》('Modernism and History: William Robert's Unfinished History of British North America', in Richard B. Sher and Jeffrey R. Smitten eds. *Scotland and America in the Age of Enlightenment*, Chicago, 1990, 163 - 179);斯图尔特·布朗主编的论文集《威廉·罗伯逊与帝国的扩张》(Stewart Brown, *William Robertson and the Expansion of Empire*, Cambridge, 1997),尤其是其中菲利普森(N. Phillipson)的论文。而在过去 30 年里有关爱德华·吉本的参考书目是给人以深刻印象的,特别可以参阅波考克的《野蛮与宗教》(*Barbarism and Religion*,上文所引);列昂奈尔·戈斯曼的《关于吉本罗

马帝国衰亡史的论文》(Lionel Gossman, *The Empire Unpossess'd: An Essay on Gibbon's Decline and Fall of the Roman Empire*, Cambridge, 1988)及《吉本与'圣城的守望者':历史学家及其名誉,1776 - 1815 年》(*Gibbon and the 'Watchmen of the Holy City': The Historian and His Reputation 1776 - 1815*, Oxford, 2002)。

西方和东方

现今并没有对中国、伊斯兰历史写作中西方意识的持续研究,但是可以参阅富兰克林·帕金斯的《互照·莱布尼茨与中国》(Franklin Perkins, *Leibniz and China: A Commerce of Light*, Cambridge, 2004)。大体来说,研究其他文化意识的是马歇尔、威廉姆斯的《人类大地图:启蒙运动时期英国视野下的世界》(P. J. Marshall, G. Williams, *The Great Map of Mankind: British Perceptions of the World in the Age of Enlightenment*, London, Melbourne and Toronto, 1982)。波考克的《野蛮与宗教》(*Barbarism and Religion*)研究的意识观念,研究它是如何影响吉本的,特别是通过德经(Joseph de Guignes)来影响的,该书第 4 卷在很大程度上都是处理这一主题的。关于印度的当代著作选辑,这包括琼斯(Jones)论印度年表的著作,可以参阅马歇尔主编的《不列颠对 18 世纪印度教的发现》(P. J. Marshall ed, *The British Discovery of Hinduism in the Eighteenth Century*, Cambridge, 1970)。

清朝早期的中国史学

伍安祖和王晴佳在其著作《世鉴:中国传统史学》(*Mirroring the Past*,前几章引用过)的最后一章对清朝进行了讨论。对于清朝早期约到公元 1800 年的历史写作和历史学术都呈现在本章中,可以从以下著作中获得:本杰明·艾尔曼的《从理学到朴学:中华帝国晚期思想与社会变化面面观》(Benjamin A. Elman, *From Philosophy to Philology: Intellectual and Social Aspects of Change in Late Imperial China*,

Cambridge，MA，1984）。司徒琳的论文《历史背景下的黄宗羲：其主要著述的再评价》(Lynn A. Struve，'Huang Zongxi in Context：A Reappraisal of his Major Writings'，*Journal of Asian Studies* 47，1988：474‐502)；司徒琳主编的《时代、无常和朝代更迭：明清时期的东亚》(*Time，Temporality and Imperial Transition：East Asian from Ming to Qing*，Honolulu，2005)；柯娇燕的《半透明之镜：清帝国意识形态中的历史与民族认同》(Pamela Kyle Crossley，*A Translucent Mirror：History and Identity in Qing Imperial Ideology*，Berkeley，CA，1999)；濮德培的《西征：大清帝国对中亚的征服》(Peter C. Perdue，*China Marches West：The Qing Conquest of Central Eurasia*，Cambridge，MA，2005)是非常有价值的，它强调清朝对超越地区和民族包容性(像奥斯曼帝国和不列颠帝国一样)；每一部著作包含的历史思想均在他们思考范围内。最后，倪德卫在其著作《章学诚的生平与思想，1738—1801 年》(David S. Nivison，*The Life and Thought of Chang Hsueh-ch'eng* (1738‐1801)，Stanford，CA，1996)中向人们具体介绍了 18 世纪晚期的一位中国学者章学诚的杰出形象，章学诚也曾被戴密微的论文《章学诚及其史学》(P. Demieville，'Chang Hsueh-Ch'eng and his Historiography'，in W. G. Beasley and E. G. Pulleyblank eds. *Historians of China and Japan*，London，1961，167‐185)加以讨论。

536　早期德川幕府时代的日本

　　用英文对日本德川幕府时代史学进行编撰比用英文书撰写中国明清时代的历史来的更难，但是布朗利的《1600—1945 年间的日本历史学家与民族神话：上帝与神武天皇的时代》(John S. Brownlee，*Japanese Historians and the National Myths，1600‐1945：The Age of the Gods and Emperor Jinmu*，Vancouver and Tokyo，1997)仍然提供了一个很好的导论，就像毕斯雷、布雷克的《日本德川幕府时期(1603—1868)历史书写》(W. G. Beasley，Carmen Blacker，Japanese Historical Writing in the

Tokugawa Period（1603 – 1868），in Beasley，E. G. Pulleyblank eds.，
Historians of China and Japan，London，1961)一样（这篇文章讨论的范
围已经超出本章内容）。中井的《幕府政治：新井白石和德川幕府统治的
前提》(Kate Wildman Nakai，*Shogunal Politics：Arai Hakuseki and the
Premises of Tokugawa Rule*，Cambridge，1988)对 18 世纪初期日本的一
位重要人物进行了杰出研究，与此同时，中井的《德川儒家史学：助兴乐、
早期水户学派和新井白石》（'Tokugawa Confucian Historiography：The
Hayashi，Early Mito School，and Arai Hakuseki'in Peter Nosco ed.，
Confucianism and Tokugawa Culture，Princeton，NJ，1984，62 – 91)则提
供了一个更直接简洁的总结；松本茂的《本居宣长，1730—1801 年》
(Shigeru Matsumoto，*Motoori Norinaga* 1730 – 1801，Cambridge，1970)
研究了"国学运动"（'National Learning' movement)期间的重要人物。丸
山真男编写翻译的《德川时代日本思想史研究》(Maruyama Masao，
Studies in the Intellectual History of Tokugawa Japan，trans. Mikiso
Hane，Princeton，NJ，1974)中对当时的思想背景做了经典研究，着重强
调了哲学方面的影响，他是当代日本最优秀的历史学家之一。

德国的启蒙运动

雷尔在《德国启蒙运动和历史主义的崛起》(Peter Hans Reill，*The
German Enlightenment and the Rise of Historicism*，Berkeley，CA，1975)
中挑战启蒙运动和 19 世纪之间的传统观念断裂问题，并对此做了最新最
全面的研究。格奥尔格·伊格尔斯的《十八世纪欧洲背景下的德国启蒙
运动史学》(Georg G. Iggers，'The European Context of Eighteenth-
Century German Enlightenment Historiography'，in Hans Erich Bödeker
et al. eds.，*Aufklärung und Geschichte：Studien zur deutschen
Geschichtswissenschaft im 18. Jahrhundert*，Göttingen 1986，225 – 245)这
篇文章中也提出了类似的讨论。与此同时，里奥纳德·克律格（Leonard
Krieger)的《德国历史主义的哲学基础：18 世纪》(The Philosophical Bases

of German Historicism：The Eighteenth Century，ibid.，246‐263)中从另一个方面指出：18 世纪历史思想的根源是在 17 世纪晚期。梅尼克的《历史主义：新历史观的兴起》(Friedrich Meinecke，*Historism：The Rise of a New Historical Outlook*，trans.，J. E. Anderson，2^(nd) edn (translation revised by H. D. Schmidt) London，1972)涉及了莫泽(Möser)、赫尔德(Herder)、歌德的史学思想。格奥尔格・伊格尔斯的《德国的历史观：从赫尔德到当代历史思想的民族传统》(Georg G. Iggers，*The German Conception of History：The National Tradition of Historical Thought from Herder to the Present*，rev. edn.，Middletown，CT，1983)虽然主要讲述的是 19 世纪的历史，但是提供了有用的背景知识。关于加特勒(Gatterer)，可参见雷尔的《启蒙运动时期的历史与诠释学：克里斯多夫・加特勒的思想》(P. H. Reill，'History and Hermeneutics in the Aufklärung：The Thought of Johann Christoph Gatterer' *Journal of Modern History* 45：1，1973：24‐25)。同样的，唐纳德・凯利的《多面的历史：从希罗多德到赫尔德的历史探寻》(Donald R. Kelley，*Faces of History：Historical Inquiry form Herodotus to Herder*，New Haven，CT，1998)讲述了德国优秀的历史思想和诠释学。刘易斯的《赫尔德与卡拉姆津的历史话语模型》(S. Mark Lewis，*Modes of Historical Discourse in J. G. Herder and N. M. Karamzin*，New York，1995)和赫尔德同时代的俄罗斯同辈做了比较。关于康德，可见威廉・高尔斯顿的《康德与历史问题》(William A. Galston，*Kant and the Problem of History*，Chicago，1975)，以及哈罗德・马的《赫尔德、康德和黑格尔时代的德国历史思想》(Harold Mah，'German Historical Thought in the Age of Herder，Kant，and Hegel'，in Lloyd Kramer，Sarah Maza eds.，*A Companion to Western Historical Thought*，Oxford，2002，143‐165)的文章。

第七章

在这一章,进一步阅读书目有多个重叠部分合并起来以节省空间,这也是因为同一部著作会时常涉及多个主题。鉴于民族史学的重要性,最后会按照国家排列提供一个单独的附录。

知识与政治背景

关于19世纪史学的概括研究,古奇的《19世纪的历史学和历史学家》(G. P. Gooch, *History and Historians in the Nineteenth Century*, 2nd edn. London, 1952)这本书在1913年首次出版,1952年再版,该书距今将近有一个世纪的历史了;古奇(1873—1968)的这部书作为回顾性阅读是有很大帮助的,读后会使每一位历史学家受到教育。与早期相比,19世纪的历史写作一直都是文学分析家的主题,是批评家和理论家所关注的主题(是在历史系、英文系、比较文学系、哲学系之外运行的)。海登·怀特的《元历史:19世纪欧洲的历史想象》(Hayden White, *Metahistoey:The Historical Imagination in Nineteenth-Century Europe*, Baltimore, 1973)在过去三十多年的争议中对批判思想、观念史、一般的史学都产生广泛影响(特别是由转义、情节模式、意识形态蕴涵、解释复杂的四部分组成的计划更是如此),甚至远远超越了字面上的19世纪这一主题,不过——相当遗憾的是——忽略了事实,在精当分析几个关键的历史学家和历史哲学家时也是如此。尽管这并不是一部适合初学者的著作,但是基本的读物。类似倾向的著作还包括汉斯·凯尔纳的《语言与历史的描写:曲解故事》(Hans Kellner, *Language and Historical Representation:Getting the Story Crooked*, Madiso, WI, 1989)。

历史主义(*Historismus* 或 historicism)就像"历史"(history)一词本身一样获得很多含义。除了弗里德里希·梅尼克(Friedrich Meinecke)的"历史主义"(*historism*)外——见先前一章所列举的——可参阅格奥尔格·伊

格尔斯的《德国的历史观：从赫尔德到当代历史思想的民族传统》(Georg
G. Iggers, *The German Conception of History*：*The National Tradition
of Historical Thought from Herder to the Present*, rev. edn. 1968;
Middletown, CT, 1983)，以及查尔斯的《海德格尔、狄尔泰与历史主义的
危机》(Charles R. Bambach, *Heidegger*, *Dilthey*, *and the Crisis of
Historicism*, Ithaca, NY, 1995)。进一步阅读书目，可参阅第九章中所列
举的书目。关于浪漫主义(除了本节有关民族文献所列举的书目外)，还有
罗伊·波特、米库拉什·泰西的《民族语境下的浪漫主义》(Roy Porter,
Mikulas Teich eds., *Romanticism in National Context*, Cambridge,
1988)、史蒂芬·班恩的《克莱奥的服饰：19 世纪英国和法国的历史表征研
究》(Stephen Bann, *The Clothing of Clio*：*A Study of the Representation
of History in Nineteenth-Century Britain and France*, Cambridge, 1984)
和统一作者的《浪漫主义与历史的兴起》(*Romanticism and the Rise of
History*, New York, 1995)；还有安·里格尼的《不完美的历史：飘忽不定
的过去和浪漫历史主义的遗产》(Ann Rigney, *Imperfect Histories*：*The
Elusive Past and the Legacy of Romantic Historicism*, Ithaca, NY and
London, 2001)。

538　　　关于民族主义(nationalism)，在过去的 20 年中，对此进行了大量研
究，特别是当它与史学相关时，可参阅下面的附录。

历史主义、浪漫主义和民族主义

19 世纪上半叶，西方历史写作所表现出来的特征是以浪漫主义、民族
主义为特质的文学写作；下半叶，快速发展的一个现象特别值得重视，我
们可以谨慎地称之为"职业化"(professionalization)。关于 19 世纪职业化
的文献是巨大的，而现在大多数是数量的概念，还没有以"历史书"(history
of the book)的面貌出现。卡尔博内尔的《克丽奥制作职业：历史与历史学
家：法国史学家思想意识的转变》(Charles-Olivier Carbonell, *Histoire et
historiens*：*un mutation ideologique des historiens francais*, *1865 - 1885*,

Toulouse，1976)是定量历史学的一个先驱之作，特别是过去 20 年间法国有关书籍出版史的优秀著作，尽管有批评者指出了该书低估了地方史的影响。最近在法语世界有两部主要研究职业化的简明著作：皮姆·登·布尔的《作为一项职业的历史：1818—1914 年间的法国历史研究》(Pim den Boer，*History as a Profession：The Study of History in France，1818‑1914*，trans. Arnold J. Pomarans Princeton，NJ，1998)、林格巴赫的《十九世纪后叶历史学在法国和美国的机制化》(Gabriele Lingelbach，*Klio macht Karriere：die Institutionalisierung der Geschichtswissenschaft in Frankeich und den USA in der zweiter Halfte des* 19. *Jahrhunderts*，Gottingen，2003)；后者包括了法国和美国，但只有德文版，不过可以参阅林格尔巴克用英文写的简洁概括：《美国的历史学科：跟随德国模式?》(Lingelbach，'The Historical Discipline in the United States：Following the German Model?' in Eckhardt Fuchs，Benedikt Stuchtey eds. ，*Across Cultural Borders：Historiography in Global Perspective*，Lanham，MD，2002，182‑204)。彼得·诺维克的《那高尚的梦想："客观性问题"与美国历史学界》(Peter Novick，*That Noble Dream：The 'Objectivity Question' and the American History Profession*，Cambridge，1988)在美国是不可或缺的读物，就像哈里·埃尔默·巴恩斯的《历史著作史》(Harry Elmer Barnes，*A History of Historical Writing*，Norman，OK，1973)一样，它们都对在旧式研究中的必胜主义做出发人深省的纠正。在美国，格奥尔格·伊格尔斯写了一篇很有价值的文章《美国和德国历史思想中兰克的形象》(Georg G. Iggers，'The Image of Ranke in American and German Historical Thought'，*History and Theory*，2 (1962)：17‑40)，讲述了对兰克的误解。亦可参阅多罗锡·罗斯的《兰克史学的误解和美国历史职业的起源》(Dorothy Ross，'On the Misunderstanding of Ranke and the Origins of the Historical Profession in America' in Georg Iggers，James M. Powell eds. ，*Leopold von Ranke and the Shaping of the Historical Discipline*，Syracuse，1990，154‑169)；同时，艾琳的《"历史例

外? 美国历史学的起源"》(Eileen Ka-May Cheng, 'Exception History? The Origins of Historiography in the United States', *History and Theory*, 47 (2008): 200 - 228)对传统说法提出挑战。在随后的章节中, 历史学家的专业化是叙述的重点,但应该注意的是,并不是所有的现代历 史学家都认为这是一个积极的发展,特别是学术化的历史与大众读者之 间越来越大的差距,及学术化的历史对公共政策的影响,可参阅这份简明 叙述,西奥多·哈默罗的《历史的官僚化》(Theodore S. Hamerow, 'The Bureaucratization of History', *American Historical Review* 94 (1989): 654 - 660)这篇文章。至于研究指南,可以参阅汉斯撰写的《德罗伊森、洛 伦茨、伯伦汉所编史学方法手册中的兰克》(Hans Schleier, 'Ranke in the Manuals on Historical Methods of Droysen, Lorenz, and Bernheim', in Iggers and Powell eds., *Leopold von Ranke*, 111 - 123)。在过去十年左 右,妇女参与历史写作和历史学科的"职业化"也得到了仔细研究;特别可 以参阅尼娜·贝姆的《美国女作家与历史著作》(Nina Baym, *American Women Writers and the Work of History*, 1790 - 1960, New Brunswick NJ, 1995)、玛克辛·伯格的《历史中的女性:艾琳·鲍尔,1889—1940 年》 (Maxine Berg, *A Woman in History: Eileen Power, 1889 - 1940*, Cambridge, 1992);波斯坦因的《从外在优雅到内在优雅:流行女性历史作 品和现代的发明,约 1830—1870 年间》(Murriam E. Burstein, 'From Good Looks to Good Thoughts: Popular Women's History and the Invention of Modernity, *ca.* 1830 - 1870', *Modern Philology*, 97(1999): 46 - 75)。还有戴斯·贾丁斯的《美国的妇女与历史事业:1880—1945 年 间的性别、种族和政治记忆》(Julie Des Jardins, *Women and the Historical Enterprise in America: Gender, Race, and the Politics of Memory, 1880 - 1945*, Chapel Hill, NC, 2003)。杰奎琳·戈金的《历史职业中对性 别歧视的挑战:1890—1940 年间的女性历史学家和美国历史协会》 (Jacqueline Goggin, 'Challenging Sexual Discrimination in the Historical Profession: Women Historians and the American Historical Association,

1890‒1940', *American Historical Review*，97（1992）：769‒802）。邦
妮·史密斯的《性别史：1679—1820 年间的男性、女性与历史的书写》
（Bonnie G. Smith，*The Gender of History*：*Men*，*Women*，*and the
Writing of History*，*1670‒1820*，Baltimore，2000）；还有玛丽·奥多德
和伊拉莉亚的《女性史》（Mary O'Dowd，Ilaria Porciani，*History Women*，
Special Issue of *Storia della storiografia*/*History of Historiography* 46，
2004）；以及玛丽·奥多德的《从摩根到麦克田：20 世纪 70 年代到 90 年代
的爱尔兰女性历史学家》（Mary O'Dowd，'From Morgan to MacCurtain：
Women Historians in Ireland from the 1970s to the 1990s'，in Maryann
Gialanella Valiulis and O'Dowd eds.，*Women in Irish History*：*Essays in
Honour of Margaret MacCurtain*，Dublin，1997）。还有珍妮弗·斯坎伦、
莎罗·科斯纳的《18 世纪初期至 20 世纪初期的美国女性历史学家：人物
传记词典》（Jennifer Scanlon，Shaaron Cosner eds.，*American Women
Historians*，1700*s*‒1900*s*：*A Biographical Dictionary*，Westport，CT，
1996）；玛丽·斯庞波格的《文艺复兴以来的女性史书写》（Mary
Spongberg，*Writing Women's History since the Renaissance*，New York，
2002）。

　　兰克本人得到了充分研究：关于兰克著作选集,可参阅伦纳德·克里
格的《兰克：历史的意义》（Leonard F. Krieger，*Ranke*：*the Meaning of
History*，Chicago，1977）。兰克著作的新版本,参阅格奥尔格·伊格尔斯
的《历史的理论与实践》（Georg G. Iggers，*The Theory and Practice of
History*），1973 年初版,新版在 2011 年出版,有修订的导论。关于历史学
家本身,除了伊格尔斯的《德国的历史观》（*The German Conception of
History*）外,还有怀特的《元史学》（White，*Metahistory*）；还有伊格尔斯、
鲍威尔主编的《利奥波德·冯·兰克》（Iggers，Powell edsa.，*Leopold von
Ranke*）中的论文（针对德国读者）以及鲁道夫·菲尔豪斯的《兰克和社会
世界》（Rudolf Vierhaus，*Ranke und die soziale Welt*，Munster，1957）。
更进一步阅读书目,参阅下面附录中的民族史学。

兰克与历史的专业化/期刊和手册

撇开许多当代历史学家对思辨的敌意态度,历史和历史哲学在19世纪相当难区分的;海登·怀特的《元历史》显示了历史和历史哲学两者类似的结构。那些希望得到有关黑格尔、马克思、孔德和其他许多主要思想家一个导论的人,可以参阅布鲁斯·马兹利什的《历史之谜:从维科到弗洛伊德的伟大思辨者》(Bruce Mazlish, *The Riddle of History: The Great Speculators from Vico to Freud*, New York, 1966),该书提出了一个富有特性的判断,但叙述非常生动。从司马迁、奥古斯丁到20世纪的各种历史思辨者的论文集,见约翰·加尔通、苏哈尔·伊那亚图拉《宏观史学与宏观史学家:关于个体、社会与文明变化的观点》(Johan Galtung, Sohail Inayatullah eds. , *Macrohistory and Macrohistorians: Perspectives on Individual, Social and Civilizational Change*, Westport, CT, 1997)。这些伟大思辨者中的每一位——尤其是马克思——都引发了大量研究文献,这中间每一位都很难在这里罗列;可以参阅艾瑞克·霍布斯鲍姆《卡尔·马克思对历史学的贡献》(Eric Hobsbawm, 'Karl Marx's Contribution to Historiography' in R. Blackburn ed. , *Ideology in Social Science: Readings in Critical Social Theory*, [London], 1972, 265 – 283)一文;保罗·赫斯特的《马克思主义与历史书写》(Paul Q. Hirst, *Marxism and Historical Writing*, London, 1985);马特·佩里的《马克思主义与历史》(Matt Perry, *Marxism and History*, Basingstoke, 2002)是一本研究现代马克思主义史学家之间的主要争论和关键概念的简明著述。关于圣西门和圣西门主义者,可以参阅曼纽尔的《亨利·圣西门的世界》(Frank E. Manuel, *The World of Henri Saint-Simon*, Cambridge, MA, 1956)。关于"理想主义"的历史哲学,可以阅读迈克尔·厄尔马斯的《狄尔泰:历史理性批判》(Michael Ermarth, *Wilhelm Dilthey: The Critique of Historical Reason*, Chicago, 1978);罗伯特·萨瑟德的《德罗伊森与普鲁士历史学派》(Robert Southard, *Droysen and the Prussian*

School of History，Lexington，KY，1995）；在海登·怀特的《德罗伊森的历史理论：作为资产阶级科学的历史写作》（Hayden White，'Droysen's Historik：Historical Writing as Bourgeois Science'，in his *The Content of the Form：Narrative Discourse and Historical Representation*，Baltimore，1987，83‒103）。关于兰普雷希特（Lamprecht），可以参阅罗杰·齐克林的《卡尔·兰普雷希特：一位德国学者生平（1856—1915）》（Roger Chickering，*Karl Lamprecht：A German Academic Life（1856‒1915）*，Atlantic Highlands，NJ，1993）；关于尼采，参阅怀特（White）《元史学》中的那章，艾伦·麦吉尔的《极端的先知：尼采、海德格尔、福柯和德里达》（Allan Megill，*Prophets of Extremity：Nietzsche，Heidegger，Foucault and Derrida*，Berkeley，CA，1985）。关于布克哈特（Burckhardt）的研究已经非常广泛，包括怀特《元史学》中的一章。亦可参阅费利克斯·吉尔伯特的文章《作为雅克布·布克哈特老师的兰克》（Felix Gilbert，'Ranke as the Teacher of Jacob Burckhardt'，Iggers，Powell eds.，*Leopold von Ranke*，82‒88）。吉尔伯特的《历史学：政治还是文化？——对兰克和布克哈特的反思》（*History：Politics or Culture？ Reflections on Ranke and Burckhardt*，Princeton，NJ，1990）；约翰·欣德的《雅各布·布克哈特与现代性危机》（John R. Hinde，*Jacob Burckhardt and the Crisis of Modernity*，Montreal and Kingston，2000）。

社会文化史对兰克史学的替代

可以在《全球历史著作百科全书》中找到大多数国家史学的简明概述，在《牛津历史著作史》（*Oxford History of Historical Writing*，Oxford）第四卷中可以找到更长的文章。更为普遍的是，19世纪欧洲（可以推广其殖民地）的民族主义和历史写作之间的关系近来一直是重要合作研究计划的主题，这个计划在斯蒂芬·伯杰（Stefan Berger，曼彻斯特）指导下，由欧洲科学基金会（the European Science Foundation）进行资助。乔普·里尔森的《欧洲的民族思想》（Joep Leerssen，*National Thought in*

Europe，Amsterdam，2006)提供了一个超越 19 世纪的更广泛的欧洲文化背景下的民族地位的杰出研究。那些探寻以 19 世纪和 20 世纪民族基础上的历史著述史(包括那些在这一章中没有特别提及的国家)的读者,他们可以在下述目录中找到有用的书籍。再次告诫读者,关于这些主题的二次文献难以穷尽。

比利时：埃尔韦的《1830 以来比利时的历史学和历史学家》(Herve Hasquin，*Histoire et historiens depuis* 1830 *en Belgique*，Brussels，1981),乔·托勒贝克的《历史表现和浪漫主义时代的比利时国家(1830—1850 年)》(Jo Tollebeek，'Historical Representation and the Nation-State in Romantic Belgium (1830 - 1850)'，*Journal of the History of Ideas* 59 (1998)：329 - 353)。

英国：迈克尔·本特利的《让英国过去现代化：1870—1970 年间现代主义时代下的英国史学》(Michael Bentley，*Modernizing England's Past：English Historiography in the Age of Modernism 1870 - 1970*，Cambridge，2005)；布劳的《自由的诞生：维多利亚时代的历史学家和英国的过去》(J. W. Burrow，*A Liberal Descent：Victorian Historians and the English Past*，Cambridge，1981)；邓肯·福布斯的《英国自由派的历史观念》(Duncan Forbes，*The Liberal Anglican Idea of History*，Cambridge，1952)；罗斯玛丽·詹恩的《维多利亚时代历史的艺术与科学》(Rosemary Jann，*The Art and Science of Victorian History*，Columbus，OH，1985)；克里斯托弗·帕克的《1850 年以来英国的历史传统》(Christopher Parker，*The English Historical Tradition since* 1850，Edinburgh，1990)和《从柯尔律治到柯林伍德的英国历史观念》(*The English Idea of History from Coleridge to Collingwood*，Aldershot，2000)；彼得·斯莱的《学问与文科教育：1800—1914 年间的牛津大学、剑桥大学和曼彻斯特大学的现代历史研究》(Peter R. H. Slee，*Learning and a Liberal Education：The Study of Modern History in the Universities of Oxford，Cambridge and Manchester* 1800 - 1914，Manchester，1986)；还有利巴·索夫尔的《学科

与权力：1870—1930 年间的大学、历史及精英的形成》(Reba N. Soffer, *Discipline and Power：The University，History，and the Making of an English Elite，1870‑1930*，Stanford，CA，1994)。关于历史作为"一门科学"之维多利亚时代的争论，在伊恩·赫斯基的《英国维多利亚时代的历史科学：让过去说话》(Ian Hesketh, *The Science of History in Victorian Britain：Making the Past Speak*，in press，London，2011)得到了很好的研究；我很感激赫斯基博士允许我阅读他的书籍手稿。

加拿大：布鲁克·泰勒的《推动者、爱国者与支持者：19 世纪英属加拿大史学》(M. Brook Taylor, *Promoters，Patriots，and Partisans：Historiography in Nineteenth-Century English Canada*，Toronto，1989)和唐纳德·赖特的《英属加拿大史学的职业化》(Donald Wright, *The Professionalization of History in English Canada*，Toronto，2005)。

法国：克罗斯利的《法国历史学家和浪漫主义：梯叶里、基佐、圣西门、基内、米什莱》(Ceri Crossley, *French Historians and Romanticism：Thierry，Guizot，the Saint-Simonians，Quinet，Michelet*，London，1993)；邓·波尔的《作为职业的历史》(Den Boer, *History as a Profession*，见前面所引)；凯利的《历史学家与法国大革命后的法律》(Donald R. Kelley, *Historians and the Law in Postrevolutionary France*，Princeton，NJ，1984)；威廉·凯洛尔的《学术与共同体：法国历史职业的基础》(William R. Keylor, *Academy and Community：The Foundations of the French Historical Profession*，Cambridge，1975)；还有琳达·奥尔的《失去方向的历史：革命时代的 19 世纪法国史学》(Linda Orr, *Headless History：Nineteenth-Century French Historiography of the Revolution*，Ithaca，NY，1990)。

德国：(亦可参阅前述历史主义、历史等条目下面的书目)卡罗·安东尼的《从历史学到社会学：德国历史思想的转变》(Carlo Antoni, *From History to Sociology：The Transition in German Historical Thinking*，trans.，Hayden White London，1962)；史特凡·贝格的《探寻常态：1800

年以来德国民族历史意识》(Stefan Berger, *The Search for Normality*: *National Historical Consciousness in Germany since 1800*, London, 1997);苏珊的《19 世纪早期德国的集体意识与历史意识》(Susan A. Crane, *Collecting and Historical Consciousness in Early Nineteenth-Century Germany*, Ithaca, NY, 2000);马的《赫尔德、康德和黑格尔时代的德国历史思想》(Harold Mah, 'German Historical Thought in the Age of Herder, Kant, and Hegel', in Lloyd Kramer, Sarah Maza eds., *A Companion to Western Historical Thought*, Oxford, 2002, 143 - 165);还有西奥多·齐奥科斯基的《浪漫的文艺女神克丽奥:德国学术界的历史化》(Theodore Ziolkowski, *Clio the Romantic Muse*: *Historicizing the Faculties in Germany*, Ithaca, NY, 2004)。

希腊:埃菲·加兹的《科学的民族史:比较视角下的希腊研究(1850 - 1920 年》(Effi Gazi, *Scientific National History*: *The Greek Case in Comparative Perspective (1850 - 1920)*, Frankfurt, 2000)。

哈布斯堡领地(非德国地区):约瑟夫、帕拉茨基的《作为学者和民族主义者的历史学家》(Joseph F. Zacek, Palacký, *The Historian as Scholar and Nationalist*, The Hague and Paris, 1970);莫妮卡·巴尔的《历史学家和民族主义:19 世纪的中东欧》(Monika Baár, *Historians and Nationalism*: *East-Central Europe in the Nineteenth Century*, Oxford, 2010);雅诺维斯基的《国家之镜:19 世纪、20 世纪波兰与捷克对民族往昔的想象》(Maciej Janowski, 'Mirrors for the Nation: Imagining the National Past among the Poles and Czechs in the nineteenth and Twentieth Centuries', in Stefan Berger, Chris Lorenz eds., *The Contested Nation*: *Ethnicity, Class, Religion, and Gender in National Histories*, Basingstoke, 2008, 442 - 462)。

意大利:莫雷蒂的《"民族"史的探寻:意大利统一后的史学发展趋势》(M. Moretti, 'The Search for a "National" History: Italian Historiographical Trends following Unification' in Stefan Berger, Mark

Donovan，Kevin Passmore eds.，*Writing National Histories：Western Europe since 1800*，London，1999，111‒122）。伊拉利雅·波尔恰尼的《意大利历史档案：意大利民族复兴运动中的调查组织和适度领导权理论》(Ilaria Porciani，'*L'Archivio Storico Italiano*'：*Organizzazione della ricerca ed egemonia moderata nel Risorgimento*，Florence，1979）；还有马丁·汤姆的文章《意大利复兴运动中的统一和联盟》(Martin Thom，'Unity and Confederation in the Italian Risorgimento'，in Berger，Donovan，Passmore eds.，*Writing National Histories*，69‒84）。

荷兰：尼古拉斯·鲁普克的《荷兰的浪漫主义》(Nicholas A. Rupke，'Romanticism in the Netherlands' in Porter and Teich eds.，*Romanticism in National Context*，191‒216）。

波兰：彼得·布洛克、斯坦利和皮特·弗罗贝尔的《民族与历史：从启蒙运动到第二次世界大战期间的波兰历史学家》(Peter Brock，John D. Stanley，Piotr J. Wróbel eds.，*Nation and History：Polish Historians from the Enlightenment to the Second World War*，Toronto，2006）；安妮塔·谢尔顿的《波兰历史中的民主观念与历史学：弗朗希斯克·布吉克（1875—1953 年）》(Anita Shelton，*The Democratic Idea in Polish History and Historiography：Franciszek Bujak（1875‒1953）*，Boulder，CO，1989）；斯库诺维兹的《浪漫民族主义和自由主义：约阿希姆·莱勒维尔与波兰的民族观念》(Joan S. Skurnowicz，*Romantic Nationalism and Liberalism：Joachim Lelewel and the Polish National Idea*，Boulder，CO，1981）。

罗马尼亚：博伊亚的《罗马尼亚意识中的历史与神话》(Lucian Boia，*History and Myth in Romanian Consciousness*，1997；Bucharest，2001）；还有希姆斯特拉的《亚历山德鲁·色诺普与罗马尼亚史学的发展》(Paul A. Hiemstra，*Alexandru D. Xenopol and the Development of Romanian Historiography*，New York，1987）；巴尔的《历史学家与民族主义》(Baár，*Historians and Nationalism*）。

俄罗斯和乌克兰：阿纳托尔·马祖的《现代俄罗斯史学》（Anatole G. Mazour, *Modern Russian Historiography*, Westport, CT, 1975）；浦洛基的《消除帝俄时代：米伊哈罗·胡舍夫斯基与乌克兰历史的书写》（Serhii Plokhy, *Unmaking Imperial Russia：Mykhaio Hrushevsky and the Writing of Ukrainian History*, Toronto, 2005）；托马斯·桑德斯的《帝俄时代的史学：多民族国家的历史书写与历史职业》（Thomas D. Sanders ed. , *Historiography of Imperial Russia：The Profession and Writing of History in a Multinational State*, London, 1999）；范伦斯基的《俄国史学史：一部历史》（George Vernadsky, *Russian Historiography：A History*, Belmont, MA, 1978）。

西班牙和葡萄牙：德里克的《西班牙浪漫主义与历史的运用：意识形态与历史想象》（Derek Flitter, *Spanish Romanticism and the Uses of History：Ideology and the Historical Imagination*, London, 2006）；赛吉奥（Sergio Campos Matos）和大卫·莫塔阿尔瓦雷斯（David Mota Alvarez）在贝格（Berger）和洛伦兹（Lorenz）编写的《有争议的国家》（The Contested Nation）中的文章"葡萄牙和西班牙的史学：距离和接近"（Portuguese and Spanish Historiographies：Distance and Proximities）。

瑞士：盖伊的《民族史和民族认同：比较视野下的瑞士》（Guy P. Marchal, 'National Historiography and National Identity：Switzerland in Comparative Perspective', in Berger and Lorenz eds. , *The Contested Nation*, 311‑338）；奥利弗·齐默的《一个有争议的国家：1761—1891 年间的瑞士历史、记忆和民族主义》（Oliver Zimmer, *A Contested Nation：History, Memory, and Nationalism in Switzerland*, 1761‑1891, Cambridge, 2003）。

美国：恩斯特·布雷萨赫的《美国的进步历史：现代化的尝试》（Ernst Breisach, *American Progressive History：An Experiment in Modernization*, Chicago, 1993）；艾伦·费兹帕崔克的《历史的记忆：书写1880—1980 年间的美国往昔》（Ellen Fitzpatrick, *History's Memory：*

542

Writing America's Past 1880 - 1980，Cambridge，2002）；于尔根·赫布斯特的《文化变迁背景下美国学术中的德国历史学派》（Jurgen Herbst，*The German Historical School in American Scholarship in the Transfer of Culture*，Port Washington，NY，1965）；诺维克的《那高尚的梦想》（Novick，*That Noble Dream*，前引书）。

第八章

英属印度

维纳·拉尔的文章《反历史性的历史：印度传统、殖民主义和历史思想的出现》（Vinay Lal，'The History of Ahistoricity：The Indian Tradition，Colonialism，and the Advent of Historical Thinking'，in Lal，*The History of History：Politics and Scholarship in Modern India*，Oxford and New Delhi，2003，35 - 39）。关于可在穆勒的《印度史》（James Mill，*History of India*），特别要参阅马吉德的《失控的想象：穆勒的〈英属印度史和东方主义〉》（Javeed Majeed，*Ungoverned Imagining：James Mill's The History of British India and Orientalism*，Oxford，1992）；在英迪拉·乔杜里的《挖掘往昔：历史及其图像》（Indira Chowdhury，'Excavating the Past：History and its Icons'，in her *The Frail Hero and Virile History：Gender and the Politics of Culture in Colonial Bengal*，Delhi，1998，40 - 65）；古哈的《印度人的印度史学：19 世纪的事件及其含义》（Ranajit Guha，*An Indian Historiography of India：A Nineteenth-Century Agenda and Its Implications*，Calcutta and New Delhi，1988）；穆克瑞吉《身份的修辞：19 世纪印度的历史与虚构》（Meenakshi Mukherjee，'Rhetoric of Identity：History and Fiction in Nineteenth Century India'，in Alok Bhalla and Sudhir Chandra eds.，*Indian Responses to Colonialism in the 19th Century*，New Delhi，1993，34 - 47）。亦可参阅阿里的《援引过去：南亚历史的运用》（Daud Ali，*Invoking the Past：the Uses of History in South Asia*, New Delhi, 999)这里的这些书目涉及到相关的几章。

拉丁美洲和加勒比海地区

约翰·罗宾逊的《米特雷：美洲历史学家》(John L. Robinson, *Bartolomé Mitre*：*Historian of the Americas*, Washington, DC, 1982)；斯图亚特·施瓦兹(Stuart Schwartz)为阿布雷乌《1500—1800 年间巴西殖民地史的重要时期》(João Capistrano de Abreu, *Chapters of Brazil's Colonial History 1500‑1800*, trans. A. Barkel New York, 1997)所写的"导论"。伯恩斯的《透视巴西史》(E. Bradford Burns, *Perspectives on Brazilian History*, New York and London, 1967)；布拉丁的《第一美洲：1492—1867 年间的西班牙王室、克丽奥爱国者与自由国度》(D. A. Brading, *The First America*：*The Spanish Monarchy*, *Clio Patriots*, *and the Liberal State 1492‑1867*, Cambridge, 1991)的最后部分也和这部分内容相关。关于加勒比地区国家，参阅艾伦·沃尔的《波多黎各史学》(Allen Woll, *Puerto Rican Historiography*, New York, 1978)；威廉斯的《西印度群岛的英国史学家》(Eric Williams, *British Historians in the West Indies*, New York, 1966)；艾尔莎的《直到 19 世纪末期英属西印度群岛的史学》(Elsa V. Goveia, *Historiography of the British West Indies to the End of the Nineteenth Century*, 1956, Washington DC, 1980)。西格曼的《加勒比性别史：加勒比史学和方法论》(B. W. Higman ed., *General History of the Caribbean*, vol. VI：*Methodology and Historiography of the Caribbean*, London and Oxford, 1999)是不可缺少的；特别是编辑的导论文章："加勒比历史学科的发展"(The Development of Historical Disciplines in the Caribbean)。

东南亚(各个地区)

除了许多文章和在《全球历史著作百科全书》中关于各个历史学家的辞条(本节的作者引用很多这方面的内容)外，还有几部有关这一时期东

南亚历史书写的论文集,这涉及到东南亚的单个地区,比如:艾哈迈德和
陈绿漪的《东南亚历史的新区域》(Abu Talid Ahmad, Tan Liok Ee eds.,
New Terrains in Southeast Asian History, Athens, Ohio and Singapore,
2003),安东尼·瑞德、戴维·马尔的《东南亚史透视》(Anthony Reid and
David Marr eds., *Perceptions of the Past in Southeast Asia*, Singapore,
1979),该书有一个特别有用的附录,列出了现存的到 1979 年为止东南亚
可用版本的著作,尽管这种著述目录在过去三十年间一直有增加。特别
可以参阅钱德勒(David Chandler,关于柬埔寨王室编年史)、戴维·马尔
(David G. Marr,论越南史学)、卡斯特里(Charnvit Kasetsiri,论泰国史学)
和艾勒托(R. C. Ileto,论菲律宾史学)。菲利普斯的《印度、巴基斯坦和锡
兰的史学家》(C. H. Philips eds., *Historians of India*, *Pakistan*, *and
Ceylon*, London, 1961)中的一章,包括图特)(U Tet Htoot)所写的论缅甸
编年史一章。霍尔的《东南亚史学家》(D. G. E. Hall ed., *Historians of
South East Asia*, London, 1961)这是由牛津大学这家出版社在 20 世纪 60
年代早期出版的关于非欧洲史学系列丛书中的一卷,这包括菲利普
(Philip)关于南亚的书。该书在很大程度上已经被后来的著作所取代,但
其中贝尔格(C. C. Berg)的关于爪哇史学的文章仍然是很有用的。将在下
一章研究现代印度尼西亚历史,但有关这一期的材料则见苏达穆克的《印
度尼西亚史学导论》(Soedjatmoko ed., *An Introduction to Indonesian
Historio-graphy*, Ithaca, NY, 1965)。亦可参阅南希·弗罗里达的《书写
过去,描述未来:殖民时代爪哇作为预言的历史》(Nancy K. Florida,
Writing the Past, *Inscribing the Future*: *History as Prophecy in Colonial
Java*, Durham, NC, 1995),安·库玛的《苏拉巴蒂、人类与传说:三个巴
巴德传统研究》(Ann Kumar, *Surapati*, *Man and Legend*: *A Study of
Three Babad Traditions*, Leiden, 1976)。特别可以参阅戴维·怀亚特
(David K. Wyatt)的文章(in C. D. Cowan and O. W. Wolters eds.,
Southeast Asian History and Historiography: *Essays Presented to
D. G. E. Hall*, Ithaca, NY, 1976),斯威勒的文章《泰国北部编年史中的

神话、传说与历史》(Donald K. Swearer, 'Myth, Legend and History in the Northern Thai Chronicles', *Journal of the Siam Society* 62：1 (1974)：67 - 88)。关于越南和柬埔寨的历史，参阅上面提到的文集，以及亚历山大·伍德赛德的文章《黎贵惇边疆编年史中所见 18 世纪越南中部的贸易世界》(Alexander Woodside, 'Central Vietnam's Trading World in the Eighteenth Century as Seen in Lê Quý Dôn's Frontier Chronicles；in K. W. , Taylor and J. K. Whitmore eds. , *Essay into Vietnamese Pasts*, Ithaca，NY，1995，157 - 172)。还有《黎文休、吴士连：比较他们对越南历史的认知》(Yu Insun, 'Lê Văn Hu'u and Ngô Sĩ Liên：A Comparison of their Perception of Vietnamese History' in Nhung Tuyet Tran and A. J. S. Reid eds. , *Viet Nam：Borderless Histories*, Madison，WI，2006，45 - 71)。关于菲律宾的历史，可以看上面提到的文集，以及拉金的《透视菲律宾史学：评论集》(John A. Larkin, *Perspectives on Philippine Historiography：A Symposium*, New Haven，CT，1979)。

544　日本的历史、史学和现代化

关于 19 世纪日本历史写作的优秀研究，可以参阅玛格丽特的《19 世纪日本的历史与国家》(Margaret Mehl, *History and the State in Nineteenth-Century Japan*, Basingstoke，1998)，以及约翰·布朗利的《1600—1945 年间的日本史学家和民族神话：神代与神武天皇的时代》(John S. Brownlee, *Japanese Historians and the National Myths*, 1600 - 1945：*The Age of the Gods and Emperor Jinmu*, Vancouver and Tokyo, 1997)中的后半部分。特别有用的书籍还有田中的《日本东方：呈现过去的历史》(Stefan Tanaka, *Japan's Orient：Rendering Pasts into History*, Berkeley，CA，1993)，彼得·杜斯的文章《辉格历史、日本风格：民友社历史学家和明治维新》(Peter Duus, 'Whig History, Japanese Style：The Min'yūsha Historians and the Meiji Restoration', *Journal of Asian Studies 33* (1974)：415 - 436)。关于泽夫(George Gustavus Zerffi)，可以

阅读弗兰克的《从哈布斯堡时代的代理商到维多利亚时代的学者：泽夫（1820—1892）》（Tibor Frank，*From Habsburg Agent to Victorian Scholar：G. G. Zerffi* 1820‐1892，Boulder，CO，2000）。有关久米事件（the Kume affairs），可以阅读玛格丽特的文章《学术和思想的冲突：1892年的久米事件》（Margaret Mehl，'Scholarship and Ideology in Conflict：The Kume Affair，1892'，*Monumenta Nipponica* 48（1993）：337‐357）。克里斯托弗·希尔的《民族史与世界民族：日本、法国和美国的首都、国家、历史修辞》（Christopher L. Hill，*National History and the World of Nations：Capital，State，and the Rhetoric of History in Japan，France，and the United States*，Durham，NC and London，2009），该书以两个西方国家为背景来研究日本；其重点倾向于研究历史的非标准形式，包括日本的短篇故事。

中国的现代化

邝兆江的《晚清中国有关历史与时间线性史观的出现》（Luke S. K. Kwong，'The Rise of the Linear Perspective on History and Time in Late Qing china'，*Past and Present* 173（2001）：157‐190）研究了晚清时代对时间和历史观点的改变，以及它们与改革的关联性。关于民国时期的历史，阅读王晴佳的《整理国故再造文明》（*Inventing China through History：The May Fourth Approach to Historiography*，Albany，NY，2001）。晚清和民国时期几位有影响的历史学家和其他学者已经得到了英语世界的广泛研究。比如关于梁启超，参见李文森的《梁启超与中国近代思想》（Joseph R. Levenson，*Liang Ch'i-ch'ao and the Mind of Modern China*，Cambridge，1959）；张灏的《梁启超与中国思想过渡，1890—1907年》（Hao Zhang，*Liang Ch'i-ch'ao and Intellectual Transition in China，1890‐1907*，Cambridge，MA，1971）对其早期改革生涯进行了研究；特别需要注意的，还有唐小兵的《全球空间与民族主义者论述：梁启超史学思想》（*Global Space and the Nationalist Discourse of Modernity：The*

Historical Thinking of Liang Qichao，Stanford，CA，1996）重点研究并清晰表达了梁启超的历史思想。傅佛国的《日本在中国接受西方近代思想中的作用——以梁启超为例》（Joshua A. Fogel ed. ，*The Role of Japan in Liang Qichao's Introduction of Modern Western Civilization to China*，Berkeley，CA，2004），其研究主题是讲述日本在中国西化中的作用响。有关顾颉刚，参阅施耐德的《顾颉刚与中国新史学：民族主义与取代中国传统方案的探索》（Laurence A. Schneider，*Ku Chieh-kang and China's New History：Nationalism and the Quest for Alternative Traditions*，Berkeley，CA，1971）。有关傅斯年，参阅施耐德的《调和历史与民族——历史性、民族个别性以及普遍性问题》（Axel Schneider，'Reconciling History with the Nation? Historicity，National Particularity，and the Question of Universals'，*Historiography East and West* 1：1（2003）：117－136）；有王汎森的《傅斯年：中国近代历史与政治中的个体生命》（Fan-sen Wang *Fu Ssu-nien：A Life in Chinese History and Politics*，Cambridge，2000）。

非洲：书面历史与口述传统的再讨论

关于非洲口述传统和口述文学，特别可以参阅万西纳富有影响的《作为历史的口述传统》（Jan Vansina，*Oral Tradition as History*，Madison，WI，1985）；亦可参阅托马斯·黑尔的《记录者、说唱艺人和小说家：桑海帝国的叙述解释者》（Thomas A. Hale，*Scribe，Griot and Novelist：Narrative Interpreters of the Songhay Empire*，Gainesville，FL，1990）；威廉·约翰逊、托马斯·黑尔、斯蒂芬·贝尔奇的《非洲的口述史诗》（John William Johnson，Thomas A. Hale，Stephen Belcher eds. ，*Oral Epics from Africa*，Bloomington，IN，1997）；欧法伊的《至19世纪非洲东苏丹的历史书写》（R. S. O'Fahey，*The Writing of Eastern Sudanic Africa to c.* 1900，Leiden，1994）。关于卡诺编年史（the Kano Chronicle），特别值得一提的是约翰·亨威克的《非洲苏丹中部的书写》（John Hunwick et al. ，*The Writings of Central Sudanic Africa*，Leiden，1995），还有更细致的讲

述,亨威克的文章《历史侦探小说:所谓的"卡诺编年史"及其在卡诺史学中的地位》(Hunwick,'A Historical Whodunit: The So-Called "Kano Chronicle" and its Place in the Historiography of Kano', *History in Africa* 21(1994): 127 – 146)。关于包括抄本和翻译的在内贡贾编年史(Gonja Chronicles)的研究,参阅艾弗·威尔克斯、尼赫迈亚·莱佛森、布鲁斯的《贡贾编年史:西非穆斯林史学传统》(lvor Wilks, Nehemia Levtzion and Bruce M. Haight, *Chronicles from Gonja: A Tradition of West African Muslim Historiography*, Cambridge, 1986)。关于非洲和其他地方对非洲史学早期发展的概述,参阅费奇的《历史》(J. D. Fage,'History', in Robert A. Lystad ed., *The African World: A Survey of Social Research*, New York, 1965),费奇的《非洲史学的发展》(Fage,'The Development of African Historiography', in J. Ki-Zerbo ed., *General History of Africa*, vol. 1: *Methodology and African Prehistory*, Paris and London, 1981, 25 – 42);费奇的《非洲之发现其历史者》(J. D. Fage, *Africa Discovers her Past*, London, 1970)中的文章。研究非洲和南亚史学的有趣论文集,特别是关注地方和区域的作品,参阅阿克塞尔·哈内特-希维尔斯的《世界之一粟中:来自从非洲到南亚的新地方史学》(Axel Harneit-Sievers ed., *A Place in the World: New Local Historiographies from Africa and South-Asia*, Leiden, 2002)。

伊斯兰世界的宗教、国家与历史

关于奥贾巴提(On al-Jabarti)研究,参阅阿亚隆(David Ayalon)的《历史学家奥贾巴提》(The Historian al-Jabarti, in Bernard Lewis and P. M. Holt (eds.) *Historians and the Middle East*, London, 1962, 391 – 402),这是一篇很有意义的文章,但必须要仔细阅读,一旦错误地把他的作品当成是"仅仅是一部地方志"(第395页)时,作品就变成了一首献给奥贾巴提高度热情洋溢的赞美诗。从一个更加客观的视角来看,克雷布(Jack A. Crabbs, Jr.)的《19世纪埃及的历史著作》(*The Writing of History in*

Nineteenth-Century Egypt，Detroit，1984)强调奥贾巴提有关中世纪伊斯兰前辈作品当中的连续性；丘埃里(Youself M. Choueiri)的《近代阿拉伯历史编撰：历史发现与民族国家》(*Modern Arab Historiography*：*Historical Discourse and the Nation-States*，London，2003)；弗莱塔格(Ulrike Freitag)的《书写阿拉伯史：民族探寻》('Writing Arab History：The Search for the Nation'，*British Journal of Middle Eastern Studies* 21，1994，19‑37)；以及格苏尼(Israel Gershoni)、辛格(Amy Singer)、艾尔丹姆(Y. Hakan Erdem)编辑的《中东史学史：20 世纪的叙述》(*Middle East Historiographies*：*Narrating the Twentieth Century*，Seattle，2006)。关于埃及，参阅温特(Micheal Winter)的《奥斯曼统治下埃及历史编撰对奥斯曼人的观点》('Attitudes toward the Ottomans in Egyptian Historiography during Ottoman Rule'，in Hugh Kennedy (ed.)，*The Historiography of Islamic Egypt* (c. 950‑1800)，Leiden，2001，195‑210)。在 20 世纪 50 年代后期以来的埃及历史中的"阿拉伯化"(Arabization)的最近倾向，参阅迈耶(Thomas Mayer)的《改变中的过去：有关乌拉比起义的埃及史学》(*The Changing Past*：*Egyptian Historiography of the Urabi Revolt*，1882‑1983，Gainesville，FL，1988)。关于奥斯曼人以及后来的土耳其历史，参阅卡法达(Cemal Kafadar)、哈莱特克(Hakan T. Hareteke)即将发表的《晚期奥斯曼与早期土耳其共和国的历史编撰》('Late Ottoman and Early Republican Turkish Historiography'，in *OHHW*，vol. IV，Oxford)，它提供了 19 世纪、20 世纪初期帝国时代完整的编年史家目录，直到帝国瓦解的时代。同时参阅库兰(Ercüment Kuran)的《坦志麦特改革时期的奥斯曼历史编撰》('Ottoman Historiography of the Tanzimat Period'，in Lewis and Holt (eds.) *Historians and the Middle East*，187‑206)；刘易斯(Bernard Lewis)的《从巴别塔到信使：对中东的诠释》(*From Babel to Dragomans*：*Interpreting the Middle East*，Oxford，2004)。素麦尔(Selçuk Akşin Somel)的《1839—1908 年间奥斯曼帝国公共教育的近代化：伊斯兰化、专

制和纪律性》(*The Modernization of Public Education in the Ottoman Empire* 1839‐1908：*Islamization*，*Autocracy and Discipline*，Leiden，2001)提出了一个对"稳步西方化"的土耳其现代化模型的批判。与通常的西方主导地位下"东方主义"的观点相左的是，修正主义者提出了不同的看法，暗示波斯人自己在通过书写历史来将波斯/伊朗东方化(和"西化"欧洲)，参阅塔瓦克里-塔吉(Mohamad Tavakoli-Targhi)的《重塑伊朗：东方化、西方化与历史编撰》(*Refashioning Iran*：*Orientalism*，*Occidentalism*，*and Historiography*，Basingstoke，2001)。

第九章

历史主义的危机

单独一位学者对 20 世纪史学进行研究实际上是并不多的(不过可以参阅伊格尔斯[Georg G. Iggers]的《二十世纪的历史学：从科学的客观性到后现代的挑战》(*Historiography in the Twentieth Century*：*From Scientific Objectivity to the Postmodern Challenge*，Hanover，NH，1997)、本特利(Micheal Bentley)的《现代史学导论》(*Modern Historiography*：*An Introduction*，London，1999)，大多数作品都陷入了依据民族、地区、理论倾向或问题倾向的各种分类；覆盖全球，而不仅仅局限于西方世界的著作更是匮乏；不过，现在可以参阅伊格尔斯(Georg G. Iggers)、王晴佳以及穆赫吉(S. Mukherjee)的《全球史学史：从 18 世纪至当代》(*A Global History of Modern Historiography*，Harlow，UK and New York，2008)，它对 20 世纪史学发展提供了一个比我这本书的任何一个章节都更加翔实、更加具体的叙述。还有大量新近出版的概览性著作或编辑过的合集，特别是在过去一百年间的各种理论方法的合集：托斯坦达尔的《20 世纪史学评价：职业化、方法论和著作》(Rolf Torstendahl ed.，*An Assessment of Twentieth-Century Historiography*：*Professionalism*，*Methodologies*，*Writings*，Stockholm，2000)；伯格(Stefan Berger)、菲

546

尔德纳（Heiko Feldner）和帕斯莫尔（Kevin Passmore）编写的《书写历史：理论与实践》（*Writing History*：*Theory and Practice*，London，2003）；以及凯利（Donald R. Kelley）的《历史前沿：20 世纪的历史探寻》（*Frontiers of History*：*Historical Inquiry in the Twentieth Century*，New Haven，CT，2006）。

历史哲学和历史

关于斯宾格勒，参阅法伦科夫的《没落的先知：斯宾格勒论世界历史与世界政治》（John Farrenkopf，*Prophet of Decline*：*Spengler on World History and Politics*，Baton Rouge，LA，2001）。关于汤因比的前面研究以及与之相对应的主要批评研究，参阅斯特姆伯格的《阿诺德·汤因比：危机时代的历史学家》（Roland N. Stromberg，*Arnold J. Toynbee*：*Historian for an Age of Crisis*，Carbondale，IL，1972）。同时参阅麦金太尔、佩里编写的《汤因比：再评价》（C. T. McIntire，Thomas Perry eds.，*Toynbee*：*Reappraisals*，Toronto，1989）。关于包括汤因比、斯宾格勒以及其他世界史学家的介绍，参阅科斯特洛的《世界史学家及其目标：现代主义的 20 世纪解读》（Paul Costello，*World Historians and Their Goals*：*Twentieth-Century Answer to Modernism*，De Kalb，IL，1994）。这一章中关于贝奈戴托·克罗齐的探讨很大程度依靠的是罗伯茨的《贝奈戴托·克罗齐与历史主义运用》（David D. Roberts，*Benedetto Croce and the Uses of Historicism*，Berkeley，CA，1987）以及同一作家的《现代意大利的法西斯主义和历史主义》（*Historicism and Fascism in Modern Italy*，Toronto，2007）。同时参阅卡坡尼吉利的《历史与自由：奈戴托·克罗齐的历史著作》（A. Robert Caponigri，*History and Liberty*：*The Historical Writings of Benedetto Croce*，Chicago，1955），雅各比蒂的《现代意大利的人文主义变革与历史主义》（Edmund E. Jacobitti，*Revolutionary Humanism and Historicism in Modern Italy*，New Haven，CT，1981）。一项关于柯林

伍德的优秀研究来自达里的《历史重现：柯林伍德历史的观念》
（William H. Dary，*History as Reenactment*：*R. G. Collingwood's Idea of History*，Oxford，1995）。

年鉴学派的兴起 547

在 20 世纪的史家中，没有一个"派别"或团体能与年鉴学派相提并
论，对其研究有一些专著和多篇文章都可参阅。诺维奇的《法国史学
方法：年鉴模式》（Traian Stoianovich，*French Historical Method*：*The Annales Paradigm*，Ithaca，NY，1976）有点过于歌功颂德，并倾向于夸
大年鉴学派学者中的统一性和一致性；克拉克编写的《年鉴学派》
（Stuart Clark，*The Annales school*，London，1999）、伯克的《法国史学
革命：年鉴学派，1929—1989》（Peter Burke，*The French Historical Revolution*：*The Annales School，1929 - 1989*，Stanford，CA，1990）
（后者带有一个很有价值的年鉴学派词汇术语表）提供了更加细致的
评估。卡拉德的《新史学的诗学：从布罗代尔到夏蒂埃的法国历史叙
述》（Philippe Carard，*Poetics of the New History*：*French Historical Discourse from Braudel to Chartier*，Baltimore，1992）以文学路径来研
究法国"新史学"中的"诗学"（这一术语用于法国在"第三代"年鉴学派
学者的著作，特别是在文化史方面）。埃卢贝勒编写的《年鉴史学与理
论：精选和注释书目》（Jean-Pierre Herubel ed. ，*Annales Historiography and Theory*：*A Selective and Annotated Bibliography*，
Westport，CT，1994）是一份有价值的书目，但像所有这类作品一样都
会很快过时。参与这场运动的女性是戴维斯（Natalie Zemon Davis）笔
下的主题，其著名文章是《妇女与年鉴学派的世界》（'Women and the World of the Annales'，*History Workshop Journal* 33，1992：121 - 137）；亦可参阅斯科特勒（Peter Schöttler）的"法尔孜：法国'年鉴学派'
圈子中的中欧难民"（'Lucie Varga：A Central European Refugee in the Circle of the French "Annales"，1934 - 1941'，*History Workshop*

Journal 33，1992，100 - 120)。关于年鉴学派早期主要构建者,芬克的《马克•布洛赫:史学的一生》(Carole Fink, *Marc Bloch*: *A Life in History*, Cambridge, 1989)中有对布洛赫的很好阐述。关于微观史学,参阅本章所引用的书目,以及缪尔和鲁吉罗编写的《微观史学与欧洲历史上的失踪者》(E. Muir, G. Ruggiero ed., *Microhistory and the Lost Peoples of Europe*, trans. E. Branch, Baltimore, 1991)。

历史和社会科学

关于史学与社会理论相结合的最好概述是彼得•伯克的《历史学与社会理论》(Peter Burke, *History and Social Theory*, 2nd edn, Itha, NY, 2005)。帕斯莫尔在即将发表的《西方历史与社会科学》(Kevin Passmore, 'History and Social Science in the West', *OHHW*, vol. V, Oxford)中给出一份有用分析性总结。有很多作品描述托马斯•库恩在科学史上革命性的影响,其中特别重要的是格林斯基的《构建自然知识:建构主义与科学史》(Jan Golinski, *Making Natural Knowledge*: *Constructivism and the History of Science*, Cambridge, 1998);关于一般的科学史、技术史,参阅茅斯库普夫、罗兰的《科学技术史的编撰》(Seymour Mauskopf, Alex Roland, 'The Historiography of Science and Technology', *OHHW*, vol. V)。在计量史学问题上的争论,参阅本章文本及注释中所涉及到的埃尔顿和福格尔(Elton and Fogel)、巴赞和布里登博(Barzun and Bridenbaugh)的著作。关于反事实问题(counterfactuals),参阅凯耶的《挑战确定性:反事实主义的历史与实用》(Simon T. Kaye, 'Challenging Certain: The Utility and History of Counterfactualism', *History and Theory* 49, 2010: 38 - 57)以及弗格森的《虚拟的历史:替代性与反事实问题》(Niall Ferguson, *Virtual History*: *Alternatives and Counterfactuals*, London, 1997)。

独裁和专制政权下的历史

比兹的作品《历史思想的审查制度:全球指南,1945—2000 年》

（Antoon De Baets，*Censorship of Historical Thought*：*A World Guide*，*1945 - 2000*，Westport，CT，2002）是自第二次世界大战结束以来对历史学家进行审查的全面系统目录与案例，如弗朗哥（Franco）时代的西班牙，阿根廷和智利的军政府，以及当代缅甸和几个非洲国家的军政府的地方详尽目录。它提供了丰富的材料，但阅读时令人心情沮丧。关于纳粹主义下的历史学家，参阅舒尔茨、吉哈德·奥格斯勒编写的《国家社会主义时代下的德国史学家》（Winfried Schulze，Otto Gerhard Oexle eds.，*Deutsche Historiker im Nationalsozialismus*，Frankfurt，2000）；有关战后东德，参阅多帕棱的《马克思主义视野下的德国史：东德途径》（Andreas Dorpalen，*German History in Marxist Perspective*：*The East German Approach*，Detroit，1985）。有关近期各种争议的讨论，参阅伯格的《常态化调查：1800 年以来德国的民族历史意识》（Stefan Berger，*The Search for Normality*：*National Historical Consciousness in Germany since 1800*，London，1997）；洛的《德国史学中的第三帝国与大屠杀：20 世纪 80 年代中期的历史学家争论》（A. D. Low，*The Third Reich and the Holocaust in German Historiography*：*Toward the Historikerstreit of the Mid - 1980s*，Boulder，CO，1994）。英语世界对苏联进行了完善的研究，如希特巴的《俄罗斯史学家与苏维埃国家》（Konstantin F. Shteppa，*Russian Historians and the Soviet State*，New Brunswick，NJ，1962）；沃尔纳得斯基的《俄罗斯史学：一部历史》（George Vernadsky，*Russian Historiography*：*A History*，ed. Sergei Pushkarev，trans. Nickolas Lupinin，Belmont，MA，1978）中有有用的传记材料，但标题具有误导性，因为它只从 18 世纪中叶开始，并且在处理苏联时期是有选择性的。一部早期的苏联史学史经典是鲁宾斯坦的《苏联史学史》（Nikolai Rubinshtein，*Russkaia Istoriografiia*，Moscow，1941），但迄今为止还没有翻译成任何一种西方语言；最后提到丹尼斯·科兹洛夫（Denis Kozlov），我参考了许多。关于普列汉诺夫（Plekhanov），参阅巴朗的《俄

548

罗斯历史上的普列汉诺夫与苏维埃史学编撰》(Samuel H. Baron, *Plekhanov in Russian History and Soviet Historiography*, Pittsburgh, PA, 1995);关于波科夫斯基(Pokrovskii),参阅恩廷的《苏维埃-学者-官僚主义:波科夫斯基与马克思主义史学家的社会》(George M. Enteen, *The Soviet-Scholar-Bureaucrat:M. N. Pokrovskii and the Society of Marxist Historians*, University Park, PA, 1978),以及约翰·巴伯的《危机中的苏维埃史学家,1928—1932 年》(John Barber, *Soviet Historians in Crisis, 1928 - 1932*, Basingstoke, 1981)。利特文的《20 世纪俄罗斯的历史写作:由内而外的观点》(Alter L. Litvin, *Writing History in Twentieth-Century Russia:A View from Within*, trans. And ed. John H. L. Keep, Basingstoke, 2001)是由一位内在者观察角度所提出的。以马克思主义取代俄国史的标准出色的叙述,参阅普洛奇的《祛除帝俄面纱:米哈伊尔·格鲁舍夫斯基和乌克兰史的书写》(Serhii Plokhy, *Unmaking Imperial Russia:Mykhailo Hrushevsky and the Writing of Ukrainian History*, Toronto, 2005)。戴维斯的《戈尔巴乔夫革命中的苏维埃历史》(R. W. Davies, *Soviet History in the Gorbachev Revolution*, Basingstoke, 1989)及其《叶利钦时代的苏维埃历史》(*Soviet History in the Yeltsin Era*, Basingstoke, 1997)阐述了斯大林以来的苏联历史学。关于 1991 年前后的苏联卫星国家的历史,参阅高尔尼的《未来中的过去:民族传统与捷克斯洛伐克的马克思主义史学》(Maciej Gorny, 'Past in the Future:National Tradition and Czechoslovak Marxist Historiography', *European Review of History* 10 (2003):103 - 114);以及布隆保尔编写的《(重新)书写历史:社会主义后的东南欧史学》(Ulf Brunnbauer ed., *(Re) Writing History:Historiography in Southeast Europe after Socialism*, Munster, 2004)。

　　关于中国共产党政权下的儒学转变,参阅李文森的《社会主义中国的儒学地位》(Joseph R. Levenson, 'The Place of Confucius in Communist China', in Albert Feuerwerker (ed.), *History in*

Communist China，Cambridge，MA，1968，56－73）。关于文革中的受害者，参阅埃蒙德的《史学中的政治学：翦伯赞的历史主义》（Clifford Edmunds，'The Politics of Historiography：Jian Bozan's Historicism'，in M. Goldman（ed.），China's Intellectuals and the State：In Search of a New Relationship，Cambridge，MA，1987，65－106）。阿里夫·德里克的《革命与历史：中国马克思主义史学的起源，1919—1937 年》（Arif Dirlik，Revolution and History：The Origins of Marxist Historiography in China，1919－1937，Berkeley，CA，1978）回顾了 1949 年以前的马克思历史写作。关于日本，除参考第八章所列举书目外，还可参考野崎美子的《战后日本的战争记忆、民族主义和教育，1945—2007 年：关于日本教科书的争论以及家永三郎的法庭挑战》（Nozaki Yoshiko，War Memory，Nationalism，and Education in Postwar Japan，1945－2007：The Japanese Textbook Controversy and Ienaga Saburo's Court Challenge，London，2008）。家永三郎在《日本的过去，日本的未来：一个历史学家的历险》（Saburo Ienaga，Japan's Past，Japan's Future：One Historian's Odyssey，trans. Richard H. Minear，Lanham，MD，2001，151－187）重复确认他的意外事故和随后的法律质疑。对历史与公众观点之间关系的最近进展，参阅萨勒的《政治、记忆与公共观念：历史教科书的争论与日本社会》（Sven Saaler，Politics，Memory and Public Opinion：The History Textbook Controversy and Japanese Society，Munich，2005）。自苏哈托出现以来印尼史学的概述，尤其是军事意识形态的影响，参阅麦格雷戈的《军服中的历史：军事意识形态与印度尼西亚过去的建构》（Katharine E. McGregor，History in Uniform：Military Ideology and the Construction of Indonesia's Past，Honolulu，2007）。关于越南，参阅佩利的《后殖民时代的越南：民族过往的新历史》（Patricia M. Pelley，Postcolonial Vietnam：New Histories of the National Past，Durham，NC，2002）。

549

自下而上的历史

关于英国马克思主义史学书写的内部争论的辩论叙述,参阅安德森的《英国马克思主义的争论》(Perry Anderson, *Arguments within English Marxism*, London, 1980)。关于马克思主义社会历史的演进,参阅伊雷的《曲线:从文化史到社会史》(Geoff Eley, *A Crooked Line: From Cultural History to the History of Society*, Ann Arbor, MI, 2005)。关于《过去与现在》(*Past and Present*)的发端,参阅希尔、希尔顿和霍布斯鲍姆的《〈过去与现在〉:发端与早期"》(Christopher Hill, R. H. Hilton, E. J. Hobsbawm 'Past and Present: Origins and Early Years', *Past and Present*, 100, 1983: 3 - 14);关于英国马克思主义的一般性观点,参照凯耶的《英国马克思主义史家》(Harvey J. Kaye, *The British Marxist Historians*, 1984, New York, 1995)。关于葛兰西(Gramsci),参阅卡梅特的《安东尼奥·葛兰西:马克思主义与意大利知识传统》(John Cammett, 'Antonio Gramsci: Marxism and the Italian Intellectual Tradition', in Hayden White (ed.), *The Uses of History: Essay in Intellectual and Social History Presented to William J. Bossenbrook*, Detroit, 1968, 175 - 186);以及里尔斯的《文化霸权概念:问题与可能性》(T. J. Jackson Lears, 'The Concept of Cultural Hegemony: Problems and Possibilities', *American Historical Review*, 90, 1985: 567 - 593)。

口述历史上的文学,这些精英研究当代人群的常见工具很多,对其最方便的介绍是汤普森的《过去的声音:口述史》(Paul Thompson, *The Voice of the Past: Oral History*, 3rd edn., Oxford, 2000)。

妇女史和性别史

关于过去两个世纪里西方妇女与历史职业,可以特别参考史密斯的《历史中性别:男人、女人与历史实践》(Bonnie G. Smith, *The*

Gender of History：Men，Women，and the Historical Practice，Cambridge，MA，1998)以及贾丁斯的《美国的妇女与历史职业：性别、种族与记忆政治，1800—1945 年》(Julie Des Jardins，*Women and the Historical Profession in America：Gender，Race，and the Politics of Memory，1800‑1945*，Chapel Hill，NC，2003)。由奥多德（Mary O'Dowd)和波西阿尼（Ilarria Porciani)在《史学史研究》(*Storia della Storiograf*，46，2004)所编辑"历史妇女"(History Women)专号在很大程度上是聚焦现代，尤其是欧洲，但对正在研究的诸如波罗的海和巴尔干地区有多种语言的文章。关于爱尔兰，参阅史密斯的《一份"男子气概研究"？爱尔兰妇女史，1868—1949 年》(Nadia Claire Smith，*A 'Manly Study'？Irish Women Historians，1868‑1949*，Basingstoke，2006)。妇女史研究的非西方例子也变得越来越普遍，特别是在穆斯林世界和非洲。比如参阅艾哈迈德的《伊斯兰的妇女与性别：近代争论的历史根源》(Leila Ahmed，*Women and Gender in Islam：Historical Roots of a Modern Debate*，New Haven，CT，1992)，以及摩洛哥社会学家梅尔尼斯的众多作品，如《妇女与伊斯兰：历史与神学的探寻》(Fatima Mernissi，*Women and Islam：An Historical and Theological Enquiry*，trans. Mary Jo Lakeland，Oxford，1991)。近期的论文集，如纳沙特、贝克编写的《伊斯兰教兴起到 1800 年的伊朗妇女》(Guity Nashat，Lois Beck eds.，*Women in Iran from the Rise of Islam to* 1800，Urbana，IL，2003)，以及《从 1800 年到伊斯兰共和国的伊朗妇女》(*Women in Iran from* 1800 *to the Islamic Republic*，Urbana，IL，2004)也探讨了自早期伊斯兰社会中的女性历史地位。亦可参阅克兰西—史密斯的《20 世纪的史学家与中东史学：妇女、性别与专制》(Julia Clancy-Smith，'Twentieth-Century Historians and Historiography of the Middle East：Women，Gender，and Empire'，in Israel Gershoni，Amy Singer and Y. Hakan Erdem（eds.），*Middle East Historiographies：Narrating the Twentieth Century*，Seattle，WA，2006，70‑100)。关于从妇女史到性

550

别史逐渐转变,特别是斯科特的影响,参阅德斯·贾丁斯的《妇女史与性别史》(Joan Scott, Des Jardins, 'Women's and Gender History', *OHHW*, vol. V.)。斯科特自己关于这个领域的早期作品包含在她的《性别与历史政治》(*Gender and the Politics of History*, New York, 1988)一书中。

思想史和心理史

关于思想史、文化史以及其类似研究路径的概览,参阅彼得·伯克的《什么是文化史》(Peter Burke, *What is Cultural History?* Cambridge, 2004),凯利的《观念的延续:思想史学史》(Donald R. Kelley, *The Descent of Ideas: The History of Intellectual History*, Burlington, VT, 2002)。关于在知识史作为一种方法用于印度研究的失败,参阅潘尼卡的《印度殖民地思想史:史学与概念问题若干问题》(K. N. Panikkar, 'The Intellectual History of Colonial India: Some Historiographical and Conceptual Questions', in Sabyasachi Bhattachaya and Romila Thapar (eds.), *Situating Indian History*, Delhi, 1986, 403 - 433)。关于心理史,参阅林·亨特的《心理学、心理学分析与历史思想》(Lynn Hunt, 'Psychology, psychoanalysis and Historical Thought', in Lloyd Kramer and Sarah Maza (eds.), *A Companion to Western Historical Thought*, Oxford, 2002, 337 - 356)。提出维护和批评观点的学者和作品,分别为盖伊的《作为历史学家的弗洛伊德》(Peter Gay, *Freud for Historians*, New York, 1985)以及斯坦纳德的《萎缩的历史:弗洛伊德与心理史的失败》(David E. Stannard, *Shrinking History: On Freud and Failure of Psychohistory*, New York, 1973)。

语言学转向,后现代主义与后殖民主义

关于语言学转向的早期思考,参阅奥尔的《文学的复仇:一部史学史》(Linda Orr, 'The Revenge of Literature: A History of History',

New Literary History 18，1986 - 1987：1 - 21）。关于后结构主义思想家和他们的前辈之间的联系的一个特别清晰的阐述，参阅梅吉尔的《极端性的预言家：尼采、海德格尔、福柯和德里达》（Allan Megill, *Prophets of Extremity*：*Nietzsche*，*Heidegger*，*Foucault and Derrida*, Berkeley，CA，1985）。关于海登·怀特，参阅安克斯密特、多曼斯卡和凯尔纳编写的《重塑海登·怀特》（Frank Ankersmit，Ewa Domanska, Hans Kellner eds. ，*Refiguring Hayden White*，Stanford，CA，2009）。关于马克思主义劳工史家的后结构主义转向的批判，参阅帕尔默的《堕入话语：语言的具体化与社会史写作》（Bryan D. Palmer, *Descent into Discourse*：*The Reification of Language and the Writing of Social History*，Philadelphia，1990）。保守主义者的反应包括温楚特的《谋杀历史：文学评论家与社会理论家如何抹杀我们的过去》（Keith Windschuttle，*The Killing of History*：*How Literary Critics and Social Theorists Are Murdering Our Past*，New York，1997），以及埃尔顿的《回归本质：对历史学研究现状的一些思考》（G. R. Elton，*Return to Essentials*：*Some Reflections on the Present State of Historical Study*, Cambridge，1991）。一些更积极的反思可以在波士特的作品中找到，其《文化史和后现代状态：学科阅读与挑战》（Mark Poster，*Cultural History and Post-modernity*：*Disciplinary Reading and Challenges*, New York，1997），以及乔伊斯的《历史的回归：后现代主义与英国的学术史政治》（Patrick Joyce，'The Return of History：Post-modernism and the Politics of Academic History in Britain'，*Past and Present* 158 （1998）：207 - 235）。对克丽奥（Clio）这位可感觉到的敌人有更为充分论证和适度的反应，参阅阿普尔比、林·亨特与雅各布的《历史的真相》（Joyce Appleby，Lynn Hunt，Margaret Jacob，*Telling the Truth about History*，New York，1994）；埃文斯采取了常识性的方法，他的《捍卫历史》（Richard J. Evans，*In Defense of History*，London，1997），同时被它的一些批评家视为不成熟的理论，但仍不失为一个对迫在眉

睫的问题很好的介绍,并指出,许多认识论上的问题被后现代主义提出来,并被历史学家斟酌了很长一段时间。一些重要争论的文集(由后现代历史上最极端的代表人物之一主编)是詹金斯的《后现代历史学读本》(Keith Jenkins, *The Post-modern History Reader*, London, 1997)。

关于后殖民主义与庶民研究(Subaltern studies),除了赛义德的《东方学》(Edward Said, *Orientalism*, London, 1978)外,有几部关键的专著、文章和论文集。拉依特·古哈(Ranajit Guha)的作品是不可或缺的,包括:《印度人的印度历史学:19 世纪的议程及其影响》(*An India Historiography of India: A Nineteenth-Century Agenda and Its Implications*, Calcutta and New Delhi, 1988)、《论殖民时代印度史学的一些问题》('On Some Aspects of the Historiography of Colonial India', in Ranajit Guha and Gayatri Chakravorty Spivak (eds.), *Selected Sualtern Studies*, New York and Oxford, 198, 37 - 44)以及古哈的《世界史视域中的历史》(*History at the Limit of World-History*, New York, 2002)。关于西方史实性(Western historicity),阿希斯·南迪(Ashis Nandy)采纳了另一个较为极端的立场,其《被遗忘的历史二元性》('History's Forgotten Doubles', *History and Theory* 34:2 (1995):44 - 66)以及其他的一些看法在维纳·拉尔(Vinay Lal)的作品中有所发展,见《史学史:近代印度的政治与学术》(*The History of History: Politics and Scholarship in Modern India*, Oxford and New Delhi, 2003)。亦可参阅德里克、巴尔与格兰编写的《追寻三个世界的历史:后欧洲中心时代的历史学》(Arif Dirlik, Vinay Bahl, Peter Gran eds., *History after the Three Worlds: Post-Eurocentric Historiographies*, Oxford, 2000);迪佩什·查卡拉巴提的《地方化中的欧洲:后殖民思想以及历史差异》(Dipesh Chakrabarty, *Provincializing Europe: Postcolonial Thought and Historical Difference*, Princeton, NJ, 2000);哈奈特-斯沃斯编写的《世界的某地:来自非洲与南亚的新地方历史

学》(Axel Harneit-Sievers ed. , *A Place in the World： New Local Historiographies from Africa and South-Asia*, Leiden, 2002)；特穆和斯瓦伊的《史学家与泛非洲主义史学：一项评论——对后殖民时代史学的探寻》(Arnold Temu, Bonaventure Swai, *Historians and Africanist History： A Critique*, *Post-colonial Historiography Examined*, London, 1981)；苏嘉塔·柏瑟的《南亚的后殖民时代历史：一些反思》(Sugata Bose, 'Post-Colonial Histories of South Asia： Some Reflections', *Journal of Contemporary History* 38, 2003： 133 – 146)；罗伯特·扬的《白色神话：书写历史与西方》(Robert Young, *White Mythologies： Writing History and the West*, London, 1990)；特里维蒂、穆克纪编写的《问询后殖民主义：理论、文本与语境》(Harish Trivedi, Meenkashi Mukherjee eds. , *Interrogating Post-Colonialism： Theory, Text and Context*, Rashtrapati Nivas, Shimla, 1996)；以及特鲁伊洛特的《使过去沉默：历史的权力与产品》(Michel-Rolph Trouillot, *Silencing the Past： Power and the Production of History*, Boston, 1995)。对启蒙运动的后殖民主义控诉所面对的挑战，如无情的帝国主义，参阅穆图的《帝国背景下的启蒙运动》(Sankar Muthu, *Enlightenment against Empire*, Princeton, NJ, 2003)。

修正主义和"历史战争"

关于 20 世纪历史教学争议的事件，参照加里·纳什、夏洛特·克莱比和洛斯·邓恩的《审判中的历史：文化战争与往昔的教学》(Gary B. Nash, Charlotte Crabtree, Ross E. Dunn, *History on Trial： Culture Wars and the Teaching of the Past*, New York, 1997)。诺威克的《那高尚的梦想："客观性问题"和美国史学界》(Peter Novick, *That Noble Dream： The 'Objectivity Question' and the American Historical Profession*, Cambridge, 1988)探讨了战后学科内部的碎片化。美国其他一些引人注目的历史学家遭受攻击的事件，虽然很多并不全都有意

识形态上的动机，在乔恩·维纳的《处于困境中的历史学家》(Jon Wiener, *Historians in Trouble*, New York, 2005)中有所讨论。在国家航空航天博物馆(the National Air and Space Museum)所展示的原子弹的特别争议，参阅里查·寇恩的《风险中的历史：艾诺拉·盖事件》(Richard H. Kohn, 'History at Risk: The Case of Enola Gay', in Edward T. Linenthal and Tom Edgelhardt (eds.), *History Wars: The Enola Gay and Other Battles for the American Past*, New York, 1996, 140 - 170)；以及利恩塔尔的《争议的分析》(Lienthal, 'Anatomy of a Controversy', ibid., 9 - 62)。有关奥地利历史战争，参阅斯图亚特·麦金泰尔、克拉克的《历史战争》(Stuart Macintyre, Anna Clark, *The History Wars*, Carlton, Australia, 2003)；温楚特的《原住民历史的编造》(Keith Windschuttle, *The Fabrication of Aboriginal History*, vol. 1: *Van Diemen's Land*, 1803 - 1847, Sydney, 2002)和《原住民史学中的假证与虚构事件》('Doctored Evidence and Invented Incidents in Aboriginal Historiography', in Bain Attwood, S. G. Foster, *Frontier Conflict: The Australian Experience*, Canberra, 2003, 99 - 112)。关于记忆和历史写作，参阅阿隆·孔菲诺的《作为记忆文化的德国：历史写作的可能性与局限性》(Alon Confino, *Germany as Culture of Remembrance: Promises and Limits of Writing History*, Chapel Hill, NC, 2006)以及杰弗瑞·奥利克编写的《记忆国家：持续性、矛盾性与民族回顾中的转型》(Jeffrey K. Olick ed., *States of Memory: Continuities, Conflicts, and Transformations in National Retrospection*, Durham, NC, 2003)。关于记忆场所，参阅皮埃尔·诺拉的《记忆与历史之间：记忆之场》(Pierre Nora, 'Between Memory and History: Les Lieux de Memoire', *Representations* 26 (1989): 7 - 25)。关于近年在全球各地发生的各种"教科书"争论，参阅威克斯、琼斯编写的《东亚的历史教育与民族认同》(Edward Vikers, Alisa Jones eds., *History Education and National Identity in East Asia*, New York and London,

2005）。劳拉·赫茵、马克·塞尔登编写的《审查历史：日本、德国和美国的公民身份与记忆》(Laura Hein, Mark Selden eds. , *Censoring History*: *Citizenship and Memory in Japan*, *Germany*, *and the United States*, Armonk, NY and London, 2000)；以及野崎美子的《战后日本的战争记忆、民族主义与教育，1945—2007 年：日本教科书的论战与家永三郎的法庭挑战》(Nozaki Yoshiko, *War Memory*, *Nationalism*, *and Education in Postwar Japan*, *1945 -2007*: *The Japanese Textbook Controversy and Ienaga Saburo's Court Challenge*, London, 2008)。

关于美洲原住民历史，参阅纳博科夫的《时间的森林：历史中的美洲印第安人之路》(Peter Nabokov, *A Forest of Time*: *American Indian Ways of History*, Cambridge, 2002)；皮特隆的《加拿大本土文学：从口述传统至今》(Penny Petrone, *Native Literature in Canada*: *From the Oral Tradition to the Present*, Toronto, 1990)，克鲁克善克的《故事中的社会生活：育空地区的叙述与知识》(Julie Cruikshank, *The Social Life of Stories*: *Narrative and Knowledge in the Yukon Territory*, Vancouver, 1998)；阿贝克隆比的《记忆与权力的桥梁：一部安第斯民族的民族志与历史》(Thomas A. Abercrombie, *Pathways of Memory and Power*: *Ethnography and History among an Andean People*, Madison, WI, 1988)；小戴维·凯里的《我们的长辈教会了我们：玛雅-喀克其奎的史学研究评述》(David Carey, Jr. , *Our Elders Teach Us*: *Maya-Kaqchikel Historical Perspectives*, Tuscaloosa, 2001)；拉帕波特的《记忆的政治：哥伦比亚安第斯山脉地区的本土历史诠释》(Joanne Rappaport, *The Politics of Memory*: *Native Historical Interpretation in the Colombian Andes*, rev. Edn, Durham, NC, 1998)；希尔编写的《历史与神话的再思考：南美本土过往的研究评述》(Jonathan D. Hill ed. , *Rethinking History and Myth*: *Indigenous South American Perspectives on the Past*, Urbana, IL and Chicago, 1988)；以及怀特海德编写的《亚马逊流域的历史与历史性》(Neil L. Whitehead ed. , *Histories and*

Historicities in Amazonia，Lincoln，NE，and London，2003）。

关于全球史和世界史方面的一些突出例子，参阅沃勒斯坦的《现代世界体系》（I. Wallerstein，*The Modern World System*，3 vols.，New York，1974‑1989），"依赖"学派中的一部关键著作；阿布‑卢格霍德的《欧洲霸权之前的世界体系》（Janet L. Abu-Lughod，*Before European Hegemony*，New York，1989）；菲利普·柯丁的《世界历史上的跨文化贸易》（Philip D. Curtin，*Cross-Cultural Trade in the World History*，New York，1984）；以及阿尔弗雷德·克劳士比的《哥伦布大交流：1492 年的生物学与文化影响》（Alfred W. Crosby，*The Columbian Exchange：Biological and Cultural Consequences of 1492*，Westport，CT，1972）。全球史作为一种史学写作的趋向表现在帕特里克·曼宁的作品中：《全球史导航：历史学家创造世界历史》（Patrick Manning，*Navigating World History：Historians Create a Global Past*，Houndmills，UK，2003）以及柯娇燕的《什么是全球史》（Pamela Kyle Crossley，*What is Global History?*，Cambridge，2008）。同时参阅杰瑞·本特利的《世界史》（Jerry H. Bentley，'World History'，in *GEHW*，968‑971）以及本特利的《新全球史》（'The New World History'，in Kramer and Maza（eds.），*A Companion to Western Historical Thought*，393‑416）。关于比较研究这类主题，参阅夏多明的《全球视野下全球史：美国模式、德国模式与中国模式》（Dominic Sachsenmaier，*Global Perspectives on Global History：Patterns in the United States，Germany and China*，Cambridge，2001），这些文章还没有以书本的形式出现，而只是作为手稿可供阅读。

索 引

注意

● 由于篇幅关系,对只是顺便提及的人物未作索引。

● 黑体的页码标示着摘要或方框部分的重要主题(本索引的页码为原书的页码即本书的边码——译者)。

图书在版编目（CIP）数据

全球史学史/（加）丹尼尔·沃尔夫著；陈恒，李月，
屈伯文译. —上海：上海三联书店，2023.7
ISBN 978 - 7 - 5426 - 6898 - 1

Ⅰ.①全… Ⅱ.①丹…②陈…③李…④屈… Ⅲ.①史
学史－世界 Ⅳ.①K091

中国版本图书馆 CIP 数据核字（2019）第 260569 号

著作权合同登记图字：09 - 2019 - 967

全球史学史

著　　者 /［加］丹尼尔·沃尔夫
译　　者 / 陈　恒　李　月　屈伯文

责任编辑 / 殷亚平
特约编辑 / 杨　洁
装帧设计 / 彭振威设计事务所
监　　制 / 姚　军
责任校对 / 王凌霄

出版发行 / 上海三联书店
　　　　　（200030）中国上海市漕溪北路 331 号 A 座 6 楼
邮　　箱 / sdxsanlian@sina.com
邮购电话 / 021 - 22895540
印　　刷 / 上海展强印刷有限公司

版　　次 / 2023 年 7 月第 1 版
印　　次 / 2023 年 7 月第 1 次印刷
开　　本 / 640 mm×960 mm　1/16
字　　数 / 660 千字
印　　张 / 49.5
书　　号 / ISBN 978 - 7 - 5426 - 6898 - 1/K·557
定　　价 / 268.00 元

敬启读者，如发现本书有印装质量问题，请与印刷厂联系 021 - 66366565